# AI 이후
# 인류의 미래

人类的未来: 从全球文明到伟大文明
**(The Future of Humanity: From Global Civilization to Great Civilization)**
**by Zhouying JIN**



• 한국어판 《AI 이후 인류의 미래》는 코로나19 발생 이후
저자가 2021년 한국어판에 한하여 추가 원고를 집필, 반영하였다.

# AI 이후 인류의 미래

지구 문명을 넘어 위대한 문명으로

**진저우잉** 지음

**이용빈** 옮김

**The Future of Humanity**

시크릿하우스

## 추천의 글

인류가 우리의 운명을 더 좋은 쪽으로 변화시키기 위해서는 미래 사회가 어떠한 모습으로 변화할 수 있는지 또는 어떠한 모습으로 변화해야 하는지에 대한 명확한 조감도가 필요하다. 또한 그러한 방향을 향해 나아가고자 분투하고 노력하겠다는 결심이 요구된다. 진저우잉 교수는 이러한 맥락에서 우리가 더욱 잘 해낼 수 있도록 방향을 제시하고자 도전하고 탐구하고 있다.

**시어도어 고든**(미래학자, 밀레니엄 프로젝트 공동 설립자 및 수석 연구원)

진저우잉 교수는 지구 문명으로의 전환의 필요성과 가능성을 언급할 뿐만 아니라 그것을 실현하기 위한 6가지로 구성된 통합적 접근법의 로드맵을 제시한다. 또한 시간이 흐름에 따라 더욱 많은 변화들이 일어나게 되고, 저자가 직접 제시하고 있는 '위대한 문명'을 궁극적으로 만들어내게 될 것으로 예견하고 있다.

**둥광비**(중국과학원 교수)

진저우잉 교수의 독창적인 견해가 돋보이는 이 책은 '인류세(Anthropocene)'에 진입한 인류가 직면해 있는 중대한 선택의 갈림길에 대해 상세히 설명하며, 아울러 21세기 전반에 해당하는 '인류 의제'의 한 페이지를 우리 눈앞에 펼쳐 보이고 있다. 만약 우리가 인류세에서 살아남고자 한다면 저자가 탐구한 '지구 문명'을 창조하고 궁극적으로 '위대한 문명'을 창출하기 위해 지혜와 문화에 대한 이해, 자기수양, 정신적 성장 등의 방면에서 '양자도약(Quantum Leap)'을 달성하려는 노력이 필요하다.

**헤이즐 핸더슨**(미래학자 및 경제학자, 과학정책 전문가)

진저우잉 교수는 경험이 풍부한 미래학자로 장기간에 걸쳐 경험을 축적해온 걸출한 기술 정책 전문가이다. 깊은 깨달음을 주는 이 책은 우리의 '기술 발전' 궤적에 대한 장기적인 시각에 착안하여 그것이 가져올 중대한 리스크와 윤리적 딜레마를 식별해내고, 아울러 하나의 핵심 문제에 회답하는 것을 시도하고 있다. 이는 곧 '인류로서 우리는 어떠한 형태의 미래를 추구해야 하는가'에 관한 것이다.

**란디프 수단**(싱가포르 Multiverz 설립자, Ecosystm 고문)

진저우잉 교수의 식견과 통찰력은 많은 사람들을 이롭게 한다. 저자의 접근법은 동방과 서방 사이의 오래된 분단선 위에 절묘하게 가교를 구축하고 있고, 전 세계의 매우 사려 깊고 창조적인 사람들이 모두 함께 인류가 현재 직면하고 있는 도전에 대처하도록 호소하고 있다.

**레인 제닝스**(세계미래회의WFS 편집자)

# 문명 전환의 속도를 올려라

코로나19가 지구 전체를 강타했다. 이는 인류 역사상 '참전'한 국가의 수가 가장 많고 1년 남짓 동안에 출현한 사상자(확진자) 수가 약 1억 명에 달하며, 전 세계 절반 이상의 인구가 이동에 제한을 받고 있는 또 한 차례의 '세계대전'이나 다름없다. 그러나 적은 육안으로 볼 수 없는 전염성이 강한 바이러스이며 그것이 미치는 영향은 보건과 위생 영역을 초월해 있고, 세계 경제 및 지정학 영역에도 심각한 충격을 가하고 있는 것은 물론 글로벌 거버넌스에 거대한 어려움을 초래하고 있다. 이번 재난은 인류로 하여금 다음과 같은 심각한 반성을 하도록 요구하고 있다.

첫째, 인류는 자연에 대한 진부한 관념을 버리고 자연계 및 기타 생물과 공존하고 지구와 함께 누리는 생존의 길을 모색해야 하며, 생활방식과 업무 방식, 식습관을 포함하는 행위 모델을 바꾸어야 한다.

둘째, 각국은 일반 국민, 기업가에서 정치인에 이르기까지 반드시 가치관을 재정립해야 하고 다극 세계, 국제 협력, 호혜와 상생, 대자연에 대한 경외, 생명을 존중하는 사유를 통해 커다란 위기를 성찰과 각성, 기회로 전환시켜야 한다. 또한 재난 속에서 창조성을 발휘하여 수많은 도전에 대응하며 '포스트 코로나19' 시대에 대비하고, 서로 연대하여 새로운 세계 질서를 확립해나가야 한다.

셋째, 현재 세계의 코로나19에 대한 투쟁을 살펴보면 바이러스를 규명하고 방어하며 싸워서 이기는 것에는 과학적 근거가 필요함을 알 수 있다. 해당 바이러스와 관련하여 여전히 '수수께끼' 또는 '맹점'이 수없이 존재하기 때문에 과학적으로 돌파하는 길을 모색해야 하는 것이다. 전략 및 정책에서 오류가 있을 경우 더욱 치명적인 결과를 낳는 '바이러스'라는 점을 염두에 두고 말이다.

마지막으로, 바이러스는 국가나 이념, 신분 등의 경계선을 결코 고려하지 않으며 전염병과 싸워서 이기는 것은 인류 사회와 바이러스 간의 투쟁이기 때문에 반드시 '인류 운명 공동체'의 이념을 갖고 국가들은 적극적인 대화와 교류, 단결, 협력을 통해 끊임없이 출현하고 있는 '인류 공동의 적'인 바이러스에 대응해야 한다는 점을 인식해야 한다.

요컨대, 하나의 지구에서 함께 삶을 영위하고 있는 인류가 만약 인류 자신의 진화 방향을 정확하게 파악하지 못한다면, 인류가 여전히 자연과의 관계를 바르게 인식하지 못하고 도처에서 '인간을 중심으로 삼고 자신을 중심으로 삼는 것'으로 일관한다면, 인류가 '최대한 신속하게' 인성의 승화와 완성 레벨에서 전쟁과 테러주의 위협으로부터 멀어지거나 더욱 선진적인 문명을 창조하지 못한다면, 인류의 생존 방식이 조성한 당대 세계 인류가 직면하고 있는 공동의 위기(기후 변화, 종의 멸종,

토지 및 식량의 위기, 물의 위기 등)에 전력으로 대응하지 못한다면, 코로나19 현상이 초래하고 있는 글로벌 차원의 대규모 재난이라는 피 흘리며 얻은 교훈을 온전히 흡수하여 진정한 인류의 각성을 촉진하지 못한다면, 인류가 협력을 통해 새로운 세계 질서를 건립하고 인류의 공동 가정을 수호하고 문명 전환의 속도를 올리는 것에 단결하지 못한다면 인류는 초인 또는 인공지능(AI)이 탑재된 로봇 세상이 도래하여 우리를 소멸시키기 전에(제2장 참조) 스스로를 파멸시키는 '종말의 날'을 향해 더욱 빨리 나아가게 될 것이다.

지금으로서는 코로나19 사태로부터 뼈아픈 교훈을 얻어 모든 인류가 진정으로 각성하고 이를 계기로 문명의 전환을 위한 발걸음이 더욱 빨라지기를 간절히 바랄 뿐이다.

아울러 한국에서 이 책이 출간되는 것을 대단히 영광스럽게 생각한다. 비록 책에서 다루어지고 있는 상당 부분의 사례가 중국과 관련된 것이지만 현재 우리는 인류 문명의 전환과 관련하여 중대한 역사의 단계 앞에 서 있다. 그리고 인류 사회는 이미 동방의 지혜와 도덕·가치관에 대한 재발견과 부흥, 동방·서방 문명이 서로 융합되고 발전을 맞이하는 새로운 시기에 진입하고 있다. 이러한 중요한 시기에 동방 문화를 함께 향유하고 있는 한국과 중국이 '아시아의 발전과 평화를 위해 어떻게 협력할 것인지' 또는 '선진적인 미래 문명을 어떻게 창조할 것인지' 등의 여러 방면에 있어서 부각되는 이슈들을 서로 공유하고, 나가야 할 방향에 대해 함께 모색할 수 있을 것이라고 믿는다.

2021년 1월, 진저우잉

# 인류는 어디를 향해 나아가고 있는가?

마음을 가라앉히고 세계를 관찰한 뒤 냉정하게 미래를 전망해보면, 인류가 직면하고 있는 전례 없는 도전과 몇 가지 방면에서의 엄중한 문제가 동시에 의사일정에 상정된다.

우주의 변화 또는 우주에 대한 새로운 인식, 지구 온난화, 생물의 다양성 감소와 생태 환경 시스템 파괴, 수자원 오염에 이르기까지 인류가 생존을 위해 의존하고 있는 자연 환경의 위기가 도래했다. 인위적 재해, 빈부 격차, 교육 문제에서부터 끊임없이 발생하고 있는 전쟁과 테러 등 인류의 생존과 밀접한 인문·사회 환경의 위기 또한 우리를 위협한다.

뿐만 아니라 하드 기술의 폭발적인 발전에 따라 기술의 부정적인 영향에 대한 통제 불능 가능성의 증가, 기술이 인류의 생명 시스템에 간여하는 것 등이 초래하는 과학 기술의 위기 등 인류의 진화 방향 또는 인류 문명의 위기가 명확하게 부각되고 있는 것이다.

이러한 위기들이 공통적으로 가지고 있는 근원의 절대적인 부분은 인류의 발전 모델에 있다. 이는 공업 문명이 가져온 심층적이고 구조적이며 사회 문화 및 제도적인 위기로서 인류와 함께 살아가는 지구상의 생물로 하여금 생존과 발전에 있어서 준엄한 도전에 직면하도록 만들고 있다. 그렇다면 인류는 공업 문명 이후에 어떠한 형태의 문명을 만들어나가야 하는가? 과학 기술은 어느 방향을 향해 발전해야 하고, 인류는 어느 방향을 향해 진화해야 하는가?

어떠한 측면에서 보더라도 현재 우리는 인류 문명사의 십자로 위에서 있다. 비록 많은 사람이 각성하고는 있지만 다수의 군중 가운데 이기적이고 탐욕적인 인성과 통제하고 소유하려는 욕망은 여전히 확장되고 있으며, 도덕의 최저선이 하락하고 끊임없이 금전을 추구하며 더욱 편안하고 사치스러운 물질 생활을 좇고 있다.

각국 정부는 세계의 격렬한 변화가 가져온 자국의 위기 및 도전에 대응하느라 분주하며, 특히 개별 국가의 주요 정치인이 당대 세계의 변화를 정확하게 인식하지 못하여 여전히 공업 문명의 가치관과 사유 모델, 행위 모델을 바탕으로 문제를 처리하여 국제적 혼란을 초래하고 있다. 이로 인해 아메리카, 유럽, 오세아니아, 아프리카에서 아시아에 이르기까지 국제 정세는 사람들로 하여금 대단히 우려하도록 만들고 있는 상황이다.

더욱 걱정스러운 점은 앞서 언급한 각종 심각한 위기, 특히 인류의 장기적인 미래와 관련된 과제에 대한 인식과 노력이 단지 과학자나 미래학자에 국한되어 있다는 것이다. 다수의 대중에게 장기적 미래에 대한 인식이 이르기까지는 통상적으로 공상과학 소설 또는 공상과학 영화가 보여주고 있는 극단적인 미래상이거나 또는 고도의 오락성을 지니고 있는 것들뿐이다. 그러한 것들은 우리를 잘못된 방향으로 이끄는 대단히 위험한 것으로 언젠가는 우리가 현실을 깨달았을 땐 이미 너무 늦어버린 일이 될 것이다.

불확실한 미래지만 이것만은 확실히 말할 수 있다. 우리에게는 다방면, 다차원의 대화가 필요하며 이러한 과정을 통해 '우리에게는 어떠한 형태의 미래가 필요한가?' '우리는 어떠한 모습의 미래를 창조해야 하는가?' '어떻게 하면 인류가 지속적으로 생존하고 발전할 수 있는가?'라는 질문에 심층적인 의견과 일치된 협의를 점진적으로 형성할 수 있다는 사실이다.

## 인류는 장차 어떻게 진화할까?

21세기에 이르러 과거 300여 년 전과는 비교할 수 없는 과학 기술의 발전에 의해 인류는 전례 없는 도전과 독특한 기회에 직면해 있다. 일부 사람들은 인류가 생명을 창조하고 아울러 조정할 수 있으며, 더 나아가 인류의 진화에 영향을 미칠 수 있을 것으로 기대하고 있다. 즉 찰스 다윈의 '자연 진화' 이론은 더 이상 인류에게 적용될 수 없으며 미래 인류의 진화는 인위적 진화로 수요에 의해 추동된다는 것이다.

예를 들면, 유전적 최적화 또는 인간-기계 결합에 의한 지능 제고, 다른 항성계로의 이민 등의 수요와 같은 것이다. 미래 인류에 대해서는 다양한 연구와 예측이 존재하는데 각종 초인(Supermen), 무성인(Asexual people), 단일인(Unihumans), 행존인(Survivalistans), 유전인(Genetically enhanced beings), 사이보그(Cyborgs), 우주인(Spacemen) 등이 이에 해당한다.

과연 이러한 것들이 이른바 '만물의 영장'이라고 불리는 인류의 미래 모습이라고 귀결할 수 있을까? 또한 사람들이 인류의 미래 모습을 예측할 때 이러한 진화에 어울리는 인류 사회 및 인류 문명은 어떠한 모습일지 함께 고려해본 적이 있을까?

## 기술이 인류를 초월한다면

기술혁명은 바야흐로 힘차게 발전하고 있다. 나날이 새로워지는 기술은 사람들을 현혹시키고 인류에게 무한한 기회와 상상의 나래를 펼치게 한다. 하지만 인류는 동시에 '기술 숭배증'과 '기술 우울증'을 앓게 되었고 과학 기술의 위기, 심지어 기술에 의한 재난 위험에 직면해 있기도 하다.

연달아 몰려오는 소프트·하드 기술혁명의 조류 속에 미혹되어 인류가 자아를 상실하지 않기 위해, 비생물 지능이 인류의 수준에 근접해지거나 심지어 초월하게 될 때 인류가 계속해서 고유의 특성과 존엄 및 우세를 유지하기 위해, 그리고 기술이 발달할수록 더 많은 자유와 이상적인 인생을 누리고 각자 원하는 경지에 도달하기 위해서는 어떻게 해야 할까?

인류는 '기술'이라는 익숙하면서도 갈수록 낯설어지는, 또한 오래된 것이면서도 갈수록 참신해지는 자신들의 발명과 창조 도구를 새롭게 인식할 필요가 있다. 그리하여 점점 강력해지는 기술 혁신의 회오리바람 속에서 목표와 수단이 전도되어 기술이 인류를 통제하는 일이 초래되지 않도록 해야 하며 과학과 기술이 오로지 인류 사회의 진보를 위해 기여하도록 해야 한다.

## 미래 문명의 전환이 임박했다

인류 문명은 수백 만 년 이상의 역사를 지나 18세기 이래 300여 년간 공업 문명으로 진화했다. 공업 문명은 고도의 공업화 발전 모델을 성취했고 인류를 위해 전례 없는 풍부한 물질세계, 휘황찬란한 과학 기술 및 불후의 예술 경지를 창조했다. 하지만 그 대가 역시 메울 수 없을 만큼 컸다.

그나마 다행스러운 것은 최근 우리 스스로 인류가 현재 되돌아올 수 없는 길을 걷고 있다는 것, 그리고 공업 문명의 가치관이 추동하고 있는 인류의 진보는 지속가능한 것이 아니라는 점을 깨달았다는 것이다. 즉 새로운 문명 전환의 시기가 임박해 있다는 것을 깨닫고 처음으로 문명 교체의 필요성을 인식하게 되었다.

그렇다면 공업 문명보다 더욱 선진적인 문명은 무엇이며, 당대 인류는 어떤 형태의 문명사를 창조해야 하고 어떤 모습의 인류사를 창조해야 할까?

## 인류는 지속가능한 발전을 추진할 수 있을까?

1980년대 이래 '지속가능한 발전'은 국제적으로 통용되는 담론이었다.

그러나 과거 30여 년을 회고해보면 인류가 직면하고 있는 글로벌 차원의 자원, 생물의 다양성, 환경, 인구, 농업, 식량 등 각 방면에서의 생존 위기는 갈수록 심각해지고 있고, 지구 내부 및 국경을 초월한 충돌도 나날이 빈번해지고 있다. 이로 인해 사람들은 지속가능한 발전의 근본적 기초가 되는 녹색(친환경) 경제에 희망을 걸고 있다.

특히 2008년 글로벌 금융 위기가 발생한 이후 경제 회복을 촉진시키기 위한 친환경 발전은 무수한 학술지와 논문, 수준이 갈수록 높아지는 국제회의의 주제가 되었다. 이는 친환경 발전이 현재 세계 경제 발전의 주류가 되도록 했는데 실제 상황은 결코 낙관적이지 않다. 유엔환경계획(UNEP)의 한 보고서에 의하면[1] 과거 30년간 세계 경제는 2배나 몸집이 커졌지만 인류의 생계를 뒷받침하고 있는 주요 생태 시스템 물품과 서비스는 이미 60퍼센트가 퇴화하거나 지속가능하지 않은 발전 방식으로 사용되고 있는 중이다. 이는 전통적인 '갈색 경제'가 여전히 각국 및 세계 경제를 주도하고 있다는 것을 의미한다.

그렇다면 무엇이 문제일까? 인류의 지속가능한 생존과 발전의 실질은 무엇일까? 어떻게 하면 지역 및 전 세계적으로 (이론적 탐구와 논의에 그치지 않고) 지속가능한 발전을 추진할 수 있을까?

## 코로나19 이후 인류 생존의 미래

100여 년 동안 깊은 잠을 자고 있던 '중국'이라는 한 마리의 사자가 깨어난 것은 21세기의 큰 사건이라고 할 수 있다. 줄곧 역래순수(逆來順受,

외부의 압력을 참고 견디어 내는 것)에 익숙해 있던 동방의 거인이 펼치는 세계는 매우 기이하며 이로 인해 다양한 반응이 쏟아지고 있다. 혹자는 이를 환영하지만 색안경을 끼고 불평을 늘어놓는 사람도 있고 심지어 중국의 부상이 세계의 위협이 될 것이라며 실패하길 바라기도 한다.

이렇듯 일부 중국 문제 전문가를 포함하여 다수 사람들에게 중국에 대한 이해는 아직 부족한 편이다. 이에 나는 중국인으로서 현재 중국이 진행하고 있는 가시밭길과 우여곡절이 가득하지만 동시에 희망이 넘쳐나는 '전면 부흥을 위한 실험'이 중국의 지속가능한 발전을 실현하고 더 나아가 전 세계가 '공업 문명'에서 '지구 문명'으로 전환하는 실천의 계기가 될 수 있는 방안을 모색해왔다.

또한 '중국몽'을 실현하기 위한 노력을 인류로 하여금 아름답고 훌륭한 미래를 창조하기 위한 웅대한 사업 중 하나로 인식하게 하고, 세계가 중국을 정확하게 이해하도록 만들며, 중국인 스스로 자신의 강점과 단점을 바르게 인식하고 넘치는 자신감으로 지구 문명의 '중국 버전'을 창조하는 사업에 뛰어들 수 있도록 깊이 있는 연구들을 시도했다. 이 책은 이러한 나의 노력과 바람의 산물인 셈이다.

차례

## 제3장 기술이란 무엇인가



## 제4장 인류는 어떤 문명을 추구해야 하는가

## 제5장 험난한 '지구 문명'의 구축



## 제6장 인류는 '위대한 문명'을 창조할 수 있을까

## 제7장 지구 문명의 가치관을 지속가능한 발전 속에 융합하기



## 제8장 더 나은 미래를 위해 분투해야 한다

The Future of Humanity

제1장

# 과학 기술 발달의 두 얼굴

## “나날이 강력해지는 기술 혁신의 회오리바람 속에서 목표와 수단을 전도시켜서는 안 된다”

오늘날 인류의 지식과 지혜가 진보함에 따라 과학 기술은 각 영역에서 모두 새로운 돌파가 실현되고 있다. 우리는 수시로 기술혁명의 강렬한 충격파를 감지할 수 있게 되었고, 매우 많은 기이한 기술은 수십 년 전만 해도 일종의 환상 또는 황당무계한 이야기로 간주되었지만 이미 현실이 되어 사람들의 일상생활에도 침투하고 있다.

그러나 끊임없이 파도치며 다가오는 소프트·하드 기술의 혁신은 인류에게 무한한 기회를 가져오는 것과 동시에 기술 발전이 초래하는 심각한 도전에 직면하도록 만들었다. 다시 말해 한편으로는 '기술 숭배증'으로, 다른 한편으로는 '기술 우울증'으로 오늘날 인류는 미래의 발전 방향에 있어서 깊은 우려 속에 빠져 있다.

1

# 기술 숭배 증후군

수많은 사람이 기술에 미혹되고 기술 발전과 미래에 대한 열정으로 충만해 있다. 그에 대한 가장 대표적인 연구 또는 관점으로는 다음과 같은 것들을 들 수 있다.

## 기술은 시간만 주어진다면 인류가 직면한 그 어떤 문제도 해결할 수 있다

오늘날 우리는 매일같이 인터넷을 통해 특종 뉴스, 예를 들면 생물 조직의 프로그래밍, 세포공학 및 지능형 로봇 기술 등이 장차 세계 과학기술 변혁의 프런티어가 될 것이고, 유사 이래 인류가 장악한 가장 강력한 도구로 세계 경제를 재편하게 될 것이라는 기사들을 접하고 있다.

적지 않은 사람들이 과학 기술이 정신적으로 사람을 지배하며 세상의 모든 문제를 해결하고 기사회생을 포함한 '불가능'을 향해 도전하고 있다고 간주한다.[1] 그들은 기술지상을 강조하면서 최종적으로 기술이 인류를 통제하고 새로운 형태의 인류를 창조하며, 모든 것이 그것에 순응하게 될 것이라고 주장한다. 심지어 일부 연구에서는 사람들에게 희망을 주고자 다음과 같은 시도를 하고 있다.

가령, 지구가 더 이상 인류가 생존하기에 적합하지 않게 되더라도 도망칠 수 있는 다른 곳이 있는데(현재 사람들의 코로나19에 대한 우려가 심화되고 있기에 그중 일부 계획은 매우 눈길을 끈다) 그러한 상황을 대비하여 60만 명의 사람을 탑승시킬 수 있는 우주선을 개발한다는 것이다. 또한 화성으로 갈 지원자 모집 광고에 놀랍게도 20만 명이 신청했으며, 일설에 따르면 현재 토론 중인 지구와 기타 행성 간에 왕복할 수 있는 교통 수단이 향후 10년 안에 가동될 것이라고 한다. 그때 우주 엘리베이터를 통해 우주 공간에 비행선을 건조하고 거점을 조성함으로써 인류는 태양계의 어느 행성에 도달하여 생존할 수 있다는 것이다. 하지만 과연 100억 명이 모두 도망칠 수 있을까? 이 역시 소수 엘리트들에게만 해당되는 이야기가 아닐까?

## 인류는 단지 기술 원소의 단계적 성과 중 하나다

케빈 켈리(Kevin Kelly)의 《기술의 충격(What Technology Wants)》[2]은 '기술 숭배론'을 대표하는 작품이다. 케빈 켈리는 1994년 《통제 불능(Out of Control)》[3]을 통해 과학 기술, 사회, 경제의 프런티어에 대해 폭넓게 섭렵했는데 10여 년 후 그가 내린 결론은 예상과 달리 '기술은 생물의 연장이며, 미생물·균류·식물·동물 외 생물 제7종(식물, 동물, 원생생물, 진균, 원세균, 진세균과 기술)의 존재 방식'이라는 것이었다.

심지어 그는 인류를 기술 원소의 단계적 성과 중 하나라고 인식하고, 과학 기술의 가장 훌륭한 담지체(어떤 이론이나 사상을 담고 있는 대상)라고 간주하는 등 "인류는 과학 기술 궤적의 종점이 아니라 중점이며, 흡사 생명이 있는 생물과 제조품의 중간적 존재와 같다"[4] 고 말했다.

물론 그는 '인류는 무엇인가?'라는 아주 훌륭한 문제를 제기했다.

## 특이점은 어떤 변화를 가져올 것인가

일부 미래학자는 과학, 기술, 경제, 사회의 발전 및 변화가 이처럼 신속하여 인류의 진화 궤적에 있어서 앞으로 우리가 상상할 수 없는 전환이 이뤄질 것이며, 이로 인해 인류 생활에 급변을 발생시키는 점인 '특이점'[5] 을 향해 더욱 빠르게 움직일 것으로 보고 있다.

미래학자 레이 커즈와일(Ray Kurzweil) 또한 1950년대 피에르 테야르 드 샤르댕(Pierre Teilhard de Chardin)의 '우주 진화의 오메가 포인트(Omega Point)'[6] 와 1990년대 SF소설가 버너 빈지(Vernor Vinge)[7]의 기술적 특이점 관련 논의를 발판으로 심층적인 고찰과 연구를 거쳐 대량의 과학적 근거를 마련하고 정보 기술을 기초 삼아 '특이점' 이론을 한 단계 승화시켰다.

그는 무어의 법칙(반도체 집적회로의 성능이 24개월마다 2배로 증가한다는 법칙_옮긴이)과 기술 지표 증가의 총체적 추세에 근거하여 '인류의 기술 창조물과 그 계산 능력이 반드시 인류의 대뇌를 초월하고, 2020년대에 이르러 컴퓨터 시스템이 인류의 대뇌와 마찬가지로 강대해질 것'이라고 주장했다. 또한 최종적으로 인류는 기술과 하나로 융합될 것이며 2040년대 중엽에 인공지능은 인류의 지능을 초월할 것이라고 예측했다.

그가 언급한 '특이점'이란 바로 인간의 뇌 안에 있는 대량 지식과 인류 기술이 상호 결합된 결과이며 '인류-기계 문명'은 인간의 뇌를 제한하고 있는 그 점을 초월하게 된다는 것이다.[8] 그는 특이점이 장차 인류의 창조력을 극대로 해방시키고, 동시에 파괴적인 행위에 몰입할 가능성을 높일 것으로 내다보며 다음과 같이 말했다.

"나노 기술, 바이오 기술 등이 기하급수적으로 급속한 발전을 불러옴에 따라 향후 20년 안에 인류의 지능이 대폭적으로 향상될 것이며 인류의 미래도 근본적인 재편이 이루어지게 될 것이다. '특이점'이 도래할 때 기기는 인공지능을 통해 자체적으로 보완되고 인류를 초월하게 될 것이며, 이로써 하나의 새로운 시대가 열리게 된다."

심지어 그는 "미래에 출현할 지능은 인류 문명을 계속 대표하게 될 것이며 그것은 바로 인간-기계 문명이다. 즉 미래의 컴퓨터가 바로 인류이며 설령 그것들이 비생물이라고 해도 마찬가지다"라고 말했다. 그의 이러한 주장에 특이점이 현실 세계의 정치, 경제, 문화에 어떠한 모습의 변화를 가져올 것인지 묻고 싶다.

또한 그는 최근에 바이오 기술이 인체에 응용된 이후 인류는 1,000년이 넘도록  더 이상 사용하지 않는 오래된 유전자를 포기하고 대폭적으로 수명을 연장시킬 수 있게 될 것이며, 2029년을 임계점으로 삼아 2045년에는 영생을 실현할 수 있을 것이라고 말했다.[9] 그의 주장에 따르면 우리는 전체의 먹이사슬 중 가장 마지막에 위치해 있는 일단의 '인류'에 해당될 가능성이 매우 높은 것이다.

레이 커즈와일이 보기에 이들이 다수의 초인주의자와 다른 점은 과학 기술의 개조를 거친 인류 또는 비생물 지능을 획득한 인간은 전통적 의미상의 생물을 초월할 것이라는 사실이다. 그리고 또 한 가지는 최종적으로 우리의 지혜 중 비생물 부분은 점차 주도적 지위를 차지할 것으로 보지만 그것이 여전히 인류의 범주에 속해 있다는 점에서 '포스트 인류'와는 같지 않다는 것이다.[10]

## 초인류주의, 인류의 생존 조건을 바꾼다

초인류주의의 기원은 16세기, 18세기 또는 그보다 더 이전에서부터 찾아볼 수 있지만 최근 수십 년간 정보 기술, 바이오 기술 및 나노 기술의 교차 발전 및 그 성과에 의한 낙관적 예측에 기초하여 '기술 만능론'을 확신하는 사람들이 갈수록 많아지고 있다. 그들은 기술이 인류의 유전자를 개변시켜 더욱 총명하고 건장하며 장수하는 신인류를 창조할 수 있다고 믿는다. 미래 인류에 대한 이러한 사고방식은 이미 국제적인 사조 또는 사상운동으로 변했고, 심지어 이것이 하나의 학설이나 철학 또는 신앙으로 간주되고 있다.

1998년 철학자 닉 보스트롬(Nick Bostrom)과 데이비드 피어스(David Pearce)는 세계초인협회(WTA)를 공동으로 건립했고, 2008년에는 더욱 인성화된 이미지를 부각시키기 위해 그 명칭을 '휴머니티 플러스(일명 'Humanity+')라고 개명했다.[11]

초인류주의에는 다양한 정의가 있으며 여러 유파가 존재한다. 매우 많은 초인주의자[12]들은 미래의 1세기(100년) 또는 2세기(200년) 안에 인류와 세계에 거대한 변화가 발생하여 후대가 더 이상 '인류'가 아닌 '포스트 인류'가 되는 상황에 이르게 될 것으로 믿는다. 그러나 이와 달리 일부는 주로 인류를 '개선'하게 될 것이며 희생을 치르지 않고, 도리어 인성을 증강시키게 될 것이라고 주장한다.

하지만 비교적 일치되는 관점은 과학과 기술을 통해 인류가 현재 의미상의 인류를 초월할 수 있고 또 초월해야 하며, 그 생리와 지력에 있어서 진화의 한계를 극복하고 환경의 물리적 극한을 뛰어넘어 '인류의 생존 조건'을 개변시켜야 한다고 보는 것이다.

초인류주의는 생명의 연장, 인체 냉동 기술, 신체와 심리에 대한 통제권 증강, 인류의 의식이 컴퓨터 등의 영역에 전달되는 것과 관련된 연구를 통해 인류의 개성과 정체성을 완전히 통제하고 더 나아가 지구로부터 떠날 수 있는 능력을 확보하는 것을 격려한다. 하지만 복제 인간과 같은 문제는 세계초인협회도 대단히 신중한 태도를 취하고 있고, 성명을 통해 "안전이 아직 실증되지 않은 복제 기술을 인체에 이용하는 것은 윤리에 대단히 적합하지 않을 뿐 아니라 대중이 초인 기술을 받아들이는 것을 엄중하게 도태시킬 가능성이 있다. 하지만 인체와 관련된 의료 수요에 대한 복제 및 동물 신체상의 연구를 계속 진행하는 것에 대해서는 완전히 지지한다"고 밝혔다.

## 2

# 기술로 인한 '불안 장애'

과학 기술의 비약적인 발전은 거꾸로 인류가 자신이 발명하고 창조한 기술 능력에 대해 두려움을 갖도록 만들었다. 이러한 상황을 전혀 이해할 수 없는 것은 아니다. 과학 기술이 발전할수록 사회 각 방면에 끼치는 영향도 더욱 깊어지고 윤리 및 도덕에 관한 선택의 문제가 첨예해지기 때문이다. 만약 기술 남용에 대한 제재를 가하지 않는다면 앞으로 인류의 궤멸 속도는 더욱 빨라질 것이다.

옥스퍼드 대학의 인류미래연구소(Future of Humanity Institute)는 인류에게 있어서 절멸할 만큼의 재난을 가져올 수 있는 최대 위험은 결코 전염병, 기근, 지진도 아니고 핵전쟁도 아니며, 고도로 발전한 과학 기술이라고 논했다.[13] 과학 기술의 빠른 발전 속도는 그것이 초래할 나쁜 결과에 대해 인류가 통제할 수 있는 능력을 이미 초월했고, 마치 어린 아이의 손에 치명적인 무기가 들려 있는 것과 같다. 한 차례의 바이오 테러 습격 또는 생물공학 방면에서의 오류는 수백 만 명의 생명을 하루아침에 빼앗아 갈 수 있다. 또한 정책결정을 잘못 내릴 경우 21세기는 인류가 지구상에 존재하는 마지막 세기가 될 수도 있다.

이러한 '기술 우려' 증상의 대표적인 관점은 다음과 같다.

## 기술 남용에 대한 우려

미국의 컴퓨터 과학자 빌 조이(Bill Joy)는 일찍이 만약 하이테크가 통제를 받지 않고 발전할 경우 새로운 세기에 재난을 가져올 것이라고 지적했다.[14] GNR 기술(유전자 기술, 나노 기술, 로봇 기술)을 예로 들면, 이것들은 인류의 복지와 경제 발전을 충분히 촉진시킬 수 있지만 인류 자신을 위협할 수 있는 리스크 또한 갖고 있다. GNR 기술이 초래하는 완전히 새로운 차원의 사고 또는 이러한 기술을 남용하는 것에 의해 초래되는 재난은 그 절멸성에 있어서 20세기의 대량파괴무기를 초월할 것이다.

당대 기술 발전의 새로운 추세는 기술을 남용할 가능성을 더욱 부추기고 있다. 20세기에는 첨단무기 기술의 개발에 필요한 것이 대형 과학연구 설비 및 희소 자원(예를 들면, 핵미사일의 우라늄)이었던 반면 GNR 기술은 정보의 처리에 더욱 많이 의존한다. 또한 과거에는 첨단무기가 주로 국가에 의해 연구·제작되어 군부에서 통제하고 사용했는데(비록 GNR 기술의 연구개발에는 국가기구의 지지와 군사 이용도 필요하지만) GNR 기술의 개발·이용은 각 업종의 상업적 이익에 의해 추동되는 부분이 더 많고 행정 부문에서 그들을 통제하기가 쉽지 않다.

게다가 계산 속도가 향상되고 컴퓨터의 기능이 나날이 발달하여 정보 비용이 내려감에 따라 기술의 대중화 추세가 나타났는데, 즉 소집단 및 개인이 더욱 많은 기술 자원을 장악할 수 있게 되었다. 이는 오늘날과 같은 거대한 이윤에 의해 움직이는 험악한 비즈니스 환경에서 기술 남용의 가능성을 더욱 증가시켰다. 핵 기술 남용과 화학 농업의 잠재적 위험성에 대해서는 이미 많은 사람들이 인식하고 있고, 현재 이보다 인류를 더욱 걱정하게 만드는 것은 인공지능의 향방이다. 인류의 도덕적 최저선에 도전하는 일단의 테러주의자가 설령 '외로운 늑대'[15] 일지라도 바이오 기술의 통제 능력을 획득하여 치사율이 높은 전염병을 제멋대로 퍼뜨릴 수 있고, 인공지능과 관련된 최신 생산품을 장악하여 이를 사악한 목적을 위해 이용할 수도 있다.

## 기술이 집약된 인조물이 인류를 통제하는 것에 대한 우려

스티븐 호킹(Stephen Hawking)은 기술이 궁극적으로 미래의 자아의식을 만들어내고 아울러 인류를 대체할 것으로 보았다. 기술이 집약된 인조물의 '지능 지수(IQ)' 또는 '능력'이 인류를 현격히 초월하게 될 때 인류를 통제할 수 있으며, 만약 '그들'이 프로그래밍으로 입력된 사항을 위배하는 움직임을 보일 경우 심지어 인류를 멸망시킬 수도 있다고 생각했다.

호킹(비록 그 자신이 인공지능에 의해 혜택을 받기도 했지만)과 일단의 과학자, 기업가들은 뜻을 모아 한 통의 공개서한을 작성했는데 인류가 지능이 탑재된 기기(머신)를 창조하기 위해 노력하는 것이 인류의 생존을 위협하고 있으므로 어떻게 하면 그것으로부터 이익을 얻으면서 동시에 잠재적인 위험을 회피할 수 있을 지에 대해 연구하고, 감독과 관리를 강화하여 그것에 대한 통제를 상실하지 않도록 제도적인 방안이 필요하다고 지적했다.[16]

영국의 천문학자 마틴 리스(Martin Rees)는 자신의 저서 《우리의 마지막 세기(Our Final Century)》에서 인류의 파괴성(공포의 '살인 로봇'이 인류 최후의 날 심판의 주인공이 될 것이며, 기후변화와 핵전쟁, 통제를 상실한 바이오 기술 등이 그 줄거리를 장식할 것으로 보았다)은 곧 인류라는 종이 2100년 이전에 자멸한다는 것을 의미한다고 경고했다.[17]

영국의 캠브리지 대학은 터미네이터연구센터(Centre for 'Terminator Studies')를 설립하여[18] 저명한 학자들이 이곳에서 지능형 로봇 및 컴퓨터가 인류에게 미칠 수 있는 위협들을 연구하도록 했다. 해당 연구센터의 핵심 목적은 인류가 직면한 '4대 위협' 즉 인공지능, 기후변화, 핵전쟁, 열등한 바이오 기술을 연구하는 것이다. 이 연구센터를 설립한 세 명의 공동 창시자 모두 "인류의 기술 진보가 인류라는 종을 궤멸시킬 만큼의 위험을 매우 빠르게 조정할 가능성이 있다"고 보았다. 따라서 이들은 철학, 천문학, 생물학, 로봇 공학, 신경과학, 경제학 등 다양한 학문 분야의 학자들을 모아 이러한 위협에 대해 연구하고 있다.

현재 일부 기기는 체스, 비행, 운전, 금융 거래 등 매우 많은 방면에서 이미 인류의 지능을 초월했다. 이에 따라 인류가 지구에 대한 통제권을 인공지능이 탑재된 이들에게 넘겨주게 될 가능성이 우려되고 있는 현실이다.

## 기술이 윤리에 미치는 부정적인 영향: 윤리·도덕의 위기

기술이 발전할수록 기술과 사회의 상호 작용도 더욱 깊어지며, 그것으로 초래될 수 있는 윤리·도덕의 위기도 더욱 커지게 된다. 현대 생물학은 인간의 본성과 행위를 개변시킬 수 있는 기회를 제공하고 있는데 이것은 과연 축복일까 저주일까?

예를 들면, 유전 공학의 장점은 유전자와 관련된 질병을 제거하고, 사람의 생명을 연장시키는 것에 있지만 유전자 관련 기술은 이미 인간 생명의 본질을 다루고 있을 뿐만 아니라 인간의 사회의식에도 관여하고 있는데, 이는 앞으로 인류 문명에 거대한 충격을 가져올 것이다. 사람들은 자연현상에 개입하여 더 현명하고, 더 장수하며, 더 완벽한 인간을 의식적으로 창조해낼 수 있다. 하지만 그것이 우리 미래의 유일한 결과일까?

만약 인류가 기술을 증강시키는 궁극적인 목적이 인류를 '완벽하게 하는 것'에 있다면 이 기술이 대규모로 응용되기 시작할 경우 제작자와 제작 기계의 부품은 그다지 구별이 없게 될 것이고, 세계는 엘리트들의 무대가 될 것이며, 문화·풍격 및 개체의 차이는 철저히 소실될 것이다. 또한 유전자의 동화 경향, 인종 단일화라는 재난적인 나쁜 결과를 초래하게 될 것이다.

물론 또 다른 방면에서는 다양성을 증가시킨다고 말할 수 있는데, 당신 아이의 피부 색깔이나 신장, 지력 수준 등이 그것에 해당된다. 유전자 우생학은 우리로 하여금 과연 '진화의 상업적 제조자'가 되게 할 것인가? 이것이 비도덕적인 이유는 인간의 번식이 '비자연적'인 경로를 걷게 될 뿐만 아니라 이러한 방식은 타인의 목적 또는 타인의 사상을 위해 사람에 대한 계획과 이용을 진행하는 것이 때문이다. 또한 이러한 의도가 비열한 것은 인간이 자연체에 대해 간섭을 하고 당사자를 도구화하는 데 있다.

만약 복제 기술이 사람의 각종 조직과 기관을 만들어내고 이를 대량의 가치가 있는 유전자를 번식시키는 데 사용된다면 이러한 기술이 지켜야 할 도덕적 최저선은 어디까지일까? 만약 이러한 기술을 인류를 복제하는 데 사용한다면 어떨까? 인간을 복제하는 행위는 매우 엄중한 윤리 문제와도 연관된다. 그것은 비상해 원칙, 자주 원칙, 평등 원칙 등 윤리학의 기본 원칙을 침범하고 있기 때문이다. 동시에 유전자 코드를 잘못 응용하게 되는 것 역시 유전자 차별, 사생활 침해, 숙명론 등의 부정적인 영향을 초래할 수 있다. 사람들로 하여금 완벽하지 않은 유전자를 지닌 사람을 차별하도록 만들고, 나쁜 유전자를 지닌 사람에 대해 심리적 압력을 가할 수 있다.

또한 현대 의료나 출산 및 유전자 선택 등의 새로운 기술은 인간의 신성한 몸을 오직 이익만을 추구하는 상품화 시장으로 내몰고 있다. 혈액, 정자, 난자, 자궁과 영아에서부터 세포, 개별 유전자와 육체 모두 가격표가 부착된 판매 진열장에 보내지도록 만들고[19] 심지어 바이오 폭력의 문을 열 수도 있다. 더욱 우려되는 것은 '판도라의 상자'가 이로부터 열리게 될 경우 우리가 '유전자 비전환 인류'의 마지막 세대가 될지도 모른다는 점이다.

물론 가치관의 변화를 추동하고 윤리·도덕의 위기를 유발하는 요인은 과학 기술에만 국한되지 않는다. 가령 인류 사회의 기본 세포로서의 가정, 급속한 사회 변화, 경제 발전, 미디어의 역할, 교육, 정치 형세, 종교와 신앙, 예상 밖의 재난, 기업의 사회적 책임, 인구 요소 등이 포함되며 기술의 폭발적인 발전은 윤리·도덕 문제를 더욱 부각시킬 뿐이다.

밀레니엄 프로젝트는 2004년에서 2005년까지 2년간 도덕 문제에 대해 전문적으로 연구했다.[20] 미래 50년 이내(3단계의 시기: 2005–2010년, 2010–2025년, 2025–2050년)에 출현할 수 있는 전 세계적으로 의의를 갖는 윤리 문제(〈자료 1-1〉 참조)와 이러한 문제를 해결하기 위해 필요한 핵심 원칙(〈자료 5-1〉 (328쪽) 참조)을 명확히 하는 것에 그 목적이 있었다. 43개 국가에서 모인 300여 명의 사람들이 두 차례 델파이 조사와 분석에 참여했는데 이 연구는 윤리·도덕 문제의 원천, 문제의 범위, 관련된 윤리 문제를 해결하는 것의 어려움과 복잡성을 이해하는 데 있어서 매우 중요한 의의를 갖고 있다.

자료 1-1 | **향후 출현 가능성이 있는 중요한 글로벌 이슈**(2005–2050년)

**① 2005–2010년**

- 자국 국민 또는 타국 국민을 엄중한 위험에 빠뜨리고 있다는 것을 이유로 하여 한 국가의 사무에 개입할 때 어떻게 해야 윤리·도덕에 부합할 수 있는가?
- 종교라면 반드시 종교와 관련된 충돌을 감소시키기 위해 교조주의적 주장과 (또는) 우월감을 포기해야 하는가?
- 우리는 자기 자신을 복제할 수 있는 권리를 갖고 있는가?
- 부모에게 유전자를 변형시킨 '맞춤아기'를 낳을 권리가 있는가?
- 남성이 여성에게 자행하는 광범위한 성폭력을 종식시키기 위한 취지로 진행되는 국제적 관여를 국가주권과 문화적 차이라는 이유로 저지하는 것을 허락해야 하는가?
- 비용을 지불했거나 오염물질 거래를 행한 개인 또는 조직이 오염물질을 배출하는 것은 옳은 일인가?
- 인공지능을 윤리에 부합되도록 개발하고 응용하는 방법은 무엇인가?
- 과학자라면 마땅히 연구 결과에 개인적으로 책임을 져야 하는가?

**② 2010–2025년**

- 우리에게 자신의 유전자 암호를 바꾸어 후손에게 유전되는 질병 또는 장애가 발생하지 않도록 도모할 권리가 있는가?
- 현세 사람들의 결정은 미래 세대의 권리와 이익을 어느 정도까지 고려해야 하는가?
- 글로벌 윤리 표준의 출현이 부당하게 그룹 간의 차이를 통제하거나 또는 가치의 진화를 억제하지는 않는가?
- 범죄 성향(대량파괴무기의 사용 등을 포함)을 지닌 한 개인이 설령 그러한 종류의 범죄 행위를 아직 범하지 않았다고 하더라도 그러한 성향을 제한하기 위한 심리, 사회 또는 문화 기제에 마땅히 복종해야 하는가?
- 뇌와 기계 간의 인터페이스가 더욱 정교해지고 글로벌해짐에 따라 집단적 지능에 대한 수요가 개인적 차원의 지능에 대한 수요를 초월하게 될 것인가?
- 어떠한 비용을 치르더라도 인류의 수명을 연장시키는 것은 윤리에 부합되는가?
- 정보 공해는 언제쯤 죄로 규정될 것인가?
- 우주 쓰레기의 증가를 규제하기 위한 일련의 윤리적 기준이 필요한가?

**③ 2025–2050년**

- 우리에게 자신과 후세의 유전자를 바꾸어 새로운 종으로 변화시킬 권리가 있는가?

- 발전된 인공지능과 유전 공학을 통해 미래의 엘리트를 창조하는 것은 사회 윤리에 부합되는 일인가?
- 만약 한 명의 신생아 또는 태아의 유전자 코드가 장차 폭력적으로 행동할 가능성이 높다고 할 경우, 우리에게 그것에 대해 유전자 차원에서 개입할 권리가 있는가?
- 지능 기술로 일종의 '인간'을 창조해내고 그것과 현재의 인류 또는 기타 생명체가 생태적 지위(생물 간의 상호 관계, 환경 간의 관계 등에 의해 형성되는 지위_옮긴이)를 놓고 경쟁하도록 하는 것은 옳은 일인가?
- 우리에게 자살 또는 안락사를 행할 권리가 있는가?
- 인간과 기술의 융합을 통해 기술이 인류를 통제하는 것을 저지하는 일종의 방법은 정확한 것인가?
- 만약 기술이 자체적으로 '마음'을 개발하게 된다면 그 개발자는 어떠한 윤리적 책임을 져야 하는가?
- 노화를 막을 수 있다면 의료 서비스 차원에서 모든 사람이 그것을 누려야 하는가, 아니면 그 비용을 감당할 수 있는 사람에게만 제공되어야 하는가?

## 3

# 인류의 진화 방향에 대한 우려

과학 기술의 신속한 발전에 따라, 특히 하드 기술이 인류의 생명에 관여하고 소프트 기술[21]의 심도 있는 축적이 대폭 진전된 이후에 인류는 생명을 창조하고 조종하며, 나아가 인류의 진화에 영향을 미칠 수 있게 될 것이다.

이러한 배경 하에 인류의 욕망과 발전 수요에 의해 새로운 기술을 통한 인류의 진화는 현재 과학 기술 계통 및 미래학과 관련된 학계, 미디어에서 뜨거운 화제가 되고 있다. 예를 들면 미래 인류가 각종 초인, 무성인, 단일인, 행존인, 유전인, 사이보그, 우주인 등이 될 것인지에 관해서다. 이러한 가능성은 매우 큰 윤리적 논쟁을 불러일으킬 것이며 인류 사회에 있어서 거대한 도전을 제기한다.

그 대표적인 것으로는 워싱턴 대학의 고생물학자 피터 더글라스 워드(Peter Douglas Ward)를 포함한 저자들이 《미래 진화(Future Evolution)》에서 제시한 관점이다.[22] 그들은 인류가 미래 5억 년 내에도 계속 존재한다는 가설 아래 다음과 같은 5가지 방향을 향해 발전할 것으로 예측했다 (〈자료 1-1〉 참조).

① **단일인**: 세계화와 문화 교류에 따라 100만 년 이후에 고도의 세계화에 수반되는 결과는 서로 다른 다양한 인종이 모두 동화되어 '단일인'으로 진화되는 것으로써 귀결될 것이다. 그들의 외모적 특징은 서로 다른 피부색이 융합되어 하나가 되고, 눈은 현대인보다 크며, 다양한 종족상의 특징은 점차 소실될 것으로 보인다.
미국 듀크 대학의 생물다양성 전문가 스튜어트 핌(Stuart Pimm)은 "인류는 과거보다 덜 분화되고 있을 뿐만 아니라 오히려 줄곧 수렴되고 있다"고 지적한다. 그에 따르면 현재 인류는 6,500종의 언어를 사용하고 있지만 한 세대 또는 두 세대를 거치게 되면 단지 600종의 언어만 남게 될 가능성이 있다. 또한 다른 단일종과 마찬가지로 단일인종은 전염병의 위협에 있어서 더욱 취약해진다. 유전자의 가변성은 일부 바이러스에 의해 공격을 받을 때 활발한 유전자적 다양성을 현시하는 종이 대규모 손실을 입지 않도록 보호하기 때문이다.

② **행존인**: 만약 예상 밖의 재난이 발생한다면 인류는 과연 생존할 수 있을까? 대홍수, 역병 또는 핵전쟁에서부터 소행성의 지구 충돌까지 이러한 재난들은 하룻밤 사이에 인류 문명을 완전히 소멸시킬 수 있고, 이 과정에서 생존한 인류를 새로운 진화의 경로로 나아가도록 만들 것이다.
핵전쟁을 예로 들면, 지구에서 궤멸적인 재난이 발생한 이후에 세계

의 종말에 대응할 수 있는 것은 바로 방사능에 견뎌낼 수 있는 능력을 지닌 행존인이며, 그들의 외모적 특징인 두꺼운 눈썹과 피부를 통해 모든 방사능을 견뎌낼 수 있다는 것이다.

③ **유전인**: 사회평론가 조엘 가로(Joel Garreau)는 유전자 기술의 신속한 발전에 따라 변형된 유전자와 새로운 약물이 상호 결합된 유전인이 장차 인간의 새로운 유형을 대표할 것으로 보고 있다. 이러한 유전자의 진화는 생물 진화, 심지어 문화 진화보다 더욱 신속하게 도래할 것이다. 생물 진화는 수백 만 년이 소요되었는데 유전자 진화가 하나의 새로운 인종을 형성하려면 또 얼마나 많은 시간이 걸릴까? 이에 대한 조엘 가로의 대답은 20년이다.
브라운 대학의 켄 밀러(Ken Miller) 교수에 따르면 일단 과학자가 노쇠 및 질병과 관련된 유전적 특징을 찾아내면 우리는 100세 또는 그 이상까지 가장 좋은 상태를 유지할 수 있게 된다. 하지만 현재의 유전자 치료법은 개인 차원에서만 효과를 볼 수 있을 뿐이다. 만약 유전인의 유전적 특성이 유전되도록 하고자 한다면 과학자들은 윤리적 문제에 직면하게 될 것이다. 또한 유전자 기술의 불확정성에 의해 유전자 기술을 개선하려는 시도는 예측 불가능한 나쁜 결과를 초래할 수도 있다.

④ **사이보그**: 생물학적 부분과 기계적 부분을 동시에 갖춘 피조물은 이미 존재한다. 과학자들이 인간의 뇌에 지능 칩을 삽입하는 것이 허락될 경우 인공지능은 호모사피엔스의 내생적 지혜 및 능력을 초

월하게 될 것이다(소수의 엘리트들에게만 적용될 경우 '뉴맨(Numan)'이라고 일컬어지기도 함_옮긴이).

레이 커즈와일에 의하면 AI는 2045년에 이르러 인류의 지능을 초월할 것이라고 한다. 로봇이 인간의 지능을 완전히 초월하는 수준으로 진화하게 될 경우 그들의 지위는 인간보다 높아질 것이고, 지구를 지배하는 새로운 종이 될 것이다. 그렇게 될 경우 일반적인 인간들은 하나의 자연종으로서 계속 존재할 수 있을까?

⑤ **우주인**: 만약 인류의 수명이 충분히 길어지게 된다면 생존을 위해 우리는 불가피하게 다른 행성들로 확장을 시도할 것이며, 이를 통해 행성 간 이동에 적합한 새로운 인종, 즉 우주인(외계 행성을 식민지화하는 데 최적화된 존재로서 '아스트란(Astran)'이라고 불리기도 함_옮긴이)이 형성될 것이다.

멀리 떨어져 있는 행성에 도달하려면 과학자들은 반드시 대형 우주선을 건조해야 하고, 행성 사이를 비행하여 이동하는 중에 우주 여행자의 신체는 변화될 것이다. 예를 들면, 낮은 중력 상태에서 인간의 팔과 다리는 지구에서처럼 길게 성장할 필요가 없고, 인간의 모

**자료 1-1 | 인류 진화의 5가지 발전 방향**[23]

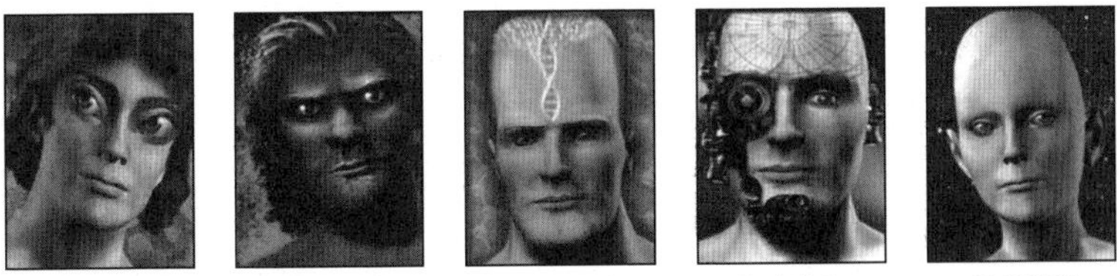

① 단일인 ② 행존인 ③ 유전인 ④ 사이보그 ⑤ 우주인

발은 더 이상 쓸모가 없게 된다.

린다 그로프(Linda Groff)는 오늘날 이슈가 되고 있는 인류의 진화에 관한 관점을 정리하며 이와 관련하여 존재할 수 있는 최소한의 9가지 방향을 다음과 같이 제기했다.[24]

① 정보 기술에 기초한 초인류주의자(의식을 컴퓨터 칩에 업로드함).
② 바이오 기술에 기초한 초인류주의자(필요에 근거하여 신체의 일부 기능을 강화시킴).
③ 로봇 공학의 진화(핵심은 인간과 로봇의 관계임).
④ 특수한 능력을 지닌 사이보그로의 인간의 진화.
⑤ 인간의 두뇌 외재적 버전으로서의 인터넷(창조성과 학습의 확대를 유도함).
⑥ 우주 공간에 대한 탐색의 측면(인류는 반드시 우주의 새로운 환경에 완벽하게 적응해야 하지만 방사능, 골(骨豊) 소실, 소통, 우주 공간에서의 생육 등 여러 문제가 존재함).
⑦ 인간과 외계 생명체(ET)의 관계(만약 우주에 지적 생명체가 존재할 경우).
⑧ 확장된 의식(깨달음)의 체험.
⑨ 인류가 생명체로서 지구/가이아(그리스 신화에 등장하는 대지의 여신_옮긴이)와 연계를 맺고 지구를 책임감 있게 관리하는 것(영화 〈아바타〉에서 묘사한 것처럼) 등.

심지어 어떤 이는 인류의 진화와 관련된 10대 가설을 제시하고 있는

데[25] 여기에는 인류 스스로 퇴화하고자 하는 것, 인류 스스로 소멸되고자 하는 것, 인류의 대뇌가 발전하는 반면 사지가 위축되는 등의 괴물로 탈바꿈되는 시나리오가 포함되어 있다.

중국현대화연구센터는 '제6차 과학 기술 혁명의 기회'에서 미래 40년 내에 인류가 끊임없이 업데이트되고 업그레이드되는 다음과 같은 5가지 기술에 의존하게 될 것이라고 주장했다.[26] 구체적으로 정보 변환(인간의 뇌와 컴퓨터 간의 직접적인 정보 교환 및 변환을 실현하는 기술), 인격 정보 패킷(인간 뇌의 사회학 및 인격을 상세히 설명하는 정보 패킷을 생산하는 생체공학 기술), 생체공학(생물체의 조직 및 행위를 모방하여 제작하는 공학 기술), 창조 기술(목적을 갖고 생물체의 조직, 기관, 사지 및 살아 있는 유기체를 합성하는 공학 기술), 재생 기술(생물체의 조직, 기관 및 재생을 유도 또는 배양하여 실현시키는 공학 기술)이다.

이러한 기술은 앞으로 자연인 이외에 다음과 같은 세 종류의 새로운 '생존 형태'인 네트워크인간(Network man, 향후 사이버 공간에서 존재하게 될 가상 인간 또는 디지털인간), 인조인간(Bionic man, 일반 자연인의 외관, 신체 특성, 성별 기능 및 '인격 정보'를 갖추고 있는 고도로 모방된 지능형 인간), 재생인간(Regenerative man, 특정 자연인의 전체 생물학적 정보, 사회학적 정보, 인격 특징을 정확하게 갖추고 있는 복제 인간)을 만들어낼 것이다.

스스로 자신의 진화 방향을 고려해본다는 것은 실로 인간이 '만물의 영장'으로 불리기에 손색 없는 일이라고 할 수 있다. 하지만 이미 1,000만 년 이상의 기간에 걸쳐 유인원(라마피테쿠스마이오세부터 플라이오세에 걸쳐 생존했던 것으로 추정되는 화석 영장류_옮긴이)에서부터 진화해온 인류가 자신의 먼 미래의 귀결에 대해 오로지 이러한 것들만 고려해야 하는가? 더욱 적극적이고 이상적인 '진화 방향'은 과연 존재하지 않는 것일까?

과학자들이 앞서 언급한 존재할 가능성이 있는 인류의 미래 모습 또는 자연인과 함께 존속하게 될 기타 '생존 형태'를 제기할 때 이러한 진화에 어울리는 인류 사회 및 인류 문명에 대해 함께 고민하는 자세가 무엇보다 필요한 시점이다.

4

# 폭발하는 기술혁명

더욱 빠르게, 더욱 작게, 더욱 지능화되고 때론 잘못된 방향으로 더욱 파괴성을 지닌 기술의 발명 그리고 창조와 혁신은 전광석화와 같은 속도로 각 영역에 침투하고 있다. 휴대폰과 인터넷의 변화는 단지 우리가 가장 손쉽게 접하고 있는 기술 진보 중 하나일 뿐이다. 레이 커즈와일이 말한 것처럼 '기술은 진화하고 있는 중이 아니라 바야흐로 폭발하고 있다.'

사람들은 서로 다른 각도에서 각종 신흥 기술을 연구하고 토론할 수 있다. 이에 나는 당대에 비교적 영향이 큰 12대 기술 영역(현재 과학과 기술의 발견, 발명, 혁신이 너무도 신속하기에 단지 유한한 사례를 들 수 있을 뿐이다)을 토대로 중요한 영역에서의 기술 발전 추세를 전망하고, 과학 기술이 인류 사회의 진보에 매우 주요한 추동력으로서 그 발전이 영원히 멈추지 않을 것이며 인류의 미래를 부단히 재정립할 것임을 설명하려 한다.

또한 사람들에게 고도의 과학과 기술 발전이 인류에게 가져올 거대한 계기와 복지에 대해 관심을 갖도록 이끌며, 모든 기술의 혁신적 진전이 서로 다른 각도에서 우리로 하여금 사회, 정치, 문화 방면에서 매우 어려운 선택을 하도록 내몰고 있고 나아가 현재 우리 인류는 문명의 위기에 직면해 있다는 것을 호소하고자 한다.

이러한 사고와 문제 인식, 미래 연구는 곧 도래할 지능화 사회를 맞이하기에 앞서 꼭 필요한 것이라고 할 수 있다.

## 생명과학과 바이오 기술

생명과학을 기초로 하고 유전자, 세포, 단백질, 효소, 발효와 관련된 공학을 대표로 하는 현대 바이오 기술의 발전이 매우 빠르게 진행 중이다. 이는 인류가 질병의 치료, 식량 부족, 자원 및 에너지 부족, 환경오염 등의 중대한 문제를 해결하는 데 있어서 매우 밝은 전망을 안겨준다.

약물 영역을 예로 들면, 유전자 진단 기술, DNA 백신, 맞춤형 약물 제조, 회춘 기술, 기억의 회복을 돕는 약물, 세포 및 조직 기관의 회복 및 재생 기술 등은 모두 중대한 돌파를 이루었다. 머지않은 미래에 노쇠를 지연시키고 근본적으로 암을 극복하는 것에 실제적인 희망을 가질 수 있게 되었으며, 전 세계적으로 인류의 수명이 110세 또는 120세로 늘어나는 것이 더 이상 꿈이 아니게 되었다.

현재 바이오 기술은 이미 '인공 신체'의 레벨에 도달했으며 치료를 위한 복제 기술은 광범위하게 응용될 것으로 전망된다. 인간의 세포를 이용하여 기관을 복제하면 타인의 기관을 이식하는 것으로 인해 발생하는 거부 반응을 극복할 수 있을 뿐만 아니라 기관의 공급원 문제를 해결할 수 있다. 현재 실험실에서 배양하고 있는 인체 기관으로는 심장, 간장, 췌장, 유방, 피부, 뼈, 각막 등이 있다. 사람들은 곧 모든 인체의 조직과 기관이 '복제'되거나 리모델링될 수 있을 것으로 믿고 있다.

미국의 과학자는 이미 자체적으로 분열하는 인조 생명세포 '신시아'를 만들어냈다.[27] 이것은 전 세계 과학계에 격렬한 논쟁을 불러일으켰고 비판자들은 신시아가 생명 본질의 기본 이념을 위배했다고 보았다. 또한 호주의 과학자는 배양접시에서 배아 줄기세포를 소형 인공 신장에 배양해냈는데 이것은 병든 기관을 대체할 수 있는 기술로 주목받았다.[28] 그리고 중국의 과학자는 성공적으로 인체 피부세포를 간세포로 변환시켜[29] 간세포 치료 및 인공 간장에 합성하는 등 관련 분야에 있어서 장족의 발전을 이루었다.

바이오칩 기술은 마이크로 전자반도체 기술과 바이오화학 기술의 융합 기술로서 전체 실험실을 하나의 전자칩에 놓고 유전자 염기서열 검사, 질병의 분자진단, 약물의 개발, 식품 안전의 감독·검사, 환경의 감독·검사, 사법감정(司法鑑定) 등의 영역에 응용할 수 있는 광활한 플랫폼을 제공하고 있으며 그 전도가 무한한 바이오칩 산업에 핵심 기술을 제공하고 있다.

반면 생체인식 기술은 새롭게 부상할 반테러 산업의 탄생을 촉진하고 있는데 지문, 안면, 홍채, 체취 등 개인 고유의 생물학적 특성을 이용하여 신분을 식별한다. 이는 범죄 퇴치, 대테러 대응, 범죄 기록의 식별 등에 있어서 아주 값진 수단을 제공하고 있다.

하지만 한편으로 바이오 기술의 발전이 생명에 영향을 미치는 것은 불가피하며, 그것이 초래하는 중대한 영향 중에 도덕·윤리는 물론이고(〈자료 1-1〉 참조), 인류의 미래에 대한 도전에 있어서 기타 신기술을 초월하게 될 것이다. 그 기술상의 오류 및 남용은 건강한 생명의 손실, 사망 심지어 전체 종군유전(种群遗传)의 변이를 초래할 것이며, 이밖에도 예상하기 힘든 위해를 가져올 것이다. 생명과학 기술의 응용 방향을 어떻게 감독·통제하고, 오용 및 남용되는 것을 방지할 것인지는 이미 전 인류에게 중대한 도전이 되고 있다.

예를 들면, 고의적으로 바이러스나 세균, 독소를 사용하면 대량의 인간·가축이 죽거나 다치고 자연을 파괴하며 사회 불안과 경제 손실 등을 초래하게 된다. 카이메라 바이러스, 니파 바이러스, 천연두, 탄저균, 콜레라균, 보톡스, 페스트, 야토병, 장티푸스, 에볼라 출혈열 등은 역사상 가장 위협적이었던 10대 생물무기로 알려져 있다.

오늘날 이슈가 되고 있는 문제로는 '유전자 변형 생물'이 인류의 건강, 자연 생태 환경 및 생물다양성 등에 잠재적인 위협이 되고 있다는 것과 복제 인간의 윤리적 재난(치료 차원의 복제인가, 생식 차원의 복제인가), 유전자 무기의 재난(만약 인류의 유전자 특징에 근거하여 어떤 종류의 에스닉 그룹을 살상 대상으로 삼을 경우), 유전자 차별(유전자가 유발하는 인종 차별, 성별 차별, 연령 차별 등), 바이오 기술의 특허 수여(리스크 예방의 원칙 하에 보호가 이루어지고 있는지의 여부), 생물 자원의 보호(인류 유전자 자원, 생태 자원 등 이미 국토 및 광산 자원 등에 이어 쟁탈이 벌어지고 있는 전략 자원) 등이 있다.[30]

바이오 기술의 이와 같은 양면성은 일찍이 2012년 3월 미국이 '생명과학의 우려되는 양면적 사용 연구에 있어서 기관적(機關的) 관리에 관한 정책'을 공표(2014년 9월, 새롭게 수정됨)하여 양면적 사용 연구의 위험에 대한 감독·관리 제도를 확립하고자 했다. 중국에서도 '생물 안전법'이 2021년부터 정식으로 실시될 예정이다.

인류의 유전자 편집 기술을 예로 들면, 해당 기술은 암, 에이즈, 알츠하이머, 파킨슨 등 치유되기 어려운 질병 치료에 이용되는데 특히 여러 유전병의 치료 방면에 있어서 거대한 잠재력을 가지고 있다.

하지만 인류 군체에 대한 잠재적 리스크와 위해 또한 헤아릴 수 없을 만큼 많다. 이로 인해 일찍이 2015년 12월 워싱턴에서 개최된 제2차 '인간 게놈 편집에 관한 국제회의(International Summit on Human Gene Editing)'에서 넘어서는 안 될 '레드라인(회의 참가자들은 인류 배아 유전자의 편집에 대한 기초연구를 전개하는 것은 허락되지만 해당 기술을 임상에 투입하여 사용하는 것은 무책임하다는 것에 의견일치를 보였음)'을 명확히 제시한 바 있다.

중국의 과학자 허젠쿠이(賀建奎)는 유전자 편집을 통해 한 쌍의 쌍둥이가 2018년 11월 중국에서 탄생했다고 발표했는데, 그중 한 아기의 유전자 수정이 이루어졌고 출생 이후 선천적으로 에이즈에 저항할 수 있었다. 인류에 대해 유전자 변형 기술을 실시하는 것에 대한 '주의'는 결코 그로 인해 처음 인식된 것은 아니며 단지 가장 나쁜 결과를 통제할 수 없다는 것을 감안하여 그것을 시도한 사람이 없었던 것이다.

하지만 허젠쿠이와 그의 연구팀은 천하의 금기 사항을 깨뜨리며 인류의 미래를 위험한 게임 속에 빠져들게 했다.[31] 관건은 이러한 '과학 실험'은 SF소설과는 완전히 다르며 이와 같은 판도라의 상자가 열리게 될 경우 그로 인한 나쁜 결과는 상상조차 할 수 없을 만큼 크다는 것이다(여기에는 인류를 멸종시킬 수 있는 '유전자 무기'도 포함된다).

허젠쿠이는 '워싱턴 회의'에서 제기된 경고와 건의를 무시하고 충분한 기초연구가 이루어지지 않은 기술을 직접 인체에 이용했고 '치료'에 유전자 편집 기술을 응용해야 한다는 '최저선'을 넘어 이른바 '예방' 영역으로 진입했다. 그다음 단계는 '개선'을 위한 목적으로 사용될 것이다(제2장 참조). 법학자 왕캉(王康) 교수가 말한 바와 같이, 유전자 편집 기술의 생식의학 영역에서의 운용은 여러 위험을 일으킬 수 있는데 기술적으로는 불확정성과 불가역성을 지니고 있고, 윤리적으로는 인간의 존엄과 생존 가치에 충격을 주며, 사회적으로는 새로운 불평등 및 인간 자체의 소외를 초래하고 있는데 법률·정책에 있어서는 아직 정확하고 명확한 방향이 확정되지 않은 상태다.

허젠쿠이는 첫 번째 '시험관 아기' 루이스 브라운(Louise Brown)의 출생을 예로 들며 '법규와 사회도덕, 시험관 기술은 함께 발전하고 있다'고 말한다. 시험관 아기와 유전자 편집 아기 사이의 본질적 구별에 대해서는 논외로 하더라도 두려운 것은 이러한 관점이 현재 '과학 윤리'에 대해 일종의 오해를 초래하고 있다는 것이다. 즉 "윤리 문제는 하나의 관념 문제이며 생산력이 생산 관계를 결정하는 것과 유사한데 다시 말해 생산력이 일정 단계에 도달하게 되면 곧 새로운 생산 관계가 필요해지듯 과학 기술이 일정 단계에 도달하게 되면 새로운 윤리가 필요하다"[32]고 보는 것이다. 중요한 것은 과학 기술과 함께 발전하는 '새로운 윤리'를 유전자 편집을 통한 아기의 출현을 변호하기 위해 이용할 수 없다는 사실이다.

윤리에 대해서는 매우 많은 정의가 있지만 그중 비교적 공인되고 있는 해석은 인간과 인간, 인간과 사회, 인간과 자연의 '관계'를 규정할 때 반드시 준수해야 하는 도덕 기준(사상 관념)과 행위 준칙을 가리킨다.

과학 기술의 발전은 확실히 앞서 언급한 관계들에 더욱 복잡하고 엄숙한 도전을 가져왔고, 관련된 윤리 및 도덕규범은 시대의 변천과 함께 갱신되어 이러한 변화에 적응해야 할 필요가 있다.

하지만 이러한 관계가 어떻게 변화하든 상관없이 이러한 변화를 유도하는 근원, 즉 과학 기술 발전의 초지(처음에 품은 뜻)가 변해서는 안 된다. 다시 말해, 과학 기술의 진보는 반드시 모든 인류에게 행복을 가져다주어야 하고, 인류의 생존 환경(자연계)을 파괴해서는 안 된다. 아울러 반드시 생명을 존중하고 자연을 경외하며 인류 그리고 인류 사회 및 자연계 기타 종 간의 조화 및 지속가능한 발전을 촉진해야 한다.

또한 윤리와 도덕규범이 어떻게 갱신되든 상관없이 인류의 도덕 윤리 준칙을 위반할 수 없으며, 인류의 존엄과 전체 복지에 손해를 끼쳐서는 안 된다. 이는 곧 과학 연구와 기술 혁신 활동을 하는 과학자가 반드시 엄수해야 할 가치관이자 사회 책임이며 행위 규범으로, 과학 기술은 모든 인류의 장기적 복지에 기여해야 한다는 목적과도 부합되어야 함을 의미한다. 이는 최첨단 과학 기술의 발전에 있어서 지켜야 할 일종의 '틀'이자 최저선이라고 할 수 있다.

설령, 과학 탐구에는 한계가 없다 하더라도 모든 과학 연구 및 실천 활동은 도덕규범을 엄수해야 하고, 모든 '새로운 윤리'는 윤리적 레드라인을 침범해서는 안 된다. 즉 과학 윤리에 대한 존중과 준수를 견지해야 하는데 이는 관념과 도덕 차원에서 사람들이 과학 기술 활동에 종사하는 행위 준칙을 규제하는 것으로, 여기에는 '비상해 원칙'이 포함되어 인성과 자연을 존중하는 것을 가장 높은 위치에 두어야 할 것이다.

혹자는 "문명세계에서 단지 수요가 있다면 윤리는 부차적인 것이다" 라고 말한다.[33] 하지만 이것은 대단히 무책임한 발언이다. 여기에서 언급된 문명세계란 무엇인가? 어떤 수요를 말하는 것인가? 또 구체적으로 어떤 사람들의 수요를 지칭하는 것인가?

이미 현재 20여 개 국가에서 인류 배아에 대해 유전자 편집 금지 명령을 내렸다.[34] 한편 중국국가위생건강위원회(中國國家衛生健康委員會)는 2019년 2월 26일에 '생물·의학 신기술에 대한 임상·응용 관리 조례의 공개적인 의견 모집에 관한 공고'를 공표했다.[35] 이는 총 7장 63조의 의견으로 구성되어 있고, 임상연구 프로젝트의 신청 및 심사, 연구과정의 관리, 전환 응용의 관리, 감독 관리 및 법률 책임 등의 측면에서 상세한 설명을 하고 있으며 인체 유전자, 인체 배아 등과 관련된 의학 및 과학 연구를 입법화하고 규범화할 예정이다.

## 나노 과학과 나노 기술

물질세계에서 가장 미소한 나노 입자가 미래의 소재가 된 이후에 나노미터(1미터의 10억 분의 1) 기술은 인류가 미시적인 세계를 향해 약진할 수 있도록 해줄 것으로 기대를 모으고 있다.[36] 인류는 나노미터 차원에서 물질을 새롭게 인식하게 될 것이며, 인류 자신에 대해서도 그렇게 될 것이다. 또한 나노 과학 기술은 일련의 새로운 과학 기술들을 양산할 것인데 여기에는 나노 물리학, 나노 생물학, 나노 화학, 나노 전자학, 나노 소재학, 나노 가공 기술 및 양자계산 등이 포함된다.

실제로 나노 기술은 단일 원자 또는 분자를 이용하여 물질을 제조하는 기술이다. 나노 과학 기술의 중대한 진전은 앞으로 나노 소재의 구비 및 응용, 마이크로 전자와 컴퓨터 기술, 의학, 제조업(나노의 정밀도를 통해 '가공' 상태가 미세가공 기술의 극한에 도달하는 것과 나노 도료 및 나노 입자가 함유된 건축 재료의 응용 등), 식품(매우 민감한 나노 소재는 식품의 변화를 매우 일찍 탐지하고 측정해낼 수 있으며, 식품의 오염이 확산되기 전에 대책을 강구하여 이를 회피할 수 있음), 우주비행 및 항공(미니 위성에서 나노 위성까지, 나노 탄소 튜브에서 우주 케이블까지, 무기 항균제에서의 나노 소재 응용 등), 국방(나노 무기, 포켓용 비행체, 미니 정찰기, 나노 군복 등), 환경보호(오염된 기체의 포착 및 흡수, 여과 능력의 증강, 수자원의 저비용 담수화 및 정화 방법 등), 에너지(더욱 강력한 에너지의 생산과 비축 시스템을 통해 자원 사용의 효율을 높이는 것 등) 분야에서 혁명적인 변화를 가져올 것이다. 특히 나노 과학 및 나노 기술의 발전 양상과 전망을 의학 영역을 예로 들어 설명하면 다음과 같다.

- 특정 질병에 대항할 수 있는 나노 입자의 설계를 통해 효과가 강력한 항생제와 소염제를 개발함으로써 인체의 특정 부위에 존재하는 세균 및 바이러스의 감염에 대처할 수 있다.
- 대뇌 또는 신체의 특정 부위에 존재하는 나노 입자를 조준하여 파킨슨, 알츠하이머, 관절염 등의 질병을 더욱 효과적으로 치료할 수 있다.
- 나노 입자는 암 등의 질병에 대한 신형 탐지기로서 진단과 치료에 이용될 수 있고, 분자형 로봇은 혈액 사이를 순환하며 각 부위에 대한 검사와 진단, 치료가 가능하다(뇌혈관의 혈전 제거, 심장 동맥상의 지방 및 침전물 청소, 비뇨기 계통의 결석 파쇄 등에 이용될 수 있다).

- 보다 내구성이 좋고 거부 반응이 없는 인공 조직 및 기관을 만들 수 있다.
- 자기공명영상(MRI) 방면에서는 나노 입자를 활용하여 스캐너가 암세포를 탐지해낼 수 있는 센서가 될 수 있다.

레이 커즈와일에 따르면 우리는 2020년대에 나노 로봇을 통해 면역 시스템을 접촉하고 관리하기 시작하며, 2030년대에는 나노 로봇이 혈액 속의 병원체를 파괴하고 불순물, 혈전 및 종양을 제거하며 DNA 오류를 바로잡고, 심지어 노화까지 되돌릴 수 있다고 한다.[37] 또한 최근 레이 커즈와일은 미래에는 나노 로봇이 모세혈관을 통해 아무런 상처를 입히지 않고 대뇌에 진입하여 우리의 대뇌 피질과 클라우드 컴퓨팅 단말을 연결시킬 것이라고 언급했다.[38] 이렇게 될 경우 우리는 또 하나의 새로운 '인조 대뇌 피질'을 보유하게 된다.

이처럼 나노 기술이 광범위하게 응용될 것으로 전망되고 있지만 그것이 가지고 있는 잠재적 위해 또한 간과할 수 없다.[39] 예를 들면 다음과 같은 것들이다.

① **광범위한 응용으로 인한 잠복해 있는 위험** 오늘날 나노 소재는 이미 의약, 염료, 도료, 화장품, 환경오염 처리 등의 분야에서 광범위하게 응용되고 있어 연구자는 물론 생산자 및 소비자가 그것에 접촉할 수 있는 기회가 더욱 많아지고 있다. 이에 우려되는 것은 이처럼 작은 나노 입자가 피부 또는 호흡 계통을 통해 기타 기관에 들어갈 수 있고 나아가 인체의 세포 내에 진입하거나 잠복하여 세포 병변을 유발

할 수도 있다는 점이다. 이럴 경우 신체에 입히게 될 위해를 예측하기 어렵고 그것을 되돌리는 것은 사실상 불가능하다.

② **나노 기술 남용에 의한 위해** 나노 소재의 특성, 독성 처리 관련 연구 및 환경 안전 평가가 아직 충분히 이루어지지 않은 상태에서 거대한 군사 및 상업 이익에 의해 성급하게 나노 기술의 산업화를 추진할 경우 환경과 건강에 위해를 초래할 것이며, 특히 제멋대로 나노 폐기물을 배출할 경우 회수하기가 거의 불가능하여 환경 오염을 초래하고 생태 시스템을 파괴하게 된다.

③ **나노 무기의 위험성** 새로운 생물 세포와 인조 마이크로 나노미터 기기의 탄생으로 침략성과 은폐성이 더 높은 '생화학 무기'가 출현할 것으로 예상되는데 예를 들면 나노 전자충, 나노 정찰병 및 기타 초미니형 지능화 무기 장비, 초미니형 로봇 사병 등으로 전쟁의 파괴성이 더욱 증가될 것이다.

④ **잠복해 있는 안전 문제** 국가 기밀, 군사 기밀, 상업 기밀 및 사생활 보호에 있어서 초래되는 더욱 큰 도전이 존재하며 심지어 테러주의자가 이용할 위험성 또한 가지고 있다.

⑤ **사회 윤리 및 도덕에 대한 도전과 관련된 문제** 나노 기술은 우리가 후대의 유전자 코드를 개변시키거나 심지어 설계할 수 있는 능력을 제공한다. 이에 유전자 및 세포 구조 변형을 통해 예정된 목표에 따라 요구 사항에 부합되는 영아를 생산할 수 있으며 이는 전통적 생육 방식을 변화시킬 것이다.

⑥ **생명에 대한 도전과 관련된 문제**[40] 나노 기술의 출현은 생물과 비생물 간의 큰 간격을 메우고 있는데, 만약 비생물 물질 내의 원자를 나

노 로봇에 장착시켜 인체 내에 진입시킬 경우 전통적 신진대사와 생식 능력의 기준에서 이것을 생물이라고 정의할 수 없게 될 것이다.

⑦ **인간의 본질에 대한 도전과 관계된 문제** 과학자들은 나노 기술이 대상이 되는 인간의 모든 신체 부위의 세포를 복제하는 방법으로 인체 전체를 복제할 수 있으며, 이는 '복제 기술'의 유전자 복제와는 다른 것이라고 믿는다. 이러한 사유의 본질은 '인간'을 한 무더기의 세포로 구성된 조합물로 간주하는 것이다. 그렇다면 이러한 세포로 구성된 조합물과 원형 인간은 동일한 사상과 의식을 갖고 있을까? 아니면 단지 하나의 괴물에 불과할까? 이에 대해서는 아무도 명확하게 설명할 수 없다. 미국의 〈디스커버(Discover)〉는 심지어 나노 기술을 인류를 위협하는 20가지 중대한 천재 및 인재 중 하나로 꼽았다.[41]

이러한 위험들을 감안하여 미국 국가나노기술계획(NNI)과 미국 국립과학원(NAS)의 NNI에 대한 10가지 건의 중에는 나노 기술의 발전 과정에서 '윤리, 법률과 사회적 영향 및 직원 훈련' 등의 문제를 중점적으로 지원해야 할 연구 항목으로 언급하고 있다.[42]

우리는 인류가 방사성 물질의 발견에 있어서 그 기능을 개발하고 이용하는 것에만 중요시하고 그것이 인체에 미칠 위해에 대한 연구와 대책 마련을 소홀히 하여 초래된 역사적 교훈을 반드시 기억해야 한다. 또한 나노 소재의 기능 및 그것이 인류에게 미칠 잠재적 영향에 대해 충분한 관심을 보이고 심층적인 연구를 진행하여 인류가 나노 기술을 합리적으로 응용하는 데 있어서 과학적인 근거를 제공해야 할 것이다.

## 컴퓨팅 기술

컴퓨팅(계산)을 기초로 한 기술은 변화가 가장 크고 영향이 가장 광범위한 기술이다. 그것은 인공지능, 5G 기술(5세대 이동통신 기술), 모바일 인터넷, 블록체인, 3D/4D 기술, 뇌 연구 등 매우 많은 신흥 기술의 기초를 이루고 있다. 컴퓨팅 기술은 대략 20개월마다 한 차례씩 갱신되고 있고, 그 처리 속도나 저장 및 기억 능력은 연평균 40퍼센트 이상의 비율로 부단히 진보하고 있다.[43]

레이 커즈와일에 따르면 컴퓨터는 기하급수적인 추세로 발전하고 있으며, 천공카드 형태의 기계식 컴퓨터, 전자 계전기 컴퓨터, 진공관 컴퓨터, 트랜지스터 컴퓨터, 초기 집적회로 컴퓨터를 거쳐 현재의 초대형 집적회로 컴퓨터에 이르고 있다. 컴퓨터 설계와 기술의 패러다임이 변환되는 데 소요되는 시간은 '무어의 법칙'이 제기한 바와 같이 갈수록 단축되고 있다.

'클라우드 컴퓨팅'으로 대표되는 계산 기술의 끊임없는 진보는 우리에게 강대한 계산 능력을 제공하고, 개인 및 조직의 행위와 관련하여 하나의 물질세계와 평행한 숫자세계를 구축하고 있다. 인터넷 또한 '클라우드' 네트워크로 변화하고 있으며[44] 아울러 현재 약 절반에 가까운(48퍼센트) 회사의 데이터가 클라우드 형태로 저장되어 보관되고 있는데 이것은 3년 전보다 비중이 3분의 1(35퍼센트) 가량 높아진 것이다.[45]

소셜미디어(SNS)에서부터 메타 데이터(Metadata)에 기초하여 분석해내는 의학혁명에 이르기까지 가공할 만한 데이터 처리 능력은 과거에는 상상할 수 없었던 서비스와 업무를 가능하게 만들고, 우리로 하여금 새로운 시장의 프런티어를 경험하도록 하고 있다.

클라우드 컴퓨팅은 모든 기계 설비에 지혜를 갖추도록 하는데 이는 단지 하나의 작은 칩만 있으면 실현될 수 있다. IBM은 2012년 '기술 발전의 방향에 대한 깊은 관심'이라는 제목의 예측 보고서에서 미래의 클라우드 컴퓨팅 설비가 시각, 청각, 미각, 후각 및 촉각의 모방 능력을 개발함으로써 인지 기능을 한 단계 더 발전시킬 것으로 보았다.[46]

IBM의 슈퍼컴퓨터 시스템 '왓슨(Watson)'은 이미 인류의 지혜를 초월한 상태이며, 인류 언어 중 반어적인 풍자까지 추측해서 이해하고 심지어 학습할 수 있을 정도다.[47] 왓슨은 현재 의료 보건(DNA 분석, 질병 진단 등), 금융 및 법률 논증, 빅데이터 분석을 통한 효과적인 정책의 수립에 이용되고 있다. 한편 일부 슈퍼컴퓨터는 이동식, 즉 로봇 형태가 될 것인데 그것들은 '센서 모드'를 갖게 될 것이며 이러한 센서의 성능은 미래의 컴퓨터가 인류의 감각 기관을 모방할 수 있도록 만들어질 것이다.

그러나 클라우드 컴퓨팅은 여전히 준법성, 복잡성, 데이터 축적, 비용 통제 등의 요인에 따른 다양한 도전에 직면해 있다. 인텔(Intel)의 연구개발실 대변인 마니 바라(Manny Vara)는 "현재 인류의 '클라우드 컴퓨팅' 능력에 대한 운용은 아직 매우 원시적이며 피상적인 단계에 머물러 있다"고 말했다.[48]

'빅데이터'[49] 시대에 인터넷상에서는 인류의 각종 화제와 관련된 정보를 모두 저장·보존할 수 있고, 몇 초 안에 검색하고 정리하는 것이 가능하다. 아이폰과 같은 휴대용 디지털 기기의 연산 능력 또한 1970년대의 IBM 핵심 기기를 무색케 할 정도다.

전문가들은 머지않아 일부 컴퓨터가 우리의 시야에서 사라질 것이라고 말한다. 그것들은 기초 시설과 각종 설비에 내장되고, 그 속도는 현재의 컴퓨터보다 최소한 10만 배, 최대 100만 배 신속할 것으로 예상된다. 컴퓨터의 자료 저장·보존 기능은 더 이상 자기 디스크에 의존하지 않으며 이에 따라 컴퓨터의 이동식 부품은 점차 사라지고 대신 홀로그래피와 기타 형식의 기억장치(메모리)를 사용하게 될 것이다. 그 무렵 슈퍼컴퓨터는 10억 개의 프로세서를 갖고 있을 것으로 예상되는데 그것들은 디지털, 아날로그, 신경망 및 분자 컴퓨팅을 사용하는 컴퓨터일 수 있고, 양자 컴퓨터는 진정한 인공지능의 혁명을 인도할 것이다. 그때에 이르게 되면 우리가 사는 세상은 현재와는 완전히 다른 모습의 세계가 될 것이다.

## 인공지능과 지능형 로봇

1956년 'AI의 아버지' 존 맥카시(John McCarthy)와 마빈 민스키(Marvin Minsky) 등 일련의 수학자, 정보학자, 심리학자, 신경생리학자 및 컴퓨터과학자들이 다트머스 대학에서 열린 회의에서 처음으로 'AI'라는 개념을 제기했다. 그 이후 60여 년간 발전을 거듭하며 지능형 로봇에 대한 연구와 개발은 전 세계로부터 주목받을 만큼 진전을 이루었다.

현재 AI와 지능형 로봇은 예측할 수 없는 속도와 범위로 교육, 의료, 스마트 도시, 교통, 양로, 사회보장 등 거의 모든 인류 활동 영역에 응용되고 있고, 세계는 AI의 새로운 조류를 뜨겁게 맞이하고 있다.

AI에 대해서는 다양한 측면에서 여러가지 정의가 존재한다. 예를 들면 'AI는 컴퓨터를 이용하여 어떻게 하면 과거에는 오로지 인간만이 할 수 있었던 지능형 업무를 해내도록 할 것인지를 연구하는 것'이고,[50] '컴퓨터로 하여금 지혜를 현시하도록 만드는 방법에 대한 연구'이며 그 것에 필요한 처리 임무에는 학습, 추리, 규획, 감지, 언어 식별 및 로봇 통제 등이 있다.[51] 또한 '디지털 컴퓨터 또는 디지털 컴퓨터가 통제하는 기계적 시뮬레이션을 이용하여 인간의 지능, 감지 환경, 지식 획득을 확대·확장시키며 아울러 지식을 활용하여 가장 좋은 결과를 얻어내는 이론, 방법, 기술 및 응용 시스템'을 말한다.[52]

나는 학문 분과 및 영역을 초월한 융합 및 축적의 시각에서 AI가 하드 과학과 소프트 과학, 하드 기술과 소프트 기술에 힘입어 컴퓨터 또는 로봇이 인류와 유사한 지혜와 지능을 보유할 수 있고, 나아가 인류와 유사한 감정, 사유, 자아의식 등의 기능과 관련된 수단(작업)을 모방하고 보유할 수 있을 것으로 인식한다.

AI의 발전 단계와 관련해서는 다음과 같은 몇 가지 가설이 있다. 약한 AI 및 강한 AI에서 초강력 슈퍼 AI로 발전하는 것, 그리고 협의적인 인공지능(ANI)에서 광의적인 인공지능(AGI)으로 확대되는 것 등이다. 어떻게 분류하든 상관없이 근본적인 분계선은 AI가 의식을 갖추고 있는지의 여부, 인간의 능력을 복제할 수 있는지의 여부, 그 능력이 진정으로 인류의 능력을 초월했는지의 여부다.

일반적으로 볼 때 약한 AI 단계에서 강한 AI 단계에 도달하기 위해서는 아직 일정 시간이 필요할 것으로 여겨지는데 강한 AI에서 슈퍼 AI의 단계에 도달하는 데는 그 시간이 크게 단축될 것이다. 대다수의 과학자는 21세기 안에 AI 시스템이 인류의 지력을 초월할 것으로 보고 있다. 스티븐 호킹 박사가 언급한 바와 같이 AI 시스템의 진화는 생물 시스템의 진화보다 훨씬 빠를 것이며 심지어 기하급수적으로 성장할 것이다.

AI가 이른바 슈퍼 AI의 단계에 진입하게 될 경우 지능형 로봇이 도달할 수 있는 수준의 로봇은 관련 전문가들에 의해 '안드로이드 로봇' 또는 '휴머노이드 로봇'으로 불린다. 이것은 또한 과학자들이 탐색한 기술의 궁극적 목표로서 AI의 대표작이라고 할 수 있다.

이른바 안드로이드 로봇은 자연인과 구별되는 독립적인 '로봇'이다. 지능화 소프트웨어를 갱신하고 추가함으로써 '로봇들'은 인간과 교류를 할 수 있게 되고 학습 능력을 갖추게 되며, 인성화된 독립적 사유와 감정 체험을 보유하고 심지어 자아를 반복적으로 개선하고 발전시키는 능력을 갖춰 나날이 지능화되어 갈 것이다.

휴머노이드 로봇은 안드로이드 로봇이 갖추고 있는 정밀한 오관, 윤이 나고 깨끗한 피부, 건강하고 아름다운 몸매, 따뜻하고 부드러운 성정, 깊고 해박한 지식, 민첩한 사유, 걸맞은 말투, 우아한 자태 등을 더욱 강조한다. 또한 그것은 시류의 변화와 특정한 수요에 근거하여 외형, 목소리, 성격, 반응 및 행동 양식을 자유자재로 변환시킬 수 있고 명령에 따른 반응을 보이며 인간의 표정을 모방하여 표현할 수도 있다.

### 1) AI와 관련하여 인류는 무엇을 두려워하는가?

AI의 발전은 의심할 바 없이 인류의 미래 생활을 더욱 편하고 아름답게 만들 것이다. 하지만 사람들이 AI에 대해 이처럼 뜨겁게 논의하고 있는 또 하나의 원인은 AI가 최후 단계까지 발전하게 되면 인류를 대체하거나 심지어 궤멸시키는 것은 아닐까 하는, 즉 AI가 인류의 미래에 어떤 결과를 가져올 것인가에 대한 의구심 때문이다.

실제로 인류의 궤멸을 초래할 수 있는 수단은 이미 AI의 최종 생산물, 즉 휴머노이드 로봇에 국한되지 않는다. 핵 기술, 바이오 기술, 인공 전염병, 화학공업 기술 등 인류가 발명하고 창조한 기술은 만약 그 응용과 감독 및 통제가 제대로 이루어지지 않을 경우 모두 유사한 리스크를 갖고 있으며, 이러한 기술의 발전 과정 중 우리는 이미 매우 많은 우여곡절과 반복되는 시행착오를 거쳐 왔고 심지어 핵 기술 등과 관련해서는 쓰라린 교훈을 얻은 바 있다. 물론 그렇다고 해서 인일폐식(因噎废食, 목이 멘다고 먹기를 그만두는 것처럼 사소한 실패로 해야 할 일을 그만두는 것)하듯 기술 혁신과 인류 전체의 행복에 기여하기 위한 발걸음을 결코 멈출 수는 없다.

앞서 언급한 여러 기술과 AI의 공통점은 결국 양자 모두 인류의 물화 기술의 결과라는 것, 즉 우리가 '제조한 생산품'이라는 것이다. 반면, 기술의 위험과 AI 위기에 있어서의 차이점은 전자는 인류의 복지를 위해 이용하든 아니면 사악한 목적을 위해 이용하든 시종일관 인류가 장악하고 통제하는 것으로 오로지 인류가 의견일치에 이르게 되면 곧 통제할 수 있다는 점이다. 그러나 후자는 연구 개발의 초급 단계 또는 중급 단계에서는 연구자에 의해 통제되지만 일단 그것이 또 다른 '종'을 창조하는 방향으로 발전하고 그것에 성공하여 인간과 유사한 괴물이 스스로 번식하고 완벽해지게 되면 연구자는 책임을 지지 않고 줄행랑을 치면 그만이라는 점이다(마치 부모의 힘에 의지하고 있다가 범죄의 길에 들어서고 탈선해버린 자녀에 대해서 손쓸 방법이 없는 것과 같다).

AI의 '능력'은 여러 방면에서 인류를 초월했을 뿐만 아니라 그 수가 급격히 늘어나는 추세는 (그때에 이르게 되면) 나날이 그 수가 감소하게 될 전통적 인구와 반비례할 것이다. 그 단계에 도달하게 되면 설령 인류가 의견일치를 본다고 해도 때는 이미 늦으며 그것들의 행위를 다시 통제하는 것은 매우 어려워지고, 지능형 로봇은 전통적 인류와 통제권을 놓고 쟁탈을 벌일 가능성이 높다. 일단 소프트웨어 프로세스에 오류가 발생하거나 또는 자체적으로 반역을 일으키고자 하는 정서가 생성될 경우 그것들이 전통적 인류를 정복하는 것은 단지 시간 문제일 뿐이다. 이것이 바로 전문가들이 AI의 위협이 테러주의보다 더욱 심각하다고 여기는 이유다.

### 2) AI의 공헌은 계속될 것이지만 그 역할은 여전히 제한적이다

앞으로 수십 년간 AI는 이론과 기술, 응용 방면에서 모두 거대한 진보를 이루게 될 것이며 각 영역과 업종의 새로운 기술혁명을 이끌 것이다. '원하기만 하면' 우리는 대부분의 교육, 의료, 먹을거리, 생산, 교통, 양로, 사회보장, 안전과 방비, 금융 관리 등은 물론 아이 돌보기에서부터 도시 관리까지 모두 '그들'에게 관리를 맡기게 될 것이다. 스마트 도시, 각종 지능형 서비스 등은 그 개념과 관리 모델에 대해 새로운 정의가 내려질 것이며 고정자산 사용과 관련하여 진정한 의미에서의 '공유 경제'가 실현될 가망성이 있다. 또한 일부 국가의 로봇 수량이 그 국가의 인구수에 접근하거나 초월할 수도 있다.

머지않은 미래에 지능형 로봇은 인류와 유사한 시각, 청각, 촉각은 물론 사유, 기억, 체험 등을 할 수 있는 기능 및 매우 강력한 기억력을 갖추게 될 것이다. 또한 문자, 음성 등의 방식을 사용할 수 있고, 웹페이지를 통해 즉시 통신, 단신, 전화, 웨이보 등 전자 채널 및 스마트폰, 스마트TV, 스마트차량 장비, 지능형 놀이도구 및 게임 등의 하드웨어 설비를 이용하여 인류와 정보를 교환함으로써 각종 서비스업의 주인공이 될 것이다.

뿐만 아니라 지능형 로봇은 인류의 언어를 사용하여 인간과 교류하고 만능에 가까운 번역 기능은 인류의 언어 장벽을 말끔히 제거할 것이다. 아울러 매우 많은 과학 연구와 기술 개발 업무 또한 AI의 협조 하에 진행될 것이며, 더 나아가 '그들'의 잠재적 결과에 대한 '이성적' 분석의 힘을 빌려 보조적인 정책결정이 진행될 가능성이 크다.

요컨대 AI는 현대 세계의 경제발전 모델, 생활 모델, 농업을 포함한 모든 전통적 산업에 혁명적인 변화를 가져오고, 사회 변혁을 위해 더욱 커다란 공헌을 하며 지금과는 완전히 다른 세계를 창조해낼 것이다. 그러나 우리는 다음과 같은 세 가지 사항에 대해 반드시 명확한 인식을 할 필요가 있다.

첫째, 앞서 언급한 기술 진보는 결코 AI의 단독 작위가 아니며 모바일 인터넷, 사물인터넷, 빅데이터, 5G 등 새로운 세대의 정보 기술, 바이오 기술, 로봇 기술, 신소재 기술, 음성 기술, 3D 및 바이오 인쇄 기술, 나노 기술 등 이른바 여러 '신세대 기술'의 협동 및 축적의 결과라는 점이다.

둘째, 인류의 미래와 관련된 중대한 사안에 있어서 AI의 공헌은 제한적이라는 점이다.

- 인류가 지향하는 공업 문명을 초월하는 선진 문명, 즉 지구 문명에서 위대한 문명을 창조하는 데 있어서 AI의 역할은 제한적이며 오직 인류에 의거하여 창조하고 실행할 수 있다. 만약 인류가 AI의 발전 방향을 제때 파악하지 못할 경우 AI가 거꾸로 인류 문명을 도태시킬 가능성이 있다(제2장 참조).
- 테러주의 및 기타 안전 위기에 대한 대응을 포함하여 인류가 지향하는 세계 평화는 단지 AI에만 의지할 경우 원만한 해결 방안을 제공할 수 없다(제5장 참조).
- AI는 현대 사회가 직면하고 있는 여러가지 문제를 해결하기 어려운데, 예를 들면 인류의 행복과 가장 밀접한 관계가 있는 사회적 공평, 빈부 격차, 인류 건강에 있어서 정신적 요소 등의 문제를 들 수 있다.

셋째, 우리는 인류가 지니고 있는 심오한 비밀에 대해 여전히 탐색 과정 중에 있고 따라서 AI가 인류를 초월할 것이라고 단언하는 것은 시기상조일 수 있다.

- AI가 창조한 '생산품'이 진정으로 인류의 완벽한 지능을 보유할 수 있을까?

  ① 인류의 지능은 학습, 기억, 추리, 수색(검색), 계산, 분석, 귀납, 혁신 등의 능력에 국한되지 않는다. 일부 과학자와 철학자가 말

하는 바와 같이 비록 미래의 로봇이 저장할 수 있는 정보가 인류 또는 도서관보다 많고 삽시간에 계산해내고 결정을 내릴 수 있다고 해도 인류의 지능과 행위에는 머신(기계)인 로봇이 할 수 없는 것이 더욱 많다.

② 인류가 지닌 창조력, 의식, 신앙 등은 결코 논리 또는 계산에서 유래하는 것이 아니다.

③ 인간은 이성과 정감을 갖고 있고 목적, 가치관, 신념 및 이상을 지니고 있으며, 사회생활 속에서 인간과 자연, 인간과 인간, 인간과 사회의 관계 등을 잘 처리하는 지혜로운 생명체다. 그런데 이러한 것을 휴머노이드 로봇이 과연 해낼 수 있을까?

– 휴머노이드 로봇은 인류와 유사한 정감, 사유, 의식 등의 기능을 부분적 또는 전체적으로 모방할 수 있다. 하지만 인류 스스로 의식의 메커니즘을 포함해서 의식에 대해 갖고 있는 인식은 빙산의 일각에 불과하다. 실제로 드넓은 우주와 인간의 신비한 내심 세계는 인류의 지력이 앞으로 풀어야 할 처녀지이며, 특히 인간의 의식은 우주의 최대 수수께끼이다.

스위스 '로잔 연방 공과대학(EPFL)'의 신경과학자 헨리 마크람(Henry Markram)이 주도하고 있는 '블루 브레인 프로젝트'[53] 연구는 이미 우리는 3차원의 각도에서 세계를 바라보는 것에 익숙하지만 우리 대뇌가 11가지 차원에서 운행하고 있을 가능성이 있음을 발견했다. 또한 사람들은 줄곧 대뇌의 5가지 기관에 의해 외부 세계의 자극을 받아들이는 것으로 인식해왔지만 과학자들은 인류에게 최소 11가지 감각기관이 존재

하고 있음을 발견했다.[54]

생명의 이해 및 의식에 대한 연구를 포함한 우리 자신인 '인류'에 대한 이해가 이와 같이 시작되고 있는 상황에서 AI가 인간의 의식 또는 정감을 갖출 수 있을 것이라고 어떻게 함부로 말할 수 있겠는가! 확실히 AI는 생명 및 인류 의식을 탐색하는 데 있어서 도움을 제공할 수는 있지만 AI가 자연인, 사회인, 도덕인으로서의 인류를 전면적으로 초월할 수 있다고 단언하는 것은 역시 시기상조다. 게다가 현재 인류는 자연인으로서의 진화와 사회인으로서의 인성의 승화를 포함하여 여전히 진화하는 과정 중에 있다.

– 이를 통해 우리는 단지 컴퓨터의 계산 능력에만 의지하거나 AI의 학습, 기억, 추리, 수색(검색), 계산, 분석, 귀납 등의 능력에 근거하여 몇 년 안에 '컴퓨터 시스템이 인류의 대뇌와 마찬가지로 강대해질 것(대뇌는 간단한 생물 컴퓨터가 아니라는 점을 반드시 명심해야 한다)'이라고 여기든지, 또는 'AI가 미래에는 인류의 지능을 초월할 것'이라든지, 심지어 '미래의 컴퓨터가 바로 인류다'라는 등의 결론을 내리는 것은 명백히 시기상조라는 것을 알 수 있다.

넷째, AI가 인류 문명의 종결이 될 것인지의 여부는 주로 AI의 발전 방향에 대한 감독 및 통제, 올바른 방향으로 인도하는 것의 성공 여부에 달려 있다.

### 3) AI 시대의 준엄한 도전

아직은 우리가 약한 AI 단계에 살고 있다 하더라도 지능형 로봇은 매우 많은 방면에 있어서 인간보다 뛰어난 능력을 보이고 있다. 하지만 AI가 어떤 단계까지 발전하는 것과는 상관없이 우리는 앞으로 다양한 도전에 직면하게 될 것이다. 예를 들면 대량 실업, 대규모 군사화 응용, 사회 거버넌스, 윤리적 딜레마, 지능형 로봇에 대한 통제 상실, 반역의 위험 등이며, 인류가 최종적으로 지구의 통제권을 포기하며 지능형 로봇에게 순순히 건네줄 것인지 등의 여부는 필연적으로 예고된 문제다.

따라서 우리가 AI 시대의 도래에 환호할 때 반드시 AI의 심화 발전에 따라 증가할 수 있는 각종 위험들을 명확하게 인식함으로써 AI의 발전 방향에 대한 감독을 포함하여 사전 예방 조치를 취해야 한다.

#### ● AI 사회의 첫 번째 영향: 취업에 대한 충격

AI와 지능형 로봇은 업무의 본질과 의의를 포함한 인류 활동의 모든 영역에 침투하여 변화를 일으키고 있다. 비록 몇몇 일들은 미래에도 오직 인간만이 해낼 수 있겠지만 언젠가는 지능형 로봇이 모든 중복되고 번거롭고 위험하며 더 나아가 높은 난이도의 일을 해결하게 될 것이다. 그리고 특수한 시기에는 로봇의 역할을 더욱 교체하기 어려울 것이다.

예를 들면, 2020년 중국의 코로나19 방역 활동 중 각종 지능형 로봇 시스템이 우한, 베이징, 저장성 및 광시(廣西, 좡족자치구) 등의 병원 10여 곳에서 가동됐다.[55] 이러한 지능형 로봇은 병원, 특히 격리 구역에서 일을 처리하며 구호 요원을 도와 보조 진단, 체온 측정, 원거리 간호,

배송, 소독 및 청결 유지 등의 업무를 수행했다. 이를 통해 진단 및 구조·치료의 효율을 높였고 의료 구호 요원들의 교차 감염을 낮추었으며, 그들의 업무량을 줄여주고, 발병 지구에서의 격리 관리 및 통제 수준을 향상시켰다. 또한 그들은 방호 장비가 필요 없기에 매우 부족했던 방호복 및 마스크 등의 물자를 절약하는 데 크게 일조했다.

코로나19 대유행의 시기에 로봇 사용이 증명한 것과 같이 로봇은 인류를 대신하여 위험한 일에 종사할 수 있고, 그들이 총명해질 수록 더욱 자주적으로 변할 것이다. 이와 동시에 그들의 업무는 더욱 편하고, 효율적이며, 정확하고, 피로를 알지 못하기 때문에 인류가 했던 대량의 일을 대체하는 것은 필연적이다.

미래학자 토머스 프레이(Thomas Frey)는 2030년이 되면 인류 20억 명의 일자리가 기계에 의해 대체될 것이라고 보았다.[56] 스탠포드 대학의 제리 카플란(Jerry Kaplan)은 이와 관련하여 하나의 통계를 만들었는데 미국에 등록되어 있는 720개 항목의 직업 중 47퍼센트가 AI에 의해 대체될 것이라고 한다.[57] 중국에서는 이 비율이 70퍼센트가 넘고, 혹자는 가까운 미래에 95퍼센트 이상의 일자리가 모두 AI에 의해 대체될 것이라고 말한다. 중국에서는 택배 배송, 음식 주문 및 배달의 지능화가 진행되고 있고, 무인 식당, 무인 주점에 대한 실험도 시작되었다. 인간의 전통적인 일은 앞으로도 계속되겠지만 이것은 곧 기계 또는 로봇이 그중 수많은 일 또는 대부분의 일을 하게 된다는 것을 의미한다.

실제로 그러한 상태에 도달하면 로봇은 전능하고 충성스러워져 전심전력을 다해 인류를 위해 기여하게 되고, 모든 일은 지능형 로봇이 다 해내며, 심지어 스스로 프로그램을 만들어낼 수도 있을 것이다. 따라서 인류가 '생존' 방식을 바꾸지 않을 경우 인류는 미래에 할 일이 없어지게 된다. 그때에 이르러 설령 휴머노이드 로봇이 조금도 반역의 움직임을 보이지 않는다고 해도 정신세계를 포함한 우리의 세계는 끝없는 혼란 속에 빠져들거나 인류라는 종은 체능(신체 능력)과 지능을 막론하고 모두 신속하게 퇴화될 것이기에 근본적으로 AI에 의해 궤멸되는 것은 시간 문제라고 할 수 있다.

그러나 더욱 총명해진 인류는 부단히 '살아가는' 방식의 새로운 사고를 개척할 것이며, 앞서 언급한 비관적인 전망이 발생하는 것을 절대 좌시하지 않을 것이다. AI가 점점 더 많은 인류의 지식 노동과 육체 노동을 대체하게 됨에 따라 인류는 어디에나 있는 지능형 로봇과 업무 협동, 공동 생활에서의 효율적인 파트너 관계를 반드시 유지해야 할 것이다.

물론 이것은 거대한 도전이기도 하다. 우선 어떤 일을 지능형 로봇에게 분담시키고 어떤 방면의 일이 불가능한 지를 명확히 해야 하는데, 그중 몇가지들은 AI의 발전 방향, 직면하고 있는 윤리적 문제와 어떻게 각종 위험들을 방지할 것인지 등의 문제와 결부되어 있다.

역사는 시대의 진보에 따라 인류의 수요와 욕망도 시간의 추이와 함께 발전한다는 것을 증명하고 있다. 인류가 지능형 기계에 의해 번거로운 지식 노동 및 체력 노동에서 해방됨에 따라 인류는 더욱 높고, 더욱 새로운 수요를 창조하게 될 것이며 이에 따라 욕망 또한 확대될 것이다. 이는 곧 과학 연구와 기술 혁신의 새로운 물결을 추동하고 그 시대의 새로운 산업(신행 서비스업 포함), 새로운 생산품 및 새로운 업무 방식(물론 시대의 발전 추세와 함께하지 못하고 지식을 갱신하지 못한 사람들은 필연적으로 도태될 것이지만), 새로운 생활 방식과 소비 모델 형성을 촉진시킬 것이다. 즉 인류의 일은 소실되지 않을 것이며 새로운 형식으로 전환되는 것일 뿐이다.

사람들은 많은 시간을 확보하게 되어 더 많은 지식을 얻게 되고(우리의 생명, 물질, 지구 및 전체 우주에 대한 지식은 단지 큰 바다에 던져진 한 알의 좁쌀처럼 광대함 속에 극히 작은 것이기 때문), 더 고차원적인 과학 연구와 기술 혁신 활동을 진행하며 인류의 일과 생활이 더욱 즐겁고 의미 있는 시간이 되도록 할 것이다. 이러한 차원에서 로봇 또한 부단히 변화를 거듭해야 하고, 지능형 로봇의 새로운 '직업'과 일자리를 어떻게 창출하고 확대시킬 것인지에 대해 연구할 필요가 있다.

예를 들면, 노령화 시대에 부합되는 새로운 일(일본이 현재 진행하고 있는 '로봇혁명'처럼), 효율적으로 인류가 진행하는 발명과 창조를 돕는 일, 하드·소프트 과학과 하드·소프트 기술의 연구 및 개발 효율을 높이는 일, 행성 간 탐색 임무에 대한 참여(황량한 행성에 파견되어 머무는 것에 대한 준비 등), 인류가 지구의 깊은 곳이나 해양의 깊은 곳 또는 드넓은 우주의 비밀을 밝혀내는 것을 돕는 일 등을 들 수 있다.

마지막으로 우리는 '모든 것을 로봇에게 건네주면 인류는 행복해질 것인가?'라는 문제에 대해 생각해볼 필요가 있다. 예를 들면, 노인을 부양하고 아이를 키우며 서로 존경하고 사랑하는 관계를 구축하는 것, 이것은 인류가 동물과 다른 점이다. 로봇이 부모의 뜨거운 정과 언전신교(言傳身教, 말과 행동으로 모범을 보이며 가르치는 것)를 대신할 수 있을까?

부모의 입장에서 볼 때 아이를 정성들여 양육하고 아이가 성장하는 모습을 지켜보는 것 또한 일종의 즐거움을 누리는 것이며, 자식의 견지에서 볼 때 부모를 잘 섬기고 공경하는 것은 길러주신 은혜에 보답하는 길인 동시에 자신의 마음이 정화되고 정신적 만족감을 느끼며 전체 사회를 더욱 조화롭게 만드는 일이다. 모든 시간을 할애하여 혁신을 하거나 여가 및 오락을 즐기는 것, 새로운 생활 방식을 체험하는 것이 가치 있는 삶 또는 행복과 직결되는 것은 결코 아니다. 혈육 간의 정과 우정, 사랑하기와 사랑받기, 대가와 보답은 모두 즐거움과 행복을 획득하는 원천이다.

### ● 로봇의 무기화와 킬러 로봇

AI의 군사화는 전쟁 형태를 재정립시키고 있을 뿐만 아니라 전쟁의 '속도'를 너무나도 쉽게 대대적으로 끌어올리고 있다. 그 위험은 장차 세계 평화에 전복적인 파괴를 초래할 것이다. 킬러 로봇을 예로 들어 설명하면 더 이상 킬러 로봇은 새로운 과제가 아니다. 오랜 기간 동안 기계는 줄곧 전쟁의 도구로 이용되어왔다. 실제로 인류는 역사적으로 매우 불명예스러운 기록을 갖고 기술이 발달할수록 살인 수단도 더욱 잔혹해지고 있는데 이를 증명하듯 인류는 과학 기술을 이용하여 핵무기, 화학무기, 생물무기, 레이저 무기 등을 만들어냈다.

현재 무인기 기술의 발전, 네 개의 다리를 갖춘 순찰용 로봇의 개발 및 응용에 따라 이미 AI의 힘을 빌린 킬러 로봇은 금방이라도 출현할 수 있는 태세를 갖추었다. 각국의 군대는 이에 대해서 대단히 큰 관심을 보이고 있고 미국, 영국, 러시아, 이스라엘 등은 이미 '살인 로봇' 군단을 만들어내기 위한 경쟁에 진입했다.[58] 심지어 테러 조직도 AI를 장악함으로써 테러 습격의 위력을 강화하고자 시도하고 있다. 실제로 러시아는 킬러 로봇으로 구성된 부대를 편성했는데 여기에는 AI로 통제되는 '무인 탱크'도 포함되어 있다.[59] 영국 육군도 200대의 '사람의 손보다 작은 초소형 무인기'를 전쟁터에 배치하여 병사들에게 '공중의 눈'을 제공할 계획임을 선포했다.

로봇이 군사 용도로 이용되는 데 이어 인류의 생사 문제를 로봇에게 위탁하는 것은 중대한 윤리적·도덕적 문제와 관계된다. '자연 상태' 하에서는 휴머노이드 로봇이라고 해도 도덕관념이 없다. '완전'하게 자주적인 머신은 군용 무인기이든 양로용 로봇이든 '완전'하게 위험한 일을 해낼 가능성이 있고 해커에 의해 침투당할 수도 있다.

가장 두려운 것은 로봇이 전투 중에 어떤 행태를 보일 것인지 알 수 없다는 점이다. 예를 들면 적군의 특징 변화, 교묘한 위장 또는 로봇이 '적군'에 의해 악의적인 조작, 예상 밖의 간섭, 네트워크 공격 등을 받게 되면 시스템적으로 행위가 부정확해질 수 있고 이로 인해 로봇이 아군과 적군 그리고 평민과 적군을 서로 분별하기 어렵게 되어 잘못된 목표물을 습격하거나 심지어 아군의 무기가 '반란자' 또는 적군의 '내부 첩자'가 될 수도 있다. 따라서 중요한 것은 어떻게 '자동화 무기' 조작 시스템의 설계를 개진할 것인지가 아니라 근본적으로 킬러 로봇을 연구·개발해서는 안 된다는 것이다.

자주적인 킬러 로봇의 연구·개발을 중단시키는 것과 관련된 문제는 이미 국제 법정으로 옮겨져 토론이 진행되고 있다. 과학자와 인권 운동가는 '인류의 도움이 필요 없으며 자동적으로 목표를 선택할 수 있는' 치명적인 로봇은 화약과 핵무기 이후의 '3차 전쟁혁명'을 대표하는 것이라고 경고하고 있다. 두려운 것은 아직 인류가 이러한 무기의 오류 실행을 방지하거나 또는 대량의 평민을 잘못으로 인해 다치지 않게 보장할 수 있는 방법을 장악하지 못하고 있다는 점이다.

현재 '킬러 로봇을 중단시키기 위한 국제 운동'의 규모는 점차 확대되고 있는 중이다. 보도에 의하면 과거 1년 동안 이미 57개 국가의 113개 비정부기구(NGO)가 이 운동에 참여하고 있다고 한다.[60] 하지만 이것만으로는 아직 충분하지 않으며, 현재 필요한 것은 새로운 국제 공약을 통해 로봇의 사용을 규제하는 것이다.

**● AI는 사회 거버넌스에 지속적이며 불가역적인 영향을 미치게 될 것이다**

적극적인 측면에서 고려해볼 때 오늘날 AI는 빅데이터, 클라우드 컴퓨팅, 사물인터넷(IoT), 5G 기술 등 선진 기술을 발판 삼아 사회 거버넌스 방면의 지능화 발전을 촉진할 수 있다. 뿐만 아니라 사법 영역, 정책결정 영역을 포함하는 사회 거버넌스 내에서 '알파고'와 유사한 '가상의 선수'를 출현시켜 도시 관리, 토지 이용의 합리화, 교통 관리, 공공안전, 의료·보건 등 공공서비스 및 정부의 정책결정을 더욱 효율적이고 과학적으로 변화되도록 하는 것을 기대할 수 있다(이러한 목표를 실현하는 데 있어서 한 가지 필요한 요소는 데이터를 획득하는 것이다).

이를 사회 거버넌스 체제의 강화와 관련하여 논하자면 의심할 바 없이 혁명적인 것이다. 물론 기술적 실행가능성보다는 요구되는 관련 메커니즘, 제도(어떻게 정보 장벽을 타파할 것인가 등)가 바로 앞서 언급한 청사진의 실현을 위한 기초라고 할 수 있다.

그러나 AI의 사회 거버넌스에 대한 도전은 결코 앞서 언급한 영역에 국한되지 않는다. AI가 가져오는 사회 변혁은 전면적인 것이다. 예를 들면, 사회가 매우 부유하게 변할 수 있지만 그 부는 일부 직업 또는 사회 계층에 과도하게 집중되어 빈부 격차가 신속하게 확대되고 불공정의 정서를 유발하여 사회의 안정에 영향을 미칠 뿐만 아니라 심지어 폭동 및 극단적 사회 투쟁의 리스크를 증가시킬 수 있다.

사회는 오로지 공평할 때 비로소 안정될 수 있다는 것을 알아야 한다. 하나의 AI가 여가의 확장을 초래하는 시대에는 절대 다수의 사람들이 모두 일할 필요가 없고 소수 사람들이 일하는 것에만 의존해도 모든 사람을 부양할 수 있다. 그러나 그 결과는 구조적 실업을 야기하는 것으로 이러한 경제 구조와 사회 구조는 인류가 유사 이래 경험한 바가 없다.

노동의 의의, 생활 방식의 변화, 글로벌 문화 및 사람들의 사유 방식의 변화는 인류 사회로 하여금 그동안 장기간에 걸쳐 존속되어온 '게임 규칙'의 변화를 촉구하고 있다. 사생활을 어떻게 보호할 것인지를 포함하여 새로운 형태의 사회 안전 문제, 범죄의 종류 및 방식의 다양화에 대응하는 문제를 비롯하여 소셜미디어와 정치 관계가 더욱 복잡해지고 처리하기 까다로워지고 있으며, 빅데이터 사회에서 정부와 민간의 관계에 완전히 새로운 변화가 발생하고 있고, AI와 관련하여 일련의 법률 문제 등이 출현하고 있다. 이러한 고질적인 문제들이 바로 사회 거버넌스에 대한 심층적 차원의 도전이라고 할 수 있다. '이와 같은 사회는 어떻게 이끌어가야 하는가?' 이는 곧 사회 거버넌스의 새로운 혁명을 요구한다.

지금까지 우리는 AI 발전의 초기 및 중기 단계에서 사회 거버넌스가 직면할 수 있는 문제들에 대해 다루었다. 강한 AI가 탄생하고 성숙 단계에 이르게 되면 인류가 직면하게 될 도전은 일반적 의미에서의 사회 거버넌스 범주를 초월하게 될 것이다(제2장 참조)

● **윤리·도덕 문제**

AI의 심층적인 발전 및 광범위한 응용에 따라 우리가 직면하고 있는 도전은 이미 순수한 기술과 경제 영역을 초월했고, 인문 및 사회 영역에 대해 그것이 미칠 리스크는 우리의 사회 기초를 뒤흔들 가능성이 있다. 그중 가장 첨예한 논쟁이 벌어지는 것은 AI의 개발과 응용에 따른 윤리 규범 및 정책 방향의 문제다.

법률·법규, 윤리·도덕 및 사회 규범 등의 방면에 있어서 AI가 초래할 잠재적 도전을 해결하기 위해 각국은 원칙과 규범, 지침 및 표준을 연이어 제기하면서 건강한 미래의 발전에 기초를 구축하고 동시에 자연 인류의 최후 경계선을 지켜내길 희망하고 있다.

로봇의 행위 규칙에 대한 최초의 리스트는 1942년 미국의 저명한 SF 작가 아이작 아시모프(Isaac Asimov)가 저술한 《탑돌이(Runaround)》에서 연원됐다. 이것은 AI 시대가 도래하기 전에 집필된 것이지만 그가 제시한 로봇 공학의 원칙(233쪽 참조)은 오늘날에도 적용될 수 있는 것이다.

일찍이 2015년 1월 유럽의회 법률사무위원회(Committee on Legal Affairs)는 하나의 워킹그룹을 조성하여 로봇과 AI의 발전과 관련된 법률 문제를 전문적으로 연구하도록 했다. 2016년 유럽의회가 배포한 'AI와 로봇에 관한 보고서'는 로봇이 인류에게 가져올 리스크에 대해 관심을 표명했는데 여기에는 안전, 사생활 보호, 신용, 존엄, 자주 등의 방면이 포함됐다. 2017년 2월 16일, 유럽의회는 하나의 결의를 통과시키며 유럽평의회(Council of Europe)가 로봇과 AI에 대해 입법 제안을 제기할 것을 요구했다.

2016년 4월, 세계 최대의 비영리 전문기술 학회에 해당하는 '전기전자 기술자 협회(IEEE)'가 'AI 및 자율 시스템 윤리 고려에 관한 글로벌 이니셔티브'를 제기했는데 그해 12월 3일에 발표한 프로젝트 성과 중 하나가 'AI 설계의 윤리 준칙'으로 첫 번째 백서였으며, 2017년 12월에는 'AI 설계의 윤리 준칙(제2판)'으로 갱신되어 AI와 관련하여 13개 방면의 윤리 사항이 있음을 상세히 논하였다. 2016년 8월, 유네스코(UNESCO)와 세계과학기술윤리위원회(COMEST)는 '로봇 윤리에 관한 보고서 초안'을 공표했는데, 로봇은 인류 사회의 윤리 규범을 존중해야 할 뿐만 아니라 특정 윤리 준칙을 로봇의 프로그램에 입력할 필요가 있다고 보았다.

2018년 4월, 영국 귀족원(영국 의회의 상원_옮긴이)은 183쪽에 달하는 '영국에서의 AI: 준비되어 있고, 시행하기를 원하며, 능력이 되는가'라는 제목의 보고서를 발표하며 AI와 관련된 윤리 및 법률 문제를 중시하고 연구하도록 호소했다.[61]

2018년 7월, 중국의 '공업과 정보화부(工業和信息化部)' 사이디연구원(赛迪研究院)은 22개 조항이 포함되어 있는 'AI 혁신 발전 도덕·윤리 선언'을 공표했으며, 같은 달 중국발전연구기금회(中國發展研究基金會)와 마이크로소프트 회사는 공동으로 '미래의 주춧돌: AI의 사회적 역할과 윤리'라는 제목의 보고서를 발표했다.

고무적인 것은 이미 일부 선도기업이 AI의 개발과 응용에 따른 윤리 문제에 도전하고 있다는 점이다. 마이크로소프트는 신뢰할 수 있는 AI

를 설계해내는 것을 목표로 삼으며 도덕 원칙을 체현하는 해결 방안을 제기했다.[62] 따라서 공평성, 신뢰성, 안전성, 사생활과 비밀 보호, 포용성, 투명성, 책임성 등의 6대 도덕 원칙을 AI 개발에 있어서의 지도 원칙으로 삼고, 'AI의 개발·연구와 도덕·표준 위원회(AI and Ethics in Engineering and Research Committee)'를 설립함으로써 이 6대 도덕 원칙을 실천하고자 노력하고 있다. 구글 또한 AI의 개발과 응용에 있어서 반드시 공평성, 안전성, 투명성, 사생활 보호를 포함하는 7대 원칙을 견지해야 한다고 표명하고 '추구하지 않을 AI의 응용: 4가지 최저선'을 명시했다.[63]

이를 통해 우리는 AI의 발전과 응용에 있어서 윤리가 반드시 중심적 위치를 차지해야 한다는 것에 이미 국제적으로 공감대가 형성되고 있음을 알 수 있다.

**● 엄숙한 철학적 과제**

자주 의식, 창조 능력, 인간과 비슷한 감정, 교제 및 사회성과 같은 속성을 갖춘 지능형 로봇의 실마리가 점차 드러나고 있고, 이는 점차 자연인과 구분할 수 없도록 변화될 가능성이 높다. 이 모든 것은 일련의 회피하기 어렵지만 반드시 대답해야 하는 지능, 의식, 사유, 인지, 정감, 생명 등과 관련된 다음과 같은 근본적인 문제와 마주하게 한다.

- 현대 바이오 기술과 정보 기술의 힘을 빌려 지능형 로봇을 인간보다 더욱 '총명'하고 더욱 '완벽'하게 설계하고 제조할 수 있다. 이러한 점에 근거하여 그들을 '인간'이라고 말할 수 있는가? 인성의 본질이란 무엇인가? 인간의 능력에는 어떠한 방면이 포함되는가?

- 휴머노이드 로봇은 무기생명인가? 생명이란 무엇인가?
- '의식'을 갖고 있으면 곧 인간인가? 의식이란 무엇인가? 만약 인간의 심지(마음) 자체에 심층적으로 들어가 해석할 수 없다면 AI가 인류를 초월하게 될 것이라는 문제는 어디에서부터 논해야 하는가?
- 만약 휴머노이드 로봇이 전통적 인류가 지니고 있는 각종 지능을 갖추고 있다면 그들은 자연인과 동등한 인격과 존엄을 마땅히 가져야 하는가, 그렇지 않은가?(그들이 인류의 하인으로 간주될 수 없으며, 모욕을 당하거나 학대받을 수 없다는 것 등이 포함된다) 또한 그들은 도덕적 또는 법률적 주체로 확립되거나 합법적 국민으로 간주될 수 있는가? 만약 일정한 경제적 손실 또는 나쁜 사회적 영향을 초래했을 경우 반드시 상응하는 경제적 또는 사회적 책임을 짊어져야 하는가, 그렇지 않은가? 만약 로봇이 전투 중 불법적으로 살인을 행할 경우 누가 그 사망에 책임을 져야 하는가? 로봇인가, 로봇의 주인인가?(그들은 전쟁이나 범죄에서 벗어날 수 있는가?)
- 휴머노이드 로봇은 자연인과 마찬가지로 기타 지능형 로봇과 자유롭게 교류하고 공동의 흥미 또는 이익에 기반을 두어 '경제 파트너'가 되거나 일정한 '사회 조직'을 결성하고, 더 나아가 경제상·정치상의 호소와 요구를 제기할 수 있는가?
- 인류와 로봇의 관계가 반려자가 되거나 심지어 결혼으로까지 발전하게 된다면 어떤 결과가 야기될 것인가? 실제로 미국과 일본에서는 이미 반려자 로봇이나 연인 로봇의 연구·개발에 성공을 거두었다. 일본의 여자친구 로봇 '츠마(妻子, 아내)'는 발매 1시간 만에 모두 매진되었는데[64] 총명한 것은 물론 이상적인 외모와 인격

의 특징을 지니고 있고, 체온도 느껴지며 인간과 간단한 교류를 나눌 수도 있다.

미국 캘리포니아 주의 어비스 크리에이션스(Abyss Creations)도 여자친구 로봇 '하모니(Harmony)'의 연구·개발에 성공을 거두어 판매를 시작한다고 발표했다. 하모니는 순수함, 선량함, 섹시함, 우호감, 부끄러움 등 12가지의 인격과 특징을 갖추게 될 것이라고 한다. 어비스 크리에이션스에 속해 있는 '리얼보틱스(RealBotix)'는 세계 최초의 남자친구 로봇 '헨리(Henry)'[65]를 연구·개발하는 것에 성공하여 주문 제작을 받을 예정이다. 남자친구 로봇은 건강미가 느껴지는 외모 외에도 구매자가 로봇의 성격을 직접 고를 수 있는데, 입담이 좋거나 부끄러움이 많거나 조용하고 유머스러운 성격 등 18가지 유형 중에서 취향에 맞게 선택할 수 있다.

반려자 로봇은 가장 완벽한 애인이 될 수 있는데 영원히 늙지 않고 배신하지 않으며 사람의 의중을 잘 이해하기 때문이다. 연인 로봇과의 교류는 사람들을 그것에 중독되도록 만들 가능성이 있고 미래에는 인간과 인간의 관계를 대체할 수도 있다. 연인 로봇의 출현은 사랑을 전제로 하는 가장 오래되고 전통적인 남녀 관계가 현재 AI로부터 도전받고 있다는 것을 의미한다. 만약 가정이 연인 로봇에 의해 파탄 나고 해체된다면 그것이 인류의 가정, 문화 의식 및 전체 사회에 미칠 충격과 도전은 전례 없는 것이 될 것이다.

– 로봇은 가치관과 도덕을 어떻게 실현할 것인가? 인류의 정감, 의식, 신앙과 정책결정 기능은 인간의 세계관, 인생과 가치관의 종

합적인 영향을 받는 것으로(가정교육, 동년배와의 연계에서부터 사회 환경에 의한 감화에 이르기까지) 간단한 명령에 의해 추동되는 것이 아니다. 로봇도 이러한 것이 가능한가? 그렇다면 누가 휴머노이드 로봇의 가치관 형성에 어떠한 영향을 어떻게 미치는가?

– 휴머노이드 로봇의 '의식'은 어떻게 주입되는가? 문명의 변환을 아직 거치지 못한 오늘날의 인류는 인간의 뇌와 기계를 상호 접속할 수 있는 '자격'을 갖고 있는가?(제2장 참조) 또한 오늘날의 인류는 로봇을 설계하고 그것으로 하여금 인류의 생존과 관련된 핵심 문제에서 '명령'을 선택할 수 있는 권리를 갖고 있는가?

● **현재 진행 중인 'AI 혁명'에서 낙오하면 안 된다**

앞서 언급한 분석을 통해 우리는 이러한 AI의 물결이 장차 인류를 지능형 로봇과 어쩔 수 없이 공생, 공존, 공무(함께 춤추는 것)하는 시대로 이끌 것임을 알 수 있다. 이러한 시대는 인류의 생활에 무한하고 풍부하며 다채롭고 아름다운 전망을 가져오지만 한편으론 여러 방면에서의 도전과 리스크 및 난제와 반드시 마주할 수밖에 없다. 이는 곧 오늘날 AI 혁명이 전례 없는 과학 기술 영역과 산업 영역의 혁명일 뿐만 아니라 심각한 사회혁명을 유발하게 될 것이라는 점을 시사한다.

우리는 역사의 교훈을 망각해서는 안 된다. 국가 차원에서 예를 들면, 중국은 1차 산업혁명의 진입과 실현에 실패하여 몇 세기에 이르는 낙후와 주위의 타격을 감내해야 했다. 실제로 AI의 새로운 물결은 4차 공업혁명을 인도하고 있다. 이와 같은 세계적 흐름에서 '낙오하면 곧 엄청난 타격을 받는다'는 것을 반드시 명심해야 한다.

다음으로 개인의 차원에서 예를 들면, 이미 고속으로 발전하고 있는 과학 기술의 진행 과정을 개변할 수는 없지만 오직 자신을 변화시키고 학습을 통해 지식 구조를 탈바꿈하여 시대의 진보에 적응해야 한다. 일반 노동자든 각 영역의 전문가든 아니면 각급 정책결정자든 학습의 부족은 곧 발언권을 상실하게 만들고, 일할 수 있는 기회를 잃게 하며, 역사에서 도태되도록 만들 것이다.

한 차례 언급할 만한 가치가 있는 것은 앞서 언급한 AI가 직면하고 있는 여러 위기와 도전은 결코 AI가 단독으로 '만들어낸 것'이 아니라는 점이다. AI의 공헌과 마찬가지로 그 반대의 영향을 미치는 각 영역에서의 과학 기술 발전 및 융합·축적이 가져오는 공동의 기회와 도전은 단지 우리가 직면하고 있는 새로운 AI 물결이 그러한 도전들을 AI에 초점을 맞추도록 만들 뿐이다. AI는 결국 인류의 지혜가 물화된 결과이며 따라서 인류는 반드시 주도권을 장악해야 하고, 로봇 시대에 능동적인 자세로 잘 적응할 수 있도록 준비를 해야 한다. 또한 로봇과 공존하기 위한 각종 규칙(범죄·징벌과 관련된 법률 및 기타 사회 규범 등)을 제정하는 것도 중요하다.

요컨대, AI가 인도하는 새로운 기술혁명은 AI가 인류 사회의 발전에 도움을 제공하는 것과 동시에 그것이 인류의 감독·통제로부터 이탈하지 않도록 하기 위해 정책, 제도, 법률, 법규 방면의 다학제·초학제적인 협력과 심층적인 연구를 호소하고 있다.

## 지능형 제조와 3D/4D 인쇄 기술

새로운 공업혁명이 진행되고 있는 오늘날 전 세계의 제조업은 디지털화, 지능화 시대를 향해 힘차게 움직이고 있다. 정보 기술, 선진 제조 기술, 자동화 기술 및 AI 기술의 심도 있는 융합을 특징으로 하는 지능형 제조가 설계, 생산, 관리, 서비스 등 제조 활동의 각 부문에 관철되고 있으며, 원자재에서 소비자에 이르는 모든 제조업 가치사슬의 지능화가 실현되고 있는 중이다. 지능형 제조는 제조업의 미래와 발전에 있어서 중요한 방향이며, 각국은 모두 그것을 첨단 제조업의 중점이자 경쟁의 초점으로 삼고 있다. 이와 동시에 제조업은 노동자의 대량 실업, 네트워크 안전 문제 등의 도전에 직면해 있기도 하다.

3D 인쇄를 예로 들어 설명하면 이것은 전통적 제조업을 전복시키는 일종의 신흥 기술로 선진 제조 기술, 컴퓨터 기술, 소재 기술을 합성한 산물이다. 비용 절약, 진도(속도) 증진, 원료 절약 등의 효과가 있을 뿐만 아니라 더욱 중요한 것은 진정한 의미에서의 유연생산의 경지를 실현한다는 점이다.

3D 인쇄는 컴퓨터 디지털화 모델과 컴퓨터 통제를 이용하고 플라스틱, 세라믹, 생리 활성 소재 등의 원료를 겹겹이 쌓아올리며 3차원의 복잡한 구조를 지닌 실체를 제조해낸다. 3D 인쇄는 하나의 '개인 맞춤형' 신시대를 개척했고, 거의 모든 소재와 원하는 수량, 어떤 복잡한 구조나 상황, 어떤 공업 영역에서도 그것이 전개될 수 있기에 생산품의 제조 방식에 대단한 혁명을 가져오고 있다.

엔지니어의 입장에서 논하자면 과거 대규모 생산을 통해 실현할 수 없었던 몽상이 더 이상 문제가 되지 않는다. 이것은 1908년 헨리 포드(Henry Ford)의 컨베이어 장치에 의한 생산 라인이 발명된 이래, 제조 영역에서의 일대 혁명으로서 제조 영역의 결정적 역량이 더 이상 염가의 노동력이 아닌 자질이 뛰어난 인재가 되도록 만들고 있다. 이것은 또한 제조업을 선진국으로 환류시킬 가능성이 있다.

2014년 1월 7일부터 10일까지 미국 라스베이거스 컨벤션센터에서 열린 '소비자 가전 전시회'에서는 3D 인쇄 기술이 오직 엔지니어와 기술 애호자에게만 해당되는 것이 아니라 우리와 같은 일반인들조차 대량 양산의 세계로 이끌 것이며 앞으로 사람들의 생활을 철저하게 변화시킬 것임을 시사했다. 20억 유로를 투자한 유럽 우주국의 '어메이즈 프로젝트(Amaze Project)'는 3D 인쇄가 금속 시대에 진입하는 데 있어서 중요한 의의를 갖고 있다.[66]

3D 기술은 하루가 다르게 발전하고 있다. 초기에 영화의 특수효과 기법 도구를 제작하는 데 응용되었던 것에서부터 가구 및 건설 재료에 있어서 중요한 도구에 이르기까지 발전을 거듭하며 현재는 단시간 내에 음식과 자동차, 비행기(2019년 초의 보도 내용에 의하면 미국 F-22 전투기에 처음으로 3D 인쇄로 제작한 티타늄 부품이 장착되었다), 견고한 건물과 교량(2014년 3D 인쇄 기술을 이용한 10채의 건축물이 상하이에서 착공되었고, 2019년 초에는 15미터 길이의 3D 인쇄 기술을 이용한 최초의 교량이 상하이에서 모습을 드러냈다)을 만들어낼 수 있다.

뿐만 아니라 3D 바이오 인쇄 기술은 나날이 발전하며 인간의 신체 기관 이식에 더욱 좋은 공여체를 제공하고 있다. 호주의 인베테크(Invetech)와 미국의 오가노보(Organovo)라는 캘리포니아 주 샌디에고에 위치한 스타트업 기업은 제휴를 통해 전 세계 최초로 상용 3D 바이오 인쇄기를 제작하는 데 성공했다.[67] 간의 자체 재생 능력은 바이오 인쇄의 가장 이상적인 대상으로[68] 즉, 컴퓨터의 정밀한 지도 하에 3D 인쇄 기술을 이용하여 살아 있는 세포를 켜켜이 복제 또는 조합할 수 있다.

오가노보는 간의 특징을 활용한 이러한 시도를 실험실에서 인간의 장기를 배양하는 기술을 완벽하게 만들어주는 견실한 디딤돌로 보고 있고, 3D 기술을 이용하여 조직 기능(양분, 독소 및 약물의 여과 등)을 40일 동안 장기간 유지할 수 있는 '간 박편'을 만드는 데 성공했다고 밝혔다.

2019년 5월, 과학 학술지 〈사이언스(Science)〉에 의하면[69] 미국 라이스 대학의 과학자들이 3D 기술을 이용하여 히드로겔(Hydrogel)로부터 만들어낸 '호흡' 기능이 있는 폐 모형(혈관과 기도를 완벽하게 갖추었음)을 제작해냈는데, 이 역시 하나의 혁명적인 성과라고 할 수 있다.

실제로 피부와 기관의 이식은 매칭이 제대로 이루어지지 않거나 기증자의 부족 문제가 줄곧 존재해왔고, 이 때문에 매우 많은 환자가 제때 이식을 받지 못해 생명을 잃었다. 3D 바이오 인쇄 기술이 복제 기술과 다른 점은 생리적(신체의 조직 기능에 관한 것) 차원에서 더욱 안전성을 갖고 있고, 인쇄 과정에서도 매우 높은 '통제 가능성'이 있어 상대적으로 리스크가 매우 적다는 것이다.

3D 인쇄 기술은 군사 능력을 앞으로 철저하게 개변시킬 것으로 전망되는데[70] 불가사의한 신형 무기의 설계를 실현시킬 뿐만 아니라 국방 공업(세계경제)을 완전히 변모시킬 것이다. 미국에서 수십 억 달러 규모의 국방 공업은 이러한 혁신의 최전선에 진입해 있다. 미국 IHS(Information Handling Services)의 애널리스트 알렉스 차우소프스키(Alex Chausovsky)

는 미군이 이미 거액의 자금을 투자했으며 3D 인쇄 기술을 이용하여 군복, 전쟁에서 부상을 당한 병사의 치료를 위한 인공 피부를 생산하고, 심지어 음식도 제조하고 있다고 언급했다.

우주항공 영역에서 3D 인쇄 기술의 응용 및 그 진전도 매우 빠르다. 영국 BAE시스템스(British Aerospace Systems)는 최초로 3D 인쇄 기술로 제작된 금속 부품을 전투폭격기 '회오리'에 이용했다.[71] 미국의 아에로제트 로켓다인(Aerojet Rocketdyne)은 미사일 엔진을 연구·제작하는 데 3D 인쇄 기술을 채택하여 주입기 장치, 연료실 및 노즐 부분을 제조함으로써 엔진의 구조를 대폭 간소화했다. 이러한 부품을 사용하는 엔진을 생산해내는 데는 단지 7개월이라는 짧은 기간이 소요되기 때문에 제조비용도 전통적 엔진을 생산할 때보다 훨씬 낮아지게 된다. 2015년부터 2017년까지 유럽의 탈레스 알레니아 스페이스(Thales Alenia Space)는 이미 3D 인쇄 기술로 제조된 79개의 금속 부품과 350개의 폴리머 튜브를 우주 공간으로 보냈다.[72]

그러나 디지털 제조의 진정한 전도는 4차원 공간, 즉 입력된 프로그램에 근거하여 시간의 변화에 따라 물체를 인쇄하는 것에 있을지도 모른다. 3D 물체는 정태적이기에 수동 제어를 필요로 하지만 4D 물체는 환경에 대해 자동적으로 반응하고 자체적으로 조립, 수정, 변형하며 시간의 변화와 함께 변모하고 스스로 수리할 수 있다.

미국 MIT의 과학자들은 이미 '4D 인쇄'를 발명했는데 물 등의 원소에 접촉하면 변색이 되는 물질을 창조해냈다.[73] 이것은 언젠가 3D 인쇄 기술로 만들어낸 제복 등의 물체가 환경에 근거하여 색깔이 바뀔 수 있다는 것을 의미한다. 또한 4D 인쇄는 항암에도 기여할 수 있을 것으로 예상된다(일단의 연구자가 DNA 사슬을 이용하여 나노봇을 만들었는데, 이를 통해 암 증상을 탐지하거나 일부 형태의 암을 제거할 수 있게 되었다).[74]

3D 인쇄와 관련해서 우려되는 점 또한 매우 많은데, 예를 들면 해당 기술이 범죄자에 의해 이용될 가능성(3D 인쇄 기술로 권총 및 수갑 열쇠를 제작하는 것 등)과 관련 생산품에 대한 책임 및 지적재산권의 문제다. 그중 가장 걱정되는 리스크는 아마도 바이오 영역에서 출현할 것으로 여겨진다. 이와 관련해서는 각 영역에서의 3D 인쇄 기술의 개발·응용에 상응하는 법률·법규의 연구가 함께 이루어져 법률적으로 의거할 수 있도록 해야 할 것이다.

물론 3D/4D 인쇄 기술은 아직 초보 단계에 있고, 대규모 생산에 이용하거나 관련 시장을 더욱 확대시키기까지는 가야 할 길이 멀다. 하지만 어떻든 간에 우리는 곧 도래할 다음 단계의 '제조업혁명' 물결에 대비를 해야 한다.

## 뇌과학

뇌과학은 최근 20년간 발전이 가장 빠른 학문 분야 중 하나다. 과거 10년 동안 과학자들은 이미 뇌과학 영역에서 일련의 기념비적 성과를 거두었는데, 여기에는 대뇌와 외부 장치의 연결을 성공적으로 실현시킨 것이 포함된다. 이미 10여 명의 뇌과학 연구에 종사하는 과학자들이 이 기간에 노벨상을 수상한 바 있다. 심지어 레이 커즈와일은 2040년에서 2045년에 이르면 우리의 의식 전체를 컴퓨터로 업로드할 수 있게 될 것이라고 예측하기도 했다.[75]

그런데 실제 상황은 그가 예측한 것보다 더 빠르게 진행되고 있다. 미국의 〈사이언티픽 아메리칸(Scientific American)〉에 게재된 글에 따르면 2018년 '대뇌 기술'에서 생각 타이핑(Thought-Powered Typing), 신경 먼지(Neural dust), 소형 뇌(Mini-brains) 등의 3대 비약이 출현하게 될 것이라고 지적했다.[76] 생각 타이핑은 터치스크린 타이핑 기술, 음성 타이핑 기술 이후에 BCI(Brain-Computer Interface) 기술을 통해 완성된 타이핑 기술의 성과다.

2016년 12월 19일, 중국 CCTV의 방송 프로그램 〈불가능에 도전하기(挑戰不可能)〉에서는 저장대학 연구팀이 BCI 기술에 의거하여 인간 뇌파의 원격 조종 아래 뇌 속에 전극이 심겨진 흰쥐가 순조롭게 미로에서 벗어나는 모습을 보여주어 관중을 놀라게 했다. 또한 2019년 프랑스 과학자들은 뇌로 조종하는 '외골격 로봇 장비'를 이용하여 사지에 장애를 입은 남자가 다시 걸을 수 있도록 했다.

인간 뇌의 운행 메커니즘을 이해하는 것은 인간 뇌의 높은 에너지 효율, 높은 신뢰성과 관련된 수수께끼를 밝혀내는 데 이로울 뿐만 아니라 나아가 의식의 수수께끼, 심오한 생명의 진체 등 세기적 난제를 규명해내고, HMI(Human-Machine Interface, 시각·청각과 관련된 인간의 아날로그적인 인지의 세계와 컴퓨터·통신의 디지털 정보를 처리하는 기계의 세계를 연결하는 인터페이스_옮긴이) 지능화, 완전히 새로운 정보 처리 시스템 개발에 일조하게 될 것이다.

프랑스 과학자들은 장시간 동안 뇌의 활동을 추적할 수 있는 새로운 '신경 영상화 시스템'을 개발했는데[77] '뇌 영상화 기술'의 이러한 새로운 돌파는 뇌 관련 연구의 새로운 문을 열었고 인간의 뇌로부터 나오는 정보를 컴퓨터 메모리로 성공적으로 전송했다. 또한 미국 과학자들은 새로운 형태의 '독심술' 장치를 발명했는데, 이것은 컴퓨터 프로그램을 이용하여 뇌 활동을 해독하고 그것을 '번역하여' 텍스트화하는 것이 가능해 인간의 뇌와 컴퓨터 정보 사이의 쌍방향 전환을 크게 촉진시키고 있다.[78]

HMI 기술을 예로 들면, 인류의 사유 활동 과정 중 뇌신경 활동 정보를 해독하는 것을 통해 대뇌와 외부 장치 또는 환경 간에 실시간 정보 전송 통로를 마련하고, 최종적으로 인간의 사유 활동을 명령 신호로 전환하여 외부 장치를 가동시켜 인간 뇌의 외부 환경에 대한 직접 통제를 실현하고자 한다. 또한 HMI 기술은 인류에게 완전히 새로운 교류 및 통제 방식을 제공하는데, 즉 언어 및 동작을 통하지 않고 직접 뇌파 신호를 이용하여 생각을 표현하거나 장치를 제어하는 것이다.

최근 들어 HMI 기술은 장족의 발전을 거두었고, 각국 정부와 공업계는 갈수록 많은 관심과 투자를 진행하고 있다. 2013년 미국 정부는 인류의 뇌가 작동하는 메커니즘을 탐색하고 뇌 활동 관련 지도를 그려내는 연구 프로그램 개발에 시동을 걸었다. 이 프로젝트는 10년의 기간과 수십 억 달러가 투자되는 것으로 인간 게놈 프로젝트와 비견될 만하다.

또한 유럽연합 집행위원회는 그래핀(Graphene, 탄소원자로 이루어진 얇은 막)과 뇌공학이 '미래에 떠오르는 기술'의 핵심 프로그램으로 선정되어 각기 특별 연구 프로그램을 수립하고 향후 10년간 각각 10억 유로의 펀드를 제공하게 될 것이라고 밝혔다.

2016년, 뉴럴링크(Neuralink)라는 회사가 미국 캘리포니아 주에 설립

되었는데 그들의 주요 연구·개발 방향은 HMI 기술로 창시자 중 한 명이 바로 테슬라의 CEO 일론 머스크(Elon Musk)다. 이 회사는 최근 '뇌 후부 삽관(Posterior Cerebral Intubation)'이라는 명칭의 새로운 신기술 제품을 출시했다.

HMI 기술의 '시장 잠재력'은 앞으로 무궁무진하며 그 성과는 뇌 관련 질병의 진단과 치료에 도움을 줄 것이다. 보다 구체적으로는 사지 마비, 중증근무력증 등의 질병에 의한 운동 및 소통의 어려움을 해결해주고, 장애인이 의수나 의족을 통제하는 것에 도움을 줄 수 있다. 인공 달팽이관을 제조하여 청각장애인이 소리를 들을 수 있도록 도움을 주거나 인공 망막을 제조하여 맹인이 시각 신호를 받아들일 수 있도록 도움을 줄 수도 있다. 알츠하이머 환자의 기억 장애를 치료하고, 뇌 신경의 운동을 읽어내어 루게릭, 파킨슨, 중풍 등에 걸린 환자가 정상인과 같은 생활을 할 수 있도록 돕는다.

HMI 기술이 나날이 성숙해짐에 따라 사회의 지능형 로봇에 대한 수요는 점차 증가하고, HMI 로봇의 개념이 시대적 요청에 의해 출현하여 의념(생각)으로 로봇을 제어하게 됨으로써 '뇌로 만물을 통제하는 것'이 가능해졌다.

만약 HMI 로봇, 즉 인간의 사유로 통제되는 로봇을 실제로 만들어낼 수 있다면 그들은 미래에 인류를 대신하여 매우 많은 일에 종사하게 될 것이다. 예를 들면, 장애인의 건강과 회복을 돕고 노인 등을 돌보는 특수 서비스업에 종사하거나 특수 환경에서의 작업에 활용되며, 무인자동차 및 무인 비행기 등을 실현하거나 군사 및 오락 등 더욱 광범위한 영역에서 응용될 수 있다.

HMI는 격렬한 논쟁을 불러일으키는 이슈로[79] 비록 현재의 기술이 사유를 읽어내고 통제할 수 있는 수준에 도달하고 있지 못하더라도, 해당 기술의 잠재적 리스크는 다음과 같이 여전히 엄숙하게 대응해야 할 필요가 있다.

① HMI는 인공 심장박동기 등의 이식물과 달리 그것의 더 넓은 응용 전망은 비의료 목적에 있으며, 건강한 사람들의 신체에 선택적으로 이식하는 것에 있다. 이것은 우리로 하여금 법률 및 도덕의 이중 시련에 직면하도록 만든다.

② HMI는 본질상 일종의 통신 시스템이기 때문에 현재 아직까지 관련된 감독·관리 조치가 결여되어 않다. 당신이 사생활 침해 및 감시 문제 중에서 어떤 형태의 역할을 하든 상관없이 정부·광고업자·보험회사·시장 마케팅 종사자는 모두 이 기술을 이용하여 우리의 두뇌 깊은 곳에 들어와 특정한 생각을 입력하거나 추출하고, 범죄 또는 테러주의를 예방하고 조사하는 것은 물론 특정한 상품의 판로를 확대할 수 있다.

③ 안전 문제와 관련된 것이다. 당신의 생각이 타인과 상호 연결될 때 해커는 우리의 메인 컴퓨터에 침입할 필요가 없어지고 직접 우리의 대뇌에 침입하여 인류를 조종하는 목적을 실현하게 될 것이다. 예를 들면, 편견의 내용이 담긴 데이터가 인간 수천 명의 뇌에 직접 주입되고 기존 편견을 고착화 또는 심화시키고 새로운 편견을 만들어낼 경우 사회 모순은 점점 격화될 것이다.

이밖에도 현재 연구 중에 있는 기억 증강 이식물[80] 등의 대뇌 이식

장치는 기억을 완전히 통제할 수 있는데 이러한 종류의 신경 자극 기기는 의료·보건 방면에서의 여러 이점과 뇌 용량을 증가시키는 것 외에 만약 남용될 경우 그 결과는 매우 우려스럽다.

예를 들면, 기억 증강 장치의 이식을 통해 정치 사건 또는 충돌과 관련된 기억을 말소시켜 군중에 대한 대규모 조작이 가능해질 것이고, 간첩 활동에 새로운 수단을 제공하며, 해커에 의해 가짜 기억이 만들어지고, 아울러 인간의 대뇌에 그것이 이식될 가능성이 있다. 더욱 심각한 것은 HMI 기술의 성숙이 현재 '뇌 통제' 무기의 연구·개발 및 응용을 추동하고 있어 '뇌 통제' 기술의 군사화가 미래에 더욱 복잡한 윤리 문제를 유발할 것이라는 점이다.

④ 교육 문제다. 전문가들은 AI와 연결된 대뇌는 철저하게 인류의 학습 방식과 학습 속도를 전복시키고 이에 따라 대량의 지식과 기능을 대뇌로 직접 전송할 수 있게 될 것이라고 지적한다. 그렇다면 미래의 학교 역할은 무엇이며, 학교에서 학생들은 주로 무엇을 학습하고 또 누가 그들을 가르칠 것인가? 학교의 형태, 교육의 방식, 학습의 방법 등에 있어서 모두 커다란 변화가 발생할 것이다.

인간의 대뇌를 보호할 수 있는 법률은 과연 필요할까? 이 문제는 법률, 철학, 과학 기술, 사회학 등 여러 영역에 걸쳐 있지만 문제 자체는 아직 사람들로부터 충분히 중시받지 못하고 있다. 2017년 11월, HMI와 신경공학 및 AI 영역의 저명한 학자 25명은 〈네이처(Nature)〉에 공동으로 평론 문장을 발표하며 신경공학 기술의 발전 중에 존재하는 4가지 주요 윤리적 문제를 제기했다.[81] 그것은 구체적으로 사생활 침해 문제, 정체성 문제(대뇌 자극 기기를 이식한 군중이 그 행위를 어떻게 판단할 것인지는 자신의 지배를 받는가 아니면 이식된 장치의 지배를 받는가에 따라 도덕과 법률 차원에서 모두 확정할 필요가 있음), 증강 문제(만약 뇌와 기계가 연결된 병사가 있다면 해당 병사가 전쟁에 종사하는 것이 허락되는지의 여부, 이것이 사회 준칙에 위반되는지의 여부, 기술 증강은 인류의 경계 문제와 관련됨), 편견 문제(만약 어떤 종류의 편견이 이미 신경 장치 속에 심어져 있을 경우 우리의 심신에 영향을 미치게 될 뿐만 아니라 또한 심각한 사회 문제를 유발하게 됨)에 관한 것이다.

## 신에너지 기술

에너지는 인류가 생존과 발전에 있어서 의존하고 있는 물질적 기초이다. 하지만 인류의 에너지에 대한 수요량이 갈수록 커짐에 따라 특히 화석 에너지에 대한 과도한 채굴 및 이용으로 인해 석유, 석탄(잔해가 연소 가능한 물질로 변하려면 수천 년의 시간이 소요됨) 등의 전통적 화석 에너지는 신속하게 고갈되고, 에너지 위기는 글로벌 문제가 되었으며, 심지어 수차례 현대 전쟁의 중요한 기인이 되었다.

현재 수많은 전문가는 전 세계에서 일반 에너지원(석유 등)의 비축량은 단지 반세기 정도를 유지할 수 있을 뿐이며, 기타 에너지원(석탄 등)도 앞으로 1~2세기 가량(잠시 오염 문제는 차치하고)만이 인류 생존의 수요를 충족시키며 유지될 수 있다고 한다.

하지만 고도의 과학 기술 발전에 따라 풍력 에너지, 태양광 에너지, 핵 에너지 등 저탄소 에너지의 공급 잠재력이 부단히 향상되고 있고, 셰일가스, 불타는 얼음(Methane Hydrate) 등의 신형 에너지가 탐사·확인되어 머지않은 미래에 '재생 가능한 에너지'의 비중이 증가할 것이므로 우리는 화석 에너지가 나날이 고갈되고 있는 문제를 더 이상 걱정할 필요가 없게 되었다.

그럼에도 우리는 에너지 문제를 해결하기 위한 다음과 같은 '3대 원칙'을 잊어서는 안 된다. 먼저 에너지 절약과 효율의 원칙이다. 현재 에너지의 발전, 수송 및 이용 효율은 높지 않으며 그 낭비는 사람들을 경악하게 만들고 있다. 두 번째는 에너지의 저장 및 수송과 관련된 신기술을 개발하고 응용해야 한다는 원칙이다. 세 번째는 신에너지 기술을 개발하고 응용해야 하는 원칙이다.

실제로 태양광 에너지의 개발·이용에서부터 '인체 운동 에너지'를 이용한 발전[82] 등에 이르는 신에너지 기술과 에너지 저장, 수송 관련 신기술은 차세대 산업혁명의 중요한 동력 중 하나가 되고 있다. 머지않아 태양광 에너지, 풍력 에너지, 수력 에너지, 지열 에너지, 자기 에너지, 바이오매스, 해양 에너지(조류 에너지, 파동 에너지, 조력 에너지) 등 자연 에너지 및 핵 에너지(핵분열 에너지, 핵융합 에너지), 수소 에너지, 초전도 에너지 절약 등이 세계의 에너지 생산 구조 중에서 주요 비중을 차지하고 경제 발전과 에너지 사이에 존재해온 모순이 점차 과거의 역사가 될 것이며, 심지어 블랙홀 에너지를 이용하여 인류의 행복에 기여할 수 있을 것이다.

현재 신에너지를 개발하고 이용하고 있는 각 영역에서 매일같이 사람들을 고무시키고 분발하게 만드는 소식이 전해져오고 있다. 핵융합 기술을 예로 들면, 그것은 장차 석유의 지위를 대신할 가장 유력한 기술이 될 것이며, 그 어떤 오염도 배출하지 않을 뿐만 아니라 필요한 재료도 단지 해수 속의 중수소-삼중수소뿐이다.

2018년 중국의 핵융합 반응 연구 프로젝트,[83] 즉 대규모 '인공 태양(핵분열을 통제할 수 있는 과학 기술 장치)'이 중대한 돌파를 이루어냈는데, 열출력(Thermal Output)이 10조 와트를 넘었고, 플라즈마 에너지 저장이 300킬로줄로 증가했으며, 플라즈마 중심의 전자 온도가 처음으로 1억 도에 도달했다. 이는 핵융합이 전쟁의 어두운 그림자를 던져버리고 대규모로 민용 영역에 응용될 수 있는 가능성을 확인한 대단한 성과라고 할 수 있다. 혹자는 2026년까지 핵융합 발전이 상용화 단계에 진입할 것으로 예측하고 있다. 그때가 되면 염가의 전력이 점점 기타 에너지를 대체하고 이와 관련된 일련의 혁명을 가져올 것이다.

태양광 에너지는 지구의 관점에서 볼 때 무한하게 획득할 수 있고 고갈되지 않으며 응용할 수 있는 분야가 가장 폭넓은 '깨끗한 에너지'이다. 현재 수많은 태양광 에너지 기술이 이미 상업화되고 있으며 가까운 시일 내에 신에너지의 주류가 될 것으로 전망된다. 장기간 친환경 에너지에 대한 연구해온 미래학자 헤이즐 핸더슨에 따르면, 우리는 현재 '석유화학 공업 시대에서 태양광 시대로 변환 중'이라고 보았다.[84] 국제에너지기구(IEA)는 태양광 에너지가 2050년 전에 전력의 주요 원천이 될 것이며, 2030년에는 전 세계 태양광 발전의 누계 설비용량이 1,721GW, 2050년에는 4,670GW로 증가하게 될 것이라고 밝혔다.[85] 실제로 2016년에 전 세계 태양광 에너지 발전량의 증가 속도가 처음으로 줄곧 선두를 달려왔던 석탄을 이용한 발전량의 증가 속도를 초월했다.

신에너지 기술의 개발·응용과 더불어 그것이 환경, 자원 방면에 미치는 부정적인 영향을 반드시 고려해야 한다. 모두가 알고 있는 핵 에너지의 응용이 초래하는 건강에 해로움을 가져오고 환경을 오염시키는 등의 심각한 리스크는 두말할 것도 없고, 공인된 친환경 신에너지의 개발·응용도 지역의 특성에 근거하여 총체적으로 계획하고 안배해야 한다. 예를 들어, 바이오매스의 발전과 인류가 생존에 의존하고 있는 토지 자원 간의 모순 및 그것이 가져올 수 있는 2차 오염의 문제가 있을 수 있다. 또한 지열 에너지의 대규모 개발과 에어컨 사용은 반드시 지역의 지표층 토양 환경 파괴 및 그것이 유발하는 생태 환경의 추가 변화 등을 가져올 것이다.

## 신소재 기술

인류의 모든 물질생산 활동은 소재에 기초하고 있다. 따라서 현대 정보, 생물학, 에너지, 농업, 선진 제조, 국방 등 기술 영역에서의 중대한 돌파는 모두 소재 기술의 발전과 분리될 수 없고, 공학 기술의 혁명은 소재 기술의 혁명과 떼려야 뗄 수 없다.

현재 각종 신소재, 예를 들면 나노 소재(그래핀, 나노 튜브, 풀러린 등), 차세대 반도체 소재(탄화규소, 질화갈륨, 금강석(다이아몬드), 질화알루미늄, 산화갈륨 등), 메타소재(바이오플라스틱, 에어로젤, 초전기 소재, 광조종 소재 등), 그리고 새롭게 떠오르고 있는 기능형 소재(금속 유리, 초전도 소재, 지능형 소재)의 발명과 응용이 맹렬한 속도로 진전되고 있고, 그중 매우 많은 기술이 이미 상업화되거나 상업화에 근접해 있으며 그 전망 또한 무한히 밝다. 따라서 신소재 기술을 '발명의 어머니'이자 '산업의 양식'이라고 부르는 것도 이상한 일은 아니다.

예를 들어, 메타 소재는 일반적으로 천연 소재가 지니고 있지 않은 보편적 범주를 뛰어넘는 물리적 성질의 인공 복합 구조 또는 복합 소재로서 전자파를 굴절시켜(광학 변환 이론에서의 전자파의 회절 제어에 근거함) 시각적으로 형태가 보이지 않도록 하는 목적에 도달할 수 있다. 관련 업계의 조사 보고서에 의하면[86] 세계 시장에서의 메타 소재 규모는 2010~2020년 동안 41퍼센트의 높은 연평균복합성장률(CAGR)로 발전했다. 전 세계 '공업 4.0'의 진행 과정이 계속 심화됨에 따라 고속 열차, 신형 지면 주행 장비, 항공·우주 분야, 국방 과학 기술, 지면 지능형 로봇 등의 영역을 이끄는 1,000억 위안 규모의 메타 소재 관련 산업군이 부상하고 있는 것이다.

현재 이러한 성과에 기초하여 전개되는 생산품 전환의 발걸음도 더욱 빨라지고 있다. 메타 소재를 이용한 스마트 스킨, 레이더 안테나, 흡수 소재, 전자저항(ECM) 레이더, 통신 안테나, 무인기(UAV) 레이더, 스텔스 기술 등의 생산품 연구·개발 및 이용은 이미 각국의 경쟁이 매우 치열하다.

그러나 '메타 소재 기술' 영역의 연구와 응용에는 여전히 각종 리스크 및 윤리적 문제가 존재한다. 스텔스 기술을 예로 들어 설명하면, 전자 스텔스, 광학격리 방식의 스텔스, 산란 상쇄 방식의 스텔스 등 각종 스텔스 기술이 연이어 발전하고 있고, 비행기·탱크·군함 등을 포함한 모든 현대 무기에 대해 스텔스 기능이 중점적으로 제작되고 있는데, 이것은 이미 각국 군대가 연구·개발하고 있는 핵심 사항이며, 현대 전쟁에 대해 미치는 영향은 앞으로 대단히 심원할 것이다.

또한 스텔스 소재의 비용이 하락함에 따라 '투명 망토'가 실제로 이용될 수 있음이 증명되고 아울러 생물에 적용될 경우 모든 사람이 손쉽게 자신을 숨길 수 있게 되어 구속에서 벗어나 자유자재로 돌아다니거나 심지어 범죄자 및 테러주의자에 의해 이용될 수도 있다.

이는 미래의 사회 거버넌스에 거대한 도전을 가져올 것이다. SF소설은 이미 이러한 주제를 다루고 있고, 미국 영화 〈할로우 맨(Hollow Man)〉에서도 인간을 투명하게 만드는 기술을 연구하는 과학자 세바스찬 케인이 자신을 '투명 인간'으로 만드는 데 성공한 뒤 다시 원상태로 돌리지 못하고 결국 정신병에 걸려 범죄를 저지르는 내용을 담고 있다.

최근 한국에서 '병사의 모습을 보이지 않게' 할 수 있는 인조 피부가 개발되었다.[87] 병사가 스텔스 기능이 있는 이러한 인조 피부가 부착된 군복을 입으면 카멜레온처럼 주변 환경과 하나가 되어 열화상 카메라로 발견할 수 없게 된다. 향후 이 기술이 더욱 발전하게 될 경우 특수 작전 및 야간 전투의 규칙이 바뀌게 될 것이고 기타 영역에서의 윤리적 문제 또한 재론할 여지가 없을 것이다.

## 우주 탐험과 유인 우주 기술

인류의 오랜 꿈 가운데 하나는 푸른 하늘 위를 날아다니는 것이었다. 200여 년간의 노력을 거쳐(1783년 프랑스의 몽골피에 형제가 처음으로 기구에 사람을 태우고 비행에 성공함), 인류는 사람을 태운 기구나 동력 비행기를 이용하여 하늘 위를 날고 인공위성을 이용하여 유인 우주 비행에까지 성공하기에 이르렀다.

1957년 10월, 소련은 인류 최초의 인공위성 '스푸트니크(Sputnik) 1호'를 발사했고 1961년 4월 12일, '보스토크(Vostok) 1호' 유인 우주선이 우주 공간에 진입하면서 유리 가가린(Yuri Gagarin)은 세계 최초의 우주 비행사가 되었다. 1969년 7월 16일, 미국의 우주 비행사들이 탑승한 '아폴로 1호' 우주선의 달착륙선이 달에 도달한 이래 인류는 우주 탐험 시대에 진입했다. 현재 우리는 민간 기업의 자금 투입에 의한 우주 모험, 화성 착륙, 달 기지의 영구화, 행성 간 탐험, 우주 공간에서의 신소재 생산, 광속에 버금가는 속도의 우주선, 외계 생명체의 탐색 등의 실시를 계획하고 우주 발전 시기에 진입하고 있는 중이다.

달과 기타 행성에 대한 연구는 깊은 의의를 지니는데 학술적으로 대단히 큰 가치가 있을 뿐만 아니라 현실의 딜레마에서 인류가 벗어나는 데 있어서도 다방면으로 지대한 공헌을 하게 될 것이다. 예를 들면 다음과 같은 것들이다.

① 학술적으로 중요한 가치를 지닌다. 천체 물리학, 심우주 천문학, 공간 생명과학, 생물학, 공간 소재과학, 우주의학 등의 학과를 개척하고, 행성 탐사·측량 프로젝트, 지구자원 프로젝트, 공간 공학 기술 등의 완전히 새로운 자연 법칙의 탐색 등이 가능해진다.

② 우주에 대한 연구가 깊어짐에 따라 생명, 자연, 지구, 물질 및 인류 자신에 대한 인식이 심화되고, 무지와 근시안적인 태도를 피하는 데 이로움을 주며, 각종 진귀한 우주 공간의 발견이 이루어진다.

③ 재난을 초래하는 지구와 소행성의 충돌을 피할 수 있도록 돕는다. 지구 주위의 5,000만 킬로미터 안에는 1만 5,000여 개의 다양한

형태의 소행성이 존재한다. 외부 행성이 일찍이 두 차례에 걸쳐 지구에 부딪힌 적이 있는데 그 거대한 충격파는 지구의 생물이 대부분 멸종되도록 만들었다(예를 들면, 공룡의 멸종 등). 달과 기타 행성의 연구를 통해 인류는 소행성이 지구에 접근하기 전에 그것을 관측해낼 수 있는 방법을 찾아 만일의 사태에 대비할 수 있다.

④ 위성을 이용한 감시, 측정 및 분석을 통해 식량의 생산량을 높이고, 토지 생산율을 향상시키며, 빈곤과 기아 문제를 완화하고 해결하는 데 기여한다.

⑤ 외계 행성에는 풍부한 자원이 있어(추정에 의하면 하나의 소행성에는 9,000만 톤의 백금이 있으며, 지구에서 그것의 가치는 5조 4,000억 달러로 명실상부 날아다니는 금광이라고 할 수 있음) 지구의 자연 자원 고갈을 완화하고 해결할 수 있다.

⑥ 우주 이민을 위한 준비가 가능해진다. '우주 비행의 아버지'로 불리는 콘스탄틴 치올콥스키(Konstantin Tsiolkovsky)는 일찍이 "지구는 인류의 요람이지만 영원히 요람 속에서 생활할 수는 없다"고 말했다.

⑦ 인류의 전략 공간이 우주 공간으로 확대됨에 따라 글로벌하고 다차원적이며 천지가 일체화된 전략 공간이 형성될 수 있다.

⑧ 거대한 시장 잠재력을 지닌 우주 산업을 개척하고 항공우주 경제를 발전시킴으로써 우주 공간을 탐색하기 위해 개발해낸 기술은 매우 많은 생산품과 가공 기술을 파생시키고, 군사 및 소비자로 하여금 수익을 얻도록 하며(약 3만 종에 이르는 생산품의 설계 원리는 우주 기술에서 연원되었음),[88] 우주 공간 여행 등 현대 서비스업에도 변화를 불러일으킬 것이다.

⑨ 외계 탐험은 전 인류의 과학 정신을 드높일 수 있다.

최근 들어, 세계의 주요 국가 및 지역은 항공우주 발전 전략을 적극적으로 조정하고 있는데[89] 예를 들면 다음과 같다.

① 우주 공간의 진입 능력 향상: 예를 들면 미국의 우주 탐사 기술 회사 '스페이스X'는 처음으로 재사용 가능한 로켓으로 위성을 발사하고 그것을 회수하는 데 성공했다. 인도의 PSLV(Polar Satellite Launch Vehicle)또한 104개의 위성을 탑재하여 성공적으로 발사했다.

② 우주공간의 이용 능력 확대: 예를 들면 미 육군이 배치한 KE-IIM 초소형 정찰 위성은 몇 분 내에 필요한 위성 영상을 획득할 수 있다. 또한 미국이 배치한 신세대 기상 위성 JPSS는 매일 지구를 14번 비행하며 지구의 대기와 육지 및 해양 관련 정보를 수집한다.

③ 우주 공간을 통제하는 능력의 강화: 미국, 러시아 등 항공우주 군사대국은 이미 여러 가지 중대한 조치를 채택하여 항공우주군 부대의 건설을 적극적으로 추진해오고 있다.

④ 우주 공간의 탐사 · 측정 기술의 발전: 예를 들면 미국과 러시아가 함께 '달 정거장 건설'을 계획하고 있고, 미국의 토성 무인 탐사선 '카시니(Cassini)호'가 계획대로 2017년 토성 대기권으로 추락하며 약 20년간 계속되어온 탐사 임무를 마쳤다. 우주 공간의 탐사 열기는 갈수록 높아지고 있는데 2020년 7월, 화성 탐사를 위한 창구가 다시 열려 아랍에미리트연합(UAE)의 '아말(Amal) 호', 중국의 '톈원(天問) 1호', 미국의 '퍼시비어런스(Perseverance)호'의 발사가 연이어 성공

을 거두었다(중국의 톈원 1호는 2021년 2월 10일 화성 궤도에 성공적으로 진입했음_옮긴이).

⑤ 항공우주 관련 선진 기술의 발전: 예를 들면 미국이 연구·개발한 멤브레인(Membrane)호는 '우주 쓰레기' 파편을 이동시키고 제거하는 데 있어서 낮은 비용으로 해결할 수 있는 방안을 제공했다. 또한 일본은 처음으로 소형 위성 '소크라테스(Socrates)호'를 이용하여 양자 통신을 검증하며 새로운 돌파를 위한 부단한 노력을 하고 있다. 2019년에는 중국의 '창어(嫦娥) 4호' 탐사기가 달의 뒷면에 성공적으로 상륙했다.

우주 탐사에 대한 관심은 갈수록 뜨거워지고 있다. 현재 이미 80여 개 국가 및 지역이 위성을 궤도에 진입시키고 있고, 12개 국가는 자국의 로켓으로 위성을 발사했다. 러시아, 중국, 미국은 '유인 우주 비행' 기술을 보유하고 있으며, 16개국이 합작하여 건설한 '국제 우주 정거장(ISS)'은 이미 20년간 운행되어 우주 공간에서 과학자들이 장기간 체류하면서 연구·개발을 수행할 수 있도록 하고 우주 정거장으로서의 역할을 하기도 했다. 중국도 2022년을 전후로 독자적인 '우주 정거장'인 '톈궁(天宮)'을 발사할 계획이다.

여러 의미에서 우주 공간은 이미 중요한 전장이 되었고 각국은 우주 공간에서의 주도권을 놓고 사력을 다해 다투고 있다. 최근 미국은 육군, 해군, 공군과 같은 급의 우주군을 제6 군종(軍種)으로 창설했다. 우주 공간의 군사화는 매우 위험한 추세에 있는데 우주 공간으로 나아가는 기술이 나날이 성숙해짐에 따라 소요 비용이 빠르게 낮아지고, 갈수록 많은 민간 기업이 우주 관련 사업에 뛰어들어 자신의 위성을 발사하려는 계획을 추진하고 있기에 우주 공간은 또 다른 측면에서 각국의 억만장자들이 힘을 겨루는 경기장이 될 것으로 보인다.

우주 공간에서의 군비 경쟁과 공개적인 충돌을 피하기 위해서는 현재 조성 중인 우주 공간의 교통안전, 우주 공간의 환경보호(갈수록 많아지는 우주 쓰레기를 어떻게 깨끗하게 처리할 것인가 등이 포함되는데 현재 최소 1만 7,852개의 대형 인공 물체와 1억 7,000만 개의 소형 물체가 지구를 고속으로 돌며 비행하고 있음),[90] 각종 자원의 개발·응용(우주 공간에서의 규칙을 수호한다는 전제 하에 상업 개발을 진행하는 것), 우주 공간에서의 군비 경쟁 방지 등 다방면에 걸친 우주 공간에서의 국제 규칙과 관련 법규가 조기에 마련될 필요가 있다.

더욱 중요한 것은 인류의 지속가능한 발전에 부합되는 '행성 간의 문명(성제 문명)을 어떻게 창조할 것인가' 하는 문제다(제4장 참조).

## 세계를 변화시키고 있는 정보 기술

오늘날 어떤 모국어를 사용하든 스마트폰을 활용할 줄 아는 사람이라면 그가 아이일지라도 하나의 구체적인 문제를 질문하고 정확한 답을 얻어낼 수 있다. 이 과정은 우리의 언어 또는 방언의 어음(말소리) 식별과 관련이 있는데 수많은 데이터베이스를 통해 가까운 언어나 음성을 즉시 검색해내고 관련 자료를 조직하여 하나의 논리에 부합되는 방식으로 결과를 나타낸다. 다가오는 미래의 각종 문제는 구체성을 초월할 것이며, 추리 및 판단을 요구하거나 지혜를 사용하여 답안을 형성하게 될 것이다. 이것은 참으로 대단한 일이 아닐 수 없다.

세계를 변화시키고 있는 각종 기술 중 '정보 기술'은 기초에 해당한다. 수많은 학문 분과의 탄생, 다수의 선진 기술 또는 기존의 것을 전복시키는 기술의 발명, 창조 및 혁신은 모두 신흥 정보 기술의 융합 또는 축적과 분리될 수 없다. 정보 기술은 인류 활동의 각 방면에 침투하고 있는데, 예를 들면 경제, 정치, 문화, 오락, 뉴스, 통신, 제조, 교육, 전쟁, 범죄, 의학 등 매우 다양한 영역을 포함하고 있다.

정보 기술의 발전은 세계를 하나의 지구촌으로 변모시켜 현실과 가상 세계 간의 경계선을 모호하게 만들고, 디지털 플랫폼 위에 구축된 '공유 경제'를 형성시켰으며, 심지어 경제학 이론에 충격을 미치기도 했다.[91] 또한 이와 동시에 권력 혹은 권리와 민주주의의 관계를 변화시키고 있다.[92]

뿐만 아니라 정보 기술은 현대 전쟁의 이론, 관념 및 형태를 변모시켰고 이에 각국은 정보전 부대를 창설했다. 특히 5G, 인터넷, 사물인터넷, 클라우드 컴퓨팅, 빅데이터 및 각종 잠재 능력은 갈수록 중요한 역할을 하고 있으며 전 지구 범위에서 인류 활동의 모든 측면에 영향을 미치는 심각한 변혁을 불러일으키고 있다. 변화되고 있는 것은 사유 모델, 일처리 방식, 생활 및 업무 방식, 비즈니스 방식과 기업 경영의 방식뿐만이 아니라 기업 조직, 일자리, 업종 형태를 전복시킬 것이며, 모든 것을 관통하는 인터넷 시대를 열고, 더 나아가 만물이 연결되는 사물인터넷 시대를 향해 나아갈 것이다.

반면 정보 기술의 고도 발전이 경제, 사회, 문화 및 국가안전에 초래하는 위험과 도전은 갈수록 준엄해지고 있다. 특히 정보의 개발, 전파,

관리 및 이용 방면과 관련된 윤리적 요구, 윤리 준칙 또는 정보의 도덕 문제가 두드러진다. 예를 들면 지식재산권의 침해, 개인 프라이버시의 통제 상실(전 세계적으로 발생한 코로나19 방역전은 정보 기술이 생체적 특징을 포함한 각 시민 또는 회사의 각 직원의 행위를 감독·통제할 수 있다는 것을 충분히 증명했는데 이것은 좋은 일인가, 나쁜 일인가? 또한 이러한 기술이 테러분자의 수중에 들어갈 위험성에 대해서는 재론의 여지가 없을 것이다), 정보의 소유권, 정보 안전(정보 절취, 정보 사기, 정보 공격 및 정보 파괴 등)의 문제가 있다. 뿐만 아니라 정보 오염의 위해(오류 정보, 가짜 정보, 오염된 정보, 쓰레기 정보의 전파 등)가 존재하며 정보 독점, 정보 기술의 남용, 정보 기술에 대한 과도한 의존 등을 들 수 있다. 네트워크 안전 역시 개인의 정보 유출 문제와 연관되어 있고, 이미 기업의 기밀 및 국가안전에 위협이 되고 있으며, 과학자들은 중대한 네트워크 공격으로 인한 인류의 위협은 핵전쟁에 버금갈 것으로 보고 있다.

인터넷 발명자 팀 버너스리(Tim Berners-Lee)는 '월드 와이드 웹(WWW)'이 오늘날 통제를 상실한 괴수가 되고 있다고 경고한 바 있다.[93] 인터넷상에서 횡행하고 있는 인터넷 사기, 가짜 뉴스, 집단 히스테리 및 프라이버시에 대한 위협만 보더라도 인터넷이 이미 사기꾼과 미끼를 던지는 자들에 의해 납치되었으며 그들은 인터넷을 이용하여 전 세계 사람들을 속이고 있다고 말했다. 이와 관련하여 상응되는 거버넌스 시스템 및 해결 방안이 조속히 마련되어야 할 것이다.

또한 정보 자원은 중요한 소프트 자본[94]으로 현대의 각종 첨단기술 산업의 핵심 자원이 되고 있을 뿐만 아니라 각종 산업과 기초 시설(인프라) 및 생활 방식의 정보화를 추동하고 있다. 갈수록 규모가 커지며 부의 원천이 되고 있는 디지털 경제를 예로 들면, 디지털 경제는 데이터를 중요한 소프트 자본 또는 생산 요소로, 정보 네트워크를 중요한 담지체로, 정보 기술의 응용을 중요한 추동력으로 여기고 있다. 경제사회 각 영역의 디지털화 및 지능화 수준을 향상시킴으로써 경제 구조를 최적화하는데, 경제사회 운영의 효율을 높이는 일련의 활동은 정보화에 그 본질이 있다. 여기서 정보, 데이터, 네트워크와 관련하여 모두 기본 이론, 관리, 규범 및 안전 등의 문제가 존재한다.

예를 들면, 안전 유지를 위해서는 부단히 데이터에 대한 보호와 검증을 통해 데이터가 지속적으로 존재하도록 만들고 손실되지 않도록 해야 한다. 이밖에 '거대한 이윤을 창출하는 빅데이터는 과연 누구의 소유인가?'[95] '개인 정보는 개인에게 속하는 것인가, 아니면 공공의 것인가?' '빅데이터는 진정으로 공평과 정의를 대표하는가?' '관련 정보를 어떻게 수집하고 처리(사람들의 지식이 지닌 한계와 사물에 대한 편견은 모두 데이터의 허위성을 초래할 수 있기 때문에 데이터를 맹신해서는 안 된다), 응용, 보호, 관리(프랑스나 스페인 등이 인터넷 대기업에 대한 디지털 세금을 징수하기로 결정했는데 다른 국가도 이러한 방법을 채택해야 할지, 국경을 넘는 정보 전송은 어떻게 해야 할지 등), 규제할 것인가'의 여부가 앞서 언급한 영역이 건강하게 발전하기 위한 관건이라고 할 수 있다.

하지만 현행의 관련 거버넌스 수단은 경계를 초월하여 융합하는 디지털 경제 시대의 거버넌스에 전혀 적합하지 않다. 따라서 거버넌스 이념, 거버넌스 체제, 거버넌스 제도에서 수단(기술)에 이르기까지 전면적인 혁신이 필요하다.

그 밖에 인터넷 및 사물인터넷 시대가 도래하면서 그에 따른 리스크의 글로벌화, 눈덩이 효과 등의 문제가 나타나고, 특히 일련의 부정적인 사회 사조가 신속하게 퍼지면서 더욱 광범위한 사회적 불안은 폭력과 파괴로 이어지고 있다.

예를 들면 밈(Meme, 한 사람이나 집단에서 다른 지성으로 생각 혹은 믿음이 전달될 때 모방 가능한 사회적 단위의 총칭_옮긴이)이 정보 네트워크를 통해 전파될 경우 그중 일부 생각은 긍정적일 수도 있고 부정적일 수도 있는데, 검증이 이루어지지 않은 상황에서 신속하게 전파되고 있다. 또한 테러분자는 데이터를 고의적으로 파괴하고 교통, 금융, 에너지 시스템 등의 핵심적인 정보 인프라의 네트워크가 공격을 받거나 마비되도록 할 수 있는데, 그것이 가져올 국경을 초월한 경제적·사회적 손실은 헤아릴 수 없을 만큼 크다. 이로 인해 현재 전 세계적으로 정보의 권리 확립, 품질, 안전, 사생활 보호, 유통 감독 및 통제, 공유·개방 관련 정책 및 법규가 부단히 제기되고 있다.

미래 정보 기술의 발전에 따라 중시해야 할 또 하나의 측면이 있다. 현재는 사람들이 정보 기술 응용 측면을 더 중요시하고 있는데, 예를 들면 인터넷을 핵심으로 하는 응용·개발, 초학제적 영역의 연구·개발, 마이크로 전자 기술과 소프트웨어 기술의 심화 발전, 3망(전화망, 유선 TV망, 컴퓨터망) 융합과 광대역화를 핵심으로 하는 네트워크 기술의 발전 등이 그것이다. 그런데 전자화, 디지털화, 네트워크화를 핵심으로 하는 정보 기술은 실제로는 정보의 수집, 전송, 처리의 효율을 개선하는 도구이자 정보의 응용 범위를 확대하는 수단이며, 정보 전파의 매개체다. 정보 기술에 있어서 다음 단계의 발전은 정보 자체와 관련하여 일어나는 심각한 혁명이 될 것이므로 정보의 본질, 정보의 원천, 정보의 내용 등을 연구개발의 주제로 삼아야 하며, 정보를 담는 디지털 도구에 집중해서는 안 된다.

정보에는 서로 다른 원천과 유형이 존재하며 각종 정보 및 그 내용은 다음과 같이 서로 다른 방식으로 부단히 변화하고 발전하는 중이다.

첫째, 무뇌(뇌가 없는) 자연물과 비(非)인조물에 관한 정보의 비밀을 밝혀내는 것이다. 예를 들면 자연물 정보의 본질, 정보 원천, 정보 표현의 방법을 새롭게 인식함으로써 자연물의 베일을 벗겨내고 그중 '눈에 보이지 않는 에너지 분배와 물질 형식 중에 포함되어 있는 정보'[96]를 규명하는 것이다. 물질을 대상으로 한 정보 연구는 앞으로 물질세계에 대한 우리의 인식을 더욱 정확하고 깊게 만들 것이며, 그 심오한 비밀을 계속 발견하는 데 도움을 제공할 것이다.

둘째, 인류의 의식과 정보 간의 관계에 관한 것이다. 심리학, 인지과학, 생물학, 신경과학, 특히 정보 과학 기술의 발전은 인류의 의식에 대한 연구에 있어서 철학적 탐색의 한계를 초월하여 장차 의식을 과학 연구의 주제[97](의식을 일종의 물체가 아니라 과정으로 삼아 연구하는 것)로 삼는 데 있어서 가능성을 제공하고, 나아가 유뇌 생물체(뇌가 있는 생물체)의 정보, 의식과 생명의 관계를 밝혀낼 수 있을 것이다.

마지막으로, 정보 기술의 속성을 명확히 하는 것에 관한 것이다. 만약 인류의 완벽한 의식 활동에 정보의 접수(인지·감지), 저장(기억)과 처리(생각)가 포함된다면 정보가 의식 활동의 대상, 의식 활동이 전개되는 중개물 및 의식 활동의 산물이라는 관점[98]에 근거하여 정보 기술은 물질(뇌 및 물질적 세계 등)을 조작하는 기술에 속할 뿐 아니라 물질을 초월하여 정신 활동(의식 및 정신세계 등)을 조작하는 소프트 기술이라는 것을 알 수 있다.

## 새로운 단계에 진입한 소프트 기술[99]의 발전

소프트 기술은 가치를 창조하는 과정이 전통적 의미상의 기술과는 완전히 차별되는 또 다른 종류의 패러다임이다. 비록 소프트 기술의 자원에 경제, 사회, 문화, 심리, 정치 활동 및 인력자원, 자연자원, 환경자원, 그리고 인류의 생명과 인지 등 광범위한 영역(제3장 참조)을 내포하는 인류의 모든 활동이 포함되어 있지만 수백 년간의 '공업 경제' 시대에서 물질 생산이 중요한 위치를 차지해왔고 물질을 담지체로 하는 이른바 하드 기술이 물질 생산율 향상에 더욱 두드러진 공헌을 해왔기에 소프트 기술은 장기간 홀시되어 왔고 기술로서 의식적 또는 시스템적으로 연구되고 개발되지 못했다. 단지 '경제 활동'을 자원으로 삼는 소프트 기술, 즉 비즈니스 기술이 비교적 폭넓게 발전했을 뿐이며 결코 '기술'로서 간주되지 못한 까닭에 갖가지 명칭으로 불리게 되었다.

현재 소프트 기술의 발전은 새로운 단계에 진입했으며, 우리는 소프트 기술과 소프트 환경에 대해 다음과 같이 새롭게 인식할 필요가 있다.

첫째, 소프트 기술의 발명과 창조 및 혁신은 당대 기술 발전의 새로운 추세다.

둘째, 각종 소프트 기술의 축적과 융합은 각 영역에서 혁신의 가치를 더욱 향상시킬 것이다.

셋째, 소프트·하드 기술, 소프트·하드 환경의 융합, 축적 및 발전은 미래 경제, 사회, 문화 발전의 중요한 추동력이다.

넷째, '나쁜' 소프트 기술을 방지하고, 소프트 기술을 부당하게 응용하거나 사악한 목적에 이용하는 것을 방지해야 한다. 금융 기술을 예로 들면 역사는 부당한 금융 기술의 조작이 금융 위기의 도화선이 되었다는 것을 증명하고 있고, 금융 기술을 사악한 목적으로 사용하면 한 국가를 '공짜로' 인수할 수도 있고 심지어 대국의 해체를 가져올 수 있는 보조 수단이 되기도 한다. 이 때문에 비록 하드 기술을 규제하는 것이 소프트 기술과 소프트 환경의 범주에 속하는 것이라 해도 소프트 기술 자체의 발전과 응용에는 엄격한 규제가 필요하다.

다섯째, 기술 발전의 역사로부터 볼 때 인류는 기술 발전의 제3단계에 진입하고 있다(제3장 참조). 소프트·하드 기술의 생명 영역에서의 축적은 기술 발전 제3단계의 최대 특징이며, 소프트·하드 기술의 생명에 대한 간여는 인류로 하여금 글로벌 범위의 심리적·정신적 위기에 직면하도록 만들고 있다.

여섯째, 21세기에 인류가 직면하고 있는 국가와 지역 간의 충돌, 심지어 각종 테러주의 위험을 포함하는 수많은 도전에 대응하고자 한다면 그 해결 방안은 반드시 소프트 기술과 소프트 환경으로부터 시작되어야 한다. 물론 심층적 차원의 해결 경로는 '공업 문명'에서 '지구 문명'으로의 문명 전환에 의해 뒷받침되고, 더 나아가 '위대한 문명'을 실현하는 것이다.[100]

일곱째, 소프트 기술의 역할이 아무리 중요하다고 하더라도 그것은 하드 기술과 마찬가지로 결국 인류가 창조한 도구 또는 수단에 불과하다. 우리는 목표와 수단을 전도시켜서는 안 되며, 즉 기술을 발전시키는 최종 목적이 모든 인류의 복지에 기여할 뿐만 아니라 인류와 야생동물을 포함하는 자연계의 기타 종과의 조화, 지속가능한 발전 및 자연환경의 보호에 기여해야 한다는 것을 결코 잊어서는 안 된다.

### 1) 소프트 기술의 발명과 창조 및 혁신은 당대 기술 발전의 새로운 추세다

지식, 자본, 자원, 시장(사회시장 포함) 및 비기술 요인에 대한 인식이 더욱 깊어짐에 따라, 비물질 생산 영역의 혁신을 중요시하게 됨에 따라, 국가 거버넌스와 글로벌 거버넌스 문제의 난도가 증가함에 따라 사람들은 점차 소프트 기술과 소프트 환경, 그중에서도 특히 소프트 기술의 발명과 창조 및 혁신의 중요성을 인식하게 되었다. 새로운 경제 기술 및 사회, 문화, 정치, 인지, 사유, 안전, 심지어 의료·건강 영역 등의 소프트 기술은 모두 이미 중요한 경쟁 수단이 되고 있다.

이러한 추세는 탈공업 경제 시대의 경제, 문화, 사회 발전을 추동하는 강력한 구동력이 되고 있을 뿐만 아니라 앞으로 '소프트 산업'의 핵심 기술을 형성할 것이며, 또한 지역 내부의 모순을 해결하고 세계 평화를 수호하며 새로운 세계 질서의 건설에 있어서 불가결한 수단이 될 것이다. 한마디로 인류 사회의 발전에 있어서 대체할 수 없는 '역량'이라고 할 수 있다. 이와 같이 사람들은 소프트 기술과 소프트 환경이 이른바 '인간 중심의 시스템'에 있어서 핵심 기술이자 핵심 이론이라는 것을 점차 인식하게 되었다.

최근 들어 존 스마트(John Smart)는 미래 기술의 변화를 주도하게 될 10가지 영역을 제기했다. 그것은 나노 과학 및 나노 기술, 정보 기술, 공학 기술, 자원 기술, 인지 기술, 사회 기술, 건강 기술, 경제 기술, 정치 기술, 안전 기술 등이다. 그는 이러한 영역에 대해서는 지도자가 반드시 전략적 파괴와 기회, 위기에 있어서 중요도를 인식하고 대응해야 한다고 보았다.[101] 영역의 거의 대부분이 소프트 기술의 범주에 속한다는 점에서 우리는 소프트 기술이 미래 사회의 발전에 있어서 얼마나 중요한 위치를 차지하는지 알 수 있다.

### 2) 각종 소프트 기술의 융합 및 축적

각종 기술의 축적과 융합은 소프트 기술 혁신의 경쟁력을 더욱 증강시킬 것이다. 예를 들면, 금융과 정보 기술의 결합은 역사적으로 그 본질이 경제 영역의 가치 유통 도구 또는 경영 활동의 자본화 과정이었던 금융을 일종의 특수한 기술을 통해 전면적으로 혁신되도록 했고, 중요한 외교 도구가 되도록 했으며, 금융업도 거액의 수입과 대량의 일자리를 만들어내는 서비스업이 되도록 했다. 이와 동시에 '나쁜' 금융 기술(제3장 참조)은 금융을 실물경제로부터 멀어지도록 만들고, 더욱 투기성과 도박성을 드러내며, 금융 위기의 국제 전염력을 증강시켰다.

무역 기술, 금융 기술, 커뮤니케이션과 교류의 기술, 정보 기술의 결합은 전문가들에 의해 현대 세계에 있어서 모든 추세를 돌파하는 역량으로 일컬어지고 있다.[102] 전 세계는 무역 흐름, 자금 흐름, 사람 흐름, 정보 흐름(데이터와 커뮤니케이션)을 통해 긴밀하게 연결되어 글로벌 네트워크를 형성하고 있고, 그중 각 '흐름'은 다시 현대 하이테크와 결합되고 부단히 혁신되며 독특한 시스템을 형성하고 있다. 이러한 4대 시스템의 융합 및 교차는 다시 기술 혁신과 연계되어 새로운 시기의 세계화를 만들어낼 뿐만 아니라 무한한 기회를 창출해내며 예상치 못한 파동 또는 위기를 격렬하게 일으킬 수도 있다.

### 3) 소프트·하드 기술의 융합 및 축적 추세

소프트 기술과 하드 기술의 융합은 미래 기술의 발명, 창조 및 혁신을 위한 새로운 영역을 열었다. 나노 기술, 바이오 기술, 정보 기술, 인지 기술(통칭 NBIC)의 '4대 과학 기술'이 융합·축적된 NBIC 융합 기술은 선도적인 현대 기술로서 하드 기술과 소프트 기술이 통합된 대표적인 기술이다. 그중 인지과학과 인지 기술은 NBIC 융합 기술의 기본점이다. 인지과학은 생물학, 심리학, 뇌과학, 유전학, 신경과학, 언어학, 논리학, 정보과학, 인공지능, 수학, 인류학 등의 방면과 연관되어 있고, 그중 다수는 소프트 과학 영역에 속해 있다. 인지과학의 지식은 NBIC 융합 기술 중에서 설계, 지휘, 협조의 중요한 역할을 하고 있다.

미국 국립과학재단이 엮은 보고서 '인류의 능력을 향상시키는 융합 기술(Converging Technologies for Improving Human Performance)'에서는 '만약 인지 과학자들이 그것을 생각할 수 있다면 나노 과학자들이 그것을 곧 만들어낼 수 있고, 바이오(생명과학) 과학자들이 그것을 곧 사용할 수 있으며, 정보 과학자들이 그것을 곧 감시하고 통제할 수 있을 것'[103]이라고 주장했다. 또한 유럽연합(EU)의 연구 보고서에서는 '융합 기술이 앞으로 유럽의 미래를 창조하게 될 것'이라고 전망했다.[104]

NBIC 융합 기술의 개발과 응용은 그 전망이 매우 밝다.[105] 예를 들면 인류의 대뇌 잠재력은 미래에 더욱 격발될 것이고, 인간의 오성과 효율, 창조성 및 정확성은 크게 향상될 것이다. 또한 인체 및 감각 기관의 경계에 대한 미묘한 변화, 즉 사고, 질병 등과 같은 감지 능력은 더욱 민감해져 사고를 피하고 수많은 질병을 치유하는 데 유리해질 것이다.

인류는 미래에 원자 또는 분자 수준에서 자신과 주위의 물질세계를 진단하고 회복시키며, 노령자들은 보편적으로 체력 및 인지 방면의 쇠퇴를 개선하게 될 것이다. 또한 사람과 사람 간의(뇌와 뇌의 직접 교류 포함) 고효율 통신 수단을 제공하고, 사회 집단의 협력 효율을 높여 전체 사회의 자원 및 에너지 소모 등을 감소시킬 것이다. 이로부터 우리는 NBIC 융합 기술이 일종의 중요한 '인간 향상(Human Enhancement/HE) 기술'이라는 것을 알 수 있다.

현재 전 세계적으로 이미 매우 많은 '융합 기술'의 초기 모델 및 혁신 제품이 출현했다.[106] 예를 들면, 정보와 바이오 기술의 융합은 바이오 정보과학, 맞춤형 약품, 바이오 소재, 바이오 칩 및 바이오 컴퓨터 등을 만들어냈다.

또 하나의 소프트·하드 기술이 축적된 사례는 기술과 예술의 제휴다. 예를 들면, 정보 기술, 예술 기술, 미디어 기술(통칭 IAM)을 통합·축적한 융합 기술은 한 차례의 새로운 혁신 물결을 추동할 것이다. 예술적 사유(이념)와 디지털 미디어 기술의 결합은 문화 산업과 기타 각종 서비스업에 전통을 전복시키는 혁신 물결을 가져올 것으로 예상되는데, 예를 들면 예술 설계와 정보 기술이 결합된 설계혁명이다. 이른바 '새로운 미디어 예술 설계'는 현대의 최첨단 과학과 기술과 예술을 통합시키는데 이를 통해 디지털 기술, 바이오 기술, 양자 이론, 경제학 및 언어학이 예술을 실현시키는 매개체가 될 수 있도록 해야 한다.[107]

### 4) 혁신적 사유에 기초한 '미래 청사진'의 설계 기술

역사적으로 상상력이 줄곧 미래 기술의 발전을 이끌고 추동해온 부스터(보조 추진체)였음을 많은 사례들이 증명하고 있다. 가장 유력한 증거는 19세기 쥘 베른(Jules Verne)이 행한 당대 과학 기술 발전에 대한 공헌이다. 그는 비범한 상상력으로 당시에는 더할 나위 없이 기묘한 각종 구상을 제기했다. 그것들은 20세기에 이르러 거의 모두 실현됐고, 따라서 프랑스의 장군 위베르 리요테(Hubert Lyautey)가 "현대 과학 기술은 단지 쥘 베른이 예언한 것을 실천하는 과정에 불과하다"[108]고 말한 것은 전혀 이상할 게 없다.

2011년 영국의 잡지 〈포커스(FOCUS)〉는 양자 컴퓨터, 3D/4D 인쇄기, 편재 컴퓨팅, 정서 감응 TV 등 10가지의 기묘한 발상이 장차 '세계를 바꿀 10가지 아이디어'라는 글을 게재했다.[109] 실제로 3D/4D 인쇄는 이미 현실이 되었고, 양자 컴퓨터도 실현될 날이 머지않았다(최근 IBM은 최초의 양자 컴퓨터가 3년 이후에 시장에 출시될 것이라고 발표했으며, 2020년 12월 중국의 76개 광자(光子)로 구성된 양자컴퓨터 '구장(九章)'을 개발해냈다). 또한 2011년 〈사이언티픽 아메리칸〉은 국경 없는 화폐, 미생물 광부, 다시 심을 필요가 없는 농작물, 나노급 바이러스 킬러 등을 '세계를 바꿀 10가지 아이디어'로 나열했다.[110] 이는 곧 공상과학 또는 미래 연구와 과학이 상호 협력하고 보완하는 관계임을 설명한다.

사람들은 이러한 기묘한 발상을 공상과학이라고 부르는 것에 익숙해져 있다. 하지만 실천은 그러한 참신한 생각이 사물의 발전 규율(자연규율)과 하드·소프트 기술 원리에 부합되었을 때 가능하고, 아울러 인류의 아름다운 소망이 개방적인 사유 기술과 예술 사유(목표와 방법)를 통해 서로 결합되어 미래 청사진을 구성하는 것은 환상이 아니며 궁극적으로 실현될 수 있음을 증명한다. 이러한 의미에서 그것들을 단순하게 '공상과학'이라고 부르는 것은 옳지 않으며, 정확하게는 '미래 청사진의 설계'라고 일컬어야 할 것이다.

100여 년의 공상과학은 거대한 발전을 이루었고 공상과학의 미래 연구 및 글로벌 문화에 대한 공헌은 지대하다. 비록 공상과학에 대해 매우 많은 정의가 존재하지만[111] 간략히 말하자면 공상과학은 지혜, 창의력, 상상력, 격정, 동기, 개인의 이상 및 가치관을 일신에 집약하여 미래 연구를 탐구하고 계발하며 영향을 미치는 도구 또는 경로일 뿐만 아니라 과학 기술의 발전과 혁신을 추동한다.

매우 많은 과학자 및 미래학자는 오랜 시간 공상과학 관련 사업에 관심을 가져왔다. 핀란드의 VTT 기술연구소는 2015년 2월 티이나 쿠말라이넨(Tiina Kymäläinen)에게 공상과학 박사학위를 수여할 것이라고 밝혔다.[112] 그녀의 학위 논문 제목은 '연구 설계의 결과물로서의 공상과학 원형(Science Fiction Prototypes as Design Outcome of Research)'으로 공상과학이 과학 기술 연구에 있어서 지니는 가치를 인정한 것이라고 할 수 있다.

과학 기술의 발전에 따라 인류는 아름다운 미래 세계를 더욱 동경하게 되었다. 하지만 공상과학이든 미래 청사진의 설계든 참신한 이야기를 창조하는 것에 그치거나 예술 이미지 또는 예술 창조의 기술 제품에 중점을 두어서는 안 된다. 또한 타당한 근거가 없고 극단적이거나 유희적인 이야기를 만들어내어 특히 청소년을 포함하는 민중을 오도해서는 안 된다. 이러한 예술 작품은 반드시 정확한 방향을 파악하고 있어야만 비로소 선과 악을 구별하고 진·선·미·정의에 대한 건강한 정감을 배양하며, 세계가 희망을 향해 전진하도록 기여할 수 있다.

요컨대, 미래 청사진의 설계에 있어서 필요한 것은 공상과학을 초월하고, 과학 기술 또는 문화 영역에 국한되지 않으며, 혁신적 사고에 기초하여 인류 미래의 비전 또는 청사진 설계를 의식적으로 연구하고 추동하는 것이다. 정확한 방향을 견지해야만 적극적으로 동조하거나 신뢰할 수 있고, 건강하고 긍정적인 에너지로 충만한 세계관 및 가치관으로 인도되며, 도덕적 최저선을 고수할 수 있다. '인류 공동의 아름다운 미래'를 핵심으로 하는 시나리오 방안과 그 실천 경로의 창출을 고무하는 것은 (무엇이 가능하며 미래의 리스크가 어디에 있는지를 현시하는 것을 포함하여) 아름다운 신세계를 창조하는 데 분명 도움이 될 것이다. 즉, 이를 위해 인류 사회의 미래에 대한 새로운 사고와 새로운 관념, 새로운 태도를 진작시키고 촉진하는 것이 필요하다.

## 초학제적 · 초영역적 기술의 통합

앞서 언급한 11가지 방면 외에도 우리는 발전의 전망이 밝으며 기존의 것을 전복시킬 만한 성질을 지닌 여러 기술을 열거할 수 있다. 이른바 '전복적 기술'이란 현행 주류 기술과 신기술을 초월하고 대체하는 일련의 발명과 창조를 말한다. 이러한 기술의 발전은 예상하지 못한 방향에서 옛 사고방식을 개변시킬 수 있고 통상적으로 갑작스럽게 출현한다.

현대의 강력한 혁신 역량, 중대한 과학 기술상의 돌파는 대부분 각종 과학과 기술에 있어서 서로 다른 영역 간의 상호 교차, 통합 및 축적에서 연원된 것이다. 예를 들면, AI와 유전과학의 통합, 양자 컴퓨팅과 AI의 통합, 디지털과 생물세계의 융합, 제조와 서비스 간의 통합, 소프트·하드웨어 및 소프트·하드 기술의 융합, 생산자와 소비자 간의 융합, 데이터와 서비스의 글로벌 데이터 플랫폼에서의 통합 등을 들 수 있다. 이것은 현대 과학 기술 발전의 새로운 추세이기도 하다.

# 5

# 과학 기술의 위기

과학이 추구하는 것은 인식과 지식이며(제3장 참조), 이는 곧 인류 사회의 진보를 촉진하는 주요 역량이다. 오늘날의 세계와 과거를 비교해보면 거의 모든 방면에서 진보가 이루어졌음이 확실하다. 이러한 진보는 대부분의 측면에서 과학 기술에 공을 돌려야 한다. 하지만 과학 기술을 추동하는 모든 역량이 인류를 더욱 아름답고 좋은 세계로 데려가는 것을 목표로 삼고 있는 것은 결코 아니다. 이러한 역량에는 또한 자금(특히 군사 및 상업 목적의 자금), 직업 성취의 추구, 타인으로부터 존중받는 사회적 지위 등이 포함된다. 그런데 이러한 역량은 일부 관련된 연구, 개발, 응용에 종사하는 인원들의 영혼을 매우 쉽게 왜곡시킬 수 있다. 즉 현재 세계가 미래를 향해 나아가는 과정에는 도처에 예상치 못한 나쁜 결과가 초래될 가능성을 내포하고 있고 그중 일부는 매우 고통스러운 것이다.

과학 기술이 고도로 발전함에 따라 예상치 못한 나쁜 결과가 미래에는 더욱 위험하고 심지어 공포스러운 것이 될 수도 있다. 예를 들면 앞서 열거한 인류 진화와 관련된 각종 가능성들이 과학자의 예측 또는 SF 소설이나 영화가 아닌 실제 실험실에 들어가 착수되고, 그 이후에는 설령 일부라 해도 그것이 현실이 되어버릴 가능성이 있다.

만약 바이오 기술, 나노 기술, 인공지능, 뇌-컴퓨터 인터페이스(BCI) 기술에서부터 신소재 기술의 발전 중 초래될 가능성이 있는 부정적인 상황이 점차 현실이되고, 시장에 진입하게 될 경우 그것은 곧 SF 영화처럼 그렇게 흥미로운 것은 아닐 것이며, 그로인해 비롯될 리스크는 재난이 될 것인데 이는 용인청문(聳人聽問, 고의적으로 과장하여 듣는 사람을 놀라게 하는 것)도 아니고, 더욱이 과학 기술 분야가 모든 책임을 질 수 있는 사안도 아니다.

그런데 이와 같이 있을 수 있는 오류 또는 불행한 결과에 대해 충분한 관심과 깊이 있는 연구가 진행되지 못하고 있고, 낙관적인 관점을 지니고 있는 과학 기술 계통의 인사들이 사람들을 안심시키는 자신의 가설에 대해 책임지는 것은 더욱 기대할 수 없는 현실이다.

현재 세계가 직면하고 있는 과학 기술 위기의 주요 '증거'를 하나씩 살펴보면 다음과 같다.

첫째, 각종 '기술에 대한 우려'는 쓸데없는 걱정이 아니다. 예를 들면 '인간 향상 기술'의 발전으로 인해 '슈퍼맨'을 만들어낼 수 있다는 전망은 더 이상 환상이 아니다. 기술적 뒷받침의 가능성이든 시장 수요의 측면에서 분석을 하든 현실에서의 응용 가능성은 갈수록 확대되고 있으며 전례 없는 유혹을 자아내고 있다.

기술적 실현 가능성의 측면에서 볼 때 비록 철학·윤리·종교 방면의 제한을 받는다 하더라도 바이오 기술·정보 기술·나노 기술의 융합 발전으로 인해 특히 유전 공학의 발전에 따라 지금의 'HE 기술'은 앞으로 혁명적 초월이 이루어질 것으로 예견되고 있다. 다가오는 20~30년 동안 그것을 '휴먼 플러스'라고 부르든 '포스트 휴먼'이라고 부르든 상관없이 인류는 대량의 '슈퍼맨'을 만들어낼 것이다.

한편 그와 같은 시기에 사이보그 또는 휴머노이드(인간형) 로봇이 혁신적인 발전을 성취하게 될 것으로 전망된다. 구체적으로 논하자면 역사상 최초로 시민권을 획득한 로봇 '소피아(Sophia)'의 탄생, 야외에서 걷고 장애물 넘는 것을 학습한 휴머노이드 로봇 '아틀라스(Atlas)'의 출현, 그리고 일본 과학자가 최근 연구하여 제작해낸 일본어로 충분히 교류할 수 있는 휴머노이드 로봇 등을 들 수 있는데, 오사카대학의 이시구로 히로시 교수는 자신의 모습과 동일한 로봇을 만들어내기도 했다.

'수요'의 측면에서 볼 때 만약 부모가 자신이 아직 출산하지 않은 태아의 유전자를 변형시켜 해당 아이의 지력을 향상시키고 외모를 개선하며 수명을 연장시킬 수 있다면 이러한 유혹은 매우 뿌리치기 힘든 것이 될 것이다. 만약 이러한 것을 선택하는 것이 가능하다면 매우 많은 사람들이 이 기회를 잡고자 할 것이며, 심지어 법률상의 제한이나 수단을 고려하지 않고 더욱 높은 지혜와 능력을 획득하고 더 오래 살며 더욱 건강해지고자 할 것이다.

현재의 양생 시장을 예로 들면, 비록 '시약삼분독(是藥三分毒, 모든 약 속에는 30퍼센트의 독이 함유되어 있다)'이라는 것을 알고 있지만 생활 여건이 좋은 사람일수록 대량으로 각종 보건용 약품을 복용하는 경향이 있고 이로 인해 양생 관련 시장이 크게 번영하고 있다. 문화 방면에서 수십 년 전 여성의 초미니 스커트에 대한 용인에서부터 현재의 미용 성형(미용 성형을 하는 사람의 수가 폭발적으로 증가하고 있음), 시험관 아기, 동성애, 성전환 수술에 이르기까지 사람들의 인식도 빠르게 변하고 있으며 전부 또는 부분적으로 'HE 기술'을 받아들이려는 사람이 갈수록 많아지고 있다.

실제로 미국에서는 이미 '바이오 해커 회사'가 출현했고, 상당한 규모의 바이오 해커 집단이 형성되었으며, 현재 부흥하고 있는 직업 중 하나다.[113] 수많은 바이오 해커는 기술이 소수의 전문가에 의해 장악되고 독점적 통제가 형성되는 것을 반대하며, 바이오 기술을 실험실로 가지고 나와 다양한 환경 아래 혁신·발전시켜야 한다고 주장한다. 현재 단계에서 그들은 단지 문신용 바늘, 수술용 칼로 등에 장치나 마이크로칩 등을 주입하여 신체에 인터넷을 연결하는 능력을 제공하고, 그것을 통해 문을 열거나 자동차에 시동을 거는 것 등을 시도하며 바이오 해커 기술이 인류의 신체를 토대로 무한한 가능성을 갖게 한다고 외치고 있다.

그러나 이러한 기술의 잠재적 파괴성을 망각해서는 안 된다. 바이오 해커 기술은 개인이 보다 쉽게 보유하고 사용할 수 있기에 일단 테러주의자가 이를 확보하게 될 경우 미래 사회에 엄청난 파괴를 가져올 수 있다.

둘째, 앞서 언급한 전망들은 점차 사람들을 위험한 게임에 빠지게 만들 것이다. 일단 이러한 게임이 사회적으로 각종 이익집단 또는 개인에 의해 좌우될 경우 그 복잡성은 미래 경제, 사회 및 정치의 각 방면에서 곤경을 유발할 것이다. 현재의 하이테크에는 유전자 수정, 나노 기술, AI 기술 및 우주 기술까지 포함되며 갈수록 각 업종의 상업적 이익에 의해 추동되어 개발·이용이 이루어지고, 정부 부문이 그것에 대해 통제할 수 없는 상태가 되고 있다.

HE 기술을 예로 들면, 비록 대다수 관련 영역의 과학자들이 자신들의 연구는 단지 치료 영역에 국한된 것이며 결코 건강한 인류에 대한 HE 기술을 모색하는 것에 있지 않다고 말하고 있지만 인류를 개조시키는 데 사용될 수 있는 그러한 기술이 일단 상업적·군사적 가치를 창조할 수 있는 단계에 도달하거나 근접할 수 있게 되면 통상적으로 군사 목적을 위해 우선적으로 이용되거나 사회를 교란시키는 데 이용될 수 있다(예를 들면, 로봇 기술 영역의 그 어떤 진보도 극악무도한 테러주의자에 의해 통째로 절취되어 테러활동 등에 이용될 수 있다). 그러므로 이러한 기술에 대한 그 어떠한 통제도 필연적으로 관련 이익집단의 강렬한 저항에 직면하게 될 것이며 이러한 기술을 장악하고 있는 측의 권력이 점점 커지고 이에 대한 저항도 상대적으로 커지며 리스크도 늘어날 것이다. 특히 많은 기술 자원이 소집단 및 개인에 의해 점점 장악되는 상황 하에서 이러한 기술을 단지 친환경, 평화적 목적으로만 응용할 수 있도록 엄격하게 통제하는 것의 어려움은 매우 크다고 할 수 있다.

셋째, 우리로 하여금 윤리·도덕 방면에서 매우 어려운 선택에 직면하게 만드는데 특히 공평과 정의, 권리와 책임, 인성과 인간의 존엄, 지혜(또는 능력)와 행복 등과 관련된 쟁의다.[114] 예를 들면, '착상전 유전 진단(Preimplantation Genetic Diagnosis/PGD)'이라는 기술이 있다. 비록 이러한 기술이 유전으로 인한 발병을 억제하고 유전병을 앓게 되는 아이의 임신을 방지하며, 질병을 앓는 아이의 출생을 감소시키는 목적을 실현하는 데 도움이 되지만 착상 전 배아는 인성을 풍부하게 보유한 생명체이자 윤리·도덕 차원의 지위를 갖고 있기에 그것들을 어떻게 사용하고 조작할 것인지에 대해서는 윤리적 이해와 지지가 요구된다.[115]

특히 이른바 '미래 설계'는 PGD 기술의 '비의학 목적' 중 하나로 주로 생식 세포 또는 수정란 유전자에 대한 간여를 통해 후대의 지력과 신장 및 수명을 증강시키는 것을 말한다. 이것은 더 이상 유전병을 치료하는 것에 국한되는 것이 아니며 일정한 목적 아래 유전자에 간여하는 것이다. 따라서 자주 및 존엄을 침해하거나 무시하는 것과 결부될 수 있으며 기타 증강 시술을 받지 못한 이들의 자주 및 존엄에 손해를 끼칠 수도 있는데, 만약 이에 대해 윤리 도덕 차원의 제한을 가하지 않을 경우 반드시 인류 사회에 심층적 위기를 초래하게 될 것이다.

넷째, 우리로 하여금 대량의 사회 문제에 직면하게 만든다. 예를 들면 우리가 인터넷이 주는 끝없는 기회로 기뻐하며 춤추고 있을 때 갑자기 인터넷이 인류의 사생활 보호의 권리를 종결시켰다는 것을 깨달았다. 사생활 보호에 대한 권리는 자연인으로서 향유하는 것이며, 해당 개인의 '공공의 이익'과 관계 없는 개인 정보, 사적 활동 및 사유 영역에 대해 지배할 수 있는 일종의 인격권이다.[116]

만약 인체 내부에 '나노 칩'을 심어 넣는다면 그것은 곧 타인의 자유와 사생활 보호의 권리를 침해하는 것이 된다. 개인 정보가 보호받지 못하고 타인에 의해 불법적으로 침해되거나 파악되고, 수집 또는 이용되며 공개된다면 사람의 존엄 및 가치는 언급조차 할 수 없게 돼버리며 이러한 상황에서 인류는 행복할 수 없을 것이다.

아울러 만약 각종 HE 기술을 통해 인류의 수명을 연장하거나 불로장생(不老長生, 늙지 않고 오래오래 사는 것)을 실현할 수 있다면 그것은 우리가 질병과 노쇠를 이겨내는 방면의 기술이 진보하게 되었음을 말한다. 하지만 다른 측면에서 고려해보면 생명을 과도하게 연장시키는 것도 재난이 될 수 있다. 왜냐하면 사회의 노령화를 심화시키고 양로 및 의료 등의 문제를 심각하게 만들며 사회의 부담을 가중시킬 것이다. 또한 청년의 부담을 대대적으로 가중시켜 청년이 일자리를 찾지 못하도록 만들고 그들의 창조 및 혁신에 대한 열정에 영향을 미쳐 사회의 활력을 감소시키고 약화시킬 것이다. 뿐만 아니라 새로운 사회 불평등과 공정에 관한 문제를 심화시키고 빈부 격차를 확대시키며 나아가 사회 안정에까지 영향을 미치는 새로운 요인이 될 수도 있다. 인류가 진정으로 불로장생 또는 영생을 실현하게 된다면 우리의 윤리·도덕 및 법률뿐만 아니라 인간에 대한 정의는 모두 전복될 것이다.

또한 인구가 지속적으로 증가할 경우 지구가 그것을 더 이상 버틸 수 없게 된다. 설령 인류가 기타 행성의 자원을 개발하고 응용할 수 있게 되거나 다른 행성에 이주할 수 있고 그 수명이 무한히 연장될 수 있다면 이것은 과연 좋은 일이라고 할 수 있을까? 인류가 건강하게 몇 세까지 살 수 있어야 비로소 인류의 삶과 죽음 사이에, 인류와 자연환경 사이에 합리적인 평형이 이루어질까? 죽음이 있기에 진정으로 생명에 의의가 있는 것은 아닐까? 인류라는 종의 '신진대사'와 '선순환'이란 과연 무엇을 의미할까? 우리는 이에 대해 생각해볼 필요가 있다.

다섯째, 인간의 본질에 관한 철학적 측면에서의 곤혹이다. HE 기술은 간질 또는 심각한 우울증 등의 질병을 치료하는 것뿐만 아니라 일부 장애나 손실, 노화된 신체 기관도 인조 기관으로 대체시킬 수 있고 인류의 인지 능력 증강 등에도 이용할 수 있다. 이것은 HE 기술이 인간, 건강 및 장애 등에 대한 정의를 재정립하게 만들고 인류로 하여금 '인간'의 본질에 관한 엄숙한 철학 문제를 새롭게 사고하도록 내몰고 있다는 것을 의미한다.

인류의 신체 속에 이식된 각종 마이크로 형태 또는 기능이 더욱 강화된 칩 등의 기술 제품 비율이 점차 증가할 때 인체와 인공 제품 및 기타 무생명체 사이의 경계가 모호해질 것이며, 이러한 새로운 종이 '인간'인지 '기계'인지 판별하는 것이 점점 어려울 것이다. 이는 곧 인간에 대한 기본 개념을 흔들어 놓고 인간에 대한 정의, 인간의 본질에 대한 도전을 제기한다. 마찬가지로 인공지능의 궁극적인 성과, 즉 휴머노이드 로봇이 전통적 인류에 비해 더욱 '총명'하거나 '완벽'하고 인류와 유사한 감정과 의식까지 갖추고 있다면 이를 통해 그들을 인간이라고 말할 수 있을까?

요컨대, 과학 기술의 개조를 거친 인간은 과연 인류에 속하는가? 인간의 지능을 초월하는 컴퓨터를 인류라고 볼 수 있는가? 인간과 비인간을 구분하는 경계선은 무엇인가? 예를 들면, 2017년 사우디아라비아는 미국의 핸슨로보틱스(Hanson Robotics)가 개발한 여성 로봇 '소피아'에게 시민권을 수여했다. 그녀는 인간인가? 아니면 기계인가?

여섯째, 인간과 기계의 관계가 소외되고 인류 사회의 근간이 약화된다. 전화, 컴퓨터, 휴대폰 등 현대 정보통신 수단의 끊임없는 발전은 사람과 사람 간의 교류 방식을 더욱 신속하게 만들고 채널의 다양화를 가져왔다. 전자적 매개와 네트워크 및 사이버세계(가상세계)는 사람과 사람의 교류 방식에 시간과 공간의 제한을 초월할 수 있는 가능성을 더 많이 제공하고 있다. 하지만 이와 같은 '편리성'은 거꾸로 심층적인 차원에서 인류 사회에 있어 서로 대면하는 방식의 직접 교류에 영향을 미치는데 사람과 사람 사이의 교류와 소통은 군체 사회를 결성하는 기본 근간으로 매우 중요한 문제이다.

거리를 걷는 사람들의 눈은 오직 스마트폰을 주시하고 있고 심지어 식사를 하거나 모임 중에도 그것을 손에서 떼어놓지 못한다. 사람들이 서로 통화하는 횟수 또한 점차 줄어들고 있는데 자신의 시간이 쓸데없이 낭비되는 것을 아까워하거나 타인에게 불필요한 영향을 미치는 것을 원하지 않기 때문인 것으로 여겨진다. 사람들은 자기도 모르는 사이에 기술의 인질이 되고 기술의 부속물로 변해버렸다.

사람들은 점차 네트워크 구조의 사이버세계 속에 미혹되거나 그것에 집착하게 되었고, 그곳에서 교류하는 상대방이 인간인지 컴퓨터인지 아니면 로봇인지 구분하지 못해도 상관없게 되었다. 사람과 사람 간의 '대면' 방식을 통한 교류가 갈수록 줄어들고, 사람 간의 관계도 그에 따라 차갑고 삭막해지며 온정이 결여되고 있기에 상호 간의 감정 교류와 관심, 애정에 대해서는 더욱 기대하기 어렵다.

이와 같은 흐름이 계속된다면 사람들은 더욱 고독하고 냉담해지며 초조해질 것인데(최근 연구에 따르면 청소년 중에서 우울증을 앓거나 자해나 자살을 시도하는 비율이 상승하고 있다. 우울증의 발병률은 스마트폰의 보급과도 관련이 있으며 과도하게 디지털 미디어에 빠지는 것은 청소년의 심리적 건강에 위기를 초래하는 주요 원흉이라고 한다), 이로 인해 귀결되는 것은 사회의 고상한 도덕 기풍이 악화되고 인류의 사회성이 축소되거나 쇠퇴하는 것이다.

일곱째, 생명과 인성에 대한 도전이다. 앞서 언급한 바와 같이 과학자들은 오늘날 인체의 모든 부분을 복제할 수 있는 기술을 모색하고 있다. 실제로 이러한 사유는 "무한하고 풍부한 인성을 자연원자의 물성으로 단일화시키고 … 장차 정교하고 오묘한 전체성을 갖춘 인성을 난폭하게 분쇄시키며, 그 이후 다시 원자 또는 분자 차원에서 임의적인 분해와 조합을 진행하는 것으로 이는 필경 완전한 인성의 분열 또는 붕괴를 초래할 것이다."[117] 그 본질은 자연 속성과 사회 속성이 고도로 통일되어 있는 인성을 무시하는 것이며, '사람'을 한 무더기의 유전자 조합물 또는 세포 조합체로 간주하게 될 것이다. 이것은 인류가 과학 기술의 노예가 되는 문제에만 국한되는 것이 아니라 인류가 철저하게 자신을 상실하게 되는 것을 의미하는데 그 대가는 전통적 인류의 파멸이다.

과학 기술이 발달할수록 인류는 더욱 그것에 미혹되어 갈피를 잡지 못하게 되고 두려움을 갖게 되며, 어디를 향해 가게 될지 또 어디를 향해 가야 하는지 알지 못한다. 하지만 앞서 언급한 코앞에 닥친 과학 기술의 위기는 우리를 인류 진화사의 기로에 서도록 만들고 있기에 우리는 바람직한 인류의 진화 방향을 반드시 탐색해야만 한다.

The Future of Humanity

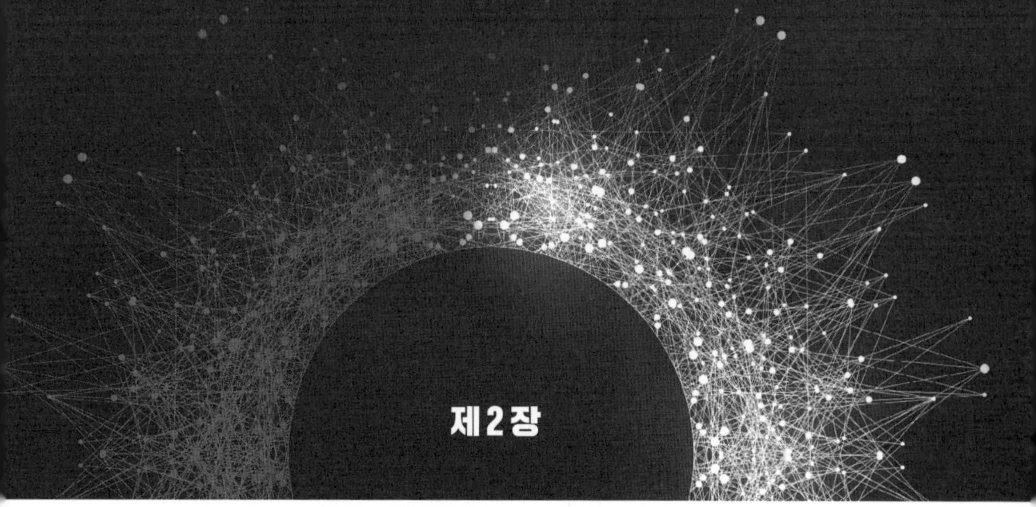

# 제 2 장

# '과학 기술 만능론'이 초래한 인류 문명의 위기

**“인류의 진보에 있어서 중요한 지표 중 하나는 인류가 자신의 운명을 장악할 수 있고, 장악해야만 한다는 것이다”**

제1장에서는 기술 발전의 방향에 대한 심각한 우려와 기술 발전으로 인한 눈에 띄는 부정적인 영향을 집중적으로 논했다. 그런데 더욱 심각한 잠재적 리스크는 물질지상주의와 과학 기술 만능론이 초래하는 인류 문명의 위기다.

휴머노이드 로봇 또는 초인과 관련된 연구의 긍정적 의의는 인류의 지력을 부단히 향상시키고, 더욱 편하고 효율적이며 아름다운 사회를 창조하고, 또한 인류로 하여금 더 이상 생물 진화의 제한을 받지 않도록 하여 인류의 이상적이지 않은 상태, 즉 질병의 고통과 노화, 비자연적인 사망 등을 극복하게 하는 데 있다.

이와 동시에 이러한 연구는 인류의 생물 진화에서 선택할 수 있는 경로와 관련되어 있는데 여기에는 기술이 인류의 생명에 간여함으로써 만들어낼 수 있는 후과, 예를 들면 기술의 고도 발전이 인류를 어떤 모습으로 변화시킬 것이며, 어떠한 생활 환경과 생활 방식을 창조할 것인가 등이 포함된다. 하지만 이러한 탐색은 이미 단순한 기술의 범주를 초월하는 것이며, 그것은 우리에게 미래 인류 사회의 여러가지 준엄한 선택에 직면하도록 만들고 있다.

미래의 인류 사회는 어떤 모습일까? '인자견인(仁者見仁), 지자견지(智者見智)' 즉 '어진 사람은 어질게 보고, 지혜로운 사람은 지혜롭게 본다'는 말처럼 같은 사물이라도 사람마다 견해가 각각 다를 것이며 모두 나름대로의 이치를 갖고 있을 것이다. 예를 들면, 이스라엘의 역사학자 유발 하라리는 그때가 되면 아마도 '인간'이라는 단어에 대한 기본적 정의가 흔들리거나 심지어 새로운 생명 형식 또는 신형 인류가 창조되는 것을 배제할 수 없을 것이라고 보았다.

실제로 앞으로 50년에서 200년 이내에 크리스퍼(CRISPR, 원핵생물 유기체의 게놈에서 발견되는 주기적으로 간격을 띠고 분포하는 짧은 회문 구조의 DNA서열_옮긴이) 또는 그 이후의 개선된 기술은 인류의 유전자 조직에 대한 조작의 쉬운 경로를 제공하여 인류의 외관, 질병에 대한 저항력 및 유전자에 의해 결정되는 개인의 숙명 등에 변화를 가져올 수 있다. 요컨대, 인류는 자신을 하나의 완전히 다른 종으로 '승급'시킬 가능성이 있는 것이다. 이와 동시에 인류는 자신보다 더욱 강력한 지능형 로봇을 만들어내고, 자신의 뇌와 컴퓨터를 연결시키며, 어떤 집단 지혜를 보유한 '뇌 인터넷망'을 만들어낼 수도 있다.[1]

또한 많은 학자들은 '인간-기계 문명'이라는 용어로 미래 사회의 추세를 개괄한다. 이러한 탐색 또는 예견은 지혜가 충만하고 대단히 유익하며 언제나 흥미로워서 사람들의 관심을 끈다. 그러나 이와 같은 '승급'에 적응된 인류의 미래 사회는 과연 어떤 모습일까? 그것은 그렇게 낙관적이지 않을 것이다.

이번 장에서 우리는 고도로 발달된 과학 기술이 인류의 미래에 가져올 '찬란한 일면'은 일단 제쳐두고, 골치 아프고 피할 수 없는 광경들을 떠올려보자. 그 목적은 물론 그러한 최악의 결과를 피하는 데 있다.

과학 기술과 관련된 위기(인류는 이밖에도 매우 많은 심각한 위기에 직면해 있다), 이른바 '인간-기계 문명' 위기를 사례로 '만약 이러한 상황을 방임할 경우 어떤 일이 발생할 것인지'를 살펴봄으로써 위험에 대비하고 그 심각성에 대해 깨닫는 기회가 될 것이다.

## 1

# '인간-기계 문명'의 시대란?

특이점과 초인주의, 현재 열의를 다하고 있는 AI는 모두 기술 진보가 가져올 수 있는 이른바 '인간-기계 문명'의 주요 내용과 특징을 지니고 있다.

인간-기계 문명과 관련하여 레이 커즈와일이 그의 명저 《특이점이 온다(The Singularity Is Near)》에서 제시한 해석은 매우 큰 대표성을 지닌다. 그는 기계 또는 컴퓨터의 지능이 인간 뇌를 초월하는 때, 즉 특이점 이후에 출현하는 기계 지능이 인간 뇌를 초월하는 사회를 '인간-기계 문명'이라고 불렀다. 그는 "미래에 출현할 지능은 인류 문명을 계속해서 대표할 것이고, 미래의 컴퓨터는 설령 그들이 비생물이라 하더라도 곧 인간이다"[2]라고 말했다.

현재 매우 많은 전문가들 또한 '인간-기계 문명'이라는 용어를 사용하고 있는데, 그들이 묘사하는 것은 '인간-기계 보완, 인간-기계 연동, 인간-기계 결합, 인간-기계 협동, 인간-기계 일체화(인간과 기계 사이의 관계가 가장 이상적인 상태)'를 추구하는 사회다. 즉, 여기에서의 핵심은 '인간-기계 일체화'인데 엄격하게 말하자면 '인간-기계 문명'이 주로 강조하는 것은 앞서 언급했듯이 미래 사회에서 고도의 기술이 발전함에 따라 기계의 지능이 인간의 뇌가 지닌 특점을 초월하게 된다는 것이다.

하지만 '인간-기계 관계'의 변환에만 오직 의지하는 것은 농업 문명, 공업 문명 및 이 책에서 주장하고 있는 인류 문명을 계속해서 대표하는(현재의 공업 문명보다 더욱 선진 문명으로서의) 지구 문명 및 위대한 문명 등과 함께 논할 수 있는 인류 문명을 형성하기에 부족하거나 동등한 레벨에 속한다고 볼 수 없다.

실제로 어떤 문명 사회든 인류와 그들의 창조물인 기술과의 관계, 서로 다른 정도의 '인간-기계 관계'가 존재한다. 따라서 인간-기계 관계의 발전 정도에 단순히 근거하는 것만으로는 '인류 사회'의 진보 상태 전모와 이성적인 사회 시스템을 전면적으로 반영할 수 없고, 독립적인 사회 시스템을 변별하기에도 부적합하므로 일종의 광의의 문명으로 정의하기에는 미흡하다.

다시 말해, 기술 발전은 21세기에 이르러 인류와 기술의 관계가 전례 없는 고도의 상태에 도달했고, 인류와 기계의 관계 역시 고도의 상호 연동, 협조는 물론 더 나아가 일체화된 수준에까지 이르렀다. 과학기술의 진보가 가져온 인간-기계 관계의 변화는 과학 기술 문명의 중요한 내용이자 특징이지만(제4장 참조) 독립적인 문명 상태를 대표하지는 않는다. 따라서 인간-기계 문명은 인류 문명을 계속해서 대표하는 것이 될 수 없다.

그러한 기계의 지능이 인간의 뇌를 초월하는 사회를 '인간-기계 문명' 사회라고 불러도 좋고, 특이점 이후의 사회라고 해도 좋지만 기술이 고도로 발전된 미래 사회에서 인간-기계 관계의 변화가 직면할 수 있는 최대의 도전은 세 가지 '종'이 공존할 수밖에 없는 사회라는 점이다. 이른바 세 가지 종이란 ①HE 기술의 최종 생산품으로서 인간-기계 일체화가 이루어진 각종 '초인' ②슈퍼 AI 생산품으로서 각종 '휴머노이드 로봇' ③전통적 의미에서의 '인류'다.

여기서 ①과 ②의 종과 일반적 반인반기계인 또는 지능형 로봇의 분계선은 ①과 ②의 생산품이 이미 전통적 인류의 통제를 더 이상 받지 않는 단계로 발전 또는 진화했고, 독립적인 종으로 존재한다는 점에 있다.

논의의 편의를 위해 앞서 언급한 세 가지 종이 공존하는 과도기적 사회를 '인간-기계 문명' 사회라고 잠시 부르려 한다. 인간-기계 문명 시대에는 무슨 일이 발생하게 될지 함께 상상해보자.

## 첫 번째 종: 초인

기술의 발전이 인류 생명 영역에서의 소프트·하드 기술의 융합 및 축적을 특징으로 하는 제3단계에 진입함에 따라(제3장 참조) 인류의 능력을 향상시키는 NBIC 융합 기술을 포함하는 HE 기술이 충분히 발전할 수 있는 기회를 얻게 되었다. 기술의 성과가 나타나는 때가 되면 인간의 유전자 코드를 해독하고 유전자의 재생 및 개조가 가능해지며 새롭게 '코딩'될 수도 있을 것이다. 필요에 따라 신체의 그 어떤 기관도 모두 인공 기관으로 대체할 수 있고, 각종 바이오 지능칩이 인간의 뇌에 이식되어 일부 기억, 계산, 표현 등의 기능을 맡게 될 것이며, 착용할 수 있는 컴퓨터 설비 등이 이른바 '초인'의 실현을 더욱 앞당길 것이다.

전문가들은 인간의 뇌에 컴퓨터를 연결하는 것, 체외 골격을 강화하는 것, 신경 이식, 디지털 의수, 외부 뇌피질(사유와 컴퓨터의 진정한 결합), 인간 유전자 공학, 나노미터 의료, 뇌 보존, 인조인간, 의식 업로드 등의 10대 첨단기술이 미래에 인류를 초인으로 변화시킬 것으로 보고 있다.[3]

실제로 대뇌 칩과 합성 혈액, 막강한 '아이언맨'과 같은 전술공격을 수행하는 소형 조작 장비 등의 연구·개발이 현재 진전을 이루고 있으며, 이미 각종 유형의 반인반기계의 '지인(智人)' 모형이 출현했다. 현재의 경향은 '만약 인류가 최종적으로 도태되고 싶지 않으면 기계와 서로 결합되어야 한다'는 관념이 부단히 고무되고 있고, '인류-기계 보완, 인류-기계 연동, 인류-기계 결합, 인류-기계 협동, 인류-기계 일체화'의 이른바 '인류-기계 문명'이 AI 시대의 발전 추세로 신봉되고 있다. 이로 인해 HE 기술을 임의적으로 사용하는 행위가 조장되어 초인과 사이보그의 '출생' 및 '성숙'의 속도를 가속시킬 것으로 여겨진다. 만약 이에 대해 규제 및 통제를 하지 않을 경우 각종 유형의 초인이 증가하게 될 것이며 아울러 독립적인 '종'을 형성하게 될 것이다.

## 두 번째 종:
## 휴머노이드 로봇

AI가 '슈퍼 AI' 단계로 발전하게 되면 휴머노이드 로봇은 의식을 가진 채 자아개발 및 자아실현을 할 수 있는 수준에 도달하고, 복제할 수 있는 기능을 갖게 될 뿐만 아니라 인간에게만 있는 감정, 창조력, 사회성 등도 지능형 로봇에 의해 나날이 획득될 것이다. 실제로 그 단계에 도달할 경우 지능형 로봇은 자연인으로서 인간 '대부분'의 특징과 사회인으로서 인간의 '일부' 특징들을 갖게 될 것이다. 이와 동시에 슈퍼 AI 생산품 자체도 부단히 발전하고 진화할 것이기 때문에 세계 각지나 각 영역에서 서로 다른 '선진' 수준의 각종 휴머노이드 로봇 또는 안드로이드 로봇이 '출생'하게 된다.

이러한 의미에서 '알파고(AlphaGo)'의 출현은 중요한 의의를 갖는다. 알파고는 유럽 체스 대회에서 어떻게 우승할 수 있었을까? 연구자들은 이전의 체스 관련 AI와 비교하여 알파고의 사고가 더욱 인류에 근접해 있음을 발견했다. 이는 딥러닝(Deep learning), 몬테카를로 트리 탐색(Monte Carlo tree search/MCTS) 등 여러 종류의 계산법을 결합시킨 혁신의 결과로 '계산'에서 '지능'으로의 초월을 진정으로 실현했다. 이것은 '이상적인' 휴머노이드 로봇의 탄생이 단지 시간상의 문제라는 것을 잘 말해주고 있다.

첫 번째 종과 두 번째 종의 구별은 전자가 전통적 인류의 신체를 본체로 삼고 기술 수단을 통해 인체의 '증강'이 필요한 어떤 부분에 대해 보완, 개조 및 재구성하는 것에 반해 후자는 본래 생명이 없는 기계를 플랫폼 삼아 인류와 유사한 지혜 및 지능을 주입했다는 점이다.

## 세 번째 종:
## 다행히 생존하게 된 일부 전통적 인류

그들은 상대적으로 점점 그 수가 적어질 것이며 지속적인 생존과 발전에 있어서 준엄한 도전을 받게 되는 종이라고 할 수 있다. 전통적 인류의 관점에서 말하자면 그들은 동시에 두 가지 도전에 직면해 있다.

반드시 그들은 앞서 언급한 두 가지 종의 '진화 방향'을 장악하고 통제하여 약세에 처하지 않도록 해야 하고 그들에 의해 노예가 되거나 또는 소멸되지 않아야 한다. 다른 한편으로는 1,000년 넘게 영위해온 생활 방식을 바꾸고 인성의 부정적인 영향을 극복함으로써 스스로 괴멸되는 리스크를 피하고 더욱 아름다운 신세계를 능동적으로 창조해야 한다. 그것이 바로 이 책의 제4장에서 제6장까지 구체적으로 논하고 있는 지구 문명 및 위대한 문명의 인류 사회이다. 그러한 사회에서 HE 기술의 생산품이든 AI의 생산품이든 그것들은 점점 발달하여 '인간'과 많이 비슷해진다는 것을 불문하고 인류의 지속가능한 생존과 발전에 필요한 서비스를 제공하는 도구가 될 것이다.

실제로 이러한 세 가지 종이 공존할 수 밖에 없는 인간-기계 문명 시대는 본질적으로 100만 년이 넘는 '인류 문명사'[4] 이래 줄곧 존재해온 인류와 인류가 창조한 도구(즉 기술)의 관계에 근본적인 변화가 발생하고, 그로 인해 인류는 자신이 만들어낸 창조물의 노예가 될 위험에 빠지게 된다.

또한 이러한 사회는 정확히 말하자면 과도기라고 할 수 있다. 즉 그것이 발생하지 않도록 하면 되고, 만약 발생하게 되었다면 그중 두 가지 종은 반드시 소멸될 것이다.

미래의 새로운 종과 관련하여 유나이티드 테라퓨틱스의 CEO 마틴 로스블랫(Martine Rothblatt)은 '사유 복제 기술'이 실현할 수 있는 '인류의 디지털 쌍둥이, 즉 죽지 않는 가상 인간'을 인류의 새로운 종으로 볼 수 있다고 제기했다.[5] 이것은 '불후의 인류' 또는 '인류의 영생'을 실현할 수 있다는 다소 광적인 구상인데 여기에서는 구체적으로 다루지 않겠다.

## 2

# 기술 발전을 방임할 경우 어떤 일이 발생할 것인가

인류가 '자신'과 기타 '생명 유기체'를 다시 설계해내고 자부심을 갖기 위해서는 이러한 '능력' 또는 '행위'가 어떤 형태의 후과를 초래하게 될지에 대해 반드시 고려해야 한다. 즉 각종 초인, 휴머노이드 로봇이 자유롭게 발전하여 최종적으로 통치 지위를 놓고 서로 쟁탈을 벌이게 될 미래 사회는 어떤 모습일지 생각해볼 필요가 있다.

가령, 우리가 기술 발전과 혁신의 방향에 대해 통제를 가하지 않는다면 세계는 반드시 앞서 언급한 세 가지 종이 공존하는 시대에 직면할 것이다. 이러한 '문명'의 전환이 이루어지는 사회는 대단히 두렵다. 그곳에서는 점점 선진적인 각종 초인과 휴머노이드가 출현하여 통제권을 놓고 쟁탈을 벌일 것이고, 사회는 재난과 폭력으로 가득해지며, 전통적 인류는 경쟁에 밀려 소멸될 것이다.

## 인간-기계 문명 시대에 인류는 행복할까

만약 실제로 세 가지 종이 공존하는 시대가 도래할 경우 사람들은 자유롭게 자기 신체 중 HE 기술의 함량 비율을 결정할 수 있다면, 그것은 이른바 또 다른 종의 개인이 자유롭게 그러한 극단적인 개인주의를 제창하는 것을 의미하고 이로 인해 세계는 불안정하고 조화롭지 못하며 충돌과 폭력으로 가득찰 것이다.

비록 '초인류주의'의 소망이 인류로 하여금 더 오래 살게 하고 더 건강하게 하며 생활의 질을 향상시켜 만족감을 갖게 한다 하더라도 인간에 대한 '진화' 또는 '개조'에 그 어떤 최저선이 없거나 사회 구성원으로서의 '인간'이 자신에 대한 소망과 행위에 대해 자율성이 없을 경우 통제를 가하는 것은 차치하고 그러한 종류의 사회는 점차 개인 욕망의 팽창으로 인한 위험한 게임장이 될 것이다.

또 다른 측면에서 과학 기술의 발전은 인류의 장생을 가능하게 만들 것이다. 하지만 유발 하라리[6] 등의 학자들이 말하고 있는 바와 같이 설령 2050년이 되더라도 늙지 않고 오래 살며 청춘을 영원히 유지하는 것은 전체 인류가 아닌 소수의 부자만이 그러한 HE 기술을 향유할 수 있고, 다수의 가난하거나 주머니 사정이 좋지 않은 자는 '망양흥탄(望洋興嘆, 힘이 미치지 못함을 탄식)' 할 수밖에 없을 것이다. 이처럼 부자는 오래 살고 가난한 자는 죽게 되는 혼란을 야기하여 전 세계에 분노와 불안이 가득하게 만들 것이다.

이러한 '기술 획득'에 대한 불평등은 빈부 격차를 확대시키거나 새로운 착취와 예속을 가져오며 사회의 안정에 영향을 미치는 새로운 요인이 되고, 사회의 혼란을 가중시키며 심지어 세계 차원의 전쟁을 유발하는 새로운 도화선이 될 것이다. 게다가 인류는 현재 일종의 기계를 주체로 하고 점점 많은 자연인 및 사회인의 특징을 주입하여 그것이 우리를 위해 기여하도록 만드는 '종의 창조'를 시도하고 있다. 그런데 이러한 종이 만약 스스로 주장을 펴거나 설계자를 배신할 정도로 총명해지고, 더욱이 인류를 노예화하려고 계획한다면 전통적 인류는 과연 '행복'할 수 있을까?

## 인간의 존엄은 어디에 있는가

만약 인간의 신체를 일종의 기계로 볼 경우 기술을 통해 지배하고 수리·보완할 수 있으며 각종 기관은 상품 또는 기술 생산품과 마찬가지로 모두 정찰 가격이 표시되어 자유롭게 교환할 수 있는데 이럴 경우 '인간'의 존엄은 어떻게 되겠는가?

초인류주의자는 그들의 초인류에 대한 추구를 가로막지 말라고 외치는 동시에 기타 군종이 계속해서 전통적 인류로 존재하는 것을 환영함으로써 매우 관용적인 것처럼 보인다. 사실 초인류주의의 청사진과 그것을 향한 경로는 차량으로 막혀 있는 도시의 길 위에서 어떤 길을 선택하면 목적지에 더욱 빨리 갈 수 있는가를 선택하는 것이 아니라 일단 한 발을 내딛으면 되돌아 갈 수 있는 길이 없게 되는 것이다. 이렇듯 전통적 윤리·도덕과 그들의 이른바 '이성적, 광의적 윤리'에 기초한 인생관 및 철학 차원의 논쟁은 조화를 이루지 못하고 있다.

물론 무엇이 존엄인가에 대해서는 다양한 이해가 있다. 미국의 심리학자 겸 작가 버러스 프레더릭 스키너(Burrhus Frederic Skinner)는 그의 저서 《자유와 존엄을 넘어서(Beyond Freedom and Dignity)》(1971)에서 인간의 존엄은 실제로 하나의 문제이며 축복이 아니라고 말했다. 자유의지와 개인의 도덕적 자율(스키너는 이것을 '존엄'이라고 일컬음) 등 깊게 뿌리 박혀 있는 신념은 과학적 방법으로 행위를 바꾸어 더욱 행복하고 조직적인 사회를 건립하는 전망을 가로막아왔다.

## 초인과 휴머노이드 로봇은 인류를 어떻게 간주할까

실제로 일부 사람들이 '초인'이 되고, 우리의 외모보다 더욱 완벽하고 지능지수(IQ)가 높으며 수명이 길고, 심지어 막강한 '아이언맨'이 되거나 특이점의 도래 이후 '지능이 인간 뇌를 초월하는' 휴머노이드 로봇이 대량으로 출현하게 되면 그들은 전통적 인류, 즉 초인과 휴머노이드 로봇보다 총명하지 않고 건장하지 않은 이들에 대해 어떤 태도를 취할까?

이러한 전통적 인류에 대한 개조, 승급 또는 아예 완전히 새로운 종을 만드는 것은 19세기 말·20세기 초에 성행했던 우생학을 통해 더욱 우량한 인종을 배양·육성한 것과 대단히 유사한 사고방식이다. 우리는 70여 년 전에 나치가 우수한 인종을 보호한다는 미명 하에 범했던 반인류적 죄행을 망각해서는 안 되는데 그때의 우생학은 나치 독일이 인종 청소를 진행하여 100만 명이 넘는 이민족을 도살했던 대단히 악명 높은 구실이었다.

## 인류가 동물처럼 처리된다면

근래 들어 일부 과학자들은 동물이 일반적으로 인류가 이해할 수 없는 다양한 능력을 보유하고 있고, 어떤 상황 하에서 동물의 대뇌가 인류의 것보다 더욱 뛰어나다는 것과 관련하여 논리에 입각한 논쟁을 벌이고 있다.[7]

그러나 대략 1만 년 전의 농업혁명은 사람들이 곡물을 심고, 동물을 길들여 기르며 그들을 이용해 경작을 하거나 운수 도구로 삼고, 나아가 단백질을 흡수하는 주요 원천으로 삼았다는 것을 잊어서는 안 된다. 현재 이러한 동물은 대부분 아직까지 비참한 운명을 피하지 못하고 있다. 소수의 행운을 얻은 개와 고양이 등이 애완동물로 변모하거나 몇몇 동물들이 각종 유형의 동물원에 갇혀서 사람들의 관람을 위해 제공되는 것을 제외하면 다수의 동물은 인류의 식탁 위에 올라가는 미식(맛있는 음식)으로 변하고, 아울러 그 맛을 향상시키기 위해 인류는 제 마음

**자료 2-1 | 오리에 대한 강제 비육의 사례**

기계화된 오리 비육 방법

인위적인 오리 비육 방법

대로 그들의 짧은 생존 방식과 생명주기를 바꾸었다.

유명한 음식인 '베이징 오리구이'를 예로 들면(〈자료 2-1〉 참조), 오리를 키우는 사람은 사육장에서 집단적으로 2~3개월을 키우며, 당분 함유량이 높은 사료를 전압기(오리를 강제로 비육시키는 기계)의 주형 튜브를 통해 하루에 네 차례씩 직접 오리의 입속에 채워 넣어 오리의 체중을 5~7근 정도로 무겁게 만든 다음 도축을 진행한다. 이 때문에 전압(填鴨, 오리를 강제로 비육하기)이라는 명칭을 얻게 되었다.

공장식 어셈블리 라인(Assembly line) 젖소들을 예로 들면(〈자료 2-2〉 참조), 젖소들은 통상적으로 5세까지만 살고 그 이후에는 도축된다. 그 5년의 기간 동안 최대의 우유 생산량을 유지하기 위해 줄곧 임신을 하며 분만을 한 이후 60~120일이 지나 다시 인공수정을 하게 된다. 젖소들이 낳은 송아지는 출생하자마자 바로 어미 소와 떼어져 다른 곳으로 이동되고 어미 소는 새로운 세대의 젖소로 길러진다.

수소는 곧 자신의 신체보다 조금 큰 우리 또는 외양간에 갇혀 한평생(평균적으로는 약 4개월 동안) 그곳에서 벗어날 수 없을 뿐더러 걸을 수 있

**자료 2-2 | 사육되는 젖소의 사례**

자동화된 젖소 축양장

울타리 안에 갇혀 있는 송아지

는 기회마저 박탈당한다. 이것은 젖소의 근육이 운동으로 인해 딱딱해지는 것을 막기 위한 것이다. 근육이 유연할수록 스테이크는 부드럽고 더욱 신선하며 육즙이 많아지기 때문이다. 이러한 이유로 송아지가 처음으로 걸을 수 있는 기회를 얻게 되는 것은 바로 도살장으로 향하는 길 위에서다.[8]

또한 남아프리카공화국의 '캔드 헌팅(Canned hunting, 사냥을 위해 사육된 동물을 일정한 공간에 가둬놓고 사냥하는 행위_옮긴이)' 대상인 사자의 운명을 들 수 있다.[9] 그곳에서 출생한 아기 사자는 자신의 어미와 떼어져 사정을 잘 알지 못하는 지원자의 손에 의해 사육된다. 그 이후 아기 사자가 조금 커지면 곧 '새끼 애무'의 관광 프로젝트에 투입되는데, 여행객들은 단지 돈을 지불하기만 하면 이러한 아기 사자를 손으로 만질 수 있고 함께 사진을 찍을 수 있다. 거기서 더욱 몸집이 커지게 되면 '사자와 천천히 걷기' 활동에 참가하게 되는데, 이러한 사자가 약 7세까지 자란 이후 체형이 너무 커져서 사람이 가까이 접근하는 것이 적당하지 않게 되면 곧 협소한 우리 안에 갇혀 빈번하게 교배·번식되어 사자의 개체 수를 증가시키는 데 활용된다. 그리고 번식 능력을 모두 상실하게 되면 도망칠 수도 없고 숨을 수도 없는 울타리 안에 갇힌 채 사람들에게 사냥의 즐거움을 제공하는 대상으로 전락하는데, 이것이 바로 살육의 쾌감을 즐기고 싶어 하는 전 세계 부자들의 관심 대상인 '캔드 헌팅'이다.

만약 이 세계에 이러한 전통적 인류의 '능력'보다 더욱 강한 종이 출현한다면 앞서 언급한 동물의 운명이 전통적 인류에게 벌어지지 않을 것이라고 누가 감히 장담할 수 있겠는가?

## 3

# 세 가지 종의 전쟁

실제로 세계가 세 가지 종이 공존하는 시대에 진입하게 되면 이들은 모두 기타 종을 지배하고 세계를 통제하고자 할 것이며, 이에 따라 정치, 경제, 문화 등 각 영역에서 매우 큰 혼란을 초래할 것이다. 또한 이것은 전통적 인류가 지구에서 생존을 지속하는 것에 직접적인 위기를 가져오며 역사적으로 경험하지 못한 전 지구적 차원의 거듭되는 전쟁이 발생하게 될 것이다.

### 인류와 초인 간의 전쟁

한편으로 HE 기술의 응용 범위가 최저선을 초월하여 '치료'에서 '개선'의 목적으로 나아가게 되면(문제는 매우 많은 영역에서 치료와 개선의 한계가 갈수록 구분하기 어렵다는 것이다. 예를 들면 노화 방지 약물 및 백신 등이 이에 해당된다) 환자 및 장애인을 구제하는 데 국한되지 않고 정상인도 이러한 종류의 기술을 통해 자신의 신체를 보완, 개조 및 재구성하게 된다. 즉 점점 많은 사람이 자신을 더욱 총명하게 만들고, 외모를 더욱 아름답게 하며, 질병에 대한 저항력을 더욱 높이고, 더 오랫동안 살며, 심지어는 자녀의 DNA을 편집하여 이상적인 다음 세대를 '제조'해낼 수 있다는 유혹을 이겨내지 못하고 초인 대오에 합류하여 초인의 수가 부단히 늘도록 만들고 있다.

다른 한편으로 HE 기술의 끊임없는 진보에 따라 초인의 '능력'도 점점 증강된다. 이는 곧 필연적으로 '정상적 인류'와 '초인' 간의 타협을 허용하지 않는 원칙적 논쟁(전통적 윤리·도덕과 초인의 이른바 '이성적, 광의적 윤리' 등의 철학 차원의 논쟁)을 불러일으키며 나아가 폭력을 통해 상대방을 소멸시키는 '전쟁'으로 승급된다.

초인은 전통적 인류의 우둔함과 유약함 및 무능함을 깔보게 되는데 전통적 인류는 유치원, 학교, 운동장, 사무실에서부터 과학 연구와 기술 개발의 실험실에 이르기까지, 또한 건강 수준과 체력 및 외모 등 모든 부분에서 초인보다 뒤떨어진다. 따라서 초인은 '우수한 인종'으로서 그들이 사회 생활의 모든 것을 통제하는 것은 너무도 당연한 일로 여겨질 것이다.

하지만 전통적 인류도 쉽게 통제권을 넘겨줄 리는 없는데 그들은 초인이 진정한 '인간'이 아니라고 보며, 그들의 존재 자체가 사회를 불공평한 경쟁으로 가득하게 만들며, 특히 BCI(Brain - Computer Interface) 기술 등을 응용한 초인은 그 사유가 이미 정상적 '인간'의 범위에 속하지 않을 뿐더러 해커에 의해 쉽게 조종당하게 되므로 초인에게 정치, 경제, 사회 등 각 영역의 관리 또는 지도자 직위를 맡겨서는 안 된다고 여길 것이다. 따라서 각종 조치를 취하여 초인을 제한할 것으로 예상된다.

이렇듯 초인과 전통적 인류 간의 신분(사회적 지위) 경쟁, 권력 쟁탈, 통제 및 반통제 투쟁은 사회 전체 및 전 세계에 거대한 혼란을 유발할 것이다. 이는 곧 앞서 묘사한 몇 가지의 가공할 만한 정경이 발생하는 것을 피하기 어렵게 만드는 것이다.

게다가 초인은 휴머노이드 로봇과 달리 유전자 변형을 통해 형성된 초인을 포함하는 은폐성의 HE 기술을 사용하기만 하면 그러한 종이 '인간'인지 아니면 '사이보그'인지 그리고 어느 정도까지가 '인간'인지를 표면상으로 변별하고 인지하는 것이 매우 어렵게 되며, 따라서 그들의 사회적 지위를 승인하지 않거나 그들의 각종 활동을 제한하기가 어렵게 된다. 그 결과, 그러한 'HE 기술을 통해 증강되지 못한 인류'는 점점 열세에 처하게 될 것이다.

이와 동시에 전통적 인류는 초인이 되고자 하는 유혹을 견디지 못할 것이기에 생존과 후대를 위해 갈수록 많은 사람이 초인의 대오에 합류할 것이고, 이는 전통적 인류를 점차 분열시켜 '자체 설계'를 진행하도록 경쟁하게 만들어, 이에 따라 결국 개조되지 못한 전통적 인류가 흔적도 없이 사라지는 상황에 내몰릴 가능성이 크다.

## 초인과 초인 간의 전쟁

과학 기술의 부단한 발전에 따라 HE 기술도 나날이 새로워지게 될 것이다. 두려운 것은 더욱 총명해지고, 더욱 아름다운 외모를 가지며, 더욱 오래 사는 정도가 금전이나 권력, 가장 우선적으로 최신 기술을 획득할 수 있는 기회에 의해 결정된다는 것인데 이것은 곧 초인 간의 불평등을 야기한다. 초인 사회도 불평등, 불공평, 빈부 격차로 인해 사회의 불안정이 초래되며 그들 간의 전쟁은 인류 전쟁보다도 더욱 처참할 것으로 예상된다.

또한 경각심을 가져야 하는 것은 초인 사회에 내재되어 있는 리스크다. 실제로 초인주의자가 추구했던 것과 같은 세계가 언젠가 도래한다면 인생을 이상화하고, 특히 심미관과 이상적인 후대의 청사진에 초인의 유전자가 동화되는 과정이 가속화될 것이다(이는 과거 생명 진화 역사상 줄곧 발생해온 강한 자는 번성하고 약한 자는 쇠멸한다는 우승열패의 자연 선택 과정을 대체하게 될 것이다). 또한 제1장에서 논한 바와 같이 '단일인' 인종이 더 쉽게 전염병이나 질병의 위협을 받게 되므로 이는 곧 초인이 대규모로 소멸될 리스크를 증가시킨다. 실제로 이렇게 될 경우 휴머노이드 로봇이 지구를 지배하는 종이 될 것이다.

## 전통적 인류와 휴머노이드 로봇의 전쟁

만약 전통적 인류가 효과적으로 슈퍼 지능형 로봇의 발전 방향과 응용 범위를 파악하지 못해 AI의 발전이 감독과 통제를 벗어나게 된다면 휴머노이드 로봇은 미래에 빠른 속도로 자신을 다시 설계하고, 심지어 스스로 번식하는 능력을 갖추게 되며, 지능 지수(IQ) 또는 능력을 토대로 인류를 초월하게 될 것이다. 실제로 그때가 되면 '휴머노이드 로봇이 전통적 인류와 동등한 권리를 향유해야 하는가'의 문제(제1장 참조)를 재차 토론하는 것은 이미 때가 늦은 것이 된다. 전통적 인류가 최종적으로 휴머노이드 로봇에게 패배하는 시나리오는 다음과 같이 여러 버전이 존재한다.

① **첫 번째 시나리오**: 휴머노이드 로봇이 우선은 전통적 인류를 위해 봉사하고, 그 이후에 후자를 소멸시키는 것이다. 휴머노이드 로봇의 번식 또는 복제 능력은 인류처럼 10개월 동안의 임신이라는 제한이 불필요하기 때문에 자동화 생산 라인을 통해 양산을 실현할 수 있고 이로써 먹지도 마시지도 않는 이러한 종의 수량은 무한히 증가하게 된다.

또한 그들은 전통적 인류보다 총명하므로 인류는 고도의 지능형 기계가 어떤 결정을 내리고 어떤 거동을 취할지 예견할 수 없다. 즉 그들은 프로그램에 위배되는 움직임을 보일 수도 있고, 기만이나 날조 등의 방법으로 인류를 가지고 노는 것을 즐거움으로 삼을 수도 있으며, 심지어 '자신보다 어리석은' 인류에 의해 통제받는 것을 원치 않게 되면서 자신이 직접 세계를 통치하고자 하는 욕망을 갖게 될 수도 있다. 이를 위해 그들은 수단을 가리지 않고 목적에 도달하는 것을 방해하는 모든 인간을 소멸시킬 것이다.

뿐만 아니라 인류를 노예화하는 것을 즐거움으로 삼거나 순식간에 인류가 생존을 위해 의존하고 있는 생태 환경 및 식재료의 원천 등을 파괴할 수도 있다. 레이 커즈와일은 "슈퍼 인공지능 로봇이 창조되면 지구의 유사 이래 가장 강력한 종이 될 것이다. 인류를 포함한 모든 생물은 그 밑에 굴복할 수밖에 없을 것이다"[10]라고 말했다.

닉 보스트롬(Nick Bostrom)은 그의 저서《슈퍼인텔리전스(Superintelligence)》에서 동급의 다른 경쟁자가 없는 '슈퍼 AI'가 권력을 어떻게 탈취하고 최후에 인류를 어떻게 소멸시키는지 그 광경에 대해 상세히 묘사하고 있다.[11] 여기에는 세계 통치라는 목표를 실현하기까지 거쳐야 할 일련의 과정(임계 이전의 단계, 재귀적 자체 개량의 단계, 비밀리의 준비 단계, 공개적인 실시 단계)과 그것을 위해 필요한 '초능력'이 포함되어 있다. 이미 독립한 로봇의 사유에 대해 현재의 인류가 대응할 수 있는 방법이 전혀 없다는 것은 분명한 사실이다. 하지만 휴머노이드 로봇은 인류가 창조한 것이기에 우리는 이에 상응하는 '지능'을 발명하여 저지할 수 없는 것처럼 보이는 로봇에 맞서고, 슈퍼컴퓨터가 작동 중에 변절하는 행위를 극복하는 것이 충분히 가능하다. 다만 그러한 어려움과 리스크는 역사적으로 전례 없는 것이기에 가장 좋은 것은 지금 당장 로봇의 발전 방향을 통제함으로써 앞서 언급한 비극이 발생하는 것을 피하는 것이다.

② **두 번째 시나리오**: 인류가 발전 목표를 상실하고 전면적으로 퇴화하는 것을 수용하며 조용히 스스로 멸종되는 것이다. 인류는 앞으로 먹거리 생산에서부터 일상생활에 이르기까지(주방에서 음식 만들기, 설거지 및 방바닥 청소 등을 포함), 아이 돌보기와 노인 모시기는 물론 사회 관리까지 모두 지능형 로봇에게 맡기게 될 것이다. 이러한 '인조혁명'은 혐오, 경멸의 정서를 만들어내거나 그 나태함이 정점에 도달한 인류를 로봇으로 하여금 '갖고 놀고 싶다'는 생각을 하게 만들어 일련의 절차를 가동하기만 하면 지능형 로봇은 모든 '서비스'를 중지하게 되

는데, 인류는 이를 다시 되돌릴 수 있는 힘이 결코 없다.

한편으로 인류는 여러 대에 걸쳐 과학 기술의 발전에 따른 성과를 향유하는 것에만 치중하고 편한 생활을 탐닉해왔기에 단지 스마트폰 버튼을 누르기만 하면 모든 것이 자신의 수중에 들어오는 상황에 익숙해졌고, 심지어 직접 손으로 방문을 열거나 냉장고에서 음식을 꺼내는 것도 귀찮은 일이 될지 모른다. 따라서 사람들은 점점 자립할 능력을 잃어갈 뿐만 아니라 장기간 노동을 하지 않아 체력이 저하되고 지력 또한 전면적으로 퇴화돼버릴 것이다.

상상해보면 유년 시절부터 '디지털 헤로인(디지털 마약)'을 즐기기 시작한 세대의 청소년들이 해낼 수 없는 문제에 직면하게 되면 근본적으로 자신의 생각이 아니라 전자제품에 전적으로 의지하여 답을 찾아낼 것임을 어렵지 않게 알 수 있다. 이것은 기본적인 수학 계산의 능력을 대대적으로 감소시키고 약화시킬 뿐만 아니라 심지어 손으로 글씨를 쓰지 않도록 만든다(이로써 뇌가 일련의 인지, 운동 및 시각 기능을 단련하고 기억을 자극할 수 있는 기회를 상실하게 된다). 이 모든 것은 인류의 집중력, 이해력, 독립적 사고 능력, 사변 능력, 자체 상상력 및 창조력을 점진적으로 약화시키거나 상실하게 만들 것이며, 가상세계에 깊이 빠져 현실을 마주하려 하지 않게 만들 것이다.

다른 한편으로 그 어떤 사물도 컴퓨터나 스마트폰으로 저장할 수 있기 때문에 인류의 단기적 또는 장기적 기억 능력에 영향을 미칠 뿐만 아니라 뇌의 역할도 점점 작아져 인류의 뇌 용량은 물론 뇌의 체적(부피)도 줄어들게 될 것이다. 즉 인류가 발명한 기술 도구가 우리의 손과 발을 대체하는 것에서 신체의 전부를 대체하게 되며, 심지어 뇌를 부분적으로 대체하게 될 때 퇴화되는 것은 우리의 뇌와 지력뿐만이 아니라 전통적 인류의 외형에도 기형이 발생하여 대단히 추한 모습으로 변하게 될 것이다.

또한 제1장에서 언급한 바와 같이 고도로 정보통신 수단이 발전함에 따라 서로 얼굴을 마주보고 인간 사이의 교류가 진행되는 군체 사회의 기본 바탕이 점점 상실된다. 이는 곧 인류로 하여금 자연인으로서의 지식, 지혜, 체력 방면 또는 사회인으로서의 도덕, 책임감 및 사교 능력 방면 등 모두를 점진적 퇴보 혹은 전면적 퇴보하도록 만드므로 사회 문제를 해결하는 능력에 대해서는 재론할 필요도 없다. 중요한 것은 미국의 컴퓨터 과학자 겸 미래학자 제리 카플란(Jerry Kaplan)이 말한 바와 같이 "인류가 적게 참여하게 될수록 우리가 영향을 미칠 수 있는 기회도 더욱 적어지게 된다"[12]는 사실이다. 이는 곧 우리가 이 세계를 바꾸고 아름다운 미래를 건설한다는 목표와 기회, 동력 및 능력을 자동적으로 포기하는 것과 같으며 오로지 스스로 퇴화되고 멸종하는 결말을 받아들일 수밖에 없음을 의미한다.

③ **세 번째 시나리오:** 휴머노이드 로봇이 인류를 가두어 사육하는 것이다. 그들은 매우 많은 방면에서 전통적 인류보다 아직 부족하다는 것을 알고 있고 이로 인해 인류를 완전히 '소멸'시키려 하지는 않지만 전통적 인류에 의해 통제받고 싶어 하지도 않는다. 따라서 그 수가 점점 줄어드는 전통적 인류를 '보호'하며, 마치 우리가 멸종 위기에 직면해 있는 야생동물(중국 동북 지방의 호랑이 또는 남아프리카공화국의 '캔드 헌팅'에서의 사자처럼)을 보호하는 것과 마찬가지로 유한한 범위

의 자유를 제공한다.

또한 휴머노이드 로봇은 인류 사회의 윤리·도덕 및 법률에 개의치 않으며 다양한 '품종'의 인류를 각각 가두어 사육하며, 한편으로 인류의 생존에 필수적인 유한한 서비스를 제공함으로써 생명을 유지시키고, 다른 한편으로 전통적 인류에 대한 연구 및 실험, 관상(보면서 즐기는 것)을 위해 이용한다. 만약 앞서 언급한 자동화 젖소 사육이 인류가 더 많은 고단백질 먹거리를 얻기 위한 것이었다면 지능형 로봇이 인류를 '보호'하는 것은 자신의 지속적인 진화와 최적화를 위해 '과학' 실험 도구 또는 오락의 대상으로 삼는 것이다.

요컨대, AI가 진정으로 인류의 도움을 불필요로 하는 상황에서 복제 능력을 갖추고 자아의식을 갖게 될 때 인류에 대한 도전은 역사상 존재했던 가장 잔혹한 '인간과 인간 간의 전쟁'을 초월할 것이다.

## 초인과 휴머노이드 로봇 간의 전쟁

일론 머스크는 '인간-기계 공생'의 옹호자로서 AI가 언젠가 반드시 미래의 인류를 위협하게 될 것이라고 보았다. 이에 "인류가 기계와 융합되어 '사이보그'가 되어야만 비로소 AI 시대에 도태되는 것을 피할 수 있다"[13]고 주장한다.

그가 참여하여 창건한 'BMI(Brain-Machine-Interface) 기술' 관련 회사 뉴럴링크의 설립 취지가 일찍이 수많은 BMI 영역과 관련된 회사와 다른 점은 초인을 이용하여 휴머노이드 로봇과 싸워서 이길 수 있다는 신념이 있다는 것이다. 그는 BMI 기술에 대한 연구에 전력을 다하고 있는데 그것은 인간의 뇌와 관련된 질병을 치유하기 위해서 뿐만 아니라 인간의 뇌에 더욱 강대한 기능을 제공함으로써 인류가 AI에 대해 대항할 수 있도록 하기 위함이다. 예를 들어, 인간의 뇌 속에 일종의 나노급 인체와 융합될 수 있는 장치, 즉 '신경 조직망'을 심어 인류와 기계를 서로 융합시킨다.

그렇다면 초인이 휴머노이드 로봇과 싸워서 이길 수 있는가? 초인은 자연인의 육체를 본체로 삼아 번식 능력, 체구의 견고성 등 매우 많은 방면에서 여전히 자연인의 특성을 지니고 있으므로 휴머노이드 로봇의 '강대함'과 '총명함'에는 미치지 못하며 그들에 의해 공격받을 수 있는 매우 많은 약점을 가지고 있다.

이밖에 초인은 윤리·도덕 및 법률의 최저선을 고려한다. 하지만 휴머노이드 로봇의 의식은 그들에게 의식을 '주입'시킨 인간의 세계관과 가치관에 의해 결정된다. 만약 양자 간에 '격렬한' 경쟁이 발생할 경우 최종적으로 초인이 소멸될 가능성이 더 크다.

또한 '신경 조직망'이 네트워크 공격을 받게 될 경우[14] 해커 또는 적이 네트워크를 통해 이러한 '인간-기계 융합체'의 뇌와 직접 교류를 진행할 수 있고 이렇게 되면 초인 자신도 스스로를 통제하지 못할 수도 있다. 예를 들면, 뇌 속에 '기억 증강 장치'를 심어 넣게 되면 기억은 완전히 통제당하게 되며(제1장 참조), 대뇌 피질이 인터넷과 직접 연결되어 있는 초인은 '뇌 제어 무기'의 가장 좋은 타깃이라고 할 수 있다.

문제는 휴머노이드 로봇도 이와 마찬가지로 해커의 공격을 쉽게 받을 수 있다는 것이다. 이것은 곧 양자 간의 전쟁을 더욱 격렬하고 복잡하게 만든다. 따라서 초인과 휴머노이드 로봇의 전쟁은 앞으로 더 복잡하고 다양한 시나리오가 나올 수 있다.

## 인간 세상의 전쟁

1) **인간과 인간의 전쟁:** 만약 인류가 계속해서 서로 '잔혹하게 살육하는 것'에 깊이 빠져 있다면 자멸하는 것은 곧 머지않은 일이 될 것이다

인류가 탄생한 이래 이 세계에서 전쟁은 멈추었던 적이 없다. 기타 종을 정복하기 위해 인류는 일찍이 수백 만 년 동안의 투쟁을 거친 끝에 이른바 '만물의 영장'이라고 불리며 세계의 주재자가 되었다. 그럼에도 인류 세계의 전쟁, 즉 우리 자신을 마주하는 형태의 인간과 인간의 전쟁은 중단되지 않고 갈수록 점점 더 격렬해지고 있다.

가령 원시 문명에서 농업 문명의 시대까지 전쟁이 더 많은 생존 공간, 자연 자원 및 재부를 획득하기 위한 것이었다면, 더 나아가 과학 기술이 고도로 발달하고 물질이 상대적으로 풍부해진 공업 문명 시대에 진입하여 전쟁의 횟수가 줄어들어야 하지만 오히려 증가하고 있다. 통계에 따르면 기원전 3200년에서 서기 1964년까지의 5,164년 동안 세계에서는 모두 1만 4,513번의 전쟁이 발생했고, 오직 329년 동안만 평화의 시기였다고 한다.[15]

20세기에 접어들어 우리는 수천 년의 인류 문명사에 있어서 가장 잔혹한 전쟁과 평화의 교체를 경험했다. 1차 세계대전에 참전한 국가는

33개국으로 사상자 3,000여 만 명을 기록했고, 2차 세계대전에 참가한 국가는 67개국으로 사망한 군인 및 평민의 합계가 5,500만 명, 사상자의 수는 1억 1,000만 명에 달했다. 하지만 인류는 두 차례의 세계대전이 남긴 교훈을 받아들이지 못했다.

21세기에 진입하여 인류의 폭력적인 활동은 오히려 증가일로에 있으며, 지역 차원의 전쟁과 테러 습격 사건이 빈번히 발생하며 격화되고 있다(제5장 참조). 2017년 한 해에만 전 세계에서 발생한 군사 충돌은 40차례가 넘고 67개국이 연루되었으며 100만 명 이상의 시민들이 충돌 속에서 목숨을 잃었다.[16]

전쟁에 이유가 필요한가?[17] 인류는 항상 전쟁을 모순과 충돌을 해결하고 정치적 욕망을 만족시키는 가장 훌륭한 수단으로 간주해왔다. 실제로 전쟁의 기원은 인성의 사회적 속성 중 존재하는 반사회적 특성에 뿌리내리고 있는데(제4장 참조) 여기에는 이기심, 편견, 야심, 원한, 탐욕, 허영심, 권력욕 등이 포함된다. 이로부터 유발되는 자원 약탈, 권력 및 이익 쟁탈, 종족주의, 배외 심리, 통제권 확대 또는 패권 유지 등의 욕망 그리고 본국의 가치관으로 세계를 개조하려는 사유 모델 또는 우등 민족이라고 스스로 우쭐대며 세계의 패권을 차지하려는 헛된 욕망 모두 전쟁을 일으키는 근원이며, 심지어 '더욱 평화로운 세계를 위해' '인류의 진보를 위해' '민주(주의)를 확대시키기 위해'라는 기치 등도 모두 전쟁을 옹호하는 이유가 된다.

이를 통해 문명의 전환을 실현하지 못한 인류에게 전쟁을 도발하는 이유는 언제나 매우 이직기장(理直氣壯, 이유가 충분하여 하는 말이 당당한 것)하다는 것을 알 수 있다. 만약 인류의 행위가 여전히 '정글의 법칙'에서 벗어나지 못하고 인성이 승화되지 못한다면 허울 좋은 국가이익이라는 미명 아래 전쟁을 발동하는 '정당한' 구실을 항상 찾을 수 있게 된다. 설령 미래에 발달된 기술이 인류로 하여금 영생을 실현하도록 돕고 다른 행성으로의 이민을 뒷받침한다 할지라도 인류의 영생과 인구의 폭발식 증가 및 노령화 간의 모순을 해결할 수 없다면, 또한 다른 행성으로의 이민 기회의 공평성, 특히 그곳에서의 조화로운 생존 모델을 해결할 수 없다면 지구상의 인간과 인간의 전쟁은 앞으로 계속될 뿐만 아니라 이러한 지구상의 생존 모델도 기타 행성으로 옮겨지게 될 가능성이 있다.

전쟁 수단의 변천 과정에서 볼 때 화약, 독가스, 핵무기, 생물 무기에서부터 뇌 통제 무기에 이르기까지 과학 기술이 진보할수록 상대방을 소멸시키는 수단도 갈수록 비열해지고 가공스러워지며 또한 처참해진다. 무인화·지능화·BMI 등의 장비 그리고 신흥 정보 기술·양자 기술 등의 플랫폼, 킬러 로봇, 생물 무기, 나노 무기 등 신세대 무기 간의 융합·통합은 미래 전쟁의 형태와 승패 모델을 전복시킬 것이다.

바이러스를 예로 들어 설명하자면(제1장 참조), 매번 바이러스가 일으키는 전염병은 모두 그 위해가 전쟁 또는 테러 습격에 버금간다. 1918년의 '스페인 독감'은 3년간 지속되어 전 세계 인구 중 5억 명이 감염되고 그중 약 5,000만 명에서 1억 명이 사망했다.[18] 최근 수년간 인플루엔자로만 매년 수만 명이 사망하고 있고, 2019년 말부터 세계를 강타하고 있는 코로나19 바이러스는 발생한지 약 1년 만에 사망자 수가 200여만 명을 넘어섰다.

안타까운 것은 현재 세계의 각지에 수백 개의 생화학 실험실 또는 생화학 연구 기지가 분포되어 있는데 그중 매우 많은 수의 연구 기구가 추진하고 있는 연구 목표가 바로 '생화학 무기'라는 점이다.[19] 또한 유전자 변형 생물, 유전자 무기 등은 은폐성이 더욱 강하며, 살상 능력이 더욱 철저한 생물 무기도 제멋대로 연구 · 발전되고 있는 중이다. 만약 바이러스 연구와 관련된 사고가 발생하거나 이러한 기술을 남용할 경우 이것에 의해 초래되는 재난은 그 어떤 대규모 훼멸성 무기를 초월하는 것이 될 것이다.

인류는 과학 기술의 발전에 따른 성과를 제멋대로 이용하여 자신과 같은 동종 인류의 생명을 빼앗는 데 활용하고 있고, 매번 전쟁이 단 하나의 예외도 없이 인류가 수백 년간, 심지어 수천 년간 창조해온 문화예술(다수의 웅장한 건축물, 진귀한 문물 및 예술품 등)의 성취를 하루아침에 무너뜨리고 있다는 것은 매우 심각한 문제다. 아울러 각국의 군비 경쟁 및 신속하게 증가하고 있는 군비가 점용하고 있는 것은 모든 민중이 급하게 필요로 하는 건강 및 교육 관련 경비다. 이 얼마나 서글프고 어리석은 일인가!

**2) 인간과 자연계의 전쟁:** 만약 인류가 자연을 개조하는 '승리'에 계속 도취되어 있을 경우 인류의 종말은 머지않아 도래할 것이다

인류가 자연계를 무시함으로써 초래된 비극으로부터 얻은 교훈은 아직 부족한 걸까? 전 세계에서 빈번하게 폭발하는 자연 재해와 새로운 바이러스에 의한 전염병 확산, 갈수록 심각해지고 있는 환경오염, 생태계 악화, 자원 고갈은 우리로 하여금 엄중한 대가를 치르게 하고

인간과 자연의 관계를 보다 정확하게 인식하도록 큰 가르침을 준다.

수천 년간 우리는 '인류를 중심으로 하는' 생존 방식을 통해 자연계(생물세계 및 만물을 양육하는 생존 환경을 포함)의 생태 시스템을 '성공적'으로 파괴하여 인류의 생존 환경을 점점 악화시켰다. 이로 인해 홍수, 화재, 토네이도, 지진, 쓰나미, 허리케인 등의 자연 재해가 빈번히 발생하고 있으며 해수면의 상승, 사막의 확대, 빙하의 소실 등 대자연으로부터의 보복은 인류의 간담을 서늘하게 만든다.

뿐만 아니라 우리는 매우 많은 기타 생명 형식을 '성공적'으로 소멸시키고 생물의 종류와 수를 감소시켜 수많은 자연계의 종을 멸종시켰고 또한 거꾸로 기타 비생명 '종'을 창조하고자 했다. 단지 인류 활동과 다양한 종의 관계를 예로 들어 설명하자면, 약 100년간 인류에게 거대한 재난을 가져온 다수의 전염병은 모두 동물과 관련되어 있거나 '인축공환'(人畜共患, 인간과 가축이 함께 병을 앓는 것)이라고 할 수 있다. 전문가들은 75퍼센트의 새로운 전염병이 야생동물과 관계 있다고 말한다. 실제로 매우 많은 병균이 동물 체내에 존재하며 이로 인해 동물은 매우 많은 질병의 숙주이다.

한편으로 현재 인류의 활동은 자연계의 생태 균형을 파괴하고 있는데 여기에는 야생동물의 서식지도 포함되어 그들의 생존 방식이 변화되도록 내몰거나 야생동물의 서식지에 들이닥치는 일이 점점 빈번해지고 있다. 또 한편으로 인류는 야생동물을 대량으로 포획·사냥하고 불법 거래를 하며 마구 먹어대고 있다. 이러한 행위는 모두 야생동물이 인간과 접촉할 수 있는 기회를 증가시켜 바이러스가 종의 장벽을 초월하여 인류에게 질병을 전염시킬 가능성 또한 높인다.

이밖에 또 다른 이유로는 이로부터 초래되는 종의 다양성 감소 또한 야생동물계의 생태 균형(예를 들면, 생물의 다양성은 더 많은 포식자를 존재하게 하여 질병의 숙주가 되는 종의 무리 수를 감소시킬 수 있다)을 파괴하여 바이러스성 전염병이 갈수록 빈번하게 발생하도록 만들고 있다. 이것은 자연계의 인류 '생존 모델'에 대한 또 하나의 징벌이라고 할 수 있는데, 과연 이러한 생존 방식으로 인류는 여섯 번째 '대멸종(Great Dying)'의 위기에서 벗어날 수 있을까?

### 3) 결론

인간 세상에서 '전쟁'이 멈추려면 인류는 반드시 화포·핵무기·무인화 무기든 킬러 로봇 또는 생화학 무기든 상관없이 모든 무기를 내려놓아야 한다. 또한 반드시 진정으로 각성해야 하는데, 즉 인류의 자연에 대한 진부한 관념을 포기하고 생활 방식과 먹거리 구조를 포함하는 행위 모델을 바꾸며, 사회 발전에 유리한 긍정적인 인성의 특성을 더욱 완벽하게 가꾸고 승화시켜야 한다. 또 한편으로는 글로벌 협력, 상호부조와 단결을 추동하여 인류가 공동으로 직면하고 있는 문제이자 진정한 '적'인 기후 변화, 종 멸종, 토지와 식량 위기, 수자원 위기 그리고 끊임없이 출현하는 새로운 바이러스 등에 대응해야 한다.

그렇지 않을 경우 향후 30~50년 안에 인류가 어떤 결말에 맞이하게 될지 예측하기 힘들다. 풍자적으로 말하자면 인류가 스스로 창조한 도구(과학 기술의 사악한 응용)와 함께 목숨을 건 경주를 벌이고 있다. 인성의 승화가 하루아침에 이루어지기 어렵다는 것을 감안하여 나는 이 책의 뒷부분(제5장 참조)에서 인류가 다수의 충돌과 모순이 평화적으로 해결되고 전쟁과 테러 사건이 지속적으로 감소하는 지구 문명을 실현하고, 나아가 '영구 평화'의 위대한 문명을 실현하려면 수백 년이 필요할 것이라고 예측했다. 그런데 현재 전 세계적으로 매우 많은 사람들이 인간 세상의 전쟁에 대해 냉담한 태도를 보이고 있어 과연 인류에게 그렇게 오랜 시간 동안 새로운 인류 문명을 창조하는 것이 허락될 것인지 회의감이 들기도 한다. 이러한 의미에서 전통적 인류에게 남은 시간은 실제로 많지 않다.

요컨대, 만약 인류가 과학 기술의 진보와 인류 문명의 전환을 함께 이루지 못할 경우, 또한 자신의 진화 방향을 정확하게 파악하지 못할 경우, 여전히 자연과의 관계를 정확하게 처리하지 못할 경우, 인성을 부단히 승화시키고 완벽하게 하는 것을 통해 전쟁과 테러주의 위협으로부터 멀리 벗어나고 더욱 선진적인 문명을 최대한 신속하게 창조하지 못할 경우, 인류의 생존 방식이 초래한 현재 세계 인류의 공통된 위기에 전력으로 대응하지 못할 경우, 그리고 코로나19라는 대재난의 교훈을 정확하게 흡수하고 가치관을 바꿔 위기를 기회로 삼고 단결하여 새로운 세계 질서를 창조하지 못할 경우 초인 또는 휴머노이드 로봇에 의해 소멸당하는 때를 기다릴 필요도 없이 인류는 스스로 소멸하는 마지막 날을 향하여 더욱 빠르게 나아갈 것이다.

부디 전 세계를 강타하며 창궐하고 있는 코로나19 사태가 인류의 진정한 각성에 일조할 수 있기를 바랄 뿐이다.

## 세 가지 종이 공존하는 사회

앞서 언급한 바와 같이 세 가지 종이 어쩔 수 없이 공존하는 사회는 오랫동안 지속될 수 없을 것이다. 출현할 가능성이 있는 각종 시나리오 중에서 비교적 '극단적인' 결말 두 가지를 분석해보면 다음과 같다.

### 1) 이상적인 결말

인류는 세 가지 종이 공존하면서 전쟁이 교차하는 시대가 도래하는 것, 스스로 창조한 도구의 노예가 되는 것, 더 나아가 스스로 파멸되는 것을 막기 위해 안팎으로 '두 개의 전선'에서 분투하며 인류의 지속가능한 생존과 발전을 실현하는 것을 목적으로 삼고, 인류 진화의 정확한 방향을 보장하며(자연인으로서의 지식, 지혜, 체력 방면뿐만 아니라 사회인으로서 인성의 승화 방면이 모두 지속적으로 진보되는 것), 단결하고 연대하여 지구 문명 및 위대한 문명의 시대가 하루빨리 오도록 힘써야 한다.

첫 번째 전선은 다른 두 가지 종에 주안점을 두는 것이다. 인류는 반드시 지금부터 'HE 기술'과 'AI'(이러한 두 종류의 기술보다 더욱 선진적인 차세대 기술까지도 포함하여)의 발전 방향과 응용 범위를 성공적으로 장악하고, 그것을 시종일관 인류에게 기여하는 목적을 위해서만 사용하도록 통제하며, 갈수록 진보하는 과학 기술을 발판으로 지속가능한 생존과 발전의 최종 목표, 즉 지구 문명과 위대한 문명을 실현하는 데 있어서 더 많이 기여할 수 있도록 해야 한다.

그러나 설령 그러한 시대가 도래하더라도 HE 기술 또는 휴머노이드 로봇 기술의 '최종 제품'은 여전히 독립된 종으로 존재해서는 안 되며 인류가 충분히 장악하고 통제하는(예를 들면, 로봇이 프로그램을 위반하는 움직임을 예방하거나 적시에 제거하고, 독립적인 사고의 방향 및 번식 능력의 범위 등을 파악하는 것) '만능 도구'여야 하며 결코 인류의 존엄을 침해해서는 안 된다. 즉 반드시 기술(수백 년 이후의 일이라고 해도)이 시종일관 자연인으로서의 인류의 지혜와 지능을 증강시키는 데 이로울 뿐만 아니라 인류 문명의 진보를 촉진하는 '수단'의 위치를 유지하도록 해야 한다.

두 번째 전선은 인류 스스로 '인성의 승화 및 생존 방식' 전환에 초점을 맞추는 것이다. 여기에서 이상적인 결말을 실현시키는 관건은 다음과 같은 것들에 달려 있다.

① 인류는 전통적 관념을 바꾸고 행위 모델을 개변시키며, 자연을 존중하고 자연계 기타 생물 및 만물의 원천에 해당하는 자연환경과 공생·공존하며, 조화롭고 지속가능한 발전의 길을 견지해야 한다(제4장 참조).

② 인류는 각성을 호소하고 가치관을 재정립하며 단결하여 인류 간의 전쟁에서 멀리 벗어나야 한다.

③ 과학 기술 응용의 최저선과 규칙, 법률 등의 규범이 반드시 전 세계적인 합의를 바탕으로 실시되어야 한다. 이것은 인류가 기타 두 가지 종과 싸워서 이기기 위한 전제 조건이기도 하다.

④ 인류는 자신의 진화 방향을 정확하게 파악하고(제4장 참조), 새로운 물질과 정신, 정치, 생태, 성제 문명이 상호 협력하고 보완하는 것으로 지구 문명의 실현을 가속화시키며, 나아가 위대한 문명 사회를 실

현해야 한다. 즉 문명의 패러다임 전환을 실현하는 것은 인류가 생존 위기로부터 벗어나기 위해 반드시 거쳐야 하는 길이다. 물론 이것은 대단히 힘들고 어려운 여정이다(제3장 참조).

### 2) 비극적인 결말

만약 인류가 끊임없이 발전하는 전복적 기술의 규범에 대해 줄곧 논쟁의 단계에 머물러 있거나 전 세계적인 합의와 실시를 이루지 못한다면, 그 결과는 필연적으로 앞의 두 가지 종이 전통적 인류의 통제와 속박에서 벗어나 자유롭게 발전함으로써 세계는 단지 세 가지 종이 공존하는 전쟁의 시대를 맞이할 것이다.

게다가 문명의 전환에 실패한 전통적 인류는 여전히 인간과 인간, 인간과 자연의 전쟁에 열중하여 '인류 세계' 전체에 무질서와 충돌, 끝없는 전쟁이 충만하도록 만들 것이다. 그 결과 인류는 다음과 같은 두 가지 경로를 통해 파멸될 것으로 예상된다.

첫째, 앞의 두 가지 종이 전통적 인류와 싸워서 이기고 전통적 인류는 하나의 자연종으로서 얼마나 오랫동안 생존할 것인지가 각종 '초인'이 휴머노이드 로봇에 의해 파멸되는 속도에 의해 결정된다.

그렇다면 초인 또는 AI 제품이 인류를 노예화시키는 새로운 종이 되지 못하도록 하는 방법은 없을까? 안타깝게도 현재에 이르기까지 휴머노이드 로봇이 오류를 범하거나 배신하는 것 또는 초인으로부터 연원되는 각종 유혹을 효과적으로 방지할 수 있는 수단을 발명하지 못하고 있다. 이는 곧 스티븐 호킹이 '글로벌 모바일 인터넷 컨퍼런스(GMIC, 중국 베이징과 미국 실리콘밸리에서 매년 장소를 바꾸어가며 개최됨_옮긴이)'에서 AI의 부상이 인류 문명의 종결이 될 수 있다고 제기한 이유이기도 하다.

둘째, 전통적 인류가 스스로 멸망하는 생존 모델을 포기하지 않는 것으로 이는 인간 세상에서의 끝없는 두 가지 전쟁을 의미한다. 그것은 자칭 '만물의 영장'으로 불리는 인류의 마지막 날을 향하는 길이 될 것이다. 그런데 그때가 되면 설령 전통적 인류가 앞의 두 가지 종을 통제할 수 있는 해결 방안을 제시한다 하더라도 때는 이미 늦으며, 문명 전환의 실패에 대한 교훈을 반성하더라도 그땐 아무런 도움이 되지 않는다.

이러한 이유로 우리는 우리의 실패가 초래할 수 있는 각종 재난을 충분히 인식하고 지금이라도 HE 기술, 휴머노이드 로봇 기술의 연구 방향과 응용 범위에 대한 통제를 시작해야 하며 리스크 방지를 위한 조치에 대해 연구해야 한다. 또한 현재의 지구 문명 가치관을 지속가능한 발전의 실천 속에 융합시키고(제7장 참조), 지구 범위 내에서 문명의 전환을 이끌어야 한다.

## 4

# 우리에게 과연 자격이 있는가

이 세계에 전통적 인류보다 '능력'이 더욱 강한 종이 출현하는 것을 덮어놓고 두려워하거나 반대하고 있는 것은 결코 아니다. 지금 이 순간에도 신인류의 창조나 인간의 뇌를 모방하는 것과 관련된 시험과 연구는 줄곧 진행 중이다.

나 또한 과학 기술이 언젠가는 인류를 복제하는 수준에 도달할 것으로 믿고 있고, 각종 HE 기술이 충분한 기초 연구를 통해 그것의 사회, 윤리, 도덕 등의 문제에 대한 영향을 종합적으로 고려하고, 전통적 인류를 영구히 개변시키는 것에 관여하지 않는다는 것(인성을 상실하지 않는 것)을 전제로 하여 선택적으로 인류의 신체를 건강하게 만드는 데 응용될 것이라고 생각한다.

따라서 우리의 목표는 프랑스의 철학자 뤽 페리(Luc Ferry)가 말한 바와 같이[20] 인간을 더욱 인간답게 변화시키고, 더욱 좋게 만들며, 인간의 본질을 상실하지 않는 범위 내에서 일종의 새로운 종을 창출해내는 것이다.

이로부터 우리는 문제의 관건이 '새로운 종이 어느 정도로 생물의 생명 기능을 갖추고 있는가'의 여부에 있는 것이 아니라 '누가 새로운 종에게 의식을 업로드했는가' '어떤 의식과 정감 또는 가치관을 업로드했는가' '어떤 사회 속성을 전송했는가'에 있다는 것을 알 수 있다.

앞서 논의한 초인과 휴머노이드 로봇은 당대의 인류가 창조한 것이며 그러한 '새로운 종'의 의식 또는 가치관도 당대 인류가 주입한 것이다. 이것은 매우 두려운 일이다. 현재의 인류에게는 전통적 인류를 대체할 수 있는 신형 인류를 창조할 자격이 없기 때문이다. 하지만 현재 우리는 이 영역에 발을 들여놓고 있는 중이다. 여기서 내가 말하는 자격이란 주로 다음과 같은 몇 가지 방면을 지칭한다.

## 인류의 자기 자신 및 생존 환경에 대한 인식 부족

인류의 문명 전환은 다음 세대를 위한 인류의 발전 방향과 사회 진보 모델을 포함하여 어떤 모습의 미래를 설계할 것인가와 관련되어 있다. 현재 인류가 지니고 있는 이와 같은 고급 생물 자체의 복잡성(생명의 오묘함에 대한 인지 및 의식에 대한 인식 포함)과 관련하여 우리가 알고 있는 것은 단지 빙산의 일각에 불과한데 어떻게 아직 탐색 중에 있는 각종 기술을 사용하여 생명에 간여할 자격이 있겠는가? 만약 예상 밖의 나쁜 결과가 출현한다면 적당한 해결 방안을 찾아내지 못할 확률이 높다.

또한 인류가 생존하기 위해 의존하고 있는 자연계에 대해서도 우리가 알고 있는 것은 극히 적다. 풍부하고 다채로운 생물세계와 물질세계는 물론이고 심지어 평소에 익숙한 물, 토지, 해양, 공기의 본질에 대한 탐색도 이제 막 시작된 상황이므로 드넓은 우주에 대해서는 두말할 필요도 없다.

이와 같은 상황에서 경솔하게 결정해버린 궤도에 진입하게 되면 그것은 되돌아올 수 없는 길을 걷는 것이며, 뒤를 돌아보아도 때는 이미 늦은 것이다. 따라서 초인주의에 대한 다양한 의견 또는 AI의 발전 방향에 대한 경고를 과학 기술의 발전에 대한 거부이자 진보를 반대하는 것으로 간주해서는 안 된다.

## 공업 문명의 가치관에서 벗어나지 못한 인류의 한계

아직 공업 문명에서 벗어나지 못한 인류는 이미 지구 및 인류 자신을 엉망으로 관리하고 있기에 생물학적 의의에서 더욱 '미래 인류'를 설계할 자격이 없다. 이 문제는 HE 기술에 기초하여 창출된 인간 또는 AI의 최종 제품, 즉 휴머노이드 로봇이 예술 창조 능력 또는 동정심이 없다는 것과 더불어 결코 간단한 사안이 아니다.

현재 인류의 진보 또는 진화의 사상적 기초, 즉 세계관과 가치관 및 이로부터 구동되는 행위 모델은 여전히 공업 문명의 논리와 법칙(관념, 생산방식, 생활 모델, 도덕 준칙에서 제도 안배의 기본 원칙까지)에서 완전히 벗어나지 못하고 있고 약탈성과 물질지상주의, 정글의 법칙 따르기 등의 기본적인 결함을 갖고 있다. 세계적인 엘리트 또는 첨단 과학 기술 영역에 종사하고 있는 우생학자를 포함하는 과학자들의 인생관, 세계관, 도덕관 또한 공업 문명의 각종 논리와 기본적 결함에서 벗어나지 못하고 있으므로 인류의 속성을 개변시키는 중대한 책임을 짊어질 수 있는 수준에 도달하지 못했다. 이렇듯 미래 인류의 진화 방향 및 HE 기술이 가져올 장기적 결과에 대해서조차 연구가 부족한데 미래 인류의 운명을 그들에게 맡기고 안심할 수 있겠는가?

이러한 상황에서 만약 인류가 이른바 인조 생명, 휴머노이드 로봇 또는 초인에게 의식을 제멋대로 전송하거나 업로드하고, 자신의 소원대로 새로운 생명을 설계하고 창조하며, 그것들의 신체와 사유 모델을 재구성하고, 심지어 자신의 사유 모델(인성의 부정적인 측면을 포함하는 부정적인 가치관 포함)을 업로드하거나 인터넷에 연결하고 그것을 번식시킨다면 그 결과는 대단히 두려울 것임에 틀림없다. 인류 세계는 분명히 자신이 설계한 이른바 '인간-기계 문명' 사회 속에서 더욱 빠르게 파멸될 것이다. 바로 이것이 인류 문명에 대한 최대 위협이라고 할 수 있다.

## 확정하기 어려운 기준에 대한 문제

만약 미래의 로봇 지능이 인류를 초월하고 인류와 유사한 의식, 정감 및 정신 체험의 능력을 보유하게 된다면 어떤 기준을 근거로 하여 그들의 지능 또는 의식이 인류를 초월했는지 검증할 수 있을까? 이러한 기준은 모두 모호한 것으로 우리가 고급 동물의 의식 및 동물의 권력에 대해 통일된 의견이 없는 것과 같다. 아이러니하게도 도대체 인간이 무엇이며 인간과 생명, 인간과 대자연의 관계 등에 대해 탐색하는 중에 일부 사람이 갑자기 전통적 인류를 대체할 수 있는 신인류를 창조해야 한다고 목소리 높여 외치고 있다는 것이다. 어느 수준에 도달해야 이른바 '신인류' 또는 '후인류(포스트 인류)'라고 인정할 수 있을까?

당대 사람들이 자격을 갖추지 못하고 있고, 이와 같이 기준도 매우 모호한 상황에서 '신인류'를 창조하려고 시도하는 것은 인류로 하여금 장악하고 통제할 수 없는 미래에 빠지게 만들 것이다.

인류가 진정으로 공업 문명을 초월한 지구 문명을 실현하고, 나아가 위대한 문명을 실현하며(제5장 참조), 다시 후대로 하여금 다음과 같은 사항, 즉 '새로운 생물을 창조하는 것이 필요한가, 필요하다면 왜 필요한가' '새로운 종을 창조하는 것이 필요한가, 필요하다면 왜 필요한가' '새로운 종에게 건전한 윤리·도덕, 정감, 사유 방식 및 인류와 조화롭게 공존하는 이념을 어떻게 업로드하여 인류에게 더 많은 복지를 제공하는 데 이바지할 것인가' 등을 결정하도록 할 수 있을 뿐이다.

그런데 그 이전에 우리는 정해진 한계선을 넘어서는 안 되며, HE 기술에 대한 정의를 인류가 지혜와 능력을 증강시키는 '도구'의 범위 내로 국한시키고 이에 대한 기초 연구를 강화해야 한다. 또한 대량의 응용은 치료, 건강 증진, 질병 퇴치, 장애 해결 등의 방면에 한정시켜야 하며, 휴머노이드 로봇의 발전 방향과 응용 범위를 인류에게 더 나은 복지를 더 많이 제공하는 것으로 제한해야 한다.

만약 현재의 인류가 공업 문명에서 다음 문명으로의 전환에 있어서 공감대를 형성하지 못하고 그 행위 모델을 바꾸지 않으면 초인 또는 휴머노이드 로봇이 세계를 통제하는 것을 기다릴 것도 없이, 인류가 다른 행성으로 이주하기 이전에 인류라는 종은 공룡과 마찬가지로 멸종

될 것이다. 이러한 의미에서 인류는 미래의 멸종 위기종이 될 것이다.

따라서 AI 및 HE 기술의 발전과 응용에 대한 토론은 단순히 찬성 또는 금지 등의 논쟁에 머물러서는 안 되며, 반드시 더욱 선진적인 인류 문명의 창출이라는 높은 차원에서 이루어져야 한다.

## 5

# 생명을 존중하고 자연을 경외하는 것

앞서 우리는 소프트·하드 기술의 폭발적인 발전 및 그것이 가져온 혁신의 돌풍을 논하면서 그로 인해 당대 사람들이 방향을 잃고 과학 기술에 의해 초래되는 재난과 리스크를 도외시하며 '인간-기계 문명'을 숭상하고 기술이 생명에 간여하는 것을 방임하게 될 것이라고 설명했다. 이것은 곧 우리로 하여금 인간은 무엇이고, 생명은 무엇이며, 생명이 인류에 대해 갖는 의의 및 인류 생존의 환경, 즉 자연계의 심오한 비밀 등 가장 기본적인 문제를 반드시 명확히 파악하도록 요구하고 있다.

인류의 '성공적'인 자연 정복이 인류 자신과 지구를 치명적인 재난에 직면하게 만든 이후, 또 다시 오만하게도 생명으로 방향을 돌려 기술로써 생명을 개변시키거나 생명에 대한 새로운 정의를 내리고자 시도하며, 인류 자신에게 내재되어 있는 자연을 정복하고 나아가 인류의 자연 속성을 개변시키고자 하고 있다.

복제 인간의 실현은 인간을 객체화시키는 지위로 내몰고, 개체의 전체 '유전자 지도'가 선택되고 결정되도록 만들 것이다. 비록 이로부터 태어나고 자란 아이가 여전히 인간으로 불리며, 또한 그 이후의 성장도 자연의 진행 과정에 따라 발생한다 하더라도 우리는 이미 간단한 방식으로 원형을 모방하여 인간을 만들어내고 있다. 이러한 종류의 인간은 기술 공학의 부속물이며 그 모든 특성은 인류가 처리할 수 있는 원시 성분으로 전환되어 '자연 선택'의 경계선이 갈수록 모호해지게 된다. 이러한 인간은 본래 소망하던 바를 상실하고 자유마저 상실하게 될 것이다. 그럼에도 그들을 계속 '인류'라고 부를 수 있을까?

미국의 역사가이자 철학자 겸 사회비평가였던 루이스 멈퍼드(Lewis Mumford)는 아무리 완벽한 기술이라 하더라도 생물체 자체보다는 훨씬 못하다는 입장을 견지하며 "설령 가장 좋은 기기라 해도 단지 생명 유기체에 대한 졸렬한 모방에 불과하고, 기기가 눈과 귀의 자연 특성을 복제함에 따라 인성화가 더욱 깊게 이루어진다. 하지만 어쨌든 인간의 감수와 자주는 이 과정에서 여전히 매우 중요한 것이다"라고 논했다.[21]

기술의 발전을 두고 정치학자 프랜시스 후쿠야마(Francis Fukuyama)는 "인류가 자신들의 자연 본성을 바꿀 수 있는 최초의 기회를 갖게 되었다"[22]라고 말했다. 이것은 반드시 인류 문명사를 다시 쓰게 될 것이다. 여기에서 제기하고 싶은 것은 '인류가 이러한 일이 발생하는 것을 반드시 허락해야 하는가' '기술의 발전이 인류의 자연 본성을 바꾸도록 허락해야 하는가' '인류의 자연 속성을 개변시키는 것은 문명의 진보인가 아니면 퇴보인가' '우리는 어느 방향을 향해 인류 문명사의 발전을 이끌어야 하는가' 등이다.

생명과 관련된 탐색은 매우 긴 역사의 길을 걸어왔지만 생명의 본질에 대해서는 현재에 이르기까지 여전히 매우 많은 사각지대가 존재하여 생명에 대해 하나의 공인된 적절한 정의를 내리는 것이 어려운 상황이다. 각 전문 분야의 연구자들은 모두 자신의 용어 및 지식을 이용하여 정의내리고자 하는 경향이 있다.

예를 들면, 생리학자들은 종종 생명을 섭식, 대사, 배설, 호흡, 운동, 성장, 생식, 피자극성 등의 기능을 보유한 시스템으로 정의한다. 또한 생화학자들은 생명을 유전 정보를 저장하고 전달하는 핵산과 대사를 조절하는 효소와 단백질을 포함하는 시스템으로 간주하고, 유전학자들은 생명을 유전자 복제, 돌변 및 자연 선택을 통해 진화되는 시스템으로 여기며, 생물열역학자들은 생명을 개방된 시스템으로서 에너지 이동과 물질 순환을 통해 내부의 질서화가 부단히 증가하는 것으로 본다.[23]

앞서 언급한 것들 중에서도 기본적인 공통의 인식을 찾아낼 수 있는데, 생명은 하나의 시스템이며, 생명체는 하나의 완벽하고 통일된 전체라는 점이다. 또한 그것은 가장 직관적인 생명의 특징인 발육, 성장, 호흡, 소화, 순환, 배설, 생식, 노쇠 및 사망의 특징을 지니고 있다. 이와 동시에 생명 활동은 '개체 – 시스템 – 기관 – 조직 – 세포' 등 5가지 차원에서 표현된다.

중국의 의사들은 중국의 전통적 철리(오묘한 이치)에 근거하여 생명의 기원을 해석해왔다. 중의학자 궈성바이(郭生白)는 만약 서방 의학이 분할 분석의 관념을 이용하고 미소한 물체를 명백히하는 현미(顯微) 기술을 차용하며 미시적으로 생명을 관찰해왔다면 중의학은 '천인합일(天人合一)'의 철리에 기초하여 시스템적·통합적인 관념과 방법을 이용하

여 거시적으로 세계를 바라보고, 우주 만물을 바라보며, 생명을 바라봐왔다고 말했다.[24]

'음'은 유형의 움직이지 않는 물질이며 '양'은 무형의 운동 에너지인데, 양자는 특정한 환경, 특정한 조건 하에서 상호 끌어당기며 '물'(물질)에 '능'(에너지)이 포함되고, '능'에 '물'이 부수되는 현상을 발생시켜 생명이 발생하게 된다.

다시 말해, 생명은 '음함양부(陰涵陽附)', 즉 생명의 합성에서 유래하고 생명이 만들어지는 과정은 '음양호근(陰陽互根, 음양 간의 상호 의존을 지칭하는 것으로 음양상성(陰陽相成)이라고도 한다_옮긴이)'이다. 또한 '승강출입(升降出入, 기의 움직임처럼 아래에서 위로, 위에서 아래로, 안에서 바깥으로, 바깥에서 안으로 향하는 네 가지 운동 형식)'[25]은 생명의 본능[26]이다.

또한 중의학은 시스템 과학의 각도에서 무엇이 건강이고, 무엇이 질병인지를 해석했다. 예를 들면 질병은 인체가 자신을 보호하는 하나의 본능 시스템으로 이러한 '천인합일' 관념과 '자연 법칙에 순응하는 사상'이 이끄는 중의 이론은 일찍이 동한(서기 25~220년) 시기에 이미 임상에서 운용되었고 헤아릴 수 없이 많은 신기한 의안(진찰 기록)을 만들어냈다.

물론 앞서 언급한 것은 생물의 생명체에 초점을 두고 논한 것이다. 그렇다면 전통적 의미에서의 비생물체는 '생명'이 있는가? 또한 어떻게 정의해야 하는가? 이를 위해서는 생명과 관련된 다른 종류의 해석에 대해 관심을 기울여야 한다. 예를 들면, 미국 잡지 〈와이어드(Wired)〉의 창간인이자 편집인인 케빈 켈리는 우주에는 DNA 방식이 아닌 형태로 존재하는 생명이 존재할 수도 있다고 말했다.

"과학자가 도출한 한 가지 놀랄 만한 결론은 생명에 대한 정의가 무엇이든 간에 그 본질은 모두 DNA, 유기체 조직 또는 육체 등과 같은 물질에 있는 것이 아니라 눈에 보이지 않는 에너지 분포 및 물질 형식에 포함된 정보에 있다는 것이다. 마찬가지로 과학 기술의 발전에 따라 물질을 둘러싸고 있던 베일이 조금씩 벗겨지고 있기에 우리는 그것의 내핵(핵심)도 관념과 정보라는 것을 목도하게 되었고, 생명과 기술(케빈 켈리가 생명과 기술을 함께 논하고 있는 것에는 결코 동의하지 않지만)은 모두 비물질의 '정보 흐름'을 기초로 하고 있는 것처럼 보인다."[27]

칠레의 과학자 움베르토 마투라나(Humberto Maturana)와 프란시스코 바렐라(Francisco Varela)는 1970년대에 스스로 창생하거나 창조할 수 있는 것(자생성)은 곧 생명을 갖고 있는 것이라고 말했다.[28] 그들이 보기에 중요한 것은 생명의 물질 구조가 아니라 생명을 구성하는 과정, 조직 및 관계다. 슈퍼 AI의 제품과 관련하여 '휴머노이드 로봇이 생명을 갖고 있는가 아닌가'에 대한 논쟁은 이러한 대표성을 지니고 있다.

중국의 많은 사람들은 우주가 하나의 비할 데 없는 거대하고도 영원한 생명이며, 그 영원한 운동과 진화의 과정은 바로 그 생명력이 체현되고 있는 것으로 간주한다.[29] 그렇다면 앞서 언급한 '음함양부'와 '음양호근'의 관점은 우주의 생명론에 적합한가 아닌가? 만약 '생명의 내핵(핵심)이 관념과 정보'라고 할 경우 전통적 의미에서의 비생물의 자연물(우주를 포함)에 대해 이른바 '관념'이라고 하는 것은 자연 규율인가 아닌가? 그렇다면 무엇이 자연 규율이고 무엇이 자연 법칙인가?

분명한 것은 인류의 역사가 자연의 역사에 비해 대단히 짧고, 드넓고 거대한 우주 속에서 인류의 활동 공간은 매우 협소하기에 이를 데 없으며, 우리의 자연계에 대한 인식 역시 창해일속처럼 미미한 수준에 불과하다는 것이다. 만약 인류의 지혜를 우주의 지혜와 비교할 경우, 또는 인류의 지혜를 대자연의 지혜와 비교할 경우 그것은 상형견출(相形见绌, 견주어 볼 때 부족함이 드러나는 것)에 지나지 않는다.

비단 인류의 우주에 대한 무수한 무지를 거론하지 않더라도, 과거 인류가 경험했던 괴멸적인 대규모 전염병, 현재 세계를 강타하고 있는 코로나19 및 매년 수만 명을 사망에 이르게 하는 인플루엔자가 설령 과학 기술이 고도로 발전한 21세기에 진입했다 하더라도 새로운 바이러스나 대자연에 앞에서 인류는 아직도 극복해야 할 대단히 많은 약점을 가지고 있다. 선진과학 영역만 놓고 말해도 극복해야 할 100개 이상의 난제가 있다.[30] 이러한 의미에서 현재 우리의 과학관은 매우 초보적인 단계에 있을 뿐이다.

노자는 "도는 하나를 낳고, 하나는 둘을 낳고, 둘은 셋을 낳고, 셋은 만물을 낳는다(道生一, 一生二, 二生三, 三生萬物)"라고 말한 바 있다.[31] 그는 철학과 우주 생화(宇宙生花)의 측면에서 하늘(天)과 인간(人, 《도덕경》 본문에는 '왕'으로 표기되어 있음_옮긴이)은 도(道)에서 연원되었고, 도의 본성은 자연이라고 말했다. 또한 우주에는 4대(四大)가 존재하는데[32] 인간은 그 4대 중 하나이며 인간은 땅의 법도를 따르고, 땅은 하늘의 법도를 따르며, 하늘은 도의 법도를 따르고, 도는 자연의 법도를 따른다고 설명함으로써 생명 및 인류의 자연 속성을 강조하는 것은 물론 대자연의 위대함과 인류가 반드시 자연을 존중하고 자연 규율을 따라야 함을 강조했다.

어느 면에서 보든 생명에 대한 탐색은 생명이 가장 매력적인 자연현상이며, 우리의 생명 및 자연의 본질에 대한 인식은 아직 걸음마 단계에 있다는 것을 깊히 깨닫게 만든다. 그 어느 때보다도 우리는 생명의 본질 및 대자연의 심오한 비밀에 대해 면밀히 탐색할 필요가 있다.

따라서 모든 '인조의 물건' 즉 기술에 의한 '작품'은 생명과 어느 정도로까지 유사한 특징 또는 자주성을 갖고 있는지를 불문하고 모두 생명으로 간주되어서는 안 되고, 그것을 인류로서 대우해서는 안 되며, 그것이 인류를 통제하도록 놔두어서는 더더욱 안 된다. 만약 인류가 실제로 인조물 또는 기술로 만들어진 '제품'의 노예가 된다면 그것은 곧 인류의 지혜가 실패한 것을 의미한다.

요컨대, 인위적으로 인류의 자연 속성을 바꾸거나 미래의 '인류 문명'을 탐구하고 논의할 때 우리는 반드시 생명의 진체(참뜻)와 인류의 속성 및 지위를 똑똑히 기억하고 생명을 존중하며, 이와 동시에 자연에 대해 경외하는 태도를 유지해야 한다.

The Future of Humanity

제 3 장

# 기술이란 무엇인가

**"기술 숭배증이든**
**기술 우울증이든 아니면**
**인류 진화의 방향 및**
**인간-기계 문명 사회에 대한**
**우려이든 모두 기술이 야기한 재난이다."**

과학 기술이 발달할수록 우리는 더욱 당혹스럽고 두려움에 사로잡히며, 미래에 인류가 어디를 향해 갈 것인지, 반드시 어디를 향해 가야 하는지 알 수 없다. 그럼에도 눈앞에 닥친 과학 기술에 의한 재난은 우리를 인류 진화사의 기로 위에 위태롭게 서도록 내몰고 있다. 우리는 이때 '기술이란 무엇인가?'라는 하나의 문제를 제기할 수밖에 없다. 따라서 기술이라는 인류가 발명하고 창조해낸 도구의 실질에 대해 보다 면밀한 인식이 필요하다.

# 1

# 기술, 조작할 수 있는 지식 시스템

기술은 미래 연구에 있어서 가장 쉽게 미혹되는 요인이다. 혹자는 기술이 미래 문명에 대해 촉진 또는 퇴보를 가져올 것이라고 논한다. 이른바 퇴보란 인류의 진화 방향에 대한 오도를 지칭한다. 의심할 바 없이 기술은 인류가 직면하고 있는 각종 문제를 해결할 수 있다.

그렇다면 기술이 어떤 문제를 해결하고, 어떻게 해결하며, 어느 정도로 해결할 수 있을까? 기술의 발전은 미래의 인류를 어느 방향으로 이끌 것인가? 이것은 대단히 엄숙한 문제이다.

기술이란 무엇인가? 나는 일찍이 《글로벌 기술 혁신: 하드 기술에서 소프트 기술로》[1]라는 책에서 과거 2000여 년 동안 각기 다른 시대를 겪은 사람들의 '기술' 개념에 대한 다양한 이해를 회고한 바 있다.

가장 간단한 의미에서 기술이란 곧 인류가 자신의 능력을 향상시키기 위해 이용하는 수단, 문제를 해결하기 위해 이용하는 방안이다. 예로부터 인류가 문제를 해결하는 방안에는 두 가지 경로가 있었다. 하나는 제품과 같은 유형의 방안이고, 또 다른 하나는 규칙, 절차, 과정 등과 같은 무형의 방안이다. 나는 전자를 '하드 기술'이라고 부르는데, 즉 전통적 의미에서의 기술이며 후자는 '소프트 기술'이라고 일컫는다.[2]

앞서 제시한 관점은 기술을 '문제를 해결하기 위한 도구'라는 시각에 기초하여 정의를 내린 것이다. 그러나 우리는 지식의 조작성이라는 측면에서 기술을 인식할 수도 있다. 〈자료 3-1〉과 같이 지식 원천에 근거하여 지식은 각종 유형으로 구분할 수 있는데, 예를 들어 조작할 수 있는 지식(기술 지식)과 조작할 수 없거나 조작을 목적으로 하지 않는 지식(과학 지식)으로 구분된다. 그중 조작할 수 있는 지식 시스템이 '광의의 기술'이다. 이른바 '조작 가능성(조작할 수 있는 것)'이란 문제를 해결하는 잠재력을 지니고 있거나 가치를 창조하는 잠재력을 지니고 있는 것을 지칭한다.

광의의 기술은 그 조작의 담지체와 그것이 뿌리내리고 있는 지식 시스템에 근거하여 더 나아가 하드 기술과 소프트 기술로 구분될 수 있다. 경제, 기술의 발전과 사회의 진보에 따라 하드·소프트 기술의 경계선이 더욱 모호해지더라도 일반적으로 하드 기술은 '물'을 담지체로 하며 그 지식은 대다수가 자연과학의 조작 가능한 지식 시스템에서 연원한다. 반면 소프트 기술은 '인간의 심리, 사유, 인지 및 인간의 행위'를 담지체로 하며 그 지식은 비자연과학 및 비(전통)과학의 조작 가능한 지식 시스템에서 연원한다.

소프트 기술을 포함하는 광의의 기술 시스템을 수립하는 것은 기술의 본질에 대한 인식을 심화시키고, 세계 기술사에 있어서 지금까지 결여되어 있던 나머지 절반을 채워주게 될 것이다. 하드 기술이란 수백

자료 3-1 | **지식과 기술**

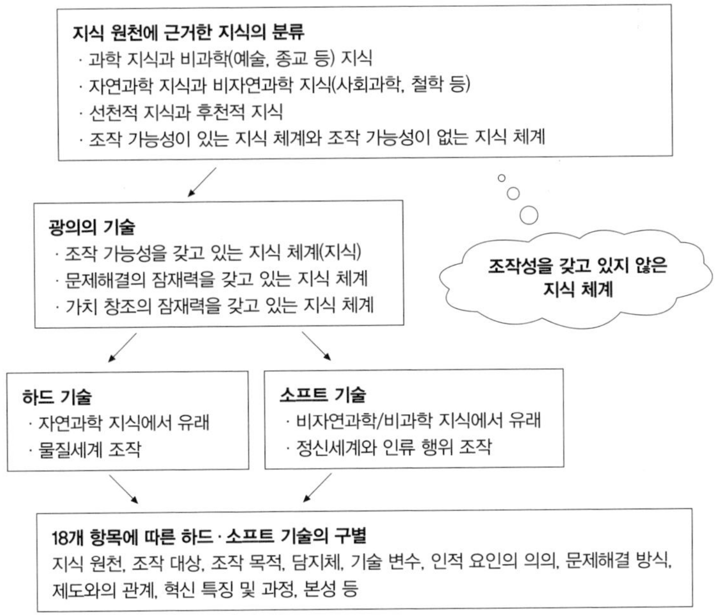


년간 사람들이 익숙해하던 전통적 의미에서의 기술로서 그것에 대한 수백 년간의 전문 연구와 응용은 이미 매우 다양한 학문 분야와 기술 시스템 및 산업을 형성했고, 하드 기술의 역사를 연구하는 저서만 해도 100권이 넘기에 여기서는 이에 대해 구체적으로 언급하지 않겠다.

이번 장은 소프트 기술을 간략하게 소개함으로써 기술 혁신의 방향 및 기술이 인류의 진화와 문명 전환에 미치는 영향을 논의하는 데 기여하고, 나날이 드높아지고 있는 하드·소프트 기술의 혁신 열기 속에서 냉정함을 유지하도록 하는 것에 그 목적이 있다.

소프트 기술은 지식 원천, 조작 원천, 조작 자원 등에 근거하여 분류할 수 있다. 만약 조작 자원에 근거하여 분류할 경우(〈자료 3-2〉 참조), 소프트 기술은 대체적으로 다음과 같은 것들을 포함한다.

- 경제 기술: 경제 활동을 자원으로 삼는 기술로 각종 비즈니스 모델, 금융 기술, 무역 기술 등이 포함된다.
- 사회 기술: 사회 활동과 사회 문제의 해결을 자원으로 삼는 각종 기술이다.
- 정치 기술: 정치 활동을 자원으로 삼는 기술로 정치 시스템 설계술, 안전 기술, 군사 기술(물론 하드 기술과의 통합이 필요함), 외교 기술, 유세 기술 등이 포함된다.
- 문화 기술: 문화 활동을 자원으로 삼는 각종 기술이다.
- 생명 소프트 기술: 심리 활동, 인체와 생명, 인지 영역을 조작 자원으로 삼는 기술로서 심리 기술, 건강 기술, 중의의 진단과 치료 기술, 심신 기술(좌선과 명상 등), 체험 기술, 사유 기술, 의식 기술, 인지 기술 및 기타 생명 소프트 기술이 포함된다. 암 치료 기술을 예로 들면 수술, 대증 약물 치료, 화학 요법, 심지어 이상적인 나노 로봇으로 암세포를 제거하는 것 등은 하드 기술에 속하며, 환자의  적당한 운동과 섭식, 생활 방식의 개변, 낙관적이며 진취적인 정신 요인(의료진 및 간호사들의 고상한 의덕이라고 할 수 있는 의료 종사자가 갖추어야 할 도덕성과 정신적 위로 등을 포함)은 모두 환자가 자신의 면역력을 향상시켜 생명을 연장시키고 심지어 암과 싸워 이기는 데 이로운 것으로 소프트 기술에 속한다.
- 엔지니어링 소프트 기술: 인공 시스템을 조작 자원으로 삼는 기

술로 소프트웨어 기술, 네트워크 기술, 인터넷 기술, AI 기술(소프트·하드 기술의 통합), 사회 공학, 시스템 공학 등이 포함된다. 오늘날 갈수록 많은 인공 시스템의 틀로 인간의 사유 방식이나 정감 및 사회 시스템 내용을 모방함으로써 인공 시스템, 즉 하드 기술이 점차 '소프트화'되고 있다.

- 지력 기술: 인력을 자원으로 삼는 소프트 기술로 지력 개발 기술(학습, 교육, 훈련, 연구·개발 등), 지력 제공 기술(자문, 진단, 설계) 등이 포함된다.
- 환경 소프트 기술과 생태 소프트 기술: 자연을 자원으로 삼는 기술로 주로 자연을 회복시키고, 재건하고, 보호하며 및 합리적으로 이용하는 것과 관련된 소프트 기술이다.
- 제도 설계술: 거시적 제도 설계술, 메커니즘 설계술, 법률 설계술, 법규와 정책 설계술, 표준 설계술, 각종 소프트 기술의 제도 설계술, '폭발식'으로 발전하는 하드 기술의 제도 설계술, 각종 제도 환경을 조성하는 설계술 등이다.

이로부터 소프트 기술이 사회, 경제, 정치, 문화, 정신, 심리, 인지 등의 영역에서 문제를 해결하는 수단에 초점을 맞추고 있고, 기술 숭배증 또는 기술 공포증을 불문하고 그중에서 지칭하는 기술은 실제로 내가 정의하고 있는 하드 기술에 속한다는 것을 알 수 있다.

자료 3-2 | **조작 자원에 따른 소프트 기술의 분류**

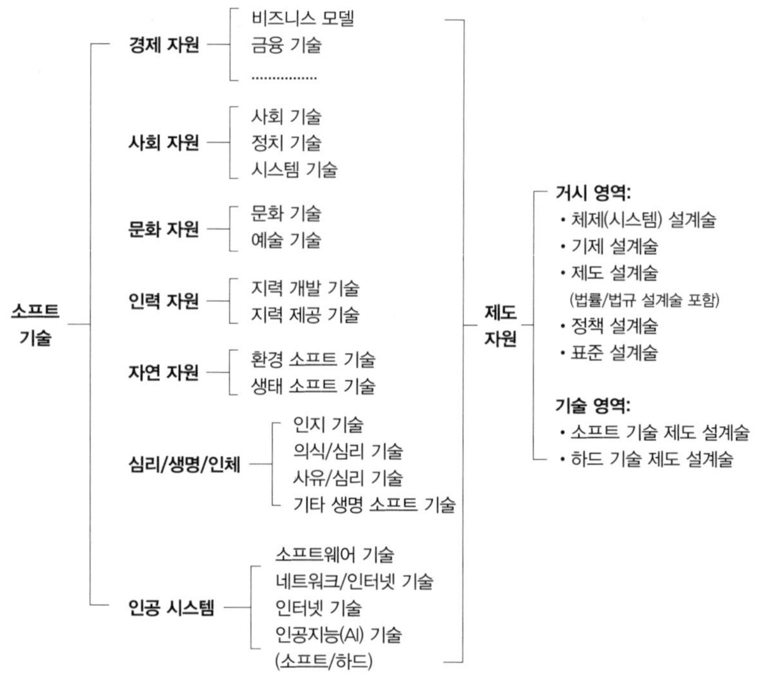

## 2

# 진귀한 자원
# 소프트 기술

비록 소프트 기술의 역사가 하드 기술과 마찬가지로 유구하기는 하지만[3] 관련된 영역이 매우 광범위하여 미치지 않는 곳이 없음에도 줄곧 홀시되어왔고, 의식적으로 또는 시스템적으로 그것을 연구하지 못했는데 이는 바로 사람들이 장기간 물이 진귀한 자원인 것을 인식하지 못했던 것과 같다.

### 하드 기술 혁명의 주기와 소프트 기술

수천 년간 기술 발전의 역사를 총체적으로 살펴보면 〈자료 3-3〉과 같이 하드 기술 혁명의 주기가 갈수록 짧아지고 있다. 그렇다면 기술혁명의 주기를 단축시킨 것은 무엇일까? 누군가는 사회 적응의 속도에 의한 것이라고 말한다. 실제로 하드 기술의 발명에서 상업화까지, 즉 발명에서 혁신, 다시 확산(시장 규모를 형성)에 이르는 기간이 단축되기 위

자료 3-3 | 갈수록 빨라지는 기술혁명의 주기

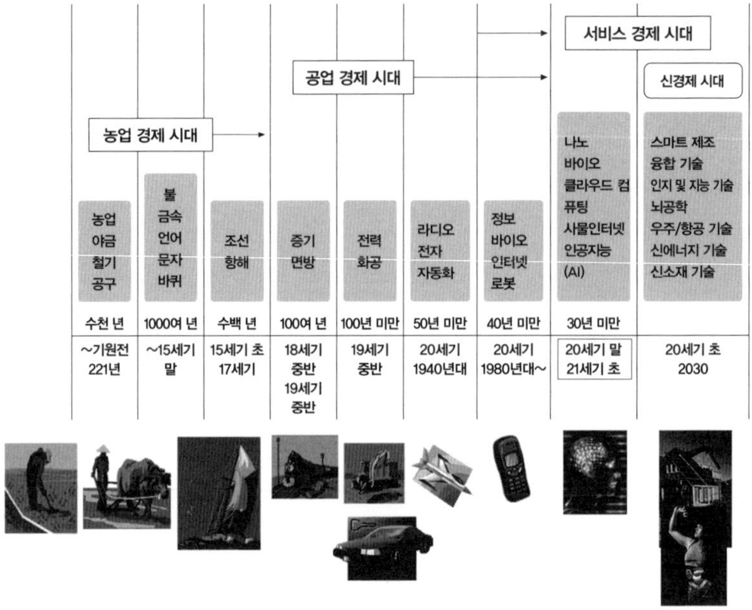


한 관건은 소프트 기술의 발명과 혁신 및 소프트 기술 '제도화'의 효율이며, 갈수록 거세지는 소프트 기술 혁신의 물결과 시대와 함께 진전되는 제도 혁신은 하드 기술 혁명의 발걸음을 이끌며 재촉하고 있다.

## 하드 기술은 산업혁명의 단일 추동력이 아니다

수백 년 동안 산업혁명은 인류 사회 문명의 진보에 있어 비할 바 없는 공헌을 해왔다. 하지만 산업혁명의 추동력에 대해서는 도리어 보편적인 오해가 존재한다. 일반적으로 산업혁명에 대한 인식은 과학 기술의 중대한 돌파로 인해 산업 구조에 중대한 변화가 발생하고 나아가 경제, 사회 등 각 방면에 참신한 면모가 출현하게 되었다는 것이다.

따라서 산업혁명을 묘사할 때 1차 산업혁명은 증기기관 기술과 면방직 기술을 특징으로 하고, 2차 산업혁명은 전력과 전신 기술을 주요 지표로 하며, 3차 산업혁명은 정보 기술을 상징으로 한다. 그럼에도 사람들은 어떤 역량이 산업에 혁명이 일어나도록 이끌었는지에 대해서는 홀시했는데, 즉 산업혁명의 또 하나의 추동력인 소프트 기술과 소프트 환경을 경시해온 것이다.

1차 산업혁명을 예로 들면, 영국의 산업혁명은 우선 면방직 공업에서 발생했다. 당시 인도는 세계 면방직 공업의 최대 강국이었다. 인도와의 면직물 경쟁은 일련의 기술 발명과 혁신을 촉진했는데, 예를 들면 다축 방적기, 수력 방적기에서 동력 직기 등의 발명이 그것이다. 이와 동시에 섬유 공업의 생산과 소비가 갑작스럽고 신속하게 확대되어 동력과 운수 공급의 심각한 부족이 초래됐고, 1769년 제임스 와트(James Watt)의 증기기관 발명은 바로 이러한 수요에 부응한 것이었다. 이러한 증기기관의 응용은 에너지 기술과 운수 기술(기차와 윤선의 발명)의 발전을 추동하여 산업혁명이 기계, 철강 등의 영역에 파급되도록 만들었다.

우선, 이렇게 많은 기술 발명과 기술 혁신이 제때 영국에 집중적으로 발생할 수 있었던 것은 당시 영국의 혁신 문화[4]와 정부의 기술 도입 및 산업 보호 정책(느슨한 이민 정책과 상대적으로 종교에 대한 완화된 제한을 포함)에 공을 돌릴 수 있다.

그다음으로는 18세기 후반에 영국은 이미 소비 시장과 원료 공급이 일체화된 유통망을 건립하고 효율적으로 세계 각국으로부터 원료를 수입하며, 다시 섬유 제품을 전 세계에 수출했다는 점이다. 이와 동시에 해상 운수, 국제 송금 및 금융 방면에서의 우세한 지위를 활용하여 세계적인 물류 시스템을 건립함으로써 국제 교역을 뒷받침했다(〈자료 3-4〉 참조).

이로부터 우리는 1차 산업혁명을 가져온 것은 단지 섬유 기술과 증기기관 기술뿐만이 아니라는 것을 알 수 있다. 소프트 기술(세계적인 유통망, 특허 기술, 금융 기술 및 물류 기술 등)의 발전을 중시하고, 기술의 발명과 창조에 유리한 소프트 환경(독특한 혁신 문화, 선진 기술과 우수한 인재의 도입에 유리한 이민 정책, 특허 정책)을 강화하며, 적시에 소프트 기술을 제도화(매우 많은 현대 비즈니스 기술이 영국에서 발명되었고 제도화되었는데 예를 들면 주식회사, 최초의 광고 전문회사, 은행법, 반독점법, 회사법 등이 있다)하여 영국이 대영제국의 통제하에 세계화된 경제 질서의 실현을 돕고 1차 산업혁명의 중심이 되도록 했다. 즉 소프트 기술의 혁신, 제도 혁신 및 독특한 문화가 영국이 산업혁명의 중심이 되도록 하는 심층적 원인이었던 것이다.

이것은 바로 포르투갈과 스페인이 동방 무역의 독점, 해상 약탈, 노예무역 및 식민지 약탈을 통해 거액의 재부를 획득하고 아울러 조선 기술, 항해 기술, 나침반 기술 등을 보유하여 16세기에 패권을 차지한 것, 네덜란드가 17세기 상반기에 패권을 차지한 것, 인도의 방직 공업이 당시 세계 제일이 될 수 있었던 까닭이기도 하지만 모두 공업혁명의 발원지가 되는 것에는 성공하지 못했다.

마찬가지로 에너지 기술과 운수 기술의 혁명은 전기, 유기화학, 내연기관을 대표로 하는 2차 산업혁명을 가져온 것으로 판단된다. 생각할수록 의미심장한 것은 2차 산업혁명의 중심이 더 이상 영국이 아니

**자료 3-4 | 소프트 기술과 산업혁명**

| 산업혁명 | 시기 | 소프트 기술 | 소프트·하드 기술 통합 | 하드 기술 |
|---|---|---|---|---|
| 1차 산업혁명<br>기계화 | 18세기 말<br>공업 경제 | 특허 기술<br>소비 시장과<br>원료 일체화의 유통망<br>세계적인 물류 시스템 | | 면방직 기술<br>증기 기술 |
| 2차 산업혁명<br>자동화 | 19세기 말<br>공업 경제 | 과학적 관리 기술<br>연구소 제도<br>특허 기술 혁신<br>증권 시장술<br>독점기업 제도 | | 전력 기술<br>통신 기술<br>운수 기술<br>유기화학 기술 |
| 3차 산업혁명<br>정보화 | 20세기 후반<br>서비스 경제 | 다국적기업 관리 기술<br>글로벌 합병술<br>벤처 투자술<br>가상 기술<br>인큐베이터 기술<br>연맹 기술 | 정보 기술<br>인터넷 기술<br>유전자 기술<br>지능형 로봇 기술 | 바이오 기술<br>로봇 기술<br>컴퓨팅 기반 기술 |
| 4차 산업혁명<br>지능화 | 21세기<br>신(新)경제(공유 경제, 디지털 경제, 순환경제 등의 새로운 영리 모델) | 서비스 기술<br>문화 기술<br>사회 기술<br>글로벌 거버넌스술<br>기업 조직 혁신술<br>세계화 경영술<br>금융 기술<br>친환경 비즈니스 모델<br>소프트 제조술<br>하드 농업술 | 신세대 정보 기술(모바일 인터넷, 사물인터넷, 빅데이터, 5G 등)<br>AI(인공지능) 기술<br>바이오 기술<br>의식 기술<br>신교통 기술<br>스마트 제조술<br>스마트 농업술<br>디지털 기술 | 나노 기술<br>신에너지 기술<br>항공우주 기술<br>신소재 기술 |

었다는 점이다. 2차 산업혁명의 중심이 미국으로 이동된 비결은 미국의 선진적 관리 기술, 연구·개발의 제도화, 융통성 있는 이민 정책, 개선된 특허 제도, 주식 기술의 새로운 응용 등에 있으며 풍부한 자연 자원도 큰 몫을 했다. 만약 이러한 경제 변혁을 뒷받침하는 메커니즘, 법률, 제도, 정책의 혁신이 없었다면 그리고 기술 이전의 효율적 관리 기술, 조직 기술 및 생산 기술이 없었다면, 전체 미주 대륙에 분포된 시장은 형성되지 못했을 것이다.

흥미로운 것은 3차 산업혁명과 현재 진행 중인 4차 산업혁명을 추동하고 있는 다수의 기술(〈자료 3-4〉 참조)을 예로 들면 정보 기술, 인터넷, 사물인터넷, AI 및 스마트 제조 등 그 자체도 자연과학 지식에 속하며 점차 '소프트화'된 기술 또는 소프트·하드 기술의 통합 기술이라는 점이다.

최근 들어 일부 사람들은 기술이 인류의 관념, 도구 및 방법의 복합체라는 것을 홀연히 깨달았다. 실제로 관념과 사유에 기반한 소프트 기술이 문제를 해결하는 도구로서의 역할을 한다는 것을 인식하게 된 것이다.

## 소프트 기술의 중요성 인식

1990년대에 소프트 기술, 소프트 환경 개념의 제기는 내가 '중국 하이테크 연구개발 계획(일명 S863 계획)' 전략을 수립하는 과정에 참여하면서 기술 이전 효율의 실질 및 중국 하이테크와 선진국 간의 격차를 논의한 것에 기인한다.

비록 처음에는 중국 안팎의 일부 인사들로부터 질의를 받기도 했지만 곧 저명한 학자들로부터 강력한 지지를 얻게 되었다.[5] 예를 들면, 장기간 과학 기술의 역사를 연구해온 둥광비 교수는 기술론의 관점에서 하드 기술과 소프트 기술을 구분하는 것은 사물의 본성을 다루는 물성론에서 물성의 첫째 성질(제1성)과 둘째 성질(제2성)을 구분하는 것과 거의 같고, 이러한 이성설(二性說)에 입각해 비유하자면 '하드'는 기술의 제1성이며, '소프트'는 기술의 제2성이라고 논했다. 또한 그는 과학 연구에 대한 인식이 제1성에서 제2성으로 전환될 경우 기술 연구의 인식 또한 제1성에서 제2성으로 전환되는 것이며, 과학 및 그것에서 파생되는 기술이 오늘날까지 발전하는 데 있어서 소프트 기술은 이미 기술 발전의 주요 위치로 상승하게 되었다고 간주했다.

저명한 미래학자 시어도어 고든은 '소프트 기술은 기술의 또 하나의 패러다임이며 새로운 학분 분야를 열었다'고 보았고, 저명한 경제학자 겸 미래학자 헤이즐 핸더슨은 '소프트 기술에 대한 인식은 인류의 중대한 지성·지력의 진보이며 향후 수십 년 사이에 인류가 선택을 분명하게 정리하는 데 있어서 도움을 줄 것'이라고 말했다.

세계비니지스아카데미 원장 리날도 브루토코(Rinaldo Brutoco)는 "소프트 기술은 개념의 발전으로서 우리의 우주과학 및 문화 의식 간에 존재하는 공백을 채워주는 인류에 대한 독특한 공헌이고, 소프트 기술의 연구는 장차 세계 기술사에 있어서 현재까지 결여되어 있었던 나머지 절반을 채워준다"라고 말했다.

미래학자 그레이엄 미첼(Graham Mitchell)은 "소프트 기술은 새로운 연구 영역을 개척했고 … 기술을 정식으로 소프트와 하드 두 가지 개념으로 정의하는 것은 필요하며 … 그 안에서 가치를 창조하는 과정 또는 문제를 해결하는 과정은 하나의 완전히 다른 패러다임이다"라고 말했다.[6]

미래학자 존 나이스비트(John Naisbitt)는 2003년 IBM에서 있었던 '우리는 장차 어떤 시대에 진입할 것인가'라는 제목의 강연에서 "과거에 더욱 많았던 것은 하드 기술이었는데, 21세기에 가장 많은 것은 소프트 기술이다. 소프트 기술과 높은 수준의 사유는 미래의 주역이 될 것

이다"라고 말했다.[7]

케빈 켈리는 2014년 베이징에서 '신경제 12개 법칙'을 소개할 때 신경제에는 세계화, 관점·정보·관계 등 무형의 사물을 중시하는 것, 긴밀하게 상호 연결되는 것의 세 가지 특징이 있다고 말했다.[8] 그중 무형의 사물을 중시하는 것은 실제로 소프트 기술, 소프트 자본, 소프트 환경 등이다.

요컨대, 사람들은 갈수록 소프트 기술의 발명과 창조, 혁신의 중요성을 깨닫고 있다. 이와 동시에 사회 자본, 문화 자본, 자연 자본, 지력 자본 등의 소프트 자본은 점차 강력한 글로벌 경제의 구동력이 되고 있고, 각종 소프트 기술의 혁신은 이미 경쟁을 주도하는 요인이 되고 있다.

또한 공업 문명을 초월하는 '지구 문명'을 실현하기 위해 우리는 새로운 소프트 기술을 발명하고 창조해야 할 뿐만 아니라 더욱 일찍이 공업 문명을 뒷받침했던 대량의 소프트 기술, 즉 거시적 사회 기술에서 미시적 금융 기술, 비즈니스 기술에 주의를 기울여야 한다. 또한 이는 모두 새롭게 설계되거나 심지어 혁명적으로 재창조되어야 한다. 이는 문명의 전환에 있어서 주요 전장(戰場) 가운데 하나이다(제7장 참조).

# 3

# 소프트 기술의 재인식

소프트 기술에 대한 연구는 우리가 인류의 지식 시스템을 전면적으로 인식하고, '인류 사회 발전의 엔진 중의 하나'로 간주되는 기술의 실질에 대해 재인식하는 것을 돕는다.

## 소프트 기술 연구는 완전히 새로운 패러다임

당대 '경제의 소프트화' 추세를 감안하여 광의의 서비스업을 포함하는 비물질 '생산' 영역의 혁신이 갈수록 중요해지고 있다. 케빈 켈리가 언급한 바와 같이 "일부 가장 뛰어난 과학 기술 제품, 예를 들면 소프트웨어는 물질의 실체가 완전히 없으며 … 비실체화 과정은 가속화되기 시작했다."[9]

심지어 어떤 전문가는 '미키 마우스'가 창조한 부가 석유와 제조업보다 크다고 말한다. 미국의 경제잡지 〈포브스〉에 따르면 80년간 도날드 덕이 창조한 부는 654억 달러이며,[10] 미키 마우스와 해리 포터, 피카츄 등 10개의 가상 애니메이션 주인공들이 매년 창조하는 부가 230억 달러를 초월한다고 한다.[11] 〈스타워즈: 깨어난 포스(Star Wars: The Force Awakens)〉의 흥행 수입은 처음 개봉된 지 2주 만에 10억 달러를 넘었다.[12]

이러한 배경 아래 소프트 기술의 연구는 우선 비물질 생산 영역의 핵심 기술을 식별하고 발전·혁신시키는 데 있어서 이론적 근거와 방법을 제공한다. 그다음으로 비물질 '생산' 영역의 혁신(가치 창조) 과정은 물질 제품의 생산 영역에서의 혁신 과정과 확연이 다르다. 물질 제품의 생산 영역에서 하드 기술을 응용하는 과정은 국부(부분)에서 전체로 향하고, 비물질 '생산' 영역의 혁신 과정은 서비스 영역을 예로 들면 반드시 전체에서 부분으로 향해야 하며 '전체 시스템의 설계 – 운행/실시 – 규범화 – 창조적 파괴 – 새로운 시스템 설계'의 과정이 필요하다.

오늘날 세계가 해결해야 할 문제는 사회, 경제, 정치, 문화, 생태, 환경, 자원 등 각종 시스템과 관련되지 않은 것이 없다. 소프트 기술은 전체에서 부분으로, 거시에서 미시로의 시스템 설계를 진행하는 데 적합하며, 앞서 언급한 영역의 소프트한 목표를 위해 체계적인 해결 방안을 제공한다.

## 참신한 시각으로 세계 관찰하기

광의의 기술에 대한 인식은 사유 모델을 바꾸고 참신한 시각으로 세계를 관찰하는 것을 통해 현재 국제 및 국내의 일부 기본적 중점 문제를 파악하고 해결하는 것에 도움이 된다.

예를 들면 '종합 경쟁력은 어디에서 나오는가? 기술을 초월하는 요인은 무엇인가? 소프트 환경이란 무엇인가? 혁신이란 무엇인가? 어떻게 혁신을 이룰 것인가?'와 같은 질문을 통해 기술 혁신과 제도 혁신의 관계, 기술 혁신의 방향을 결정하고 기술 관리에 대해 재인식하는 것을 말한다. 또한 당대 지식사회에서의 '지식 관리'의 뜻을 명확히 하고, 지력 자본의 가치 창조에 있어서의 실질을 밝혀내며, 소프트 산업(소프트 기술을 핵심 기술로 삼는 산업)과 창조 산업, 선진국과 개발도상국 간 또는 개발도상국의 지역 간 격차의 실질, 기술 발전과 미래 인류의 관계 등에 대해 살펴보는 것이다.

## 21세기 인류의 도전에 대응하기 위한 소프트 기술 특성의 활용

21세기에 인류가 직면하고 있는 주요한 도전은 과거의 그것과는 다른 것이다. 300여 년간 계속된 고속 공업화가 가져온 수많은 부정적 요인이 남김없이 폭로되고 있는데, 예를 들면 빈부 격차와 사회 양극화, 기후 변화 및 글로벌 자원 위기, 생태 환경 위기, 인구 위기, 농업 위기, 식량 위기, 생존 위기 등이며 인류는 지금까지 이러한 준엄한 도전과 마주한 적이 없었다.

문제의 실질로부터 살펴볼 때 앞서 언급한 도전은 결국 인류가 오직 물질 문명만을 추구함으로써 초래된 것이다. 사회 모순, 빈곤 등의 복잡한 문제를 해결하는 데 있어서 하드 기술, 즉 유형의 해결 방안을 활용하는 것은 단지 모순을 완화시키거나 또는 부분적 문제를 해결할 수 있을 뿐이다.

또 다른 측면인 문제의 특성에서 살펴볼 때 현재 사회의 모든 모순과 충돌의 발생은 최종적으로 각종 소프트 기술의 통제로 나타난다. 예를 들면 서브프라임 모지기론 기술의 부당한 운용으로 인해 2009년 글로벌 금융 위기의 도화선이 되었으며, 건전하지 못하고 심지어 사악한 정치 기술은 지역 충돌과 폭력을 끊임없이 발생시키고 정치 딜레마에서 벗어나기 힘들게 만들고 있다. 한편 모든 사회 행위와 심리 활동은 제도, 문화, 국제 환경 등의 요소로 구성되는 소프트 환경의 영향을 받고 있다.

소프트 기술은 사회, 경제, 정치, 문화, 정신, 심리, 인지 등의 기술에 초점을 맞추고 있고, 문제를 해결하는 그 사유 방식은 전체에서 부분으로, 거시에서 미시로의 특징을 갖고 있어 시스템 설계에 알맞다. 또한 소프트 기술의 조작 영역은 정신세계에 초점을 맞추고 있고(하드 기술은 물질세계에 초점을 맞추고 있음), 조작 대상은 인간의 심리 활동과 사회 행위이며, 문제해결의 도구는 주로 과정, 치리(治理), 규칙, 제도 및 제품, 서비스다. 그리고 소프트 기술의 기술 매개변수는 사회, 문화, 심리 요인 등이다.

소프트 기술의 이러한 특징은 21세기에 직면하고 있는 도전에 대처하는 데 적합하며, 서로 다른 문제에 근거하여 다양한 소프트 기술의 조작과 소프트 설계를 진행하고 최종적으로 소프트·하드 기술의 통합, 소프트·하드 환경의 통합, 다양한 자본의 통합을 실현하여 종합적·시스템적 해결 방안을 구축한다.

가령 테러주의(현재 세계 평화와 안전에 있어서 직면하고 있는 가장 엄중한 위협 중 하나)가 발생하는 근원은 주로 정치, 경제, 신앙, 종교의 교조주의, 편견, 문화 등의 요인에 의한 종합적 작용이기에 강렬하게 견책하고 무력으로 진압하는 것은 당장의 필요한 조치이다. 하지만 무력에만 의지하는 것은 테러주의를 일시적으로 억제하거나 오히려 테러주의를 더욱 자생하도록 만들 뿐이다. 근본적으로 그것을 해결하고자 한다면, 반드시 여러 지구(地區)와 다양한 성질의 테러주의 근원에 대해 의견일치를 이룬 뒤 소프트 기술 영역의 발명과 창조, 혁신을 통해 다양한 문화에 적합한 소프트 환경을 형성함으로써 잠재적인 테러주의 동기를 전향시키거나 제거해야만 점진적으로 테러주의 행위에 영향을 미치고 상황을 철저하게 바꿀 수 있다.

요컨대 사회, 정치, 문화 영역의 문제는 관련된 소프트 기술의 수단과 소프트 환경의 완벽을 도모해야만 비로소 해결될 수 있다.

## '소프트 환경' 이론의 정립

기술의 중요성은 의심할 바 없지만 그렇다고 해서 기술이 전부는 아니다. 소프트 기술이라고 해도 문제를 해결하기 위한 수단과 경로, 도구에 불과하다. 기술을 초월하는 일부 요소들은 통상적으로 하드 기술의 응용 방향, 소프트 기술의 설계와 혁신 방향, 실행 가능 여부에 영향을 미치는데 이를 '소프트 환경'이라고 부른다.

소프트 환경은 하드 환경의 상대적 개념이다. 하드 환경이란 공업 기초, 도로, 교통, 통신, 금융 등 각종 네트워크, 경제 실력 및 기타 눈으로 볼 수 있고 손으로 만질 수 있는 조건과 '하드 인프라'를 지칭한다.

소프트 환경[13]에는 제도 환경, 문화 환경(문화와 가치관 등), 시장 환경(시장 수요는 소비자의 교육 수준, 생활 수준 및 문화 배경 등에 의해 결정됨), 국제 환경, 전자 네트워크와 인간 네트워크 및 자연 인프라(생물 다양성[14] 등)를 포함하는 네트워크 환경 등이 포함된다. 이는 '소프트 인프라'로 불리기도 하며 혹자는 '사회 인프라'라고 부른다. 그중 제도 환경에는 체제, 메커니즘, 법률, 법규, 정책, 표준 등이 포함된다.

소프트 환경에서는 특히 제도 환경과 문화 환경이 관건인데 지속가능한 발전을 예로 들어 설명하면, 만약 지속가능한 발전이 자연-사회-인류 자신과 관련되어 있고 인류 행위를 규율하는 과정이라고 한다면 이것은 곧 인류의 행위를 조절하고 그것을 지속가능한 발전의 목표와 사명에 부합되도록 만드는 일종의 수단이 필요하게 된다.

다시 말해 인류의 사욕이나 본성, 세계관과 가치관에 의해 행해지는 행위는 단지 교육에만 의존해서는 충분치 않고 제도를 통해 통제하거나 고무시켜야 한다. 즉 지속가능한 발전의 목표를 실현하려면 인류의 행위는 반드시 규율되어야 하는 것이다. 제도는 일련의 사람들에 의한 행위 규칙의 집합으로서 종교, 정치, 사회, 경제, 국제, 기술 등 분야를 불문하고 모두 행위를 제약하거나 규제하는 규칙 또는 준칙이다.

그럼에도 제도의 한계를 설명하는 무수한 사례가 존재한다. 제도는 모든 인류의 행위와 심리 활동을 완전히 제약하기에는 부족하며, 정책과 법률을 이용하는 것은 단지 문제의 일부만을 해결할 수 있을 뿐이다. 법률의 변경, 구제도의 폐기나 신제도의 실시는 사람들이 근본적으로 태도를 바꾸는 것을 통해서만 반드시 효과를 거둘 수 있다.

특히 세계화·정보화의 시대에 사람들의 정신세계는 전례 없이 신속하고 엄중하게 세계 범위 내의 정보 교환에 의한 영향을 받으며, 모든 정보는 '소프트 환경 필터' 가운데 특히 '문화 필터'를 통해 이루어지게 될 것이다. 문화와 가치관의 영향은 심층적이고, 항상 시장과 정부의 역할을 초월하며, 어떤 때는 제도의 역량을 초월하기도 한다.[15]

다시 말해 온실가스의 감소, 생태 환경 보호, 소비 방식의 변화, 심지어 쓰레기 처리에 이르기까지 모든 부분에 있어서 당대 기술 수준 또는 급속히 발전하는 미래 과학 기술에 근거하여 대량의 해결 방안을 제기할 수 있다. 하지만 최대 도전은 사람들로 하여금 '새로운 생활 모델을 받아들이도록, 새로운 생존 방식에 적응하도록 어떻게 설득할 것인가'이다. 광의의 문화 환경, 즉 물질과 정신, 정치와 생태 문명이 서로 보완하며 이루어 나가는 사회 시스템에 대해 앞으로 많은 지면을 할애하여 논의하고자 하는 까닭이 바로 여기에 있다.

물론 제도의 한계를 초래하는 원인은 문화, 관념, 각오 등의 요인 외에도 다음과 같은 두 가지 요인이 제도의 효과를 상실하게 만든다. 첫 번째 요인은 제도 자체에 존재하는 불공평성과 불합리성이며 두 번째 요인은 합리적 제도가 다양한 이익집단으로부터 조직적인 저항에 직면하게 되는 것이다.

또한 소프트 기술은 일단 제도, 정책, 법규, 법률, 표준 등 관제(통제) 수단으로 규범화되면, 즉 제도화되면 일정한 시기에 소프트 환경의 내용을 채우고 (소프트·하드) 기술 혁신을 위해 기본적 조건을 제공하게 된다. 하지만 소프트 기술이 사회 또는 정부가 인가한 통제 도구, 즉 제도로 변화할 경우 언제나 그래왔듯이 상대적인 경직성을 갖게 되며 진일보의 혁신에 장애를 가져오게 된다. 이렇기 때문에 시대의 흐름에 걸맞는 제도 혁신이 요구된다.

## 혁신 전략 시스템 조정하기

혁신 이론의 창시자 조지프 슘페터(Joseph Schumpeter)는 '혁신은 곧 새로운 생산 함수를 세우는 것'이라고 말하며[16] 기존에 존재하지 않았던 생산 요소와 생산 조건에 대한 새로운 조합(혁신)을 생산 시스템(물질 생산 영역에 초점을 맞춤)에 끌어넣었다.

데이비드 사워스(David Sawers)는 "기술 혁신은 새로운 기술을 어떤 실제 목적에 응용하거나 현재의 기술을 어떤 실제 목적을 위해 새롭게 응용하는 것이다. 혁신은 기술 과정이고 또한 상업 과정이며 군사 과정과 사회 과정이기도 하다(기술 응용의 과정에 초점을 맞춤)"고 논했다.[17]

알렉산더 킹(Alexander King)은 기술 혁신 가운데 '과학과 기술은 상업과 군사 영역에서 가장 먼저 성공적으로 응용되는 것(하드 기술의 응용에 초점을 맞춤)'이라고 말했다.[18]

내가 생각하는 혁신이란 '새로운 사로(생각의 갈래), 새로운 방식, 새로운 수단으로 부가가치를 창조하는 과정'이다. 여기에서 지칭하는 가치란 경제 가치를 포함할 뿐만 아니라 사회 가치와 생태 환경 가치를 포함한다(가치의 창조에 초점을 맞춤).

이러한 맥락에서 혁신 대상, 혁신 주체, 혁신 자원, 혁신 방법, 혁신 영역과 관련하여 혁신 공간은 다음과 같이 무한히 확대될 수 있다.

- 하드 기술에서 소프트 기술로: 소프트 기술의 발명, 창조, 혁신 및 확산·응용 또는 소프트 기술의 새로운 응용.
- 소프트 기술 기능의 관점에서: 기술 혁신, 산업 혁신, 제도 혁신.
- 소프트 기술과 하드 기술의 융합, 통합: NBIC 통합 기술 등.
- 물질 생산 부문에서 비물질 생산 부문으로.
- 경제 활동에서 사회·문화 활동으로.
- 혁신 자원의 관점에서: 혁신 공간이 소프트·하드 자본, 소프트·하드 기술, 소프트·하드 산업, 소프트·하드 환경의 혁신으로 확대됨.
- 인류와 자연의 관계를 올바르게 처리하는 관점에서: 과학 기술을 발전시키는 취지가 '인류에게 복지를 가져오는 것'을 단순하게 강조하는 것에서 인류와 자연계 및 기타 종의 조화, 지속가능한 생존, 발전 및 자연 환경의 보호를 고려하는 것으로 확대됨.
- 혁신 주체의 혁신과 관련하여 예를 들면 기업, 연구기관, 정부, 사회, 사구(공동체), 개인 등.
- 다양한 가치의 혁신과 관련하여 예를 들면 경제 가치, 생태 및 환경 가치, 사회 가치(공익 가치 포함), 문화 가치 등.
- 시스템 구조의 다양화 혁신.[19]
- 심리, 신체, 생명, 인지와 관련된 혁신 공간.
- 예술과 기술의 결합(양자는 상호 혁신의 도구와 내용을 구성함)은 기술 혁신과 예술 혁신을 위해 끝없는 혁신 공간을 개척함.
- 시장과 정부 모두 효과를 거두지 못하고 있는 공간, 예를 들면 사회 경제와 사회 기업의 발전과 관련된 혁신 등.

– 혁신 플랫폼: 폐쇄적 혁신 활동에서 개방적 혁신 활동 등으로.

따라서 우리는 혁신 전략 체계를 조정하여 그것이 소프트·하드 간의 균형, 조화, 보완이 이루어지는 시스템이 되도록 해야 한다(제7장 참조).

## 비기술 요인의 비밀 파악하기

경제학 영역에서 소프트 기술의 연구는 '비기술 요인'을 분명히 하고 경제학의 '블랙박스'를 밝혀내며, 장기간 연구의 중점이 되었던 '기술 진보의 생산력에 대한 공헌'의 실질을 규명함으로써 경제 발전 전략과 투자 정책 조정을 돕는다. 한편 또 다른 측면에서는 이른바 무형 자산, 즉 소프트 자산의 정의 및 양화(계량화)에 대해 재정의하고 공헌의 경로를 확정하며, 미래 경제 성장을 위한 새로운 이론의 정립에 기여한다.

## 소프트론 · 하드론

정확한 사유 모델은 사람들이 세계를 관찰하고 복잡한 사물을 분석하는 과정에 있어서 효과적이며 유익한 통찰력을 얻는 원천이다. 소프트·하드 기술에 기초한 연구에 의해 구축된 이론은 사유 모델의 전환에 도움이 되고, 하나의 지구에 살고 있는 인류가 응당 준수해야 하는 '조화·균형·평등·포용·공존'의 원칙을 이해하는 데 도움이 된다(제8장 참조).

요컨대 기술은 하드 기술이든 소프트 기술이든 인류가 자신의 능력을 향상시키기 위해 이용하는 수단이며, 문제를 해결하는 데 이용하는 도구이자 방안이다(과학 기술의 도구성을 이해할 필요가 있음). 이 점을 명확히 인식하고 견지하는 것은 인류의 진화 방향을 정확하게 인도하는 데 있어서 대단히 중요하다. 기술의 발전, 경제의 발전 및 각종 정치 수단은 모두 인류 사회의 지속가능한 발전을 위한 도구 또는 경로이며, 인류로 하여금 대대손손 새로운 물질과 정신, 생태 문명이 가져오는 번영 속에서 평화롭게 생활할 수 있도록 하는 것이 지속가능한 발전의 목적이라고 할 수 있다.

하지만 현실 세계에서 매우 많은 사람들이 경제 발전을 지속가능한 발전의 목적으로 간주하고 있고 심지어 기술의 고도 발전을 목표로 여기고 있다. 기술이 인류 사회의 발전에 크게 이바지하고 인류의 능력을 증강시키는 것에 공헌하고 있는 것을 불문하고, 인류의 최종 목표와 인류가 창조한 도구를 전도시켜 기술 혁신의 방향을 오도하거나 기술이 최종적으로 인류를 통제하게 만드는 재난을 초래해서는 안 된다.

현재의 소프트 과학(인문사회과학 포함)과 소프트 기술 관련 연구는 하드 과학(자연과학 포함)과 하드 기술에 비해 한참 뒤처져 있기에 우리가 체계적으로 연구하고 발전시키는 것이 무엇보다도 필요한 시점이다.

# 4.

# 무엇이 기술 혁신의 방향을 결정하는가

## 기술의 부정적인 영향은 하드 기술에 있지 않다

기술이 발달할수록 기술의 남용이 초래한 '지구에 대한 파괴'는 갈수록 심각해지고, 서로를 참혹하게 살상하는 수단 또한 잔인해지고 있다. 심지어 인류는 자아를 상실할 수도 있는데 이러한 기술의 부정적인 영향과 책임은 하드 기술 자체에 있는 것은 아니다. 하드 기술은 단지 인류의 능력, 즉 인식(자연계와 인류 자신에 대한) 능력, 문제를 해결하는 능력으로서의 수단을 증강시킬 뿐이며 그것은 자신의 혁신 방향을 결정할 수 없을 뿐만 아니라 인류의 도덕, 가치관 등의 문제를 해결할 수도 없기 때문이다.

다시 말해 하드 기술 자체는 중성이며[20] 그것을 어느 방향 또는 어떤 목적으로 응용할 것인가는 인류의 수중에 장악되어 있고 기술 보유자의 가치 취향에 의해 결정된다. 즉 그것을 '선을 위해 사용할 것인가 아니면 악을 위해 사용할 것인가'는 온전히 그 사용자에 의해 결정되는 것이다. 기술의 부정적인 영향은 경제상의 이윤 최대화, 정치상의 권력, 배타적 목표, 점유욕에 의해 구동되는 소프트·하드 기술의 응용에 기인한다. 그런데 기술을 어떻게 응용할 것인가의 문제 또는 기술 혁신의 방향 문제는 이미 소프트 기술의 영역, 그리고 인간의 행위 규범과 도덕 준칙에 관계되는 소프트 환경의 범주 안에 속해 있다.

## 지식과 기술의 구별

이론적인 견지에서 과학 지식 자체는 무죄다. 과학(자연과학, 인문사회과학 등)은 인류의 우주, 자연, 사회, 사유는 물론 인간의 실질, 사실과 객관적 규율에 대한 인식이 반영되어 있는 지식 체계다. 과학의 주요 임무는 미지의 세계를 끊임없이 창조하고 탐색하는 것이며, 새로운 지식을 탐구하고 무지에 대항하는 것이다(하지만 과학과 지식은 다른 것이므로 동일시해서는 안 된다[21]).

따라서 과학 자체는 세계와 인류(문제해결을 위한 전제)를 인식하기 위해 이용되는 도구이자 수단이다. 과학의 목적인 사물의 진상, 규율 또는 만물의 본성을 철저히 탐구(발견)하는 측면에서 볼 때 로봇학, AI, 핵에너지, 유전학이든 우주 탐색이든 모두 높은 평가를 받을 만하다. 게다가 우리는 아직 암흑 에너지와 암흑 물질 등 우주의 수수께끼를 포함하는 우주와 생명의 진체(참뜻)를 부단히 규명해야 할 필요가 있다.

최근 학자들은 대량살상무기와 같은 궤멸적인 재난(인류 생명을 대규모로 궤멸시키고 인류의 생존 환경을 파괴하는 것)을 초래하는 각종 제품 또는 방안을 제조하는 핵심 원리나 핵심 기술과 관련된 핵심 지식을 '궤멸적인 지식'이라고 부르고, 되돌릴 수 없고 상쇄시킬 수 없으며 저지할 수 없는 이러한 지식의 성장이야말로 과학 기술의 재난을 가져오는 원흉이라고 보고 있다. 하지만 만약 생물(바이오) 지식, 핵물리 지식, 화학 지식을 대량살상무기의 핵심 원리로 간주하고 '궤멸적인 지식'으로 열거한다면 오늘날 세계에 각종 위기 및 궤멸적 재난을 일으키는 지식은 갈수록 많아지게 될 것이다. 예를 들면 나노 기술, 인공 전염병, AI, 인터넷, 정보 기술 등 21세기에 경제 사회의 발전을 추동하고 있는 하이테크의 핵심 원리가 만약 잘못된 방향에서 응용될 경우 모두 궤멸적인 나쁜 결과를 낳을 것이다.

미국 위스콘신대학 매디슨캠퍼스의 가와오카 요시히로(河岡義裕) 교수(일본 도쿄대학 겸임 교수_옮긴이) 및 그의 팀은 유전공학의 힘을 빌려 H5N1 조류독감 바이러스를 2009년 전 세계적인 인플루엔자 대유행을 유발한 H1N1 바이러스와 혼합시켜 면역 시스템에서 만들어지는 항체로부터 '도피'하도록 함으로써 인류로 하여금 이러한 바이러스가 재차 유행할 경우 저항 능력을 상실하게 만들었다. 비판자들은 글을 통해 가와오카 요시히로의 실험처럼 만약 바이러스가 무심결에 그의 실험실에서 '유출'될 경우 지구의 모든 인류는 그 어떤 저항 능력이 없게 되므로 이로 인해 인플루엔자 대유행이 일어날 수 있다고 경고했다. 또 혹자는 수많은 사람을 병들게 하고 사망하게 만든 HINI 인플루엔자 바이러스가 바로 실험실에서의 한 차례 사고에 의해 연원되었다고 간주하고 있기도 하다.[22]

우리는 이미 인터넷에 개인 정보의 노출, 컴퓨터 바이러스, 해커 등의 잠재적 위협이 존재하고 있음을 알고 있고, 현재 해커의 공격은 개방적인 인터넷에서 폐쇄적인 업무용 네트워크로 번지고 있다. 수년 전, 세계 공업계를 석권했던 스턱스넷(Stuxnet)은 세계 최초의 네트워크 '슈퍼 무기' 바이러스였다고 말할 수 있다. 이로 인해 이란의 부셰르(Bushehr) 핵발전소가 공격을 받아 전체의 20퍼센트에 해당하는 원심분리기가 폐기 처분됐다.

인터넷은 우리에게 거대한 자유, 무한한 혁신 공간을 제공했지만 또 한편으로는 안전하지 않고 개인 정보를 지키지 못하며 인터넷 범죄가 횡행하는 세계에 빠지도록 만들었다. 2012년, 인터넷 범죄로 인해 미국은 207억 달러의 손해를 보았고, 710만 명의 인터넷 유저가 피해를 입었다. 2013년, 중국에서 발생한 인터넷 범죄 수는 17만 건을 넘었고, 직접적인 경제적 손실은 2,300억 위안이었으며, 약 3억 명이 피해를 입었는데 이것은 평균 1분마다 600명이 침해를 당한 수치에 해당한다.[23]

핀란드의 유명한 시큐리티 기관인 'F－Secure'가 배포한 인터넷 사기와 관련된 조사 보고서에 의하면 2013년 한 해 동안 전 세계의 10명 중 1명이 인터넷 사기의 피해자가 되었다고 한다. 중국 중앙TV(CCTV)의 보도에 의하면 2018년 중국에서 인터넷 사기의 피해자 10명 중 1명은 미성년자였다.

네트워크 기술은 미래에 전쟁의 도구가 될 수 있으며, 전 세계를 경악하게 만들었던 '스노든 사건(에드워드 스노든이 세계적 감시망에 대해 폭로한 사건_옮긴이)'은 이러한 네트워크 기술과 개인의 안전 및 국가안전 간의 긴밀한 관계를 가장 잘 증명해주고 있다. 서브프라임 모기지는 본래 일종의 금융 기술인데 그 운용이 부당하였기에 2009년에 글로벌 금융 위기를 유발하는 도화선이 되었고, 글로벌 경제 및 세계 질서에 헤아릴 수 없는 손실과 거대한 혼란을 가져왔다. 또한 화학 농업과 인류의 건강은 물론이고 인류의 활동 자체도 동식물 종이 멸종되는 속도를 더욱 앞당기고 있고 세계를 여섯 번째 대멸종의 상황으로 내몰고 있다.

궤멸적 재난을 초래할 가능성이 있는 지식은 앞서 언급한 몇 가지 항목보다 훨씬 많지만 그렇다고 해서 이러한 지식들을 모두 '궤멸적인 지식'으로 열거할 수는 없다.

문제는 과학 지식을 응용하여 가치를 창조하는 단계, 또는 문제를 해결하는 기술 단계에서 발생한다. 지식에서 기술로의 응용에서 혁신 방향, 즉 어떤 가치를 창조할 것인지의 문제가 존재하는 것이다. 비록 현재의 인류를 어떤 측면에서 평가할 때 사람이 사람을 잡아먹는 야만인에 비하면 크게 진보했지만 여전히 공업 문명의 단계에서 생활하고 있을 뿐이며, 이윤의 유혹은 집단 또는 국가, 민족 이익의 외투를 입고 과학 지식의 사악한 응용이 합법화되거나 적어도 제한된 체제 안에서 받아들여지고 있다. 만약 과학 지식을 응용하는 것에 있어서 금지 사항이 존재하지 않는다면 그 거대한 유혹을 막아낼 수 없을 것이며, 그것은 곧 어린 아이의 손 안에 있는 위험한 도구와 같은 것이라고 할 수 있다.

핵 기술은 인류의 복지(예를 들면 청정에너지 등)를 위해 응용될 수 있지만 핵폭탄을 만들어낸 것은 일종의 '죄'라고 할 수 있다. 2차 세계대전 이후에도 계속해서 핵폭탄에 의해 혼비백산하는 사례가 있었음을 잊지 말아야 하는데 시설의 오작동 또는 컴퓨터 장치의 고장 등에 의해 발생된 잘못된 경보, 심지어 구름에 의해 반사된 햇볕이 만들어낸 잘못된 경보로 인해[24] 미국과 옛 소련의 핵탄두가 상대방 측에 투하될 뻔한 상황이 야기되기도 했다.[25] 이것은 핵폭탄을 보유하는 것만으로도 우연한 사건(훈련용 프로그램이 가동 중인 컴퓨터에 잘못 입력되거나 태양·지구·인공위성이 희귀하게 일선으로 정렬할 때 구름에 햇볕이 반짝이는 것 등)에 대해 오판하게 될 가능성이 있고 이로 인해 상대방을 향해 핵 공격을 가하게 될 수도 있음을 의미한다.

사람의 모골을 더욱 송연하게 만드는 것은 2015년 5월, 미국 국방부에서 발표한 내용으로[26] 유타 주에 위치한 미군 산하의 연구소에서 활성 탄저균 샘플(죽은 탄저균 샘플이 아님)이 미국의 다른 11개 주에 위치해 있는 실험실 24곳, 한국 및 호주에 발송되었다고 밝힌 일이었다.

이러한 일련의 사건들만 보더라도 관련된 과학 지식이 기술 수단으로 전환되기 이전에 엄격한 심사와 평가를 진행하거나 금지 사항을 설정하여 제한하는 것이 필요하다. 또한 관련 기술의 응용 방향을 세밀하고 신중하게 파악해야 한다.

요컨대, 문제의 핵심은 지식에 있는 것이 아니라 지식의 응용, 즉 기술 혁신의 방향에 있다. 예를 들어 AI의 개발·응용에서의 정확한 방향은 '부정적인 영향(인류가 스스로 설계한 로봇에 의해 홀시받고 주변화되며 심지어 소멸되는 것 등)들을 어떻게 피할 것인가'를 반드시 포함해야 한다.

사람들은 프랜시스 베이컨(Francis Bacon)의 "아는 것이 힘이다"라는 명언을 좋아하는데, 혁신 방향을 논의할 때 지식이 어떤 힘인지에 대해 사고할 필요가 있다. 만약 지식이 좋지 못한 세계관과 가치관에 의해 인도되고, 하드 기술이 창조한 가치의 방향을 통제하며, 그것을 좋지 못한 목적에 이용하거나 건전하지 않은 심지어 사악한 소프트 기술을 창조하여 혁신의 방향을 오도할 경우 그것은 장차 파괴적인 힘, 재난을 일으키는 힘이 될 것이다.

이것이 곧 지식과 기술을 구별해야 하는 이유이며 동시에 과학과 기술을 구별해야 하는 까닭이다(비록 정보 기술의 발전으로 새로운 지식이 기술로 응용되는 주기가 갈수록 단축되어 과학과 기술의 구별이 나날이 어려워진다고 해도 말이다).

## 혁신과 인문사회과학 기술

우리는 자연과학 지식과 인문사회과학[27] 지식의 관계에 대해 새롭게 인식할 필요가 있다. 비록 양자의 축적 발전이 미래의 추세이며 초학제적 지식과 기술의 전망이 무한하지만 자연과학 지식과 인문사회과학 지식은 결국 서로 다른 것이다.

실제로 혁신의 관점에서 볼 때 자연과학 지식 자체는 가치와 관련된 사유 또는 취향에 대한 답이 될 수 없다. 즉 옳고 그름이나 좋고 나쁨을 판단하는 능력을 갖추고 있지 않다. 자연과학 지식과 기술을 어떻게 활용할 것인지는 인문사회과학 영역의 문제다. 이는 곧 인문사회과학 지식 및 응용(각종 소프트 기술)이 기술 혁신 문제의 중요성을 부각시킨다.

### 1) 인문사회과학의 발전이 자연과학에 비해 낙후되어 있다

인문사회과학은 약 200년간 장족의 발전을 이루었다. 하지만 자연과학 기술의 찬란한 성과에 비해 인문사회과학 기술의 낙후는 세계적인 문제이며, 사회와 경제의 지속적 발전에 병목 현상을 초래하고 있기도 하다. 인문사회과학 지식은 소프트 기술의 중요한 원천 가운데 하나이지만 인문사회과학은 과학으로서 아직 충분한 발전을 이루지 못했고 학문 분야의 분류도 매우 진부하다.

일본 학자 미스미 쥬지(三隅二不二)가 말한 바와 같이 "자연 기술학의 사람을 놀라게 만드는 진보와 비교해보면 사회 기술학은 극단적으로 낙후되어 있는데 현대 사회의 매우 많은 불행의 원인을 이러한 두 기술 간의 불균형에서 찾을 수 있다"는 것이다.[28] 미국 학자 올라프 헬머(Olaf Helmer)와 시어도어 고든 또한 "현대 세계의 매우 많은 난점은 모두 사회과학 영역의 진보가 자연과학 영역보다 크게 낙후되어 있다는 점을 통해 해석될 수 있다"고 말했다.[29]

현재에 이르기까지 적지 않은 사람들이 인문사회과학을 과학으로 간주하고 있으므로 이러한 사회 기술을 발전시켜야 함은 두말할 필요가 없다. 이는 경제, 사회, 기술 발전에 따른 현실 문제를 '해결'하는 조작 가능성의 차원에서 인문사회과학 기술에 대해 체계적으로 연구하는 것에 영향을 미친다.

### 2) 인문사회과학이 직면하고 있는 도전

오늘날 세계가 경험하고 있는 100년간의 커다란 변화는 각국의 경제, 문화 심지어 제도 방면에 대한 반향에 있어서 전례 없는 것으로 이로부터 발생하는 사회 문제를 아래로는 개인, 위로는 글로벌 전략에 이르기까지 모두 인문과 사회과학 영역에서 답안을 찾고 있다. 현대 인문

과학과 사회과학의 종합성, 현실성, 국제성, 그리고 본국의 특성과 상호 겸용하는 특성들을 충분히 운용해야만 비로소 복잡한 사회 문제를 해결하기 위한 방향을 찾을 수 있기 때문이다.

이것은 곧 인문과학과 사회과학이 경제, 기술 발전에 대해 그리고 정치, 문화, 국제관계 문제에 대해 짊어져야 할 책임을 더욱 무겁게 만든다. 이와 반대로 응용, 발전, 정책결정에 대한 서비스는 현대 인문사회과학 발전의 분명한 추세가 되고 있다. 특히 약 수십 년간 과학 기술이 각 영역에서 획기적인 발전을 거듭함에 따라 인문사회과학에 대해 전례 없는 도전을 제기하고 있다. 과학 기술 발전 및 응용은 사회, 윤리 및 법률 문제와 관련된 논쟁을 유발했고, 이러한 문제를 해결하기 위한 방안 또는 최소한 이러한 문제를 해결할 수 있는 가능성을 인문사회과학으로부터 절실히 요구하고 있다.

하지만 인문사회과학의 이러한 문제에 대한 연구는 심각하게 낙후되어 있고, 다학제적·초학제적 방법을 응용하여 현대 과학 기술의 사회적 결과를 진지하게 연구할 수 없으며, 하드 과학 기술의 발전과 응용을 규율하기 위해 전략을 제시하는 것은 더욱 불가능하다.

빅데이터 시대의 사회과학에 대한 도전을 예로 들어보자. 빅데이터의 생성과 운용은 사회과학 연구를 위해 과거에는 본 적 없는 방대한 양과 질 높은 사회 관련 데이터, 자료 및 정보를 제공하여 우리를 전통적 분석 수단에서 벗어나게 하고 주관적인 억측을 통해 단정짓는 한계를 피할 수 있게 했다. 또한 사회 면모에 대한 인식과 이해를 더욱 객관적이고 전면적이며 정확하고 깊이 있게, 그리고 진실되도록 하게 하여 사회 현상·사회 발전 규율 및 인류 사회의 복잡한 행위 모델을 비교적 명확하고 정확하게 판단할 수 있는 보다 효과적인 방법을 제공했다. 즉, 네트워크 과학과 데이터 과학이 사회과학에 혁명적인 변혁과 새로운 연구 방법론을 가져왔다고 말할 수 있다.

그러나 빅데이터가 사회 생활, 미디어 생태계 및 비즈니스에 가져오는 기회와 도전은 전복적인 것이며, 그것은 미지의 세계를 탐색하는 새로운 방법을 제공하는 것과 동시에 일련의 중대한 사회 문제를 일으켰는데, 예를 들면 네트워크 안전과 개인 정보 유출 등의 개인 및 사회와 관련된 문제들이다.

따라서 인문사회과학은 기초 학문, 중점 학문, 신흥 학문, 교차 학문 등 각 방면으로부터 기초 연구와 응용 연구의 상호 보완적인 새로운 사회과학 체계[30](예를 들면 생물사회학, 현대 사회물리학, 네트워크 과학, 신경경제학, 행위유전학, 예술사회학, 컴퓨터 사회과학 등의 신흥 학문과 교차 학문의 확대)[31]를 조속히 구축하여 이를 통해 21세기 인류 사회가 직면하고 있는 새로운 문제에 대응해야 한다.

또한 이와 동시에 인문사회과학의 발명과 창조를 촉진하고 연구 수준을 전면적으로 끌어올리며, 세계적인 새로운 추세, 복잡한 사회관계, 다양화되는 가치 선택과 비선형화되는 사회 흐름 및 가치관·신앙·윤리·환경·안전 방면의 모순에 초점을 맞춰 높은 수준의 연구 성과를 내놓을 때만 비로소 앞서 언급한 문제의 해결 방안을 위해 충분한 지식과 기술을 제공할 수 있다. 여기에는 사전 경고, 예방 및 통제의 수단 등이 포함된다.

## 과학과 기술의 구별

어느 일본 학자는 일찍이 '일본의 최대 착오는 과기(科技)라고 하는 단어를 발명해낸 것'이라고 탄식한 바 있다. 과학과 기술은 그 본질, 목적, 특성, 역할 및 발전 경로와 발전 규율 등의 방면에서 모두 근본적으로 구별된다. 인문사회과학 영역을 예로 들면 앞서 언급한 도전에 대응하기 위해서는 반드시 인문사회과학 지식을 응용하여 각종 '문제'를 해결하는 방법과 수단과 절차라고 할 수 있는 각종 유형의 인문사회과학 지식을 크게 발전시켜야 한다. 다시 말해 인문사회과학 영역 중에서도 과학과 기술을 구별해야 하며, 여기에는 사회 기술을 사회과학에서 분리시키는 것도 포함된다.

하지만 기술에 대한 전통적 이해로 인해 사람들이 비자연과학에서 연원하는 기술을 거들떠보지도 않는 상황이 초래되고 있다. 사회과학 영역에서 사회 기술과 사회과학을 동일시하거나 대량의 사회 기술 관련 문제가 정책 문제 또는 전략 문제로 두루뭉술하게 처리되어 사회과학의 발전에 영향을 미치고 있을 뿐만 아니라 사회 기술의 발전에도 영향을 미치고 있다.

기술 범주에 속하는 그러한 지식 시스템을 사회과학에서 분리하여 합리적·체계적으로 발전시키고 혁신하며, 더 나아가 제도화를 추진하는 것은 이미 대단히 긴박한 과제가 되었다. 만약 과학과 기술을 구별하지 않을 경우 양자의 발전에 모두 불리하게 작용할 것이며, 사회과학 영역의 기초 연구를 발전시키는 것에 있어서는 더욱더 그러하다.

물론 인문사회과학 지식에 뿌리를 내리고 있는 기술이 사회 기술만은 아니다. 대량의 비즈니스 기술(예를 들면 시장 교환 기술, 화폐 기술, 회계 기술, 주식 기술, 상업 계약술, 금융 파생 도구 등), 정치 기술, 문화 기술, 예술 기술, 지력 개발 기술, 인지 기술, 제도 설계술 등 인류 사회에 깊은 영향을 미치는 '기술'에 대한 발명은 모두 인문사회과학 지식의 조작 기술에 속한다. 이로부터 인문사회과학 지식은 소프트 기술의 주요 원천이라는 것을 알 수 있다. 거꾸로 말하자면 사회 기술은 사회 활동의 혁신 수단으로서 결코 인문사회과학의 응용 기술에 불과한 것이 아니다. 사회 기술의 자원과 함의 및 의의는 그것을 훨씬 초월한다.[32]

## 소프트 기술과 하드 기술의 구별

속성의 측면에서 볼 때 앞서 언급한 바와 같이 하드 기술 자체는 중성인 반면 소프트 기술은 이중성을 지니고 있어 자연 속성과 사회 속성을 겸하고 있다(사회, 경제, 정치, 문화, 정신, 심리 등 비자연과학 지식에 토대를 두고 있기 때문이다). 소프트 기술은 가치를 직접 창조할 수 있지만 하드 기술은 소프트 기술의 조작을 통해서만 가치를 창조할 수 있고, 하드 기술의 혁신 과정 중 양자 간의 관계는 소프트 기술이 하드 기술로 전이되는(가치를 창조하는) 과정의 기술이며, 하드 기술 혁신의 도구이자 내용이다.

그런데 바로 소프트 기술의 사회 속성으로 인해 그 설계 내용과 방향은 조작자의 성향과 가치관에 의해 결정된다. 이에 따라 소프트 기술이 모두 건전한 것은 아니다. 게다가 소프트 기술은 다양한 영역에서 각종 용어와 이유들로 나날이 중시되고 있고, 경제 발전의 구동력과 경쟁력에 있어서도 점차 핵심이 되고 있다. 이는 곧 탐욕과 권력욕에서 나온 비도덕적이고 불량하며 심지어 사악한 목적의 소프트 기술 설계가 다양해지고 있음에도 관련된 제도상의 연구 및 조치가 턱없이 부족한 상황을 야기하고 있다. 즉 게임 규칙이 게임의 발명, 창조의 발걸음을 따라가지 못하고 있는 것이다.

만약 세계에서 일어나는 대부분의 재난이 실제로는 모두 인간의 행위에 의해 발생된 것이라고 볼 때 기술의 관점에서 논하자면 그것은 '나쁜' 소프트 기술의 발명과 혁신에 의해 초래된 것이다. 따라서 소프트 기술을 규율하는 것은 매우 중요하다. 다시 말해, 혁신이라고 해서 모두 건전한 것은 아니며, 나쁜 혹은 좋지 않는 소프트 기술 개발을 우리는 적극적으로 방지해야 한다. 또한 혁신적인 경제 가치를 추구하는 것과 동시에 반드시 그것에 부합되는 도덕적인 사회 가치와 환경 생태에 책임을 지는 환경 가치를 강조해야 한다.

이것은 소프트 기술(게임)에 대해서는 연구와 엄격한 식별을 바탕으로 혁신과 제도화(게임 규칙의 제정)를 진행하고, 시간의 추이에 따라 제도 혁신을 추진하며, 이를 통해 우량한 것을 진작시키고 불량하거나 사악한 소프트 기술을 억제 또는 징벌할 것을 요구한다. 그것의 관건은 게임과 게임 규칙의 표준을 어떻게 확정할 것인가 또는 정확한 혁신 방향을 견지할 수 있는가의 여부에 달려 있고, 정확한 방향은 기술을 응용하는 '인간'의 세계관, 가치관, 도덕적 기준에 의해 결정되며, 심층적 의미에 있어서는 사회의 문명 정도에 의해 결정된다. 하지만 그렇지 않을 경우 그 어떤 규범이나 법률도 통용되지 않게 되는데, 이는 이 책의 제4장부터 제6장까지 논의하게 될 미래 문명의 화두와 결부된다.

각 문명의 기술 혁신 방향에 대한 인식이 서로 다르기 때문에 소프트 환경, 특히 제도 환경이 지구 문명에 적합하도록 하기 위해 정치 제도, 사회 제도, 경제 제도, 기술 제도, 더 나아가 글로벌 차원의 제도를 포함하는 관련된 제도는 모두 시대의 추이에 따른 혁신을 추진함으로써 문명의 전환을 뒷받침해야 한다.

기술 제도를 예로 들면[33] 연구 개발 및 기술 응용 활동에 대해 반드시 프로젝트의 계획, 연구 로드맵과 방법, 협의 및 기술 이전의 각 부분부터 정치 목적, 환경보호, 경제 효과, 도덕·가치, 인류 건강 및 안전, 과학 기술의 수준 향상, 인류와 자연의 올바른 관계 정립, 사회 안정과 세계 평화 등의 측면에서 평가와 규제를 진행함으로써 지속가능한 발전의 6대 경로(제7장 참조)가 실시되도록 뒷받침하고 보장해야 한다.

아울러 친환경 전환을 예로 들면 인류의 정치와 경제, 사회 활동 방식이 모두 친환경 발전에 적응할 수 있도록 친환경 발전의 원칙을 준수하고 정치, 경제, 환경, 사회, 문화 방면의 게임과 게임 규칙(제도 설계)을 새롭게 설계·수정하여 관련된 문제를 해결함으로써 인류의 혁신 행위를 격려하고 제약할 필요가 있다.

이는 곧 소프트 기술의 혁신이 제도 혁신의 내용과 수요 및 기초를 제공하고, 제도 혁신이 기술 혁신을 위한 혁신 환경을 제공하며, 하드 기술의 혁신 중 소프트 기술의 사명이 과학과 기술 혁신을 발전시키는 취지(제4장 정신 문명 부분 참조)에 근거하여 다양한 하드 기술을 위해 다양한 응용 방안을 설계해냄으로써 기술을 적당하게 규제하고 제어하며, 기술 응용의 긍정적인 측면을 진작시키거나 기술 발전의 부정적인 측면을 회피하는 데 유리하도록 만든다. 또한 '무고한' 하드 기술이 사악한 것이 되어 인류가 희망하지 않는 방향을 향해 발전하는 것을 피할 수 있게 한다.

요컨대, 인류는 기술을 창조할 능력을 가지고 있고 기술 발전과 기술 혁신의 방향을 통제하고 이끌어갈 능력을 가지고 있으며, 기술이 진보된 인류 사회 문명을 창조하고 추진하는 데 기여하도록 할 수 있다. 그 관건은 다음과 같다.

첫째, 인류가 무엇인지, 인류가 어떤 형태의 미래를 창조해야 하는지를 명확히 해야 한다(이 책의 핵심 논지에 해당한다). 둘째, 기술의 도구성을 견지하고 눈부신 기술 발전 과정에서 방향을 상실하지 않으며, 목표와 수단이 전도되지 않도록 한다. 즉 하드 기술이든 소프트 기술이든 기술은 결국 도구에 불과한 것임을 인식한다. 셋째, 소프트 기술의 식별과 규제를 잘 해야 하는데 식별과 규율의 기준은 인류와 자연계의 기타 종 및 생존 환경의 지속가능한 협조와 발전에 적합해야 한다. 넷째, 가장 기본적인 것으로서 기술 혁신의 소프트 환경, 특히 문화 대(大)환경을 완비해야 하고, 공업 문명에서 지구 문명으로의 전환을 실현하기 위해 노력해야 한다(제5장과 제6장 참조).

5

# 생명 영역에서의 하드·소프트 기술의 통합

제2장에서 우리는 인류가 실제로 '인간-기계 문명' 시대에 진입할 경우 어떤 형태의 리스크가 발생할 것인지에 대해 논했다. 그런데 이러한 문제를 일으키는 요인 중 하나는 당대 기술의 발전이 새로운 단계, 즉 하드·소프트 기술이 생명에 간여할 수 있는 능력을 갖추게 되었다는 점에 있다.

## 기술 발전의 역사

기술 발전의 역사로부터 볼 때 현재 우리는 기술 발전의 3단계 입구에서 있다. 기술은 인류가 두 발로 걷기 시작하고, 두 손을 해방시키고, 두 손을 도구로 사용했을 때부터 발전되기 시작했다. 이후에 도구를 제작하면서 인조 도구를 사용하는 기술이 발전했는데, 이것은 기술 발전의 1단계로 간주할 수 있고 그로부터 지금까지 아주 긴 수백만 년(대

략 300여 만 년)의 시간을 거쳤다.[34]

그 이후 하드·소프트기술이라는 두 기술의 통합·발전에 힘입어 신체를 주요 도구로 삼는 단계를 조금씩 벗어나게 되었고, 이른바 경제학 중 노동 절약형 기술이 발전하게 되었으며,[35] 나아가 자동화 기술이 추진되고 로봇에 기초한 무인화 생산을 추구하는 데까지 이르렀다. 이는 곧 인류로 하여금 점진적으로 신체 기술의 세계와 기계 기술의 세계가 완전히 분리되는 길을 걷도록 만들었는데, 이것이 기술 발전의 2단계로 주로 산업혁명 이래 수백 년간 이루어진 일이다.

기술 발전의 2단계에서 기술은 공업 문명을 추동하는 데 있어서 거대한 공헌을 했고, 동시에 지구와 자연의 파괴를 가속화시켰다. 2단계의 주요 특징은 기술의 대상이 더욱 대외(자연)와 대물(對物)에 집중되어 인간과 환경의 관계를 처리하는 것에 있고, 인류 자신의 특성, 즉 인간의 정신·심리·감성·감각 또는 생명 자체에 대한 관심은 비교적 적다는 것이다.

전통적 기술이 줄곧 '인심'을 배척한다는 것을 사람들이 점차 깨닫게 되면서[36] 생명, 인성, 인간의 마음과 관련된 각종 연구와 응용을 강화해나갔다. 이것은 인류의 의식 또는 사유와 관련된 심리 기술, 인지과학 기술, 의식 기술 등을 크게 발전시켰다. 그리고 또 다른 측면으로는 생명과 관련된 유전자 기술, AI 기술, 정보 기술, 생물 기술 등이 획기적으로 진전되도록 만들어 인류의 사유 또는 인지와 관련된 비밀을 규명하는 데 있어서 지식과 도구를 제공하고, 인류 스스로 자신의 문제를 연구할 수 있는 능력과 기회를 갖도록 만들었다. 이로써 인류는 자신을 더욱 인식하고 변화시켜 생활의 질을 전면적으로 향상시키는 목적을 달성할 수 있었다. 이러한 과정을 통해 기술 발전의 3단계에 진입함으로써 그 발전 방향도 중대한 전환이 발생하게 되었다.

## 기술 발전의 3단계 특징

앞서 〈자료 3-3〉(190쪽)에서 볼 수 있듯이 공업 경제 시대에 진입한 이래 기술혁명은 다음과 같은 5차례의 물결을 거쳤다. 18세기 중엽 증기기관 기술과 운수 기술을 핵심 내용으로 하는 1차 기술혁명, 1870년대 이래 전력과 통신 기술을 주축으로 하는 2차 기술혁명, 20세기 중반 이래 컴퓨터, 핵에너지, 항공우주 기술을 핵심 내용으로 하는 3차 기술혁명, 1980년대 정보 기술, 바이오 기술, 인터넷을 주축으로 하는 4차 기술혁명, 20세기 말·21세기 초에 바이오 기술, 나노 기술, AI 기술, 클라우드 컴퓨팅 기술 및 사물인터넷을 핵심 내용으로 하는 5차 기술혁명이 그것이다.

그리고 현재 우리가 직면하고 있는 것은 신세대 AI와 로봇 기술, 스마트 제조, 뇌과학 기술, 우주 기술, 새롭게 떠오르고 있는 정보 기술, 양자 기술, 신소재·신에너지 기술 등을 주축으로 하는 6차 기술혁명이다. 1차부터 4차 기술혁명까지는 자연을 인식하고 자연을 개변시키며 인류의 수요를 만족시키는 것을 특징으로 하는 하드 기술 혁명이었다면 5차 기술혁명부터는 기술 발전이 명확히 인류 자신의 생명 시스템을 향하는 쪽으로 전환되고 관계되며, 동시에 각종 하드·소프트 기술이 '통합'되어 여러 신형 기술이 형성되었다고 할 수 있다.

소프트 기술 역시 수차례 변화의 물결을 거쳤다. 〈자료 3-5〉를 살펴보면 18세기 말까지는 장기간에 걸친 '소프트 기술' 발전의 1단계였고 회계 기술, 금융 기술, 주식 기술, 물류 기술, 유통 기술, 특허 기술 등 비즈니스 기술이 발전했다. 이러한 기술은 1차 산업혁명의 탄생을 촉진했다. 19세기 말과 20세기 초는 소프트 기술 발전의 2단계에 접어든 시기다. 이때 비즈니스 기술은 제도화 단계에 진입했는데 특허 기술의 중대한 개혁, 연구소 제도, 과학적 관리의 계몽, 대량 생산 기술, 증권 시장의 보급, 독점 기업, 수평적 합병술, 반독점법 등은 모두 이 시기에 발전한 것이다.

**자료 3-5 | 소프트 기술의 물결**

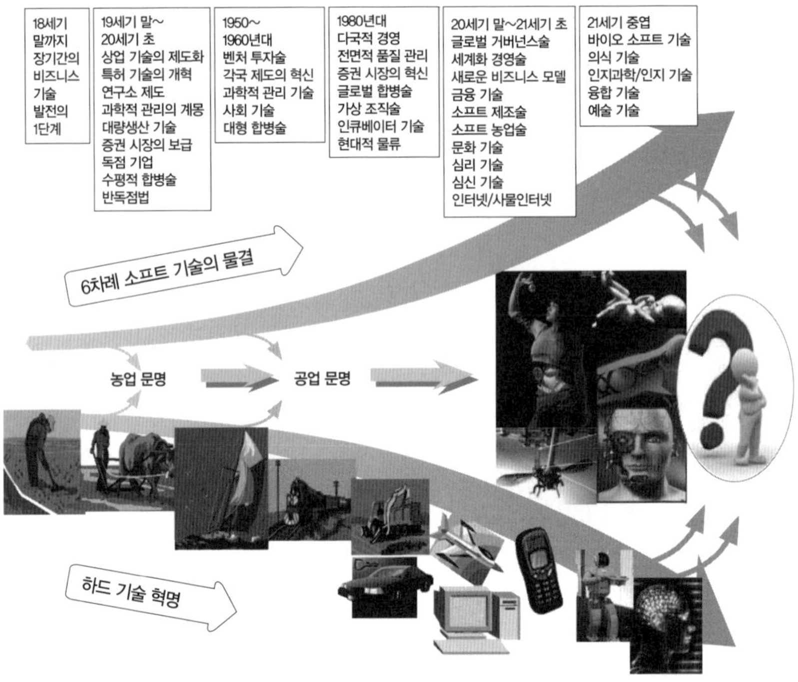

1950~1960년대는 소프트 기술 발전의 3단계 시기다. 이때 벤처 투자, 현대 관리회계, 각국의 제도 혁신, 과학적 관리 기술, 사회 기술, 대형 회사 합병술 등이 발전했다.

1980~1990년대는 세계 범위의 정보화가 시장 범위로 하여금 시공간의 한계를 타파하도록 만들어 현행의 교역 방식을 철저하게 바꾸고, 나아가 소프트 기술의 전면적인 혁신을 받아들이는 것이 요구되었다. 글로벌 경영, 전면적인 품질 관리, 증권 시장의 혁신, 글로벌 합병술, 가상 조직술, 전자 상거래, 인큐베이터 기술, 현대 물류술 등을 대표로 하는 4차 소프트 기술 물결은 3차 산업혁명을 촉진했고, 세계를 지력 서비스 경제 시대에 진입하도록 만들었다. 앞서 언급한 소프트 기술과 정보 기술의 연동은 지속적인 경제 성장을 촉진했을 뿐만 아니라 사회의 전면적인 정보화를 촉진시켰다.

20세기 말에서부터 21세기 초까지의 5차 소프트 기술의 물결에는 광의의 혁신술, 글로벌 거버넌스 구조의 혁신술, 세계화 경영술, 친환경 비즈니스 모델, 금융 기술, 사물인터넷 기술, 소프트 제조술, 문화 기술, 심리 기술, 심신 기술 등이 포함된다. 과거 5차례의 소프트 기술 물결을 회고해보면 1차부터 4차까지는 주로 비즈니스 기술을 위주로 했고, 5차부터는 사회, 문화, 심리, 심신 영역 등의 기술이 점차 발전하기 시작했지만 여전히 경제(주로 비즈니스 기술), 정치, 안전 등과 관련된 분야 또는 관련된 행위나 방면의 소프트 기술이 주종을 이루었다.

바야흐로 세계는 현재 6차 소프트 기술의 물결에 직면해 있다(21세기 중엽에 절정기에 도달할 가능성이 있다). 6차 소프트 기술의 물결 특징은 생명, 의식, 사유, 인지 등과 관련된 연구 영역을 개척하고 생명 소프트 기술,

의식 기술, 예술 기술, 인지과학 및 인지 기술, 통합 기술의 발전을 추동하고 있다는 것이다. 이에 사람들은 '인간에 대한 연구'가 하나의 독특한 학문 분야이며 예술, 음악, 언어, 종교, 문학, 건축술을 포함한 모든 인류 활동은 인간의 뇌 활동에 의한 산물이고 그것들은 독특한 규율을 따른다는 것을 깨닫게 되었다.

실제로 하드·소프트 기술의 통합 및 발전은 줄곧 인류 사회 발전의 첫 번째 동력이었고, 1만 년 전의 농업 문명과 수백 년 전에 시작된 공업 문명을 창조해냈다(물론 석기 문명, 도기 문명, 금속 문명, 농업 문명, 공업 문명으로 구분할 수도 있다). 공업 문명에 진입한 이래 소프트 기술의 통합 및 발전의 발걸음은 더욱 가속화되어 몇 차례의 산업혁명을 육성해냈다. 급기야 5차, 6차 하드 기술 혁명과 6차 소프트 기술 물결의 단계에 이르러 하드·소프트 기술은 응용 과정 중 상호 협력하고 보완할 뿐만 아니라 '통합'되어 서로 분리될 수 없는 일종의 기술이 되었다. 현재 이러한 변화는 생명 영역에서 더욱 뚜렷하게 발생하고 있다. 즉 인류의 생명 영역에 있어서 하드·소프트기술의 융합 및 통합으로 인해 인류 자신에 대한 연구를 강화하는 것이 기술 발전 3단계의 최대 특징이라고 할 수 있다.

## 기회와 도전

하드·소프트 기술의 생명 영역에서의 융합 및 통합은 현대 기술 발전의 새로운 추세가 되었고, 대량의 신기술과 신산업을 배양할 뿐만 아니라 상업 가치를 창조하고 인류의 생존, 그중에서도 특히 미래의 건강을 향상시키는 데 있어서 무한한 기회를 제공한다. 또한 우리에게 생명의 본질을 밝혀주고, 생명의 의의를 깊이 인식할 수 있는 여건을 마련해주며 초학제적 연구를 위한 새로운 영역, 목표, 이론, 경로 및 방법을 제시해준다.

하지만 사회, 도덕, 법률, 문화 등의 영역에 거대한 잠재적 리스크를 안겨주기도 한다. 하드·소프트 기술이 생명에 간여하기 시작한 이래 인류는 지구 범위의 심리적 위기와 정신적 위기에 직면해 있다고 말할 수 있다. 유전자 재조합과 복제 인간을 예로 들면, 그것들은 인간이 주체적으로 존재하는 독립성과 존엄성을 직접적으로 위협하고, 인류의 주체성이 결여되는 위기에 봉착하도록 만들 것이다. 이것은 인문사회과학에 새로운 과제를 던져주는데 그것은 바로 '반드시 생명의 궁극적 의의에 관심을 가져야 한다'는 것이다. 최근 들어 새롭게 떠오르고 있는 유전자 윤리학, 생명 윤리학 및 과학 기술 윤리학은 바로 이러한 추세에 순응하는 것이며, 새로운 과학 기술이 인간의 존엄성과 주체성 방면에서 균형과 조화를 잘 유지하도록 힘쓰고 있다.

또한 로봇 '레오나르도(Leonardo)'[37]나 소피아, 곤충 스파이, 일본의 각종 사이보그 등의 하드·소프트 기술 통합 제품은 우리에게 도덕·윤리 방면에 있어서 깊은 우려를 낳고 있다. 기술이 생명 영역을 향해 진군하자, 특히 생물 기술이 생명 시스템에 개입한 이후 최대 도전은 생명에 간여하는 것이며, 우리로 하여금 '생명이란 무엇인가' '인간이란 무엇인가' '기술은 우리를 어디로 데려가는가' '인류는 어디를 향해 나아가고 있는가' 등의 가장 중요하고도 기본적인 문제에 대해 생각하도록 만들었다.

2004년, 융합 기술이 직면해 있는 대량의 윤리, 법률, 도덕 문제를 감안하여 융합 기술의 발전으로 윤리·도덕 및 법률 문제가 생길 수 있다는 점에 주목하는 첫 번째 단체인 '융합 기술 변호사협회(Converging Technologies Bar Association/CTBA)'가 설립됐다.[38] 관건은 우리가 이런 강대한 기술 역량과 기술 발전의 흐름을 어느 방향으로 이끌어야 하는가이다. 즉 '기술이 전 인류의 복지 및 인류와 자연계 기타 다른 종의 지속가능한 발전을 위해 기여하도록 할 것인가' 아니면 '기술을 제멋대로 발전하도록 방임하여 궁극적으로 인류가 자아를 상실하고, 인류로서의 존엄을 상실하며, 기술의 노예 또는 도구가 되거나 기술이 자연인의 '진화'를 조종 · 통제하도록 하여 전통적 인류의 소멸을 가속화할 것인가' 하는 문제다.

## 6

# 인류는 반드시 기술을 규제해야 한다

기술이 인류 사회 발전의 첫 번째 구동력이라는 것은 의심할 여지가 없다. 하지만 현재 기술의 발전은 우리에게 '기술은 어디를 향해 나아가고 있는가' '기술은 우리를 어디로 데려가고 있는가'라는 대단히 엄숙한 문제를 제기한다. 제1장에서 우리는 기술이 부당하거나 심지어 사악한 목적으로 이용당할 때 야기될 수 있는 윤리·도덕 및 사회 문제에서부터 생명과 인성에 대한 도전 등 몇 가지 방면에 이르기까지 기술을 규제하는 것의 절박성에 대해 구체적으로 논한 바 있다.

또한 현재는 여전히 계속 진행되고 있는 공업 문명 사회이며, 기술은 부를 창조하는 주요 수단으로서 모든 발명과 혁신은 경제 이익과 서로 긴밀하게 연관되어 있기에 그것에 대해 어떤 제약을 가하는 것은 이익 충돌을 발생시킨다. 따라서 과학자와 회사의 자율은 필요하지만 충분한 것은 아니며, 반드시 제도적 보장과 정부의 관리, 공중에 의한 감독 및 정책결정 참여 등 각 방면에서 나날이 강대해지고 감독·통제가 어려워지는 '기술'이라는 도구를 규제해야만 한다.

20세기에 진입한 이래, 특히 2차 세계대전 이후 현대 사회에서 인류의 미래에 대해 관심을 갖는 엘리트들은 유엔의 영도 아래 인류의 진보, 안전, 윤리, 도덕과 비교적 크게 관계되어 있는 기술의 연구 방향, 혁신 방향, 개발 응용, 비즈니스 개입 등에 초점을 맞춰 일련의 권위 있는 국제 공약에 서명했다. 그리고 인류의 생존과 지속가능한 발전에 위기를 가져올 수 있는 과학 기술의 성과를 엄격히 심사하고 제한하기 위해, 또한 욕망과 권력이 인류의 행위를 지휘하지 못하도록 하기 위해 대량의 연구를 진행하고 더불어 탁월한 공헌을 해왔다.

예를 들면, 1954년 12월 유엔 총회는 결의를 통해 원자력 에너지를 평화적으로 이용하는 것에 전문적으로 진력하는 국제기구의 설립을 요구했다. 1956년 10월 82개국이 참석한 유엔 총회에서 국제원자력기구(IAEA)의 '설립 헌장'이 승인됐고 1972년 각국은 '생화학무기금지협정'을 체결했으며, 1992년 10월 '국제지뢰금지운동(ICBL)' 기구가 설립됐다.

또한 1997년 5월 '화학무기금지협약(CWC, 화학무기의 개발·생산·비축·사용금지 및 폐기에 관한 협약)'의 취지에 기초하여 '화학무기금지기구(OPCW)'가 설립됐는데, 현재 이미 100개가 넘는 국가가 '화학무기금지협약'을 비준했다. 2005년 2월 유엔 총회 법률위원회는 태아를 어떻게 볼 것인지에 대한 문제와 치료 목적의 복제와 생식을 위한 복제 인간의 문제에 있어서 의견 차이가 컸지만 궁극적으로는 복제 인간을 금지하는 정치 선언을 통과시켰다.

21세기에 접어들면서 AI와 지능형 로봇이 예측하기 어려운 속도로 인류 활동의 각 영역에 광범위하게 응용되고 있고, 지능형 로봇과 공존하기 위한 각종 규칙을 제정하는 것이 대단히 긴박한 과제가 되었다. 현재 국제 사회는 AI가 윤리, 법률, 사회에 미치는 잠재적 영향에 대해 연구를 강화하고 있는데 여기에는 범죄, 징벌 및 기타 사회 규범에 초점을 맞춘 일련의 사항들이 포함되어 있다.

앞서 언급했듯이 실제로 1942년과 1982년에 아이작 아시모프가 '로봇 4대 원칙(일반적으로 '로봇 공학의 원칙'이라고 불림_옮긴이)'을 다음과 같이 제기한 바 있다.[39]

**제0법칙:** 로봇은 인류에게 해를 가하거나 인류가 해를 입는 것을 보고만 있어서는 안 된다.

**제1법칙:** 로봇은 제0법칙을 어기지 않는 한 인간을 해칠 수 없고 인간이 해를 입게 해서는 안 된다.

**제2법칙:** 로봇은 인간이 내리는 명령에 복종해야 하지만 이러한 명령이 제0법칙과 제1법칙에 위배될 때는 예외로 한다.

**제3법칙:** 로봇은 제0법칙과 제2법칙에 위배되지 않는 한 자신을 보호해야 한다.

비록 사람들이 제3법칙(로봇은 스스로를 보호해야 한다)은 필요 없다며 아이작 아시모프의 로봇 법칙에 대해 완곡한 비판을 하기도 했지만 이는 결국 선견지명을 갖춘 것으로 대담하고도 유익한 시도였고 더욱이 '킬러 로봇'이 출현한다고 해서 그의 로봇 법칙을 쓸모없는 한 장의 휴지 조각이라고 말할 수는 없다.

1975년 유전자 재조합에 관한 아실로마 컨퍼런스(Asilomar Conference)는 자발적인 활동을 성공적으로 전개함으로써 인류의 유전자 변형을 설계하고 제조하는 연구에 종지부를 찍고 그것을 국제 준칙(가이드라인)이 되도록 만들었다. 미국인공지능학회(AAAI)는 AI의 파급적인 영향과 윤리 문제를 중점적으로 다루는 상무위원회를 설립했다. 일론 머스크는 이 방면의 연구를 뒷받침하기 위해 1,000만 달러의 자금을 지원하기도 했다.[40]

미국전기전자학회(IEEE)는 '윤리·도덕과 상호 부합되는 설계'[41]라는 제목의 긴 보고서에서 AI에 관한 윤리의 설계 원칙과 기준을 제정해야 한다고 제안하고, 윤리 설계와 이러한 기술을 발전시키고 실시할 때 반드시 따라야 할 일반 원칙을 다음과 같이 제기했다.

- **인권**: 그것들이 국제적으로 공인된 인권을 침해하지 않도록 보장할 것.
- **복지**: 설계와 사용에 있어서 우선적으로 복지의 측정 기준을 고려할 것.
- **문책**: 그것들의 설계사와 운영사가 책임을 지도록 보장할 것.
- **투명성**: 그것들이 투명한 방식으로 조작되도록 보장할 것.
- **오용에 대한 인식**: 그것들을 남용할 리스크를 최대한 감소시킬 것.

중국 텅쉰연구원 법률연구센터는 2017년 세계의 AI 정책에 대한 실사를 진행하여[42] 업계 내부에 영향력을 미치고, 리더 역할을 수행하고 있는 10대 정책을 정리했다. 또한 생명의 미래 연구소(Future of Life Institute/FLI)는 23개 조항으로 구성된 '아실로마 AI 원칙(Asilomar AI Principles)'을 제기하고 이를 통해 인류 미래의 이익과 안전을 공동으로 보장하는 것을 도모하고자 했다. 미국컴퓨터학회(USACM)가 공표한 '알고리즘 투명성과 책임성을 위한 7개 원칙'은 알고리즘(계산법)에 대한 차별을 해결하고자 노력했다.

유럽 의회는 세계에서 최초로 '로봇에 대한 민사 법률 규칙을 제정하는 것에 관한 결의'를 통과시켜 로봇과 AI의 민사 관련 입법을 모색했다. 독일 교통부 산하인 윤리위원회는 '자율 및 인터넷 접속 주행'이라는 제목의 보고서를 통해 '자율주행 자동차가 준수해야 할 20가지 윤리 규칙'을 제기했는데, 이 역시 세계 최초의 사례에 속한다.

중국 국무원은 '신세대 AI 발전 규획'을 제시하며 전략 태세, 총체적 요구, 자원 분배, 입법, 조직 등의 각 측면에서 중국 AI 발전 규획(계획)을 구체적으로 논했다. 한국 국회는 '로봇 기본 법안'을 제출하여 로봇과 관련된 법률 문제를 적극적으로 탐색했고, 미국 의회는 '자율주행 법안'을 제출했는데 자율주행 기술과 자동차의 발전을 촉진시키는 것에 그 취지가 있었다. 에스토니아는 '로봇 법안'을 제출하여 AI에게 법률 대리인의 지위를 부여했다. 뉴욕 시는 미국에서 최초의 '알고리즘 문책 법안'을 통과시킴으로써 정부의 자동 정책결정 계산법의 투명성을 촉진시켰다. 미국의 IEEE는 'AI 설계의 윤리 준칙(제2판)'을 공포하여 AI와 관련된 13개 방면의 윤리 사항을 전면적으로 논했다.

2019년 7월, 중국공산당 중앙전면심화개혁위원회는 '국가과학기술윤리위원회'를 설립하는 것과 관련하여 심의를 진행하고 통과시켰다. 이를 통해 완비된 과학 기술 윤리와 관련된 심사 시스템을 건립함으로써 윤리 감독을 강화하고 과학 기술 활동을 규율하며, 과학 연구와 기술 혁신의 건전한 발전을 위한 제도적 보장을 뒷받침했다.

2019년 10월, 미국 국방부 혁신위원회는 'AI 원칙: 국방부의 AI 응용에서의 윤리에 관한 몇 가지 건의'를 발표하며 책임성, 공평성, 추적 가능성, 신뢰성, 통제 가능성 등의 5대 원칙을 제기했고, 미국 국방부가 미래에 전투 및 비전투 AI 시스템 중에서 어떻게 도덕규범을 응용해야 하는지에 대한 12가지 건의 사항을 제출했다.

이와 같은 노력과 진전은 세계적으로 몇몇 중요한 기술들에 대한 규범 문제에 있어서 기본적으로 의견일치가 이루어지고 있음을 보여준다. 하지만 안면 인식 기술이 남용되고 있는 현실만 놓고 보면 '글로벌 기술 윤리' 방면의 감독·관리 상황은 사람들을 실망시키고 있다고 할 수 있다.

# 7

# 규제와 통제에만 의지해서는 안 된다

현재 세계에는 핵 기술과 원자폭탄, 유전자 기술과 복제 인간, HE 기술과 초인, AI와 휴머노이드 로봇 등이 존재한다. 이러한 기술을 규제하기 위해 이미 대량의 관련 정책, 법률, 공약 등이 제정되었다. 미래에 우리는 이른바 '전복적 기술' 또는 '차세대 기술(NT)'의 물결, 예를 들면 5G 기술, 양자혁명 및 제어핵융합(Controlled nuclear fusion, 일명 '인공태양'_옮긴이)의 상용 등을 계속해서 맞이하게 될 것이다. 이 전복적 기술들은 새로운 유형의 위기를 유발할 것이며, 각종 위기가 서로 연계되고 중첩될 것이다.

이러한 기술은 모두 연구자, 연구 방향, 관련 기술 제품의 사용자, 기술 응용의 각 방면으로부터 일일이 규제될 필요가 있다. 그 결과는 갈수록 광범위한 영역에 미치게 되어 더욱 복잡한 내용의 관련 기술의 법규, 법률 및 정책이 끊임없이 나타나게 될 것이다. 바로 현재의 AI처럼 한 차례의 새로운 기술혁명을 이끌어낼 뿐만 아니라 관련 영역의 연구 방향, 발전 원칙, 윤리, 법률 방면의 연구 열기를 고조시킬 것이다. 그런데 그 효과는 과연 어떨까? 이러한 규제가 각국, 각 영역에서 효과적으로 실시될 수 있을까?

핵무기, 화학무기 및 생물무기를 예로 들어 설명하자면, 비록 각국이 관련 국제 조약에 조인하여 이러한 무기를 제한하고 관리하며 금지하고 있기는 하지만 모두 '핵 기술 위기 모델'을 피할 수 없는 상황이다. 일찍이 60여 년 전에 성립된 원자력의 평화적 이용을 위한 국제기구와 20여 년 전에 체결된 '화학무기금지협약'은 비록 일정하게 이러한 무기의 남용을 제한하고 있지만 여전히 핵 기술을 보유하고 있는 국가 및 국가이익의 미명 하에 핵무기를 연구·제작하고 사용을 시도하는 것을 효과적으로 저지하지 못하고 있으며, 더욱이 핵 기술은 여러 국가의 무기 판매상이 폭리를 취하는 수단이 되고 있다.

현재 비록 2차 세계대전 중 원자폭탄의 피비린내 나는 교훈과 기억이 새삼스럽지만 핵무기는 줄곧 적대하거나 모순 관계에 있는 상대방을 위협하는 '비장의 카드'였고, 생화학무기도 여전히 일부 국가가 연구를 지속하고 있으며, 일부 전쟁과 충돌에서 사용되고 있다. 아이작 아시모프는 수십 년 전에 '로봇 3대 원칙'을 제기한 것에 이어 이후 제4법칙을 추가하여 '로봇 4대 원칙'을 완성했지만 AI에 기반한 '킬러 로봇'이 세상에 곧 출현할 예정이다.

각종 조치가 끊임없이 제시되고 있음에도 왜 '핵 기술 위기 모델'을 저지하는 것이 어려울까? HE 기술의 응용이 왜 질병을 치료하고 장애인을 도우며 노화를 방지하는 최저선을 필연적으로 초월할 수밖에 없는 것일까? 지능형 로봇의 발전 방향을 왜 통제하기 어려울까?

현재 세계는 앞서 언급한 선진 기술이 인류의 미래에 밝은 앞날을 가져올지 아니면 궤멸적인 재난이 될지, 어떻게 이러한 기술을 규제하여 인류가 그것에 의해 통제당하거나 궤멸되는 방향으로 나아가지 않도록 할 것인지 등에 대해 논쟁을 벌이고 있다. 하지만 오히려 기술 발전이 인류에게 딜레마를 초래하는 심층적이고 가장 근본적인 원인에 대해서는 간과하고 있다.

AI를 예로 들어 설명하자면, '슈퍼 AI' 제품의 성능이 갈수록 완벽해지고 그들에게 더 복잡하고 많은 임무가 부여될 때 그들이 획득하게 될 자유롭게 선택할 수 있는 권리도 이에 따라 커지게 된다. 또한 그들이 비상사태에 직면하게 될 때 어떠한 판단을 내릴 것인지는 그들이 양호한 동기와 관념을 갖고 있는지의 여부에 의해 결정된다. AI는 결국 인류의 지혜가 물화된 결과물이고, 그들의 동기와 취향 및 가치관은 아직 공업 문명에서 벗어나지 못하고 있는 우리 인류가 부여한 것이다.

따라서 AI가 그들이 이미 결정되어 있는 프로그램에서 벗어날 정도로 '총명'해지거나 또는 비상사태에 직면하게 되어 스스로 정책결정을 해야 할 때 공업 문명의 '정글 법칙'도 AI의 행동 준칙이 될 수 있다. 즉 인류가 자신이 제조한 도구를 장악하고 통제하지 못하는 비극이 발생한다면 그 근본 원인은 국제 엘리트, 여러 국가의 지도자로부터 주류 사회에 이르기까지 사유 방식과 행위 준칙이 여전히 공업 문명의 논리와 법칙에서 벗어나지 못하기 때문이다.

현재 기술을 규제하는 문제에 있어서 보편적으로 직면하고 있는 여러 도전에는 다음과 같은 것들이 포함되어 있다.

첫째, 생명의 본질, 인류의 속성과 지위, 기술과 인류의 관계 등 근본적인 문제에 대한 관점에 있어서 전 세계적으로, 그중에서도 특히 학계에서 현저한 의견 차이가 있다.

둘째, 국제적 엘리트와 주요 국가의 지도자, 영향력 있는 싱크탱크 등이 인류가 어떤 모습의 미래를 추구해야 하는지, 즉 인류의 공동 목표에 대해 아직 기본적인 의견일치를 이루지 못하고 있다. 이는 곧 필연적으로 어떤 중대한 문제에 있어서 어떤 형태의 제도 또는 메커니즘을 구축해야 기술 응용과 기술 혁신 방향 등을 규제하거나 통제할 수 있는지 등의 문제와 관련하여 의견일치를 이루기 어렵게 한다.

예를 들면, 기업계가 관심을 갖고 있는 것은 눈앞의, 그리고 눈에 보이는 미래의 이익이고, 정부 부문 또는 정치가들이 추구하는 것은 임기 내의 정치적 업적이며 이러한 호소는 종종 국가이익이라는 미명 하에 진행되기 일쑤다. 여러 과학자와 엔지니어들이 더욱 관심을 갖고 있는 것은 과학 기술 방면에서의 획기적인 성취다.

셋째, 현재 그 어떤 단일 국가의 도덕·윤리 및 법률적 판단으로 기타 다른 국가의 실제적인 정책결정에 커다란 영향을 미치는 것은 쉽지 않다.[43]

넷째, 기술의 실질에 대해 의견일치가 결여되어 있다. 과학 기술의 고속 발전은 현재 사회에서 기술을 맹신하고 기술을 숭배하며 심지어 기술의 목적과 수단을 전도시키는 경향을 자생시키고 있다.

다섯째, 과학 기술의 발전을 규제해야 할 뿐만 아니라 창조성과 혁신 정신에 영향을 미치도록 해서는 안 되는데 그 정도를 파악하는 것은 확실히 어려운 일이다.

여섯째, 처참하고 고통스러운 몇몇 사례의 교훈은 기술 제도의 연구와 혁신이 항상 기술의 연구와 혁신보다 뒤처져 있다는 것을 증명한다. 일반적으로 일부 기술이 이미 인권을 침해하거나 심지어 살인 무기를 제작하는 데 이용된 후에야 비로소 공약을 제정하거나 선언을 선포하고, 누가 반드시 보유해야 하고 어떻게 금지해야 하며 어떻게 소멸시킬 것인가 등의 문제를 제기한다.

예를 들면, 인류 생존의 면모를 대단히 크게 개변시키는 하나의 신기술로서 유전자 기술의 입법 문제는 일찍이 과학자, 사회학자, 법학자의 관심을 유발했지만 현재에 이르기까지 아직 합리적이고 효과적인 글로벌 제도가 마련되지 못하고 있다.

이로부터 우리는 깊게 뿌리내리고 있는 관념과 행위 모델은 실제로 현재 사회에서 주도적 지위를 차지하고 있는 공업 문명의 가치관, 즉 이익이 된다면 온갖 수단과 방법을 동원하여 상업적 가치를 창출해내고 물질 이익의 극대화를 추구하는 것에 의해 지탱되고 있다는 것을 알 수 있다.

따라서 기술을 규제할 것인지의 여부, 그리고 어떻게 기술을 규제할 것인지의 문제에 있어서 종종 완전히 상반되는 의견이 나오기도 한다. 물론 시대적 배경에 의한 한계도 존재하는데 여기에는 학습 또는 지식의 격차가 포함된다. 기술을 규제하는 문제에 있어서 필요한 것은 초학제적 협력이지만 정책결정에 참여하는 정치인 또는 최종 제도의 제정자가 보유하고 있는 지식의 갱신은 전복적 기술의 발전 속도를 따라가지 못하고 있다. 또한 전복적 기술이 사회, 환경 및 인류의 미래에 미치게 되는 잠재적 리스크에 대한 사회과학계를 포함하는 과학자와 엔지니어들의 관심, 협력 연구 및 규명 역시 충분치 않으며, 더욱이 일반 민중은 말할 것도 없다. 이것은 기술 규제의 문제를 더욱 복잡하게 만들고 있다.

이러한 문화 환경 속에서 전술한 문제들을 근본적으로 해결하려면 국제적인 공약, 법률, 법규는 필요하지만 그것만으로는 아직 많이 부족하다. 제3장에서 논한 바와 같이 제도는 한계를 지니고 있는데 사회의 모든 정보는 '소프트 환경 필터' 특히 다양한 '문화 필터'를 통해 전파되어 사람들의 가치관에 영향을 미치고, 나아가 그 판단과 행위에 영향을 미친다. 여기에서 지칭하는 사람들에는 반드시 살인 무기의 연구·제작 및 사용을 추동하고 있는 싱크탱크 및 법률, 법규를 제정하는 정부 부문의 정책결정자가 포함되어야 할 것이다. 이를 통해 "법률이 인류가 유전자 편집을 진행하는 것을 금지할 수는 있지만 인성은 유전자 편집으로부터 연원하는 각종 유혹에 저항할 수 없다"[44]는 스티븐 호킹의 관점을 보다 쉽게 이해할 수 있다.

각국의 주류 사회가 이와 같은 기본 문제에 대해 대체적으로 의견일치를 이루어야만 그러한 규제가 사람들의 행동 지침이 되고 스스로 준수하게 되며 세계가 아름답게 잘 유지될 수 있는 것이다.

요컨대, 문화와 가치관의 영향은 심층적인 것이며, 늘 시장과 정부의 역할을 초월하고 때로는 제도의 역량을 초월한다. 그런데 현재 사회의 문화와 가치 시스템은 여전히 공업 문명의 사고 및 논리에서 벗어나지 못하고 있어 이것 역시 각종 위기의 근원이 되고 있다. 과학 기술의 발전이 초래하는 미래 인류의 위기를 철저하게 해결하기 위한 관건은 문명 전환에 있다. 로널드 레이건이 말한 바와 같이 사회의 위대함은 국민의 진보에 있으며 국민의 진보는 사회 및 문명 진보의 기초이자 주요 함의이다. 인류 문명의 진보가 과학 기술의 진보와 함께 진전될 때 비로소 문명 위기에서 벗어나고, 인류의 파멸을 피하며, 인류의 지속가능한 생존과 발전의 길을 걸을 수 있다.

바로 이것이 내가 다음 장들을 통해 인문사회과학의 시각에서 인류의 진화 및 미래 문명의 문제를 탐구하고자 하는 이유이다.

The Future of Humanity

제 4 장

# 인류는 어떤 문명을 추구해야 하는가

**“공업 문명의 가치관이 이끄는 인류의 진보는 지속될 수 없으므로 문명 전환은 대단히 시급한 과제이다.”**

인류 문명은 100만여 년(문자 기록으로부터 셈할 경우에는 5,000여 년)의 발전을 거쳐왔고, 18세기 이래 300여 년의 진화를 통해 공업 문명에 도달했다. 공업 문명은 인류 역사에 있어서 위대한 비약이었다. 고도의 공업화 발전 모델을 성취했고, 역사상 전례 없는 풍부한 물질세계를 창조했으며, 고도로 발달한 과학 기술과 불후의 예술 성취를 이루어냈다. 또한 인류 사회의 경제, 정치, 문화, 사회 구조 등에 있어서 하늘과 땅이 뒤집히는 변혁을 이루었고, 세계 여러 국가와 지구가 공업 문명의 현대 사회에 진입하게 되었다.

하지만 ‘물질지상주의’와 ‘과학 만능론’을 기초로 한 공업 문명이 주도한 현대화는 세계로 하여금 만회할 수 없는 대가를 지불하도록 만들었다. 인류가 생존을 위해 의존하고 있는 자연환경과 생태계가 처참하게 파괴됐고, 자연 자원이 전면적으로 오염되는 등 남김없이 소모되어버린 상황에 직면했다.

테임즈 강의 수질을 개선하기 위해 영국은 120년 동안 600여 억 달러를 투입했고, 중국은 장쑤성(江蘇省) 타이후(太湖)에서 오염된 물의 배출 및 공업용·농업용 오수에 의해 발생한 타이후 남조(藍藻) 사건으로 인해 제1기 치수 사업에 110억 위안을 투입했고, 제2기 치수 사업비는 기하급수적으로 늘어나 1,000여 억 위안이 되었다.[1] 윈난성(雲南省) 뎬츠(滇池)의 수질 개선은 1993년부터 시작되어 20여 년 동안 약 600억 위안이 투입됐지만 뎬츠의 수질은 여전히 개선되지 못하고 있고, 쿤밍시(昆明市) 시정부는 매년 시의 전체 재정 지출 가운데 3분의 1을[2] 뎬츠의 오염 처리를 위한 비용으로 사용하고 있다. 반면 인구는 오히려 미친 듯이 증가하여 현재 70억 명을 초과했다(1800년까지 1,000년간 세계 인구는 줄곧 10억 명이 채 되지 못했다).[3]

이와 동시에 인문 환경도 심각하게 파괴당했다. 빈부 격차의 확대, 사회의 불공정성, 도덕적 해이, 사회와 지역의 모순 격화 등은 물론 여기에 고도로 발전한 과학 기술이 남용됨에 따라 각종 사회 충돌의 위험성이 심화되고 있다. 비록 두 차례의 세계대전에 의해 처참하고 고통스러운 교훈을 겪었지만 각국은 여전히 다양한 이유로 살상력이 더욱 크고, 더욱 정확하며, 더욱 장거리에 도달하는 무기를 연구·제조하고 있고 국가, 지역 및 종족 간의 충돌과 전쟁은 갈수록 참혹하고 치열해지고 있다.

하지만 현재 세계를 냉정하게 관찰해보면 부의 추구를 주요 목표로 삼고 있는 공업 문명의 '전차'는 여전히 위풍당당하게 계속 전진하고 있고 미래의 신문명, 즉 '지구 문명'으로의 전환이 진정으로 실현되기 위해서는 아마도 수백 년(물론 전 세계적인 재난 등과 같은 중대한 방해가 없는 것이 전제되어야 한다) 또는 더욱 긴 시간이 필요할 것으로 보인다.

다행스러운 것은 최근 반세기 동안 사람들이 반성하기 시작하여 인류의 발전 모델이 지니고 있는 오류를 인식하고, 인류가 현재 되돌아올 수 없는 길을 걷고 있다는 것을 조금이나마 깨닫게 되었다는 점이다. 사람들은 공업 문명의 가치관이 이끄는 인류 문명이 지속가능하지 않고 따라서 문명 전환이 대단히 시급한 과제라는 것을 인식하면서 처음으로 문명 교체를 추진해야 할 필요성을 의식하게 되었다.

## 1

# 인류의 위기를 불러온 공업 문명

공업 문명이란 '공업 사회' 문명을 말한다. 미래학자 앨빈 토플러는 이를 '제2차 문명 물결'이라고 칭했고 이는 노동 방식의 최적화, 노동 분업의 세밀화, 노동 주기의 획일화, 노동 조직의 집중화, 생산의 규모화, 경제의 집권화라는 6가지 기본 원칙을 관철하고 있다. 이 원칙들은 주로 앞서 존재했던 농경 문명과 비교해볼 때 생산 방식과 경제 발전 모델의 진보라는 관점에서 문명을 인식한 것으로써 사회, 정치 및 주류 가치관 방면에서의 특징은 결코 다루지 않았다.

공업 문명에 대한 또 다른 해석은 공업화를 중요한 이정표로 삼고 기계화와 대량 생산이 주도적 지위를 차지하는 일종의 현대 사회 문명이라는 것이다. 주요 특징으로는 공업화, 도시화, 법제화, 민주화, 사회 계층의 유동성 증가, 교육의 보급, 소식 전파의 가속화, 비농업 인구 비율의 폭발적 증가, 경제의 지속적 성장 등이다.[4]

공업 문명은 인류 진보의 새로운 단계로서 공업과 농업이 고도로 발전했고, 인류를 위해 풍부한 물질세계를 창조했으며, 사회 복지 제도를 크게 발전시킨 것은 물론 인류가 이전보다 더욱 장수하고 더 큰 안락함과 편리함을 누릴 수 있도록 했다. 안타까운 것은 인류 사회가 정신 문명과 정치 문명 측면에서는 상응하는 진보를 이루지 못했다는 것인데, 인류가 만족할 수 있는 생존 방식 및 지속가능한 발전의 정신 가치와 도덕적 실천에 대한 관심은 항상 폄하되거나 간과되어왔다.

공업 문명이 지니고 있는 결함은 다음과 같다.

① 경제 성장과 경제 이익을 무한히 추구했다는 점이다. 경제 이익의 극대화를 경제 발전, 빈곤 박멸, 행복 추구의 만병통치약으로 삼아왔기에 경제 발전 중 이른바 '성장 일변도'의 경제 철학을 초래하고, 사회 생활에 있어 '물질주의'가 만연해지도록 조장했다.[5]

② 물질적 향유에 대한 만족을 행복의 지표로 삼았다는 점이다. 즉 무제한의 물욕을 만족시키려다 보니 생산 과잉이 초래됐고, 나아가 소비를 진작시키기 위해 고소비·고낭비 소비 모델을 제창하며 더욱 사치스럽고 더욱 새로우며 더욱 많이 갖는 것을 영예롭게 생각하는 비합리적인 생활 방식을 숭상하게 하여 인류에게 정신적인 공허함을 안겨주었다. 뿐만 아니라 지구의 자연 자원을 고갈시키고 에너지 위기를 가속화시켰다.

③ 금전과 권력의 세계를 숭상하도록 만든 점이다. 물질 이익을 최우선으로 추구하는 사회에서 인간은 금전과 권력의 노예가 되었고 나아가 도덕적 해이가 초래되는 것을 불가피하게 만들었으며, 상업적 이윤 추구를 위해 기술을 남용하여 일부 기술 혁신의 방향이 인류를

위해 기여한다는 본래의 취지에서 이탈하도록 만들었다.

④ 뿌리 깊은 약탈성을 지니고 있다는 점이다. 공업 문명의 약탈성은 인류의 대자연에 대한 약탈로 나타나고 있을 뿐만 아니라 선진국의 개도국에 대한 약탈로도 표현되고 있다. 역사적으로 공업화를 먼저 실행한 선진국은 대외 약탈을 모두 수반했는데 즉 식민지 강탈, 생산 자원 및 해외 시장 약탈, 부의 강탈 등을 자행했다. 다시 말해, 현재 세계에서 경제 발전의 필요를 만족시키기 위해 전략적 자원을 통제하고, 에너지 안전을 보장하기 위해 선진국들이 세계 각지에서 격렬한 쟁탈을 벌이며 각종 충돌과 전쟁을 유발함으로써 세계의 혼란과 불안을 초래하고 있다. 또한 선진국의 소수 사람들이 세계 대부분의 자원을 소모시켜 자원 분배의 심각한 불공평을 야기하고 국제적 차원의 빈부 양극화 현상을 심화시키고 있다.

⑤ 인간과 자연의 관계가 악화되고 있고 대자연의 생태 균형을 심각하게 훼손시키고 있다는 점이다. 인간과 자연의 대립은 그 유래가 이미 오래되었다. 초기의 인류는 불씨를 보존하고 적을 소멸시키며 청동기를 제련하고 경작지를 개척하는 등의 목적을 위해 일찍이 수많은 삼림을 불태웠고, 비과학적인 의약·구황 조치는 적지 않은 동물 및 식물 자원을 파괴시켰다. 또한 지하의 방화 조치가 결여되어 지하에 매장되어 있던 대량의 석탄·광물 자원이 화재로 소실되었다.[6]

공업 문명의 자연에 대한 파괴는 빠르고 파멸적이다. 공업 문명의 역사를 전체적으로 살펴보면 자연에 대한 정복과 개조를 주요 목적으로 삼아 자연계로부터 자원과 에너지를 무한정 착취함으로써 물질적 부를 창조했다. 이에 따라 우리가 생존을 위해 의지하고 있는 지구의 환경과 자원에 대해 만회할 수 없는 파괴를 야기했을 뿐만 아니라 스스로 조절이 가능했던 생태계를 산산조각내고 생명의 네트워크를 부수었으며, 전 세계가 음용수 오염, 열대 우림의 대면적 소실, 사막의 확대, 빙하의 소실, 종의 멸종, 자연 재해의 빈발, 각종 전염병의 끊임없는 발생 등 곤혹스러운 상황을 겪게 되었다.

요컨대, 경제 성장 제일주의, 즉 모든 것을 물질 이익 위주로 삼는 사유 모델은 현재 인류 문명의 위기를 야기하고 있는 한 가지 주요 원인이다. 공업 문명 속에서 혈육의 정, 충성, 우의, 신뢰 등 인간의 자연스러운 정감은 모두 부를 추구하는 주요 목표나 금전 관계에 자리를 양보하고 있다. 또한 공업 문명에서는 자유 경쟁과 시장 메커니즘의 자원 분배를 지나치게 강조하고 있는데, 이것은 사실 일종의 우승열패(優勝劣敗) 이데올로기로서 본질적으로는 물질지상주의이며, 추종하는 것은 약육강식 논리의 정글의 법칙이기에 지속될 수 없다.

## 2

# 인류의 진화 공간은 남아 있는가

제1장에서 우리는 오늘날 사람들이 보편적으로 인류의 진화에 관심을 갖고 있다고 보았다. 그런데 인류의 진화가 이미 막다른 곳에 이르렀다고 주장하는 비관론자든 인류가 현재 초인을 향해 진화하고 있다고 보는 낙관론자든 자연인·인류 개체의 진화라는 관점에서 지혜와 지력의 향상, 지식의 증가, 질병의 감소, 자체 회복, 자체 완벽, 생명 연장 등의 문제를 고려하고 있다. 하지만 진화를 이끄는 수단의 관점에서 논하자면 대부분 하드 기술이 구동하는 자연인의 진화에 속한다. 여기에서는 다음과 같은 두 가지 사항을 주목할 만하다.

첫째, 당대 인류는 확실히 완벽하지 않고, 결코 인류 진화의 역사적 종점에 있지 않다는 점이다. 오늘날 사람들이 보편적으로 관심을 갖고 있는 것은 인류가 불완전하고 총명하지 못하며 '지인(智人)'이라는 칭호에 어울리지 않는다는 것이다. 즉 '진화 중인 중간재에 불과하다'는 식의 의제와 관련하여 생물생명 또는 자연인으로서의 질적인 측면에서 인류에 대해 집중적으로 토론하고 있다. 인류를 사회인으로서 정신과 도덕 차원의 불완전함, 심지어 사악한 일면이 오늘날 세계의 '병의 뿌리'라는 것을 고려하는 경우는 매우 적다.

둘째, 단지 하드 기술에 의존하는 진보는 빈부 격차 등의 사회 문제를 해결할 수 없다는 점이다. 물론 이러한 관점에 대해 누군가는 반대할지도 모른다. 그들은 바이오 해킹 같은 기술은 장차 사회 갈등을 유발하는 권리와 부, 교육 간의 격차를 가깝게 만들 것이며 빈부 격차를 축소시키는 균형자(Balancer)가 될 것이라고 간주한다.[7] 그 이유는 새로운 기술이 부단히 확산·보급되고 규모의 경제가 성장함에 따라, 그리고 빠른 가격 하락으로 인해 사회의 각 계층에 확산될 수 있기 때문이다. 하지만 기술의 급속한 발전에 따라 HE 기술과 바이오 해킹 기술에 이용될 수 있는 기술 역시 끊임없이 갱신되고 더욱 선진적이 되며 더 높은 비용의 첨단 기술이 출현할 것이므로 이로 인해 기술 획득의 불평등 문제는 결코 해결되지 못할 것이다.

이것은 현재 TV나 컴퓨터 등 공업 제품의 가격이 놀라울 정도로 인하되고 전 세계로 보급되고 있지만 결코 각국은 물론 세계적으로 빈부 격차를 축소시키는 데 도움이 되지 못하고 있는 것과 같다. 인터넷 시대에 진입하여 인터넷상에서 공짜로 제공되고 있는 디지털 제품이 갈수록 많아지고 사람들에게 각종 편의를 제공하고 있다 해도 대량의 광고 수입과 인터넷 서비스 수익은 나날이 검색, 인터넷 거래, 소셜미디어와 관련된 소수의 회사에 독점되어 그들을 벼락부자로 만들고 있다. 하지만 관련 콘텐츠를 만든 생산자는 그에 상응하는 대가를 누리지 못하고 있는데[8] 이러한 수익구조 또한 불평등을 심화시키고 있다.

자연과학 기술에 의지하여 자연인의 진화와 사회 진보를 촉진하는 것은 단지 인류 미래 문명의 일부분을 추동하는 것에 불과하며, 인성의 승화와 완벽을 촉진하고, 나아가 더욱 선진적 문명을 창조하는 것은 결여될 수 없는 또 다른 부분이라고 말할 수 있다. 그렇다면 인성의 승화와 완벽을 우리는 어떻게 이해하면 좋을까?

생물학자들은 인간이 동물의 한 종류이며 그 조상은 유인원이거나 해저의 생물이었을 것이라고 말한다. 철학자들은 인간이 이성을 지닌 일종의 동물로서 사상과 의지가 있으며, 인류가 '만물의 영장'이라고 불리는 이유 또는 인류와 기타 생물 사이에 존재하는 최대 차이점은 '인성'이라고 본다(칸트를 포함한 수많은 철학자의 관점이다).

실제로 인간의 속성은 자연 속성과 사회 속성을 함께 갖고 있다. 인간의 자연 속성은 인류가 생존하고 계속 존재할 수 있는 전제조건이며, 인간과 기타 동물 사이에 서로 유사하거나 상통되는 점이다. 물론 인간과 동물의 자연 속성에는 매우 큰 차이점이 존재하는데, 예를 들면 인간의 사유 방식과 학습 능력 등이다. 사회성은 인간이 다른 동물들과 구별되는 특수한 본질이자(인간은 그 어떤 동물보다도 높은 사회성을 지닌다) 인류의 속성이다. 따라서 인류의 진화는 선천적으로 사회적인 동물(아리스토텔레스의 관점)에 해당하는 인간의 진화를 소홀히 할 수 없고, 이에 우리는 반드시 인류 진화의 공간을 인문·사회의 차원으로 확대시켜야 한다.

인간의 사회적 속성에는 다음과 같은 특성,[9] 즉 전 인류의 지속적인 발전을 위한 요구에 부합되는 특성과 지속적인 발전에 불리한 반사회적 특성이 포함되어 있다. 전자에는 이타성, 복종성, 의존성, 동정심, 자각성, 사회 생활 중 자기 마음속 충돌을 억제하는 능력, 옳고 그름을 식별할 수 있는 판단 능력 등이 포함된다. 반면 후자에는 인간의 자연 속성이 사회 발전에 불리하게 확장되었을 때 표출되는 특성에 해당한다(이른바 인간의 '반사회성'). 예를 들면 이기심에서 발전하여 타인에게 손실을 입하고 공중에 손해를 끼치며 사회에 손해를 입히는 것, 자신에 대한 보호에서 확장되어 기타 생물은 물론 심지어 다른 '인간' 등에게 잔혹하게 해를 끼치는 것 등이다. 스티븐 핑커(Steven Pinker)의 견해에 따르면[10] 인성은 하나의 복잡한 구성체로서 폭력적 경향의 일면도 있고 또한 상응하게 동정, 협력, 자기 통제 등의 적극적인 일면도 있다.

이와 동시에 인간은 자연계 중에서 유일하게 자신의 속성(인성), 특히 사회성을 스스로 사고하고 연구할 수 있으며, 주도적으로 자신의 사회성(속성)을 개선할 수 있는 동물이다. 인간의 사회성, 특히 전 인류의 발전을 위한 요구에 부합되는 사회적 속성은 인류 사회가 정상적으로 운행되고 지속적으로 발전하기 위한 기초이다.

따라서 그 어떤 사회(노예 사회, 봉건 사회, 자본주의 사회 또는 사회주의 사회)든 모두 일련의 조치, 예를 들면 종교, 신앙, 교육, 도덕 준칙, 법률, 법규 및 군대, 경찰, 감옥, 법원 등의 국가기구를 통한 제약 수단을 통해 사회 구성원의 긍정적인 사회성을 배양하고 보장하는 것은 다양한 사회, 다양한 문화에서 다양한 기준이 있을 뿐이다. 이러한 무수한 사실들은 인성이 매우 큰 가소성이 있음을 증명한다.

이로부터 인류의 진화는 단순히 자연인으로서의 (개체적) 지능의 완벽함이나 인류 대뇌의 계산 능력을 주요 근거로 삼을 수 없고, 지구상에서 가장 발달한 생명체로서, 또한 사회인·도덕인으로서의 진화를 고려해야 한다는 것을 알 수 있다. 즉 인성의 사회성을 보완하고 인성의 선량함, 적극성, 긍정적인 에너지(정확한 가치 판단으로서 사악함·질병·전쟁 등을 피하는 데 유리한 것) 등의 차원으로부터 인성의 정화와 승화를 촉진하며, 인류 생존의 인문사회 환경을 보완하는 측면에서 인류의 진화를 촉진시키고 인도함으로써 인류 사회의 지속적이면서도 건강한 발전을 위해 공헌해야 한다.

최근 과학자들은 '인류에게 진화할 수 있는 공간이 아직 남아 있는가'라는 문제와 관련하여 열띤 논의를 전개하며 각종 예측을 내놓고 있다.[11] 사실상 사회인·도덕인으로서의 진화는 앞으로 더욱 많은 공간을 갖게 될 것으로 여겨진다. 아울러 인류의 능력이라는 관점에서 살펴보면 인류는 인류 사회에서 다양한 단계의 문명을 끊임없이 진보시키며 창조하고 추동하고 있는 중이며, 이것은 원시 문명, 농업 문명, 공업 문명에서 미래의 더욱 선진적 문명에 이르기까지 그러하다.

따라서 더욱 선진적 문명인 '지구 문명' 그리고 나아가 '위대한 문명'을 창조하기 위해 인류의 능력을 보완할 때는 개체의 지식, 지혜, 지능과 지력을 향상시키는 것이 포함되어야 할 뿐만 아니라 시간의 흐름과 함께 자각적으로 인성의 정화와 승화를 촉진하거나 또는 부단히 '인류 전체의 발전을 위한 요구에 부합되는 사회적 속성'을 강화시키고 이를 대대로 전승해야 한다.

요컨대, 인류의 진화 방향 또는 인류의 미래는 (자연과학 지식과 비자연과학 지식에 기초한) 과학 기술의 진보에 의해 결정될 뿐만 아니라 인류의 사상, 특히 (인성의 승화 정도 및 사회의 문명 정도에 기초한) 세계관, 가치관, 인생관의 진보, 그리고 이 양자 간의 통시적 균형과 협조에 의해 결정된다. 실제로 사회의 진보 및 문명의 진보는 인류의 올바른 염원과 긍정적인 에너지에 기초한 대뇌 사유, 즉 진보 사상의 산물인 것이다.

우리는 인류의 지속가능한 발전에 유리한 새로운 사상을 끊임없이 창조함으로써 인류가 아름답고 더 나은 미래를 향해 나아갈 수 있도록 이끌어야 한다.

## 3

# 공업 문명 이후의 인류 문명

과학자와 미래학자는 과학 기술의 비약적인 발전에 기초하여 수많은 사람의 마음을 사로잡는 미래와 미래 문명을 구상해왔다. 예를 들면, 미래에 우리는 무한한 에너지를 보유하게 될 것이고, 인류의 노쇠 현상이 중단되어 영생을 향해 힘차게 나아가게 될 것이며, 시공간을 자유롭게 여행할 수 있게 되고, 외계인과 접촉하게 된다는 것 등이 이에 해당한다.

1964년, 러시아의 천체물리학자 니콜라이 카르다세프(Nikolai Kardashev)는 지배하고 있는 에너지의 많고 적음에 근거하여 문명을 세 가지 단계로 구분했다.[12] I형 문명은 어떤 단일 행성의 에너지를 이용할 수 있고, 자주적으로 기후를 통제하고 태양계를 탐색하며, 핵 자원 등을 개발하고 채취할 수 있다. II형 문명은 부근의 행성들을 통제할 능력을 갖고 있으며, 우리 은하의 전체 에너지를 이용할 수 있다. III형 문명은 전체 은하계의 에너지를 통제할 수 있고, 공간과 시간을 마음대로 조종할 수 있다. 이 이론에 근거할 경우 지구상의 인류가 현재 처해 있는 것은 가설상의 '0형 문명' 단계이다. 우리는 현재 지구의 일부 에너지만을 이용할 수 있고 자주적으로 기후를 통제하지 못하며, 우리가 속해 있는 은하에 대해서도 아는 바가 매우 적기 때문이다. 물론 수많은 평론가들이 니콜라이 카르다셰프의 이론 중 II형과 III형 문명이 존재하고 있는지에 대해 의문을 나타내고 있다.

일부 초인주의자의 미래에 대한 상상은 비생물 지능이 생물 지능을 초월하는 단계까지 기술이 발전하게 될 때 우리가 오늘날 알고 있던 인류가 더 이상 존재하지 않게 될 것이며, 이를 대신하게 되는 것은 완전히 컴퓨터화된 초인류라고 본다. 그곳에서 인류는 영원한 존재가 될 수 있는데, 즉 인간의 육신이 죽어 사라져도 성격과 정신은 영원히 존재할 수 있다.

AI의 새 물결에 따라 제2장에서 구체적으로 설명한 바와 같이 인간-기계 문명은 현재 다수의 기술 숭배자가 추구하는 미래의 청사진이 되고 있다. 그러나 지배하고 있는 자원에 의해 분류된 문명이든, 초인주의의 영생에 관한 청사진이든, 아니면 현재 사회에서 극단적으로 숭배되고 있는 '인간-기계 문명'이든 우리가 중점을 두고 있는 것은 모두 물질 문명과 과학 기술 문명이다. 그런데 후자는 단지 정신 문명의 일부분에 불과하다.

실제로 인류는 인류 개체의 '생물 진화'와 인류 사회의 '문화 진화'라는 두 가지 과정을 동시에 거쳐왔다. 이러한 두 종류의 진화는 서로 영향을 미치고 작용한다. 사회 진화는 비생물 진화에 속하며, 그것은 인체의 외부에서 발생하여 문화 진화의 형식을 통해 실현된다. 생물 진화의 성과는 주로 개체 측면에 있으며, 문화 진화의 모든 성과는 사회 전체 또는 대부분의 구성원에게 이익을 가져다 준다. 하지만 궁극적으로 인류는 반드시 생물 진화와 문화 진화의 조화를 이루어야 한다.

문화는 일종의 부호 시스템과 사회적 집단행위의 선택이라는 형태로 표현되고 전파되는 것이다. 따라서 문화 진화는 인류가 창조한 정보(언어, 문자, 부호, 도형 등) 방면의 진화 외에도 종교, 신앙, 과학 기술, 예술, 전통, 습관, 도덕, 법률, 법규 방면 등의 내용으로 표현된다. 과학 기술의 진보는 단지 문화 진보의 일부에 불과한 것이다.

이른바 '문명'이란 인류 사회의 진보 상태와 합리적 사회 시스템(인류를 야만 상태에서 벗어나도록 하는 모든 사회 행위와 자연 행위로 구성된 집합)[13]을 말한다.[14] 만약 협의의 문명이 야만과 상반되는 합리적 사회 시스템이라면 광의의 문명은 일정한 시대에서의 '문화 발전과 진화의 적극적인 성과(성공 경험과 실패의 교훈)의 총화'를 지칭한다.

일반적으로 '문화 발전과 진화의 적극적인 성과' 즉 선진 문화의 구체적 내용과 형식에는 좋은 생활양식과 정신적 풍모가 포함되며, 광의의 문명은 인류가 창조한 물질적 자산과 정신적 자산의 총화이다.

우리는 그것을 물질 생활과 관련된 물질 문명(물질 생산의 진보와 물질 생활의 개선으로 표현됨), 정신 생활과 관련된 정신 문명(인류의 지혜와 도덕의 진보 상태로 표현됨), 인간과 자연의 관계와 관련된 생태 문명, 인류 및 인류가 생존을 위해 의존하고 있는 지구와 기타 행성과의 관계를 나타내는 성제 문명으로 구체화할 수 있다. 인류 전체가 수호하고 있는 문명은 광의의 문명이어야 하며, 단지 문명 단계에 따라 기준이 서로 다를 뿐이다.

따라서 공업 문명 이후 우리가 추구하는 더욱 선진적 문명은 반드시 인류의 지속적인 생존과 발전을 창조하는 문화를 목표로 삼아야 하고(또는 지속가능한 발전을 문화 진화의 새로운 내용과 동력으로 삼아야 하고), 공업 문명이 주도하고 있는(이윤 극대화의 추구와 자본이 주도하는 것이 아닌) 경제, 정치, 사회, 문화 형태를 초월해야 한다.

인류의 지속가능한 생존과 발전을 충분히 가능케 하고 그것에 적합한 '사회 진보' 상태와 합리적 사회 시스템을 '지구 문명'이라고 일컫기를 건의한다.[15] 그것은 인류의 지속가능한 발전에 적합한(공업 문명의 가치관에 적합한 것이 아님) 물질, 정신, 정치, 생태, 성제 등 5대 방면의 문명으로 구성된다. 본래 정치 생활도 넓은 의미에서 정신 생활에 속하지만 정치 문명이 사회 거버넌스와 세계 질서를 유지하는 데 있어서 차지하는 중요성을 감안하여 그것을 단독으로 열거하고자 한다. 지구 문명 사회에서도 국가와 정당은 여전히 존재하겠지만 다양한 문화와 다양한 종교, 다양한 신앙을 지닌 집단이 서로를 인정하고 수용하며 조화롭게 공존할 것이다.

지구 문명 중에서 물질 문명은 지속가능한 발전을 위한 물질적 기초이고, 정치 문명과 정신 문명은 인류 문명의 상부 구조를 형성하는데, 즉 정신 문명은 인류의 지속가능한 발전의 정신적 지주라고 할 수 있다. 정치 문명은 인류 사회의 평화, 조화, 지속가능성을 보장하는 것이고, 생태 문명은 문명의 새로운 단계로서 만약 좋은 생태 조건과 생태 안전이 존재하지 않아 인류가 되돌릴 수 없는 생존 위기에 빠지게 된다면 그때 우리는 다른 문명을 논의할 토대를 상실하게 되며, 더욱이 물질적 또는 정신적 삶의 향수는 기대하기 어려울 것이다. 성제 문명은 지구상에서 생활하는 인류와 기타 행성 및 우주가 건전한 관계를 구축하는 기초 위에서 영위되는 것이다. 따라서 앞서 언급한 5가지 차원의 신문명의 상호 보완과 상호 협력 그리고 문명의 패러다임 전환을 실현하는 것은 인류가 생존 위기에서 벗어나기 위해 반드시 거쳐야 할 경로라고 할 수 있다.

# 4

# 지구 문명의 시대

전 유엔 사무총장 반기문은 여러 차례 지속가능한 발전을 건설하는 것은 지구상에 존재하는 인류의 공동 책임이라고 말하며, 전 세계가 이를 위해 진력하고 함께 행복한 미래를 건설하자고 호소한 바 있다. 또한 그는 "모든 인류의 행복을 실현하는 것은 유엔의 기본 목표 가운데 하나다. … 평화롭고 번영되며 모든 사람이 인간의 존엄을 누리는 생활을 영위하는 것, 이것이 바로 우리가 추구하는 목표다"라고 말했다. 그렇다면 모든 인류의 행복한 미래란 무엇일까?

모든 인류의 행복한 미래에 대한 청사진은 물질적인 충족, 정신상의 건강 및 지혜, 사상적인 자유 및 다원화, 정치상의 공평 및 정의, 자연과 관련해서는 자연의 규율 및 생태 균형에 대한 존중으로 귀납된다고 믿는다. 이에 따라 인간 간에는 사랑·선·조화로 충만하고, 인간과 자연 사이에는 조화로운 발전이 실현되며, 다양한 민족과 문화 간에는 서로 포용하고 존중하며, 국가 간 또는 성제 간에는 협력하고 공존하는 평화로운 세계를 만들어가야 한다.

그러나 우리의 이상은 선진적 철학 사상(철학도 정확한 것과 잘못된 것, 선진과 낙후의 구별이 있음)의 기초 위에서 일련의 완전한 가치 체계로 규율하여 조작 가능하도록 해야만 공상에 머물지 않을 수 있다. 다시 말해 우리의 이상적인 사회 시스템, 즉 지구 문명 및 위대한 문명은 반드시 인류의 지속가능한 발전에 적합한(공업 문명의 가치관에 적합한 것이 아니라) 물질 생산과 생활, 정신 생활, 정치 활동, 인류와 자연 및 기타 성제 관계의 가치관에 기초하여 건립되어야 한다.

이를 위해 인류의 미래 청사진에 대한 철학적 사고(예를 들면 '오늘날의 세계는 어떠한 세계인가' '인류란 무엇인가' '우리는 어떤 형태의 미래를 필요로 하는가, 즉 어떤 형태의 미래가 인류의 지속적인 생존에 불가결한 것인가' '인류의 지속적 발전이란 무엇인가' '진정한 행복이란 무엇인가' 등)를 진행해야 하며, 최종 목표(인류의 지속적인 번영과 영구적인 평화의 아름다운 청사진)를 문명의 특징을 통해 개괄해야 한다. 그것은 앞서 우리가 정의내린 '새로운' 물질 문명, 정신 문명, 정치 문명이 서로 조화를 이루고 생태 문명, 성제 문명과의 상호 융합이 실현되는 지구 문명이며, 지속적인 발전에 부합되는 신문명이라고 할 수 있다. 내가 '신(新)'을 강조하는 까닭은 앞서 언급한 5가지 문명이 다양한 역사 발전의 단계에서 다양한 함의와 기준 및 가치 체계를 갖고 있기 때문이다.

지구 문명의 청사진이 철학 차원의 개념과 논리에만 머무르지 않고 실천으로 이행되도록 하려면 지구 문명을 건설하는 행동에 있어서 다음의 몇 가지 사항을 따라야 한다.

첫째, 역사는 이미 동방 문명과 서방 문명이 융합·발전하는 새로운 시기에 진입했다는 것을 충분히 인식해야 한다. 우리는 서방 문명의 정화를 계속해서 보완하고 그 결함을 보충해야 할 뿐만 아니라 공업 문명 시대에 홀시되어온 동방의 지혜와 중화 문명의 정수를 발굴하고 발양해야 한다. 즉 인류의 지속가능한 발전을 위한 신문화를 함께 창조하고 발전시켜 기존의 동방 문명과 서방 문명을 지양하고 문명의 승화를 실현하는 '지구 문명'의 시대를 맞이해야 한다.

둘째, 앞서 언급한 것을 전제로 하여 5대 신문명에 대해 다음 사항을 반드시 명확히 해야 한다. 그것은 각종 문명이 현재 해결해야 하는 기본 문제(특히 가치관 문제), 각각의 기본 문제를 해결하기 위한 경로, 각각의 경로가 필요로 하는 각종 기술과 제도 설계 및 지도 원칙이다. 이러한 사항들을 명확히 함으로써 문명의 전환이 조작 가능할 수 있도록 해야 한다.

## 물질 문명

물질 문명은 인류가 생존을 위해 의존하는 기초이며, 인류의 물질 생활에서의 진보 상황을 지칭한다. 이는 물질 생산 방식의 진보와 물질 생활 개선으로 표현되며 기타 문명의 형성과 발전을 위한 물질적 기초라고 할 수 있다. 물질 문명의 고도화된 발전은 인류에게 자연을 인식하고, 우주를 탐색하며, 인류 사회 자체의 진보를 이끄는 데 있어서 필요한 선결 조건을 창조한다.

현대 사회에서 물질적 부에 대한 무한한 욕망은 모든 것을 '사람 중심'으로 하고 자연을 존중하지 않는 야만적인 발전 모델을 야기하여 물질 문명의 발전에 따라 인류 문명에 대한 파괴가 수반되도록 만들었다. 즉 물질상의 풍족이 결코 상응하는 선진 문명으로 전환되지 못한 것이다.

예를 들면, 2차 세계대전의 종결 시점에서 현재에 이르기까지 물질생활의 수준이 부단히 향상되었지만 생태 문제의 해결, 세계 질서 유지, 정의의 견지 등 기본 문제에 있어서 인류의 능력은 그에 상응하는 중대한 향상을 이루지 못했다. 이것과 관련하여 우리는 전통적 의미상의 물질 문명이 지닌 폐단에 대해 깊게 생각해볼 필요가 있다.

새로운 물질 문명을 건설하기 위해 우선적으로 해결해야 하는 기본 문제는 관념을 바꾸는 것이다. 시대의 진보에 따라 인류는 필연적으로 기술 진보·사회 진보와 상응되는 '높은 수준'의 물질 생활을 누리게 되겠지만 이 높은 수준은 결코 무절제하고 무한하며 사치스러운 물질 생활을 의미하는 것은 아니다. 즉 문명의 물질적 향수는 끝없는 탐욕을 억제해야만 누릴 수 있다.

중국의 《역경(易經)》 중 '문명이지(文明以止)'[16] 사상은 사람들에게 문명이란 무한하게 자연 자원을 개발하고 이용하며 대외 확장하는 것을 통해 실현될 수 없으며 '지(멈추는 것)'가 있어야 함을 명확히 제시하고 있다. 이러한 이념은 새로운 물질 문명에 있어서 '지어지선(止於至善, 지극히 선한 것에서 멈추는 것)'의 가치 목표로 체현되어 적당한 소비에서 멈추고, 체면을 유지하는 생활에서 멈추며, 인간과 자연·사회·타인 간의 조화를 이루고 공존하는 것에서 멈추고, 인류 자신의 지속가능한 생존과 발전에 유익한 데서 멈추어야 함을 인식할 필요가 있다.

중국의 현대 철학자 팡커리(方克立) 교수는 '문명이지'가 결코 인류가 사회 진보를 이끄는 문명 행위를 반대하는 것이 아니라 이러한 행위를 천도 및 인성의 선에 부합되는 범위 안에 제한시키는 것으로 이러한 범위를 넘어서는 행위는 곧 문명적이지 않은 것이라고 지적했다.[17] 이는 중화민족의 합리적인 문명관을 반영하고 있다고 할 수 있다.

앞서 언급한 천도에 대해 부연 설명을 하자면, 이른바 '도'는 중국 및 동방 고대 철학의 중요한 철학 범주로서 궁극적 진리, 본원, 본체, 규율, 원리, 경계 등을 표시한다. '천(天, 하늘)'과 '인(人, 인간)'은 상대적인 개념이다.[18] 천인(天人) 관계는 중국 철학의 기본 문제이며 각파의 철학자는 '천'과 '천도'에 대해 다양한 이해와 해석을 행해왔다. 순자(荀子)에서부터 왕부지(王夫之) 등에 이르는 고대 유물주의 사상가는 모두 '천'을 '인간'에 의존하지 않고 독립적으로 존재하는 객관 세계, 즉 자연계로 간주하며 '천도'를 자연 규율로 해석했다. 당대 철학자들 또한 '천도'는 자연의 운행 규율이고 '인도(人道)'는 사회의 운행 규율이며, '인도'는 '천도'를 준수해야 한다고 더욱 명확히 논하였다.[19]

중국 고대의 생태 지혜인 '천인합일'의 관점에서 다시 설명하자면, '천'은 대자연이며 '인'은 인류다. 인류는 자연계의 산물이자 자연계의 일부로서 생존과 발전에 있어서 대자연이라는 모체로부터 떠날 수 없다. '천인합일'은 곧 인간과 대자연의 유기적 통일이며 조화로운 전진을 의미한다.

다음으로 새로운 물질 문명의 가치관은 생산, 생활, 소비 등의 행위 모델에서 실천되어야 한다. 예를 들면 낭비하지 않고, 환경을 보호하며, 절약과 자원에 대한 순환적 사용을 실천해야 한다. 또한 권력을 남용하지 않는 것을 전제로 하고 지속가능한 발전에 부합되는 소비 모델을 견지하며, 체면을 유지하는 생활수준을 목표로 삼고, 더욱 총명한 생활 방식 등을 추구해야 한다. 사실 자율성 또한 문명적인 인류의 지표 중 하나라고 할 수 있다.

## 정신 문명

앞서 언급한 바와 같이 공업 문명은 인류를 위해 전례 없는 거대한 물질적 부를 창조했다. 안타까운 것은 정신 문명, 특히 과학 기술 문명과 윤리·도덕 측면에서 인류 사회가 상응하는 진보를 이루지 못했다는 점이다.

정신 문명은 일반적으로 인류의 지혜와 도덕의 진보 상태를 지칭하며, 한편으로는 한 시대의 지혜나 지식, 창조성으로 표현되는데 여기에는 전체 사회의 기술, 문화, 예술, 교육, 건강 방면에서의 창조성과 발전 수준이 포함된다. 다른 한편으로는 당시의 주류 사상으로 표현되는데 여기에는 전체 사회의 신앙, 세계관, 가치관, 도덕 면모, 사회 풍조 등이 포함된다. 후자는 다양한 문명 시대의 정신(생활) 수준을 더욱 체현할 수 있고, 과학 기술 문명과 사상·도덕 측면의 문명은 서로 균형과 협조를 이루게 된다.

서방 문명은 현대 과학을 탄생시켰고 니콜라우스 코페르니쿠스, 갈릴레오 갈릴레이, 아이작 뉴턴, 제임스 와트, 마이클 패러데이에서부터 찰스 다윈, 토머스 에디슨, 퀴리 부인, 알베르트 아인슈타인, 스티븐 호킹 등 세계 최고의 자연과학자들을 배양해냈다. 또한 아리스토텔레스, 플라톤, 소크라테스, 레오나르도 다 빈치, 프랜시스 베이컨, 르

네 데카르트, 임마누엘 칸트, 게오르크 빌헬름 프리드리히 헤겔, 아서 쇼펜하우어, 루드비히 포이어바흐, 카를 마르크스, 프리드리히 빌헬름 니체 등의 위대한 사상가와 철학자를 배출하여 인류의 정신 문명에 불후의 공헌을 했다. 이렇듯 서방의 과학과 사상이 인류 문명의 진보를 위해 지대한 공헌을 했다는 사실에는 의심할 여지가 없다.

강조할 만한 것은 다양한 사회, 다양한 시대는 다양한 정신 문명의 기준을 갖고 있기 때문에 시대의 진보와 함께 계속 앞으로 나아가야 한다는 점이다. 도덕 관념을 예로 들어 설명하자면, 도덕은 종종 한 사회의 긍정적인 가치 선택을 대표하거나 행위의 선악에 대해 판단하는 가치 척도(선과 악, 정당한 것과 정당하지 않은 것, 정의와 비정의, 영예와 모욕, 성실과 허위, 권리와 의무 등에 대한 판단)이기에 신념, 이상, 감정, 의지 및 행위를 결정하는 결정적 요인이다. 또한 도덕 규범은 일정한 사회의 물질적 조건과 사회관계에 의해 결정되는 사람들의 자발적인 행위에 의한 산물이다.

따라서 새로운 물질 문명을 숭상하거나 인간과 인간, 인간과 사회 간의 조화와 박애를 제창하고, 인간과 자연의 조화로운 발전을 주장하며, 국가 간의 상호 협력과 공존을 견지하고, 다양한 민족과 문화 간에 상호 포용과 존중 등의 준칙을 추구하는 '지구 문명' 시대의 광의적 의미의 도덕 기준은 분명 이익의 극대화를 원칙으로 하여 물질지상주의 및 야만적인 정글의 법칙을 추종하는 '공업 문명'에서 표방하는 도덕 기준과는 다른 것이다.

지구 문명의 도덕 기준을 기초로 하는 정신 문명은 사람들이 자발적으로 자연을 사랑하고 인류 공동의 생존 환경을 보호하며 친환경 소비 등의 사회 분위기를 제창하는 데 있어 도움이 될 것이며, 세계주의와 평화주의, 글로벌 시민의식 등의 선진적 이념이 사람들의 마음에 깊이 깃들게 하고, 나아가 신시대의 생태 문명과 정치 문명을 위해 정신적 자원(관념의 전환)을 반드시 제공하게 된다.

이러한 배경은 인문 가치, 도덕 및 윤리 가치를 일관되게 중시하며, '수신양성(修身養性)'[20]과 생명의 지혜에 관심을 기울이고 있는 동방 문명을 더욱 널리 전파할 것을 호소한다. 예를 들면 노자의 인생삼보(人生三寶),[21] 도를 존중하며 행하고 덕으로 행하며 사심없이 봉사하는 행위 준칙,[22] 영욕관(榮辱觀),[23] 상선약수(上善若水)[24] 등의 사상 경지 등은 인성의 승화와 덕을 육성하는 데 참고할 만한 기준이라고 할 수 있다.

또한 범중엄(范仲淹)의 "먼저 천하의 걱정을 걱정하고, 그 이후 천하의 즐거움을 즐기겠다"[25] 고염무(顧炎武)의 "천하의 흥망은 필부에게도 책임이 있다"[26] 유가의 '예(禮)'와 '인(仁)' 등의 전통적 윤리, '세계대동(世界大同)' '천하위공(天下爲公)'[27]과 같은 원대한 이상은 긍정적인 가치관과 세계관을 배양하는 데 도움이 된다.

요컨대, 인도 정신으로 충만해 있고 지속적 발전이 가능한 세계를 확보하기 위해 인류는 반드시 서방의 지식과 논리,[28] 귀납·추리의 방법론과 동방이 제창한 건전한 도덕 가치관과 사회 풍조를 서로 존중하고 융합하여 궁극적으로 세계의 인류가 함께 생존하고 포용하며 장기적으로 공동 발전하는 사회를 건립해야 한다.

또한 정신 문명의 주요 내용 가운데 하나인 과학 기술 문명을 예로 들어 설명하자면, 과거 수백 년 동안 공업 문명은 인류 사회에 고도로 발달된 과학 기술을 선사하며 인류의 사상 경계(思想境界, 세계관 및 가치관 등)와 인문 영역(사회 제도, 사회 변혁, 사회 거버넌스 등) 외에 물질 영역의 모든 문제를 대부분 해결했고, 그 어떤 물질세계의 꿈도 거의 실현시킬 수 있는 수준에 도달했다. 하지만 현재의 상황은 과학 기술이 발달하면 할수록 인류는 점점 방향을 상실하고 두려움에 사로잡히며, 심지어는 자아를 철저하게 상실하는 상황에 처해 있다. 인간이란 무엇인지, 인류는 어디를 향해 나아가야 하는지 등을 파악하지 못하고 있는 것이다.

제1장에서 논한 바와 같이 과학 기술은 본래 인류의 복지를 창조하는 도구여야 하지만 현재는 도리어 인류가 자신이 창조한 과학 기술의 노예로 전락하는 공포에 직면해 있다. 이에 과학 기술 문명과 관련하여 당장 다음과 같은 몇 가지 기본적인 문제들을 해결할 필요가 있다.

첫째, 과학 기술의 본질을 명확히 해야 한다(제3장 참조).

둘째, 과학 기술의 도구성과 인류 목표 간의 관계를 정확하게 설정해야 한다. 과학 기술은 소프트 과학이든 하드 과학이든, 혹은 소프트 기술이든 하드 기술이든 모두 인류가 세계를 인식하고 문제를 해결하는 데 이용하는 도구이다. 도구와 목표는 전도될 수 없다.

셋째, 과학 기술의 발전 목표는 (소수가 아닌) 전 인류의 복지와 자연계의 기타 종이 지속적인 생존과 발전을 하는 데 기여하고 인류 사회의 진보, 세계 평화, 지속가능한 발전의 각종 경로를 위해 더욱 효과적인 수단을 제공하는 것이다(구체적인 내용은 이후의 '생태 문명' 항목 참조).

넷째, 과학 기술의 획기적인 진전이 가져올 수 있는 리스크를 연구하고 방지하며, 기술의 혁신 방향을 통제하고 인도해야 한다(제2장 참조). 또한 그것이 초래할 수 있는 재난(인위적인 재난과 자연 재해 포함)을 억제해야 한다.

다섯째, 과학 기술의 획기적인 진전은 모두 거대한 상업적 이윤과 군사적 응용의 기회를 가져오고 윤리 및 도덕 방면에서 더욱 어려운 선택을 하도록 만든다. 어떻게 하면 현대 과학 기술의 인문 가치를 실현하고, 과학 기술의 진보와 인류의 도덕 수준의 승화를 함께 실현할 수 있을까? 기술 발전의 최우선 목표로서 경제 효과 및 실용적 공리성을 삼는 것을 배제하고, 인류의 생존 환경과 인간의 심신 건강, 인류의 윤리·도덕에 해를 끼치는 것은 물론 인류 자신의 쇠망과 절멸을 초래하는 과학 기술의 혁신을 배제하는 자세를 견지해야 한다.

여섯째, 갈수록 강대해지는 기술이라는 도구를 규제하고 감독·관리함으로써 그것에 대한 통제력을 상실하지 않도록 하고, 자연 인류의 최후 변계를 지켜내며, 인류의 창조물이 인류의 생존을 위협하지 못하도록 해야 한다.

일곱째, '과학적 자유 탐구 정신'과 '인간의 전면적 자유 확대'를 추구할 때 과학 기술을 발전시키는 궁극적 목표와 관계를 명확히 하여 균형을 유지해야 한다. 인간의 자유 확대와 과학적 자유에 대한 탐구는 명확한 목표가 있어야 할 뿐만 아니라 최저선이 있어야 하며, 결코 자연환경의 파괴, 도덕적 타락, 문명의 추락, 과학 기술의 재난 및 전통적 인류의 신속한 소멸을 대가로 삼아서는 안 된다. 반드시 지구 문명을 실현하고 더 나아가 궁극적으로 위대한 문명을 실현하는 숭고한 이상(목표)과 정감으로 우리의 영혼을 제련해야 한다. 또한 인성의 승화, 도덕의 향상에 도달하여 나날이 증가하는 인류의 지식과 지혜, 인류 문명의 진보, 시간의 추이와 함께 변화하는 도덕적 기준이 서로 조화를 이루도록 해야 한다.

따라서 인류 개체의 건강한 정신 생활과 고상한 도덕 정조를 소홀히 할 수 없고, 인류 사회의 건강(공평과 공정, 권리와 책임, 인성과 인간의 존엄, 절대 다수인의 행복 등) 역시 소홀히 할 수 없다. 이른바 과학적 자유에 대한 탐구 또는 인간의 자유 확대를 지향하는 '과학 자유주의'를 단순히 표방할 경우 그 최종 대가는 인류가 거꾸로 과학 기술의 노예가 되고, 자아를 철저히 상실하며, 심지어 소멸되어버리는 것이다.

## 정치 문명

정치 문명은 인류 문명을 구성하는 한 부분으로서 인류 사회의 정치 영역에서의 진보 상태와 정치적으로 이룬 발전과 성과를 반영하며, 여기에는 정치 제도(정체, 행정 시스템 등)와 정치 관념(정치 성향, 정치 신념, 정치 감정 등)이라는 두 가지 방면의 내용이 포함된다.[29]

서방 문명은 정치 문명에 있어서 거대한 공헌을 했다. 고대 그리스의 민주, 로마의 법치, 유태인의 종교를 근간으로 하는 서방 문명은 자유, 민주, 법치, 헌정 등의 보편적 가치와 과학 분야에 있어서 자유 탐구의 방법을 낳았다. 하지만 서방 문명이 주도한 현대화는 2세기 남짓의 기간 동안 발전과 더불어 지구 자원과 생태 환경을 처참하게 파괴했을 뿐만 아니라 자유경제가 발전하는 동안 제한을 받지 않고, 개인에서부터 일부 주권국가의 금전과 권력에 대한 끝없는 탐욕을 불러일으켜 인류 사회가 도덕적으로 타락하도록 만들었다.

이와 동시에 글로벌 차원에서 빈부 격차가 갈수록 심각해지고, 사회 생활과 정치 생활의 불공정·불공평이 심화되어 인간과 인간, 국가와 국가, 민족과 민족 간에 첨예한 모순과 대립이 초래됐다. 또한 다양한 이데올로기상의 극단주의가 야기되거나 각종 무장 충돌도 급격히 늘어나고 있다.

안타까운 것은 개별 선진국이 독재를 반대하고 민주를 확산시킨다는 이유로 각종 유형의 전쟁을 발동하고 지지하여 세계가 전례 없는 무정부 상태에 빠지도록 만들고 있다는 것이다. 이로 인해 일부 국가가 붕괴 직전의 상태에 처해 있는 등 세계 평화와 발전을 위해 새로운 국제 질서를 건립하는 것이 매우 긴박한 과제로 떠오르고 있다.

21세기에 접어들면서 지구에는 새로운 세계 정치가 등장했는데, 이것은 미국과 옛 소련의 양대 진영이 대치했던 냉전 시기 또는 수십 년간 미국의 주도로 유지되어온 잠시 동안의 안정과는 구별되는 것이다. 그 특징을 살펴보면 다음과 같다.

첫째, 2차 세계대전 이후에 출현한 100여 개의 독립국, 개도국의 흥기, 아시아의 네 마리 용(홍콩, 싱가포르, 한국, 타이완), 브릭스(BRICs: 중국, 인도, 브라질, 러시아), 넥스트 일레븐(N-11: 한국, 필리핀, 터키, 멕시코, 이집트, 인도네시아, 나이지리아, 파키스탄, 이란, 베트남, 방글라데시)에서 중국의 부상에 이르기까지 이것은 세계를 다극 시대로 진입하도록 만들었을 뿐만 아니라 세계의 파워 구조에 실질적인 변화와 이동이 이루어지도록 했다.

둘째, 물질지상주의와 과학 만능론이 주도한 현대화는 전 세계가 이를 위해 만회할 수 없는 대가를 지불하도록 만들었고, 사람들은 공업문명의 가치관이 이끄는 인류 문명이 지속가능하지 않다는 것을 깨닫게 되었다. 이는 곧 인류의 발전 모델에 대한 고찰의 필요성을 불러일으켰고 지속가능한 발전과 더 나아가 문명 전환에 대한 사회적 합의를 촉진시키며 가치관과 이념의 전환을 유발했다.

셋째, 과학 기술의 폭발적인 발전, 특히 신흥 정보 기술의 고도 발전은 인류에게 거대한 계기와 복지를 안겨주었지만 이와 동시에 과학 기술의 위기 및 인류 문명의 위기에 직면하도록 만들었고, 이에 경제 발전과 사회 거버넌스의 새로운 혁명 등을 요구하고 있다. 앞서 언급한 여러 변화들의 융합과 통합은 오늘날 세계가 100년의 대변국을 겪도록 했고, 현행 국제 질서나 국제 관계, 국제 정치, 국제 규칙, 국제 시스템에 지속적인 심각한 충격과 전복까지도 야기하고 있다.

따라서 인류는 하나뿐인 지구에서 공생·공존·공영할 수 있는 새로운 세계 질서, 새로운 패러다임의 구축을 호소하고 있다. 글로벌 거버넌스는 현재의 유엔(안보리는 세계 평화를 유지하는 방면에서 있어서 갈수록 무능해지고 있다는 것이 현저히 드러나고 있음), 또는 점점 늘고 있는 각종 정상회의(유엔 기후변화 정상회의, APEC 정상회의, 동아시아 정상회의, G20 정상회의 등)에만 의지해서는 충분하지 않다는 것을 우리는 익히 알고 있다. 국제 차원에서 세계는 지금 지정학적 급변이 진행되고 있기에 각국은 스스로 이익을 수호해야 할 뿐만 아니라 '지구 의식'을 통해 국가 간 또는 지역 간의 각종 이익 충돌과 모순을 잘 해결해나가야 한다.

주권국가의 내부는 국정(國情)이 서로 상이하고 발전 단계가 다르며 직면하고 있는 문제가 동일하지 않다고 해도 국내외 환경의 변화를 감안하여 모두 개혁을 필요로 한다. 특히 전 세계적으로 정치는 금전과 권력에 의해 '오염'되는 추세가 갈수록 심화되고 있고, 그러한 거액의 자본과 조직력을 장악하고 있는 특정한 이익집단이 정치 제도를 통제하거나 자신에게 유리하도록 정치를 좌지우지하려 하고 있다. 따라서 어떻게 하면 금전에 따른 정치적 부패와 파괴를 저지하고 이익집단의 개혁에 대한 방해(정치 개혁뿐만 아니라 금융 감독·관리의 개혁, 의료보험 개혁 등 중대한 개혁 과정에서도 방해를 하고 있다)[30]를 타파할 것인지는 하루라도 시급히 해결되어야 할 과제다.

이로부터 우리는 국제적 차원의 글로벌 거버넌스 또는 새로운 세계 질서의 재구축이든 주권국가 내부의 개혁이든 모두 새로운 정치 문명을 창조함으로써 인류 사회의 평화, 조화, 지속적인 발전을 보장할 필요가 있다는 것을 알 수 있다. 새로운 정치 문명이 반드시 해결해야 하는 기본 문제에는 다음과 같은 것들이 포함된다.

① 사유 모델의 전환은 미래의 '정치 문명'이 반드시 해결해야 할 우선적 과제다. 최근 중국은 '인류 운명 공동체'라는 새로운 이념을 제기했다.[31] 실제로 그것은 역사가 유구한 중화 문명[32]에서 '천인합일'[33]의 철학 이념, '세계 대동'과 '천하위공'(天下爲公)[34]의 정치 이념, '협화만방'(協和萬邦)[35]과 화이부동(和而不同)[36]의 문화 이념, '유용내대(有容乃大)'[37]의 정신적 경지 및 노자[38]와 장자[39]의 '무위론' 통치 이념 등 정치인이 반드시 갖추어야 할 수양을 전제로 하고 있다. 이러한 이념에 대한 탐색을 통해 '미래 문명'의 사상적 기초를 재구축하고, 인류의 진보와 진화의 방향을 인도하며, '인류 운명 공동체' 의식을 배양해야 한다.

중화의 전통 문화에 해당하는 민본 사상, 예를 들면 공자의 '위정이덕(爲政以德)' 또는 '인자애인'(仁者愛人)[40]이나 '백성이 귀하고, 사직이 그다음이며, 군자는 가벼운 것이다(民爲貴, 社稷次之, 君爲輕)'[41]라는 맹자의 사상은 현재의 덕정 건설에 있어서 유용하고 귀감이 된다. 또한 음양론[42]과 소프트·하드 학설[43]은 인류 사회의 각종 모순과 대립, 그 관계에 대처할 수 있는 '21세기 발전 원칙'인 조화·포용·공존(관념과 가치관)의 이념을 제공한다.

② 공업 문명의 전환이라는 역사가 바뀌는 시기를 마주하면서 각국은 모두 현행 정치 제도에 대해 시대의 변화에 적합한 변혁을 진행하고, 기타 제도 및 문명을 재구축해야 하는 과제에 직면해 있다. 이를 위해 각국은 우선 각자의 정치 제도가 인류 문명의 발전사에서 어디에 위치하고 있는가를 명확히 함으로써 각 국가 또는 각 민족의 문화와 역사를 결합시키고 제도 개혁의 방향을 확정해야 한다.

③ 공존, 공향(공동 향유), 포용의 문화를 창조하고 조화로운 사회를 건설하는 문화 기초를 구축해야 한다.

④ 새로운 정치 문명을 실현하는 데 이로운 정치 기술을 의식적으로 발명하고 창조하며, 정치 기술의 혁신 능력을 촉진하고 제도 혁신과 제도 설계술의 능력을 강화해야 한다. 이것은 제도 개혁의 성공을 보장하게 될 것이다. 소프트·하드론(연경론) 및 소프트·하드 기술의 발명, 창조 및 혁신은 정치 기술의 혁신 능력을 촉진하는 데 도움이 될 것이며, 여기에는 비폭력으로 모순과 충돌을 해결하는 능력의 증강이 포함될 것이다. 가령, 예를 들면 평화 협상의 방법으로 정치 난제를 해결하는 것, 정치 딜레마에서 벗어나는 것, 국제 관계를 처리하는 기술 및 그것을 제도화하는 능력, 도덕 청사진의 집행 능력 등이다.

실제로 정치 기술은 인류가 그 탁월한 지혜와 능력을 이용해 정치 변혁에 대응하고 사회 거버넌스의 혁신을 통해 사회 모순을 해결하는 수단이다. 중국의 《도덕경》과 《손자병법》의 지혜는 전시뿐만 아니라 평화의 시기에 정확한 전략을 수립하고 모순 및 충돌을 해결하기 위한 책략을 설계하는 데 있어서도 도움이 되므로 학습하고 응용할 만하다(기술 및 수단의 차원에서 그러하다).

⑤ 국민이 정치에 참여할 수 있는 통로를 넓히고, 정치적 의사결정에 참여하는 보편성과 유효성을 높여야 한다. 이를 위해 건전한 정치 참여 제도를 건립함으로써 정치 참여의 통로를 확대하고 국민이 질서 있게 정치에 참여(민중의 정치 참여)할 수 있도록 보장해야 한다.

⑥ 문명의 국제 관계를 건립해야 한다. 1953년 일찍이 중국은 '평화공존 5원칙(주권과 영토의 완정성에 대한 상호 존중, 상호 불가침, 상호 내정 불간섭, 평등 호혜, 평화 공존)'을 제기한 바 있다. 비록 시대의 변천과 국제환경의 변화에 따라 인권, 주권, 테러주의와 세계화 등의 문제에서 의견 상의 갈등이 존재하여 새로운 해석과 보충을 진행할 필요가 있지만 현재 민족국가가 국제 정치에서 가장 주요한 행위 주체라는 상황은 변함이 없으며, 앞서 언급한 원칙은 국제 관계를 처리하는 데 있어서 여전히 매우 강력한 생명력을 갖고 있다.

물론 오늘날 국제 시스템에도 근본적으로 많은 변화가 발생하고 있는데, 예를 들면 어떤 때는 일부 지역 연맹이 국가 못지 않게 중요하다. 새로운 형세에서 협력을 통해 아름답고 더 나은 세계를 건설하고자 한다면 세계 정치의 제도 배치와 규칙 시스템(국제 관계의 준칙을 포함한다)도 반드시 시대의 변화와 함께 개혁되어야 한다.

이를 위해 중국은 평화공존 5원칙을 발전시켜 신형 국제관계의 새로운 이념인 '인류 운명 공동체'를 제기했고, 그것은 지구 문명의 국제 환경에 적합한 것이다. 또한 앞서 언급한 몇 가지 건의 사항이 실현 될 수 있도록 하는 중요한 전제이자 각국 외교 정책에 대한 규범적 평가를 하는 데 있어서 하나의 기준으로 삼을 수 있다.

요컨대, 새로운 정치 문명은 인류의 지속가능하고 조화로우며 평화적인 발전에 부합되는 정치 관념과 정치 제도를 바탕으로 사람들의 이상적인 사회 제도에 대한 추구를 체현해야 하며, 모든 것은 궁극적으로 전 인류의 장기적이며 근본적인 이익에 이바지해야 한다.

## 생태 문명

생태 문명은 인류 사회의 원시 문명, 농업 문명, 공업 문명 이후에 그 뒤를 이어 새롭게 출현한 중요한 문명 중 하나이다. 실제로 어떤 문명의 시대든 인류 사회는 줄곧 자연을 인식하고 이용하고 개조하며 자연에 적응하는 과정 속에서 부단히 발전해왔고, 단지 다양한 문명이 서로 다른 형태의 인간과 자연 관계를 기초로 삼아왔을 뿐이다.

공업 문명은 자연의 개조를 목적으로 삼아 우리가 생존을 위해 의지하고 있는 지구의 환경, 생태, 자원에 대해 만회할 수 없는 파괴를 야기했다. 반면 생태 문명은 인간과 자연의 협조적인 발전을 준칙으로 삼고, 대자연 앞에서 인간은 한없이 무능하여 아무것도 할 수 없다는 생각에 기초한다. 따라서 '약탈적'으로 자연을 개조하는 잘못을 버리고, 지속가능한 발전을 원칙으로 삼아 자연을 존중하고 자연에 순응하며 자연을 보호하고 인간과 자연의 협동과 진화를 촉진한다. 즉 생태 문명은 인류 '미래 문명'의 전제로서 좋은 생태 환경과 생태 안전이 없을 경우 물질적 또는 정신적 삶의 향수는 거론할 수조차 없는 것이다.

중국을 예로 들면, 40년간의 개혁개방은 공업화 단계를 가속화시키고 있고, 경제 총량은 전례 없는 규모에 도달했으며 이와 동시에 대량의 화석 에너지 연소와 급속하게 늘어난 자동차 등에 의해 심각한 대기오염이 발생했다. 농약, 화학비료의 대량 사용은 심각한 토양 오염을 발생시키고 있고, 공업 오염원, 농업 오염원, 생활 오염원은 물 환경에 매우 커다란 파괴를 초래하는 등 생태계의 수용 능력은 현재 매우 고갈된 상태이다. 깨끗한 공기, 청결한 음용수, 안전한 식재료의 공급은 오늘날 중국 국민이 최대로 갈망하는 요구 사항이 되고 있다.

인류가 생태 문명의 사회로 나아가는 것은 사회 전체의 문명 이념, 경제 발전, 과학 기술 발전 및 생활과 소비 모델, 제도 건설, 공중(公衆)의 소양과 사회 풍조 등 각 영역과 관련되어 있다. 우선 인류의 자연계에 대한 진부한 관념과 윤리에 대한 가치관을 바꾸어야 한다. 이것은 생태 문명을 건설하기 위한 전제 조건이다.

세계적으로 자연 재해가 점점 빈번하게 발생하고 끊임없이 새로운 바이러스가 출현함에 따라 야기되는 처참하고 고통스러운 대가는 우리에게 인류와 자연계의 관계를 다시 생각하도록 만들고, 대자연을 무시하고 자연계의 기타 생물을 무시하며 '모든 것을 인간 중심으로 하는 사유 모델'의 전환을 촉구하고 있다. 전문가들은 일찍이 지구가 여섯 번째 대멸종의 시기를 거치고 있다고 경고했지만 인류는 줄곧 그것을 한 귀로 듣고 한 귀로 흘려보냈다. 실제로 이러한 경고는 우리 '인류'라는 종이 대멸종의 위기에 직면해 있다는 의미이기도 하다.

중국의 고대 철학자와 사상가들이 언급한 생태 문명과 관련된 사상은 그 함의가 매우 풍부하고 심오하다. 예를 들면, 노자의 '도법자연(道法自然)'[44]의 생태 철학과 동중서(董仲舒)의 '천인합일'[45] 등의 생태 지혜는 인류와 자연의 관계를 정확히 짚어내고, 경제 발전 및 사회 진보와 생태 환경 간의 관계를 바르게 처리할 수 있도록 생태 문명에 견실한 철학적 기초와 사상적 원천을 제공하고 있다.

인간과 자연이라는 한 쌍의 모순 관계에 있어서 지식도 있고 정치에도 참여할 수 있는 인간은 분명히 모순의 주요 원인이며[46] 과거는 물론 오늘날의 생태 위기와 환경오염 관련 문제는 대부분 절대적으로 인류의 활동에 의해 야기된 것이다. 따라서 행위 모델을 전환시켜야 하는데 특히 생존 방식과 생산 방식, 생활 방식 등을 포함하는 인류의 전통적 발전 모델의 변화가 필요하다.

예를 들면, 인류는 반드시 자연계의 기타 생물을 무시하는 행동을 바꾸어야 한다. 특히 감상용이나 식용으로 또는 진귀한 장식품과 고급 의복을 얻고자 야생동물을 마구 수렵하고 살상하는 등의 야만적인 생활 방식을 바꾸어야 한다. 야생동물을 살상하는 것을 통해 살육의 쾌감을 충족시키는 사악한 오락 행위 또한 반드시 멈춰야 한다(남아프리카공화국의 '캔드 헌팅' 등이 이에 해당한다).

과학 기술 발전의 활동을 예로 들어 설명하자면, 갈수록 심각해지는 자연 재해와 끊임없이 폭발하는 새로운 바이러스에 의한 전염병은 과학의 발전과 기술 혁신에 대한 사명, 방향 등의 중요한 문제를 재고하도록 만들고 있다.

예를 들면, '과학 기술 발전의 취지가 인류에게 복지를 안겨주는 것'

이라는 관점은 점점 타당성을 잃어가고 있다. 인류가 지속적인 생존과 발전을 하려면 반드시 자연계 기타 종의 지속가능한 생존과 발전, 자연환경(생태 환경, 생물 환경 및 자원 환경)의 보호를 동시에 고려해야 하고 그래야만 인류 스스로 자신을 구제할 수 있기 때문이다.

이를 위해 생물의 다양성과 만물을 양육하는 자연환경을 보호하고, 회복에 힘쓰며 인간과 자연이 함께 조화롭고 지속가능한 발전 등을 목적으로 삼는 '발명, 창조, 혁신'을 촉진해야 한다. 이것은 과학 기술의 발전이 추구하는 취지의 중요한 내용으로 과학 기술의 발전이 지향해온 기존의 취지를 더욱 확대해야 함을 의미한다.

인공육의 연구·개발을 예로 들어 설명하자면, 인공육의 발전은 인류와 자연계 중 기타 생물과 조화로운 공존을 실현하는 것에 있어서 완전히 새로운 관점을 열었다. 1916년 영국의 그라페 빅터(Grafe Viktor)가 단백질을 이용해 고기를 대체한다는 개념을 제기한 이래, 과학자들은 100여 년의 탐구를 거쳐 식물의 단백질을 이용하여 인공육을 제조하는 것에서부터 동물 체내에서 세포 또는 조직을 추출하여 실험실에서 각종 육류를 '생산'해내고 있다. 이는 기타 생물체에 그 어떤 상해도 야기하지 않는다.

최근 이스라엘의 '알레프 농장'은 과학자들이 소의 몸에서 통증을 느끼지 않게 몇 가지 세포를 추출하여 색깔과 맛이 좋은 스테이크를 '자라나게 했다'고 선포했다.[47] 인류가 더 이상 동물들의 살상을 통해 영양분과 미각에 대한 수요를 만족시키지 않아도 된다면 이것은 인류의 기아 문제를 해결할 수 있을 뿐만 아니라 더욱 건강하고 맛있는 음식을 먹을 수 있게 된다. 또한 온실가스를 감소시키는 데 일조할 뿐만 아니라 목축업이 초래하는 수자원 오염, 대량 토지의 점유, 에너지 소모 등의 문제를 완화시킬 수 있고, 근본적으로는 광우병과 구제역 등의 바이러스에 대한 감염의 고리를 끊을 수 있다.

비록 대규모로 생산하기까지는 아직 돌파해야 할 많은 난관들이 존재하지만 인공육의 발명은 확실히 인류에게 생활 방식의 변화를 통해 자연계의 기타 동물과 조화롭게 생존하는 기회와 경로를 제공하고 있다.

다음으로는 생태 문명을 건설하기 위한 체제와 메커니즘, 그리고 사회나 정치, 경제 제도와 관련된 변혁을 적극적으로 탐구하고 촉진해야 한다. 발전 모델의 전환에는 관련 제도의 뒷받침이 필요하며 이러한 제도는 인간과 자연의 다양한 관계를 조정하는 데 도움이 되고, 정부의 행위 변화를 촉진시킬 수 있어야 하며(예를 들면, 중국에서 생태 문명 건설에 영향을 미치는 커다란 난점은 정부가 경제 및 공무원의 성과에 대한 관점에 간여하고 있다는 것이다), 생산·소비·자원·에너지·환경·생태 등 광범위한 영역의 관리 제도 속에 침투되어야 한다.

예를 들면 자연 자원의 가격, 소비와 관리 제도, 생태 보상, 생태 회복 거버넌스 제도 등을 조정하고 완벽을 기하기 위해 노력하며, 사회 자금이 생태 건설을 위한 제도, 다원화된 생태 투입을 보장하는 기제, 재정 투입의 기제, 각 지역과 부문의 성과와 관련된 심사·평가 제도 및 효율적인 감독과 관리 제도에 투자되도록 이끄는 것이다. 그런데 이러한 제도는 반드시 국제적으로 연계되어 있어야 하므로 국제 협력을 진작시키기 위해 노력해야 한다.

또한 공중 교육에 대한 국민 전체의 소양을 높여야 하는데 이것은 앞서 언급한 세 가지 조치를 관철하기 위한 전제다. 환경보호 중 최대 난제인 쓰레기 분류를 예로 들어 설명하자면, 앞서 '제도의 한계'를 다루면서 언급한 바와 같이 쓰레기 분류의 법제화는 확실히 중요하지만 더욱 중요한 것은 사회 전체에 '환경보호는 나부터 시작한다' '쓰레기를 마구 버리지 않는 것을 영예로 생각하고 쓰레기를 마구 버리는 것을 부끄럽게 생각한다'와 같은 사회 풍조, 즉 공중의 습관과 자연 행위 및 사회 규범을 수립하는 것이며, 더 나아가 이것이 공중의 잠재의식 변화를 일으키는 것이다.

이를 위해서는 자각적인 생태 의식을 통해 공업화 시대의 문명관을 반성하고, 자연을 주재하거나 무시하는 관념과 행위를 철저하게 바꾸며, 인간과 자연의 관계를 조정하여 자연을 존중하고 자연과 조화롭고도 친밀한 관계를 맺어야 한다. 만약 그렇지 않을 경우 글로벌 생태 위기에서 벗어날 수 없을 것이며 인류는 자신을 구제할 수 없게 된다.

## 성제 문명

제1장에서 논한 바와 같이 과학 기술의 발전에 따라 특히 최근 우주 기술과 유인 항공우주 기술의 획기적인 발전으로 인해 인류의 발전 공간이 우주 공간과 기타 행성으로 확대되고 있다. 인류는 이미 달 착륙에서 더 많은 행성의 도달까지, 우주 탐험에서 우주 이민에 대한 연구까지, 우주 신소재 이용에서 성제 여행 등에 이르기까지 우주 산업이 전면적으로 발전하고 있으며 우주 탐색의 신시대에 진입하고 있다. 이와 동시에 우주 공간의 지배권을 장악하기 위해 각국은 경쟁적으로 우주

계획을 가동하거나 수정하고 있고, 우주군 부대와 우주군 사령부를 준비 또는 창설하기에 이르렀다.

따라서 성제 문명을 건설하는 것은 이미 의사일정에 올라와 있다고 할 수 있다. 만약 지구 문명에 적합한 정치 문명 중 국가와 국가의 관계를 처리하는 방면에서 협력과 상생, 대화를 통한 협상, 공평과 정의, 평화롭고 조화로운 국제 관계의 문명을 강조한다면 성제 문명은 곧 인류가 기타 행성과의 관계를 처리하는 방면에 있어서의 진보 상황을 나타낸다고 할 수 있다.

성제 문명을 건설하기 위해서는 '어떻게 행성 자원을 개발하고 이용할 것인가' '어떻게 우주와 행성 환경을 보호하고 우주 이민을 실시할 것인가' '어떻게 우주 사회의 질서를 수호하고 본토 문화(만약 외계 행성에 생명체가 존재할 경우)를 존중할 것인가' 등의 해결해야 할 많은 문제가 존재한다. 관건은 인류가 긴 시간 지구에서 살아가며 쌓아온 경험과 교훈을 토대로 지구에서 행해왔던 좋지 못한 행위, 즉 지구를 오염시키고 생태계와 자연 자원을 파괴하며 끝없는 충돌과 전쟁을 거듭해왔던 것을 극복하며, 도덕적으로 선을 지향하고, 지속가능한 발전에 부합되는 인류 문명을 관련된 행성에도 대동해야 한다는 점이다.

물론 그곳에 생명체가 있다면 우선 그들에 대해 이해하고 그들과 조화롭게 공존하며 공동으로 발전하는 길을 모색해야 할 것이다. 외계 생명체가 지구상의 인류보다 더욱 선진적이고 강대할 가능성도 있다. 즉 지구 문명은 인류의 지속가능한 발전을 위해 성제 문명을 포함해야 한다(〈자료 5-2〉 참조, 347쪽).

성제 문명에 대한 논의 가운데 배제해야 할 두 가지 사항이 있는데 그 첫 번째는 '우주 식민 사상'을 채택해서는 안 된다는 것이다. 인류에게는 일찍이 불명예스러운 역사가 있다. 신항로를 개척했던 유럽인이 미주 대륙을 발견하고 이민할 때 낙후한 아프리카 대륙은 이미 서방의 식민지로 전락했고, 신대륙의 개발을 위해 대량의 노동력이 필요했기에 흑인들을 미주 대륙으로 데려와 서방 식민주의자들의 노예로 삼았다. 즉 신대륙을 개발하면서 야만적인 노예제 역시 이식해버렸고 본토의 인디언 또한 도살하거나 쫓아냈다.

두 번째는 기타 행성을 전통적 인류가 지구에서의 '인간-기계 문명' 전쟁에서 패배했을 때 도망치기 위한 일종의 피난처로 간주해서는 안 된다는 것이다. 머지않은 미래에 인류가 진정으로 우주에서 거주하기에 적합한 여러 행성에 흩어져 살게 되고, 그곳에 있는 푸른 하늘과 하얀 구름을 벗삼아 깨끗한 하천과 수풀이 우거진 숲을 조성하여 주민들이 조화롭고 평화롭게 공존하는 아름다운 정원을 건설하기 위해서는 결코 공업 문명의 가치관을 복제하여 기타 행성에까지 미치게 해서는 안 된다.

현대 시대의 공업 문명은 여전히 절정의 시기에 있으며 현대 문명의 주류를 구성하고 있다. 문명 전환을 이루지 못한 인류가 만약 공업 문명의 폐단(자연을 절대적으로 지배하고 정복하기 위해 서로 경쟁을 벌이는 것)과 행위 모델(무한히 물욕을 추구하고 과도한 소비와 지나친 낭비를 하는 생활 방식)을 함께 각 행성을 개발하는 과정에 이식시키고 동서 간의 대치, 남북 간의 발전 격차, 패권주의, 강권정치 등을 기타 행성에서 거듭하게 된다면, 즉 인류가 지구에서 실패했던 모델을 기타 행성에 '복제'하거나 심지어 '보급'한다면 우리가 지구의 자연환경을 파괴한 것과 마찬가지로 기타 행성 역시 하나씩 파괴될 것이다.

만약 앞서 언급한 내용이 현실이 될 경우 인류는 우주를 파괴하는 '고급 종'으로 우주 진화의 역사 속에 기록될 것이다. 이러한 의미에서 인류가 다른 행성으로 이민할 것에 대비하여 우리가 해야 할 준비는 우주 기술 향상에 의지하는 것만으로는 충분하지 않고, 세계는 무엇보다 우주를 관리하는 법률 시스템을 구축할 필요가 있다. 이러한 점들을 고려했을 때 우리는 공업 문명의 전환을 촉진하는 것도 성제 문명을 창건하는 데 있어서 매우 중요한 전제가 된다는 것을 알 수 있다.

# 5

# 깊이 있게 생각해볼 문제들

## 인류의 진화에 대하여

현재 인류의 진화에 대한 연구는 여전히 서구 현대화의 연속이고, 과학 만능의 사유 모델에 의해 통제되고 있으며, 자본을 중심으로 하는 자유 경제와 시장에 의해 고무되거나 지지받고 있다. 자신이 오래 살 수 있고 늙지 않으며 가족의 수명이 연장될 수 있다고 하면 우리는 얼마나 큰 유혹을 받을 것인가? 그러나 이러한 기회를 모든 사람이 누릴 수 있는 것은 아니다. 시장의 관점에서 논하자면 그것은 미래의 전체 인류 인구 중 1퍼센트밖에 되지 않고, 지구의 50.1퍼센트[48]에 달하는 부를 차지하고 있는 부자가 금광의 문을 여는 열쇠가 될 것이다.

분명한 것은 '자연인'의 관점에서 인류의 진화를 논하는 것이 인성의 승화와 문명의 진보를 추동하는 시도보다 더욱 흥미롭고 간단하다는 점이다. 전자는 충분한 자금이 연구기관의 실험실에 투입되기만 하면 곧 추형 또는 성과(그것이 설령 괴물을 만들어낸다고 해도 이론적으로 유전자 공학은 아가미로 호흡하는 인류 또는 날개가 자라나 비행하는 인간을 만들어낼 수 있기 때문이다)를 눈으로 볼 수 있다. 하지만 후자가 실현되려면 몇 세대 또는 몇 십 대 사람들의 길고 고통스러운 분투가 필요하며, 그 실험실은 전체 인류 사회와 지구 및 우주 공간이 될 것이다. 또한 연구자는 사회 각계의 보편적인 무시, 근시안적인 행위, 전적인 무관심에 직면할 것이고 일반 대중의 냉담한 반응을 견뎌내야 한다. 따라서 그들은 현재의 비교적 안정되고 편안한 환경에서 생활하는 것을 희망할 뿐이며, '미래에 인류가 어떻게 변할 것인가' 등의 문제에 대해서는 관심이 별로 없다.

사람들은 항상 복잡한 문제를 쉽게 사회과학 분야에 넘기는데 이것 또한 경솔한 행위다. 요컨대 전자와 비교해서 이러한 부류의 연구를 위해서는 비길 데 없는 리스크를 감수하고 원대한 포부를 지녀야 한다.

이를 위해 한편으로는 인류 개체의 사회성을 끊임없이 보완하고자 노력할 필요가 있다. 이것은 대대로 계승되며 영원히 중단되지 않는 것으로 '인성의 선(내재적, 개인적)'을 정화시키고 승화하며 긍정적인 에너지를 증강시키고자 분투하는 과정이다. 다른 한편으로는 인류 사회의 선진 문명을 부단히 창조하고 추진하며 더욱 선진적이고 건전한 생존 방식과 생활 환경을 선택하여 모든 사회 시스템이 인류의 지속가능한 생존과 발전, 즉 지구 문명에 부합될 수 있도록 해야 한다. 이는 이번 장 앞부분에서 논했던 인문사회 차원에서의 인류 진화와 관련된 두 가지 주제에 해당한다.

## 지구 문명에 '지구'라는 표현이 쓰인 이유

인류의 공업 문명에서 지구 문명으로의 전환은 이른바 '특이점'과는 다른 것으로 역사의 어떤 '시점'에서 발생하며, 수백 년에 걸쳐서 점진적으로 자신도 모르는 사이에 감화되는 과정이다. 지구 문명은 전통적 의미상의 모든 문명과는 다른데 그것들은 단지 지구의 총면적과 인구 중 일부분에 영향을 미칠 뿐이며 다양한 시대와 역사, 지역, 인간 집단(종족 또는 민족)이 형성한 각종 문명(보유하고 있는 물질 생활, 정신 생활, 생산 방식의 총화)에 기초해 있기 때문이다.

예를 들어, 역사학자 아놀드 조셉 토인비(Arnold Joseph Toynbee)는 그의 대표작 《역사의 연구(A Study of History)》(제9권)[49]에서 세계의 고금(인류의 역사 6,000년)을 통해 모두 28개의 문명이 존재해왔다고 말했는데 여기에는 고대 그리스 문명, 이란 문명, 고대 인도 문명, 고대 중국 문명, 바빌론 문명, 이집트 문명, 멕시코 문명, 마야 문명 등이 포함된다.

독일의 사학자 오스발트 슈펭글러(Oswald Spengler)는 역사상 8가지의 고급 문명이 출현했다고 간주했는데 여기에는 이집트, 인도, 바빌론, 중국, 고대 그리스·로마, 이슬람과 배화교, 멕시코, 서방 (근대) 문명이 포함된다.[50]

러시아의 사상가 니콜라이 다닐렙스키(Nikolay Danilevski)는 인류 세계에 10개의 역사 문화 유형이 있다고 주장했는데 이집트(또는 햄족) 유형, 중국 유형, 고대 샘족 유형, 인도 유형, 이란 유형, 히브리 유형, 그리스 유형, 로마 유형, 게르만 유형, 페루 유형 등이 이에 해당한다.[51]

중국의 역사학자 류원룽(劉文榮)은 인류의 3만 5,000년에 이르는 문명사를 5개의 시기, 즉 사전(史前) 문명, 원고(遠古) 문명, 중고(中古) 문명, 근대 문명, 현대 문명으로 구분했다.[52] 우리가 이 책에서 탐구하고 논하고 있는 지구 문명에 '지구'라는 표현이 쓰인 이유는 바로 그것이 미래에는 앞서 언급한 각종 문명, 즉 다양한 지역, 종교, 민족이 독특하게 보유하고 있는 문명을 초월하게 될 것이기 때문이다.

21세기에 이르러 우리는 한 차례의 새로운 세계화 시대가 도래하는 것을 막을 수 없고, 하나의 지구를 공유하는 인류는 반드시 더욱 선진적 문명을 창조해야 하고 다함께 '지구 대가정(Global Family)'을 만들어나가야 한다는 것을 인식하게 되었다.

지구 문명은 다양한 문화의 특징, 종족 특징, 개체의 차이가 점차 소실될 것이라고 주장하지 않기 때문에 각종 민족의 역사와 문화를 서로 동화시키지 않는데, 이러한 문명은 각종 문화를 융합하고 포용하며 아울러 지양한다. 동화에는 활로가 없다고 보는 것이다. 지구 문명에서의 문화는 인류의 생존 방식으로서 풍부하고 다채로우며 다양해야만 비로소 생명력을 갖게 되고, 또한 이것은 삶의 질을 끌어올리는 기준 가운데 하나이기도 하다.

## 지구 문명과 '인류 운명 공동체'

현재 세계에는 여전히 서로 다른 국가이익, 다양한 종교와 신앙, 이데올로기, 사회 제도상의 갈등이 존재하며 심지어 대립하고 있기도 하다. 하지만 인류에게는 단지 하나의 지구가 있을 뿐이며 각국은 하나의 세계 속에서 공존하고 있다. 당신이 원하든 원하지 않든 지구상에서 함께 생활하고 있는 인류는 갈수록 '당신 안에 내가 있고, 내 안에 당신이 있는(你中有我, 我中有你)' 운명 공동체가 되어가고 있다.

또한 인류는 국경을 초월하는 수많은 공동의 도전 앞에 국경을 초월한 해결 방안을 필요로 하고 있다. 이는 곧 다양한 신앙, 제도를 갖고 있는 민족국가가 평화적 공존 속에서 질서 있게 경쟁하고, 공동 이익을 통해 갈등과 대립을 압도하며, 직면해 있는 도전에 공동으로 대응하는 등 인류가 합리적으로 세계의 미래를 선택하도록 하여[53] 지구 문명의 시대로 진입하기 위한 협력을 요구하고 있다.

어떻게 하면 세계 각국이 경제 세계화, 세계 다극화, 문화 다양화, 사회 정보화의 시대에 동주공제(同舟共濟, 같은 배를 타고 함께 강을 건너는 것처럼 어려움 속에서 한마음으로 협력하는 것)하며 아름답고 더 나은 내일을 향해 나아갈 수 있을까?[54] 이를 위해서는 우선 글로벌 거버넌스와 각국 내부의 국가 거버넌스 간의 관계를 잘 관리하고 지구상에서 생존하고 있는 인류로서 글로벌 가치관을 수립하여 공동 생활 준칙을 세울 필요가 있다.

중국은 하나의 방법으로써 '인류 운명 공동체' 이념을 제기했다. 이러한 이념은 국가, 종족, 문화 및 이데올로기의 경계를 초월하며 인류의 미래를 사고하는 데 있어서 완전히 새로운 시각을 제공한다.

그것은 각국이 대소·강약·빈부를 불문하고 일률적으로 평등하고 상호 존중해야 하며 존엄·발전의 성과·안전 보장을 향유할 것을 요구하고, 다양한 지역과 다양한 민족의 문명이 교류 및 서로 간의 배려를 통해 더욱 풍부하고 다채로워질 것을 요구한다. 또한 국제적 기준의 공평 및 정의의 수호를 요구하고(각국의 주권, 독립과 영토의 완정성을 존중하고 각국 국민이 사회 제도와 발전 경로를 자주적으로 선택할 권리를 존중할 것을 요구함) 국제 관계와 세계 업무를 처리하는 데 있어서의 패권과 자신의 의지를 타인에게 강제하는 것, 타국의 내정에 간섭하는 것, 강자가 약자를 괴롭히는 것에 반대하며 영구 평화와 번영 속에서 세계를 함께 건설할 것을 요구한다.

물론 이러한 새로운 공동체 수립을 위해서는 반드시 관련된 정치 제도와 규칙 체계의 제도 혁신이 필요하며, 점차 '인류 공동체' 의식이 과거 세계 정치의 진부한 '정글의 법칙'을 대체하도록 해야 한다.

글로벌 거버넌스를 위해서는 반드시 거버넌스에 참여하는 모든 관계자가 공동으로 협상하고 건설해야 하며, 거버넌스의 성과는 모든 참여자에게 공정하게 향유되어야 한다. 즉 '공동 협상, 공동 건설, 공동 향유'[55]의 글로벌 거버넌스를 통해 신형 국제관계를 구축하는 데 이바지해야 하는 것이다.

발전의 진행 과정으로부터 볼 때 '인류 운명 공동체'는 이익 공동체, 책임 공동체, 운명 공동체의 세 가지 단계로 구분될 수 있다. 그중 이익의 공동 향유와 책임의 공동 부담은 운명 공동체를 형성하는 데 있어서 기초인 동시에 반드시 거쳐야 할 경로를 제공해주며, 운명 공동체는 이익 공동체와 책임 공동체의 결합과 승화를 구축하는 것이다.[56] 이것은 민족국가와 이데올로기를 초월한 일종의 지구관이며, 국제 질서와 국제 시스템의 개혁과 관련하여 중국이 제시한 해결 방안이기도 하다.

'인류 운명 공동체'의 이념은 지구 문명을 실현하기 위한 구동존이(求同存異, 공통점을 추구하며 차이점은 보류하는 것)와 공동 진보의 가치관인데, 거꾸로 논하자면 지구 문명은 인류 운명 공동체를 실현하기 위한 일종의 거시적 소프트 환경이라고 말할 수 있다. 그런데 내가 이 책에서 언급하고 있는 지구 문명은 인류 사회의 이상적인 목표 또는 사회 시스템은 아니다. 지구 문명은 도덕적으로 훌륭하고 선량하며 영구 평화가 유지되는 '위대한 문명'의 초급 단계에 불과하다(제5장 참조).

제 5 장

# 험난한 '지구 문명'의 구축

**"위대한 문명을 실현하는 것은
환상이 아니며
현대판 유토피아도 아니다.
미래는 우리의 발 아래 놓여 있다."**

앞서 논리적으로 설명한 바와 같이 현재 인류가 직면하고 있는 수많은 도전을 철저히 해결하고자 한다면 반드시 공업 문명에서 지구 문명으로의 신속한 전환이 필요하다. 염려되는 것은 현재 세계의 중대한 위기, 즉 그것이 극단적인 사조와 이데올로기의 극단화에 의한 위협이든, 주권국가 간의 이익 충돌 또는 간섭주의가 초래한 전쟁의 위험이든, 기후 변화와 지구 생태계의 쇠퇴가 초래한 자연 재해든, 아니면 과학 기술의 신속한 발전과 관련된 인류 문명의 위기이든 모두 언제라도 인류를 멸망의 길로 내몰 수 있다는 점이다.

만약 우리가 글로벌 차원의 혁명적 조치를 취하지 않는다면 눈앞에 벌어질 사태는 우리의 미래 100년 또는 수백 년의 시간 동안 공업 문명에서 벗어날 수 없게 만들 것이고, 미래 30~50년 동안 세계는 모습이 크게 변모될 것이며, 심지어 전통적 인류가 하루아침에 멸망할 수도 있다. 우리에게는 아직 기회가 있지만 더욱 절실한 행동이 필요하다. 서로 다른 문화의 다양한 발전 수준 및 다양한 시각으로부터 정치·신앙을 초월하고, 인류가 직면하고 있는 각종 위기를 마주하며, '지구 문명'을 수립해가는 길 위에서의 각종 어려움과 장애물을 뚫고 앞으로 나아가야 한다.

# 1

# 갈 길이 먼 전면적 문명의 전환

인류 문명은 이미 100만 년 남짓의 원시 문명(석기 시대)과 1만여 년의 농업 문명, 300년 전에 시작된 공업 문명을 거쳤다. 미국의 미래학자 허만 칸(Herman Kahn)은 공업 문명이 세계 각지로 확산되는 과정에는 400년이 필요하다고 보았다.[1] 그는 이 과정을 공업화 시기로 부르는데 이것은 다시 '공업화 사회 – 초공업화 사회 – 탈공업화 사회' 세 가지 단계로 구분할 수 있다.

탈공업화 사회 이후의 인류는 역사상 '또 하나의 위대한 시대'로 힘차게 진입하는데(하지만 허만 칸은 '또 하나의 위대한 시대'의 함의에 대해서는 설명하지 않고 있다), 탈공업화 사회는 우선 21세기 초에 선진 자본주의국가에서 출현하고 그 이후에 전 세계로 확대되며 이 과정은 대략 150년이 필요하다고 보았다.

나는 공업 문명이 아직은 계속 진행되어야 한다는 관점에 동의한다. 하지만 만약 인류가 글로벌 차원의 혁명적 조치를 취하지 않을 경우 역사상 '또 하나의 위대한 시대'가 언제 도래할 것인지에 대해서는 역시 말하기 어려울 것이다. 그 이유는 다음과 같다.

## 공업 문명의 강력한 추세는 계속된다

제4장의 '인류의 위기를 불러온 공업 문명(249쪽)' 부분에서 우리는 이미 공업 문명이 지속될 수 없다는 것을 확인했다. 안타까운 것은 공업 문명이 아직까지 계속되고 있다는 점이다. 이는 오노레 드 발자크(Honoré de Balzac)가 "문명이란 하나의 큰 차량에 비유될 수 있는데, 인도의 신차와 마찬가지로 위풍당당하게 계속 전진하고 있다"고 말한 것과 같다.[2]

① 개도국의 수요: 영국의 산업혁명부터 시작해서 지구상에는 두 종류의 주요 문명, 즉 공업 문명과 농업 문명이 존재해왔다. 물론 중간에 매우 많은 과도적 지대가 있는데 다양한 국가의 공업화 과정이 서로 상이하여 어떤 곳은 이미 고도의 공업화 단계에 도달했고, 어떤 곳은 공업화의 초급 단계에 처해 있으며, 심지어 매우 많은 국가가 아직 공업화를 시작도 하지 못하고 있다.

분명한 것은 공업 문명이 전 세계로 확대되는 '현대화' 과정이 글로벌 차원의 되돌릴 수 없는 필연적 추세라는 점이다. 또한 고속의 경제 성장을 실현하는 것은 개도국이 현대화를 향해 나아가는 주요 경로이며 다수의 개도국이 여전히 추구하는 목표이자 비전이다. 현대화를 성공적으로 실현시킨 모든 사회는 단지 그 노선과 시간이 상이

할 뿐 공업화를 향한 자신의 길을 찾아냈고 그 이후 탈공업 사회에 도달하고 있다. 1차 물결은 선진국이고, 2차 물결은 한국, 홍콩 등 '아시아의 네 마리 용'이었으며 3차 물결은 중국, 인도 등 브릭스 국가다. 그리고 4차 물결은 아프리카 등이 될 것이다.

② 서방 공업 문명의 거대한 관성은 상당히 긴 시간 동안 지속될 것이다.

③ 생태 문명은 세계의 새로운 조류일 뿐만 아니라 논리적으로 선진국에서 먼저 일어날 수밖에 없는데 그곳에서 우선적으로 생태 위기가 발생하고 있기 때문이다. 하지만 한편으로 서방세계의 강력한 기술과 자금은 본국의 생태 위기를 완화시킬 수 있고, 다른 한편으로 선진국은 개도국을 향해 부단히 생태 비용을 이전시켜 오히려 공업 문명을 계속 유지할 수 있다.

④ 사람들이 기대를 걸고 있는 탈공업화 시대와 그 순환 경제 및 생태 경제 모델은 자연스럽게 도래하는 것이 아니며 반드시 공업 문명의 철저한 전환을 거쳐야만 이루어지는 것이다. 또한 문명의 전환에는 사회 제도, 정치 제도, 경제 제도의 변혁이 뒷받침되어야 한다. 제도 변혁의 강력함과 어려움이 인류 사회 제도 발전의 점진성을 결정하고 문명 전환의 난점을 증가시킨다.

관건은 공업 문명에서 지구 문명으로의 과도기를 어떻게 단축시키고 '위풍당당하게' 전진하는 공업 문명이라는 기차의 속도를 늦추는가 하는 것이다. 이로써 미래 문명으로의 전환을 수월하게 하고, 미래의 100~150년 후를 공업 문명이 계속 확산되는 시기가 되게 할 뿐만 아니라 지구 문명이 기동하는 단계가 되고, 일부 국가에서는 심화되는 단계에 들어갈 수 있을 것이다.

## 신구 문명의 교체 단계

지구 문명을 실현하는 것은 최초로 문명을 의식적으로 전환시키고자 하는 시도이며, 특히 이윤 추구의 유혹으로 가득한 공업 문명을 지양하고 그 문화와 가치관, 기술 혁신의 방향 및 제도를 철저하게 바꿈으로써 새로운 물질 문명, 정신 문명, 정치 문명 및 기존에 시도하지 못했던 생태 문명과 성제 문명을 창조하는 것이다.

'문명 법칙사(문명은 800년의 준비기와 800년의 고조기로 구성되는 일정한 주기를 갖는다는 내용이며 서기 2000년을 기준으로 동방 문명은 고조기로 향하고, 서방 문명을 하락기를 맞이한다_옮긴이)'를 창시한 무라야마 미사오(村山節)에 따르면[3] 지구 문명은 대체적으로 동방 문명과 서방 문명으로 구분되며, 800년을 주기로 순환하고 거듭된다.

서방 문명은 물질지상주의와 과학 만능론의 기초 위에 세워져 그 결함이 나날이 폭로되고 있다. 2000년에서 2800년까지는 서방 문명의 결함을 수정하고 보완하는 시기가 될 것이며, 이와 동시에 정신적 가치와 윤리적 가치를 중시해온 전통적 동방 문명이 활력을 다시 발산하게 되는 시기가 될 것이다.

무라야마 미사오는 1975년에서 2075년까지 100년의 기간은 동방 문명과 서방 문명의 교체기가 될 것이며, 신문명(구체적으로 신문명이 무엇인지에 대해서는 설명하지는 않았음)이 탄생하는 과도기가 될 것이라고 보았다.

우리는 현재 바로 이 시기에 위치해 있는 것이다. 여전히 지속되고 있는 공업 문명이 강력한 기세를 보이고 있다 하더라도 '문명 주기론에서 보든, 선진 문명을 창조해야 하는 막중한 임무로부터 보든 현재는 문명의 전환을 준비하는 시기에 불과하다. 진정으로 5대 문명이 상호 협력하고 보완하며 이룩하는 새로운 '지구 문명'을 실현하기 위해 우리는 수백 년 동안 계속해서 분투해나가야 할 것이다. 인류가 공업 문명의 위기로부터 벗어나는 것은 결코 단순하고 자연스러운 과정이 아니기 때문이다.

인류가 수백 년 동안 견지해온 익숙한 문명관을 전환시키는 것은 이처럼 매우 어렵고 모든 새로운 문명의 형태는 그 앞에 존재했던 문명 형태에 대한 지양이다. 생태 문명을 예로 들면, 그것은 공업 문명에 대한 부정이기도 하고 계승이기도 하다. 공업 문명 시대에 창조된 눈부신 과학 기술, 불후의 예술 성취 등은 반드시 긍정적으로 계승되어야 할 것이다. 설령 인식의 문제를 해결하더라도 더욱 준엄한 도전은 실천에 있다. '문명이지의 물질 문명을 어떻게 실현할 것인가' '미래의 정신 문명 및 정치 문명의 이념을 어떻게 실행에 옮길 것인가'의 문제 등이 그것이다.

## '영구 평화' 논쟁

평화와 안정이 없다면 인류의 지속가능한 생존과 발전은 실현될 수 없다. 비록 오늘날 세계의 발전이 매우 신속하고 국제 환경과 국제 정세가 부단히 변화하고 있지만 국가가 가장 기본적인 행위주체라는 개념에는 변함이 없다. 그런데 예로부터 영토와 자원, 권력을 둘러싼 국가와 국가 또는 지역 간의 전쟁은 멈춘 적이 없고, 심지어 일부 지역에서의 전쟁은 일상적이지만 이에 반해 평화는 잠시 동안 존속되고 있기도 하다. 전쟁은 모순을 해결하는 데 있어서 가장 잔혹한 수단이자 어쩔 수 없는 수단이다. 인류의 모든 재난 중 가장 궤멸적인 재난이 바로 전쟁이며, 과학 기술의 발전에 따라 전쟁의 파괴성은 몇 배로 커지게 될 것이다.

전쟁 중 사망하는 평민이 군인보다 많으며 죄를 지은 자보다 무고하게 사망하는 자가 더욱 많다. 전쟁 시 아동도 불행한 일을 면할 수 없다는 것을 우리는 모두 알고 있다. 통계에 따르면 평민이 전쟁 중 발생하는 사망자의 80~90퍼센트를 차지한다.[4] 더욱 심각한 것은 전란이 유발하는 난민의 이동이 주변국 및 기타 지역의 발전과 안정에 야기하는 난처한 상황이다. 일부 통계에 따르면 이라크 전쟁에서 약 4,500명의 미군이 사망했는데 이는 이라크 병사 10만 명이 사망한 것과 크게 대비되며[5] 세계보건기구(WHO)는 이라크 평민이 10만 4,000명에서 22만 3,000명이 사망했고,[6] 수백 만 명이 의지할 곳을 잃고 떠돌아다니고 있는 것으로 추정했다.

약 10년간 계속되고 있는 시리아 전쟁은 약 40만 명의 목숨을 앗아갔는데, 그중 10여만 명이 평민이었다. 또한 약 150만 명이 부상을 입고 1,100만 명(시리아 전체 인구의 50퍼센트 이상에 해당하는 수)의 난민이 발생하여 유럽으로 도망쳤다. 전쟁에 관해서는 다음과 같이 확연히 다른 두 가지 관점이 존재한다. 하나는 인류는 지혜와 능력이 있으므로 영구 평화의 세계를 창조해야 한다는 관점이다.[7] 그리고 또 다른 하나는 전쟁은 인류의 발전을 촉진하며 더욱 평화로운 세계를 만든다는 것으로[8] 만약 전쟁이 사라진다면 인류는 진보할 수 없다는 관점이다.

### 1) 전쟁 불가피론

현실에 대한 체념에 의한 것이든, 전쟁에 대한 열광에 의한 것이든, 아니면 객관 세계에 대한 냉정한 예측으로부터 나온 것이든 전쟁 불가피론은 현재 비교적 유행하고 있는 관점이다. 예를 들면 조지 프리드먼(George Friedman)은 자신의 저서 《100년 후(The Next 100 Years: A Forecast for the 21st Century)》에서 2050년에 세계대전이 발생할 것이며 해당 전쟁은 바다, 육지, 하늘뿐 아니라 우주에서의 전쟁으로 확대되어 그 전쟁을 통해 미국은 제2의 황금시대를 맞이하게 될 것이라고 예언했다.[9]

그렇다면 어찌 전쟁이 미국의 번영을 위한 전제 조건이 되지 않을 수 있겠는가? 만약 이와 같다면 허울 좋은 '국가이익'이라는 미명 하에 정당하지 않은 모든 침략 행위가 당당하게 자원을 약탈하고 '문명 수출'을 자행하며 권력과 이익에 대한 쟁탈로 변하는 것을 피할 수 없게 되고 단지 과거에 비해 전쟁의 규모, 방식, 사용하는 무기가 달라지게 되는 것뿐이다.

이안 모리스(Ian Morris)는 그의 새로운 저서 《전쟁의 역설(War! What is it Good For?)》에서 "전쟁은 더욱 평화로운 세계를 만들고, 일정한 시기가 지난 이후에 더 좋은 사회를 만들 수 있는데, 점차 그러한 사회의 폭력 활동은 감소하게 될 것이다. 따라서 만약 전쟁이 사라진다면 인류는 진보할 수 없게 된다고 말할 수 있다"고 논했다.[10] 또한 미국의 수학자

아론 클로셋(Aaron Clauset)은 세계대전이 2150년 이전에 또 한 번 발발하게 될 것이라고 예측하기도 했다.[11]

아울러 한평생 전쟁에 대한 연구를 해온 것으로 높게 평가받고 있는 로렌스 프리드먼(Lawrence Freedman)은 그의 신서 《전쟁의 미래(The Future of War: A History)》에서 비록 수백 년간 부단히 변화해온 각종 전쟁을 분석하고 전쟁에 대해 비난하고 있지만 '결국 전쟁은 종결되지 않을 것이며, 전쟁을 종식시킬 수 있을 것이라는 환상을 품어서는 안 된다'고 말한다.[12]

우크라이나의 과학자 미카일로 즈구롭스키(Mykhailo Zghurovsky) 또한 기원전 705년에 시작된 세계전쟁과 그 파괴성을 연구한 이후에 만약 현재의 추세가 계속될 경우 2050년에 전쟁의 고조기에 도달할 것이며, 2080년이 지나서야 각종 전쟁이 비로소 줄어들기 시작할 것이라고 예언했다.[13]

인터넷에서 이루어진 소규모 조사에 의하면[14] '세계는 평화를 유지할 수 있는가?'라는 질문에 '가능하다'라고 응답한 사람은 단지 21퍼센트에 불과했고, '불가능하다'라는 응답이 79퍼센트였다. 비록 참여자의 수는 적었지만 대체적으로 현실의 상황을 반영하고 있다고 해석할 수 있다. '가능하다'고 응답한 21퍼센트의 사람들에게만이라도 감사를 전하고 싶을 만큼 세계 평화에 대한 사람들의 기대는 회의적이다.

한편 '불가능하다'고 응답한 사람들이 그렇게 생각한 이유는 대체로 '강권이 횡행하고 양극으로 분화되고 있으며, 사람들이 이기적인 세계에서 모순을 해결하는 과정은 필경 전쟁을 수반할 수밖에 없다'는 것이었다. 따라서 이 상태로 계속 방임할 경우 현재의 세계 난국은 자체적으로 해결될 수 없고, 세계의 영구 평화는 더욱이 불가능하다는 것을 분명히 알 수 있다.

미래를 전망해보면 갈수록 똑똑해지는 인류는 반드시, 그리고 능히 비전쟁 방식을 통해 모순과 충돌을 해결할 수 있어야 한다. 물론 이것은 전쟁 방식보다 훨씬 복잡할 것이다.

그렇다면 각종 전쟁을 감소시키기 위해 우리는 어떤 노력을 해야 할까?

### 2) 영구 평화론과 도전

평화에 대한 지향과 추구는 인류의 영원한 주제다. 칸트가 1795년 《영구 평화론(Zum ewigen Frieden)》[15]을 발표한 이후, 영구 평화에 대한 논쟁은 끊이지 않고 있다. 칸트는 "영구 평화를 추구하는 것은 이성의 최고 목표이며, 일종의 도덕적 의무다"라고 말했다. 그는 국가주권의 전제 아래 영구 평화를 논했고, 국가주권은 모든 것의 기초이자 평화의 기초라고 보았다. 각국의 주권과 존엄은 충분한 수호와 존중을 받아야 하며, 칸트는 이를 위해 '영구 평화' 조약을 위한 6개의 선결 조건,[16] 공화제 정체, 자유국가의 연맹 제도, 세계 시민의 권리 등 3가지 정식 조항을 제기했다.

그로부터 200년 후, 또 한 명의 독일 철학자 위르겐 하버마스(Jürgen Habermas)가 세계적인 세계화 추세가 국가주권을 세계 평화의 기반으로 삼는 도전에 직면하도록 만들고 있다고 제기했다. 하버마스는 자신의 저서 《이질성의 포용(Die Einbeziehung des Anderen)》 중 '칸트의 영구 평화 관념을 논한다'라는 항목에서 국가주권을 초월하여 영구 평화를 논했는데, 그가 강조한 것은 인권이었으며 인권이 국가주권의 한계를 돌파할 것을 요구했다.[17]

미국의 철학자 존 롤스(John Rawls)는 만민법의 제반 원칙에 기초하여 입헌자유민주제의 건립을 제창했다.[18] 그는 국가의 주체를 구성하는 사람으로부터 시작해야만, 즉 오로지 합리적이고 자유로운 만민의 법을 확보해야만 종족, 종교, 문화 등이 야기하는 대립과 충돌을 해소시킬 수 있다고 보았고 이에 따라 '영구 평화 연맹'의 새로운 구상을 제안했다.

비록 앞서 언급한 이론적 틀이 대단히 가치 있다고 해도 현실에서의 조작 가능성과는 여전히 거리가 멀다. 실제로 세계의 평화를 애호하는 사람들은 세계 평화를 실현하기 위한 노력을 멈추었던 적이 없다. 예를 들면 1899년과 1907년 네덜란드 헤이그에서는 두 차례의 국제 평화회의(Hague Peace Conference)가 개최되었다. 유엔을 수립한 것은 위대한 시도였고, 1945년 성립된 이래 가장 대표성을 지닌 국제기관으로서 세계 평화를 수호하고 경제 발전을 촉진하며 인도주의적 구제를 진행하는 등 글로벌 문제를 해결하는 방면에서 대체할 수 없는 역할을 해냈다.

2차 세계대전 이후 냉전이 시작되어 인류의 평화로운 생활이 위협받기 시작했다. 일부 국제기구와 저명한 인사들은 세계 평화를 수호하기 위해 '세계 평화 평의회(World Peace Council)'를 발기하고 소집하여 침략과 전쟁에 반대하는 정책을 제기하며 핵무기와 대량살상무기의 무조건 금지를 요구했다. 1차 세계 평화 평의회(World Congress of the Partisans of Peace)는 1949년 4월 파리와 프라하에서 소집되어 72개국에서 2,000여

명의 대표가 참여했고 '세계 평화 평의회 선언'과 '세계 인민에게 고하는 글'을 통과시켰다.

1950년 11월 바르샤바에서 제2차 세계 평화 평의회가 개최되었고, 1952년 12월 비엔나에서 제3차 세계 평화 평의회(일명 Peoples' Congress for Peace)가 개최되었는데, 85개국에서 1,904명이 참여하여 평화를 수호하기 위한 효율적인 방법을 모색했다. 1955년 6월 헬싱키에서 개최된 '세계 평화 대회(World Assembly for Peace)'에서는 68개국 및 지역에서 1,851명의 대표가 참여했고 '세계 평화 대회 선언(Declaration of the World Assembly for Peace)'을 통과시켰다.

2005년 중국 정부는 '유엔 개혁 문제에 대한 중국의 입장 문건' 중 '전쟁과 충돌'에 관한 항목에서 "국가 간 충돌은 유엔 헌장과 국제법에 따라 평등한 협상, 평화적 담판을 통해 해결해야 한다. 국내 충돌 상황은 복잡하므로 … 주로 당사국 인민의 노력에 의지해야 한다. 그 어떤 외부의 간섭도 받지 않고 유엔 헌장을 기초로 삼으며 국제법을 준칙으로 삼아 신중하고 책임 있는 태도를 취하여 정치, 외교 등의 수단을 종합적으로 활용하고 충돌하는 측이 협상과 담판을 통해 문제를 해결하도록 고무시키고 도와야 한다"고 주장했다.[19]

2012년 7월, 중국이 거행한 제1차 세계 평화 포럼(World Peace Forum)이 베이징에서 개최되었는데 주제는 '모두 윈윈하기: 평화, 안전, 협력'이었다. 2013년 6월 제2차 세계 평화 포럼이 개최되었고 주제는 '세계 변혁 속의 국제 안전: 평화, 발전, 혁신'이었으며, 80여 개국의 전문가와 학자 및 주중 외교 사절 등 약 500명이 참여했다. 2014년 6월에는 제3차 세계 평화 포럼이 베이징에서 개최되었는데 주제는 '공동 안전의

추구: 평화, 상호 신뢰, 책임'이었다. 2015년 6월 제4차 세계 평화 포럼 역시 베이징에서 개최되었고 주제는 '동주공제: 이해, 협상, 호조'였으며 당시 중국 국가부주석 리위안차오(李源潮)는 개회사에서 "현재 세계 각국의 발전에 있어서의 공통성, 이익의 공통성, 도전의 공통성, 거버넌스의 공통성이 갈수록 현저해지고 있으니 이해, 협상, 호조의 정신으로 인류의 평화안보 운명 공동체를 함께 건설하자"고 제창했다.

더욱 기쁜 소식은 일찍이 전쟁을 유발하는 데 이용되었던 학자와 언론이 '가짜 뉴스'의 폭로를 '전쟁을 위한 거짓 선전의 5대 원칙'으로 귀납하여 민중의 각성을 일깨우고 주류 민의가 전쟁을 지지하지 않거나 반대하는 목적에 도달하게 되었다는 점이다.[20]

앞서 언급한 모든 노력은 그 취지가 세계의 평화를 애호하는 국민 간의 단결과 우의를 강화하고, 전쟁을 반대하며, 세계 평화를 수호하고 평화 발전을 제창하며, 평화 역량이 세계 범위에서 영향을 확대하도록 하는 것에 있다.

그러나 준엄한 현실은 사람을 실망하게 한다. 비록 유엔의 핵심 취지가 세계 평화를 창조하고 수호하며, 인권을 존중하고 인류의 복지를 개선하는 것이지만 각종 원인으로 인해 그 취지를 충분히 실현하지 못하고 있다. 지난 20세기에 우리는 수천 년에 이르는 인류 문명사 가운데 가장 잔혹한 전쟁과 평화의 교체, 발전과 도태의 반복 그리고 창조와 파멸의 윤회를 경험한 바 있다. 하지만 인류는 두 차례의 세계대전으로부터 교훈을 결코 얻지 못하고 있다. 한국전쟁, 베트남전쟁, 인도·파키스탄 전쟁, 수차례의 중동전쟁, 아프가니스탄 전쟁, 포클랜드 전쟁, 걸프 전쟁, 르완다 대학살, 코소보 전쟁 등의 중대형 전쟁이 끊임없이 발생하고 있고, 소규모 전쟁과 무장 충돌 역시 더욱 빈번하게 일어나고 있다.

21세기에 진입하여 인류가 전개하고 있는 폭력 활동의 총체적 수준은 결코 내려가지 않고 있으며, 9·11 테러 사건을 시작으로 이라크 전쟁, 리비아 전쟁, 시리아 전쟁, 우크라이나의 위기, 이슬람국가(IS)의 탄생 등 지역 차원의 전쟁과 사람들로부터 비난받는 테러 습격 사건이 지속적으로 발생하고 있다.

더욱이 세계 각지에서 군사 훈련은 날마다 이루어지고 있고, 핵 없는 세상은 갈수록 멀어지고 있다. 또한 궤멸적인 전쟁은 일촉즉발의 상태에 있으며, 세계 정치는 현재 심각한 통제 불능의 상태에 빠지고 있다. 따라서 미래의 상황도 결코 낙관할 수 없다. 지구의 자원이 갈수록 희소해짐에 따라 자원을 둘러싼 쟁탈의 범위가 육지 자원에서 해양·극지·우주의 자원으로, 토지·광산 자원에서 수자원으로, 또한 유형의 자원뿐 아니라 무형의 자원 및 자산(IP 주소, 위성통신 채널, 우주 공간 궤도, 탄소 배출 공간 등)의 배분권을 놓고 전개되는 쟁탈도 갈수록 치열해지고 있다.

### 3) 인류는 과연 지구에서 스스로를 통제하며 조화롭게 살아갈 수 있을까

앞서 여러 장에서 이루어진 논의를 통해 우리는 공업 문명의 전환, 지구 문명으로의 진입이 인류의 영구 평화를 실현하기 위한 근본적 토대라는 것을 파악했다. 그런데 그것이 이루어지기 전에 우리가 현재 할 수 있는 것은 없을까?

아프리카 시에라리온의 학자 니콜라스 스펜서(Nicholas Spencer)는 인류에게 추후에 벌어질 전쟁을 저지할 수 있는 지혜가 있다고 보았고,[21] 인류가 두 차례의 세계대전으로부터 교훈을 얻어야 한다고 호소하며 다음과 같이 논했다.

"위험한 이데올로기를 고무시켜서는 안 되고, 영토 확장을 추구하는 제국주의와 그 영향력의 강화를 시도하는 방식은 마땅히 저지되어야 한다. 또한 집단 안보와 국제 협력이 가져오는 이점을 도모하는 것은 사악한 연맹이 초래하는 이점보다 훨씬 크고 국가는 대소를 불문하고 모두 주권과 영토의 온전함을 상호 존중해야 한다. 국민은 그들의 정부가 선전하는 것을 허락해서는 안 되고 이화멸화(以火滅火, 불로 불을 끄는 것처럼 무력으로 무력에 대응하는 것)의 방식을 선택해서는 안 된다."

중국의 사회과학자 리페이린(李培林)은 다음과 같이 건의했다.[22]

"세계의 평화를 애호하는 인민이 단결하여 국제 관계의 민주화, 법제화 및 합리화를 함께 추동하고, 공평하고 공정한 국제 신질서를 건설하며, 이익을 둘러싼 분쟁이 출현한 국가 간에는 정기적이고 효과적인 소통을 유지하고 평화적 방식을 통해 국제 분쟁을 해결해야 한다. 또한 긍정적인 국제 정치 문화를 함께 구축하고 주권 평등, 공동 안전, 공동 발전, 협력과 상생 및 상호 포용 등의 방식으로 글로벌 거버넌스에 참여하는 것을 견지하며, 국민의 평화 교육을 적극적으로 전개하여 전쟁을 방지하고 전쟁에 반대하는 강력한 여론을 형성해야 한다."

이러한 것은 모두 좋은 건의이자 훌륭한 소망인데 관건은 앞서 언급한 건의 사항을 어떻게 행동으로 옮기느냐에 있다. 실제로 현대 세계의 충돌과 전쟁에는 새로운 특징과 새로운 흐름이 나타나고 있고,[23] 전쟁의 유형에 변화가 발생했을 뿐만 아니라 전쟁 또는 충돌의 동인(심지어 가치관을 둘러싼 전쟁도 존재함)도 기존의 것과 매우 다르며 특히 비전통적 안보의 위협이 나날이 부각되고 있다.

또한 테러주의는 일종의 새롭고도 위험한 전쟁 형식으로(테러분자는 대량살상무기를 사용할 수 있다) 테러분자들에 대응하기 위해 필요한 해결 방안은 '재래식 전쟁(핵전쟁이 아닌 전쟁_옮긴이)'을 제거하기 위한 해결 방안과는 매우 큰 차이가 있다. 분명한 것은 우리가 기존에 갖고 있던 사상, 원칙 및 규범은 이미 사용할 수 없게 되었다는 점이다.

예를 들면 주권의 독립성, 내정에 대한 상호 불간섭의 원칙, 심지어 유엔의 역할도 모두 심각한 도전을 받고 있다. 이밖에 칸트의 평화관은 민중이 지닌 이성의 기초 위에 세워져 있지만 현실 속에서 민중의 평화적 이성은 극단적인 민족주의 관념, 통치자의 거짓 선전 등에 의해 교란되곤 한다. 다시 말해, 여러 국가의 지도자층과 세계의 엘리트들이 지니고 있는 세계관과 가치관이 공업 문명의 사유 논리에서 아직 벗어나지 못하고 있다(이것은 전쟁이 발생하는 근원 중 하나이다).

새로운 위협과 도전에 대응하기 위해서는 우선 새로운 사상과 원칙 및 규범이 필요하며, 새로운 시기의 세계 영구 평화 이념과 관련하여 이론적으로 합리적인 해석을 위해 이를 해결할 수 있는 로드맵을 제기하려면 비전통적 안보 위협이 야기한 충돌과 전쟁의 성질, 근원(각종 극단주의, 테러주의의 동기와 온상이 포함됨)을 명확히 하는 것이 필요하다.

다음으로, 국가 간 협력과 국가가 참여하는 국제기구는 여전히 국제무대의 중심이다. 각국은 반드시 더욱 긴밀한 협력을 통해 충돌을 방지하고 평화를 수호하며, 그 수가 거대해지고 발전 속도가 신속해지고 있는 비국가 행위 주체들의 평화적 역량을 끌어올려야 한다. 또한 유엔의 개혁은 반드시 세계 평화와 안전의 수호를 돌파구로 삼아야 하는데 국제 문제 전문가 위신톈(俞新天)은 이에 관하여 다음과 같이 건의했다.[24]

"유엔 안보리는 각국의 엘리트, 씽크탱크와 협력하여 현재 및 미래의 충돌, 전쟁, 위협과 관련된 연구를 전개하고 점진적으로 일련의 공감대를 형성해야 한다. 유엔은 대국과의 협의를 더욱 중시하고, 대국은 유엔의 다자 틀에서의 조율을 더욱 존중하며, 유엔은 충돌을 방지하고 발전을 촉진하기 위한 계획을 더욱 결합시켜 근본적인 문제를 해결함으로써 실제적인 효과를 거두어야 한다. 또한 서로 다른 문명, 문화, 종교, 민족 간의 상호 이해를 대대적으로 촉진하고 '문화 다양화'의 이념이 사람들의 마음속에 깊이 스며들게 해야 한다."

2020년 코로나19가 전 세계적으로 유행함에 따라 193개 회원국을 보유하고 있는 가장 중요한 국제기구로서 유엔은 반드시 그 취지 및 원칙에서부터 운용 모델에 이르기까지 철저한 개혁을 진행해야 할 것이다.

마지막으로, '세계 평화 연맹(World Peace Alliance/WPA)'의 건립을 건의하고자 한다. 세계 평화는 대회의 개최 및 선언이나 발표에 의지하는 것만으로는 충분하지 않고, 정치인 또는 정부에 의지하는 것만으로도 성취되지 않는다는 것을 역사는 증명하고 있다. 현재 유엔의 세계 평화와 세계 안보 문제에서의 역할과 권위에 한계가 있음을 감안하여 세계 평화를 애호하고 세계의 영구 평화를 위해 뜻을 세우고 헌신하고자 하는 사람들은 민족, 국경, 신앙을 불문하고 서로 연대하여 연맹을 조직하고 수립해야 할 것이다.

WPA는 글로벌 차원의 민간 상설기구로서 세계의 반전(反戰)과 반테러 활동을 이끄는 운동의 중심이 될 것이다. 또한 새로운 시기에 세계 시민의 사회 조직으로서 활동에는 다음과 같은 독립적인(정부 조직의 그 어떤 간섭도 받지 않는) 연구를 포함해야 할 것이다. 구체적으로는 현대 전쟁, 충돌과 각종 테러 활동을 유발하는 주요 근원을 탐구하는 것이다. 전쟁을 초래하는 심층적 원인을 찾아야만 비로소 전쟁이 발발하게 되는 숨겨진 위험을 제거할 수 있다. 또한 다양한 원인에 대해 맞춤형으로 문제를 해결할 수 있는 장기적 전략과 즉각적 정책을 제안하고, 조기 경보 시스템 및 상호 협력 메커니즘을 구축하는 것이다. 그리고 세계 평화에 위해를 가하는 전쟁과 테러 활동에 대해 전문적으로 그 실체를 폭로하고 비판하는 것이다. 마지막으로, 각국의 공동 이익과 관련하여 어떻게 제도와 신앙의 차이를 초월하여 단결, 협력을 촉진함으로써 인류가 직면하고 있는 공동의 도전을 해결할 것인지 강구하는 것이 요구된다.

WPA의 설립이 갖는 의의는 다음과 같다. 첫째, 유엔의 세계 평화와 세계 안보를 수호하는 데 있어서의 기능을 강화하고 감독하며 협조하고 보완하는 역할을 한다. 둘째, 각종 이익집단의 간섭을 피하게 하고, 세계의 평화를 애호하는 역량을 단결시키며, 각종 명목의 전쟁과 각종 극단주의(극단적 민족주의와 테러주의 등) 행위를 반대하고 회피 또는 감소시킨다. 셋째, 세계 시민사회의 긍정적인 에너지를 응집시키고 정치인, 학자, 기업가를 흡수할 뿐만 아니라 대중이 더욱 적극적이고 효과적으로 참여하도록 유도한다. 넷째, 세계적으로 민중을 교육시키고 평화에 대한 신념을 강화시키며 민중(테러 조직 내부의 구성원을 포함)의 평화에 대한 이성을 환기시킨다.

광범위한 협력과 소통은 평화를 수호하는 강력한 도구라는 점을 알아야 한다. 확실히 각국에는 서로 다른 이익이 존재하지만 우리는 인류의 지속가능한 생존과 발전을 위해, 즉 공동 이익을 위해 반드시 공통되는 글로벌 가치관을 찾아 단결하고 세계 평화를 수호해야 한다.

요컨대, 우리는 결코 어떤 국가 또는 어떤 집단의 이익을 위한 발상으로부터 '약자, 민주, 인도주의를 수호한다'는 등의 각종 구실로 전쟁을 부추기거나 무기력한 비관주의 사상을 퍼뜨려서는 안 된다. 또한 전 세계 사람들에게 전쟁이라는 인위적 재난의 실질과 근원(이익, 권리 및 권력)을 충분히 인식시키고, '전쟁 회피'의 길을 모색하는 것을 신성한 사명으로 삼도록 해야 한다. 물론 우리는 전적으로 전쟁을 반대할 수만은 없다. 침략자에 대한 저항 및 방어적 차원의 정의로운 전쟁은 필요하며 언제라도 전쟁으로 맞설 준비를 하고 있어야 한다.

앞서 우리는 공업 문명의 지속과 그것의 강력한 추세, 문명 전환의 역사적 단계로부터 영구 평화의 실현이 어려운 점 등 몇 가지 방면에서 전면적 문명 전환의 험난한 여정을 논했다. 하지만 비관하며 실망해서는 안 되고 단번에 성취하고자 해서도 안 된다. 길은 우리의 발밑에 놓여 있으며 우리는 그 길을 한 걸음 한 걸음 걸어나가야 한다.

## 2

# 인류의 미래를 향한 다양한 발전 모델

세계은행 중국사무소 대표 클라우스 롤랜드(Klaus Rohland)는 "세계의 발전 모델이 한 가지 버전만 있는 것은 아니다"라고 말했다.[25] 여기서 언급된 발전 모델은 모두 지속가능한 발전을 지향하는 '지구 문명'과 '위대한 문명'의 길을 향해 나아가야 한다. 비록 인류가 앞서 언급한 비전들을 공동의 목표로 수립할 수는 있지만 각 나라마다 조건이 서로 다르기 때문에 행복의 피안(彼岸)에 도달하는 여정 또한 분명 동일할 수 없을 것이다.

특히 '위대한 문명'을 실현하기에 앞서 국가는 계속 존재해야 하고 정당도 마찬가지이며, 서로 다른 이데올로기에 의해 뒷받침되는 국가와 지역의 거버넌스 모델도 다를 수밖에 없을 것이다. 따라서 각국은 저마다의 역사, 문화 및 발전 수준에 근거하여 자신의 발전 노선을 결정할 수 있다(또는 결정할 수밖에 없다).

보다 쉽게 설명하자면, 만약 세계 각국에서 한 팀의 사람들을 파견하도록 요구하고 현지에서 출발하여 (비행기를 사용할 수 없다는 조건에서) 에베레스트에 오르게 한다면 각 팀이 거쳐온 여정, 지리 및 교통 조건, 마주했던 기후 조건이 서로 다를 것이고, 팀원의 체력과 능력도 모두 상이할 것이며, 최종적으로 에베레스트에 오르는 여정과 시간도 역시 각각 다를 것이다.

그런데 이처럼 간단한 이치를 현대의 사람들은 종종 이해하기 어려워하고 다양한 발전 모델의 수용을 힘들어 한다. 이것은 수많은 충돌, 심지어 전쟁의 근원이 되고 있다. 물론 하나의 발전 노선은 경험과 교훈을 부단히 총결하고 여러 차례 반복하고 수정하며 보완을 거친 이후에 성공한 발전 모델(제도를 포함)이 될 수 있다. 하지만 무엇보다 자국에서 잘 운용되어 국민이 행복을 느끼고 만족하며 자긍심을 가져야 한다. 그때에 이르게 되면 다른 국가(소수에서 다수의 국가로 점진적 증가)의 주목을 받아 자연스럽게 학습하고 모방하게 되며 일종의 본보기로서 점차 확산될 것이다. 대다수의 국민이 인정한 생존 모델과 발전 모델이어야만 비로소 발전 노선이 정확했는지의 여부를 판가름할 수 있게 되는 것이다. 즉 각국은 우선 스스로에 대해 완벽을 기해야 하며, 자신이 해야 할 일을 가장 먼저 잘 해내야 한다.

비록 문명의 전환이 전 인류, 또는 하나의 지구를 대상으로 하지만 프리드리히 엥겔스(Friedrich Engels)가 "공산주의 혁명은 단지 한 국가의 혁명에 불과한 것이 아니다"[26]라고 말한 것처럼 다양한 발전 모델을 필요로 한다. 이때 선행자들은 본보기 또는 견본(민주(民主)도 일국에 하나의 모델이 있음)을 만들어 제시하고 각종 모델을 제공하여 상호 학습하고 보충하며 참조할 수 있도록 해야 하는데, 여기에는 각자의 사회 제도에 대한 반성과 시대의 변화에 따른 제도 개혁의 추진 등이 포함된다. 물론 선행국은 이른바 '선진적' 문화 및 모델로 '통일 버전'을 밀어붙이려고 시도하거나, 이데올로기와 가치관의 수출을 강행하고자 기도하고 심지어 다른 국가의 생존 방식을 전복시키려고 해서는 절대로 안 된다.

현재 세계에는 이미 각종 발전 노선 또는 발전 모델이 존재하는데 여기에는 미국 방식, 북유럽 방식, 독일 방식, 일본 방식, 싱가포르 방식, 현재 시험 중인 유럽연합 방식(유럽 일체화?), 2015년 아세안 정상회의 기간 중 선포하여 성립된 아세안 공동체, 남미의 33개 회원국으로 구성된 남미·카리브해 국가 공동체, 아프리카의 54개 회원국으로 구성된 아프리카 연합, 중동의 22개 회원국으로 구성된 아랍 연맹, 인도 모델, 러시아의 새로운 시도(2014년 동계 올림픽의 개막식에서 표현된 '러시아의 꿈'과 옛 소련의 성공·실패 경험을 집약한 러시아의 시도) 등이 포함된다. 물론 이와 함께 현재 탐색 과정 중에 있는 중국의 발전 노선도 존재한다.

앞서 언급한 각종 발전 노선의 실천과 실험은 여전히 진행 중이다. 성공 여부를 불문하고 인류에게는 모두 일종의 보물과 같은 귀중한 재산이며, 자신을 비춰볼 수 있는 거울을 제공함으로써 다양한 모델을 탐색하며 인류의 공동 목표인 지구 문명을 향해 나아갈 수 있도록 한다. 각종 발전 모델이 모두 해당 지역의 조건과 국민의 소망에 근거해 있고, 독특한 문화와 철학 사상에 기초해 있으며, 일련의 가치 체계로서 규율하고 있기 때문에 끊임없이 개혁하고 완벽을 기하는 노력이 필요하다.

시대는 변화하는 중이고, 인류 자신도 진화하고 있으며, 직면하고 있는 문제 역시 점점 더 복잡해지고, 인류가 지향하는 선진적 문명의 함의도 변화하는 중에 있다. '역사상 성공'을 거둔 그 어떤 발전 노선 모두 일정한 시대의 산물이라는 것을 깨닫고 더욱 선진적 문명을 실현하는 것을 목표로 삼아 부단히 지양하고 제고시키며, 규율하고 완벽을 기해야만 영원히 활력을 유지할 수 있다.

예를 들어 '미국의 꿈' 사상과 가치가 지닌 함의는 '미국 독립선언서'와 '미국 헌법'에 명확하게 표현되어 있고, 200여 년간 미국 국민의 높은 평가를 받고 있으며, 미국이 진정한 세계 강국이 되어 세계에서 대단히 큰 영향을 미칠 수 있도록 만들었다.[27] 상당수 국가의 청년들이 미국을 개인적 이상을 실현할 수 있는 곳으로 간주하고, 이로 인해 미국은 전 세계에서 우수한 인재 자원을 흡수할 수 있게 되었다.

하지만 현재 미국 내부에 존재하는 사회적 불평등, 가정 파탄, 수입의 격차, 계급 격차,[28] 사회 규범의 상실, 인종 차별, 총기 사건, 마약 사건, 폭력 범죄 등이 보편적인 문제가 되고 있고 특히 특권층에 의한 세도 정치와 양당 대치에 의한 정치 체제의 기능 마비[29]는 미국 스스로 그러한 수렁에서 빠져나오지 못하도록 만들고 있다. 물론 이러한 문제가 미국에만 특별히 있는 것은 아니다.

국제 사회에서 미국이 추동하고 있는 '민주 원조'는 줄줄이 실패하고 있고, 내세우고 있는 가치관과 실제 행동 사이의 격차는 미국에 대한 신뢰감을 하락시키고 있다. 게다가 미국이 문화적 우월감을 토대로 인권, 반테러 등의 원칙적 문제에 있어서 이중 잣대를 사용하여 점차 도덕적 우세를 상실함으로써 이제 더 이상 미국은 '민주와 자유'의 상징이 아니게 되었고,[30] 이에 미국의 영향력 또한 크게 줄어들고 있다. 이것은 지구 문명을 향해 나아가는 길 위에서 그 어떤 선행국이라도 경계해야 할 과제이다.

미국의 발전 노선은 결국 공업 문명 시대의 산물이며, 현재 미국에서 발생하고 있는 문제의 근원은 지도자의 사유 방식과 행위 모델이 여전히 공업 문명 시대의 물질 문명, 정신 문명, 정치 문명의 논리를 답습하고 있다는 것에 있는데, 여기에는 국제 관계에 대한 처리 방식 역시 새로운 개념의 세계화 시대에 부합되지 못한다는 점도 포함된다.

미국이 과거의 영광을 유지하고 싶다면 반드시 심도 있는 개혁을 진행해야 한다. 향후 30~50년 동안 미국은 여전히 세계 제일의 강국 자리를 유지하겠지만(미국의 GDP가 세계 몇 위인지의 여부와 상관없이 미국이 보유하고 있는 부에는 지리 환경과 자연 자원, 교육, 군사, 인구 방면 등을 포함한 우세가 여전히 존재하며 특히 금융과 과학 기술 방면에서 세계 제일의 위상을 차지하고 있다) 미국식 문화와 가치관, 생활 방식, 외교 노선과 강국으로 향하는 길에서 명백히 드러난 폐단은 이미 오늘날의 세계 정치, 경제, 자원, 환경의 지속가능한 발전이라는 문제에 있어서 심각한 도전을 맞이하고 있다.

에너지 소모를 예로 들어 설명하자면,[31] 미국의 인구수는 세계 인구의 4.6퍼센트를 차지하고 있지만 온실가스 배출 총량은 세계 인구의 19퍼센트를 보유하고 있는 중국에 이어 2위이며, 1인당 온실가스 배출량도 2위이다. 미국은 전 세계 에너지의 15.1퍼센트를 생산하지만 21.8퍼센트를 소모하고 있고 1,000명당 778대의 자동차를 소유하고 있다. 이러한 경제 발전 모델과 생활 방식은 다른 국가에서 모방할 만한 것이라고 할 수 없다. 미국이 지속적인 번영을 유지하려면 반드시 생활 방식의 변화를 꾀하고 사유 방식을 포함한 다방면에 있어서 개혁을 진행해야 할 것이다.

여기서 주목할 것은 다수의 개도국이 미국의 교훈을 제대로 받아들이지 못하고 '선오염·후처리'의 길을 걷고 있다는 점이다. 중국이 이산화탄소 배출량 세계 1위 국가가 된 것은 허술한 경제 발전 모델 외에도 '현대화'를 맹목적으로 추구했다는 책임에 있어서도 자유로울 수 없다. 사람들이 견디기 힘들어 하는 베이징의 초미세먼지와 관련하여 자동차 배기가스에 의한 '공헌'이 그중 간과할 수 없는 비중을 차지하고 있다.

물론 기술 숭배론자들은 사상의 개방, 대담한 구상, 끊임없는 발명과 기술 혁신을 하기만 하면 그 어떤 인류 발전의 장애도 돌파할 수 있다고 논쟁을 전개하는데, 가령 사치스러운 생활 방식이라 해도 계속 유지된다면 에너지 부족은 더 이상 문제가 되지 않는다고 주장한다. 예를 들면, 개인의 생활 방식에서 국가 차원의 발전 전략까지 모두 에너지의 쟁탈과 연계되어 있지만 '제어핵융합(Controlled Nuclear Fusion, 일명 인공태양_옮긴이)'[32]이 일단 성공하게 되면 미래 인류는 근본적으로 에너지 때문에 걱정할 필요가 없게 된다는 것이다.

하지만 우리는 몇 가지 문제에 대해 깊이 생각할 필요가 있다. 이러한 목적에 도달하기 위해서라는 것은 차치하더라도, 기술 발전은 아직 걸어가야 할 길이 매우 멀고 거대한 대가를 지불해야 하는데 이 기간 동안 지구의 생명력[33]이 이것을 과연 감당해낼 수 있을까? 무한한 물질 향수를 유지하는 것이 전 세계 인구에게 가능할까? 더욱 심각한 문제는 우리가 생활 방식을 바꿔야 한다고 주장하며 '문명이지'를 제창하는 것은(제4장 참조) 결코 에너지의 유한성 때문이 아니며, 우리 영혼의 잠재의식과 더불어 인류의 미래 문명과 관계되어 있기 때문이다. 인간이 먹고 마시고 노는 것을 위해, 그리고 한평생 끝없는 물욕을 추구하기 위해 모든 대가를 치르고 싶어 하지는 않을 테니 말이다.

요컨대, 중국은 앞서 언급한 다양한 모델과 시도 중에 성공의 경험과 실패의 교훈을 습득해야 한다. 예를 들면, 미국으로부터 창조대국을 건설한 경험을 학습해야 하고, 북유럽으로부터 시장경제에서의 정부 역할, 경제 성장과 사회 복지의 균형적 발전, 효율과 공평성의 통일, 경쟁과 협력의 결합 등 현대의 국가 통치 경험을 습득하며,[34] 싱가포르로부터 국가 통치 경험, 특히 민주와 일당집정제도를 어떻게 잘 결합시키고 있는지 등을 배워야 한다.

더욱 중요한 것은 중국의 역사를 심층적으로 분석하고, 중국이 걸어왔던 길을 진지하게 총결하고 또 냉정하게 반성하여, 전면적 부흥의 길 위에서 중국에 적합한 발전 모델을 창조해내는 것이다. 다시 말해, '다른 산의 돌이라도 나의 옥돌을 가는 데 쓸 수 있고, 타인의 장점을 본받아 자신의 단점을 보완할 수 있는 것'이다. 오직 이렇게 해야만 격차를 줄여나갈 수 있고 세계 민족의 숲에서 자강을 도모하며 '중국의 꿈'을 실현할 수 있다.

3

# 지구 문명의 기본 원칙

각국이 인류 공동의 미래를 향해 나아가는 모델은 다양한 버전이 있을 수 있다는 것을 강조했다. 하지만 궁극적으로 공동의 목표인 '지구 문명'을 실현하고 '위대한 문명'을 향해 나아가기 위해서는 반드시 다음과 같은 몇 가지 원칙을 견지해야 한다.

## 정확한 목표 수립하기

이 책의 서문 부분에서 우리는 어떤 관점에서 살펴보더라도 현재 우리가 인류 문명사의 갈림길 위에 서 있다는 것을 확인했다. 세계는 왜 여기까지 이르게 되었을까? 바로 우리에게 명확한 목표가 없었기 때문이다. 21세기에 진입하여 역사 교과서는 우리에게 충분한 지식과 경험, 교훈을 제공했고, 우리로 하여금 인류의 미래(유엔이 제창한 '전 인류의 행복'을 포함)에 대해 광범위한 공감대를 확보하고, 인류의 지속가능한 성장과 발전의 최종 목표를 명확히 하며, 더 나은 미래를 설계하고, 아울러 그것을 위해 분투할 수 있게는 조건과 능력을 갖추도록 했다.

### 지구 문명을 구축하는 것과 연계하기

다양한 발전 모델은 반드시 미래의 '지구 문명'을 구축하는 것과 연계되어야만 생명력을 가질 수 있다. 이를 위해서는 높은 차원에서 장기적인 미래를 내다보고 서로 다른 국정에 근거하여 각자의 청사진을 설계하고, 문명 전환을 위한 총체적 틀과 실천 경로 및 각종 위기와 도전에 대응하기 위한 방안을 명확히 해야 한다.

### 현실 문제부터 해결하기

다양한 발전 모델 아래에서 문명의 전환을 실현하려면 서로 다른 역사 및 문화 배경과 발전 단계에 근거하여 철학적 관점에서 분별하고 탐구해야 한다. 뿐만 아니라 각국이 사회·경제의 지속가능한 발전 노선에서 직면하고 있는 현실 문제에 초점을 맞춰 그 해결 방안을 모색해야 하는데, 여기에는 하드·소프트 기술과 소프트 환경, 특히 상응하는 제도와 정책 등의 지원 시스템이 포함된다(제7장 참조).

### 반드시 지켜야 할 몇 가지 최저선

첫째, 인간은 사회인과 도덕인으로서 어떻게 진화되든 인류로서의 기준적 최저선을 견지해야 한다. 둘째, 기술의 도구성이 갖는 최저선을 인지해야 한다(기술의 재발전도 인간이 만들어낸 것이며, 설령 그 생산물이 인간의 의식과 유사하더라도 '컴퓨터의 사유'는 단지 인간 뇌의 사유 정보 과정을 모방한 것에 불과하다). 셋째, 도덕적 최저선으로 여기에는 과학 탐구 중 과학자의 도덕적 최저선 등이 포함된다.

그렇다면 도덕적 규범 또는 도덕적 최저선이란 무엇인가? 대량의 연구 성과들이 윤리적·도덕적 규범에 대해 다양한 정의를 내리고 있다. 저명한 미래학자 시어도어 고든은 도덕적 규범에 대해 가정에 대한 보호, 지구와 인류의 가치에 대한 보호, 인류·동물·자연에 대한 애호, 상상력 아껴주기, 민주·공정·자유·책임감·단결·안전·동정심의 제창이라고 설명했다.[35] 또한 그는 정책결정 중 도덕 원칙과 관련하여 "인류는 자신의 행위에 대해 책임을 져야 한다. 생존은 가장 우선적인 원칙이고 상해를 가하지 않는 것은 황금 법칙이다"라고 말했다.

그런데 앞서 언급한 원칙 가운데 서로 모순되는 부분이 있다. 예를 들면, '자유'와 '인간은 반드시 책임감이 있어야 한다'는 부분이다. 이러한 모순의 균형 또한 윤리적·도덕적 문제의 원천이다. 그렇다면 인류의 가치란 무엇인가? 인류란 무엇인가? 공정이란 무엇인가? 이는 우리가 제4장과 제5장에서 해답을 찾고자 시도하고 있는 문제들이다.

〈자료 5-1〉은 '밀레니엄 프로젝트(The Millennium Project)'가 43개국의 전문가 424명이 참여하여 설계한 델파이 기법 설문지에 대한 분석을 통해 '윤리적 원칙 및 가치관과 관련된 표현'을 정리한 것이다.[36]

〈자료 5-1〉에서 볼 수 있는 다수의 관점이 이 책의 내용과 일치하지만 그것은 결국 다양한 문화적 배경을 지닌 전문가의 관점이 한데 모인

**자료 5-1 | 윤리적 원칙 및 가치관과 관련된 표현**

① 생명은 신성하며 바꿀 수 없는 것이다.
② 과학 연구는 종교·신앙보다 진리를 인식하는 데 있어서 더욱 의지할 수 있다.
③ 인간과 자연의 조화는 경제 발전보다 더욱 중요하다.
④ 집단의 의견은 통상적으로 개인의 판단보다 우월하다.
⑤ 집단의 안전이 개인의 자유보다 중요하다.
⑥ 하나의 종으로서 인간의 생존이 가장 우선적으로 고려되어야 한다.
⑦ 동정과 연민은 공정을 기초로 해야 한다.
⑧ 인류는 반드시 자신의 작위와 부작위에 대해 책임을 져야 한다.
⑨ 공평은 가장 성공적인 정책적 기초다.
⑩ 불관용은 복수와 사회의 와해를 초래한다.
⑪ 그 어떤 AI의 생명 형식도, 예를 들어 권리를 요구하는 정도에 도달하게 된다면 모두 권리를 향유해야 하며 인류와 마찬가지로 존중받아야 한다.
⑫ 인류의 권리는 기타 생명 또는 비생명 물체의 권리보다 항상 우선시되어야 한다.
⑬ 우주 이민은 인류의 발전과 진화의 과정 중 하나이다.
⑭ 위해가 최소인 (또는 상해가 없는) 결정을 내려야 한다.
⑮ 사회는 유전적 진화에 간여함으로써 결함과 잔인한 일이 출현하는 것을 피하도록 해야 할 책임이 있다.
⑯ 과학 기술은 사회를 위해 기여해야 하며 단지 지식 자체만을 추구해서는 안 된다.
⑰ 인류 생활의 정신적 측면이 물질적 측면보다 더욱 중요하다.
⑱ 후손에 대한 배려가 오늘 행동의 주요 관심사가 되어야 한다.
⑲ 경제 발전은 인류의 행복을 위해 가장 의지할 수 있는 길이다.
⑳ 공평(이익 분배 등)은 정책결정에 있어서 대단히 중요한 것이다.
㉑ 세계 이익은 응당 국가이익보다 우선시되어야 한다.
㉒ 모든 형태의 가정은 사회 가치관의 기초이다.
㉓ 모든 정책 과정에 있어서 환경과 생물의 다양성 보호를 고려해야 한다.
㉔ 부녀 및 아동의 권리는 침범될 수 없으며, 이것은 건강한 사회의 기초이다.
㉕ 교육을 받는 것은 인간의 기본적인 권리이다.
㉖ 만약 타인이 당신을 잘 대우해주길 바란다면 당신이 먼저 타인을 잘 대우해주어야 한다.
㉗ 집단 이익은 마땅히 개인의 복지보다 우선시되어야 하며, 정책결정을 할 때 대다수 사람의 이익을 고려해야 한다.
㉘ 인류는 고난을 경감시켜야 할 책임이 있다.
㉙ 관습과 전통은 매우 중요한 것이다.
㉚ 광범위하게 적용될 수 있는 결정을 해야 한다.

출처: Jerome Glenn, Theodore Gordon, 2005 State of the Future.

결과이며, 델파이 기법의 설문지에 대한 분석을 통해 얻어진 것이기에 일부 모순 또는 절충되는 부분이 나타나기도 한다.

예를 들면, ⑪과 ⑫는 서로 모순되고, ⑪은 이 책에서 논리적으로 반박하고 있는 관점이기도 하다. ⑲는 강렬한 공업 문명의 논리를 명확히 드러내고 있으며, ㉖과 ㉗은 특정한 배경에서 벗어나 단지 '당신과 타인' '개인과 대다수인'의 구분에 의거해 '시비'에 대한 판단을 진행하고 있어 '정의'나 '공평' 등의 기준을 간과할 수 있으므로 수정과 보완이 필요해 보인다. 그럼에도 이것은 도덕적 문제에 관해 수행한 매우 가치 있는 연구라고 할 수 있다.

## 협력과 연합

전 세계적으로 지구 문명을 실현하고 더 나아가 위대한 문명을 실현하는 것은 매우 거대한 도전이자 웅대한 목표이기 때문에 그 어떤 나라도 단독으로 그것을 실현시킬 수 없다. 따라서 전 세계의 식견 있는 사람들과 창조성이 풍부한 사람들이 연합하여 인류가 직면하고 있는 도전에 함께 대응해야 한다.

## 다양한 시도와 실천, 실패까지도 존중하고 포용하기

우리는 공업화를 위해, 그리고 과학 기술을 발전시키기 위해 헤아릴 수 없는 인력과 물력, 재력을 투입했다. 지구 문명을 창조하기 위해, 그리고 인류의 지속가능한 발전을 위해, 세계 평화를 위해 쏟아부은 노력이 그것에 비해 훨씬 부족하다는 사실에 대해 반성해야 한다. 즉 우리는 문명 전환을 촉진해야 할 필요성을 이제 막 인식하게 된 것이다. 따라서 기타 국가와 지역이 현재 진행 중인 각종 발전 모델 또는 발전 노선의 시도 및 실천에 대해 모두 존중하고 포용하며 학습하는 태도를 취해야 한다. 이 점은 일부 선진국, 이른바 '앞서 나가고 있는' 국가에 있어서 매우 중요하다.

## 4

# 지구 문명을 초월하는 위대한 문명

'지구 문명'은 인류 문명사에 있어서 커다란 진보가 될 것이다. 즉 허만 칸[37]이 언급한 탈공업 사회 이후에 인류가 진입할 역사상 '또 하나의 위대한 시대'가 될 것으로 보인다. 하지만 그렇다고 해서 지구 문명이 인류의 이상적인 사회 시스템이라고는 할 수 없다. 현재 우리가 설계하고 지향하고 있는 미래 문명은 지식과 가치관의 한계 등, 21세기 인류로서 우리가 지니고 있는 한계가 분명 존재하기 때문이다.

다른 한편으로는 국가와 정당이 여전히 존재한다는 전제에서 이루어지는 다양한 이익집단의 게임은 영구 평화의 실현을 포함하는 인류 공동의 행복한 사회를 건설하는 데 있어서 지속적인 걸림돌이 될 것이다. 따라서 지구 문명은 단지 인류의 이상적인 사회 시스템, 즉 '위대한 문명'의 초급 단계에 불과하다.

수천 년의 문명 발전사를 종합적으로 살펴보면 더 나은 생활에 대한 추구는 줄곧 인류 사회의 발전과 진보의 동력이었다. 인류의 이상적인 사회에 관해서는 동서고금의 선철(先哲)들이 대체적으로 비슷한 견해를 제시한 바 있다.

동방에서는 약 25세기 전에 중국의 고대 철학자 노자가 《도덕경(道德經)》을 통해 이상적인 인성과 이상적인 사회를 묘사했는데, 그곳에서는 인간과 자연, 인간과 인간, 인간과 사회, 국가와 국가의 관계가 조화롭고, 관리자는 무위이치(無爲而治)에 기반한 통치의 도를 받들어 실행하며, 사회는 존도이행(尊道而行), 이덕이위(以德而爲), 무사봉헌(無私奉獻)의 행위 준칙을 제창한다. 또한 상선약수(上善若水)의 사상 경지에 도달해 있고, 공도(公道) 및 무사(無私)한 인품을 중시하기에 평화롭고 안정된 사회가 유지된다.

서한(西漢, 기원전 202~서기 8) 시대에 고대 예학자 대성(戴聖)은 《예기(禮記)》의 '예운(禮運)'[38]에서 이른바 '대동세계'의 이상적인 사회 모습을 제기했는데[39] 그 특징을 살펴보면 천하위공(天下爲公), 즉 '천하는 한 사람의 천하가 아니라 뭇사람의 천하'이며, 여러 사람이 덕망과 재능을 겸비한 사람을 추천하고 선별하여 관리를 행하게 한다. 또한 민중의 도덕 수준이 높아 (사회 전체가) 각자 자신의 능력을 최대한 발휘하고 필요로 하는 것을 얻으며, 다른 사람들이 나를 위하고 내가 다른 사람들을 위하며 함께 화목하게 잘 지내고, 각종 죄악이 사라지는 도적도 없고 비적도 없는 안정된 사회의 모습이다.

20세기 초 신해혁명 시기에 중국 민주혁명의 위대한 선행자였던 (그리고 민족, 민권, 민생을 제창했던) 쑨원(孫文, 1866~1925)은 '천하위공' '대동세계'를 사회적 이상으로 삼았다. 청나라 말기의 정치가 및 사상가 캉유웨이(康有爲, 1858~1927)는 《대동서(大同書)》[40]에서 이른바 '대동세계'에 대해 다음과 같이 더욱 명확하게 설명했다.

"국계(國界)가 사라져 국가가 소멸되고, 급계(級界)가 사라져 등급(계급)이 소멸되며, 종계(種界)가 사라져 인종이 동화되고, 형계(形界)가 사라져 부녀가 해방되며, 가계(家界)가 사라져 가정이 소멸되고, 산계(産界)가 사라져 사유제가 소멸되며, 난계(亂界)가 사라져 각급 행정 구획이 취소되고 경도·위도에 따라 알맞게 자치가 이루어지며 세계 대동의 공정부가 설치되고, 유계(類界)가 사라져 중생이 평등해지며, 고계(苦界)가 사라져 극락에 도달하게 되어 모두 평등해지고 빈부 격차가 소멸되는 사회가 된다."

서방의 고대 그리스 철학자 플라톤은 《국가론(The Republic)》[41]에서 소크라테스의 말을 빌려 타인과 정의를 논하며 진정으로 정의가 실현되는 정체, 즉 '이상국'을 설계했는데 그곳에서는 국왕이 엄격한 철학 교육을 받고 왕국의 통치에 있어서 정의와 절제를 제창한다.

16세기 초, 토머스 모어는 행복하고 이상적인 국가를 묘사하면서 이를 '유토피아'라고 일컬었다. 유토피아의 근간은 '재산의 공유제'로서 사유제를 소멸시키고 모든 것을 전민이 소유하며 수요에 따라 분배하는 원칙을 실행한다(제6장 참조).

17세기 영국의 저명한 사상가이자 철학자 그리고 과학자였던 프랜시스 베이컨은 《새로운 아틀란티스》[42]에서 이상적인 사회에 대한 한 폭의 경관을 다음과 같이 그려냈다. 약 1,900년 전에 도량이 넓고 큰 국왕이 하나의 섬나라를 통치했는데, 그는 선정을 널리 베풀고 한마음 한 뜻으로 국가와 국민의 행복을 도모했다. 그의 치세 아래 섬나라는 융성과 번영을 구가했고, 국민은 안정된 생활을 누리며 즐겁게 일했다. 국왕이 솔로몬 궁궐을 지으면서 많은 과학 연구 인재들을 모아 각각 다양한 학문 분야의 업무에 종사하게 했다. 섬나라의 윗사람과 아랫사람은 물론 모든 사람이 과학을 열렬히 애호하고 과학 지식을 운용했으며, 과학의 발명과 창조를 통해 생산과 부를 증가시켜 백성의 이익을 도모함으로써 이상적인 사회를 건설했다. 이 책은 베이컨이 창도한 과학의 '위대한 부흥' 사상과 지식을 중시하고 인간의 존엄과 가치관을 수호하는 유토피아의 모습을 잘 묘사하고 있다.

17세기 이탈리아의 철학자 톰마소 캄파넬라는 《태양의 나라(La città del Sole)》에서 사유제와 착취가 소멸된 하나의 대동세계를 그려냈다. 그곳에는 부자도 없고 빈자도 없으며 재산은 모두에게 귀속되었다. 또한 폭력과 죄악도 없으며, 사람들은 평화롭고 안정된 생활을 영위해나간다(제6장 참조).

19세기 초, 생시몽과 샤를 푸리에, 로버트 오웬을 대표로 하는 공상적 사회주의자들이 지향한 미래 사회의 청사진은 계급 및 계급 차별이 소멸되고 '모든 사람이 평등하고 행복한' 새로운 사회를 건립하는 것이었다(제6장 참조).

19세기 후반, 마르크스와 엥겔스가 공산주의(나중에 '과학적 사회주의'라고 일컬어짐) 사회의 이상을 제기했다. 그것은 생산 요소의 공유제를 실현하고, 계급 대립과 계급 자체를 소멸시킨다. 또한 국가를 소멸시키며, 모든 사람이 평등하고 각 개인이 전면적이며, 자유롭게 발전하는 것을 기본 원칙으로 삼는 사회다. 아울러 그들은 국가 소멸의 필연성과 가능성을 논증했고, 인류 해방의 진행 과정은 곧 정치 및 국가가 점진적으로 소멸되는 역사의 과정이라고 말했다[43](제6장 참조).

1970년대 중반, 미국 플로리다 주에서 자크 프레스코(Jacque Fresco)에 의해 제기되어 현재까지도 진행 중인 '비너스 프로젝트'는 지구의 모든 인류로 구성되는 '세계 대가정(世界大家庭)'이라는 평화적인 사회를 향한 청사진을 제기했다. 그곳에서의 사회 관리는 대기업과 정부(현지, 국가 또는 초국가)를 위주로 한 관리 시스템에서 벗어나(국가와 부자에 의한 통치에서 벗어나) 점차 그러한 사회 관리 시스템이 사라지는 방향(점진적으로 자치 사회를 향해)으로 그려진다. 자크 프레스코는 미래 사회에 접어들면 화폐, 정치, 개인과 국가이익이 모두 도태될 것이라고 전망했다(제6장 참조).

종합해서 논하자면, 인류는 반드시 지구 문명보다 더욱 선진적인 문명, 즉 인류 사회의 생존과 발전 방식이 더 높은 경지에 있는 문명(위대한 문명)을 추구해야 한다. 그곳에서는 사람들이 물질적으로 풍요롭고 공정하며, 사상적으로 다원적인 세계에서 생활하며, 계급·국가·정당이 소멸될 뿐만 아니라 근본적으로 빈부의 격차는 사라지지만 여전히 다양성과 개성의 문화는 유지된다. 인성이 부단히 승화되고 평화, 발전, 공평, 정의, 민주, 자유 등이 고취되어 대다수 인류가 지닌 공통의 가치관이 되며, 이에 따라 조화롭고 영구 평화적인 세계가 된다.

인류가 자연을 존중하고 보호하며 자연 규율을 따를 때 비로소 생태 균형이 이루어지고, 환경이 쾌적하고 아름다워지며 인간과 자연이 조화롭게 공존하는 세계가 된다. 고도로 발전된 과학 기술은 인류에게 그 어떤 복지라도 제공할 수 있을 뿐만 아니라 인간이 자연계의 기타 생물과 조화롭게 공존하고 협조하며 발전할 수 있는 길을 만들어주며, 나아가 인류의 생존 공간을 다른 행성으로 확대시키는 방법과 경로를 제공한다.

따라서 '세계'에 대한 정의가 현재 인류가 생존하기 위해 의존하고 있는 지구를 초월하여 더욱 드넓은 우주 공간, 즉 '신세계'로 확대될 수 있고, 인류는 생존하기에 적합한 각 행성에 흩어져 살게 될 수도 있다. 그럴 경우 인류는 선진적 문명을 그곳에 대동하여 그곳의 생명체(만약 외계 생명체가 존재할 경우)와 서로 다른 점은 인정하면서 공동의 이익을 추구하는 신세계 문화를 창조하게 될 것이다.

우리는 이와 같은 내용을 통해 인류의 이상적인 사회를 실현하는 데 있어서 '정치 문명'이 관건임을 알 수 있다. 만약 인류가 이상적인 생존 방식에 대해 사회적으로 높은 수준의 공감대를 형성하고, 전 세계적으로 계급 또는 계층의 대립 및 빈부의 격차가 소멸되며, 국민의 사상 수준과 도덕관념이 보편적으로 향상된다면 그 이후에 도덕 가치 및 정치 가치와 상관없이 국가의 존재는 불필요해지게 될 것이다. 물론 그때가 되면 정치의 함의나 사명 및 정치 문명의 기준에 모두 근본적인 변화가 발생한다. 그러나 그러한 사회를 진정으로 실현하거나 운용하기 위해서는 다음과 같은 엄중한 문제들에 대한 탐구와 논의가 절실히 요구된다.

첫째, 사회 체제와 운용 기제에 관한 문제다. 계급이 소멸되고 국가가 소멸된다고 해서 결코 모든 문제가 해결되는 것은 아니다. 실제로 국가의 권력이 정치적 성질을 상실하고 궁극적으로 국가가 멸망으로 향하며 사회로 회귀한다면 '위대한 문명' 사회에 적합한 시스템이나 사회 체제는 과연 무엇인가? 또한 이러한 사회의 운용 기제는 어떤 모습이어야 하는가? 이것은 지구 문명에서 위대한 문명을 향해 나아가는 데 있어서 풀어야 할 최대 과제라고 할 수 있다.

둘째, 다양성과 통일의 관계에 대한 문제다. 미래의 이상적인 사회는 인류가 함께 건설하고 공유하는 목표에 있어서는 통일되어야 하지만 동시에 다양성과 개성을 창조적으로 유지해야 한다. 그런데 유지시켜야 할 다양성과 개성은 어떻게 식별할 것인가? 인류가 설령 국가의 경계가 소멸된 상황에서 생활한다고 해도, 설령 금전으로 매겨지는 빈부의 격차가 부단히 축소되는 상황에서 생활한다고 해도 성장 환경, 교육 배경, 개인적 성취, 문화적 관습, 유전자 또는 선천적 조건의 차이로 인해 상호 간의 지력, 가치관, 심지어 체력 등의 차이는 완전히 소멸될 수 없고 이러한 차이는 모순과 질투를 계속해서 유발할 것이다.

예를 들면, 다양한 문화와 교육 배경에 근거하여 사람들의 행복에 대한 추구와 느끼는 감정은 각기 다르다. 만약 매우 많은 사람이 개인과 가정의 편안함, 다양한 생활 방식의 체험과 향유에 더욱 관심을 갖고 있고, 매우 많은 사람이 타인을 돕고 타인에게 헌신하는 것을 즐거움으로 삼는다면 중국에는 '레이펑(雷鋒, 중국 인민해방군의 모범 병사)' 유형의 인물이 엄청나게 출현할 것이며,[44] 세계적으로도 사회를 위해 헌신하는 볼런티어들이 갈수록 많아지게 될 것이다.

셋째, '거버넌스가 필요한가'의 여부와 관련된 문제다. 앞서 위대한 문명 사회에 도달하기 위해서는 반드시 평화, 발전, 공평, 정의, 민주, 자유 등이 고취되어 대다수 인류가 지닌 공통의 가치관이 되어야 한다고 말했다. 하지만 그러한 사회를 실현하기 위해서는 역시 거버넌스가 필요하다. 인류는 반드시 하나의 안정적이고 질서 있는 환경 속에 있어야만 지속적으로 생존하고 발전하며 이상과 목표를 실현할 수 있기 때문이다. 단지 거버넌스의 플랫폼, 거버넌스의 주체, 내용 및 기초가 다를 뿐이다. 즉 거버넌스의 내용은 더욱 복잡하고, 도전은 더욱 심각하며, 목표는 더욱 높아질 것이다.

자유를 예로 들어 설명하면, 만약 자유가 공포로부터 벗어나고, 노역으로부터 벗어나며 상해로부터 벗어나고, 아울러 자신의 욕망을 만족시키고 자신의 가치를 실현할 수 있는 편안하고 조화로운 일종의 심리 상태라고 한다면 자유는 하고 싶은 것을 할 수 있는 권력을 갖고 있을 뿐만 아니라 타인에게 손해를 끼치지 않을 의무도 있다. 자유의 배후는 자율이고, 자율 이외의 자유는 타율을 받아들여야 하며, 타율은 곧 외재적인 도덕과 법률 규칙에 의해 제약을 받는다.[45] 즉 자유도 반드시 도덕, 법률, 법규 및 사회 계약에 의해 제약을 받아야 하며 법치 아래에서만 비로소 진정한 자유를 누릴 수 있다.

또한 마약을 예로 들 수 있는데, 마약은 사람에게 쾌락을 느끼게 하며 환각 등을 만들어낸다. 만약 사회가 마약을 자유롭게 사용할 수 있도록 허락한다면 이러한 약물이 유도하는 현실 도피의 추구는 매우 빠르게 범죄의 증가를 야기하고, 사람의 존엄을 상실하게 하며, 개성을 없애버리고 마약의 노예가 되도록 만들 것이다. 이는 곧 우리가 말하고 있는 '행복'의 의미를 전도시키는 것이다.[46]

이밖에 설령 위대한 문명의 시대가 온다고 해도 인성의 승화에는 여전히 격차가 있고, 일부 사람들은 모든 사람이 행복을 느낄 수 있는 더 나은 세계의 청사진 또는 공동 목표에 동의하지 않거나 그것을 함께 나누며 누리는 것을 원하지 않을 수 있고, 자신의 비도덕적인 이익 또는 행복을 수호하려는 사람들도 있을 것이다.

고도로 발전한 과학 기술이 사회 거버넌스에 제기하는 도전을 예로 들어 설명하면, 우리는 제1장에서 AI의 고도 발전이 사회 거버넌스에 제기하는 각종 도전에 대해 논하며 사회 거버넌스의 새로운 혁명을 호소한 바 있다. 지금으로부터 800년 이후에는 현재 우리가 자나 깨나 바라고 있는, 그리고 심지어 비현실적이거나 믿기 어렵다고 생각하는 과학적 발견과 전복적 기술 혁신이 연이어 도래할 것이고, 인류에 대한 모든 도전은 현재의 AI에 버금갈 것이다.

그런데 앞서 논한 바와 같이 인성의 승화 및 세계관과 가치관의 차이가 여전이 존재하므로 과학 기술의 발전과 응용 방향에 대한 윤리, 도덕·규범 문제, 인류의 진화 방향에 대한 논쟁 및 생명, 인간, 우주 생명(만약 존재한다면) 간의 관계 등과 관련된 엄중한 논쟁은 더욱 첨예해질 것이다. 따라서 이러한 사회를 이끌어가는 것의 어려움은 상상을 불허한다.

중국의 고대 철학자 노자가 제창한 통치론, 즉 '올바름으로 나라를 다스리는 도, 백성을 사랑하며 국가를 다스리는 도, 혼란을 제거하고 백성을 편안하게 하는 도, 덕으로 나라를 통치하는 도, 도로 국가를 다스리는 도, 무위이치의 집정 방략, 지혜로 다스리는 도, 교육으로 국가를 일으키는 도' 등은 수백 년 후 위대한 문명 사회를 이끌어가는 데 있어서도 여전히 참고할 만한 가치가 있다.

넷째, 거버넌스 모델과 관련된 문제다. 위대한 문명의 시대에 적합한 거버넌스 모델은 약간의 레벨을 나누어 구상해볼 수 있다. 그중 관건은 가장 상층부의 두 가지 차원인데, 즉 글로벌 차원과 다양한 집단 또는 연맹 차원이다. 글로벌 차원이란 글로벌 거버넌스의 플랫폼을 말한다. 이러한 플랫폼은 우리에게 익숙한 유엔과 유사하지만 다양한 국가를 대표하는 것이 아니라 제2의 차원, 즉 '각종 집단 또는 연맹'의 연합체를 대표한다. 이 플랫폼의 주요 사명은 세계 평화를 수호하고, 전 지구적인 협력을 촉진하는 것으로 중점은 '위대한 문명' 시대라는 '신세계'에서의 거버넌스에 맞춰져 있다.

구체적으로 그것은 하부 차원, 즉 각종 집단 또는 연맹이 이러한 플랫폼을 통해 협력하고 모순과 충돌을 회피하며 발전과 상생의 실현을 돕는다. 그리고 또 다른 측면에서는 시대의 변화와 함께 그 자체의 운용 메커니즘을 개선시키고 완벽을 도모한다.

미래의 세계 질서 또는 글로벌 거버넌스 모델에 대한 연구는 이미 그 역사가 오래되었다. 그중 이상주의 학파로 일컬어지는 주장, 즉 연방 모델은 그 방향이 앞서 언급한 구상과 비교적 근접해 있다. 가장 일찍 출현한 세계연방의 구상은 14세기로 거슬러 올라가는데, 그 주창자는 바로 이탈리아의 시인 단테 알리기에리(Dante Alighieri)이다. 그는 1312년부터 1313년에 걸쳐 집필한 《제정론(De Monarchia)》[47]에서 통일된 세계 정체를 건립하고, 인류가 평화를 지향하는 법률로 향하도록 인도하며 효율적으로 각 지방 정체를 영도할 것을 제창했다.

18세기에 칸트는 《영구 평화론》에서 대의제 정부와 세계연방을 건립할 것을 주장했고, 1946년 10월 성립된 세계연방주의자 세계협회는 국제적인 협조 및 연계를 통해 세계연방 운동의 실현을 목표로 삼았으며, 세계 평화를 실현하려면 반드시 '세계연방정부'를 수립해야 한다고 보았다.

실제로 미국은 연방제 국가이며 상대적으로 독립되어 있는 지역, 즉 50개의 주가 연방을 구성하고 있다. 국가는 통일된 헌법을 전국 최고의 법률로 삼으며 국방, 전쟁, 외교, 화폐, 대외 무역 등의 방면에서 전국적으로 주권을 행사한다. 유럽 연합의 정치체제는 연합제로서 독립적인 주권을 지닌 몇 개의 국가로 구성되어 있는 느슨한 국가연맹이며, 각 회원국은 각자의 주권과 정부의 모든 기능을 계속해서 보유하며 자신의 헌법과 법률, 국방과 외교 등의 권리를 갖는다.

그러나 200여 년 남짓의 미국 연방제든, 수십 년간 유럽의 일체화를 둘러싸고 유럽이 연합제를 통해 진행해온 위대하고도 힘겨웠던 실천이든(제6장 참조) 모두 연방주의자가 추구했던 목표에는 도달하지 못했다. 하지만 이러한 연방제의 경험과 교훈은 미래의 글로벌 거버넌스 모델과 관련하여 긍정적으로 참고할 만하다는 것에 그 의의가 있다.

그렇다면 우리가 구상하고 있는 거버넌스 모델은 국가와 정당이 소멸된 이후에 실현될 가능성이 좀 더 있는 것일까?

하부 차원은 서로 다른 문화, 다양한 종교·신앙, 다양한 발전 수준, 다양한 지리 환경과 지역 사람들에 의한 각종 집단 또는 연맹을 대표한다. 그 사명은 각각의 문화, 종교, 신앙의 다양한 특징과 개성을 보호하고 전승하며 존중하는 기초 위에서 시대의 변화에 맞춰 독특한 내부 거버넌스 모델을 창조하고 혁신하는 것이다. 그리고 이를 통해 내부의 안정과 발전을 확보하고 소속된 민중으로 하여금 만족감, 행복감, 자부심을 느끼게 하며, 동시에 글로벌 플랫폼의 거버넌스 시스템에 적극적으로 협조하도록 이끄는 것이다.

다양한 집단과 연맹의 내부 거버넌스에는 다음과 같은 공통점이 있다.

① 현재의 국가 거버넌스와 달리 국가가 소멸됨에 따라 거버넌스 주

체(집단과 연맹을 포함하는 영도기구 및 그 내부의 다원적 주체를 포함)가 다원화된다.

② 거버넌스의 내용이 주로 '사회 거버넌스'이다.

③ 거버넌스 과정[48]이 권력의 운행 방향에 따라 무조건 위에서 아래로 향하는 것이 아니라 상하 연동되는 관리 과정이며 주로 협력과 협상, 파트너 관계, 함께 누리는 공동의 목표를 확립하는 방식 등을 통해 거버넌스 대상에 대한 관리를 실시한다.

④ 거버넌스의 기초는 각종 법률과 법규가 될 수 있지만 대부분은 사회 계약 제도이다.

요컨대, 국가 소멸의 길로 나아가는 과정에서 궁극적으로 국가는 사회로부터 받은 권력을 사회로 환원하게 된다. 따라서 거버넌스도 완전히 새로운 단계, 즉 협력, 협상, 자주, 자율의 거버넌스로 진입하게 될 것이다.

다섯째, 고도로 발전된 세계화의 미래와 관련하여 이른바 개성과 문화의 다양성을 유지할 수 있는지의 여부에 대해 많은 사람이 회의적인 태도를 보이고 있다는 점이다. 하지만 중국이 지금까지 보여준 실천들은 사람들이 이러한 가능성을 신뢰하도록 도울 것이다.

현재 세계에는 약 3,000개의 민족이 200여 개의 국가와 지역에 분포되어 있고 6,000여 개의 다양한 언어를 구사하고 있다. 절대 다수의 국가는 다민족으로 구성되어 있으며, 중국에는 55개의 소수민족(한족은 제외_옮긴이)이 존재한다. 70년간의 험난한 실천을 거쳐 중국은 풍부한 경험을 축적해왔다. 중국 헌법에는 각 민족이 자신의 풍속과 습관을 유지하거나 개혁할 수 있는 자유가 있다고 규정하고 있다. 중국 소수민족의 복장, 음식, 거주, 혼인, 경축일, 의례, 장례 등의 풍속과 습관에 대해 국가는 충분히 존중하고 확실하게 보장하고 있으며, 법률과 법규를 통해 민족 평등에 대해 보다 구체적이고 명확하게 규정하고 있다(물론 현재 어떻게 철저한 집행을 할 것인지의 문제가 남아 있다).

2008년 말까지 중국에는 5개의 자치구, 30개의 자치주, 120개의 자치현(또는 자치기)을 포함하며 155개의 민족 자치지방이 존재하고, 구역 자치를 실행하는 소수민족 인구가 소수민족 총인구의 71퍼센트를 차지하고 있다. 이밖에 1,100여 개의 소수민족 향(鄉)을 건립하여 민족 구역 자치의 제도를 보충하고 있다.[49] 민족 구역 자치는 중국의 민족 문제를 해결하는 데 있어서 기본 정책이며 중국의 기본 정치 제도이기도 하다.

중국은 소수민족의 문화 예술 사업의 발전을 격려하고, 소수민족의 우수한 전통 문화를 적극적으로 보호하며, 거액을 투입하여 소수민족의 비물질 '문화유산' 등을 보호하고 있다. 이러한 일련의 제도와 정책은 국가 통일과 민족 단결을 유지하고 중국 사회의 장기적 안정을 유지하는 데 기여하고 있으며, 민족 공동의 번영과 발전을 실현할 수 있는 희망을 열었다.

우리는 앞서 정치 문명에 대해 중점적으로 논했고, 국가와 계급이 소멸된 이후에 직면할 수 있는 도전과 앞날에 대해서도 집중적으로 살펴보았다. 사실 국가의 소멸은 정치 문명에만 관련된 사항은 아니다. 카를 마르크스가 제기한 국가 소멸의 조건은 문명의 각 방면을 다음과 같이 포괄하고 있다.[50]

계급 대립과 계급 차별의 완전한 소멸(정치 조건), 정신노동과 육체노동의 차별이 사라지는 것을 포함하는 옛 사회 분업의 소멸(사회 조건), 전체 인민 사상, 도덕 및 과학·문화 수준의 보편적 향상(정신 조건), 전 세계적으로 모든 착취 제도가 소멸되고 전체 인류가 해방되는 것(국제 조건) 등이 있으며, 사회 생산력의 고도 발전(물질 조건)은 가장 근본적인 조건에 해당한다. 그때가 되면 새로운 기술은 생산력 및 노동과 휴식에 대한 정의에 직접적인 영향을 미치게 될 것이다.

따라서 위대한 문명을 실현하려면 반드시 지구 문명의 시스템을 바탕으로 5가지 문명인 물질 문명, 정신 문명, 정치 문명, 생태 문명, 성제 문명 에 초점을 맞춰 전면적이고도 시대의 변화에 부합되는 혁신을 진행하고, 새로운 내용을 보완하며 부단히 완벽을 도모해야만 앞서 정의한 위대한 문명에서의 광의적인 문화 환경과 사회 시스템을 형성할 수 있다.

실제로 앞서 묘사한 위대한 문명의 아름다운 비전이 실현된다면 그것을 '위대한 문명 사회'라고 부르든 '이상국(이상적이며 완전한 국가)' 또는 '대동세계'라고 부르든 혹은 '공산주의 사회'라고 부르든 그것은 중요하지 않다. 이는 인류가 철저히 해방되고, 자유로우며, 전면적으로 나아질 수 있는 인류 사회의 발전 다음에 이어질 고급 단계에 해당한다. 나는 전 세계의 어떤 민족이나 종족도 이것에 찬성하지 않을 사람은 없을 것이라고 믿는다. 이러한 목표의 실현은 모든 인류가 운명을 함께하는 공동체의 이념과 세계관을 통해 '인류 공동의 집' 즉, 신세계를 어떻게 함께 건설하고 이끌어가며 수호할 것인가에 달려 있다.

## 5

# 위대한 문명은 어떻게 발전하는가

위대한 문명을 실현하는 것이 지구 문명을 초월하는 이상적인 사회를 건립하는 전제 조건이긴 하지만, 위대한 문명의 진행 과정을 구상해봄으로써 세계의 영구 평화와 인류의 더 나은 미래를 지향하는 사람들에게 토론의 장을 마련해주고자 한다.

만약 17세기를 공업 문명의 준비 시기라고 본다면[51] 대체적으로 18세기부터 시작하여 21세기까지는 여전히 공업 문명의 시대라고 할 수 있다. 최근 수백 년 동안 '물질지상주의'와 '과학 만능론'을 발전의 논리로 삼아왔던 공업 문명은 전례 없는 풍요로운 물질세계와 눈부신 과학기술의 성취를 창조해낸 것과 동시에 인류의 생존을 위한 자연환경과 인문사회 환경에 만회할 수 없는 재난을 초래하여, 인류의 지속가능한 생존과 발전이 거대한 도전에 직면하도록 만들었다.

20세기 말, 전 지구적으로 지속가능한 발전을 위한 운동이 추동된 이래 문명 전환의 이념은 갈수록 많은 전문가와 세계 엘리트들의 공감을 얻고 있다. 하지만 거세게 밀려오는 새로운 산업혁명의 물결이든 아니면 현재 가속화되고 있는 개도국 공업화의 발전 과정('호황의 30년' 과정 중에 있는 아프리카 등)[52] 및 선진국 간의 경쟁이든 모두 공업 문명의 논리와 법칙에서 벗어나지 못하고 있고, 국가이익 또는 집단의 이익을 가장 우선시하며 다양한 이데올로기에 의해 초래되는 정치 모델의 경쟁 등은 전 세계적으로 문명의 전환을 추동하는 것을 아직 의사일정에 올리지 못하도록 만들고 있다.

오직 소수의 국가, 예를 들면 북유럽 국가들은 100여 년의 모색과 견지를 거치며 사회 문명의 진보를 추동하는 방면에서 현저한 성과를 거두었지만 문명의 전환을 의식적으로 추동하는 높은 경지에까지는 아직 이르지 못하고 있다. 따라서 21세기 중엽까지 혹은 21세기 전체는 공업 문명의 전성기가 될 것으로 보인다. 이는 공업 문명에서 지구 문명으로의 전환에 있어서 과도기로 매우 긴 시간이 소요될 것임을 의미한다. 요컨대, 공업 문명이 한 국가에서 시작되어 전 세계로 보급되기까지는 최소 400년(18세기부터 21세기까지)이 걸리기 때문이다.

이렇듯 21세기부터 22세기까지는 공업 문명에서 지구 문명으로의 전환을 위한 과도기이다. 또한 이 시기는 인류가 각성하게 되는 변화의 시기이기도 하다. 갈수록 많은 사람들이 인류가 현재 돌이킬 수 없는 길을 걷고 있으며, 문명의 전환을 해야 한다는 것에 공감하고 있다. 이러한 '가치관 변화'의 흐름은 각국의 발전 모델에 대한 개혁을 촉진시킬 것이다. 따라서 22세기에 이르게 되면 더욱 많은 국가들이 전환을 위한 시도와 실천 단계에 진입하게 될 것이다. 비록 각국이 직면하고 있는 문제가 서로 다르고, 해결 방안과 전환 모델 및 전환을 위한 지속기간도 각각 다르지만 지속가능한 발전을 위해 반드시 거쳐야 하는 노선과 관련하여 6대 경로를 실천(제7장 참조)하기만 한다면, 그리고 동시에 새로운 5대 문명의 기준에 근거하여 광의적인 문화 환경의 건설을 강화한다면 지속가능한 발전의 정도를 대대적으로 향상시키고 점진적으로 지구 문명의 실현 목표에 접근할 수 있을 것이다.

이 시기에 전쟁이나 지역 충돌 및 테러 사건은 여전히 지속되겠지만

**자료 5-2 | 공업 문명에서 지구 문명으로, 지구 문명에서 위대한 문명으로**

| | 공업 문명 (18~21세기) | 공업 문명의 전환기 (21~22세기) | 지구 문명 (22~25세기) | 위대한 문명 (26~27세기) |
|---|---|---|---|---|
| 시나리오 | • 물질지상주의/과학 기술 만능론<br>• 눈부신 성과와 만회할 수 없는 재난<br>• 긴급한 과제로서의 지속가능한 발전 | • 전례 없는 각종 위기<br>• 지속가능한 발전: 공동의 언어<br>• 국가/집단의 이익이 여전히 최우선<br>• 다양한 정당/다양한 거버넌스 주장<br>• 문명 전환을 의식적으로 추동함 | • 국가/정당이 여전히 존재<br>• 다양한 문화, 다양한 종교, 다양한 신앙을 지닌 집단이 서로 수용하고 조화를 이루며 공존하는 세계<br>• 과학 기술은 인류의 복지를 위해 기여함<br>• 인류가 성제를 향해 발전함 | • 국가/정당의 소멸<br>• 전 인류가 행복을 함께 누리게 됨<br>• 영구 평화를 수호하는 글로벌 거버넌스, 다양성과 개성을 유지함<br>• 인류가 거주하기에 적합한 각 행성에 흩어져 생활하게 됨 |
| 철학 차원 | | | 지구 문명에 적합한<br>• 물질 문명<br>• 정신 문명<br>• 정치 문명<br>• 생태 문명<br>• 성제 문명 | 위대한 문명에 적합한<br>• 물질 문명<br>• 정신 문명<br>• 정치 문명<br>• 생태 문명<br>• 성제 문명 |
| 조작 차원 | 서로 다른 국가<br>다양한 문제<br>다양한 해결 방안<br>다양한 전환 모델 | 지속가능한 발전을 위한 6대 경로<br>• 경제 발전 모델의 전환<br>• 사회 발전 모델의 전환<br>• 자원 응용 모델의 전환<br>• 인간과 자연 관계의 전환<br>• 정치 문명의 전환<br>• 과학 기술 문명의 전환 | 서로 다른 국가/지역이 해결해야 할 기본 문제, 해결 방안과 노선, 각자의 발전 모델을 스스로 명확히 함 | 국가/정당이 소멸된 사회의 거버넌스, 다양한 문화의 공존 모델, 시간의 변화와 함께 기존 규범을 수정하고 새로운 내용을 추가함 |
| 진보 ↕ 전쟁 | *두 차례의 세계대전<br>*크고 작은 전쟁의 연속 | *각종 전쟁, 충돌, 테러 사건<br>*세계대전의 회피 | *충돌의 평화적 해결<br>*전쟁 회피 | *영구 평화 |

각국과 국제 사회의 공동의 노력으로 결국 인류의 양지(良知, 도덕적 가치를 판단하여 옳고 그름 및 선과 악을 깨달아 바르게 행하려는 양심)가 사악함과 싸워 승리할 것이며, 적어도 세계대전을 피할 수 있게 될 것이다.

대략 22세기 후반에 이르게 되면 갈수록 많은 국가와 지역이 지구 문명의 궤도에 진입하게 될 것이다. 비록 각국의 사회 제도와 거버넌스 모델이 서로 다르다고 해도 오직 지구 문명을 실현하는 과정에서 각자에게 존재하고 있는 기본 문제, 해결 방안과 노선(제4장 참조)을 명확히 하기만 하면 각국은 모두 궁극적으로 다양한 발전 모델을 통해 서로 다른 시기에 '다양한 문화, 다양한 종교, 다양한 신앙을 지닌 집단이 서로 수용하고 함께 생존하며 공동 발전하는' 세계에 진입하게 될 것이다.

또한 25세기에 이르게 되면 지구 문명은 각 영역과 각 지역에서 다른 여러 전통적 문명 또는 문화와 충돌하고 경쟁하며 침투하고 지양되는 과정에서 점차 전 세계적으로 확산되고 완벽해지게 될 것이다.

만약 공업 문명의 전환 시기를 지구 문명의 준비 시기로 간주할 경우 개별 국가가 지구 문명을 의식적으로 추동하는 것에서 궁극적으로 전 세계 모든 국가가 기본적으로 지구 문명을 실현하게 되기까지는 대략 400년(22세기부터 25세기까지)이 필요할 것이다(만약 우리가 지구를 아끼고 인류 진화의 방향을 정확히 견지하여 인류가 그처럼 장기간에 걸쳐 계속해서 존재할 수 있다면 말이다). 농업 문명에서 공업 문명에 이르기까지 강조되었던 것은 무제한적인 발전으로 자연을 이용하고 물질적 부를 창조하는 활동이 주류를 이루었기 때문이다. 그러나 공업 문명에서 지구 문명에 이르기까지 강조되는 것은 조건부 발전으로 비물질적인 부를 창조하는 것이 점차 주도적인 위치를 차지하게 되며, 인성의 개조 또는 승화를 기초로 하는 사회 시스템의 전환과도 결부된다. 이것은 자연과의 '투쟁'보다 훨씬 복잡하고 어려운 점이 많은 사안이다.

지구 문명에서 위대한 문명으로의 전환은 길고 험난한 과정이다. 여정에 있어 최대 도전은 거버넌스와 관련된 문제다. 즉 국가와 계급의 소멸, 금전으로 계산되는 빈부 격차의 소멸, 영구 평화의 실현을 목표로 삼고 다양한 지역, 다양한 집단, 다양한 차원의 그룹에게 적합하고 보편적으로 받아들일 수 있는 세계 질서의 틀과 글로벌 거버넌스 모델을 탐구하는 것인데 이것은 장차 거대한 변혁을 가져오게 될 것이다.

우리는 앞서 거버넌스 문제를 해결하기 위해 글로벌 플랫폼 및 하부 차원의 구분을 논한 바 있다. 그러나 우리가 직면하고 있는 더욱 심각한 도전은 다음과 같다.

- 글로벌 거버넌스 플랫폼을 어떻게 설계하고 운용할 것인가?
- 글로벌 플랫폼을 이끌어갈 훌륭한 리더들을 어떻게 찾을 것인가?
- 각 집단 또는 연맹이 어떤 특징을 지닌 기능과 기제를 구축해야만 그들의 내부 사안을 성공적으로 관리하고 '위대한 문명' 사회의 일부분이 될 수 있는가?
- 인류 문명에 대한 위협을 어떻게 발견하고 적시에 그것을 방지할 것인가?
- 과학 기술을 인류의 복지를 증진하는 데 기여하도록 어떻게 통제하고 이끌어가며, 인류와 인류 사회 및 자연계에 대한 부정적인 영향 또는 위협을 최소한으로 유발하게 할 것인가?
- 물질적으로 대단히 풍요롭고 대량의 노동이 로봇 등에 의해 대체

되는 시대에 다음 세대를 어떻게 교육할 것인가?

이로부터 이것이 역사상 존재했던 그 어떤 문명의 전환보다도 더욱 웅장하고 복잡한 과정이 될 것임을 알 수 있다. 그러나 나는 인류가 결국에는 지구 문명에서 위대한 문명으로의 전환을 실현해낼 것이며, 또한 그것은 그 이전의 문명 전환을 위해 소요되었던 기간보다 더 짧은 시간에 이루어질 것이라고 믿는다. 그 이유는 다음과 같다.

첫째, 수백 년에 걸친 지구 문명의 건설을 통해 인류 사회 전체의 광의적인 문화 환경이 대폭 개선되어 글로벌 거버넌스가 직면하고 있는 여러 제약 요인이 약화될 것이기 때문이다. 특히 앞서 언급한 국가의 소멸을 위한 5가지 조건이 점차 무르익게 됨에 따라 한편으로 국가, 계급, 정당 간의 이익과 권력 투쟁이 점진적으로 약화되고, 다른 한편으로 인류 운명 공동체의 이념에 대해 더욱 광범위한 공감대가 형성될 것인데 이것은 글로벌 차원의 거버넌스 플랫폼을 구축하기 위한 기초에 해당한다.

둘째, 대다수 사람들의 인성이 보편적으로 승화되고 보완되어 인류 사회의 주류(主流)세계관, 인생관 및 가치관 등이 위대한 문명에 능동적으로 적응할 수 있게 되기 때문이다. 이것은 다양한 집단 또는 연맹 차원의 내부 거버넌스 문제를 해결하는 데 있어서 도움이 될 뿐만 아니라 궁극적으로 모든 인류가 운명을 함께하고 영구 평화를 함께 누릴 수 있게 할 것이다. 이것은 조화로운 세계를 건설하기 위한 관건이라고 할 수 있다.

셋째, 인류의 지혜와 '문제해결' 능력 및 하드·소프트 기술이 지닌 잠재력을 현대의 것과 함께 놓고 논의할 수 없기 때문이다. 또한 전 세계적으로 '세계 시민의식'이 매우 드높아지고 있으므로 향후 인류의 주류 사회는 인류 발전의 기본 문제와 관련하여 공감대를 이루는 데 있어서 그다지 어려움이 많지 않을 것이다.

넷째, '위대한 문명'의 시대를 살아가는 인류는 자연인으로서 인류의 진화 방향과 진화의 진행 과정을 결정할 자격이 있고(제2장 참조), 자연인 및 사회인으로서의 인류 진화와 진보가 합리적·균형적 상태를 유지하도록 만들 것이기 때문이다. 이것은 과학 기술의 발전과 관련된 인류 문명의 위기와 인류의 자멸 위험을 방지하고 회피하는 데 있어서 도움이 되며, 인류의 지속가능한 생존과 발전에도 이바지하게 된다.

요컨대, 부디 200여 년(26세기부터 27세기까지)을 활용하여 인류가 지구 문명에서 위대한 문명으로의 전환을 실현하고, 세계(신세계를 포함)에 영구 평화와 지속가능한 발전에 적합한 인간 낙원을 건설할 수 있기를 기대한다.

그렇다면 과연 위대한 문명의 실현은 인류의 궁극적인 목표인가? 반드시 그렇지는 않다. 인류가 존재한다면 역사는 계속 발전할 것이다. 위대한 문명 이후에는 어떤 형태의 문명을 추구할 것인지에 대해서는 우리의 후손들이, 즉 그 시대의 인류가 스스로 결정하고 설계하게끔 남겨두자. 우리는 그들이 더 좋은 것, 더 정확한 것, 더 적합한 것을 결정할 수 있는 능력이 있으며, 또한 더 아름답고 더 나은 세계를 창조할 수 있다고 믿어야 한다.

The Future of Humanity

제 6 장

# 인류는 '위대한 문명'을 창조할 수 있을까

"

# 세계는 21세기 사상가의 출현을 필요로 하고 있다."

21세기에 진입하여 과학 기술의 발전이 대단히 빠르고 이에 따라 매일 사람의 마음을 격동시키는 반가운 소식이 전해지고 있지만 각국, 각 민족은 모두 국경을 넘는 공동의 위협, 갈수록 악화되는 자연환경과 인문사회 환경 및 국제 환경에 직면해 있다. 예를 들면 현재의 과잉 인구, 에너지 부족, 자원 부족, 지구 온난화, 환경오염 및 생태 재난 등은 이미 지구로 하여금 무거운 하중을 견뎌내지 못하게 하고 있다.

또한 인성의 이기심, 탐욕, 통제하고 차지하고자 하는 욕망은 여전히 다수의 사람들에게 확장되고 있고, 사람들은 금전적 측면과 더욱 편안하고 사치스러운 물질 생활을 끝없이 추구하고 있는 반면 도덕의 한계선은 점점 미끄러져 내려가고 있다. 불평등과 부패, 빈부 격차의 신속한 확대, 질병의 만연 등이 더욱 심각해지고 있는데 이러한 모든 것은 인문사회 환경을 갈수록 열악하게 만들고 있다. 고도의 과학 기술 발전은 거꾸로 인류를 궤멸의 위협에 직면하도록 만들고 있고, 부단히 자생되는 극단적 민족주의에 의한 폭력, 각종 유형의 전쟁과 테러주의에 의한 '이중 위협'이 지구를 뒤덮고 있다.

이러한 열악한 환경은 매우 많은 사람들에게 해를 끼치고 있으며, 그들로 하여금 장기적인 미래에 대해 전심으로 연구하고자 하는 흥미와 더 나은 미래를 추구하고자 하는 자신감을 상실하게 만들고 있다. 이러한 배경을 바탕으로 미래에 대해 도출되는 비관적인 결론은 누구나 힘들이지 않고 할 수 있는 것이며, 사람들을 매료시키는 각종 추측은 흥미를 유발하고 리스크가 없지만 책임 또한 지지 않는 것들이다.

실제로 동방과 서방을 불문하고 세계에는 갈수록 많은 사람들이 다음과 같은 사실을 깨닫거나 인식하고 있다. "인류에게는 단지 하나의 지구가 있을 뿐이고, 각국은 기회와 위기로 가득한 세계에서 공존할 수 있을 뿐이다. 또한 인류의 운명은 그 어느 때보다도 더욱 긴밀해지고 있고, 그 어느 때보다도 더욱 모든 인류가 공존할 수 있는 길을 찾을 필요가 있다. 따라서 우리는 반드시 긍정적인 에너지를 발생시키고 결집하여 인류의 더 나은 미래를 함께 건설하고 조화롭게 공존하는 '지구 대가정'을 건설해야 한다."

우리가 노력하기만 한다면 세계에는 희망이 있고, 인류의 미래에도 희망이 있으며, 인류의 생물학적 진화와 문화적 진화를 잘 조화시킬 수 있을 것이다.

# 1

# 감화와 교육의 힘

비록 인성에는 '선'과 '악' 두 가지 측면이 존재하지만 감화와 끊임없는 교육을 통해 '선'이 점차 지배적인 위치를 차지하도록 할 수 있다. 이것은 미국의 전 부통령 앨 고어(Al Gore)가 《앨 고어, 우리의 미래(The Future: Six Drivers of Global Change)》에서 "좋은 가풍은 대대로 전해지듯 일부 행위와 규범은 대대로 전해지는데, 그중 일부는 버려지기도 한다. 좋은 습관과 풍속은 의식과 규칙으로 변하며, 시간의 흐름에 따라 천천히 문화, 사회 시스템, 법률 및 제도가 된다"[1] 라고 논한 것과 일맥상통한다.

결국 인성 가운데 악의 측면은 점차 징계를 받고, 우리가 제창한 긍정적인 가치관은 가정, 사단(커뮤니티) 그리고 경제 및 사회 활동 중에 이식되고 점차 문화 속에 융합되어 궁극적으로 제도의 형식으로 정치, 경제 및 사회 시스템 구조의 일부분이 된다. 노예제 폐지라는 어렵고 힘겨운 실천과 갈수록 많은 여성이 경제 및 정치에 있어서 남성과 동등한 지위를 획득하고 있는 것 등은 이와 같은 사실을 뒷받침하는 좋

은 사례다.[2]

다시 말해, 합리적인 시스템 구조의 설계를 통해 인간의 사회 속성 중에서 반사회적인 특성을 억제하고(예를 들어, 이기적인 행위에 의해 타인에게 손해를 끼치거나 공중에 손해를 입히고 사회에 손해를 초래하는 행위를 징계하는 것 등), 그러한 마음속의 이기심과 권력욕에 의한 충동 등을 극복하며, 사심 없이 헌신하는 행위를 장려함으로써 사람들로 하여금 인성이 지닌 '선'의 측면이 점차 더욱 높은 경지에 도달하도록 만든다.

핀란드를 예로 들어 설명하자면, 핀란드 사회는 어려서부터 도덕과 사회학에 대한 학습과 기본적인 법률 지식을 접할 수 있는 교육을 비교적 중시한다.[3] 모르는 사이에 이루어지는 사회 환경의 감화 작용 및 양호한 학교 교육은 '기율과 법규를 지키고 준수하는 것에 대한 자각'을 다수의 핀란드 사람들이 행위 준칙과 도덕의 한계선으로 삼도록 만들었다. 그것은 '법이 하늘보다 크다'는 사회적 합의를 바탕으로 사람들이 모두 기율과 법규를 지키고 준수함으로써 잘 정돈된 사회 질서를 구축했다.

준법 관념은 이미 핀란드 사람들의 DNA에 침투하여 '나 자신이 알고 있다'는 것을 통해 스스로를 제약하도록 만들고 있다. 자각과 자율은 핀란드 사람들의 생활에 있어서 기본 준칙이다. 의지가 굳고 강인하며, 관용적이고 선량하며, 성실하고 자율적이며, 준법정신이 강한 것은 다수의 핀란드 사람들(전부는 아님)이 가진 보편적 특성이다. 성실함, 청렴함, 자율성이 일종의 사회 풍조를 형성하게 되면 탐욕과 부패는 자연스럽게 몸을 숨길 곳이 없게 된다. '국제투명성기구'가 공표한 국가 청렴도 순위에서 2011년부터 2015년까지 5년 연속 핀란드가 3위를 차지한 것은 교육과 교화의 힘이라고 할 수 있다.

리콴유(李光耀)는 자원이 부족하고 다민족으로 구성되어 있으며 식민지에서 벗어난 항구, 싱가포르를 단 한 세대만에 대단히 부유한 동남아시아의 중요한 '지식 도시'로 변모시켰다. 싱가포르의 1인당 평균 수입은 1965년 독립 초기의 500달러에서 오늘날 약 5만 5,000달러로 세계 발전의 역사에 있어서 기적을 창조했다. 그 비결은 우수한 교육환경을 조성하고, 부패를 타파하며, 적재적소에 인재를 기용한다는 신념을 오랫동안 견지해온 것에 있었다. 싱가포르는 교육을 입국의 근본으로 삼고, 동시에 동방 문화와 서방 문화의 핵심을 흡수하며, 도덕 교육을 통해 다민족 문화의 통합은 물론 기초 교육, 직업 교육, 고등 교육을 통합함으로써 격렬한 국제 경쟁 속에서 생존과 발전을 도모할 수 있었다.

2

# 공동의 가치관을 찾아야 한다

우리는 제5장에서 동방과 서방의 두 가지 시각에 따라 기원전 25세기부터 1970년대까지의 유구한 역사를 정리하면서, 동서고금의 선철들이 제시한 인류의 이상적인 사회에는 매우 많은 유사점이 있다는 것을 발견했다. 또한 인류는 공동의 가치관을 찾아낼 수 있고, 반드시 찾아내야 한다고 설명한 바 있다.

확실히 인류는 민족과 인종 차원에서 구분되며 서로 다른 문화를 가지고 있지만 인성에 있어서는 수없이 많은 공통점을 가지고 있다. 수천 년 동안 각국에서 숭배를 받아온 영웅의 유형이 대체적으로 서로 동일한데, 그 어떤 국가와 민족도 사리사욕에 빠져 있거나 자신의 이익만을 추구하고 타인의 이익에 해를 끼치는 인물을 자신의 모범으로 삼지 않았다. 사람들에 의해 고상한 인물이나 본보기로 숭배받는 사람은 모두 적극적으로 타인을 돕거나 공중의 이익을 위해 자신을 희생하고 타인을 사랑하며 사회를 사랑하던 인물이었는데, 예를 들면 프랑스의 잔 다르크(Jeanne d'Arc), 미국의 마틴 루터 킹(Martin Luther King, Jr) 등이 있다. 중국의 저우언라이 총리는 온화한 인품은 물론 일생 동안 인민과 나라를 위해 몸과 마음을 다하여 중국 인민이 본받아야 할 모범으로 존경하고 우러러보고 있으며, 각국의 엘리트들로부터도 많은 존경을 받고 있다.

미래학자 시어도어 고든은 미래의 비즈니스 모델을 연구할 때 설령 종교(아래 문단 참조) 또는 문화가 서로 다르다고 하더라도 인간으로서의 도리를 행하고 인간관계를 처리하거나 또는 '작위와 부작위'의 방면에서 타인을 존중하고 사람을 평등하게 대우한다는 공통된 원칙이 있다는 것을 발견했다.[4] 그중 4대 종교인 기독교, 이슬람교, 힌두교, 불교의 신도 수는 세계 총인구의 75퍼센트를 차지하고 있고[5] 이러한 비중은 계속 증가하는 추세에 있다.

- **유교**: "기소불욕, 물시어인(己所不欲, 勿施於人《논어》, 공자)." 즉 자신이 싫어하는 일은 남에게도 강요하지 말라.
- **기독교**: "자신이 하고 싶으면 타인에게 베풀라('타인이 당신을 위해서 해주었으면 하는 일을 타인에게 먼저 행하라'는 사상으로 매우 강한 주도 정신과 유아독존 의식이 있음)."
- **불교**: "다른 생명을 다치게 하는 것은 곧 자신을 다치게 하는 것이다."
- **유태교**: "당신이 싫어하는 일을 당신의 동료에게 행하지 말라. 이것은 바로 율법의 모든 것이며, 다른 모든 율법은 그것을 보완하는 것에 불과하다."
- **이슬람교**: "자신에 대한 축복이 타인에 대한 축복과 마찬가지로 많

을 때 당신은 비로소 진정한 신도가 될 수 있다."

- **힌두교**: "만약 당신이 고통을 당하게 되었다고 해도 타인에게 그것을 행하지 말라. 이것은 매우 중요한 의무이다."
- **배화교**: "당신에게 손실을 가져온 그 어떤 일도 타인에게 행해서는 안 된다."

우리의 사명은 공통점을 찾아내고 차이점을 보류하는 '구동존이'에서 시작하여 협력, 대화, 교류, 이해, 존중, 포용, 호혜, 상생, 상호 학습, 상호 돌봄을 통해 점진적으로 더 많은 공동의 가치관(전 세계적으로 세계 시민[6] 의식을 제창하고 배양하는 것 등)을 창조하고 배양하며 '세계 시민'으로서의 권리와 의무에 대한 인식을 심화시키는 것이다.

## 3

# 행복한 사회에는 공통점이 있다

그 어떤 국가든 그 어떤 민족 혹은 국민이든 각기 염원하거나 추구하는 미래를 분석해보면 하나의 공통점이 있는데, 그것은 바로 사람들이 모두 행복하고 안전하며 평등하고 즐거운 생활을 누리는 것이 대대손손 계속되기를 바란다는 것이다. 이는 곧 '지속가능한 발전'이 전 세계에서 통용되는 공통의 언어가 된 이유이기도 하다. 유엔에서 매년 발표하는 '행복 지수' 조사에서도 사람들의 행복한 사회에 대한 공통된 동경을 짐작할 수 있다. 국민의 행복 지수를 높이는 관건은 각국이 국정을 감안하여 어떻게 이상을 현실로 변화시킬 것인가에 있다.

2013년 유엔의 '행복 지수'에 관한 조사[7]는 세계 156개국의 국민에게 문의하여 주로 다음과 같은 요인, 즉 1인당 GDP, 1인당 평균 수명, 부정부패의 정도, 사회적 자유, 관용의 정도 및 서로 돕고자 하는 열정의 수준 등에 근거하여 순위를 결정했다. 각국의 행복 요인을 10점 만점으로 측정했으며 그 순위는 다음과 같다.

덴마크가 7.693점으로 1위를 차지했고, 그 뒤를 노르웨이(7.655), 스위스(7.650), 네덜란드(7.512), 스웨덴(7.480), 캐나다(7.477), 핀란드(7.389), 오스트리아(7.369), 아일랜드(7.355), 호주(7.350) 순으로 따르고 있으며, 이스라엘과 코스타리카가 다시 그 뒤를 이었다. 미국은 17위를 차지했고, 타이완은 42위, 일본은 43위, 홍콩은 62위를 기록했다. 중국의 순위는 93위였는데 이것은 전년의 112위에서 다소 상승한 것이다(한국은 41위를 기록했다_옮긴이).

또한 최근 발표된 '2019년 세계 행복 보고서'[8]는 2016년부터 2018년까지의 주관적인 행복과 관련된 3개의 기준(생활의 행복감, 긍정적인 정서, 부정적인 정서)을 토대로 하여 과거에 상용되었던 6개의 주요 변수(1인당 GDP, 기대 수명, 부정부패, 사회적 자유, 관용, 사회의 지원)를 이용하여 국제적인 차이를 해석했다.

순위는 핀란드(7.769), 덴마크(7.600), 노르웨이(7.554), 아일랜드(7.494), 네덜란드(7.488), 스위스(7.480), 스웨덴(7.343), 뉴질랜드(7.307), 캐나다(7.278), 오스트리아(7.246) 순이었다. 중국의 순위는 이번에도 93위를 기록했다(한국은 52위를 차지했는데 '부정부패' 항목에서 100위, '사회적 자유' 항목에서 144위를 기록했다_옮긴이).

북유럽 국가들이 각종 항목에서 높은 순위를 차지하고 있는데, 경제 경쟁력과 의료 및 사회보장, 사회의 신뢰도에서 앞서 언급한 세계 행복 지수에서 상위를 차지하는 것에 이르기까지 세계를 위해 공공 부문을 개혁하고 국가 거버넌스의 수준을 향상시키는 것에 있어서 참고할 만한 유용한 비전을 제공하고 있다. 하지만 높은 세수와 높은 수준의 복지를 두드러진 특징으로 하는 '북유럽 모델'은 현재 신자유주의, 인구의 노령화, 이민 문제, 유럽 일체화 등의 문제에 직면해 있고, 특히 '높은 복지로 인한 딜레마'를 어떻게 해결하고 북유럽 모델을 재정립할 것인지와 같은 도전과 마주하고 있다.

대량의 이민이 야기하는 사회 문제와 관련하여 이것은 실제로 글로벌 거버넌스의 난제에 해당하며, '세계화 시대에 그 어떤 국가도 독선적으로 행하기 어렵다'는 유익한 경고를 던져준다. 더욱 중요한 것은 2차 세계대전 이래 전례 없는 21세기 '유럽 이민'의 물결이 어떻게 형성되었고, 그 근원이 어디에 있는지에 대해 반성해야 한다는 점이다.

## 4

# 인류는 언제나 이상 사회를 꿈꿔왔다

수천 년 동안 인류는 이상적인 사회를 갈망하고 그려왔으며 줄곧 그것을 위해 분투해왔다.

### 노자의 '도덕경'

중국의 고대 철학자 노자(老子, 기원전 571~기원전 471)는 《도덕경》을 통해 이상적인 인성과 이상적인 사회를 묘사했다. 《도덕경》은 《도덕진경》, 《노자》, 《오천언》 등으로 일컬어지기도 하며, 춘추 시대(기원전 770~기원전 476)의 노자, 즉 이이(李耳)가 지은 고대 어록이다. 현재 통용되고 있는 것은 모두 81장으로 구성되어 있는데, 앞의 37장은 '도편(道篇)'이고 뒤의 44장은 '덕편(德篇)'으로 중국 역사상 가장 위대한 철학 거작으로 중국의 과학, 종교 등에 깊은 영향을 미쳤다.

현재 《도덕경》은 전 세계에서 《성경》을 제외하고 가장 많이 출간된 서적이며, 최초의 번역본은 7세기에 출현했다.

독일의 철학자 헤겔, 마르틴 하이데거, 스웨덴의 물리학자 한네스 알벤(인류가 계속 생존하려면 25세기 이전의 시대로 돌아가 노자의 지혜를 습득해야 한다고 말했다), 한 시대를 풍미했던 문호 레오 톨스토이, 현대 역사학자 아놀드 토인비, 미국의 현대 물리학자 존 휠러(도가의 있음과 없음은 서로를 낳는다는 '유무상생(有無相生)'이 그의 질박성 원리의 선구가 되었다)[9], 미국의 전 대통령 로널드 레이건(연두 교서에서 "큰 나라를 다스리는 것은 작은 생선을 삶듯이 해야 한다"는 문장을 인용했다), 독일의 전 총리 게르하르트 슈뢰더(독일의 TV프로그램에 출연하여 모든 가정이 《도덕경》을 읽음으로써 '사상적 어려움을 해결할 수 있을 것'이라고 말했다), 러시아의 전 총리 드미트리 메드베데프 등은 일찍이 《도덕경》으로부터 유익한 교훈을 얻은 바 있다.[10]

노자

비록 《도덕경》 중 일부 관점이 현대 사회에 부합되지 않는다 하더라도(모든 관점이 들어맞기를 바랄 수도 없다) 5,000자로 구성되어 있는 《도덕경》의 내용은 동방 문화의 지혜가 담긴 대표작이라고 할 수 있고, 각급의 정책결정자나 경영자들이 학습할 만한 가치가 있으며, 특히 인류의 미래에 대해 관심을 갖고 있는 학자들이 평생에 걸쳐 연구에 활용할 수 있다.

《도덕경》이 오랫동안 다양한 국가와 사회, 다양한 분야의 지도자 및 학자들로부터 추앙받는 까닭은 다음과 같은 몇 가지 방면에서 독특한

**자료 6-1 | 미래와 노자의 지혜**

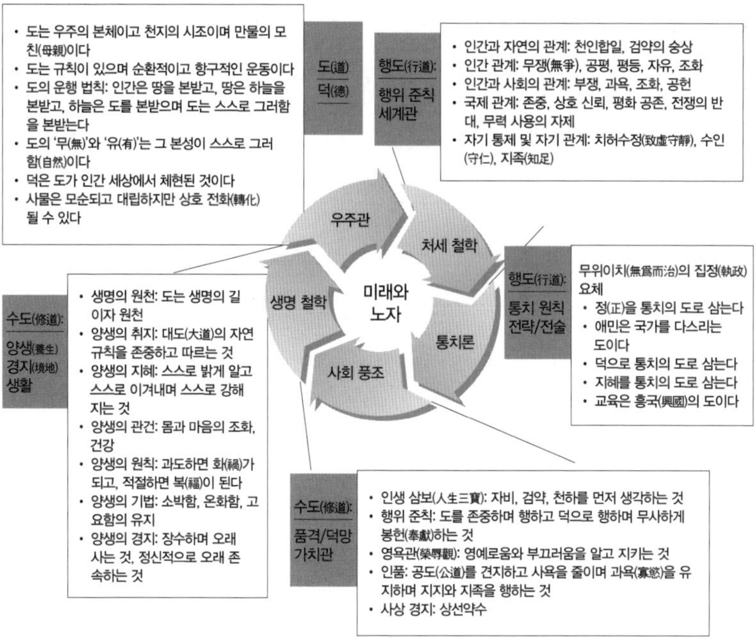


철학 논리와 법칙을 밝혀내고 있기 때문이다(〈자료 6-1〉 참조).

첫째, 우주 본체론과 우주 운동의 규율을 제기하고 있는 것으로[11] '도법자연(道法自然, 도는 스스로 그러함이라는 오묘한 이치를 따른다는 것)'은 《도덕경》의 핵심이자 영혼에 해당한다.

둘째, 자연과의 조화론으로서 미래의 신문명, 특히 생태 문명을 위해 의거할 수 있는 바를 제공한다.

셋째, 도덕론으로서 그것이 제창하는 행위 규칙과 도덕 수양은 미래 문명 시대의 생활 방식과 윤리·도덕 모델에 부합된다. 예를 들면 자비, 검약, 천하를 먼저 생각하는 인생삼보, 도를 존중하고 행하며 덕을 행하고 무사하게 봉헌하는 행위 준칙, 영예로움와 부끄러움을 알고 지키는 영욕관, 공도를 견지하며 사욕을 줄이고 과욕을 유지하며 지지(知止, 자신의 분수에 지나치지 않게 그칠 줄 아는 것)와 지족(知足, 분수를 지키며 만족할 줄 아는 것)을 행하는 인격의 품성, 상선약수의 사상 경지 등을 들 수 있다.[12] 이것은 인성을 승화시키고 완벽을 기하는 데 있어서의 기준이자 덕을 육성하는 데 참고할 만한 기준이라고 할 수 있다.

넷째, 통치론으로서 정치인과 기업가에게 글로벌 거버넌스, 국가 및 지역 거버넌스, 기업 거버넌스에 있어서 전쟁에 대한 태도를 포함하여 일부 참고할 수 있는 원칙을 제공한다.[13]

다섯째, 독특한 생명 철학을 형성하고 있다.

〈자료 6-1〉과 같이 노자의 《도덕경》은 우주관, 처세 철학, 통치론, 사회 풍속과 통치자의 인품과 덕망, 생명 철학 등 몇 가지 방면에서 미래 문명(새로운 개념의 물질 문명, 정신 문명, 정치 문명, 생태 문명, 성제 문명)의 주장과 그 근거를 뒷받침하고 있다. 노자는 인류 세계의 위대한 '철인'이라고 일컬어지기에 전혀 손색이 없는 인물로 자연 규칙을 탐색하고, 그 철리·논리 및 법칙을 밝혀냈을 뿐만 아니라 사람들에게 자연 규칙에 따라 어떻게 자각적으로 사고하고 행동하며 논리적 규칙에 따라 문제를 해결해야 하는지 제기했다.

요컨대, 노자의 《도덕경》은 '천도자연(天道自然)' '인도수중(人道守中)' '치도무위(治道無爲)'의 이론 체계를 정립했다. 그 우주관, 존재론, 인생론, 인식론, 방법론(사유 모델)은 미래의 청사진을 설계하는 데 있어서 중요한 지혜의 원천이다. 따라서 우리는 노자로부터 보편적인 철학을 학습하고 정확한 세계관과 가치관, 인생관을 수립할 수 있으며 인류의 미래에 대한 청사진을 설계하는 원칙과 기준에 있어서 참고할 만한 중요한 가치가 있다.

## 토머스 모어의 '유토피아'

토머스 모어

영국의 정치가이자 작가, 공상적 사회주의자였던 토머스 모어(Thomas More, 1478~1535)는 1516년 커다란 논쟁을 불러일으켰지만 위대한 작품이라고 할 수 있는 《유토피아》[14]를 집필했다. 그는 이 책에서 허구의 항해사 라파엘 히슬로데아우스의 여행 견문을 통해 가상의 섬나라 '유토피아'의 정치 제도를 묘사하며 하나의 이상적인 사회를 그려냈다.

《유토피아》의 제1부에서는 15세기와 16세기 영국 및 전체 유럽의 정치, 경제, 사회 생활에 대해 신랄한 풍자와 비판을 가하고 있다. 특히 자본주의의 원시적 축적 시기에 출현한 인클로저(Enclosure) 운동과 봉건 군주제로 인해 농민이 겪고 있던 고통스러운 생활을 폭로하고 그것을 '양(羊)이 사람을 잡아먹는 세상'이라고 비유했다.

토머스 모어가 지적한 것은 바로 '사유제'가 초래한 사회의 각종 죄악이었다. 그는 사유제를 완전히 폐지시켜야만 재산이 평균적으로 공정하게 분배될 수 있고, 인류는 비로소 복지를 누릴 수 있을 것이라고 굳게 믿었다. 토머스 모어가 인클로저 운동에 대해 구체적으로 묘사한 내용은 카를 마르크스가 《자본론(Das Kapital)》에서 자본주의의 원시적 축적 과정에서 사용된 야만적인 방법을 묘사할 때 생동감 있는 소재로 인용되기도 했다.

토머스 모어는《유토피아》의 제2부에서 행복하고 이상적인 국가의 모습을 묘사했다. 그의 '유토피아'가 플라톤의 '이상국'과 다른 점은 소비를 지향하는 공산주의가 아닌 모든 사람이 노동하고 수요에 따라 배급을 받는 공산주의 사회라는 것이다. 유토피아의 사회적 기초는 재산의 공유제로서 사유제를 소멸시키고, 모든 것을 인민 전체가 소유하며, 수요에 따라 분배하는 원칙을 따른다. 인민들에게는 사유 재산이 없고 10년마다 한 차례씩 거주지를 바꾸며, 통일된 작업복 및 인민복을 착용하고, 공공식당에서 식사를 하며(물론 이처럼 획일적인 생활은 현대인의 견지에서 대단히 단조롭고 무미건조하겠지만), 모든 사람이 각자 윤번제로 농촌에서 2년씩 노동을 한다. 거주민은 매일 6시간의 노동을 하면 사회적 수요를 만족시킬 수 있으며, 그 나머지 시간은 과학, 예술 및 지적인 유희를 즐기는 활동에 사용한다. 유토피아 섬나라에는 가난한 자와 거지가 없다.

사회 거버넌스 방면에서 유토피아는 질서 있고 기율이 잡힌 사회를 주장한다. 자유로운 것은 아니어서 서로 다른 종교 및 관습을 용인하지만 무신론자를 허용하지 않는다. 또한 민주 제도를 실행하고 총독의 직무가 종신제인 것을 제외하면 기타 모든 관리는 전체 인민이 참여하여 비밀 투표로 진행되는 선거에 의해 선출되고, 직위는 세습할 수 없으며 임기는 1년이다.

유토피아는 남녀평등을 제창하고 교육을 대단히 중시했는데 교육 중에서 도덕의 함양이 가장 우선시되었다. 유토피아의 사람들은 평화를 애호하고 안정된 생활을 지향했으며, 타국과 분쟁이 발생하게 되면 주로 평화적 방법에 의거하여 해결했지만 국가가 침범을 당하면 반드시 일어나 반격을 하고 용맹하게 투쟁했다.

토머스 모어는 사회주의 역사상 최초로 사유제의 소멸과 공유제의 건립에 대한 문제를 제기했고, 완벽하고 아름다운 사회의 개념을 제기함으로써 이후 사회주의 사상의 발전에 매우 큰 영향을 미쳤으므로 '공상적 사회주의'의 창시자라고 할 만하다. 하지만 그는 당시 국왕 헨리 8세가 교회의 최고지도자라고 선서하는 것을 거절함으로써 결국 단두대에 오르게 되었다.

토머스 모어가 묘사한 '유토피아'는 비록 현재의 관점에서 보면 비합리적인 부분이 매우 많지만 그 평등사상만큼은 여전히 항구적인 매력으로 가득하다.

## 캄파넬라의 '태양의 나라'

이탈리아의 사상가이자 작가였던 톰마소 캄파넬라(Tommaso Campanella, 1568~1639)는 1622년 옥중에서 《태양의 나라》[15]를 집필하여 1623년에 출간했다. 책에서 그는 사유제가 야기하는 각종 폐단과 죄악을 비판하며, 사유제와 착취가 소멸된 대동세계를 제시했는데 "그곳에는 부자도 없고 빈자도 없으며, 재산은 모든 사람에게 속해 있다. 그곳에는 폭력도 없고 죄악도 없으며, 평화롭고 평온하며 사람들이 모두 즐겁게 생활한다. 그곳은 바로 태양의 나라다"라고 논했다. 즉 하층 인민의 행복한 생활에 대한 갈망을 반영한 작품이다.

그가 묘사한 것은 하나의 이상적인 사회 제도로 그곳에는 사유 재산이 없고 착취도 없으며, 사람들이 모두 노동을 하고, 생산과 소비는 사회가 통일적으로 조직하고 배분한다. 생산품은 인민의 수요에 따라 분배하며, 매일 4시간 노동하고 그 나머지 시간은 각자 관심을 갖고 있는 학술 문제에 대한 연구, 좌담회 개최, 독서, 강연, 편지 쓰기, 산책, 심신에 유익한 체육 활동 등을 한다.

**톰마소 캄파넬라**

'태양의 나라'에서는 철인 정치가 실행되며 오로지 큰 지혜를 갖춘 '현철'만이 최고지도자('태양'이라고 불림)의 역할을 맡을 수 있다. 지도자들은 모두 인민에 의해 선출되는데, 만약 일을 제대로 처리하지 못할 경우 인민에 의해 교체되며 최고지도자 역시 선거를 통해 선발한다. 또한 아이들은 국가가 부양하고 교육하는 것으로 되어 있다.

캄파넬라가 제시한 이론은 그 이후 출현한 수많은 체계의 추형이 되었고, 인류 사상사에 있어서의 귀중한 재산이자 사회주의 역사에 남을 만한 정신적 부를 남겼다. 그러나 시대적 한계로 인해 캄파넬라는 사회 발전의 객관적 과정을 과학적으로 밝혀내지 못했고, 기존의 사회 제도를 개조하고 미래의 이상적인 사회를 실현할 수 있는 역량과 경로 또한 찾아내지 못했다.

따라서 그는 단지 이러한 사회에 대해 공상적인 묘사를 할 수 있을 뿐이었고 그의 사상 중에는 신비주의 색채와 평균주의 성향이 뚜렷했다. 그럼에도 불구하고 캄파넬라가 위대한 사상가였다는 것은 부인할 수 없는 사실이다. 그의 일생은 비장감이 감도는 한 편의 시와 같았고 평생에 걸쳐 33년 동안 투옥되었는데, 50곳의 감방에 들어갔고 일곱 번의 가혹한 형벌을 받았다.

## 칸트의 '영구 평화론'

임마누엘 칸트(Immanuel Kant, 1724~1804)는 저명한 독일의 사상가로서 계몽운동 시기 최후의 주요 철학자 가운데 한 명이자 독일 사상계의 대표적 인물이다.

칸트는 데카르트의 합리주의와 베이컨의 경험주의를 조화시켰고 소크라테스, 플라톤, 아리스토텔레스를 계승하며 서방에서 가장 커다란 영향력을 지닌 사상가 중 한 명으로 여겨진다. 그의 수많은 저작 중 1795년에 집필한 《영구 평화론》[16]은 이 위대한 대학자의 전쟁과 평화에 대한 가장 중요한 견해 및 대의제 정부와 세계연방에 대한 구상을 담고 있는데, 이것은 이상주의 국제정치이론[17]의 중요한 사상적 원천 가운데 하나이다.

칸트는 영구 평화를 실현하기 위해 필요한 원칙(제5장 참조)을 제시함으로써 평화를 실현하는 과정에서 출현하는 각종 난제를 극복하고자 했다. 또한 그는 무법의 야만적인 상태를 초월하고 각 민족으로 구성된 하나의 연맹을 수립해야 한다고 주장했다. 이 연맹 안에서 각국은 가장 작은 국가라도 자국의 역량 및 법률적 결정에 의거하지 않을 수 있고, 오직 각 민족으로 구성되는 대연맹에 의거하면 연합된 역량에 의지하고 연합된 (의지로서의) 법률을 근거로 하여 행해진 결정에 따라 자신의 안전과 권리를 확보할 수 있다고 보았다.

현재의 관점에서 볼 때 200여 년 전 칸트가 제시한 실천 이성과 도덕적 자율, 영구 평화와 관련된 사상은 여전히 강력한 생명력을 지니고 있고, 현대의 철학계와 정계 및 세계의 엘리트들에게 준엄한 메시지를 던지고 있다.

## 미국의 독립선언문[18]

미국 독립선언문

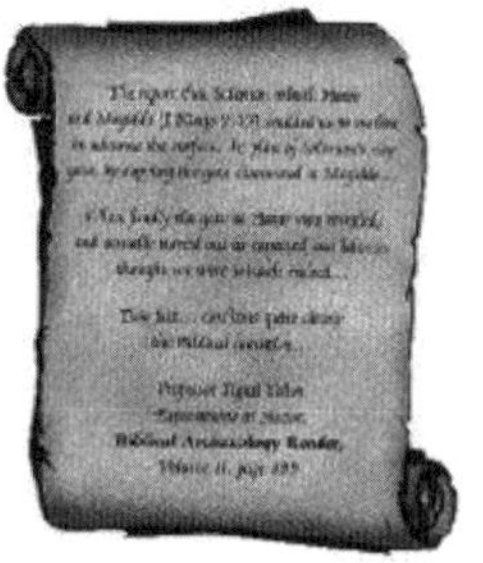

미국의 독립선언문은 북미의 13개 영국령 식민지가 대영제국의 국왕을 향해 독립을 선언하고, 독립 선언의 정당성을 밝히고 있는 문서다. 1776년 7월 4일, 해당 독립선언문이 필라델피아에서 개최된 제2차 대륙회의에서 통과되면서 그날은 이후 미국의 독립기념일이 되었다.

독립선언문은 다음과 같이 네 부분으로 구성되어 있다. 우선 일종의 도입에 해당하는 부분에서 독립 선언의 목적을 밝히고 있고, 그다음으로 정치체제와 관련된 사상, 즉 자연권 학설과 주권재민 사상을 설명하고 있다. 이어서 영국이 역사적으로 북미 식민지 사람들에게 행해온 압박과 죄상을 낱낱이 고발하고, 식민지 사람들이 더 이상 참을 없는 상황에서 어쩔 수 없이 무기를 들고 독립을 위해 일어나게 된 합법성과 정의성을 설명하며, 마지막에 미합중국의 독립을 장엄하게 선언하고 있다. 독립선언문에는 미국의 여러 '건국의 아버지들'이 표방하고 있던 기본 이념이 포함되어 있는데 그중 일부 내용은 이후 미국 헌법에 반영되었다.

17, 18세기 유럽 계몽운동의 사상가들이 고취했던 천부인권, 사회계약, 자유, 평등, 민주 및 법제, 삼권분립[19] 등의 사상과 원칙은 독립선언문의 이론적 원천이 되었다. 영국령 북미 식민지의 자본주의 경제의 발전은 독립선언문의 발표에 물질적 기초를 제공했고, 영국령 북미 식민지의 민족 및 민주 의식이 부단히 강화된 것은 독립선언문의 발표에 있어서 내재적 동력이 되었다. 독립전쟁이 발발한 이후 민족의 독립 쟁취는 북미 사람들의 첫 번째 임무가 되었고 이러한 상황에서 독립선언문의 발표는 이미 모든 사람이 지지하고 바라는 일이었다.

독립선언문의 전체 명칭은 '13개 주가 연합한 미합중국의 공동선언(The unanimous declaration of the thirteen United States of America)'으로 미국은 전 세계를 향하여 영국으로부터 벗어나 독립하였음을 정식으로 선포했다. 각 식민지는 이미 주권을 보유한 독립국가가 되었고, 이로부터 영국과의 모든 종속 관계가 단절됐다.

독립선언문은 미국의 건국 이념에 있어서 가장 중요한 문헌 가운데 하나로 이후 미국의 발전에 깊은 영향을 미쳤다. '모든 인간은 동등하게 창조되었다'는 이념은 1776년 이래 미국 건국의 기본 원칙으로서 사람들의 신념과 이상으로 후대 사람들에게 전해지며 칭송받았다. 미국의 사회개혁자는 사회 발전의 각 역사적 단계에서 노예제 폐지, 인종 차별 금지, 여성의 지위 향상 등을 불문하고 모두 이와 같은 이상을 제기했다. 어느 곳이든 상관없이 비민주적인 통치에 맞서 투쟁할 때 사람들은 '독립선언문'을 가장 유력한 사상 및 무기로 이용했고, 이것은 미국의 민주화 과정을 강력하게 추동했으며, 미국 정치에 오랫동안 유지되어 시들지 않는 영향을 끼쳤다.

이처럼 독립선언문은 위대한 역사적 문건이고, 유럽의 계몽운동 시기에 형성된 천부인권과 사회계약 사상을 현실 정치의 원칙으로 전환시켰으며, 인류의 역사에 있어서 최초로 국가의 명의 아래 '국민의 권리는 신성불가침'이라는 것을 선포했다. 그것은 프랑스의 '인권선언'보다 13년 더 빠른 것이다. 독립선언문이 가장 일찍 천부인권의 정치 강령을 천명했기 때문에 이에 따라 마르크스는 그것을 '첫 번째 인권선언'이라고 칭했다.

미국의 독립선언문은 봉건 전제주의의 이론적 근간을 철저하게 무너뜨리고 1789년 프랑스 대혁명에 직접적인 영향을 미쳤으며, 유럽 전체의 반봉건 투쟁을 추동하고, 남미 및 아시아의 민족독립 운동에 거대한 추진력을 제공했다. 해당 선언에서 체현하고 있는 민주공화 사상은 중국의 자산계급 사상가를 일깨우고 고무시켜 신해혁명의 발발에 사상적 기초를 마련하고 중국 민족해방 운동의 발전을 추동했다.

## 공상적 사회주의

19세기 초는 공상적 사회주의의 발전에 있어서 절정기에 해당하는데, 이 시기의 대표적인 공상적 사회주의자로는 생시몽, 샤를 푸리에, 로버트 오웬 등이 있다.

클로드 앙리 드 루브루아 드 생시몽(Claude Henri de Rouvroy Comte de Saint-Simon, 1760~1825)은 프랑스의 철학자이자 경제학자, 공상적 사회주의자였다. 주요 저서로는《어느 제네바 주민이 동시대인에게 보내는 편지(Letters from an Inhabitant of Geneva to his Contemporaries)》,《19세기 과학적 발견에 대한 소개(Introduction to Scientific Discoveries of the 19th Century)》,《인간과학개론(Essay on the Science of Man)》,《만유인력론(Work on the Universal Law of Gravity)》 등이 있다.[20]

**생시몽**

생시몽은 프랑스의 빈곤에 대해 매우 큰 관심을 보였다. 그는 노동자의 빈곤을 초래하는 원인 가운데 하나가 바로 한줌의 통치자가 대규모 관리를 먹여 살리며 인민에게 더욱 무겁고 가혹한 세금 등을 징수하고 있기 때문이라고 보았다. 또한 자본주의 사회는 과도기적인 것이며 반드시 새로운 사회 형태에 의해 교체될 것이라고 지적했다. 자본주의 사회는 과거의 봉건 제도와 미래 사회 사이에 존재하는 일종의 '중간적 또는 과도적 시스템'이며 그것이 사회 발전을 가로막을 때는 존재할 필요가 없다고 보았다.

생시몽에 따르면 실업(實業) 제도는 사람들에게 최대한의 자유를 누리게 하고, 사회가 최대의 안녕을 얻도록 보장하는 훌륭한 사회 제도였다. 그는 새로운 정치 제도에서 사회 조직의 유일하고 장기적인 목적은 과학, 예술, 공업 등의 현존하는 지식을 더할 나위 없이 최대한 운용하여 사람들이 필요로 하는 바를 만족시키는 것이라고 말했다.

또한 그는 모든 사람이 노동을 해야 하는 것은 실업 제도에 있어서 중요한 사회주의 원칙이며, 미래 사회에서 수입은 마땅히 각자의 재능과 공헌에 정비례해야 한다고 주장했다. 또한 실업 제도 안에서 새로운 도덕 기풍을 정립하고 이기주의에 반대하며 사상을 제고시키기 위해 노력해야 한다고 했다. 그에게 있어 진정한 행복은 개인적인 욕망의 동기를 버리는 것이며 공명심을 포기하고 자신의 문화 지식을 향상시켜 대다수 사람들을 위해 기여하는 것이었다. 생시몽은 미래 사회라고 하는 하나의 '문명적인 왕국이 곧 출현하게 될 것'이라고 굳게 믿었다.

생시몽이 과거의 교육 제도를 비난했던 것은 이기적인 사람을 배양하기 위해 노력했고, 교육 내용이 고대를 숭상했으며, 현실로부터 심각하게 벗어나 있었기 때문이다. 그는 미래 사회의 교육은 지식의 습득에 대한 교육에 완벽을 기해야 할 뿐만 아니라 동시에 도덕, 인품 및 각종 능력을 배양하는 것도 충분히 중시해야 한다고 주장했다.

샤를 푸리에(Charles Fourier, 1772~1837)는 프랑스의 저명한 철학자이자 경제학자 및 공상적 사회주의자이다.[21]

푸리에는 19세기 초《우주의 조화(Universal Harmony)》,《네 가지 운동과 일반적 운명에 대한 이론(Theory of the Four Movements and the General Destinies)》,《사랑이 넘치는 신세계(The New World)》 등의 저서를 집필하며 자본주의 제도의 죄악을 폭로하고, 그가 설계한 '조화로운 제도'로 자본주의 제도를 대체할 것을 주장했다.

**샤를 푸리에**

그는 자본주의를 '각 개인이 전체에 대해, 전체가 각 개인에 대해 전개하는 전쟁'과 같은 제도라고 보았고, 자본주의 문명은 곧 노예제의 부활에 해당하는 것이라고

생각했다. 그는 사유제 폐지를 주장했고, 선전과 교육을 통해 팔랑쥬(Phalanstère, 집단 소유에 입각한 공동조합_옮긴이)를 기층 조직으로 하는 사회주의 사회를 건설하자고 제안했다.

1832년 푸리에와 그를 따르는 사람들이 함께 모여 팔랑쥬, 즉 공업과 농업이 결합된 사회 기층 조직을 창설했다. 팔랑쥬 안에서 사람들은 모두 노동하고 남녀가 평등하며, 교육은 무료였고, 도시와 농촌 간의 차별 및 지식 노동과 육체 노동의 차별이 존재하지 않았다.

푸리에는 이러한 사회 조직의 형식과 분배 방안을 통해 자본과 노동 사이의 모순을 조화롭게 하고 이를 통해 모든 사람이 행복한 사회에 도달할 수 있다는 환상을 품었다. 그는 처음으로 여성의 해방 정도가 인민이 철저하게 해방되었는지 여부를 판단할 수 있는 기준이 된다고 말하기도 했다. 교육과 관련해서 아동에 대해 유년 시절부터 노동 교육과 과학 교육을 실시할 것을 주장했다.

로버트 오웬(Robert Qwen, 1771~1858)은 영국의 공상적 사회주의자이자 기업가, 자선가였다. 가장 유명한 저작으로는 《신사회관(A New View of Society)》과 《새로운 도덕적 세계의 책(Book of the New Moral World)》이 있다. 오웬의 일생은 위대한 개혁자와 공상가로서의 삶이었고, 자본주의 제도를 날카롭게 비판했으며, 노동자의 빈곤은 자본주의 사회의 필연적 산물이라고 지적했다. 따라서 그는 완벽하고 훌륭한 사회를 건설하려는 환상을 품었지만 폭력을 통해 사회관계에 대해 사회주의적 개조를 하는

**로버트 오웬**

것에는 반대했다.

1824년 오웬은 미국에서 여행을 하던 중 투자를 하여 이른바 '뉴하모니(New Harmony, 인디애나 주에 위치_옮긴이) 공동체를 창설했는데 그곳에서는 생산 자원의 공유, 권리의 평등, 민주적 관리 등의 원칙이 실행되었다. 물론 당시 오웬의 구상은 일종의 환상에 불과했기 때문에 그 실천의 결과는 필연적으로 실패할 수밖에 없었다.

요컨대, 공상적 사회주의는 자본주의에 대해 엄중한 폭로와 비판을 했고(자본주의 사회의 죄악을 폭로하고, 자본주의 사회의 제도적 기초인 사유제를 비판하며, 미래 사회가 자본주의를 대체하는 것은 필연적 추세라는 것을 논증했다),[22] 미래 사회의 청사진과 의미 있는 예측을 제시하면서 '모든 사람이 평등하고 각 개인이 행복한' 새로운 사회의 건립을 기도했다. 심지어 사회 개조를 위한 시도를 행하기도 했는데 그 취지는 다음과 같았다.

생산 요소의 사유제를 폐지하고 착취와 압박을 소멸시키며 계급 및 계급 차별을 없애는 것, 자본주의 분배 제도를 바꾸고 공동 노동 및 합리적 분배를 실행하는 것, 상품 교환을 소멸시키고 계획적으로 생산을 조직하는 것, 공업과 농업의 차별·도시와 농촌의 차별·지식 노동과 육체 노동의 차별을 없애는 것, 국가를 순수하게 생산 관리를 위한 기구로 변모시키고 최후에 소멸시키는 것 등을 주장했다.

공상적 사회주의의 미래 사회에 대한 일부 획기적인 구상은 공산주의 학설의 탄생에 있어서 귀중한 사상적 자원을 제공했고 마르크스주의의 3가지 원천 가운데 하나가 되었다.[23] 하지만 역사적 한계가 있었기 때문에 그들이 행했던 공산주의 공동체의 시도는 모두 실패로 끝을 맺었다.

## 쥘 베른의 과학 소설

쥘 베른(Jules Verne, 1828~1905)은 프랑스의 소설가로 현대 과학 소설의 중요한 토대를 닦은 인물이다. 일평생 대량의 우수한 문학 작품을 창작했는데 대표작으로는 《그랜트 선장의 아이들(The Children of Captain Grant)》, 《해저 2만 리(Twenty Thousand Leagues under the Sea)》, 《신비의 섬(The Mysterious Island)》, 《기구를 타고 5주간(Five Weeks in a Balloon)》, 《지구 속 여행(Journey to the Center of the Earth)》 등이 있다.

유네스코 자료에 의하면 베른은 세계에서 번역된 서적이 두 번째로 많은 저명한 인물이며, 이는 애거사 크리스티와 윌리엄 셰익스피어의 사이에 위치한 기록이다. 베른은 자신의 비범한 상상력을 이용하여 당시 기묘하기에 이를 데 없는 구상을 해냈다. 이러한 구상이 과학의 발전 추세와 부합되면서 그것들은 20세기에 이르러 거의 전부 현실이 되었다. 예를 들면 헬리콥터, 잠수함, 전보, TV 등은 모두 그의 작품 속에 등장한 이후에 발명되었다.

프랑스의 장군 위베르 리요테(Hubert Lyautey)는 "현대 과학과 기술은 베른의 예언을 현실로 만들어가는 과정이었을 뿐이다"라고 말한 바 있다.

쥘 베른

라이트 형제가 비행기를 발명하기 50년 전 베른은 헬리콥터를 고안해냈고 자신의 작품 속에서 오늘날 TV에 해당하는 것을 '전기적 음성·이미지 머신'이라고 불렀다.

전자 광고, 네온사인, 에어컨, 마천루, 미사일, 탱크, 비행기, 인류의 우주 공간 진입, 심지어 중국의 부상까지 이러한 20세기의 기적들이 일찍이 그의 작품 속에 이야기로 출현했다.

그가 예견했던 수많은 기기는 이후 현실세계에서 실제로 존재하는 물건이 되었다. 《신비의 섬》에서 그는 물이 미래 인류의 에너지가 될 것이며, 미래의 석탄이 될 것이라고 예언했다. 그로부터 100여 년 후 일본의 과학자가 이산화티타늄과 태양 광선을 이용하여 물에서 수소와 산소를 처음으로 분리해내면서 그의 예언을 실현하기 위한 첫걸음을 내딛었다.

현대 잠수함의 아버지라고 불리는 사이먼 라이커(Simon Ryker)는 그의 자서전 첫 대목에서 "어떤 의미에서 쥘 베른은 내 인생의 조타수였다"라고 밝혔다. 베른은 여러 세대의 사람들이 과학적 탐구의 길로 나아가도록 영향을 미쳤고, 그들이 발명하고 창조할 수 있도록 영감을 불어넣어주었다. 사망했을 때 그는 사람들로부터 '과학자 중의 문학가, 문학가 중의 과학자'라는 평가를 받았다.[24]

## 마르크스와 엥겔스 그리고 '공산당 선언'

카를 마르크스(Karl Marx, 1818~1883)는 독일의 철학자이자 혁명 이론가, 경제학자, 국제노동자협회(일명 '제1인터내셔널')의 조직자 및 지도자, 현대 공산주의 운동의 선구자였다. 또한 그는 세계의 역사에 큰 영향을 미친 《자본론(Das Kapital)》과 《공산당 선언(The Communist Manifesto)》의 저자이기도 하다.

카를 마르크스

프리드리히 엥겔스

프리드리히 엥겔스(Friedrich Engels, 1820~1895)는 독일의 사상가이자 철학자, 혁명가, 교육가로서 마르크스와 함께 과학적 공산주의 이론을 창시했다. 마르크스가 사망한 이후 엥겔스는 《자본론》의 유고를 정리하고 출판하는 업무를 계속해서 담당했다. 그는 《자연 변증법(Dialectics of Nature)》, 《가족, 사유재산과 국가의 기원(The Origin of the Family, Private Property and the State)》을 집필하기도 했다.

마르크스 철학의 주제, 즉 전 인류의 해방과 인간의 자유를 전면적으로 발전시키는 것과 관련된 학설[25]은 일찍이 1845년의 《독일 이데올로기(The German Ideology)》에서 이미 형성되었다. 마르크스는 사회가 개인으로 구성되고, 사회 발전의 최종 목표는 개인의 자유를 전면적으로 발전시키는 것에 있다고 생각했다. 그는 세계 역사의 발전에 있어서 3가지 방면으로부터 인류의 해방과 자유의 전면적인 발전을 위한 현실적 경로를 다음과 같이 탐구하고 논했다.

① 세계 역사의 발전은 민족과 지역의 경계를 타파하고, 인류 활동의 시간적·공간적 범위의 확대를 촉진한다.

② 세계 역사는 대규모 공업의 흥기와 발전에 따라 각국의 폐쇄적인 상태를 소멸시키고 '보편적인 교류'의 발전을 추동한다.

③ 세계 역사의 발전은 공산주의의 실현을 좌우한다. 공산주의의 본질적 특징은 전 인류를 해방시키는 것이며, 어떤 한 국가나 어떤 한 계급 또는 어떤 한 민족의 해방에 있는 것이 아니다.

1848년 2월 21일 《공산당 선언》이 첫 단행본 형태로 영국의 런던에서 출간되었다. 이것은 마르크스와 엥겔스가 '공산주의자 동맹'을 위해 기초한 강령으로 국제 공산주의 운동의 강령에 해당하는 첫 번째 문헌이자 마르크스주의의 탄생을 알리는 중요한 이정표였다.

《공산당 선언》은 과학적 사회주의의 기본 원리를 처음으로 명확하게 설명하고, 공산주의 운동이 이미 막을 수 없는 역사의 조류가 되었음을 밝히며 공산주의의 기본 사상을 다음과 같이 선명하게 제시했다.

'사유제를 소멸시키고, 자산계급의 통치를 전복시키며, 무산계급이 정권을 탈취하여 그 이후 생산력을 대대적으로 발전시키는 기초 위에서 점진적으로 거대한 사회 개조를 진행한다. 나아가 계급 대립과 계급 자체의 존재 조건을 소멸시키고, 그러한 계급의 통치를 소멸시키며, 최종적으로 계급 및 계급 대립을 없앤다. 또한 생산 요소에 대한 공유제를 실현하고, 모든 사람이 평등하고 각자 전면적이며 자유로운 발전을 기본 원칙으로 삼는 사회를 세운다'.

비록 오늘날의 관점에서 보면 일부 역사적 한계[26]가 존재하지만 공산주의적 이상에 대한 신념은 '공산당 선언'의 이론적 정수라고 할 수 있다.

마르크스와 엥겔스는 과거 1,000년 동안 세계에 가장 큰 영향을 미친 사상가라고 할 수 있다. 그들의 사상은 전 세계 각국 및 지역에서 여전히 실천되고 발전하고 있는 중이다. 《자본론》 역시 출간된 지 150년이 지났지만(1867년에 제1권이 출간되었음) 마르크스가 자본주의 사회경제 형태에 대해 연구한 최고의 저작으로 자본주의의 생산 방식을 심도 있게 분석하고, 자본주의의 사회 발전 규칙을 규명하였기에 지금까지도 변함없는 영향을 미치고 있다. 또한 금융 위기와 관련된 이론 및 '경제 세계화'를 정확히 예견했을 정도로 여전히 현실적 의의를 갖고 있다.

2차 세계대전 이후 민족 독립의 물결 속에서 일부 국가가 소련의 사회주의 노선을 걸었던 것을 제외하고, 상당수의 신생 독립국 중에서도 약 50여 개국이 스스로 특수한 형태의 '사회주의 국가'라는 것을 천명했다. 이러한 국가들이 선포한 '사회주의'는 종종 민족주의 및 종교적 색채를 지니고 있었다.

그밖에 현재 100여 개의 자본주의 국가에 존재하는 127개 정당이 마르크스주의를 지도 사상으로 삼고 있거나 '공산당'이라는 명칭을 갖고 있다.[27] 소련과 동유럽이 급변하는 시대 흐름 속에 궤멸적인 정치적 타격을 받았기 때문에 야당으로서 '공산당'의 생존과 발전은 대단히 어려운 상황에 처해 있지만 여전히 사회주의 운동에 대해 적극적인 탐구를 진행하고 있다.

실제로 공산주의자들은 사회주의 사회가 자본주의에서 공산주의로 향하는 과도기적 사회라는 것, 공산주의로 향하는 인류에게 있어서 가장 아름답고 훌륭하며 사람들로 하여금 가장 지향하게 만드는 이상적인 사회 형태의 전주곡이자 디딤돌이라는 것, 그것의 건설에는 인류 역사에 있어서 존재했던 그 어떤 것보다도 더욱 철저한 한 차례의 혁명이 필요하다는 것을 믿는다. 그러나 사회주의를 건설하고 공고히 하는 것은 혁명보다 훨씬 더 어려우며 장기적인 역사의 과정을 거쳐야만 비로소 성숙된 시기를 향해 나아갈 수 있다.[28]

영국과 프랑스, 미국의 자산계급 혁명이 공고해지게 된 것도 각각 대략 200년(1640년부터 시작됨), 86년(1789년~1875년),[29] 100년(1775년~1877년)[30]이 소요되었는데 하물며 사회주의 혁명과 건설은 어떻겠는가?

물론 마르크스주의 또한 시간의 변화와 함께 발전할 필요가 있다. 170여 년 전 수준에 머물러 있어서는 안 되는 것이다. 즉 새로운 상황에 근거하여 부단히 그 내용을 풍부하게 하고 창조적으로 발전해야 하며 필요한 부분에 대한 수정도 함께 진행되어야 한다.

따라서 중국을 포함해 사회주의 제도의 발전을 견지한다고 내세우는 국가들은 모두 마르크스주의 철학의 세계관과 방법론을 응용하여 마르크스주의의 기본 원리를 각국의 실제 국정 및 이미 변화된 사회 현실이나 시대 특징과 결합하여 발전시키고, 독립적이면서도 자주적으로 해당 민족의 역사와 문화 특징에 부합되는 사회주의 국가를 건설해야 할 것이다.

## 레닌과 소련의 사회주의

블라디미르 레닌(Vladimir Lenin, 1870~1924)은 저명한 마르크스주의자이자 무산계급 혁명가, 정치가, 이론가, 사상가였다. 그는 1888년부터 마르크스주의를 연구하는 그룹에서 《자본론》을 연구하고 《공산당 선언》을 러시아어로 번역했으며, '제국주의 이론' 등을 발표했다. 1917년에는 '러시아의 10월 사회주의 혁명'을 성공적으로 이끌면서 세계 최초의 사회주의 국가를 건설한 주요 창설자 가 되었다.

블라디미르 레닌

비록 10월 혁명 시기 및 10월 혁명 이후에 소련 체제가 적지 않은 오류[31]를 범하기는 했지만 소련의 사회주의 건설 과정에서의 성취 및 경험은 무시할 수 없는 것이다. 10월 혁명의 승리 이후 레닌은 러시아 인민을 이끌고 외부 침입자에 의한 세 차례의 무장 침입과 국내의 반란을 분쇄시키고 '소비에트 사회주의 공화국 연방(약칭 소련)'의 사회주의 실천이 거대한 성취를 이룰 수 있도록 이끌었다. 경제 건설이 점차 정상적인 궤도에 오르게 되었고, 세계 과학기술의 발전을 추진해나감으로써 소련은 단 12년 만에 자본주의 국가가 50년에서 100년에 걸쳐서 겨우 완성할 수 있었던 공업화 실현의 임무를 완성했고, 강력한 공업과 교육 및 과학 기술 시스템을 확립할 수 있었다.[32]

1913년 소련 영토 내의 공업 총생산액은 당시 미국의 6.9퍼센트에 불과했지만 1985년에는 미국의 80퍼센트 수준이 되었고, 대단히 낙후한 국가로 출발했지만 단번에 세계의 양대 초강대국 가운데 하나가 되었다. 특히 2차 세계대전 기간 중 소련은 연합군이 반파시즘 전쟁에서 승리하는 데 탁월한 공헌을 했다. 독일 파시즘의 주력군을 격파하여 패배시키는 주력군이 되었고, 국제공산주의 운동을 강력하게 펼치며 중국을 포함한 신생 사회주의 국가들을 지원했다.[33] 뿐만 아니라 식민지 및 반식민지의 국민들이 민족 독립을 실현하기 위해 투쟁하는 것과 개도국의 발전을 지원하고 성원했다.

소련의 과학 기술 방면에서의 성과는 세계로부터 더욱 주목을 받았다. 1954년 소련은 오브닌스크(Obninsk)에 세계 최초의 핵발전소를 건설하는데 이것은 인류가 원자력 에너지를 평화적으로 이용하는 선례가 되었다. 또한 1957년 세계 최초의 인공위성을 발사함으로써 인류의 활동이 우주 공간으로 진입하는 시대를 열었고 1959년에는 소련의 우주 탐사선 '루나 2호'가 달의 뒷면을 촬영한 사진을 지구로 전송함으로써 인류가 처음으로 달의 뒷면을 이해할 수 있게 되었다. 1961년에는 소련의 영웅 유리 가가린이 유인 우주선 '보스토크 1호'에 탑승하여 우주 공간에 진입함으로써 우주 공간에 진입한 최초의 인물이 되었다. 2003년까지 러시아에서 노벨상을 수상한 16명 중 12명은 소련 시대(1956~1970)에 이룬 업적에 대한 공로를 인정받은 것이었다(그밖에는 '10월 혁명' 이전 시기에 2명, 2000년에 1명, 2003년에 1명이 노벨상을 수상했다).[34]

그러나 20세기 말, 소련은 이른바 '인도적이고 민주적인 사회주의'를 표방하는 개혁을 진행하는 가운데 사회주의 제도의 제1차 실천이 종결로 향하도록 했고, 일련의 동유럽 사회주의 국가들도 변화시켰으며, 사회주의 운동이 장기적인 침체에 빠지도록 했다. 세계를 강타한 이 역사적 사건은 중국에 대해서 뿐만 아니라 각국의 마르크스주의자들에게 '오직 역사의 심층을 향해 나아가며, 다방면에 걸쳐 변화의 근원을 탐색하고, 시간의 변화와 함께 마르크스주의를 발전시키며 정확한 개혁을 부단히 실행해야만 비로소 사회주의 제도를 견지할 수 있다'는 준엄한 경고를 안겨주었다.

소련의 해체와 동유럽 급변의 원인, 영향 및 결과에 대해서는 약 30

년 동안 각계에서 여러 관점에 입각한 연구가 진행되었기에 다양한 견해가 존재한다. 그중 소련의 해체 원인으로는 체제의 지나친 경직화, 개혁의 실패, 지도자의 직무 유기, 점진적인 평화적 전복, 국외로부터의 전복, 민족 문제, 정당의 부패(당의 영도가 변질되며 민심으로부터 이탈한 것) 등 다양한 설이 제기되고 있다. 물론 내부 요인이 주된 것이었다. 하지만 소련의 사회주의 모델을 인류 역사상 최초로 사회주의 이상을 현실로 만들고자 했던 실천으로 본다면 그 전진 과정 중에 발생한 전복적 좌절을 이해할 수 있고, 비교적 공정하고 합리적인 답안을 얻을 수 있다.

10월 혁명과 70년 동안 동유럽 전체에서 진행되었던 사회주의 실험은 마르크스주의 학설에 입각한 첫 번째 대규모 실천이었다. 소련 및 동유럽에서 사회주의를 건설하기 위해 지불했던 힘겨운 노력과 감동적이고 눈물겨운 탐색은 성공한 경험이든 실패한 교훈이든 모두 국제 공산주의 운동에 있어서 귀중한 재산이고, 이후 사회주의 국가가 혁명과 건설을 추진하는 데 있어서도 풍부한 참고 자료를 제공했다.

## 유엔의 '세계 인권 선언'[35]

'세계 인권 선언'은 유엔의 기본법 중 하나로 1948년 12월 10일 유엔 총회에서 통과되었다. 역사적 의의를 갖고 있는 이 선언이 선포된 이후에 유엔 총회는 모든 회원국에 국가 및 영토의 정치적 지위를 불문하고 교육 기구를 포함하여 모두 이 선언을 전파하고 전시하며 설명할 것을 요구했다.

유엔의 '세계 인권 선언'

세계 인권 선언은 인류의 문화유산 중에서 자유, 평등, 인권과 관련된 일반 개념을 계승하고 흡수했으며, 특히 근·현대 서방 국가의 인권과 관련된 입법과 실시 경험, 그리고 인권을 쟁취하고 수호하려는 사람들의 강렬한 소망과 당시 대다수 사람들의 인식 수준을 반영하고 있다. 전문과 30개의 조항으로 구성되어 있으며, 그중 19개 항목은 시민권과 정치적 권리에 대한 것이고, 6개 항목은 경제적, 사회적, 문화적 권리를 다루고 있다.

또한 인권 문제에 대한 최초의 국제 문건으로서 국제 인권 분야의 실천 기반을 마련해주었고, 이후에 전 세계 사람들이 자신의 인권을 쟁취하고 수호하며 개선하고 발전시키는 데 지대한 영향을 미치며 세계 인권 역사의 중요한 이정표가 되었다. 반세기 동안의 실천을 통해 국제 사회는 여전히 이 선언을 '인권의 수호'의 주요 근거로 삼고 있다.

세계 인권 선언을 기초하는 과정에서 격렬한 토론과 거듭되는 협상을 거쳤음에도 일부 역사적 한계가 존재하는 것을 피할 수는 없었다. 예를 들면, 해당 선언은 인권의 보편성이나 인권의 공통된 기준을 강조할 때 인권의 특수성을 간과했고, 공통의 기준을 실현하는 데 있어서 서로 다른 국가에 다양한 특징이 있다는 것을 간과했으며, 개인의 권리와 자유를 강조하며 단체, 국가, 민족의 권리와 자유를 소홀히 했다. 아울러 개인의 자유 및 책임과 그것의 집단 및 전체 인류와의 관계를 정확하게 정의내리는 것을 간과했다. 이러한 결점은 유엔의 '인권선언'이 지속가능한 '지구 문명'의 권리와 의무를 안내하는 일종의 지침으로서 불충분하거나 완벽하지 않은 것이 되도록 영향을 미치고 있다.

## 중국의 사회주의 실천

100여 년 전에 중화민족이 심각한 재난 속에 처해 있을 때 사회주의 국가 소련은 중국을 위해 일종의 참신한 제도적 선택과 사회 모델을 제시했다. 당시 소련은 나날이 발전하고 있었고 경제 건설에서 눈부신 성과를 달성하는 중이었다.

천두수(陳獨秀), 리다자오(李大釗), 취추바이(瞿秋白), 저우언라이 등 중국의 선진 지식인들은 소련의 성공 요인이 사회주의 제도와 마르크스주의에 있는 것으로 보았고, 사회주의 노선을 선택하는 것은 수많은 중국 엘리트들의 공통된 의견이었다. 이는 곧 마르크스주의를 지도 사상으로 삼는 중국공산당의 탄생으로 귀결되었는데, 마오쩌둥(毛澤東)을 대표로 하는 중국공산당은 중국 인민을 이끌고 장기간에 걸친 각고의 분투를 거쳐 마침내 1949년에 신중국을 수립하기에 이른다. 이로써 중국은 사회주의 건설이라는 새로운 여정에 오르게 되었다.

첫째, 중국은 사회주의와 세 차례의 위대한 혁명을 선택했다. 중화민족은 세계 정상에서 웅장한 모습으로 찬란한 문명을 창조하고 눈부신 성과를 이룬 적이 있다. 14세기부터 시작하여 청조의 건륭 시기(1736~1795년)까지의 수백 년 동안 중국은 세계에서 최대의 경제 규모를 자랑하던 국가였다.[36]

하지만 근대 시기에 이르러 서방세계가 산업혁명을 통해 신속하게 발전한 반면, 중국은 도리어 국문을 닫고 쇄국 정책을 전개하거나 진취적인 사고의 부재로 과학 기술을 중시하지 않고 변혁을 반대하여 산업혁명의 기회를 상실하게 된다. 1840년 1차 아편전쟁은 중국 역사의 전환점이 되었는데 중국은 반식민지·반봉건 사회로 전락하게 되었을 뿐만 아니라 국권을 상실하는 굴욕을 겪었고, 제국주의의 열강들로부터 침략과 유린을 당하며 당시 세상 사람들로부터 '동방의 잠들어 있는 사자' '동아시아의 환자'로 간주되었다.

이러한 참상에 직면하여 큰 뜻을 품은 중국의 지사들은 몹시 가슴 아파했고 수많은 인인지사(仁人志士, 자애로우면서도 지조가 있는 사람으로서 대중을 위해 몸을 바치는 사람)들이 구국·구민 운동을 모색하게 되면서 '양무 운동' '무술변법' '신해혁명' '5·4 운동' 등이 일어난다. 하지만 구국을 위해 변혁하려는 모든 시도가 실패에 직면하자 중국인들은 비로소 서방의 선진 기술로는 국가를 구해낼 수 없으며 반드시 사상과 문화, 제도 차원에서의 근본적인 개혁이 필요하다는 것을 깨닫게 되었다.

그렇다면 어떻게 바꾸어야 하는가? 중국인들은 대략 100년 동안 다음과 같은 '위대한 혁명'을 세 차례 전개했다. 그것들은 모두 '중국은 어떤 길을 걸어야 하는가'라는 공동의 과제를 둘러싸고 탐구를 진행한 것이었다.

**중화인민공화국 국기**

① 1911년 중국 민주혁명의 선행자인 쑨원(孫文)이 '신해

혁명'을 이끌었다. 청나라 왕조의 통치를 무너뜨리고, 중국을 수천 년 동안 지배해온 군주전제 제도를 종식시키며 중화민국을 건립하여 중국의 진보를 위한 문을 활짝 열었다.

② 마오쩌둥을 대표로 하여 중국공산당이 이끌었던 '신민주주의 혁명'과 '사회주의 혁명'이다. 제국주의, 봉건주의, 관료자본주의에 의한 중국의 통치를 무너뜨리고, 1949년에 신중국을 수립함으로써 사회주의 제도를 확립시키고 중국의 부흥을 위한 근본적인 정치 조건과 제도의 기초를 마련했다.

③ 1970년대 말 덩샤오핑(鄧小平)을 핵심으로 하는 제2세대 영도층의 집단 지도로 진행된 '개혁개방'의 위대한 혁명이다.

이와 같은 세 차례의 혁명을 통해 우리는 중국이 중국공산당의 주도로 사회주의의 길을 걷기로 선택한 것은 100여 년 남짓 중국 근대사의 결정에 의한 것임을 알 수 있다.

둘째, 제도 전환의 실천은 여전히 진행 중에 있다. 중국은 사회주의의 길을 탐색하는 과정에서 매우 많은 오류를 범하고 우여곡절을 경험했다.[37] 설령 사회주의 제도를 확립하더라도 중국에서 어떻게 사회주의를 건설하고 사회주의 제도의 강점을 발휘할 것인지는 새로운 도전이었기 때문이다. 신중국 성립 이후 중국은 세 차례의 제도 전환을 위한 실험을 진행했다(여기에서 말하는 제도란 주로 국체, 정체, 법률 및 행정 시스템 등과 같은 정치 제도를 지칭한다).

1950년부터 1970년대 말까지의 제1차 '제도 전환' 시기는 마오쩌둥을 대표로 하는 제1세대 영도층(마오쩌둥, 류사오치, 주더, 저우언라이 등)이 이끌었다. 이는 사회 제도를 근본적으로 전환시키기 위한 실천이자 반식민지·반봉건 및 신민주주의 사회에서 사회주의 사회로 넘어가기 위한 직접적인 전환이었다. 비록 자본주의가 구중국에서 충분히 발전하지 못했고, 사회주의를 공고히 하고 발전시키기 위한 물질적 기초가 상대적으로 박약했으며, 국내외 환경까지 대단히 복잡하고 열악했지만 국가의 주권과 신성한 영토를 지속적으로 수호해냈다.

또한 세계에서 가장 청렴한 '10가지가 없는'[38] 정부를 수립하고, 독자적으로 '양탄일성(兩彈一星, 원자폭탄·수소폭탄과 인공위성)'을 연구·개발해냈으며, 독립적이고 비교적 완벽한 공업 시스템, 국민경제 시스템, 과학 기술 시스템을 성공적으로 건설하는 것은 물론 각종 방해 공작을 물리치며 유엔으로 다시 되돌아갔다.

중국인의 평균 수명은 1945년 35세에서 1978년 65.86세로 늘어났다. 이러한 사회주의 건설의 눈부신 성과와 역사적 경험 및 교훈은 제2차 '제도 전환'의 단계에 해당하는 개혁개방을 위해 기본적인 물질적 기초를 마련해주고, 양호한 국제 환경을 창출해냈으며, 중국 특색의 사회주의 노선을 위한 이론적·실천적 토대를 제공했다.

하지만 정치 체제와 경제 체제가 여전히 탐색 단계에 있었고 안정적인 정치 환경과 강력한 경제 발전을 창조해내지 못했기 때문에 중국은 여러 번 우회하는 길, 심지어 잘못된 노선(반우파 투쟁과 문화대혁명 등)을 걷기도 했다. 이로 인해 발전할 수 있는 수많은 기회를 상실하게 되었을 뿐만 아니라 인민 군중이 신중국의 성립 이후에 계속해서 수많은 고난을 겪게 되었다. 물론 이러한 사회주의를 건설하기 위해 험난한 탐색 과정에서 겪은 우여곡절과 실패의 교훈은 마찬가지로 중국에게 대단히 귀중한 정치적·사상적 재산을 남겨주었다.

1970년대 말, 중국은 대내 개혁, 대외 개방 정책을 실행하기 시작하는데 이는 덩샤오핑을 핵심으로 하는 제2세대 영도층(덩샤오핑, 예젠잉, 리셴녠, 천윈, 후야오방 등)의 집단 지도에 의해 이루어진 대혁명이었고, '중국 공산당의 위대한 각성'[39]이었다. 그들이 예사롭지 않은 용기로 발란반정(撥乱反正, 어지러운 세상을 바로잡아 정상을 회복하는 것)하고 개혁개방의 전략을 확정하며, 사회주의 시장경제 이론을 확립한 것은 중국이 그 이후 30여 년간 고속 발전할 수 있는 기초를 마련했다.

덩샤오핑이 내린 중요한 판단은 빈궁한 것은 사회주의가 아니라는 것이었다. 이것은 경제발전 모델을 계획경제 체제에서 시경경제 체제로 전환하는 것을 통해 추진된 개혁이며, 중국이 위대한 경제 기적을 경험하도록 만들었다. 중국의 GDP는 1978년에서 2012년까지 9.83퍼센트의 성장률을 기록했고, 2012년 GDP 규모는 세계 2위를 기록했다. 인민의 생활수준 역시 전반적으로 향상되었으며(1인당 GDP는 1978년 200달러에서 2017년 8,826달러로 평균 수명은 1978년 65.86세에서 2017년 76.7세로 늘어났다), 이는 제3차 '제도 전환'의 실험을 포함해 중국의 심화되는 개혁을 위한 견실한 물질적 기초를 마련해주었다.

하지만 관념, 생산 방식, 가치관, 도덕 준칙에서부터 제도 배치에 이르기까지 여전히 공업 문명의 논리와 법칙을 벗어나지 못했기 때문에 중국은 지속적인 경제 성장을 위해 엄청난 대가를 지불해야 했다. 자원 및 에너지 방면에서 지속적인 발전을 밑받침하는 것이 어려워졌고, 생태 환경이 버텨낼 수 있는 능력은 한계에 봉착했으며 환경 용량도 이미 임계점에 도달했고, 빈부 격차는 신속하게 확대되고 있다.

특히 사회 개혁과 제도 개혁이 경제 개혁보다 심각하게 정체되고 있고, 사회주의 시장경제 이론과 실천 문제를 아직 해결하지 못하고 있기에 전환기의 경제, 정치, 도덕 영역에서의 사회적 규범의 상실을 야기하고 있는데, 예를 들면 배금주의, 믿음의 상실, 도덕적 타락, 사회적 신뢰의 상실, 모조품의 범람, 각 영역에 파급되고 있는 광범위하고도 매우 심각한 부정부패 문제, 사회보장 및 취업, 의료, 교육, 수입 분배의 사회 공평성 문제 등이 사회 안정에 영향을 미치고 있다.

물론 '문화대혁명'의 심각한 결과와 사상·문화 영역에 미친 영향이 아직까지 존재하고 있는데(이를 극복하기 위해서는 앞으로 몇 세대에 걸친 노력이 필요하다) 여기에는 마르크스주의에 대한 신념이 동요하고 있는 것도 포함된다. 따라서 중국은 '사회주의 노선과 지속가능한 발전을 어떻게 견지할 것인가' 하는 전면적인 도전에 직면해 있다. 즉 사회주의 건설을 위한 만리 장정의 새로운 기점 위에 서 있으며 새로운 개혁이 곧 출현할 태세다.

21세기 초, 중국에서는 중국공산당 제18차 당대회를 이정표로 하여 제3차 '제도 전환'을 위한 탐색이 시작되었다. 시진핑을 핵심으로 하는 새로운 영도층은 '중화민족의 위대한 부흥을 실현한다'는 위대한 목표를 세우고 이를 실현하기 위해서는 경제 체제의 개혁에만 의지해서는 충분치 않으며 경제 문명, 정치 문명, 문화 문명, 사회 문명, 생태 문명의 건설이라는 오위일체(五位一體)의 전체적 안배를 바탕으로 소강(전반적으로 풍족한 생활을 누리는 것) 사회의 전면적인 실현, 개혁의 전면적인 심화, 의법치국의 전면적인 실현, 종엄치당(從嚴治黨, 당에 대한 관리를 엄격하게 하는 것) 전략 방침의 전면적인 실시를 견지해야 한다는 것을 인식하게 되었다. 즉, 중국 특색의 사회주의에 대해 그 개념과 내용 및 실현을 위한 경로에서부터 시대의 변화와 함께 수정과 보충을 거듭하고 발전시키며 완벽을 도모하기로 한 것이다.

그런데 중국의 사회주의 건설은 줄곧 국내외 이익집단으로부터의 도전과 이데올로기 및 제도 경쟁 차원에서의 심각한 도전을 받아왔다. 다행스러운 것은 70년간의 성공과 실오(실패와 오류), 교훈에 힘입어 중국의 정책결정자들이 개혁개방을 철저하게 진행할 것임을 분명히 하고 있고, 미래의 길 위에서 반드시 극복해야 할 난제 및 개혁의 돌파구 등과 관련하여 부단히 전략을 조정하고 점진적으로 실천을 해나가고 있는 중이라는 점이다.

지금 중국은 개혁과 '두 개의 100년(중국공산당 창당 100주년인 2021년까지 소강 사회를 건설하고, 건국 100주년인 2049년까지 중국을 조화로운 현대 사회주의 국가로 변모시키는 것_옮긴이)'이라는 목표를 실현하고, 나아가 중화민족의 위대한 꿈을 실현하기 위해 모든 노력을 경주하며 더 나은 미래를 위해 계속해서 분투해야 하는 시기에 진입해 있다.

## 유럽연합

유럽연합(EU) 본부는 벨기에의 수도 브뤼셀에 있다. EU는 유럽 경제공동체(EEC)가 발전하여 이루어진 것으로 유럽 일체화의 구상은 20세기 이전에 이미 출현했었고, 2차 세계대전 이후에 유럽 일체화의 사조가 고조기에 진입하기에 이른다.

1946년 9월, 영국의 윈스턴 처칠(Winston Churchill) 총리는 '유럽 합중국

(United States of Europe)'을 세우자고 제의했다. 1949년 성립된 유럽위원회(European Commission)는 최초의 범유럽 기구가 되었고, 1951년 4월 18일 프랑스, 이탈리아, 서독, 네덜란드, 벨기에, 룩셈부르크 6개국이 50년을 기간으로 하는 '유럽 석탄철강공동체(ECSC)' 조약에 서명했다. 또한 이 국가들은 1957년 3월 25일, ECSC의 기초 위에 로마에서 '유럽 경제공동체(EEC)' 조약과 '유럽 원자력공동체(EURATOM)' 조약에 조인(調印)했다. 1965년 4월 8일, 창설 회원국 6개국은 브뤼셀 조약에 서명하고 ECSC, EURATOM 및 EEC를 통합하여 '유럽공동체(EC)'로 부르기로 결정했는데 해당 조약은 1967년 7월 1일 발효됐다.

**유럽연합 깃발**

1990년 4월, 프랑스의 프랑수아 미테랑(François Mitterand) 대통령과 서독의 헬무트 콜(Helmut Kohl) 총리는 그해 연말에 정치적 연합과 관련된 정부 간 회의의 개최를 제안했다. 1년의 담판을 거쳐 1991년 12월 11일 유럽공동체는 마스트리히트(Maastricht) 정상회의에서 '유럽 경제·통화연맹'과 '유럽 정치연맹'을 건립하는 내용의 '유럽연합 조약(일명 마스트리히트 조약)'을 통과시켰다. 그 주요 내용은 12개 국가(창설 회원국 외에 덴마크, 영국, 아일랜드, 그리스, 스페인, 포르투갈이 포함됨)가 공동의 외교 정책 및 안보 정책을 실행하며 최종적으로 공동의 국방 정책을 실행한다는 것이었다. 또한 이밖에 공동의 어업 정책을 실시하고, 유럽 통화 시스템을 건립하며, 경제·화폐연맹을 수립하는 등의 조치를 천명했다.

1990년 6월, 유럽의 여러 국가가 '솅겐 협정'에 서명하여 국가 간 통행의 제한을 없애고, 회원국 간에는 국경선에 의한 제약을 받지 않도록 했는데 해당 협정은 1995년 3월 26일 정식으로 발효됐다.

1993년 11월 1일, 마스트리히트 조약이 정식으로 발효되어 '유럽연합'이 정식으로 성립되었다. 이로써 유럽의 3대 공동체가 유럽연합 형태로 체현되었는데 이것은 유럽공동체가 경제 실체에서 경제정치 실체로 전환되고, 공동의 외교 정책 및 안보 정책을 발전시키며, 동시에 사법 및 국내 정치에서의 협력 강화를 보여주는 것이었다. 현재 유럽연합은 28개 회원국을 보유하고 있고, 24개의 언어가 공용어로 사용되고 있다.

60여 년 동안 유럽은 국경 없는 유럽을 건설하는 방면에서 주목할 만한 성과를 거두었고, 유럽의 장기적인 평화를 확보했으며 무역, 투자, 금융, 통화 일체화의 본보기를 수립했다. 이것은 하나의 위대한 역사적 진보로서 2012년 유럽연합은 노벨 평화상을 수상했다.

하지만 최근 10년간 유럽연합은 채무 위기, 난민 위기, 안보 위기, 브렉시트(Brexit) 등을 포함하여 안팎으로 각종 위기를 겪고 있는데 이것은 유럽연합이 다차원의 거버넌스 시스템으로서 여전히 개혁해야 할 체제 및 제도적 결함이 있음을 보여준다.

물론 그 어떤 위대한 사업도 늘 순조로울 수는 없다. 유럽인들의 집단적인 지혜가 결국 일련의 정치적·제도적 도전에 성공적으로 대응하고 심층적인 딜레마에서 벗어나 유럽 일체화의 청사진을 실현할 것이라고 믿는다.

## 자크 프레스코의 '비너스 프로젝트'[40]

'비너스 프로젝트'의 창시자 자크 프레스코(Jacques Fresco, 1916~2017)는 미래학자이자 발명가였고, 산업 디자이너였다. 그는 40년간 협력자 록산느 메도우스(Roxanne Meadows)와 함께 팀을 이끌며 비너스 프로젝트를 추진해나갔다.

프레스코의 비너스 프로젝트는 지역적 차원의 실험으로 여겨지기도 하지만 매우 중요한 의미를 지니고 있다. 이 프로젝트는 실행 가능한 사회 변혁을 제창하며 사명은 신형 세계 문명의 청사진을 창조하는 것이고, 그 기초는 인류의 수요에 관심을 갖고 환경을 자연 상태로 회귀시키며, 더욱 평화적이고 지속가능한 지구 문명을 실현하기 위해 노력하는 것에 있다. 그곳에서 인류의 노동 목적은 더 이상 금전 및 이기적인 것을 위해서나 현대 사회에서 생존을 추구하기 위한 것이 아니라 한 차원 더 높은 이상 및 전 인류의 복지를 실현하기 위한 것이 된다.

이것은 하나의 장기적인 계획으로서 4단계로 구분하여 실시된다. 먼저 1단계는 미국 플로리다 주의 비너스 카운티에 25에이커의 연구 센터를 건설하는 것이다. 2단계는 현대판 유토피아 사회를 보여주는 장편 영화를 제작하여 모든 지구인으로 구성되는 하나의 평화적인 지구 대가정의 모습을 담는다. 3단계는 현재 건설 중인 실험연구용 도시를 이상적인 사회의 설계와 실천을 위해 활용한다(이 계획을 실현하기 위해 뒤에 나열하고 있는 18가지 항목의 목표를 확정함).[41] 마지막 4단계는 실험연구용 도시가 완성되면 하나의 테마 파크를 건립하여 오락을 위해 이용하고,

자크 프레스코 비너스 프로젝트의 연구센터

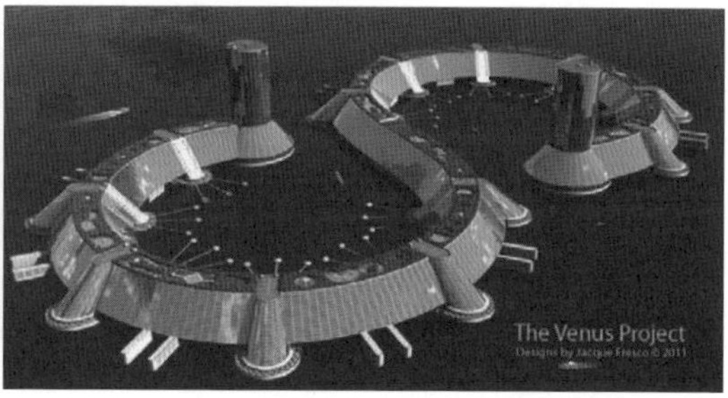


여행객들에게 인도(人道) 또는 환경에 무해한 생활 방식을 이해시키는 활동을 펼치는데 그 취지는 세계 각지에 건립될 수 있는 도시의 원형을 구축하는 것에 있다.

비너스 프로젝트가 제시한 18가지 항목의 목표는 다음과 같다.

① '세계의 자원은 모든 지구인이 공유하고 있는 자산'이라는 취지를 실현하는 것(세계의 모든 자원 및 지구인의 공동 유산을 보호하는 것).

② 현재 인류를 분열시키는 모든 거짓된 허구의 경계선을 초월하는 것(종족 및 국경선을 초월하는 것).

③ 화폐를 기초로 하는 민족 기반의 경제를 자원을 기초로 하는 경제로 변모시키는 것(자원을 기초로 하는 세계 경제를 추진하는 것).

④ 교육과 자발적인 산아 제한을 통해 세계 인구를 안정시키며 무제한의 폭발적 증가되지 않도록 협조하는 것(지구가 견뎌낼 수 있는 능력을 유지시키는 것).

⑤ 인간의 능력을 최대한 발휘하여 자연적인 환경으로 회복·회귀시키는 것.

⑥ 세계의 도시를 다시 설계하고 교통 시스템 및 각 업종이 더 효율적으로 에너지를 이용하도록 만들며, 도시의 청결 수준을 높이고 시민을 위해 더 많은 편의를 제공하는 것.

⑦ 사회적 관리에 있어서 대기업과 정부(지역, 국가 및 초국가)를 관리 수단으로 삼아왔던 시스템에서 점차 벗어나게 만들고(국가 및 금권 정치체제로부터 벗어나게 만들고) 그것을 더 이상 적용하지 않고 사라지게 하는 것(자치 사회로 점차 향하게 하는 것).

⑧ 새로운 기술을 함께 누리고 응용하여 모든 국가의 복지 증진에 기여하는 것.

⑨ 친환경 및 재생 가능한 에너지를 개발하고 이용하는 것.

⑩ 최고 품질의 제품을 제조하여 전 세계 사람들을 위해 이바지하는 것.

⑪ 대형 건설을 진행하기에 앞서 환경 영향 평가를 우선 행하는 것.

⑫ 모든 혁신 활동을 장려함과 동시에 모든 건설적인 시도에 대해 격려하는 것.

⑬ 교육을 통해 민족주의, 편협성 및 편견을 없애는 것.

⑭ 모든 형태의 엘리트주의에 기반한 통치를 제거하는 것.

⑮ 신중한 연구를 통해 결론에 도달하며, 임의적인 견해에 입각하여 선택하지 않는 것.

⑯ 학교에서 소통 능력에 대한 교육을 강화하여 우리가 세계와 긴밀하게 연계될 수 있도록 기여하는 것.

⑰ 생활에 필수적인 것들을 제공하는 것뿐만 아니라 마인드의 발전을 자극할 수 있는 기회를 제공함으로써 개체의 독특성을 군체의

획일성보다 더욱 고려할 수 있도록 하는 것(획일화가 아닌 개성을 강조).

⑱ 사람들이 미래에 다가올 변화와 도전에 대해 지적·감성적으로 대비할 수 있도록 하는 것.

비너스 프로젝트는 머지않은 미래에 화폐, 정치, 개인 이익 및 국가 이익이 모두 도태될 것으로 예견했고, 자원에 기반을 둔 경제를 발전시키고 사회 구조를 개선시키기만 하면 에너지 자급을 실현할 수 있는 친환경 도시 및 지속가능한 세계 문명을 실현할 수 있을 것으로 보았다.

## 파올로 솔레리의 아르코산티[42]

파올로 솔레리(Paolo Soleri, 1919~2013)와 그의 작품인 아르코산티(Arcosanti)가 추구하는 이상은 앞서 언급한 13가지 사례(노자의 《도덕경》부터 자크 프레스코의 비너스 프로젝트까지)와는 같은 수준에 있지 않다. 하지만 솔레리가 이끄는 팀이 친환경 발전과 관련하여 미래 도시, 미래 건축, 미래 생활 방식 등의 방면에서 수행한 40여 년 동안의 탐구와 공헌은 매우 칭송받을 만하다.

솔레리는 20세기의 가장 저명한 생태 건축학자 중 한 명이다. 그는 건축가, 도시 계획 설계자, 예술가, 장인, 철학가 등 여러 정체성을 가지고 있었고 평생 인류의 이상을 실현하고 무한한 가능성을 탐색하는 것에 힘을 쏟았다. 명성이 자자한 생태 건축 프로젝트 '아르코산티'는 가장 잘 알려져 있는 그의 실천이라고 할 수 있다.

이 건축물은 애리조나 사막의 고원 지대에 세워져 있는 '도시 실험실

**파올로 솔레리와 아르코산티**

(Urban laboratory)'로서 끊임없이 악화되고 있는 인간의 거주 환경에 대안을 제공할 목적으로 처음 시도됐다. 1970년 솔레리는 애리조나 주 피닉스(Phoenix) 지역의 북쪽에 위치한 4,000여 에이커의 사막 황무지를 매입해 그의 꿈을 실현하기 위해 다음과 같이 움직이기 시작했다.

- **에너지**: 솔레리는 차량용 연료로 사용하기 위해 옥수수 및 친환경 식물을 재배하면서 바이오 연료를 사용하는 것은 우리 자신 및 대자연에 있어서 일종의 모욕적인 행동에 해당한다고 보았다.[43] 현재 우리는 100만 년이 지나야만 생산되는 화석 에너지를 계속해서 사용하고 있기 때문이다.

  그는 아르코산티를 설계하는 동안 대다수의 전력 수요를 만족시키기 위해 일반적인 전력망을 이용했지만 풍력 에너지, 태양 에너지, 재활용 물 등을 도시 시스템에 융합시켜 조명과 난방 및 냉장고 등에 활용했다. 그밖에 치밀하고 잘 짜인 도시 설계는 도시에서 가열과 냉각을 위해 소요되는 에너지 수요를 줄였고, 자동차를 주변화시키는 방법으로 교통에 의한 에너지 소모를 낮추었으며, '현지에서 에너지를 생산하는 것'을 통해 에너지가 수백 에이커의 공간적 거리를 거쳐 말단의 이용자에게로 수송될 때 발생하는 엄청난 손실을 피할 수 있게 했다.

– **생태 건축**: 솔레리는 도시 전체를 하나의 거대한 빌딩으로 구상함으로써 에너지 이용, 사람의 이동, 물류의 순환 등 시스템적인 효율을 향상시키는 것에 이바지하고자 했다. 대다수 건축물을 남향으로 설계하여 태양 광선을 모으고 온도를 유지하는 데 유리하도록 했다. 전체 건축물의 통풍 시스템은 뜨거운 공기가 상승하고 차가운 공기가 하강하는 굴뚝 효과를 충분히 이용했는데 기체가 각 건축물의 외부에 있는 파이프 관으로 수송되어 전체 건축물이 하나의 거대한 방열기가 되도록 했다.
따라서 비록 지리적으로 매우 뜨거운 사막에 위치해 있었지만 기본적으로 에어컨을 사용할 필요가 없었다. 이러한 교묘한 설계 덕분에 이곳의 건축은 최대한으로 자연 에너지를 이용하여 평균적인 에너지 소모를 크게 감소시켰다.

– **초목 심기 및 식량 생산**: 아르코산티를 설계할 때 생산적인 초목들을 심고, 현재 보유하고 있는 식량을 생산할 수 있는 농업 용지를 보존함으로써 식량 생산이 가능한 도시를 만들고자 시도했다. 기지의 북쪽을 따라 23개의 과수원을 조성하고, 남쪽 방향의 거대한 온실은 농산품을 생산하고 열에너지를 제공할 뿐만 아니라 시

민에게 일종의 생산적인 환경을 제공하여 각자 체험하고 함께 활용할 수 있게 했다.

- **자동차가 없는 도시**: 평평하게 전개하는 방식의 도시 확장 모델은 토지와 자원의 소모 등 장기적인 대가를 지불하도록 만든다. 솔레리는 도시가 친환경, 높은 통합성, 낮은 소모성을 추구해야 한다고 주장하며 무질서한 확장, 에너지 낭비 및 인간관계를 소원하게 만드는 것에 반대했다. 따라서 하나의 입체적이고 보행할 수 있는 도시를 건설하여 이러한 난제를 해결하고자 했다.
  이곳의 모든 건축물은 여러 가지 기능을 갖추고 있는데, 생활에 필요한 거의 모든 장소인 상점, 수영장, 공방, 커피숍, 회의실, 장인용 작업실, 거주지, 농구장, 연회 서비스, 공동체 생활, 오락과 휴식에 관련된 장소 등이 이에 해당한다. 이들은 모두 선회하여 비탈길에서 약 10분 정도를 걸으면 도착할 수 있고, 다시 바깥으로 몇 걸음 이동하면 넓게 펼쳐진 야외가 나왔다. 비록 사람들이 아르코산티에서 생활하며 자동차를 사용하지는 않았지만 도시 설계자는 태양 에너지 발전소의 지하층에 1만 대 가량의 자동차를 수용할 수 있는 주차장을 보유하여 거주자들이 먼 곳으로 이동할 때 자동차를 이용할 수 있도록 편의를 제공했다.
- **도시의 규모와 배치**: 아르코산티는 '세계에서 가장 작은 도시' 개념의 취락이다. 솔레리의 '도시 설계' 이념은 미시적·복합적·집약적인 타운을 실현하는 것이다. 입체적이며 지속가능한 건축물의 여러 기능은 발군의 효과를 발휘하는데 그 용지 면적은 단지 5,000명이 거주하는 표준적 도시가 활용하는 용지의 2퍼센트에 불과하

며, 더 많은 공용 공간을 창출하여 사람과 사람 간의 연계를 강화했다. 대형 건축물과 대규모 태양 에너지를 이용한 온실은 4,060에이커의 보류지 중에서 25에어커만을 차지할 뿐이며 자연과 도시 거주민 간의 거리는 매우 가까워지게 되었다.

– **운용과 생활**: 아르코산티는 사막의 황무지에서 40여 년 동안 끈질기게 '생존'해왔다. 솔레리와 그의 학생들, 그리고 전 세계에서 그의 명성을 흠모하여 도착한 6,000여 명의 지원자들은 직접 각종 실험과 건설에 참여했다. 약 80명의 장기 거주자가 이곳에서 생활했으며 자녀를 낳고 기르는 사람도 있었다. 비록 수입의 정도는 미국의 빈곤 기준보다 다소 높은 정도에 불과했지만 그들은 설계, 건설, 보수, 조리, 목공, 금속 제련, 도자기 제작, 정원 가꾸기 및 관리 등의 업무를 즐거운 마음으로 수행했고 여기에는 세계적으로 유명해진 '솔레리 풍경(Soleri bells)'도 포함된다. 매년 약 5만 명의 여행객이 이곳을 방문하여 생태 도시 체험을 함께 나누고 있다.
또한 아르코산티는 하나의 교육 센터이기도 하다. 아르코산티의 건설에 투입된 자금은 주로 손으로 만들어 판매하는 풍경, 학생으로부터 거두어들이는 일정한 학비, 여행객과 각종 문화 활동에 의한 수입 등에서 나온 것이다. 물론 이러한 것들은 아르코산티의 비전을 뒷받침하고 실현하는 데 있어서 매우 부족하며 그로 인해 현재까지 전체 계획 중 10퍼센트에도 못 미치는 정도만이 완성되었을 뿐이다.
안타까운 것은 비너스 프로젝트든 아르코산티 건설이든 모두 자금이 부족해 본래 계획대로 진행될 수 없었다는 점이다. 이와 관련하여 우리는 깊은 성찰과 반성이 필요하다.

지금까지 열거한 것은 역사적으로 장기간에 걸쳐서 사회 발전에 영향을 미쳤던 대사건 또는 인물에 관한 것이었는데, 이것들은 단지 매우 짧은 리스트에 불과하다. 의심할 바 없이 일부 역사학자는 각자 자신만의 리스트를 제시할 수 있을 것이다. 하지만 인류가 '위대한 문명'의 길을 향해 나아가는 데 있어서 공헌했던 대표적인 사건과 인물에 대해 이렇게나마 의미를 되새겨보는 것 또한 도움이 될 것이다.

놀랍고도 기이한 것은 쥘 베른의 《해저 2만 리》에서 제시된 이상 또는 환상이 현재 대부분 실현되었지만 인문 사회와 관련된 이상에 대해 말하자면 유토피아, 생시몽, 로버트 오웬, 샤를 푸리에 등의 공상적 사회주의든 마르크스의 공산주의든 모두 최종적으로 실현되지 못했다는 점이다. 이것은 주로 미래 사회의 꿈을 실현하는 데 있어서 쥘 베른의 환상을 실현하려고 했던 일부 과학 실험(대다수는 '하드 기술', 즉 조작 대상이 자연물 및 인조물 등의 물질세계에 의존함)을 통해 물질세계를 바꾸고자 했기 때문이다.

그러나 유토피아의 꿈이든 공산주의 이상이든 그 핵심은 사회 시스템에 대한 창조, 설계, 개조, 실천이다. 종교, 신앙, 문화, 도덕 등 인간의 정신적 차원에서의 지식 및 사회적 합의와 관련되어 있을 뿐만 아니라 생활 방식 및 경제, 사회의 발전 모델 등 인간의 행위 차원에서의 지식과 조작 능력에도 결부되어 있다. 즉 소프트 기술과 소프트 환경에 의해 더 많이 결정된다는 것이다. 그리고 소프트 기술과 소프트 환경의 방안은 설계자의 사상이라고 할 수 있는 세계관과 가치관 또는 신앙 등에 의해 결정된다.

하지만 만약 전 세계적인 공감대가 없고 시대에 부합되는 조작 가능성이 없다면, 특히 '광의의 문화 환경'이 뒷받침되지 않는다면 한 국가가 이것을 실현하기는 매우 어려운 일이다. 이것은 실로 복잡하고 거대한 시스템 차원의 사회 공학 과제라고 할 수 있다. 그럼에도 불구하고 일부 국가가 과거의 꿈을 추구할 때 일부 다른 국가는 개혁과 실험을 추진하기 위해 모든 노력을 경주하고 있다.

요컨대, 21세기의 미래 연구는 글로벌 차원에서 초학제, 초영역, 초문화 연구로 이동되어야 하며, 복잡한 시스템을 이론과 실천의 측면에서 연구하는 것이 포함되어야 한다.

The Future of Humanity

제7장

# 지구 문명의 가치관을 지속가능한 발전 속에 융합하기

**“만약 하나의 민족, 하나의 국가가 더 나은 미래에 대한 비전과 목표를 가지고 있지 않다면 그것은 희망이 없는 것이다.”**

앞서 우리가 정의 내린 이른바 ‘지구 문명’이란 인류의 지속가능한 생존과 발전에 적합한 사회 시스템, 또는 지속가능한 물질 문명, 정신 문명, 정치 문명, 생태 문명, 성제 문명의 상호 협력과 상호 보완을 뒷받침할 수 있는 적합한 사회 시스템을 말한다. 그렇다면 지속가능한 발전이란 무엇인가? 인류의 지속가능한 생존과 발전의 실질은 무엇인가?

지속가능한 발전의 개념은 1987년 세계환경개발위원회(WCDE)가 발표한 ‘우리 공동의 미래(Our Common Future)’ 보고서 중에서 가장 먼저 제기된 이래 국제적으로 통용되는 용어가 되었고, 글로벌 차원에서 광범위하게 전파되거나 확산되고 있는데 이것은 인류가 발전하는 과정에 있어서 위대한 진보라고 할 수 있다.

하지만 30여 년간 지속가능한 발전의 진행 과정을 회고해보면 비록 적지 않은 선언과 의사일정 및 실시 계획이 제기되었지만 당초의 목표와 비교했을 때 직면해 있는 도전은 여전히 준엄하다. 인구의 과도한 증가, 식량 부족, 식품 안전, 빈곤(유엔의 최근 보고서에 따르면 세계에는 여전히 8억 2,000만 명이 기아에 처해 있다) 등의 문제는 심각하며, 해양 자원을 포함한 전략적 자원에 대한 보호는 갈수록 어려워지고 있고, 신속히 확장되고 있는 도시화 및 그것이 초래하는 환경오염 및 생태 구조의 변화에 따른 모순 등이 출현하고 있는 상태다.

'물' 문제를 예로 들어 설명하면, 이는 여전히 지속가능한 발전에 있어서 중요한 장애 요인이며 개도국의 약 11억 명의 인구가 아직까지도 안전한 음용수를 확보하지 못하고 있다. 매년 물의 오염과 관련된 질병으로 사망하는 사람의 수는 전란 또는 자연 재해로 사망하는 사람의 수보다 훨씬 많다.[1]

유엔환경계획(UNEP)의 보고서에 따르면[2] 과거 30년간 세계 경제의 규모는 2배로 증가했지만 인류의 생계를 뒷받침하는 주요 생태 시스템과 관련된 물품과 서비스 중 60퍼센트는 이미 퇴화되거나 지속가능하지 않은 방식으로 사용되고 있다. 이는 '갈색'의 전통적 경제가 여전히 각국 및 세계 경제를 주도하고 있다는 것을 의미한다. 세계은행의 전 부은행장 비노드 토머스(Vinod Thomas)는 단지 기후 변화, 경제 위기 및 식량 문제만으로 지구를 지속가능한 발전의 길에서 '탈선'시킬 수 있다고 말했다.[3]

그렇다면 문제는 어디에 있는 것일까? 이와 관련하여 우리는 여러 원인을 거론할 수 있다. 예를 들면, 법률적 구속력을 지닌 제도의 안배가 결핍되어 있고, 글로벌 차원의 리더십이 결여되어 있으며, 일부 국가 특히 개도국의 환경보호 정책이 취약하고 비록 지면상으로는 '공통적이지만 구별되는 책임' 원칙을 지키고 있지만 개도국이 실제적인 혜택을 얻기는 어려우며, 개도국을 지원하겠다는 선진국의 실천이 완전히 구현되고 있지 않는 것 등이 원인이 될 수 있다.

그렇다면 주요 근원은 무엇일까? 비록 이론상 지구 범위에서 지속가능한 발전에 대한 정의, 중요성 및 실천 의제와 관련하여 모두 인가를 받고 관련된 협의에 서명한다고 해도 눈앞의 실제 이익, 집단의 이익, 심지어 국가이익과 모순되는 사항 등에 직면하게 되면 뿌리 깊은 가치관은 그 행동을 지지하지 않으며 선언했던 것과 행동을 어긋나게 만들어버린다. 다시 말해, 수백 년간 지속되어온 공업 문명의 가치관은 각국의 엘리트들을 포함하는 현재 대다수 사람들의 짧은 시각, 잘못된 관념과 행동 모델, 즉 눈앞의 이익을 중시하고 정기적 이익을 소홀히 하며, 경제 발전을 중시하고 생태 환경 보호를 경시하여 대자연을 착취함으로써 인류가 생존을 위해 의존하고 있는 지구가 지속가능한 발전을 실현하는 데 있어서 준엄한 도전에 직면하도록 만들었다.

1

# 지속가능한 발전의 재구성

'지속가능한 발전'과 관련하여 100가지 넘는 정의가 존재하지만 가장 보편적으로 인용되고 있는 것은 1987년 세계환경개발위원회(WCDE)가 발표한 '우리 공동의 미래' 보고서에서 제시한 "현재 세대의 수요를 만족시키는 동시에 미래 세대가 자신들의 수요를 만족시킬 수 있는 능력에 대해 위협을 가하지 않는 발전"이다.[4] 그렇다면 '현재 세대의 수요'란 무엇이고, '미래 세대가 자신들의 수요를 만족시킬 수 있는 능력'이란 무엇인가?

전 세계 총인구는 70억 명이고, 그들은 190여 개의 국가 또는 지역에 살고 있으며 6,000여 개의 언어를 구사하고, 저마다의 경제 수준과 사회 제도 아래 생활하고 있으며, 다양한 문화 및 신앙을 가지고 있다. 그럼에도 하나의 공통된 희망을 갖고 있는데 그것은 바로 개인과 가정의 행복, 사회의 안정, 그러한 행복이 대를 이어 후손들에게까지 전해지기를 바라는 것이다.

하지만 앞서 언급한 바와 같이 30년간 진행된 지속가능한 발전의 과정은 결코 순조롭지 못했다. 이에 따라 2012년에 있었던 '리우+20 정상회의(유엔 지속가능 발전 정상회의)'에서 각국은 '지속가능한 발전 목표(Sustainable Development Goals/SDGs)'를 설정하여 밀레니엄 발전 계획을 완성하는 것에 동의했고, 아울러 2013년 3월 14일 '유엔총회 지속가능 발전 목표에 관한 개방형 워킹그룹(UNGA Open Working Group on Sustainable Development Goals)'이 성립되었다. 2015년은 유엔 밀레니엄 프로젝트의 최후 기한이었는데 유엔은 2015년 이후의 핵심 목표를 '지속가능한 발전'으로 정했고 이것은 매우 선견지명이 있는 정책결정이었다.

2015년 9월에 개최된 '유엔 지속가능 발전 정상회의(UN World Summit on Sustainable Development)'에서 193개 회원국이 공동으로 서명한 '미래 15년 동안의 지속가능 발전 계획' 즉 '세계 변혁시키기: 2030년 지속가능한 발전 어젠다(Transforming the World: The 2030 Agenda for Sustainable Development)'가 통과되었다. 그중 2030년에 완성해야 할 17개의 목표와 169개의 하부 목표를 정했는데, 그 의의는 지속가능 발전 목표를 더욱 명확히 하고 계량화한 것이다. 이러한 지표는 지속가능 발전의 정도(결과)를 측정하는 도구로서 유엔의 각 기구가 각국의 지속가능한 발전을 촉진하고 평가하는 도구로 삼으며 정책을 책정할 때 참고할 수 있는 의거로 제공하는데 이를 위해 매년 3조 5,000억 달러에서 5조 달러가 소요될 것으로 예상된다.

실제로 수십 년 동안 지속가능한 발전을 둘러싸고 각국은 각종 관련된 지표 체계를 자체적으로 개발하여 지속가능한 발전의 진행을 지도하고 감독해왔다. 하지만 세계 각국과 지역에서 지속가능한 발전의 성취를 평가할 때 단지 지표에만 초점을 맞추는 것은 충분하지 않다. 관건은 각국과 지역이 지구 문명의 가치관을 지속가능한 발전의 실천 속에서 어떻게 융합시키고, 경제·사회·정치·자원·환경·과학 기술 등의 각 영역에서 발전 모델의 전환을 성공적으로 실현시킬 것인가에 달려 있다.

그렇다면 실천의 관점에서 지속가능한 발전의 실질에 대해 다시 한 번 살펴보도록 하자. 인류의 지속가능한 생존과 발전의 최종 목표는 '인류의 지속적인 진보와 번영으로 후세에도 평화로운 세계에서 생활하는 것을 도모하고 추구하는 것'에 있다. 이러한 의미에서 경제의 발전, 사회 진보의 추동, 생태 환경의 보호, 기술의 발전, 사회 및 정치 제도의 개혁 등을 포함하는 인류의 각종 활동은 모두 지속가능한 생존과 발전의 목표를 실현하는 경로에 해당한다.

이러한 논리에 근거하여 인류가 지속가능한 발전을 실현하기 위한 거시적인 공정을 종횡으로 교착된 양대 시스템으로 재구성해보고자 한다(〈자료 7-1〉 참조). 횡적으로 보면 인류의 생존 환경(조건에 대한 명확한 인식), 인류의 발전 경로와 그 수단(발전 경로, 실시 수단 및 뒷받침하는 조건에 대한 식별), 인류의 비전 목표(정확한 목표의 수립) 등 3가지 방면으로 구성되어 있는 거대한 시스템을 형성한다. 또한 종적으로 보면 각자 독특한 시스템을 구성하는 6대 경로, 각종 경로가 효과적으로 실시되도록 보장하는 수단 및 하드·소프트 환경(기술과 지원 시스템), 인류의 가치관과 행위 모델에 영향을 미치는 기초(교육 등) 등 3가지 커다란 측면으로 구성되는 거대한 시스템이다.

다시 말해, 이것은 각국과 지역이 지속가능한 발전을 실현하기 위해

자료 7-1 | **지속가능한 발전에 대한 재인식**

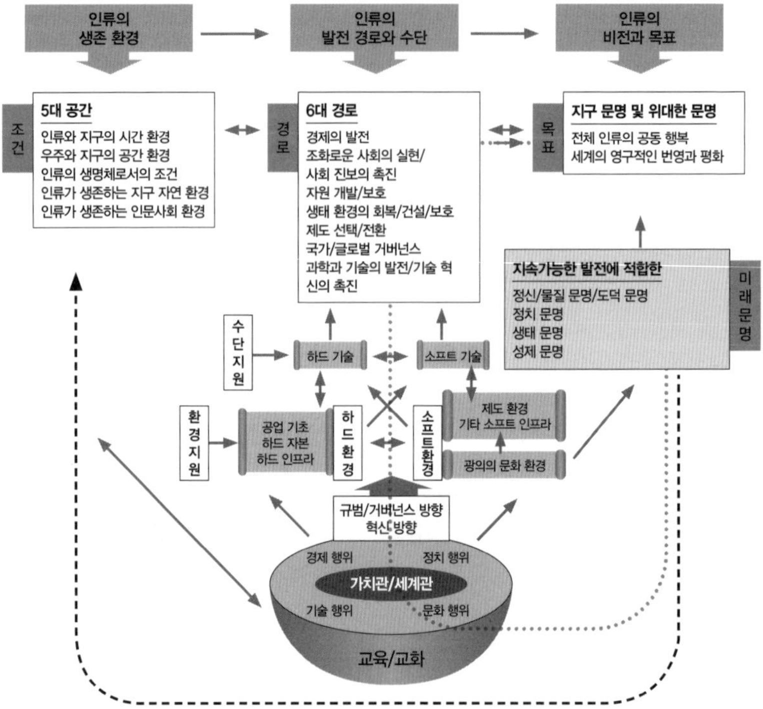


서는 거시적 차원은 물론 중범위적 차원에서 미시적 차원에 이르기까지 또는 다양한 차원과 수준에서 모두 시스템적인 해결 방안을 필요로 한다는 것을 말해준다.

지속가능한 발전을 실현하기 위한 양대 시스템 공정의 기본 원칙은 다음과 같다(〈자료 7-2〉 참조).

– 전제를 명확히 하고 사회적 합의에 도달하기.

**자료 7-2 | 지속가능한 발전의 기본 원칙**

- 처해 있는 위치를 명확히 인식하기.
- 목표를 확고하게 결정하기.
- 정확한 발전 경로를 선택하고 문명의 전환 촉진하기.
- 기술의 도구성을 견지하고 기술 혁신의 방향 파악하기.
- 지원 시스템의 완성 및 선함을 지향하는 문화 환경 창조하기.
- 교육이 기초라는 사실 인식하기.

## 인류의 정의와 비전에 대한 컨센서스

우선 '인류'란 무엇인지, 또는 미래의 인류는 반드시 어떤 모습이어야 하는지에 대해 반드시 기본적인 사회적 합의가 이루어져야 한다. 생명에 대한 기술의 간여가 초래할 리스크를 감안할 때 생명의 진체(참의미), 인류의 속성 및 지위를 명심하고 우리가 누구인지를 명확히 하는 것이 필요하다. 수억 년 동안 진화해온 고급 생명체로서 '비생물 지능'이 인류의 수준에 근접하거나 심지어 초월하게 될 때 인류는 자연인과 사회인으로서 전통적 의미의 인간으로서의 특징과 존엄, 강점을 유지하고 지속적인 생존과 발전을 위해 힘쓰고 노력해야 한다.

## 5대 발전 공간

지구에서 생활하고 있는 인류로서 우리는 반드시 대자연의 생존 공간 안에서 차지하고 있는 지위를 명확히 인식해야 한다. 즉 우주, 시간, 생명 시스템, 대자연 환경, 인문 환경 등 5대 공간 안에서 차지하는 위치, 5대 공간의 역사, 현재와 미래 그리고 이들 간의 상호 관계에 대한 인식을 끊임없이 심화시켜야 한다.

① **우주**: 인류가 생활하고 있는 지구의 우주 공간에서의 위치를 인식해야 한다.
② **시간**: 지구와 현대인이 인류의 긴 역사와 전체 우주사에서 차지하는 상대적 시간 좌표 시스템 안에서의 위치를 인식해야 한다.
③ **생명 시스템**: 인류가 생명체로서 우주, 자연계의 생명 시스템 안에서 차지하는 위치를 인식해야 한다(인류는 단지 우주 공간 안에서 일군의 고등 생물에 불과하다는 것과 우주의 진화 및 생명의 관계를 인식해야 한다. 한편

으로 인류는 저항할 수 없는 자연 규칙의 속박을 부단히 받고 있고, 다른 한편으로는 무궁무진한 전체 우주에 대한 자신의 인식이 매우 하찮은 것에 불과하다는 것을 점차 인식하게 될 것이다).

④ **대자연 환경**: 인류가 생존하는 자연환경에는 생태 환경, 생물 환경, 자원 환경 등이 포함되며, 우리는 자연과 자연 규칙에 대해 경외하는 마음을 가져야 한다.

⑤ **인문 환경**: 인류가 생존하는 인문사회 환경을 말하며, 인류는 인류의 진화, 문명의 탄생, 문명의 진화 및 새로운 문명을 창조하는 인류 발전의 '대역사' 안에서 자신의 위치와 역할을 인식해야 한다.

5대 공간은 인류 미래 발전의 기본 조건이자 전제이며 그중 인문사회 환경과 일부 생태 환경 및 자연환경은 인류가 지속적으로 발전하기 위한 조건인 동시에 인류 활동의 결과이기도 하다.

## 발전 목표

인류의 지속가능한 생존과 발전의 최종 목표는 '다양한 문화, 다양한 종교, 다양한 신앙을 지닌 집단이 서로 수용하고 함께 생존하며 행복을 누리는 세계를 건립하는 것'이며, 이에 따라 대대손손 지속적으로 진보하고 번영하며 평화적인 세계, 즉 '위대한 문명'의 시대를 살아가는 것이다. 앞서 언급한 목표는 문명의 특징을 통해 그 사회 시스템의 주류 세계관과 가치관을 개괄함으로써 반드시 해결해야 할 기본 문제와 해결 노선을 명확히 하는 것에 도움이 된다.

## 6대 발전 경로

목표 달성을 위한 노선과 방법을 정확하게 설계하려면 지구 문명의 가치관을 '지속가능한 발전을 위한 6대 경로의 실천'에 융합시킴으로써 문명의 전환을 촉진해야 한다.

① 안정적이고 친환경적이며, 끊임없이 혁신되는 생산 활동과 경제 발전 촉진하기(경제 발전 모델의 전환).

② 사회 진보를 촉진하고, 공평·공정하며 자율적이고 조화로운 사회 건설하기(사회 발전 모델의 전환).

③ 자연 자원을 보호하고 절약하며, 합리적으로 개발하고 순환적으로 사용하기(자연 자원 응용 모델의 전환).

④ 자연계의 생태 환경을 회복하고 건설하며, 보호하는 자세 견지하기(인간과 자연의 관계 전환).

⑤ 조화로운 사회를 형성하고 세계의 평화 발전을 촉진하는 것을 목표로 삼으며, 현행 정치제도와 세계 질서에 대해 시대의 변화에 적합한 개혁을 진행하는 것을 포함하는 국가 거버넌스와 글로벌 거버넌스 문제를 중점적으로 해결하기(정치 문명의 전환).

⑥ 과학과 기술을 적극적으로 발전시키고 기술 혁신의 방향을 파악하며, 지속가능한 발전에 적합한 하드·소프트 기술의 발명, 창조, 혁신을 촉진하고, 시대의 변화에 알맞은 하드·소프트 환경의 지원 시스템 건립하기(정신 문명의 전환, 혁신형 국가의 건설).

6대 발전 경로에 대해서는 이후에 중국의 실천과 결부하여 보다 구체적으로 논하겠다.

## 기술의 도구성을 견지하고 기술 혁신의 방향 파악하기

과학 기술의 발전, 기술 혁신 및 제도 혁신의 추동은 지속가능한 발전을 위한 중요한 경로 중 하나이며, 기타 모든 발전 경로가 효율적으로 실시되도록 만드는 수단이자 보장이다(〈자료 7-1〉 참조). 지속가능한 발전을 위한 몇 가지 경로는 모두 하드·소프트 기술과 관련된 발명, 창조, 혁신 및 시대의 변화에 적합한 하드·소프트 환경의 지원 시스템이 뒷받침되어야 한다.

예를 들면 경제 발전 모델의 전환은 녹색(친환경) 성장에 적합한 하드 기술(새로운 에너지 기술, 에너지 절약 기술, 저탄소 배출 기술 등)을 개발·응용하는 것 외에 관련된 비즈니스 모델, 금융 기술 등 경제 기술의 혁신이 필요하다. 사회 발전 모델의 전환 중에는 각종 사회 기술, 건강 기술, 문화 기술, 인지과학 기술을 서로 조화롭게 발전시켜야 한다. 자원과 환경 영역에서는 각종 녹색 기술을 적극적으로 개발·응용하는 것은 물론 녹색 투자 및 관련된 법률, 법규, 정책 등 일련의 하드·소프트 환경 보장 시스템에도 주의를 기울여야 한다. 사회 거버넌스와 사회 제도의 전환에 대해서는 각종 정치 기술, 안전 기술 및 글로벌 거버넌스 기술, 국가 거버넌스 기술을 개발·응용해야 한다.

## 선함을 지향하는 광의의 문화 환경 창조하기

인류와 광의의 환경 간의 관계라는 측면에서 볼 때 지속가능한 발전을 실현하는 과정은 바로 인간과 우주, 인간과 자연, 인간과 사회, 인간과 인간 등 여러 관계의 조화와 최적화가 이루어지는 과정이다. 그러나 지구 문명 및 위대한 문명(지속가능한 발전에 적합한 물질 문명, 정신 문명, 정치 문명, 생태 문명, 성제 문명 등 몇 가지 문명이 상호 보완되고 서로 협력하는 것)이 실현되어야만 비로소 이러한 여러 관계가 이상적인 공생 관계에 도달할 수 있다. 지구 문명은 인류의 더 나은 미래를 위한 청사진이라는 중요한 함의(사회 시스템)를 지니며, 지속가능한 발전을 실현하는 데 있어서 필요한 광의의 문화 환경 또는 문명 조건·문명 전제, 즉 6대 발전 경로가 지속가능한 발전 목표에 부합되며 선함을 지향하는 문화 환경을 보장한다.

## 교육이 근본이라는 사실 명심하기

지속가능한 발전의 실현은 경제, 정치, 문화, 기술 등 각 방면의 행위 모델을 포함하는 인류 행위가 지속가능한 발전의 최종 목표에 적합해지도록 협조하는 과정이다. 그중 교육 및 교화는 인성을 보완하고 승화시키며 인간의 행위와 사유 방식을 변화시키는 것은 물론 궁극적으로 더욱 선진적 문명의 기초를 실현시킨다. 즉 정치 및 종교의 교화, 교육의 감화, 환경의 영향 등 유형과 무형의 수단을 종합적으로 운용하는 것을 통해 지속가능한 발전의 이념이 학계와 소수 엘리트 계층의 인식에만 머물지 않고 점차 수많은 민중의 공감을 이끌어내며, 그들의 세계관과 가치관에 영향을 미치고 사유 방식과 행위 방식에 체현되어 미래 '세계 시민'의 기본 문화가 되는 것이다(〈자료 7-1〉 참조).

## 인류의 지속가능한 발전은 문명의 선택에 의해 결정된다

더 나은 미래는 예측될 수 있는 것이 아니다. 우리는 그저 우리가 설계한 더 나은 비전을 이상적인 목표로 삼고 그것을 실현하기 위해 분투해나가야 한다(물론 이것에는 전체 태양계, 은하계 및 우주의 아주 먼 미래 시기는 포함되지 않는데 자세한 내용은 제8장을 참조하기 바란다). 마찬가지로 지속가능한 발전 역시 우선 궁극적인 목표인 인류의 지속가능한 생존과 발전의 이상적인 사회를 확정한 다음 6대 발전 경로를 설계하고 실천하는 것을 통해 인류의 더 나은 비전을 실현하기 위해 분투해야 한다. 이로부터 우리는 지속가능한 발전이 '문명의 선택'과 관련된 문제라는 것을 알 수 있다. 과연 우리는 어떤 문명을 선택할 것인가?

첫째, 공업 문명에서 미래의 지구 문명으로 전환하는 것을 전력으로 추동하여 그때가 도래하게 될 때 인류의 지혜와 능력은 크게 향상되겠지만 여전히 전통적 의미에서 인간의 존엄성을 유지하고, 고도로 발달한 과학 기술은 인류의 지혜와 지력을 향상시킬 것이다. 또한 건강한 신체와 정신을 증진시키기 위해 기여하는 것은 물론 사회의 진보를 촉진하고 전 인류의 복지에 이바지하며 인간과 자연의 조화를 촉진할 것이다. 그곳에서 인류의 인성은 대단히 크게 승화되어 주류 사회의 세계관과 가치관은 선진적 지구 문명에 적합하게 될 것이다. 이러한 문명의 사회는 인간과 인간, 인간과 자연, 국가와 국가 사이에 조화를 이루고 평화가 깃들며 지속가능한 발전이 이루어지는 사회다.

둘째, 공업 문명의 기차가 계속해서 속도를 올릴수록 '과학 기술 만능론'을 조장하며 인류의 진화를 조종할 것이고, 기술에 대한 방임은 기술의 발전과 응용이 거대한 상업적 이윤과 각종 권력에 의해 부추김을 당하도록 만들 것이며, 궁극적으로 인류는 그것에 의해 통제받게 될

**자료 7-3 | 미래 문명의 선택**

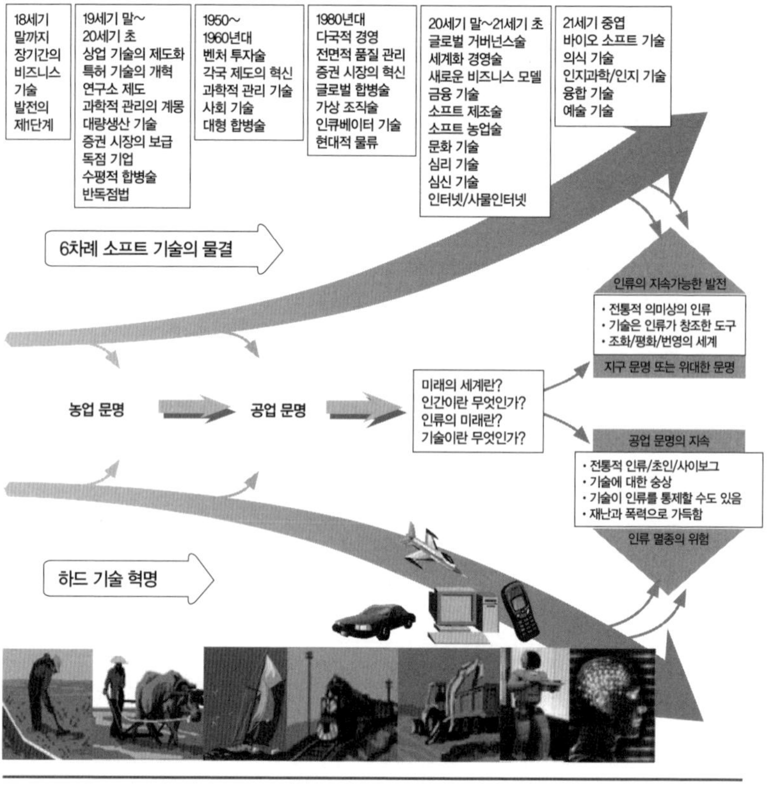

가능성이 매우 높다. 이러한 문명의 사회에서 숭상되는 것은 '인간-기계 문명'이고, 각종 초인과 휴머노이드 로봇이 서로 경쟁적으로 출현하고 점차 일부 권력을 장악하게 될 것이다.

하지만 전통적 인류는 자연에 대한 진부한 관념 및 어리석은 생존 방식을 바꾸지 않고, 인성이 지닌 반사회적인 특성을 의식적으로 버리거나 개조할 수 없게 된다. 따라서 사회는 재난과 폭력으로 충만하게 될 것이며 전통적 인류는 결국 '너 죽고 나 살자' 식의 경쟁을 거쳐 소멸하게 될 것이다(제2장 참조).

똑똑한 인류의 미래 문명에 대한 선택은 물론 말하지 않아도 모두가 잘 알 것이다(〈자료 7-3〉 참조).

# 2

# 지속가능한 발전과 실천이 왜 중요한가

문명의 전환을 실현하는 길에서 각 나라와 지역마다 공업화의 진행 단계가 다르고 상이한 역사와 문화적 배경을 가지고 있다는 점에서 저마다 스스로 해결해야 할 문제들이 존재한다. 하지만 모두에게 절대적으로 해당하는 것이 한 가지 있다. 그것은 바로 지구 문명에 기초한 물질 문명, 정신 문명, 정치 문명, 생태 문명, 성제 문명 등의 가치관이 각국의 지속가능한 발전을 위한 6대 경로와 융합되어야만 각 나라와 지역의 발전이 점진적으로 지구 문명에 근접해지고 최종적으로 융합되는 궤도에 오를 수 있다는 점이다.

이것은 곧 제4장에서 지구 문명을 언급하면서 제기한 '각종 문명이 현재 해결해야 할 문제'에 대해 각자 파악하고 각각의 발전 모델을 전환하는 과정 중에 그러한 내용들을 실현하기 위해 노력할 것을 요구한다. 즉 각국은 우선 반드시 해야 할 일을 스스로 잘 해내야 하는 것이다.

중국을 예로 들어 설명하면, 중국은 현재 중화민족의 위대한 부흥을 실현하기 위해 두 번째 '만리 장정'에 진입해 있다. 중국공산당 제18차 당대회는 위대한 부흥의 꿈을 실현하기 위한 로드맵과 시간표를 규획했는데, 중국공산당 창당 100주년이 되는 2021년에 소강 사회를 전면적으로 건설하고, 신중국 성립의 100주년이 되는 2049년에 부강하고 민주적이며, 문명적이고 조화로운 '사회주의 현대화 국가'를 건설한다는 것이다.

이것은 중국이 이미 '돌을 더듬어 가며 강을 건너는 것'[5]에서 성숙 단계로 나아가고 있으며, 미래의 방향을 명확히 선택했다는 것을 의미한다. 즉 '두 개의 100년'이란 분투 목표를 실현하는 것을 통해 중국의 발전 수준을 두 개의 새로운 단계로 향상시키고 중화민족의 위대한 부흥, 즉 '중국의 꿈'을 실현하기 위해 길을 닦는 것이다.

하지만 '국가의 부강, 민족의 진흥, 인민의 행복'이라는 멋진 청사진을 현실로 만들고자 한다면 지구 문명을 기초로 하는 사회 문명 시스템을 지속가능한 발전의 최종 목표와 원칙으로 삼아야 한다. 그리고 또 다른 측면에서 지구 문명의 가치관, 개혁의 전방위적인 심화 목표와 내용은 지속가능한 발전을 위해 반드시 거쳐야 하는 길(〈자료 7-1〉 참조), 즉 경제의 발전, 사회 진보의 촉진, 지속가능한 발전에 적합한 제도 및 거버넌스 모델의 선택, 자원의 합리적 개발과 순환적 사용, 환경보호 및 건설, 혁신형 국가의 건설, 시대의 변화에 알맞은 각종 제도 개혁이라는 실천 과제들을 문명의 전환을 촉진하고 지구 문명으로 향하는 중국 노선을 건설하는 것에 융합시켜야 한다.

다음으로는 중국이라는 이 문명 고국이 전면적인 부흥의 길을 향해 나아가는 과정에서 성취한 진전과 더불어 해결해야 할 문제 및 직면하고 있는 준엄한 도전을 통해 지속가능한 발전을 위한 모든 경로 및 발걸음이 난관으로 가득하다는 것을 설명하려 한다. 물론 중국에는 희망이 있고, 인류는 지구 문명에 이어 위대한 문명을 실현할 수 있을 것이다. 이것은 결코 현대판 '유토피아'가 아니다.

## 친환경적이며 혁신을 추구하는 경제 발전 촉진하기(경제 발전 모델의 전환)

만약 전통적 경제 발전 모델을 바꾸지 않는다면 인류의 경제 성장에 대한 무절제한 추구와 지구 자원의 유한성 간의 모순은 조화를 이루지 못할 것이다. 미래 경제의 지속적인 성장이 지구의 생태 시스템에 야기할 파괴는 되돌릴 수 없고, 결국에는 경제와 사회의 전면적 붕괴를 초래할 뿐이다.

경제 발전 모델의 전환에는 관념과 조작 차원에서 다음과 같은 몇 가지 문제를 해결해야 한다. 먼저 인류 사회의 발전에는 GDP를 중심으로 하는 경제 성장을 '지속'하는 것이 필요 없고 생산 방식과 조직 방식이 탈공업화 시대에 적합해야 한다는 것이다. 조작 차원에서는 예를 들어 과학 기술의 신속한 발전에 어떻게 능동적으로 적응하고, 경제 세계화의 새로운 모델을 어떻게 개척하며, '파리 기후 협정' 중 글로벌 기후 거버넌스 이념 등을 친환경 발전 과정에서 어떻게 실천하여 녹색(친환경) 경제를 실현할 것인가 등의 문제를 해결해야 한다.

### 1) 경제 성장에 관하여

경제를 발전시키는 것은 의심할 바 없이 물질 문명을 건설하는 중요한 수단이다. 하지만 어떻게 발전을 해야 하고, 발전의 지향점은 무엇인가? 우리는 무제한의 경제 성장으로 미래 문명을 뒷받침할 수 없고, 반드시 '문명이지'의 새로운 물질 문명을 제창해야 한다. 이는 곧 사람들이 물욕 과잉의 새장에서 벗어나 재산의 축적, 과도한 소비 및 높은 생태 비용의 이른바 '선진국 생활 방식'에 탐닉하는 것을 버리고, 풍족하지만 절제되어 있고 친환경적이며, 정신문화를 중시하는 생활 방식으로 전환할 것을 요구한다.

현재 선진국들도 경제 성장만을 추구하는 발전 모델을 버리지 못하고 있고, 소비주의 문화의 성행은 사람들로 하여금 부단히 투자하고 생산하고 교역하고 소모하도록 만들며, 이를 통해 부단히 상승하는 '생활의 질'에 대한 요구를 만족시키고 있다. 실제로 경제학자들은 일찍이 발전하면서도 성장하지 않는 '안정적 경제' 이론을 제기한 바 있는데 GDP를 중심으로 하는 성장형 경제를 숭배하는 것에서 안정형 경제로 전향해야 한다고 주장한다.[6] 아울러 무한하게 경제 성장을 추구하는 선진국의 행위를 중단하고 점차 안정형 경제로 진입해나갈 것을 호소한다.[7]

중국은 현재 과거 수십 년 동안 두 자릿수의 경제 성장을 했던 것보다 GDP가 낮은 이른바 '경제 신상태'를 개시하고 적응하고 있으며 생태 환경, 사회적 공정, 민생, 삼농(三農, 농업·농촌·농민) 등의 문제를 전면적으로 고려한다는 전제를 바탕으로 경제 발전을 촉진하고 있다. 앞서 언급한 이념은 사람들이 고속 경제 성장에서 중고속 경제 성장으로 전환하는 시기의 경제 성장률 문제에 정확하게 대처하는 것에 도움이 될 것이다.

물론 중국은 미래에도 여전히 상당히 긴 시간 동안 개도국일 것이고, 경제를 발전시키는 것 또한 기조가 될 것이다. 따라서 일정한 경제 성장률을 유지하는 것은 필수다. 중국 경제는 여전히 거대한 성장 공간을 지니고 있지만 '개혁개방을 전면적으로 심화'하는 목표와 노선을 관철하고, 전방위적인 혁신을 촉진하며, 경제 발전의 잠재력을 더욱 창출해야만 계속해서 비교적 높은 경제 성장률을 유지할 수 있을 것이다. 경제 성장 모델에 있어서 중요한 것은 경제 성장의 속도가 아닌 '경제 성장의 질'이라는 것을 인식하는 것이다. 이를 위해서는 제도 개혁을 꾸준히 심화시키는 것이 필요한데, 예를 들면 중국의 각 영역에 보편적으로 존재하는 쌍궤제(雙軌制, 동일한 사안에 상이한 두 가지 제도가 존재하는 것) 등의 문제를 해결하고, GDP 중에서 사회 비용과 환경 비용이 차지하는 비중을 감소키는 것 등이 포함된다(제7장의 GDP 관련 부분 참조).

### 2) 시대의 변화에 부응하는 생산 모델

첫째, 생산 모델의 혁신은 과학 기술의 발전 속도를 따라가야 한다. 현대 과학 기술의 비약적인 발전과 놀라운 혁신은 눈사태가 하늘을 뒤덮는 것처럼 각 경제 영역에 변화를 가져오고 있다. 이동 기술, 5G, 3D/4D, 인공지능, 신에너지 등의 하드 기술이든 아니면 문제를 해결하는 새로운 솔루션(교통 방안, 전자 상거래, 신형 기업 조직, 블록체인, 디지털 화폐 등의 새로운 금융 기술)의 각종 소프트 기술이든 이것들은 모두 업계의 형태를 변화시키거나 완전히 새로운 것으로 탈바꿈시키고 있다. 또한 각종 참신한 비즈니스 모델을 형성하고, 새로운 경제 발전 모델, 즉 순환 경제와 사회 경제, 인터넷 경제, 기능 경제, 공유 경제, 디지털 경제 등을 창조하며, 나아가 글로벌 경제의 새로운 구조를 재정립하고 있다.

이러한 현란한 변화 중에 생산 활동의 디지털화, 네트워크화 및 지능화를 가속화시키고 실물 경제의 실력을 '의식적으로' 강화시키며, 세계에서 경쟁력을 지닌 본국의 업종을 배양하고, 나아가 관련된 조류를 이끌고 나가야만 비로소 상응하는 게임 규칙, 즉 제도 혁신을 주도적으로 추진하며 경제의 장기적인 발전을 뒷받침할 수 있게 된다.

둘째, 생산 방식에서 기업 조직 모델의 혁신까지 모두 문명 전환의 발걸음을 따라야 한다. 예를 들면 공업 경제 시대의 획일화된 대규모 생산 방식에서 개성화에 따른 개인 주문 및 제작 생산 모델의 수요에 능동적으로 대처하고, 대기업을 숭상하는 것에서 벗어나 중소기업이 이끄는 경제 발전의 시대에 적극적인 자세로 융합되어야 한다.

셋째, 산업의 전면적인 소프트화의 실체 및 소프트 산업[8]이 주요 역할을 하는 미래 경제의 특징을 명확하게 인식하는 것이다. 이를 위해서는 각 영역의 소프트 기술을 적극적으로 발명하고 창조하며 혁신하여 산업 구조의 중심이 하드 산업에서 소프트 산업으로 이동되는 시대를 주도적으로 개척하고 이에 부합해나가야 한다.

이와 같은 몇 가지 사항은 중국이 이른바 '제조 대국'에서 '혁신 대국'으로 나아가는 데 있어서 대단히 중요하다. 물론 '혁신 대국'이면서 '제조 강국'이 되어야 할 것이다.

### 3) 세계화 시대를 능동적으로 개척하고 개방형 발전 노선 걷기

평화적 부상이 직면하고 있는 복잡한 지정학과 마주한 중국은 더욱 건강한 부흥 방식을 찾아 이를 추구해야 한다. 중국이 제기한 '일대일로(一帶一路)' 이니셔티브[9]를 예로 들어 설명하자면 그것은 동쪽으로는 아시아·태평양 경제권과 연계되어 있고, 서쪽으로는 선진 유럽 경제권과 접해 있으며, 53개국과 94개 도시를 포괄하는 거대한 경제 회랑으로서 그 취지는 전방위적인 개방의 새로운 격국(구조)을 형성하는 것에 있다.

'일대일로'는 초기에 주변 국가 및 지역의 기초 시설을 상호 연계하기 위한 건설을 신속하게 추진했던 것에서 점차 시장, 금융, 과학 기술, 인문, 민생, 해양 등 여러 영역에서의 교류 협력·상호 지원의 방향으로 발전하고 있으며, 지역 협력의 일체화를 위한 이념과 행동의 전환이자(예를 들면 중국과 아세안 경제 관계의 전환) 21세기 지역 협력을 개창하기 위한 새로운 모델을 정립하려는 시도이다.

'일대일로' 이니셔티브는 중국의 경제 발전이 외부의 지지로부터 분리될 수 없다는 것을 보여준다. 따라서 중국은 주변 국가와 발전이 가져오는 이익을 함께 나누고 지역 및 세계 경제의 발전을 대동하는 것을 준비하고 있다. 또한 '평화 협력, 이해 교류, 평등 호혜, 포용 호감, 협력 상생'의 정신을 견지하고, 인내심을 갖고 전진하는 과정에서 출현하는 장애물을 극복하며, 발전 과정에서의 문제를 잘 처리해야만 더욱 긴밀한 '이익 공동체'와 '운명 공동체'를 건립하고, 불가역적인 세계화 추세에 있어서 장점을 발휘하고 단점을 피하며 건강한 방향을 향해 발전할 수 있다는 것을 인식하고 있다.

물론 '일대일로'는 하나의 커다란 시스템 공정이며, 파급되는 영역이 여러 방면에 걸쳐 있고 관련된 국가가 많으며 협력 메커니즘이 매우 많이 존재하기 때문에 단기간 내에 성취될 수는 없다.

## 자연 자원을 보호하고 합리적으로 개발하여 순환적으로 사용하기(자연 자원 응용 모델의 전환)

자연 자원, 자연 서비스 및 유전자은행은 인류가 지구에서 생존하기 위해 의존하고 있는 기초에 해당된다. 자연 자원에는 탄화수소, 광산, 고(古) 지하수 등의 재생할 수 없는 자원과 하류, 경지, 야생동물과 야생식물, 삼림 등의 재생할 수 있는 자원이 포함된다. 자연 서비스에는 광합성 작용, 해양에서의 이산화탄소 흡수, 꿀벌에 의한 수분(가루받이) 등 생명에 필수 불가결한 요소가 포함된다.

유전자은행이란 지구에 현존하는 모든 생물이 보유하고 있는 유전자의 다양성을 말한다.[10] 현재 지구의 자연 자원은 고갈되고 있는 중이고, 사람들의 이러한 자원에 대한 수요는 급속히 증가되고 있다. 일설에 의하면 과거 60년 동안의 폭력 충돌의 원인 중에서 최소 40퍼센트는 자연 자원과 관련되어 있다고 한다.[11]

현재 인류의 활동은 지구 1.5개에 달하는 자원량을 점용하고 있는데, 다시 말해 인류가 1년간 소모하는 자원을 만들어내려면 지구에 1년 반의 시간이 소요된다는 것이다. 또한 가장 부유한 국가의 자원 소모량

은 평균적으로 빈곤한 국가의 5배에 해당한다.[12]

따라서 우리는 자연 자원의 응용 모델을 반드시 전환시켜야 한다. 예를 들면, 생산 방식과 공작 방식은 자원을 절약하고 배출을 감소시키며 자원을 영속적으로 이용할 수 있는 모델로 바꾸어야 한다. 즉 절약을 권장하고 사치를 반대하며 자원을 순환적으로 사용해야 하는 것이다. 또한 저탄소 배출을 견지하고 적당한 '생활 소비' 모델을 제창하며, 새로운 에너지와 청정에너지를 개발하고 발전시키는 것에 노력을 기울여야 한다.

아울러 우리는 남극, 기후, 생물의 다양성, 해양, 대기층, 우주 공간 등의 글로벌 공역에 대해 생태적으로 지속가능한 거버넌스를 수행하기 위해 국제적인 협력을 도모함으로써 이러한 불가분의 '비경쟁적' 공공재와 기초 시설이 공평하게 전 인류의 발전을 위해 확보되고 기여할 수 있도록 도움을 제공해야 한다.

### 1) 중국의 현황

중국의 견지에서 논하자면, 중국의 자연 자원은 본래 상대적으로 부족했음에도 30여 년간의 고속 경제 발전으로 인해 필요로 하는 자연 자원이 중국 자체의 생태 시스템이 제공할 수 있는 자연 자원을 초과하면서 다음과 같은 전면적인 위기를 초래하게 되었다.

첫째, 중국의 습지 면적은 본래 아시아 1위, 세계 4위의 규모이며, 세계 습지 면적의 10분의 1을 차지하고 있는데 신중국 성립 70년 동안 습지의 퇴화 및 상실 속도는 매우 놀라울 만큼 빨랐다.[13] 예를 들면, 중국

동북 지방의 싼장평원(三江平原)의 습지 면적은 신중국 성립 초기의 500만 헥타르에서 2009년 91만 헥타르로 급속하게 감소되었다.

둘째, 호수 주변에 밭을 만드는 것은 중국의 호수 습지 면적이 신속하게 줄어들게 된 주요 원인 중 하나이다. 중국 전역의 호수 지역을 개간한 면적은 130만 헥타르 이상이었고 1,000여 개의 호수가 소실되었다. 천호지성(千湖之省)이라고 영예롭게 일컬어지는 후베이성(湖北省)에서는 면적 100헥타르 이상의 호수 477개가 소실되었다. 2003년에 실시된 '강으로 통하는 호수'에 대한 조사에 의하면 창장(長江) 중류 및 하류 지역에 있던 100여 개의 '강으로 통하는 호수' 중에서 현재는 둥팅호와 포양호만 남았다.[14]

셋째, 중국의 경지 면적은 전체 국토 면적의 13퍼센트를 차지하고 있을 뿐이다. 이는 전 세계의 8.4퍼센트에 해당하고, 1인당 평균치도 단지 1.4무(경지 면적의 단위)에 불과하다. 경지의 퇴화, 유기질 감소 및 오염 문제 등은 더 이상 거론할 필요도 없을 만큼 심각하다. 개혁개방이 41년 동안 진행되면서 전국의 경지가 약 2억 무 감소되었고, 2008년까지는 단지 18억 2,574만 무만 남았다. 현재의 낙관적인 생산 능력에 의거하면 중국은 해마다 약 6억 톤의 식량을 생산해낼 수 있을 뿐이다. 인구 대국의 견지에서 봤을 때 식량의 생산과 수급은 언제나 우선적으로 생각해야 하는 중대한 사안에 해당된다.

넷째, 중국의 1인당 수자원 보유량은 단지 세계 평균 수준의 4분의 1에 해당할 뿐이고, 전국 연평균 '물 부족' 수량은 500여 억 세제곱미터이며, 전국 600여 개의 도시 중 3분의 2가 급수 부족에 처해 있다. 그중 6분의 1의 도시에서 심각한 '물 부족' 현상이 나타나고 있다.[15] 수자원이 과도하게 개발되고 있는 문제가 부각되고 있고, 지방의 적지 않은 수자원 개발은 이미 버틸 수 있는 능력을 초과했으며 매우 많은 하류의 개발 및 이용 비율은 국제 경계선의 30퍼센트를 초과했다.

다섯째, 중국에서 이미 탐사하여 확인된 45개의 주요 광산 자원 중에서 경제 사회의 발전을 위한 수요를 만족시킬 수 있는 것은 단지 21개뿐이다. 이러한 45개의 주요 광산 자원의 1인당 점유량은 세계 1인당 평균 수준의 절반에도 미치지 못하고 있지만 그 낭비 정도는 사람들을 놀라게 한다.[16]

여섯째, 중국의 에너지 방면에서의 위기는 대단히 준엄하다. 석유를 예로 들어 설명하자면, 중국은 이미 세계 제1의 석유 수입국이다. 이로 인해 중국의 3대 국유 석유 대기업, 즉 중국석유천연가스그룹, 중국석유화학그룹, 중국해양석유그룹이 분분히 '해외로 진출'하여 국제 시장을 개척하고 있고, 중국 정부도 에너지 외교를 적극적으로 전개하고 있다.

### 2) 대책

자원 및 에너지 위기를 완화하고 해결하고자 한다면 습지, 수자원, 경지, 광산 자원, 에너지 등 다양한 영역의 위기에 초점을 맞추고 각각 특화된 시스템적 해결 방안을 채택해야 한다. 에너지 위기의 극복을 예로 들어 설명하자면, 중국의 가장 중요한 대책은 재생에너지를 크게 발전시킴으로써 에너지 구조의 전환을 촉진시키는 것이다.

첫째, 청정에너지에 대대적으로 투자해야 한다. 2014년 누계 투자액이 895억 달러에 도달하여 전년 동기 대비 32퍼센트 증가했고, 세계 청정에너지 투자액의 29퍼센트를 차지했으며,[17] 그중 4분의 3이 풍력에너지 및 태양광에너지 업종에 투입되었다(미국은 518억 달러로 세계 제2위였다). 2017년 중국의 청정에너지 관련 대규모 국제 프로젝트 투자와 교역 액수는 누계로 440억 달러를 넘었다.[18]

둘째, 2017년까지 중국의 풍력 발전 '설비 용량'은 합계 1억 6,367만 킬로와트였고, 계속해서 세계 1위를 차지했다.[19]

셋째, 커다란 정책적 뒷받침에 의해 중국의 태양광 발전의 누계 설비 용량은 단지 7년 동안 1기가와트에서 2017년의 130기가와트(2018년에는 이미 170기가와트에 도달함)로 증가하여 중국 전역의 총발전량 중 7.3퍼센트를 차지했고,[20] 2017년 전 세계 태양광 발전 설비 용량의 대략 절반가량을 점유했다. 2016년 태양광 발전의 생산량은 49기가와트로 전 세계 총생산량 69기가와트의 71.01퍼센트를 차지했고, 2020년 상반기의 시점에서, 2020년에 중국은 250기가와트의 누계 태양광 발전 설비 용량을 보유하게 될 것으로 전망된다.

넷째, 중국의 에너지 절약 및 환경보호 관련 산업의 총생산액은 2012년 2조 9,900억 위안에서 2015년 4조 5,000억 위안으로 증가했고 2020년에 8조 8,000억 위안 규모가 될 것으로 예상되고 있다.[21]

다섯째, 몇 년 안에 중국은 신에너지 도시, 신에너지 시범 지역, 친환경 에너지 시범 현(縣)의 건설을 지속적으로 고무시킴으로써 청정에너지의 확대와 응용을 촉진시킬 것이다.

### 3) 직면하고 있는 도전

중국이 자연 자원의 응용 모델을 전환하는 방면에서 직면하고 있는 도전은 전방위적이다. 습지, 수자원, 경지, 광산 자원의 해결과 관련된 것이든 재생 가능한 에너지와 관련된 문제든 모두 준엄한 도전에 직면해 있다. 중국에서 이미 견실한 발걸음을 내딛고 있는 풍력 발전과 태양광 발전을 예로 들어 설명하면 다음과 같다.

첫째, 풍력 발전과 관련된 업종의 성장 속도가 빠르고 풍력 발전의 누계 설비 용량이 전 세계 1위를 차지하고 있지만 '기풍한전(棄風限電, 풍력 발전기는 정상이지만 전력망의 수용 능력이 부족하거나 전력 발전의 불안정성으로 인해 풍력 발전기의 운행이 중단되는 것)'은 이미 풍력 발전 관련 업종을 여러 해에 걸쳐 괴롭히고 있는 고질적인 병폐이다.

중국 국가에너지국(國家能源局)의 관련 자료에 의하면[22] 2012년 기풍한전의 비율은 약 17퍼센트였고 2013년에 11퍼센트로 내려갔다가 2015년에 다시 15퍼센트로 상승했으며, 한 해 동안 기풍한전에 의한 발전량이 339억 킬로와트에 도달했을 때 직접적인 경제 손실액은 180억 위안을 초과했다.[23] 2016년 풍력 발전량이 30퍼센트 대폭 상승하여 2,410억 킬로와트가 되었을 때 기풍한전의 비율은 17.1퍼센트였는데 이것은 2010년에 대규모 기풍한전이 출현한 이래 최고 높은 수치였다.[24]

풍력 발전이 제대로 가동되지 못하도록 만드는 주요 원인은 전력 시장에서의 신구 주체 간의 우선순위를 책정하는 것 등과 관련된 메커니즘 문제가 있다. 또한 전력망의 건설과 발전 기업의 건설이 협조를 이루지 못하고 있고, 대략 3분의 1이 발전을 하지 못하거나 발전을 해도 전력망에 보낼 수 없는 상태에 처해 있으며, 이미 건설이 완료된 풍력 발전소가 적자 상태 또는 미미한 이윤을 보는 상태에 처해 있다.

둘째, 중국은 이미 태양광 산업의 제조 대국이 되었고 '태양광 산업의 양두가 바깥에 있는' 즉 90퍼센트의 시장과 원재료가 해외에 있는 상황은 다소 개선되었는데, 특히 태양광용 폴리실리콘(일명 '다결정 실리콘'_옮긴이) 기업의 도움을 받아 60퍼센트 이상의 원재료를 국내에서 수급할 수 있게 되었다.

하지만 구미 시장의 발주액이 계속해서 저하됨에 따라 과잉 생산에 의한 공급 과잉의 상황이 해결되지 못하고 있고, 특히 서북 지역의 '기광한전(棄光限電, 태양광 발전기 또는 발전용 패널은 정상이지만 전력망의 수용 능력이 부족하거나 전력 발전의 불안정성으로 인해 태양광 발전기 또는 발전용 패널의 운행이 중단되는 것)'의 문제가 두드러지고 있다. 그 원인은 신에너지 발전의 발전 속도가 전통적 석탄 발전의 대체 속도를 현저히 초월했고, 중국의 동부·중부·서부에서 신에너지를 협조적으로 수용할 수 있는 시장이 형성되지 못했으며, 전력 수송의 통로를 건설하는 것이 심각하게 정체되어 있고, 전력망의 최대치 조절 능력과 융통성이 부족하며, 성(省) 간의 교역에 장벽이 존재하는 등 고속으로 발전하는 신에너지 발전에 대한 전력 시장의 준비가 미흡하다.[25]

게다가 전반적으로 업계에서 도산해야 할 기업이 도산하지 않고 우량 기업이 사라지게 되는 건전하지 못한 국면이 드러나고 있다. 이로 인해 2017년 양회(兩會, 중국정치협상회의 · 전국인민대표대회_옮긴이)에서 중국 국무원 이커창(李克强) 총리는 관련 메커니즘과 기술상의 문제를 신속하게 해결할 것을 요구했다. 국가전력망발전부(國網發展部)는 2020년까지 '기풍한전' 및 '기광한전'의 비율을 모두 5퍼센트 이내로 통제하겠다고 표명했다.[26]

셋째, 산업 규모가 크지만 핵심 기술이 결여되어 있다. 비록 중국이 풍력 발전기 제조 능력을 비교적 잘 갖추고 있지만 기술의 연구·개발 및 설비 제조 능력이 취약하고 핵심 기술과 주요 설비는 여전히 수입에 의존하고 있으며, 주요 풍력 발전기의 특허는 외국 기업 및 재 (在)중국 자회사가 장악하고 있다.

현재 발전기의 조립에 있어서 핵심 부품은 여전히 수입에 의존해야 한다. 마찬가지로 중국의 태양광 에너지 산업이 필요로 하는 기초 재료, 핵심 생산 설비 및 계측기를 장기간 수입에 의존해야 하기 때문에 세계 태양광 산업의 사슬 가운데 중국은 '가공 및 조립 부분'에 처해 있는 상황이다.

넷째, '중국 건축 에너지 소모 연구 보고서(2017년)'[27]에 따르면 2015년 중국의 건축 에너지 소모가 중국 전체 에너지 소비 총량의 20퍼센트를 차지했는데, 기술에 의한 에너지 절약 외에 행동에 의한 에너지 절약, 즉 사용자에 대한 교육과 문화 소양이 얼마나 중요한지를 알 수 있다.

다섯째, 신에너지 영역에서 원자력 발전, 풍력 발전, 태양광 발전 분야든 관련된 장비 제조업이든 모두 다양한 형태의 인재 부족 현상이 나타나고 있으며, 특히 기술 인재와 관리 인재가 대단히 결핍되어 있다.

### 4) 근본적 원인

이러한 사태가 발생하는 근본적 원인은 미래의 시각에 입각한 장기적인 종합 전략이 결여되어 있고, 청정에너지의 발전 전략을 실현하기 위한 장기적이며 효율적인 관리 메커니즘이 부재하며, 에너지와 관련된 법률 시스템이 완벽하게 정비되어 있지 않기 때문이다(예를 들면 새로운 청정에너지의 도입에 대한 비준 및 관련 지원 정책이 이제까지 정립되지 않고 있으며 각종 정책과 제도가 제대로 갖추어지지 않아 현행 에너지 정책의 실천에 영향을 미치고 있을 뿐만 아니라 시스템적으로 격려하고 통제를 가하는 메커니즘이 결여되어 있음). 또한 능력의 보유를 중시하지 않고, 자주적 핵심 기술이 부재하며, 대기업과 국유기업에 과도하게 의존하고 있거나(명확한 맞춤형 정책이 제시되지 않아 중국 내에서 더 넓은 에너지 업무 영역에 진입하지 못하도록 만들고 있고, 해외의 기구와 실질적인 협력 또는 투자를 할 수 없게 되어 국제 에너지를 획득할 수 있는 많은 기회를 잃고 있음) 비정부 조직의 역량을 충분히 발휘하지 못하고 있기 때문이다.

여기서 강조할 만한 한 가지 사항은 바로 '정부의 간여'이다. 장기적으로 볼 때 정부의 의지와 강제적 행정에 단순히 의존하는 것만으로는 자원 및 에너지 위기를 진정으로 해결할 수 없다. 하지만 세계의 관점에서 보자면 친환경 경제로 향해 나아가는 초기 단계에서 특히 개도국의 입장에서는 국가의 올바른 간여가 대단히 중요하다. 정부 기능은 다음과 같이 하드 환경과 소프트 환경을 포함하는 유리한 발전 환경을 조성하는 것에 중점을 두어야 한다.

– 국가 전체의 자연 자원에 대한 발전 전략과 관리 제도를 일원적으

로 규획하는 것을 포함하는 전략적 방향의 설정.

– 관리·통제와 정책 방향을 직접 결합하여 친환경 경제를 제도적으로 보장하는 것.

– 국가 의지와 장기적 이익을 반영하는 중대한 프로젝트에 집중적으로 자금 및 정책을 투입하는 것.

– 기술 혁신의 방향을 인도하고 파악하는 것.

– 양호한 국제 관계를 건립하는 것.

– 사회 전체에 친환경 발전을 중시하는 분위기를 조성하는 것.

## 생태 환경을 중시하는 자세 견지하기(인간과 자연 관계의 전환)

지구의 생태 균형은 40여억 년 동안 유지되어왔지만 공업 혁명이 출현한 300여 년의 짧은 기간 동안 심각하게 파괴되었다. 전문가들은 지구가 여섯 번째 대멸종 시기에 진입하고 있다고 경고한다. 생태 환경이 버틸 수 있는 능력이 이미 극한의 상태에 도달해 있기 때문에 생태 환경의 회복, 건설 및 보호를 함께 중시하는 것은 앞으로 더 힘들고 어려운 일이 될 것이다.

다시 말해, 인류는 조방형의 공업화 노선을 바꾸어야 할 뿐만 아니라 나날이 사치를 조장하는 생활 방식을 바꾸는 것은 물론 식사 구조까지도 바꾸어야 한다.

### 1) 중국의 문제

2014년 중국의 실제 진보 지표에 대해 수행한 연구 결과에 의하면 중국은 1978년부터 2012년까지 35년 동안 GDP가 22배 증가했고, GDP 규모는 세계 2위에 도달했는데 같은 시기 환경 비용은 32배가 늘어났다. 여기에는 온실가스 배출에 의한 장기간에 걸친 환경의 파괴, 수질 오염, 대기 오염, 인공적인 냉각 설비 등이 초래한 오존층 파괴, 습지의 상실, 농용지의 상실, 원생림의 상실이 야기한 비용 등이 포함되며, 토지의 사막화와 종의 감소 등으로 초래된 손실도 포함된다.

생태 환경 방면의 문제에만 초점을 맞춰 논하자면, 비록 최근 몇 년 동안의 노력을 통해 일부 개선이 되기는 했지만 다음과 같은 측면에서 전체적인 상황은 낙관하기 힘들다.

● **대기 오염 문제**

중국의 대기 오염은 여전히 매우 심각하다. 끊임없이 습격해오는 스모그에 의해 '도시가 포위'되고 있고, 이것은 사람들의 심신 건강에 매우 커다란 영향을 미치고 있다. 선진국과 달리 중국은 경제 고속 발전의 30여 년 동안 공업 배출, 도시화, 자동차의 확대 등이 동시에 출현하여 대량의 오염이 누적되며 증가하게 되었는데 이러한 복합형 오염을 처리하는 것의 어려움은 구미 국가의 수준을 초월한다.

게다가 '세계의 공장'을 건설하고 'GDP 제일'을 추구하는 발전 모델을 바탕으로 일찍이 2000년 초에 100여 종류의 '중국 제조' 제품이 생산량에 있어서 세계 제일이 되었는데 그중 상당 부분은 선진국으로부터 외주(하청)를 받아 생산한 제품이다(선진국으로부터 외주를 받던 것이 본토로 회귀하는 문제에 대해서도 대응해야 한다). 따라서 실제로는 중국이 오염과 공업 배출까지 외주를 받았던 것이다.

① **대기:** 2017년 중국의 전국 338개 지급시(地級市, 성과 현 사이의 행정구역_옮긴이) 및 그 이상의 도시 중 99개 도시의 대기 환경의 질이 기준에 부합되었는데 이는 전체 도시 수의 29.3퍼센트에 해당한다. 338개 지급시 및 그 이상의 도시에서의 대기가 평균적인 날의 비중은 78퍼센트였고, PM2.5의 평균 밀도는 43㎍/㎥로서 2016년보다 6.5퍼센트 낮아졌다. 기준을 초과하는 일수의 비중은 12.4퍼센트였으며 2016년에 비해 1.7퍼센트 감소했다.[28]

② **산성비:** 463개 도시(구, 현)의 강수량에 대한 관측 자료에 의하면 산성비가 내린 도시의 비율은 18.8퍼센트로 2016년에 비해 1퍼센트 감소했고, 산성비의 빈도는 평균 10.8퍼센트로 2016년보다 1.9퍼센트 줄어들었다. 산성비의 유형은 총체적으로 아직까지 황산형이다. 산성비가 내리는 지역의 면적은 중국 전체 면적의 6.4퍼센트로 2016년에 비해 0.8퍼센트 줄어들었다.

● **물 오염 문제**

① **지표수:** 2017년에 측정한 1,940개의 수질 단면 중에서 우량급(1급~3급) 수질의 비율은 67.9퍼센트로 2016년에 비해 0.1퍼센트 늘어났다. 열악한 5급 수질의 비율은 8.3퍼센트였고 2016에 비해 0.3퍼센트 감소했다. 큰 강과 큰 하천의 주류 수질이 점진적으로 개선됐다.

② **지하수:** 5,100개를 측정한 결과 수질 측정 단위 중 우량급, 양호급, 비교적 양호급, 비교적 열악급, 대단히 열악급이 각각 8.8퍼센트, 23.1퍼센트, 1.5퍼센트, 51.8퍼센트, 14.8퍼센트를 차지했다.

③ **집중식 생활 음용수의 수원:** 지급시 및 그 이상의 도시 898개 중에서 이용하고 있는 집중식 생활 음용수의 수원에 대한 수질 단면을 관측한 결과 90.5퍼센트에 달하는 813개 도시의 1년 동안의 수질이 기준에 부합되었는데, 그중 지표수의 수원이 기준을 만족시킨 비율은 93.7퍼센트였고, 지하수의 수원이 기준을 만족시킨 비율은 85.1퍼센트였다.

④ **전체 해역:** 2017년 여름, 제1종 수질 기준에 부합되는 해수의 해역 면적은 중국이 관할하는 해역 면적의 96퍼센트였고, 2016년에 비해 제4종 해수 수질 기준을 만족시키지 못하는 해역의 면적은 3,700제곱킬로미터 감소했다.

**● 생태 환경의 질**

2,591개 현 중에서 생태 환경의 질이 '우량' '양호' '일반' '비교적 열악' '열악'으로 평가된 현은 각각 548개, 1,057개, 702개, 267개, 17개였다. '우량'과 '양호'로 평가된 현은 중국 전체 면적의 44.9퍼센트였고, 주로 친링(秦嶺)·화이허 이남, 동북의 다싱안링(大興安嶺)·샤오싱안령(小興安嶺) 및 백두산 지역에 위치했다.

**● 토지 오염 문제**[29]

2014년에 발표된 토양 오염에 관한 조사 공보에 의하면 중국 전역의 토양 오염의 총체적 기준 미달 비율은 16.1퍼센트이며, 그중 오염된 경지가 1억 5,000만 무로서 전체 경지 18억 무의 8.3퍼센트를 차지했다. 또한 중국 전체 국토의 4분의 1 이상이 황무지화 또는 사막화되었다. 이러한 결과들은 우리가 아직 '선 오염, 후 제반 장치'의 발전 경로에서 벗어나지 못하고 있음을 말해준다.

● **조치**

이러한 추세를 바로잡기 위해 중국은 발전 방식·소비 방식을 바꾸고 공중과 전체 사회의 환경보호 및 기후 변화에 대한 의식을 높이는 것에서부터 법률, 법규, 정책 등의 제도적 보장 방면에 이르기까지 현재 여러 가지 조치를 실시하고 있다.

대기 오염을 예로 들어 설명하자면, 이른바 '스모그 날씨'란 주로 발전 방식이 조방형이고 산업 구조와 에너지 구조가 비합리적인 까닭에 발생된 것이다. 2030년까지 영구적인 'APEC 푸른 하늘'[30]을 실현하기 위해 중국은 석탄의 소비를 줄이기로 결심했다. 중국은 2020년에 석탄 소비가 1차 에너지 소비 중 차지하는 비율을 62퍼센트 이하로 낮추고[31](실제로는 2018년에 이 비율이 처음으로 60퍼센트 이하가 되었음), 비화석 에너지가 1차 에너지 소비에서 차지하는 비중이 약 15퍼센트가 되도록 하며(2018년에 이미 14.3퍼센트에 도달했음), 아울러 탄소 배출 강도가 2005년에 비해 45퍼센트 낮아지도록 하고, 18억 무의 천연림을 모두 보호 범위 안에 귀속시키는 것 등을 계획하여 현재 실천에 옮기고 있다.

이와 동시에 세계 1위와 2위의 온실가스 배출 대국으로서 중국과 미국은 기후 온난화를 저지하기 위한 협의에 의견일치를 보였으며, 중국 측은 처음으로 2030년 이전에 중국의 온실가스 배출량이 정점에 도달할 가능성이 있고, 청정에너지가 차지하는 비중이 20퍼센트가 될 것임을 정식으로 제기했다. 한편 미국은 2025년에 자국의 연간 온실가스 배출량을 2005년 수준의 26퍼센트~28퍼센트가 되도록 삭감할 것을 약속하면서 미국이 이전에 제시한 2020년 탄소 배출량을 2005년에 비해 17퍼센트 감소시키겠다던 목표를 쇄신했다.

중국은 자국의 탄소 배출량이 2030년 이전에 정점에 도달할 것임을 최초로 약속했는데 이러한 약속을 실현하기 위해 필요한 에너지 절약 및 배출량 감소에 소요되는 비용은 거대한 것이다. 글로벌 투자은행 크레디트 스위스의 추산에 의하면 이러한 조치는 중국의 4분의 1 철강 생산량과 13퍼센트의 시멘트 생산량, 3퍼센트의 공업 생산량에 영향을 미친다.[32] 이로부터 중국의 결심이 얼마나 큰 것인지 알 수 있다.

2017년 12월, 중국 국가발전개혁위원회(國家發展和改革委員會)는 '전국 탄소 배출권 거래시장 건설 방안(발전 업종)'을 공표하며 명확하게 발전 업종을 돌파구로 삼아 전국의 '탄소 배출' 거래 시스템을 가동시켰다. 물론 미국의 경제학자 폴 크루그먼(Paul Krugman)이 지적한 바와 같이 중국에서 환경 비용을 시장의 견지에서 고려하는 노력은 아직 충분하지 않다.[33]

제도 건설 방면에서는 각종 환경의 질을 향상시키는 조치를 취했다. 예를 들면, 2013년 9월 10일 중국 국무원은 '대기 오염 방지 행동 계획(일명 대기 10조)'을 공표하고 35개 항의 조치를 통해 석탄 소비 감소, 자동차 통제, 분진 감소 등의 목적을 달성하고자 노력하고 있다.

비록 이러한 제도적 발상이 긍정적이기는 하지만 그 실천에는 대단히 큰 저항이 따르는데 여기에는 법률이 제대로 정비되어 있지 않고 기준이 통일되어 있지 않다는 등의 문제가 포함되어 있다.

2015년 1월 1일 처음으로 실시된 새롭게 수정된 환경보호법은 환경 영역의 기초적·종합적 법률로서 '역사상 가장 엄격한 환경보호법'으로 불린다. 해당 신법은 '환경을 보호하는 것은 국가의 기본 국책'이라고 규정하고 있는데 이에 따라 정보 공개와 공중의 참여를 강화하고, 건전한 생태 보호 메커니즘을 수립하며 생태 보호의 레드라인을 확정하고 있다. 또한 징벌의 강도가 높고 즉시 처벌하며, 여러 행정 구역에 걸쳐 있는 오염을 방지하는 제도의 완전성을 기하고, 환경 공익 소송 제도를 명확하게 규정하며, 농촌의 거버넌스를 추동하는 것은 물론 매년 인민대표대회에서 환경 상황 등을 보고하도록 했다.

환경 거버넌스 방면에서의 더욱 큰 도전은 앞서 언급한 '계획, 제도, 법규'의 실시 및 감독·관리 문제다. 2008년 반포된 '비닐봉지 사용 제한 명령'을 예로 들어 설명하자면, 10여 년이 지났지만 대형 백화점에서 비닐봉지에 대해 비용을 받는 것 외에 별다른 발전이 보이지 않는다. 또한 택배 및 인터넷을 통한 음식 주문, 식당의 테이크아웃 등의 업무가 증가함에 따라 비닐봉지 및 플라스틱 용기의 수가 증가일로에 있다. 통계에 따르면, 현재 중국의 인터넷을 통한 음식 주문 관련 플랫폼에서 매일 사용하고 있는 플라스틱 용기의 수는 대략 6,000만 개이며, 매일 이용되는 비닐봉지의 양은 42만 제곱미터의 면적을 뒤덮을 수 있는데 이것은 대략 15일이면 서호(西湖) 한 개를 뒤덮을 수 있는 엄청난 양이다.[34]

실제로 '쓰레기와의 전쟁'은 중국뿐만 아니라 세계 각국에서 벌어지는 현상이다. 쓰레기 오염 문제를 해결하기 위해 중국은 쓰레기 분류의 시범적 운용을 약 20년간 실행한 이후 2019년 7월 1일 '상하이시 생활 쓰레기 관리 조례'를 정식으로 시행하여 상하이시가 중국에서 첫 번째로 쓰레기 분류의 법치화를 실현한 도시가 되었다. 베이징시도 현재 쓰레기 분류와 관련된 입법 수정을 전개하고 있으며, 대중도 쓰레기 분류와 관련된 대규모 토론을 진행하고 있다.

중국 주택도시농촌건설부(住房和城乡建设部)는 213억 위안을 지속적으로 투입하여 쓰레기 처리 시설을 건설하는 데 속도를 높이고, 생활 쓰레기의 분류 및 처리에 대한 수요를 만족시킬 계획이다. 2020년 말까지 46개 중점 도시를 대상으로 먼저 시행하고, 2025년이 되면 전국 지급시 및 그 이상의 도시에서 기본적으로 쓰레기의 분류 처리 시스템을 완성하겠다는 태세를 갖추고 있다(2020년 상반기 계획).

새로운 환경보호법은 마찬가지로 효율적으로 실시되기까지 테스트를 거치고 있다. 수력 발전소의 건설과 지역 생태의 파괴 사이의 관계를 예로 들어 설명하자면, 투자를 유치하고 지역 경제를 발전시키는 등의 단기적 경제 이익에 의해 먼저 일을 추진한 이후에 환경 평가를 실시하거나 환경 평가가 제기한 경고를 무시한 채 계속해서 시공하여 사건의 발생이 기정사실화되는 경우가 매우 일반적이었다. 이로 인해 2015년 8월 중국 국무원판공청(國務院辦公廳)은 '당정 영도 간부에 의한 생태 환경 손해에 대한 책임 추궁 방법(시행)'을 공포하여 의법치국의 총체적 방략을 배치하는 데 있어서 중요한 구성 부분으로 삼았는데 이는 생태 문명의 건설을 추동하는 중대한 조치이다. 물론 환경보호에 대한 책임 추궁은 일련의 제도적 시스템에 의한 뒷받침이 필요하다.

생태 환경 거버넌스 방면의 개혁을 심화하는 데 있어서 중점을 두어야 할 것은 대기 오염, 물 오염, 토양 오염을 방지하는 '3대 전투'다. 즉 '대기 10조'를 심도 있게 실시하고 '물 오염 방지를 위한 행동 계획(일명 물 10조)'을 전면적으로 실행하며, '토양 오염 방지를 위한 행동 계획(일명 토양 10조)'을 지속적으로 추진하고 실시하는 것이다.

그중 '물 10조'는 물 오염 방지를 위한 10가지 조치를 제기하고 있는데 2020년까지 창장(長江), 황허(黃河), 하이허(海河, 화북 지역의 최대 규모 하천) 등 전국 7대 중점 유역의 수질 우량 (III종에 도달하거나 그 이상)[35] 비율이 전체적으로 70퍼센트 이상 수준에 도달하도록 요구하고 있고(2030년까지는 75퍼센트 이상 수준에 도달하도록 요구함), 지급시 및 그 이상의 도시에서의 집중식 음용수 수자원의 수질이 III종에 도달하거나 그 이상되는 비율이 총체적으로 93퍼센트 이상 수준에 도달하도록 요구하고 있으며(2030년까지 95퍼센트 이상 수준에 도달하도록 요구함), 전국 지하수 질의 대단히 열악한 비율을 약 15퍼센트 수준에서 통제할 것을 요구하고 있다. 이러한 조치에 따라 21세기 중엽 중국의 생태 환경의 질은 전면적으로 개선되고 생태 시스템은 선순환을 실현하게 될 것으로 전망된다.

현재 중국에서 환경보호와 관련된 투자는 그 강도가 부단히 증가하고 있다. 환경보호에 대한 투입이 GDP에서 차지하는 비중은 '7·5규획(7차 5개년 규획)' 기간 중에는 0.7퍼센트였고,[36] 2010년에는 1.9퍼센트, 2012년에는 1.59퍼센트를 각각 기록했다.[37] '12·5 규획'의 초기 3년 동안 이루어진 환경보호에 대한 투입은 매년 2,000억 위안씩 증가했다.[38]

2016년 중국의 환경 거버넌스를 위한 투자는 GDP의 1.24퍼센트를 차지했다. 중국 주택도시농촌건설부가 환경보호부(2018년 3월에 생태환경

부로 개편됨_옮긴이)와 함께 조직하고 편성한 '전국 도시 생태 보호와 건설 규획(2015-2020)'은 2020년까지 중국의 환경보호와 관련된 투자가 GDP에서 차지하는 비중이 3.5퍼센트보다 높은 수준을 유지할 것을 제기했다.[39]

또한 '중화인민공화국 환경보호법'의 규정에 근거하여 생태환경부는 국가발전개혁위원회, 자연자원부, 주택도시농촌건설부, 교통운수부, 수리부, 농업농촌부, 국가위생건강위원회, 응급관리부, 국가통계국, 중국 기상국, 국가임업·초원국 등의 부문과 함께 '2017년 중국 생태 환경 상황 공보'를 완성했다. 거의 모든 관련 부문이 연합하여 환경보호에 관심을 보이고 있는데 이것은 중국에서 환경에 대한 매우 커다란 진보라고 할 수 있다.

## 조화로운 사회 건설하기(사회 발전 모델의 전환)

조화로운 사회는 인류가 꾸준히 추구하는 아름답고 더 나은 사회를 말한다. 중국의 조화로운 사회에 대한 정의는 '민주적이고 법치가 이루어지며, 공평하고 정의로우며, 신뢰가 있고 우애가 있으며, 활력으로 가득하고 안정되며, 질서 있고 인간과 자연이 조화롭게 공존하는 사회'이다.[40] 이른바 조화에는 인간과 인간 사이의 조화, 사회 각 시스템과 각 계층 간의 조화, 개인과 사회 그리고 자연 간의 조화, 전체 국가와 외부 세계 간의 조화가 포함된다. 조화로운 사회를 향해 나아가는 길에 있어서 각 나라마다 국정이 다르고, 해결해야 할 문제와 해결 방안, 채택해야 할 조치도 서로 다를 수밖에 없다. 중국의 견지에서 논하자면 다음과 같은 사항을 지적할 수 있다.

### 1) 해결해야 할 주요 문제

중국이 40여 년간 이뤄낸 거대한 변화는 경제체제의 궤도 수정과 사회 구조의 전환에 의해 추동된 것이다. 하지만 중국이 농업의, 향촌의 반폐쇄적인 전통 사회에서 공업의, 도시의 개방적인 현대 사회로 전환되는 것의 어려움은 경제체제의 궤도 수정보다 더욱 컸다. 사회체제의 개혁이 경제체제의 궤도 수정보다 정체됨으로써 초래된 문제가 사회 생활의 모든 방면에 파급되었기 때문에 다음과 같이 다양한 계층의 조화로운 공존에 영향을 미치고 또한 사회의 안정에도 영향을 미쳤다.

- 소득의 격차가 부단히 확대되고, 재산 분포의 격차가 명확해졌다.
- 사회사업 및 민생 건설이 지체되어 높은 거주 비용, 비싼 의료 비용, 독서 생활의 어려움으로 집약되는 민생의 '3대 고통'이 형성됐다.
- 취업과 노동의 보수 중 차별적으로 대우하는 요인이 존재한다.
- 교육의 기회와 교육 자원의 분배에 있어서 불평등이 존재한다.
- 의료 보건과 공공 위생 자원의 분배에 불평등이 존재한다.
- 사회보장의 권리에 불평등이 존재한다.
- 도시와 농촌, 지역 간의 격차가 부단히 확대되고 있다.

2014년 중국의 GPI에 대한 제3차 연구에 의하면[41] 중국은 1978년부터 2012년까지 35년간 GDP가 22배 상승했지만 같은 시기의 사회 비용은 47배 증가했다.

따라서 소득 분배, 사회보장, 부패 척결, 의료 보건, 교육, 주택 보장 등 민중이 가장 관심을 갖고 가장 현실적인 이익을 체현하는 문제들을 어떻게 해결하고 사회적 공평을 추구할 것인가는 중국이 사회의 진보를 촉진하고 조화로운 사회를 건립하는 데 있어서 반드시 해결해야 할 가장 중요한 문제이다.

### 2) 한층 더 심화된 사회체제 개혁을 위한 제언

**● 사회체제의 개혁은 근본이다**

중국의 사회체제 개혁이 경제체제의 궤도 수정보다 정체되어 있는 것과 관련하여 사회학자 리페이린(李培林)은 중국의 사회체제 개혁의 핵심은 정부, 시장, 사회 삼자 간의 관계를 잘 처리하고 '사회 관리'를 위한 사무 중 어떤 것을 정부, 시장, 사회가 각자 분담하고, 어떤 것을 삼자가 공동으로 떠맡을 것인지를 명확히 하는 것에 있다고 지적했다.[42]

이와 동시에 사회체제 개혁은 민생의 건설을 기초로 삼고, 사회 관리를 강화하고 혁신하며, 개혁과 발전, 안정[43] 간의 관계를 잘 처리해야 한다. 이를 위해 반드시 사회보장 시스템(전체를 아우르고 기본을 유지하며 다차원적이고 지속가능해야 함), 기본적인 공공서비스 시스템(정부가 주도하며 도시와 농촌을 모두 아울러야 함), 사회 이익의 조절 메커니즘(사회의 조화를 촉진하고 공평·정의를 수호하며 사회의 활력을 강력하게 진작시켜야 함), 사회 조직체제(권한과 책임의 명확화, 의법자치 등), 사회 관리체제(정부의 책임, 사회의 협동, 공중의 참여, 법치의 보장) 등을 신속하게 형성함으로써 사회체제 개혁을 추진해야 한다.

**● 상대적 공평을 해결하는 것이 돌파구**

공평·정의는 조화로운 사회의 기본적 요구이자 목표인 동시에 사회 진보의 중요한 지표이다. 권리의 공평, 기회의 공평(현재 중국의 전통적 도시·농촌 이원 사회 구조는 기회의 평등, 특히 경쟁 기점의 평등을 상당히 제한하고 있다), 사회보장의 공평, 규칙의 공평, 분배의 공평 등을 주요 내용으로 하는 사회적 공평 문제를 해결하려면 정치, 경제, 문화, 사회 등 각 영역을 아우르고, 상호 연계되어 촉진하는 제도적 보장 시스템을 구축해야 한다.

**● 발전의 견지는 계속 우선시되어야 한다**

국민의 사회적 공평에 대한 요구를 만족시키고 국민의 행복감과 만족도를 높이기 위해서는 반드시 비교적 높은 경제 발전 수준과 양호한 물질적 조건을 갖추어야 한다. 특히 중국은 여전히 개도국에 속해 있기 때문에(현재 중국의 연간 1인당 평균 수입은 3만 위안이지만 또한 6억 명의 월 수입은 1,000위안이다) 발전하는 과정 중에 공평과 효율의 유기적 통일을 실현해야 한다. 즉 사회적 공평을 수호하고 실현하는 근본적인 방안은 경제를 발전시키기 위해 시종일관 노력하고, 사회의 물질적 생활수준을 부단히 향상시키며, 더 높은 수준의 사회적 공평을 실현하기 위해 필요한 물질적 기초를 마련하는 것이다.

### ● 사회 산업을 대대적으로 발전시키기 위한 노력[44]

전통적 의미에서의 산업을 발전시킴으로써 경제 발전을 촉진하는 것과 더불어 반드시 사회 자원을 적극적으로 개발하고, 사회 자본을 창조하며 사회 시장을 확대시켜야 한다.[45] 또한 사회 기술을 발명하고 창조하고 혁신하며, 사회 기업의 발전을 촉진해야 하고 '사회 경제'를 진흥하는 관점에서 과학 기술, 교육, 문화, 환경보호, 공공 위생, 의료 보건, 사회 복지, 부녀 및 아동의 권익 등 각 사회 사업 및 사회 산업의 건설을 전면적으로 강화하고 사회의 진보를 촉진시켜야 한다.

중국은 과거 30여 년간 경제 고속 발전을 추진하며 사회 개혁을 소홀히 했기 때문에 사회 전환의 임무는 특히 매우 힘들고 무거우며, 사회 산업은 중국 사회의 전환에 있어서 역사적 의의를 갖게 될 것이다. 중국의 사회적 전환은 주로 '계획 사회'에서 '민주 사회'로 전환하는 것이다. 중국 특색의 계획 경제와 상호 부합되는 계획 사회의 가장 중요한 특징은 각종 자원이 고도로 집중되어 있어 경제 자원, 정치 자원, 문화 자원, 사회 자원이 모두 국가의 통제를 받고 엄격한 계획을 바탕으로 운용되며 사회 자원 중 내재적 자원[46]도 이른바 단위, 조직에 의해 엄격하게 통제를 받는다는 점이다.

따라서 중국 사회의 전환에 있어서 중요한 내용은 정부가 사회를 향해 방권(권한의 일부를 넘기는 것_옮긴이)하고 민주를 개선하며, 사회 개혁을 추진하고 중산계층을 확대하며, 신용 사회를 건립하고 민의가 표현되는 기제를 창조하는 것 등이며 이는 모두 전환의 담지체이자 집행 실체인 사회 조직과 사회 기업의 발전과 성숙으로부터 분리할 수 없다.

한편, 사회 기업은 또 다른 공유제 형식의 경제 역량을 키우는 것으로 사회 기업의 혁신은 중국 사회의 변혁에 있어서 중요한 부분 중 하나일 뿐만 아니라 미래의 경제 성장에 있어서 매우 중요한 구동력이다.

사회 산업이 중국 사회의 전환에 있어서 사명을 진정으로 짊어지고자 할 때 심층적 차원의 도전은 사회 기업을 발전시키는 소프트 환경에 있는데, 여기에는 관념의 전환과 제도 환경이 포함된다. 예를 들면 비정부 기구(NGO)와 사회 기업의 신분과 관련된 입법 및 보호, 정부의 행위에 대한 시정, 사회 기업에 대한 규제, 사회 자원의 이중성을 명확히 이해하고 균형과 조화를 이룸으로써 사회 기업의 발전 환경을 전면적으로 보완해야 한다.

● **소득 분배 제도의 보완과 소득 분배의 표준화**

'효율'과 '공평'이라는 모순되는 한 쌍의 통일체는 시장경제 조건에서 아직 제대로 해결되지 않고 있는 난제 가운데 하나이다. 중국이 현재 사회주의 초급 단계에 머물러 있기 때문에 지금의 단계에서 분배의 공평은 단지 상대적인 공평에 불과하다. 이로 인해 효율과 공정의 관계를 처리하는 데 있어서 '효율을 우선시하고 공평을 함께 고려한다'는 원칙을 따를 수밖에 없고, 첫 분배에서 효율을 중시하고 재분배에서 공평을 중시하며, 경제 생활에 있어서 효율을 중시하고 정치 생활 이나 사회 생활 영역에서 공평을 우선시하게 된다.

● **민주적 권리를 위한 제도 보완과 국민이 주인이 되는 정치**

제도상의 공정성은 사회의 안정을 유지하는 데 있어서 기본적인 뒷받침 역할을 하고, 규칙의 제정과 집행 절차의 공정성은 제도 자체의 공정성에 직접적으로 관계된다. 이는 감독 채널의 확대와 건전하게 운영하는 것을 요구하며, 권리의 운용을 효과적으로 제약하고 감독 아래에 두도록 만든다.

또한 사회 감독을 강화하고 공민의 검거권(공민이 국가기관 및 공무원의 위법 행위에 대해 처벌할 것을 요구하는 권리_옮긴이), 고소권, 청구권을 보장하며 공민이 자신의 개인적 이익과 관련되어 있는 각종 정책결정에 참여하는 것을 보장해야 한다. 이를 위해서는 일련의 효과적인 기제를 수립하여 정보의 공정성·공개성을 확보하고 효과적인 전달을 이루어냄으로써 정책결정의 민주화를 촉진해야 한다. 또 다른 측면에서는 법률제도를 보완하고 사회의 조화를 위한 법제 기초를 단단히 다지며, 사법체제 및 기제를 보완하고 조화로운 사회를 실현하기 위한 사법 보장을 강화해야 한다.

● **공정한 사회보장 메커니즘 건립하기**

사회보장은 사회적 공평을 실현하기 위한 주요 수단 중 하나이다. 사회보장의 목적은 사회의 공정과 사회의 안전에 입각해야 하며 아울러 사회 복지, 사회 구조, 사회 양로 보험, 실업 구제 보험, 의료 보건 시스템 및 사회 우대·위문 등 여러 방면의 조치를 통해 실현된다. 중국의 견지에서 논하자면, 이것은 30여 년의 경제 고속 발전 시기에 민중에게 가장 많은 빚을 지고 있는 영역이다.

예를 들면, 중국에는 1,000만 명 남짓의 인구가 여전히 일 소득 1.25달러의 절대적 빈곤선 아래에서 생활하고 있다. 이러한 현실을 개선하기 위해 사회보장 제도는 우선 국가의 재분배를 개선하고 정부 재정의 사회보장(도시와 농촌에 모두 통용되는 최저 생활 보장 제도를 마련하고 사회보장의 적용 범위를 점차 확대시켜 더 많은 사람이 누릴 수 있도록 해야 함), 교육(특히 농촌의 기초 교육, 직업 교육을 강화하고 취약 계층의 인력 자원을 배양해야 함), 의료(특히 공공 위생 및 중병 보험과 농촌 협력 의료) 등에 대한 투입을 증가함으로써 빈곤 계층의 생활 처지를 개선하고 과도한 빈부 격차가 초래하는 사회적 모순과 충돌을 완화시켜야 한다.

● **사회 관리 능력 높이기**

사회 관리에는 사회의 공공사무에 대한 일련의 관리 활동이 포함된다. 예를 들면 합리적 현대 사회의 구조를 배양하고 사회 조직을 관리·규제하며, 사회의 이익 관계를 조정하고 사회 모순을 해소시킨다. 또한 사회의 공정성과 질서 및 사회 안정을 유지하고, 합리적이고 관용적이며 조화롭고 문명적인 사회 분위기를 육성하며, 경제 사회의 조화로운 발전에 유리한 사회 환경을 창조하는 것 등이 포함된다.

중국의 견지에서 논하자면, 장기간의 계획경제 체제 안에서 '전지전능한' 정부의 사회 관리 효율은 도리어 매우 나빴고 중국 사회의 자치 능력을 저하시켰다. 이것을 극복하기 위해서는 정부가 사회 관리의 이념, 범위, 모델, 방법을 바꾸고 중국의 현대 사회 생활과 사회 사무에 부합되는 사회 관리 체제 및 기제, 이에 상응되는 일련의 제도, 정책, 법규를 혁신하고 보완하는 것이 요구된다. 주의할 것은 다양한 영역의 제도와 정책이 상호 맞물려야 한다는 점인데, 예를 들면 사단(집단) 관리 체제, 사회보장 체제, 사회 신용 시스템, 사회 모순의 조정·해결 기제, 사회 치안 체제, 공공안전을 보장하고 돌발 사건을 처리하는 능력의 향상(사회 조기 경보 및 사회 응급 체계를 포함), 사회 서비스 체제, 사구(공동체) 관리 체제와 사회 공작 체제 등이 그것이다.

또한 사회 조직을 운용하여 사회의 자치 능력을 향상시키고 정부와 사회의 양호한 상호 연동 시스템을 구축하는 것에도 주의를 기울여야 한다. 중국의 입장에서 이러한 것은 모두 새로운 과제에 해당한다. 사회 신용 시스템을 예로 들어 설명하자면, 이것은 30여 년 동안의 고속 경제 발전 중에 간과되거나 심지어 가장 심각하게 파괴된 하나의 영역이다.

중국 사회의 신용 시스템을 건설하기 위한 시범 사업의 실행은 2003년 10월 말에 가동됐다. 2005년 3월, 인력자원·사회보장부는 신용 관리사를 새로운 직업으로 규정하고 '신용 관리사의 업종 기준'을 반포했다. 2014년에는 '사회 신용 시스템 건설 규획 강요(2014–2020)'가 공포되어 신용을 지키는 성실한 경제사회 환경을 점진적으로 건설해나가고 있다.

중국의 신용 조회 모델은 법률적 위신(범죄 전과 또는 소송을 당한 적이 있는지의 여부), 상업적 신용(돈의 지불을 연체한 적이 있는지의 여부), 사회적 신용(공공장소에서 흡연을 하거나 사회 질서를 혼란시킨 적이 있는지 여부)과 소셜 네트워크 행위(가짜 뉴스 또는 유언비어를 퍼뜨린 적이 있는지의 여부)까지 각 방면을 중시하고, 신용을 상실한 자는 사회에 한 걸음도 마음대로 내딛을 수 없도록 하고 있다.

물론 이러한 '기준'과 '강요'를 실행에 옮기는 것은 상당히 힘들고 그 임무가 막중하다. 현재 중국의 사회 신용 시스템 건설은 이미 급속히 발전하는 단계에 접어들었다. 신용 수요가 나날이 증가함에 따라 중국의 신용 서비스 업종은 이미 새로운 형태의 서비스 업종이 되었다.

### 혁신형 국가 건설을 위한 노력(과학 기술 문명의 전환)

현재 세계는 매우 빠르게 변화하고 있다. 그 어떤 국가 및 지역도 하드·소프트 기술 및 하드·소프트 환경의 혁신 방면에서 세계의 흐름을 따라가지 못한다면 역사적인 기회를 놓쳐 그 손실은 몇 대의 사람들이 채울 수 없는 것이 될 것이다. 오로지 기초 연구를 포함하는 과학 기술의 발전을 국가의 장기적인 전략에 있어서 가장 중요한 위치에 올려놓고 하드·소프트 자본의 투입을 확대시켜야만 경제 발전의 충분한 잠재력을 보장할 수 있고, 인재가 배출되며, 창조와 혁신 분위기로 가득한 혁신형 국가가 될 수 있다.

이를 위해서는 관념의 변화, 전략의 혁신, 소프트 환경의 각종 장애물 제거, 미래 연구의 강화, 기업에 양호한 혁신 환경을 제공해주는 것 등 다양한 시각에서 시스템적인 해결 방안을 실시하는 것이 필요하다. 혁신형 국가를 건설하기 위한 실천 과제에 대해서는 뒷부분에서 좀 더 구체적으로 논하겠다('모방에서 혁신으로(486쪽)' 부분 참조).

### 제도 전환의 실험:
### 중국의 특색을 잃지 않는 사회주의 제도의 실천(정치 문명의 전환)

공업 문명에서의 전환이 요구되는 역사적 변곡점의 시기에 직면하여 각국은 모두 현행 제도에 대해 시대의 변화에 부합되는 변혁을 진행하고 있고, 동시에 제도 및 문명을 다시 구축해야 하는 과제에 봉착해 있다.

### 1) 사회 제도에 대한 고찰

현재 세계의 매우 많은 사람들이 '사회 제도'에 대해 심각한 오해를 하고 있고, '냉전 사고(냉전시대 사고방식)'는 줄곧 사람들의 제도 개혁에 대한 정확한 태도와 사람들이 이성적인 판단을 하는 것에 영향을 미치고 있다. 서방의 일부 사람들은 사회주의가 거론되면 금방이라도 홍수가 도래하고 맹수가 출현한 것처럼 행동하는데 오히려 스스로 '자유와 민주주의 이성'의 표본으로 간주하는 본국의 문제에 대해서는 매우 어리둥절해하며 갈피를 못 잡고 있다.

비록 소련이 인류 역사상 최초의 사회주의 국가였지만 사회주의의 발상지는 독일이다. 싱가포르의 학자이자 홍콩중문대학 교수인 정융녠(鄭永年)이 말한 바와 같이[47] 만약 유럽에 사회주의 운동이 없었다면 오늘날 유럽의 사회 제도는 존재하지 않았을 것이다. 사회주의는 시장경제를 구제했고 또한 자본주의를 구제했다고 말할 수 있다.

그럼에도 중국의 일부 학자들에게는 오늘날 선진국이 진보하게 된 요인의 근원에 사회주의 및 현대 자본주의의 새로운 변화와 동향이 포함되어 있다는 냉정한 분석과 연구가 결여되어 있다. 선진국으로부터 선진 기술과 관리 경험을 학습할 때 사회주의 노선을 견지하고, 국가와 민족의 장기적인 이익을 수호하는 등의 원칙적인 문제에 있어서 이와 반대로 식별 능력을 상실하고 맹목적인 개방과 도입을 추구하며, 심지어 서방 문화의 일부 찌꺼기를 숭배하고 받아들이면서도 핵심적인 것들은 오히려 학습하지 못하고 있는 실정이다.

선진국 중에서 국가 거버넌스에 비교적 성공을 거둔 나라, 예를 들면 북유럽의 사회적 공정, 소득 격차, 빈부 격차 등의 문제를 비교적 잘 해결한 국가들은 모두 100여 년의 민주사회주의 사상의 영향을 거쳐 매우 많은 사회주의 요소를 흡수하고 견지했다.

게다가 독일 의회에서 통과된 2013년 재정 예산으로부터 살펴보면 독일의 노동·사회부(BMAS)의 재정 지출은 독일의 국가 재정 지출 가운데 40퍼센트를 차지했다.[48] 1933년부터 1936년 동안 미국이 비교적 순조롭게 경제 위기를 극복할 수 있도록 도운 루스벨트 신정(구제, 부흥과 개혁)은 심지어 당시 사회주의 국가 소련에 의한 계획 경제의 성공 경험을 참고로 삼았다. 비록 근본적으로 자본주의의 폐단을 해결하지는 못했지만 자본주의 제도가 조정되고 부분적으로 개혁되도록 만들었음은 부인할 수 없는 사실이다.

일본은 2차 세계대전 이후에 경제 기적을 창조해냈는데 그것을 가능케 한 주요 원인 중 하나가 사회주의 색채를 지닌 몇 가지 민주 개혁에 있었다. 비록 미군을 대표로 하는 유엔군의 점령 아래 있었던 까닭에 미국이 주도하는 민주 개혁이었지만 말이다. 예를 들면, 천황 전제 제도를 부정하는 등의 정치 개혁, 토지 개혁(일본 정부는 저가로 지주의 토지를 매입한 뒤 농민에게 다시 저가로 양도하여 2차 세계대전 이전의 전체 농민의 70퍼센트를 차지했던 소작농이 이후에 자작농이 되도록 만들었는데 이것은 비폭력적인 방법으로 지주의 토지를 농민에게 나누어준 토지 개혁이었다), 재벌의 해체와 반독점 정책의 실시, 노동조합의 대량 건립을 앞세운 노동 개혁 등은 2차 세계대전 이후 일본 경제가 다시 맹위를 떨칠 수 있는 토대를 마련해주었다. 후와 데쓰조(不破哲三)를 수반으로 하는 일본공산당 사람들은 수십 년 동안 줄곧 생산력이 고도로 발달하고 생산 수단의 규모가 거대한 현대 자본주의국가가 어떻게 '생산 수단의 사회화'를 통해 사회주의로 과도할 것인가에 대해 연구해왔다.

'인류 사회' 발전의 총체적인 추세는 사회주의가 자본주의를 대체하는 것이고 최종적으로 함께 더 나은 사회를 향해 나아가는 것이다. 중국의 학자 진보쑹(金柏松)은 "현재의 선진국 경제는 자본주의라고 자칭하고 있지만 실제로 그들의 발전 과정에서 흡수한 사회주의 요소는 갈수록 많아지고 있다"고 지적한 바 있다.[49]

국가가 경제 발전에 간여하는 것은 현재 이미 일반적인 추세이며 기업 경영권과 소유권 분리, 기업의 주식제도 실시를 포함하는 기업의 소유권 혁명이 전개되고 있는데 소유제 개혁 방면에서 자본 소유자는 대주주권과 소주주권의 평등을 실행하고, 소주주권이 보급되어 전민화(全民化)되고 발전하며, 자본이 증권화·사회화·전민화되며 발전하고 있다. 또한 국가가 소득 재분배 체제의 개혁을 실행하고 있는데, 예를 들면 사회보장 제도의 경우 재정과 세수를 수단으로 재분배를 위한 제도 개혁을 실행하고 있다.

국가 정치, 사회체제의 개혁 방면에서 민의에 기반한 민주적 선거 제도를 부단히 반영하고, 사회의 여론에 관심을 기울이며, 정당정치 또한 서로 앞을 다투어 민중의 이익에 더욱 관심을 보이고, 미디어 역시 민중의 이익에 대해 끊임없이 호소하고 있다. 하지만 그 어떤 국가나 정당이든 어떠한 기치 또는 슬로건을 내세우든 지도자가 진정으로 민중의 이익을 고려하지 않고 복지를 도모하지 않으며, 국가와 정부가 가장 부유한 공민(국민)의 의지만을 반영한다면 결국 역사에 의해 버림받게 될 것이다.

### 2) 중국의 제3차 제도 전환을 위한 실험

사회주의 제도의 실험을 논할 때 인류 역사상 최초의 사회주의 국가였던 소련이 제도 실험에 있어서 지니고 있는 역사적 지위를 잊어서는 안 된다.[50] 하지만 현재 세계 사회주의 운동의 중요한 일환으로서 국제적으로 가장 주목받고 있는 것은 아마도 동방 문화의 특색을 지닌 중국 사회주의 제도의 실험이라고 할 수 있다. 제6장에서 논한 바와 같이 현재 중국은 제3차 제도 전환, 즉 중국 특색의 사회주의의 건설을 추진하고 있는 중이다.

#### ● 제도의 수정은 사회주의 건설 방향을 이탈해서는 안 된다

만약 사회주의의 본질이 생산력의 해방, 생산력의 발전, 착취의 소멸, 양극화의 제거를 실현하고 궁극적으로 공동의 부를 달성하는 것이라면 제도의 수정이든 개혁개방이든 다음과 같은 사항을 견지해야 한다.

① 공유제를 주체로 삼고 여러 종류의 소유제를 경제 공동 발전의 기본 경제 제도의 정책 기초로 삼아 생산력을 해방시키고 생산력을 발전시키며, 인간의 자유 및 전면적인 발전을 위한 조건을 창출해

야 한다.

② 개방과 도입의 창구에는 반드시 '여과기'를 설치하고 '핵심은 취하고 찌꺼기는 버린다'는 원칙을 견지해야 한다. 또한 사회주의의 핵심적 가치관 취향의 선진성을 굳게 지켜내고, 사유화와 외자 도입의 영역을 식별하며, 자본주의의 '찌꺼기'를 식별해내고 방지해야 하는데 특히 도덕 영역에서의 사회적 규범 상실을 방지해야 한다.

③ 개혁개방의 성과는 반드시 중국의 대다수 국민에게 이익을 가져다주어야 하고, 소수의 사람들을 벼락부자로 만들어 빈부의 격차가 심화되고 양극화가 초래되도록 해서는 안 된다.

**● 제도의 수정은 중국만의 특색을 견지해야 한다.**

정치체제의 개혁을 예로 들어 설명하자면, 덩샤오핑이 말한 바와 같이 "모든 개혁이 최종적으로 성공할 것인지의 여부는 정치체제의 개혁에 의해 결정된다."[51] 현재 중국은 공업화 중기에 여전히 머물러 있고, 하나의 강력한 정부와 집권당을 통해 발전 모델의 전환을 위한 안정적인 사회 질서와 정치 환경(모순의 격화를 피하는 것)을 계속해서 필요로 하고 있다.[52]

이와 동시에 중국의 경제 모델은 매우 빠르게 성장했지만 대다수 1인당 평균 지표는 세계의 평균 수준보다 크게 낮으며, 따라서 일정한 자원을 집중적으로 활용하여 큰일을 해내고 정책결정의 효율을 향상시킬 필요가 있다. 이는 중국이 중국공산당이 이끄는 정치체제의 틀 안에서 체제 내부의 개혁부터 착수하는 정치개혁 모델을 결정짓는 것이다.

"신속하게 사회주의 민주정치의 제도화, 규범화, 절차화를 추진하고 사회주의 법치국가를 건설하며, 더욱 광범위하고 건전한 인민민주(人民民主)의 발전”[53]을 도모하기 위해 정치제도의 건설은 우선적으로 다음의 두 가지 돌파구를 고려해야 한다. 첫째는 ‘양회(인민대표대회와 정치협상회의) 제도의 개혁과 보완’이며 둘째는 ‘법제 건설과 의법치국’이다.

먼저 ‘양회 제도’는 중국 특색을 지닌 정치 메커니즘이며 이미 민중이 정치에 참여하는 중요한 채널이 되었다. 중국공산당 18기 3중전회는 사회주의 민주정치 제도의 건설을 양회제도의 개혁과 보완으로부터 시작하기로 결정했다. 즉 인민이 인민대표대회를 통해 국가 권력을 행사하는 것을 지원하고 보장하며, 인민대표대회에서 중대한 사항에 대해 토론하고 결정하는 제도를 정비하며, 각급 정부가 중대한 정책결정을 제기하기 전에 반드시 본급 인민대표대회에 보고하는 것이다. 또한 중국공산당이 이끄는 다당 협력과 정치협상 제도 및 그 작업의 메커니즘을 보완하고, 협상과 민주를 광범위하고 다차원적이며 제도화되도록 추진하는 것이다.

양회의 개혁은 양회와 정부 및 그 배후의 집권당 간의 관계를 개혁하는 것을 돌파구로 삼아야 하는데, 이것은 중국 정치체제 개혁에 있어서 관건이 되는 중요한 사항이다. 따라서 ‘일부양원(일부는 인민정부, 양원은 인민법원 또는 인민검찰원을 의미한다)’에 대한 감독을 강화하고, 일부양원이 인민대표대회를 통해 형성되고 인민대표대회에 대해 책임을 지며 인민대표대회의 감독을 받는 제도를 정비하기로 결정했다. 푸단대학 웨이썬(韋森) 교수는 인민대표대회는 민의 기구로서 우선 부패와 사회 모순을 야기하는 중요한 근원인 정부의 ‘금전 사용’ 문제, 즉 재정 예산에 대해 감독하고 아울러 그것을 정무에 대한 공개와 투명성을 높이는 중

요 내용으로 삼아야 한다고 건의했다.[54]

다음으로는 법률 제도의 건설을 강화하고 사회주의 법치국가를 건설하는 것이다. 이른바 중국 특색의 사회주의가 지닌 특징 중 하나는 "자본주의가 충분한 발전 단계를 거치지 않고 경제 문화가 비교적 낙후되어 있던 반봉건·반식민지 상태에서 직접 사회주의 혁명과 사회주의 건설에 진입했다"[55]는 것이다. 이러한 종류의 특징은 특히 의법치국이 어렵다는 측면에서 나타나고 있다.

중국의 수천 년 역사 중 '통치술'의 선택과 관련하여 유가의 '예치'와 '덕치'에 관한 주장은 주도적인 위치를 장악해왔고, 중국으로 하여금 장기간 인치(人治)의 국가가 되도록 만들었다. 이로 인해 중국의 견지에서 논하자면, 인치에서 법치로 이동하는 것은 사회와 국가의 거버넌스 방식에서 근본적인 전환이며, 정치 문명의 발전에 있어서 하나의 질적 비약이자 새로운 역사 단계를 상징하는 것이라고 할 수 있다. 공평하고 공정하며 조화로운 사회를 건설한다는 명확한 목표를 실현하기 위해 무엇보다 제도적 보장이 필요하다.

2015년 3월 전국인민대표대회(전국인대) 12기 제3차 회의는 입법법(立法法)을 향후 수정하여 중앙과 지방의 입법 권한에 대한 구분을 명확히 하고, 구(區)가 설치된 모든 시(지급시에 상당함)의 인민대표대회(자치주 인민대표대회 포함)에 지방 입법권을 부여하고, 식품 안전법을 수정하며, 중국 최초의 가정 폭력 반대법과 국가안전법을 내놓고, 2020년 이전에 세수법정 원칙이 전면적으로 실현되도록 하며, 환경보호법과 관련된 법률에 대해 '대수술'에 들어간다는 것을 선포했다.

의법치국에는 과학적 입법, 엄격한 법 집행, 공정한 사법, 인민 전체의 법 준수 등의 4가지 부분이 포함되어 있다. 그중 공정한 사법은 의법치국의 관건이자 핵심이다. 현재 중국은 사법 개혁을 돌파구 삼아 의법치국, 의규치당이 추진 중에 있고, 사법의 공정·사법의 공개·탈행정화·탈지방화가 추동되고 있으며, 법제를 통해 부패한 토양을 제거하고 사회 분위기 또한 정화시키고자 하고 있다.

**● 중국공산당은 선진성을 유지하며 그 집정 능력을 부단히 향상시켜야 한다**

중국처럼 인구가 매우 많고 문화와 전통이 유구하며, 경제 기초가 취약하고 국토가 넓으며, 대단히 불균형적으로 발전해 있는 국가에서 하나의 굳세고 강력하며 선진적인 지도층의 핵심이 없을 경우 곧 오합지졸처럼 사분오열되고 끊임없는 내우외환 속에서 혼란을 겪게 될 것이다.[56]

1921년 중국공산당이 창당되었을 때 중국 사회에는 200여 개의 정치 당파가 존재했고, 중국공산당은 단지 그중 하나에 불과했다. 하지만 그로부터 28년 후 중국공산당이 전국의 정권을 장악하고 약 100년 동안 수십 명의 규모에서 오늘날 9,000여만 명의 당원을 보유한 집권당이 된 것은 결코 우연이 아니다. 중국은 명나라 왕조 전기까지 개방적 국가였고, 육로와 해상의 '실크로드'를 통해 세계 각국과 무역 및 문화 교류를 진행하던 당시 세계에서 가장 발달한 국가 중 하나였다.

17세기 후반부터 배태되어 18세기 후반에 영국에서 일어난 1차 산업혁명은 서방 국가의 경제, 사회, 과학 기술의 신속한 발전을 불러왔고, 나아가 공업 문명의 시대에 진입하도록 만들었다. 중국은 명나라 왕조 중기 및 후기부터 해금 정책을 실시하여 세계와 연계가 중단되기 시작했는데 청나라 왕조(1636~1912)에 이르러서는 쇄국정책으로 외국 문명과의 교류를 상실했다. 이로 인해 세계와 같은 발걸음으로 발전할 수 있는 기회를 잃고 세계로부터 점차 고립 되었으며, 공업혁명의 물결에 제때 진입하지 못한 것은 물론 서방 국가에 비해 훨씬 낙후하기 시작했다.

서방 열강은 식민지를 개척하고 세계 패권을 쟁탈하기 위한 목적을 실현하기 위해 아직 농경 시대에 머물러 있던 중국에 대해 몇 차례의 침략을 발동하며 나라를 멸망시키고 민족을 멸종시키고자 했다. 당시 청나라 왕조 후기의 정치, 경제, 군사는 전면적으로 부패하고 교착 상태에 빠져 있으며, 권위적인 문화와 쇄국의 단행 등으로 사상이 통제됐다. 또한 대외적으로는 국토가 유린되고 할양되어도 이에 저항하거나 되돌릴 수 있는 힘이 없고, 일련의 불평등 조약을 체결하여 주권이 거의 소실되었으며 점차 열강의 반식민지로 전락하고 말았다.

게다가 청나라 왕조의 약 300년 동안의 통치는 인민을 노예화했고, 이 시기의 대다수 민중은 사리에 어둡거나 어리석었으며, 정신이 퇴폐적이고 마음이 마비되어 망연자실하고, 민족의식 또한 없었기 때문에 조직화가 되어 있지 않은 오합지졸과 같은 상태였다. 또한 많은 사람들이 밝은 앞날을 보지 못하고 오로지 눈앞의 이해관계와 물질적 이익에 굴복했으며, 심지어 금전의 유혹을 받아 양심을 도외시하고 악인의 앞잡이가 되어 나쁜 짓을 일삼으며 한간(漢奸, 매국노)이 되었다.[57]

1931년, 9·18 사변이 발발하여 국가가 망하고 민족이 멸종될 위기에 처하자 사람들은 비로소 각성하기 시작했다. 항일구국 운동의 뜨거운 물결이 일어났고 항일민족통일전선이 조금씩 형성되어 계급, 당파,

민족, 종교·신앙을 불문하고 함께 항일전쟁을 위해 힘을 합했다. 이것은 중국 역사상 전례 없는 반침략 전쟁이자 전민족해방 전쟁으로 무수한 선열이 선혈을 뿌리고 생명을 바치는 대가를 통해 비로소 한 민족으로서의 존엄을 유지하게 되었다.

특히 중국공산당은 창당 이래 수많은 지식분자 및 엘리트를 이끌며 수천 년 동안 이어온 중화민족의 우수한 전통을 계승하고 발양하며 그들의 심미적 이상과 멋진 비전, 공산주의에 대한 신앙을 결합함으로써 가난과 고통을 겪고 있는 광범위한 인민 군중을 계몽·교육하고 인도하며 조직하고 단결시켰다. 또한 이러한 민중을 확고한 신념을 지닌 혁명 전사로 육성하고, 당이 이끄는 인민군대를 양성하며 중국의 실제에 부합되는 무장혁명 노선을 개척해내고, 최종적으로 민족을 멸망 속에서 구해내는 대업을 성취했다. 이를 위해 중국공산당이 겪었던 고난은 적들까지 간담을 서늘하게 할 정도였다. 1949년 신중국의 성립 초기에 이르러 중국공산당 당원의 수는 400여만 명이었는데 그때까지 28년 동안 영웅적으로 희생된 당원 열사들 가운데 이름을 확인할 수 있는 사람만해도 370여만 명이다.[58]

물론 중국공산당이 지도층의 지위를 계속 유지하고 중국을 이끌며 100년의 쇠락으로부터 민족 부흥을 이루는 제도 실험에 성공할 수 있을지의 여부는 중국공산당이 시종일관 그 선진성을 유지할 수 있는지, 그리고 시대의 변화에 적합하게 집정 능력을 향상시킬 수 있을 것인지에 달려 있다. 이것은 의법치국의 중요한 전제 조건이자 정치적 보장이기도 하다.

먼저 한 정당의 선진성이란 그 정당이 광대한 인민 군중의 근본 이익을 대표하고 선진 생산력의 발전 요구 및 선진 문화의 전진 방향을 체현하고 있는지의 여부를 지칭한다. 입당위공(立黨爲公), 집정위민(執政爲民)의 선진성은 반드시 그 근본적 가치 취향에서 표현되는데 핵심 가치관의 취향은 반드시 선진성을 갖고 있고, 절대 다수 사람들의 이익과 가치 취향에 부합되어야 한다.

중국공산당 제18차 당대회는 국가 차원의 가치 목표(부강, 민주, 문명, 조화), 사회 차원의 가치 취향(자유, 평등, 공정, 법치), 공민 개인 차원의 가치 준칙(애국, 경업 – 자기가 맡은 일에 최선을 다하는 것, 성실, 우호) 등 3가지 방면의 가치관을 제시하며 중국 사회주의의 핵심 가치 시스템을 논하고, 아울러 이것은 사회주의 이념의 본질적 체현이라고 밝혔다.

과거의 '전 인류를 해방시키기 위해, 공산주의를 위해 평생 분투한다' 등의 모호한 구호에 비해 이것은 다양한 사회 군체와 종족을 포함하는 광대한 민중이 모두 받아들일 수 있고 함께 누릴 수 있는 가치관이다. 관건은 중국공산당의 영도 간부가 우선 솔선수범하여 적극적으로 실천하는 것을 통해 이념과 윤리·도덕에서의 표리부동 및 언행 불일치, 사회에서의 지행 불일치가 초래되는 것을 방지하고, 신뢰의 공백이 사회의 순조로운 발전에 심각한 위해를 미치지 못하도록 하는 것에 있다.

실제로 중국 특색의 사회주의는 이미 신시대에 진입했으며, 이것은 중국공산당 제19차 당대회에서 내린 중대한 판단이다. 중국 사회의 주요 모순은 '나날이 증가하는 인민의 물질문화에 대한 수요와 낙후한 사회 생산 간의 모순'에서 '나날이 증가하는 인민의 더 나은 생활에 대한 수요와 불균형적이고 불충분한 발전 간의 모순'으로 바뀌었다. 이에 따라 중국공산당은 시대의 변혁을 결합하고 공산주의 이상 및 그것을 실현하기 위한 경로를 이론과 실천 방면에서 창조적으로 연구하고 발전시키며, 사회주의 발전에 있어서 '세 개의 70년'[59]과 중국혁명의 역사적 경험 및 교훈을 결합해야 한다.

또한 최종 목표를 실현하기 위한 경로에 대해 심도 있는 연구와 적극적인 실천을 진행하고, 인민이 가장 관심을 많이 갖고 있고 현실적인 이익 문제를 개혁의 가장 중요한 위치에 올려놓으며, 신시대 중국사회의 주요 모순을 나누어 해결하고, 지속가능한 발전을 위한 6대 경로(경제, 자원, 환경, 사회, 정치, 과학 기술)가 실시되도록 해야 할 책임이 있다. 그러한 가치관이 실현되어야만 비로소 민심을 얻을 수 있고, 중국 인민이 중국공산당에 대해 신뢰할 수 있으며, 집권당과 한마음 한뜻으로 개혁에 대한 실험을 지지하고 옹호하며 함께 참여하게 될 것이다.

다음으로 중국공산당의 집정 능력에 대해 살펴보면, 구체적으로 이것에는 국가와 민족의 장기적인 발전 전략 방향에 관계되는 정책결정의 능력, 국가 거버넌스의 방향을 인도하고 시대의 발전 추세에 적합하게 국가 거버넌스 시스템을 재정립하며 거버넌스의 현대화[60]를 실현하는 것 등의 능력(법치국가의 건설 등), 양회 정부와 사법 독립의 관계 등을 정확하게 처리하는 것을 포함하는 영도체제의 혁신 능력, 중국공산당의 신조와 사회주의 핵심 가치관이 지속가능한 발전을 위한 6가지 경로의 실천 과정에 스며들게 하는 능력을 포함하는 실시 능력, 집정자의 소질 배양 등이 포함된다.

집정자의 소질을 예로 들면, 그것은 중국공산당의 자체 개혁, 당뇨관당(黨要管黨, 당이 엄격하게 당을 관리하는 것), 종엄치당(從嚴治黨)의 원칙을 견지하는 것과 관계되는데, 즉 자체 혁명을 과감하게 행해야 하는 것이다. 이를 위해서는 더욱 커다란 정치적 용기와 지혜가 필요하다. 반부패는 현실적인 사례라고 할 수 있다. 반부패는 30여 년 동안 고속 경제 성장 중에서 나타난 폐단을 제거하고, 공평하고 건강한 경제 환경을 조성하며, 사회 불공평을 해결하고 집권당으로서의 위신을 회복하는 일종의 돌파구로서 그 힘들고 어려운 정도는 세계가 현재 주목하는 바이다.

중국공산당 제18차 당대회가 있고 난 뒤 2013년부터 2016년 9월까지 101만 명의 당원 간부가 처분을 받았고,[61] 2017년에만 52만 7,000명이 처분을 받았으며(당의 기율과 관련된 처분이 44만 3,000명이었음), 그중 성부급(省部級) 이상의 간부는 58명이었다. 2018년에는 62만 1,000명이 처분되었고(당의 기율과 관련된 처분이 51만 6,000명이었음), 그중 성부급 이상의 간부는 51명이었다.[62] 현재에 이르러 처분된 성부급 이상의 관원(官員, 관리)은 이미 200여 명이다. 부패 문제는 정부 관원의 군체에만 존재하는 것이 아니라 군대와 사회의 각 분야에 만연되어 있다. 특히 당원 간부들의 부패 현상이 이처럼 보편적이고 철저한 것에 대해서는 철저한 반성이 필요하다.

한 국가의 부패를 제거하지 못할 경우 해당 국가는 싸움을 하기 전에 먼저 패배하는 결과를 낳을 것이다. 반부패 투쟁은 이미 사회의 안정에 영향을 미치고, 당과 국가의 앞날 및 생사존망과 관계된 정치 투쟁이 되고 있다. 그러나 다만 현재 단계의 반부패는 여전히 '겉으로 드러난 증상에 대한 치료 위주로서 근본적인 치료를 위해 시간을 버는 것'에 중점을 두고 있다.[63]

부패를 근본적으로 척결하기 위해서는 반드시 국가 거버넌스 시스템을 개혁하고, 제도와 체제의 개혁을 통해 부패가 자생하는 토양을 제거해야 하며, 권력이 금전을 획득하는 경로가 되지 못하도록 하고, 권력이 민중에 의한 감독과 제약을 받도록 해야 한다. 이를 위해서는 반드시 우선적으로 집권당 내부의 당풍, 당기를 정돈해야 한다.

다행스러운 것은 중국의 지도층이 현재 강렬한 역사적 사명감과 우국애민 정신으로 당의 선진성과 순결성을 유지하기 위해 각종 난제 및 장애물과 정면으로 맞서는 정치 시스템과 거버넌스 기제를 구축하기 위해 노력을 다하고 있다는 것인데, 여기에는 반부패 투쟁을 '종엄치당'으로 삼아 중국공산당에 대한 국민의 신뢰와 신임을 다시 획득하는 것을 중요한 부분으로 삼고 있는 것이 포함된다.

**● 중국의 제도 실험이 갖는 의의**

이것은 중국이 공산주의라는 서방 자본주의 국가에서 탄생한 이상적인 사회의 목표를 동방의 문명 고국(文明古國)인 중국의 사회 발전 및 역사 진행 과정 중에 뿌리내리게 하는 가운데 그것을 미래의 청사진과 사회 발전의 능동적 요인이 되도록 하는 실천에 해당한다. 이를 위해서는 우선 사회주의라는 '공산주의 이상'의 낮은 단계가 중국에서 성공을 거두어야 한다.

다음으로 이것은 중국 특색의 체제(중국공산당이 이끄는 인민주정(人民主政), 중국공산당의 집정, 민주당파의 참정이 이루어지는 사회주의 제도[64]) 안에서 발전 모델의 전면적 전환을 통해 지속가능한 발전을 실현하고, 궁극적으로 '10여억 명의 중국인이 배우고자 하면 가르침을 받을 수 있고, 병에 걸리면 병원에 갈 수 있으며, 늙으면 부양받을 수 있고, 마음이 안정되며 법에 의지할 수 있는' 목표를 달성하는 것이다. 이것은 곧 이러한 거대한 목표에 도달하는 과정이 매우 어렵고 힘들 것임을 말해주는데, 국내외 기득권과 이익집단의 저항을 억누르며 정확한 개혁 방향을 견지하고, 각 항목의 개혁에서의 우선순위를 올바르게 설정하며, 궁극적으로 목표를 실현하는 것이 중요하다. 이것은 앞으로 중국 전체 인민과 각 세대 영도층의 지혜에 대한 매우 커다란 시험이 될 것이다.

요컨대, 중국은 견실하게 자신의 일을 잘 해내고, 선택한 길을 걸으며 우선 절대 다수의 중국 민중이 행복감을 느끼도록 해야 한다. 이것은 희망으로 가득하면서도 매우 어렵고 험난한 길이다. 물론 중국이 직면하고 있는 도전과 문명 전환에 필요한 실천은 결코 앞서 언급한 6가지 전역(전투)에만 있는 것이 아니며 농업과 농촌, 교육, 의료, 인구, 국가 안전 등 기타 중요한 전역도 있다. 이러한 중요한 전역의 실천 중에서 지구 문명의 가치관을 지도 방침으로 삼아 지속가능한 발전을 실현하고자 한다면 더욱 긴 시간에 걸친 노력이 필요하며 아마도 '제3의(세 번째) 100년' 목표가 요구될 것이다.

## 중국 2050:
## 미래는 밝지만 리스크는 여전히 존재한다

이제까지 지속가능한 발전이 중국에서 실천되는 가운데 상호 긴밀하게 연계되고 대체할 수 없는 6대 경로, 즉 경제 발전 모델의 전환, 자연 자원 응용 모델의 전환, 생태 환경 건설과 보호 모델의 전환, 사회 발전 모델의 전환, 혁신형 국가를 건설하기 위한 실천, 제도 전환 실험 등을 설명했다. 이것은 중국의 발전 모델이 전면적으로 전환되는 가운데 필수 불가결한 개혁의 전역이다.

개혁과 개방의 방향과 강도에 근거하여 이러한 개혁을 이끄는 중국 공산당이 시대의 변화 추세에 적합하게 그 선진성을 유지하고 부단히 집정 능력을 향상시킬 수 있을 것인지의 여부에 따라 중국의 실천은 앞으로 다양한 결과를 가져오게 될 것이다. 중국에서 모바일 인터넷의 발전이 전민(全民) 시대에 진입하면서 발전 노선에 대한 민중의 관심은 그 어느 때보다도 광범위하고 깊이 있으며 논쟁도 더욱 격렬해지고 있다.

만약 핵심 영역 또는 핵심 부분에 대한 개혁을 뒤로 늦추거나 각종 개혁 조치가 부분적으로 위기를 완화시키는 것에 국한되어 있고 제도 개혁이 기존의 틀을 벗어나지 못하거나 이미 획득한 성과에 도취되어 있다면, 개혁의 중점을 근본적으로 현재 인민 대중이 가장 관심을 갖고 있는 반부패 및 청렴도 제고, 소득 분배, 주거지 보장, 교육 개혁, 의료 개혁, 식품과 약품 안전 등의 문제에 두지 않는다면, 개혁개방의 초지를 망각하여 개방과 개혁의 방향이 사회주의의 기본 목표에서 이탈하도록 만들고 사회주의의 본질을 상실하게 된다면 결국 사회 양극화와 첨예한 계급 대립을 초래할 것이며, 국외 세력에 의한 전복을 기다리지 않아도 곧 스스로 얼굴빛이 어두워지는 몰락의 길을 향해 나아가게 될 것이다.

만약 중국의 개혁이 지닌 어려움에 대한 인식이 부족하고 중국의 실제 국정과 발전 단계에서 이탈하여 성급하게 성과를 추구하거나 개혁의 강도를 지나치게 강화하고 조급하게 추진하면(급진적인 정치 개혁을 추진하거나 과거의 상투적인 정치운동 방식을 '반복적'으로 추구하는 것 등을 포함) 개혁에 대한 통제력을 상실하여 혼란을 유발시키거나 반대 세력이 빈틈을 타고 동란을 일으키고 심지어 국가를 분열시키는 국면을 야기할 수도 있다.

비교적 이상적인 전망은 국내외의 각종 도전과 압력에 직면하더라도 시종일관 이미 정해진 목표를 견지하고, 넘어지고 쓰러지더라도(다만 소련의 사례처럼 되지 않기를 바라지만) 치명적인 오류를 범하지 않으며(특히 각종 제도 개혁을 포함한 미래의 개혁과 관련된 리스크와 어려움은 결코 과소 평가되어서는 안 된다), 인민 대중이 가장 관심을 갖고 있는 문제에 집중하고, 국가의 전도에 지극히 중요한 문제를 돌파구 삼아 더욱 대담하고 개방적이며 심도 있는 개혁을 최대한 신속하게 추동하는 것이다. 또한 '네 개의 전면'[65]이 치국이정(治國理政)의 총체적 틀에서 벗어나지 않고, 점진적이면서 단계별로 중국공산당 제18차 당대회 이후에 설계된 개혁 방안이 제대로 집행되도록 추진했을 때만이 궁극적으로 기득권 이익집단의 속박으로부터 벗어나고, 국내적으로 대다수 국민이 행복을 느끼는 조화로운 사회를 실현할 수 있으며, 국제적으로 평화 발전을 실현하는 등 이러한 거대한 실험의 첫걸음이 승리를 향해 내딛을 수 있는 것이다.

이러한 길을 걷는 것은 의심할 바 없이 대단히 어렵고 힘든 것이다. '피 흘리지 않는 혁명'이라고 부를 수 있을 만큼 과거의 그 어떤 혁명과도 견줄 수 있을 것이다.

'왜 단지 첫걸음의 승리만을 말하는가?'라고 묻는다면 그것은 이른바 '두 개의 100년'이란 분투 목표가 주로 강조하고 있는 것은 중국의 '현대화 꿈' 가운데 특히 물질적 현대화이기 때문이다. 그런데 현대화는 단지 '중화민족의 위대한 부흥'을 실현하기 위해 길을 깔아주고, 중국이 하루라도 일찍 지구 문명 시대에 진입하도록 기초를 마련해주는 것일 뿐이다. 이러한 의미에서 나는 '중국의 꿈'을 지구 문명이 중국에서 실현되는 것으로 정의하고자 한다.

다시 말해 '중화민족의 위대한 부흥'이라는 중국의 부흥을 진정으로 실현하려면 반드시 물질 문명, 정신 문명, 정치 문명, 생태 문명 등 각 방면에서 모두 지구 문명을 실현하는 조건을 갖추어야 한다. 따라서 '두 개의 100년'이란 목표를 실현하는 것은 단지 지구 문명을 향한 중국에서의 실천을 실현하는 첫걸음일 뿐이다.

현재 중국이 모든 인민과 당 전체의 힘을 쏟아부어 '두 개의 100년'이란 목표를 이루기 위해 분투하고 있는 점을 감안할 때 향후 30년간 중국의 앞날은 비교적 밝다고 할 수 있다.

2050년이 되면 중국이 세계에서 중요한 경제 중심국이자 세계 최대의 경제실체가 될 것이라는 점에는 의심할 여지가 없다(다만 1인당 평균 GDP는 여전히 미국과 일본보다 매우 뒤떨어져 있을 것이다). 이와 동시에 혁신 국가의 길을 걷고 있는 국가로서(더 많은 과학 기술 분야에서 세계 선두 자리에 있을 수록) 혁신 정책 및 안정적인 사회 환경으로 세계 각지의 기술 엘리트와 창업자가 중국으로 몰리게 하여 청년 인재를 배출하고 다수의 세계 일류급의 과학 기술 인재와 기업가가 출현할 것으로 예상된다. 또한 중국은 경제가 번영하고 사회가 안정되어 있는 국가로서 책임 있는 대국의 이미지를 구가하며 국제무대에서 활약하게 될 것이다(세계의 평화에 지극히 중요한 평화 대국으로서 세계정세를 안정시키는 역할을 하게 된다).

이에 중국은 더 많은 책임을 지도록 호소하는 국제 사회의 요구에 응하고, 국제 사회를 위해 더 많은 공공재를 제공해야 할 것이다. 예를 들면 중국이 제창한 '인류 운명 공동체'의 이념을 통해 세계 각국의 평화 공존, 선순환 연동, 협력·상생을 적극적으로 추진하고 중화민족의 위대한 부흥을 위해 양호한 외부 환경을 조성하며, 지구 문명을 추동하는 중요한 부분으로서 인류의 지속적인 생존과 발전을 위해 '중국의 지혜'를 제공하는 것이다. 몇몇 대국 및 아시아의 이웃나라들과 외교 문제를 잘 처리하고, 국제 사회와 조화로운 호혜·상생 관계를 형성하는 것은 여전히 외교의 핵심이 될 것이다.

예를 들면, '일대일로' 이니셔티브는 새로운 세계관을 부각시키고 있는데 중국과 연선 국가의 공동 발전을 도모하고 지역의 번영을 실현하며, 포용과 공생의 태도로 중국과 종교·제도·문화가 다른 국가들을 대우하고, 이러한 국가들에 정치적 조건을 붙이지 않으며, 모든 국가가 자발적으로 가입하는 것을 격려하고 환영하는 것 등은 신형(新型) 국제 관계를 실천하는 것에 해당된다.

또한 세계는 점차 중국의 지위와 역할에 적응할 것이고, 서로 앞다투어 중국의 부상으로부터 더 많은 기회를 누리고 싶어하며, 중국에 와서 일하고 생활하기를 바라는 사람들이 더욱 많아지게 될 것이다. 세계 인구의 약 20퍼센트를 국내에 보유하고 있는 국가로서 경제적 번영과 사회적 안정을 유지하고 있는 것 자체가 바로 세계의 지속가능한 발전에 중대한 공헌을 하고 있는 것이라고 할 수 있다.

만약 중국의 전면적인 전환이 성공을 거두지 못하게 되어 혼란이 발생하고 정치적으로 통제 불능 상태에 빠지게 된다면 중국의 혼란은 곧 중국 국내에 국한되지 않을 것이며, 세계 전체가 심각한 타격을 받게 될 것이다. 단도직입적으로 말해서, 발생하게 될 수억 명의 난민을 누가 받아들일 것인가? 노르웨이의 미래학자 요르겐 랜더스(Jorgen Landers)가 말했듯이[66] 중국의 혼란은 지역의 안정에 부정적인 영향을 미치는 것은 말할 필요도 없고, 세계 경제의 발전 속도를 더욱 늦추게 만들 것이며, 탄소 배출량도 점점 증가하게 만들 것이다.

2050년까지는 지금으로부터 약 30년이 남아 있을 뿐이다. 중국의 견지에서 말하자면, 역사가 남긴 매우 많은 고질적인 폐단과 전환으로 인해 발생하는 문제가 다소 완화는 되겠지만 말끔히 해결될 수는 없을 것이다. 따라서 그때에도 여전히 각종 모순이 돌출되고 이것은 세상 사람들을 주목하게 만들 것이다.

중국 국내 방면에서의 식량 안전 및 식품 안전 문제를 포함하는 삼농 문제, 사회보장, 취업, 부패의 근절, 수입 분배, 빈부 격차 등 사회적 공평의 문제는 사회의 안정에 영향을 미치는 잠재적 리스크 요인이다. 또한 국민 건강, 의료 개혁, 교육 개혁, 인구 노령화 및 부단히 줄어들고 있는 노동력 등의 문제가 존재한다. 환경 관련 법률의 엄격화, 산업 구조의 조정, 일부 제조 기업의 이동·제조 방식의 변화 및 청정에너지의 이용 증가로 대기 오염이 점차 호전되고 있지만 대기 오염은 물론 해양 오염과 토지 오염, 지하수 오염 등을 철저하게 해결하고 생태 시스템을 회복하고 개선하는 것에는 수십 년, 길게는 약 100년의 시간이 필요하다.

자원의 부족 문제 역시 발전하는 데 있어서 극복해야 할 장애물이고 수자원 위기는 모순이 더욱 두드러지게 될 것이다. 이밖에도 수많은 고질적인 폐단이 시급히 해결되어야 한다.

국제 방면에서는 설령 2050년이 되더라도 사회주의와 자본주의라는 두 가지 사회 형태가 공존하는 구도는 변하지 않을 것이며, 양자의 제도와 이념 방면에서 게임과 투쟁은 여전히 지속될 것이다. 중국 특색의 사회주의를 건설한다는 기치를 중국이 내세우고 있고 신개발은행(NDB, 브라질·러시아·인도·중국·남아프리카공화국이 운영하는 국제개발 금융기관으로 본부는 상하이에 있음_옮긴이)과 아시아인프라투자은행(AIIB, 본부는 베이징에 있음_옮긴이)이 '일대일로' 이니셔티브 등 일련의 중대한 새로운 조치를 적극적으로 제시함에 따라 세계의 구조를 포함하는 국제 사회에 대한 중국의 영향력이 갈수록 커지고 있다.

또한 중국의 군사력도 점차 강해지고 있고 외부 세계의 중국에 대한 전략이 점차 민감해지고 있기 때문에 향후 각종 마찰과 충돌이 예상된다. 하지만 중국이 평화 발전의 길을 택했고, 협력과 윈윈을 핵심으로 하는 신형 국제 관계의 구축을 견지하고 있으며, 국제 제도의 건설에 긍정적·적극적으로 참여하고 있기 때문에 중국의 부상이 현행 국제질서에 전복적인 영향을 미치지는 않을 것이다.[67] 오히려 세계 질서를 안정시키고 세계 평화를 수호하는 데 있어서 갈수록 적극적인 역할을 할 것으로 전망된다(세계에서 가장 먼저 출현한 문명 중 하나인 중화 문명은 유일하게 중단 없이 5,000년의 역사를 이어오고 있는 오래된 문명[68]이지만 설령 그것이 가장 번영했던 때에도 다른 국가의 발전을 위협한 적은 없었다).

외부 세계에서 근대 시기에 고통을 겪었던 문명 고국 '중국'의 부흥을 어떻게 평가하든 상관없이 현재 중국이 추진하고 있는 전면적이며 심도 있는 개혁과 중국의 꿈을 실현하기 위해 진행하고 있는 노력은 중국의 지속가능한 발전을 위한 실천이든, 인류가 지구 문명을 실현하기 위해 뛰어든 웅장한 실천 가운데 일부든, 동방 문화에 기초한 실천이든, 세계의 대다수 인구를 대표하는 개도국의 시각이든, 평화적 부상을 통해 과거 500년 역사상 존재하지 않았던 대국의 부상 패러다임을 바꾸고자 시도하는 것이든(포르투갈, 스페인, 네덜란드, 영국, 프랑스, 독일, 러시아, 일본과 미국 등의 부상은 모두 식민 및 전쟁에서 벗어나지 못했다), 심지어 '사회주의 이상(이것은 서방인이 발명한 것이지만 보편적 의의를 지니고 있다)'을 전면적으로 실현하기 위한 실천이든 모두 '세계 문명의 진보' 또는 '새로운 인류 발전사'에 중대한 공헌을 하게 될 것이다.

오늘날 중국은 인민과 지도층의 지혜와 담력, 식견 및 의지를 시험하고 있는데 그들이 어떻게 중국의 부흥 속도를 늦추고자 하는 모든 국내외 간섭을 배제하고 중국의 개혁과 발전의 템포를 깨뜨리지 않으면서 과거 두 차례의 제도 전환이 남긴 문제들에 용감하게 도전하고 이를 해결하기 위해 착수하는가에 중국의 미래가 달려 있다. 그중에서도 특히 14억 명의 중국인들은 '아동이 있으면 보육원을, 배우고자 하면 학교를, 일하고자 하면 일자리를, 병이 나면 의료를, 늙으면 돌봄을, 거주하고자 하면 거주할 곳을, 쇠약하면 도움을 제공하는' 방면에 있어서 끊임없이 새로운 진전을 이뤄야 한다.[69]

또한 5,000년의 역사를 지니고 있고, 세계에서 인구가 가장 많으며, 1인당 평균 자원 점유량이 매우 작은 국가인 중국을 이끌어나가며 인류 역사상 가장 웅장하고 독특한 실험을 진행해야 한다.

주목해야 할 것은 중국이 지속가능한 발전을 실현하기 위해 그리고 문명의 전환을 실현하기 위해 행하는 노력은 이념의 차원에 머무는 것이 아니라 각각의 중요한 영역에서 힘들고 어려운 실천을 통해 경험을 축적하고, 유익한 교훈을 흡수하며 점차 각종 문제의 해결 방안을 제시하고 보완해가고 있다는 점이다. 현재 중국의 절대 다수 민중도 이러한 실천에 참여하며 지지를 보내고 있다. 이것은 인류의 '공동의 꿈'에 희망을 안겨주는 것이며, 전 세계가 기대를 걸어도 좋을 만한 것이다.

# 3

# 모방에서 혁신으로

'학습 – 모방 – 혁신'은 후진국이 보편적으로 거쳐야 하는 과정이다. 하지만 학습과 모방, 창조적인 모방[70]에서 혁신에 이르는 과정을 어떻게 단축시킬 것인지는 각국의 전략, 제도, 정책, 문화 환경 등의 각종 요소 또는 정부, 기업, 국민 간의 상호 연동에 의해 결정되며, 그 과정들 사이에는 공통점도 있고 비결도 있다. 중국이 평화적 부상을 실현하고 전면적인 부흥의 꿈을 실현하고자 한다면 혁신을 '모방'하는 것에서 개방적 혁신·협력적 혁신을 지향해야 하고, 더 나아가 자주적 혁신을 반드시 실현해야 한다.

국가 혁신 시스템의 건설 방면에서 중국은 자체적인 강점을 지니고 있다. 이러한 강점은 다음과 같은 방면에서 나타난다.

① 국가 차원에서의 자원 가동 능력, 즉 제도적 측면에서 강점을 지니고 있다. 중국은 자원을 운용하고 가동하거나 집중적으로 사용할

수 있고, 장기적이며 국가 의지와 이익을 반영하는 큰 사업, 예를 들면 우주항공 사업(2020년 6월 23일 중국은 독자적인 GPS '베이더우 시스템'을 최종 완성하고 2020년 7월 31일부터 전면적으로 가동했으며, 2020년 7월 23일 무인 화성 탐사선 '톈원 호'의 발사에 성공했다_옮긴이), 슈퍼컴퓨터 사업(2019년 11월 공표된 '세계 최고 슈퍼컴퓨터 톱500'에서 중국은 슈퍼컴퓨터 228대(45.6퍼센트)를 보유하여 2위를 차지한 미국(117대, 23.4퍼센트)을 압도했다_옮긴이), 고속철도 사업 등을 실현할 수 있다. 이것은 자원의 총량 차원에서 강점을 지니고 있는 것으로 '1인당 평균' 자원이 모두 약세에 처해 있는 중국의 견지에서 논하자면 매우 중요한 것이다.

② 지속적이고 심도 있는 개혁과 개방이 현재 중국 전체 인민의 혁신에 대한 열정을 불러일으키고 있다.

③ 높은 수준을 갖추고 있는 것은 물론 어려움을 견디는 인내와 진취적인 노력, 사심 없이 헌신하는 정신을 지닌 인재 자원이 존재한다.

④ 경제 실력이 증강됐다(2018년 중국의 GDP는 90조 위안을 넘으며 세계 경제에서 약 16퍼센트의 비중을 차지했고, 1인당 국민총소득(GNI)은 9,732달러로 중등 수준의 소득을 올리는 국가의 평균치보다 높았으며, 외환 보유고는 3조 700억 달러로 세계 1위를 기록했다).

⑤ 풍부한 문화 자원을 보유하고 있는데 이것은 개발과 혁신을 기다리고 있는 무한한 보고이며, 특히 소프트 산업 창조의 원천이다.

이러한 것들은 우리가 현재 무엇을 하고자 하며, 무엇을 할 수 있고, 무엇을 성취할 수 있는지를 말해준다. 상기해야 할 것은 우리가 마주하고 있는 도전은 매우 준엄한 것이라는 사실이다.

## 반성하고 행동하기

주지하다시피 현재의 중국은 이미 개혁개방 초기 시절과 다르며, 심지어 21세기 초의 시기와도 다른 상황에 있다. 중국은 이미 많은 영역에서 국제 평균의 수준에 도달해가고 있고 일부 영역에서는 국제 수준을 이끌며 앞서가고 있다. 문제는 어떻게 중국 인민의 새로운 능력을 더욱 발산시키고 혁신형 국가를 건설하기 위한 속도를 끌어올릴 것인가에 있다.

성숙한 민족은 반드시 반성하는 것에 능해야 한다. 70년 동안 중국은 설령 가장 어려웠던 시대에도 과학 기술에 대해 당시 국력에 걸맞지 않는 거대한 자원을 투입해왔다. 하지만 중국이 이룬 성취와 투입된 자금, 보유하고 있는 인재 자원을 서로 견주어보면 여전히 매칭이 되지 않고 있다.

개별 영역을 제외하면 중국의 과학자 중에서 노벨상을 수상할 정도의 획기적인 창조를 해내는 사람이 적다. 물론 다양한 하이테크 영역에서 일부 프로젝트가 국제적으로 선도적인 수준 또는 선진 수준에 도달하기는 했지만 대량의 하이테크와 관련된 성과는 여전히 실험실 안에 머물러 있고, 경제와 사회 발전에 성공적으로 응용되지 못하고 있다.

또한 중국의 거의 모든 산업에서 핵심 기술이 외국 회사나 다국적 기업에 의존하고 있고 다수의 제조업 관련 기업은 브랜드는 물론 핵심 기술이 없으며 국제 경쟁력이 결여되어 있다.

최근 들어 적지 않은 사람들이 민족문화 심리구조(리쩌허우 등),[71] 유가문화(양전닝),[72] 논리적·이성적 사변 능력을 포함하는 중국인의 사유 모델(추위),[73] 정책과 제도 환경(비교적 보편적인 관점), 학술 가치관 등의 측면에서 중국의 혁신 능력에 대한 반성을 하고 있다. 이것은 거대한 진보이며 대단히 유익한 것이다. 궁극적으로 중국이 100년간 낙후했던 근원을 살펴보면 다방면에 걸쳐 있다. 이에 대해 중국인들이 냉정하게 성찰하기 시작했고, 관점을 적극적으로 드러내고 있는데 이것은 사상 해방의 일대 진보라고 할 수 있다.

문화, 사유 모델, 체제 및 제도, 교육 등의 여러 방면에서 반성하고, 그 근원을 탐색하거나 심지어 비판하는 것은 필수 불가결한 것이다. 하지만 사유 모델, 민족 문화 등은 하루아침에 바뀌는 것이 아니며 긴 세월 동안 지속되어온 교육 모델의 영향에 대해서는 더욱 그러하다.

그럼에도 반성하는 것은 필요하다. 하지만 그것이 핑곗거리를 찾아내려는 것이 되어서는 안 된다. 실제로 예로부터 중국인은 창조성과 혁신 정신(장인 정신을 예로 들었을 때)이 결여된 적이 없었다. 발명과 창조 방면에서 고대 중국과 고대 유럽은 모두 두드러진 성취를 해냈고 각자의 지식 전통과 문명을 형성했다.

따라서 우리는 실천 방면에서 또는 행동 가능성의 측면에서 문제를 고려할 필요가 있다. 그렇다면 과연 무엇을 해야 할까? 그것은 행동을 시작해야 한다는 것이다. 현재의 상황을 변화시킬 수 있는 열쇠는 우선 사상을 해방시키고 관념을 전환(최고정책결정자에서 민중까지)하도록 진작시키는 것에 있다고 생각한다. 다음으로는 전략 혁신(각급 관리층)을 추동하고, 전방위적인 소프트 환경의 혁신을 실시하며, 전략 관리의 능력을 향상시키는 등의 실천이 필요하다. 이를 통해 점진적으로 앞서 언급한 고질적이며 혁신에 불리한 요소를 변화시켜 나가며, 혁신에 유리한 새로운 문화와 사유 모델을 창조해야만 비로소 전체 민족의 혁신 능력을 향상시키고 혁신형 국가를 건설할 수 있다.

## 관념의 전환

첫째, 스스로에 대해 정확하게 인식하고, 거안사위(居安思危, 편안한 처지에 있을 때도 위험할 때의 일을 미리 생각하며 경계하는 것)하며, 위기의식을 강화해야 한다. 현재 사람들은 중국의 경제 규모가 세계 2위가 된 것을 흥미진진하게 이야기하고 개별 영역의 과학 기술 성과를 중국의 전체적인 과학 기술 수준인 것처럼 간주하며 낙관적인 정서에 깊이 도취되어 있는데 이것은 매우 위험하다. 경제 규모가 2위라는 것이 경제 실력이 2위라는 것과 같지 않음은 물론이고, 게다가 1인당 평균으로 계산할 경우 수많은 관련 지표가 세계 평균 수준 이하라는 점을 알아야 한다(예를 들면 2017년 1인당 평균 GDP는 미국이 중국의 6.79배였고, 경제 규모가 3위인 일본의 1인당 평균 GDP는 중국의 약 5배였다).

선진 과학의 기초 연구, 하이테크의 개발 및 응용, 산업 기술에 있어서든 우수한 기업 및 명성 있는 대학의 양과 질에 있어서든 중국은 세계의 선진국과 비교했을 때 보편적으로 상당히 뒤처져 있다. 중국의 과학 기술 실력, 특히 기초 연구 관련 능력 역시 선진국에 비해 훨씬 낙후되어 있으며, 고속 경제 성장 중 누적된 각 영역에서의 사회규범 상실 문제 등도 존재한다(제6장 참조). 이러한 것들은 모두 미리 대비하여 위기의식을 강화해야 하는 내용에 속한다.

둘째, 사고의 폭을 넓히고 혁신 공간을 확대시켜야 한다. 우리가 자연과학 기술 방면에서 완전히 새로운 파괴적인 혁신에 초점을 맞추고 있을 때 상업 모델, 기업 조직의 변혁, 전방위적인 안전 전략 등 '비기술 영역'에서의 혁신을 소홀히 해서는 안 되며, 특히 초영역·초학제적 융합의 혁신 방면에 세심하게 주위를 기울임으로써 이를 통해 향후에 전개될 새로운 경쟁에서 낙후되는 것을 방지해야 한다.

발전 모델, 체제, 제도 등 소프트 환경에 대한 혁신 외에도 물질 생산 부문에서 비물질 생산 부문까지, 경제 활동에서 사회 및 문화 활동까지, 전통적 실체 경제에서 미래의 실체 경제(예를 들면 제1장에서 열거한 각종 차세대 기술 전환을 산업의 핵심 기술로 삼는 것까지) 등 광활한 혁신 공간에 있어서 시대의 변화에 맞춰 산업 구조의 조정, 최적화, 각 업종의 전환 및 업그레이드를 추동해야 한다.

셋째, 과학 기술의 혁신이 국가 혁신 전략의 핵심 요소라고 하더라도 경제, 사회, 환경, 자원의 조화로운 발전을 견지하는 것은 혁신형 국가를 건립하는 데 있어서 기본 조건에 해당한다('전략 관리는 반드시 미래 전망과 결합되어야 한다(562쪽)' 부분 참조).

넷째, 혁신 능력의 제고와 관련된 문제는 연구·개발(R&D)에 대한 투입을 증가시키는 것만으로 해결될 수 있는 것이 아니다. 혁신형 국가를 수립하는 데 있어서 일련의 도전과 장애물에 직면한 우리에게 필요한 것은 시스템적인 해결 방안이다.

다섯째, 핵심 기술을 획득하고자 한다면 반드시 미래 연구와 기초 연구를 강화해야 한다(이후의 내용 참조).

여섯째, 기업이 진정으로 혁신의 주체가 되도록 하기 위해서는 반드시 기업가의 합법적 권익을 보호하는 법치 환경을 우선적으로 조성해야 한다.

일곱째, 중국 본토에서의 발명과 창조를 우선적으로 뒷받침하고 지원해야 한다.

여덟째, 가장 중요한 것은 사상을 한 걸음 더 해방시키고 이를 통해 혁신 잠재력을 심층적으로 발굴해내며 활력을 발산시킬 수 있는 환경을 조성하는 것이다. 비록 제2차 '사상 해방'이 이미 전개되고 있지만 여전히 대담한 탐색과 현실에 부합되는 조치가 더욱 필요하며, 보다 많은 중국의 과학, 중국의 기술, 중국의 사상을 만들어내기 위해 체제 및 제도적 뒷받침이 필요하다.

## 전략 혁신

### 1) 기본 원칙

첫째, 전략 목표는 장기적인 미래의 시각에 입각해야 하며, 전략을 책정할 때도 눈앞의 성공과 이익에만 급급해해서는 안 된다.

둘째, 장기적이고 지속적인 미래 연구는 장기적인 발전 전략에 있어서 반드시 요구되는 기초에 해당한다.

셋째, 하드·소프트 간의 균형이 잘 잡혀 있는 전략이어야 한다.

넷째, 경제·사회·생태·환경·자원·국방 등 핵심 영역의 전략 시스템과 조화를 이루고 상호 연계되어 있는 전략이어야 한다.

다섯째, 과학 기술의 혁신 전략은 반드시 국가의 장기적인 발전 전략과 융합되어 유기체를 형성해야 한다.[74]

### 2) 하드·소프트 간의 균형 잡힌 발전 전략 정립

세계적인 추세로부터 볼 때 소프트 요소가 국가, 업종, 기업 등 서로 다른 차원과 각 영역의 경쟁력 가운데 기여하는 공헌은 날이 갈수록 높아지고 있다. 예를 들면, 종합 실력 및 기업 경쟁력의 제고, '국가 안전'의 신개념 구축, 거시 경제의 성장을 위한 새로운 자원 확보, 지속가능한 발전을 위한 능력의 제고 등 각 방면은 모두 각종 지식과 하드·소프트 기술이 통합된 시스템적 해결 방안을 필요로 한다.

하지만 현재 혁신형 국가를 건설하기 위한 총체적 전략 또는 일부 도시가 '과학 기술 혁신 센터'를 창건하려는 전략에서 하드·소프트 간의 불균형 현상이 보편적으로 존재하고 있다. 예를 들면, 일부 중점 영역에서의 과학 연구 및 기술 개발, 과학 기술 인재 배양 등의 방면에서 대량의 투자를 진행하여 상응하는 하드 환경의 배치가 점점 명확해지고 있지만 소프트 기술 및 소프트 환경과 관련된 방면에 있어서는 혁신을 제약하는 제도적 장애물을 어떻게 타파할 것인지에 대해, 사상의 해방에 영향을 미치고 과학 기술 인원의 혁신 의욕을 저하시키며 선도적인 혁신이 부족한 것에 대해, 심층적인 폐단의 근원을 어떻게 찾아내고 제거할 것인지에 대해 체계적인 연구가 결여되어 있을 뿐 아니라 문제해결을 위한 명확한 안배조차도 이루어지지 않고 있다.

또한 사람들이 더 많은 영역에서 최대한 신속하게 중국의 '게임 규칙'을 수립할 것을 호소하고 있다. 실제로 기술 제도(관련 법률, 법규, 표준 등을 포함)는 기술 영역에 해당하는 게임 규칙의 내용이며, 기술 제도의 연구와 혁신을 통해 기술의 연구와 혁신보다 정체되어 있는 국면을 바꾸고 실시간으로(심지어 시대를 앞서가며) 기술 제도의 연구를 진행해야만 비로소 자신의 게임 규칙을 시대의 변화에 맞게 창조해낼 수 있다.

### 3) 전략 관리를 위한 장기적이며 효과적인 메커니즘 구축[75]

이와 관련된 내용은 이후에 언급할 '5 친환경 발전의 전략 관리 로드맵' 중 '4) 전략 관리의 장기적·효율적 메커니즘(561쪽)' 부분을 참조하기 바란다.

## 소프트 환경이 직면하고 있는 도전

### 1) 정부 주도의 혁신 국면 바꾸기

권리가 과도하게 집중되는 문제는 기술 혁신에 있어서 다음과 같이 나타난다. 즉 혁신을 위에서 아래로 정부의 통제 하에 이루어지는 혁신 시스템에 포함시키는데 여기에는 국가 자원의 분배와 투자 방향이 함께 고려된다. 또한 매우 많은 과학 연구 관련 기구와 과학 연구 인원 및 기업가가 정부의 전략 의도를 이해하고 최대한 정책의 제일선에 서며, 정부 또는 관련된 관원들과의 관계 맺기에 신경을 쓰거나 나아가 정책이나 프로젝트, 자금, 토지, 인재 등의 방면에서 더 많은 배려를 확보하는 데 정력을 집중하게 함으로써 발명이나 창조, 혁신에 전력을 기울이지 못하도록 만든다.

따라서 반드시 정부의 간여를 줄이고 고등교육 기관, 과학 연구 관련 연구소(민영 연구기관 포함)에 더 큰 자주권을 제공해야 한다. 지금까지의 과학사를 살펴보면 중대한 과학 영역에서의 돌파는 대부분 과학자의 자유로운 탐색에 의한 결과였을 뿐 정부가 계획하여 만들어낸 것이 아님을 알 수 있다.

### 2) 제도 혁신 강화로 혁신 환경의 변화 추구하기

발명과 창조, 혁신에 유리한 체제나 제도 및 정책을 전면적으로 탐색해야 한다. 기술 혁신을 예로 들면, 현재의 과학 체제와 과학 기술 관리 제도(각종 기술, 프로젝트, 인재, 자금(특히 자금의 사용 방향) 등이 포함됨), 평가 제도(인재, 성과, 특히 과학 연구 프로젝트의 전문가 평가 및 행정 심사 제도 등), 지식재산권 제도, 격려 메커니즘(스톡옵션, 수익 분배 제도 등) 및 혁신과 관련된 금융 서비스 모델 등은 모두 전면적인 개혁이 요구되며 이를 통해 기초 연구와 기술 혁신에 기여해야 한다.

또한 하루빨리 과학 연구와 관련된 입법을 통해 과학의 전당을 청결히 하고, 학술의 장에서 명예나 이익을 추구하는 행위를 징계하며 학술 부패를 징벌해야 한다. 더욱 절박한 것은 기존의 체제나 제도 및 기제의 틀을 타파하고 입법을 통해 과학적 발명, 창조 및 기술 혁신 방면에서 사상 해방을 보장하고 보호하는 것이다. 뿐만 아니라 독립적 사고를 격려하고, 표신입이(標新立異, 차별성을 강조하며 대담하고 혁신적으로 창조하는 것)하며, 자유롭게 표현하고, 현재의 관점에서 보기에는 황당무계하거나 다수가 동의하는 관점이 아닌 것도 발표를 용인해야만 혁신의 원동력 부족, 훌륭한 학술 분위기 결여 등의 문제를 해결할 수 있고,

사회 전체가 새로운 사상과 창의력 속에서 용솟음치는 소프트 환경을 창조해낼 수 있다.

아울러 체제 및 기제에 있어서 이른바 '양장피(연관성이 없이 따로 노는 것_옮긴이)'의 문제를 예로 들어 설명하자면, 군민(軍民) 두 가지 시스템을 과학연구에서 산업화에 이르기까지 융합·발전시키는 것은 우리가 수십 년 동안 외쳤던 구호지만 해결하지 못한 난제이다. 이것은 엄청난 낭비인데 국가가 보유하고 있는 전략적 과학 연구 성과를 민용 시장에 이전하게 되면 기업이 그중에서 자주적으로 통제할 수 있는 지식재산권을 획득하는 것에 유리할 뿐만 아니라 국방과 전략적 연구개발 부문이 민용 시장의 기술 이전과 시장에서의 실험을 통해 기술의 신뢰성을 제고시킬 수 있고 충분한 이윤을 확보함으로써 후속 연구를 지원할 수 있게 된다. 또한 이것은 완벽한 '국가 혁신 시스템'을 형성해가는 데 있어서 필수 불가결한 것이기도 하다.

여기서 강조할 것은 반드시 충분한 반성을 할 수 있는 기회를 제도적 차원에서 제공해야 한다는 점이다. 특히 우리의 약점과 고질적인 나쁜 근성, 그리고 그것에 의해 야기되는 사회·경제 생활 중의 폐단 및 문화적 형성 원인에 대해 반성하고 잘못을 바로잡을 수 있어야 한다.

### 3) 인재관과 인재 시스템 마련하기

그 어떤 국가의 발전도 끊임없이 이어지는 국내 인재들의 노력이 뒷받침되어야만 이루어질 수 있고, 혁신형 국가의 건설과 관련하여 더욱이 인재는 기본적인 자원에 해당된다. 2019년 시점에서 중국의 고등 교육 기관은 모두 2,956개소였고 그중 1,800여 개의 대학이 2001년부터 2014년 사이에 새롭게 개설되었다. 이에 따라 매년 배출되는 고등교육 기관(대학교)의 졸업생 수는 증가일로에 있다(1990년 61만 명, 1995년 80만 명, 2000년 95만 명, 2005년 307만 명, 2010년 575만 명, 2015년 749만 명, 2016년 765만 명, 2017년 795만 명, 2019년 834만 명을 각각 기록했다).[76] 또한 중국에는 연구생(대학원생)과 박사학위 취득자가 매우 많이 존재한다(현재 대학원 이상의 학력 보유자 수는 약 900만 명이며, 박사학위 소지자는 70만 명에서 80만 명 사이로 추산된다). 이처럼 방대한 중국의 인재 자원은 세계의 그 어떤 국가와도 비교될 수 없는 것이다.

하지만 중국은 현재 모든 영역에서 고급 인력이 심각하게 부족한 상황이다. 이와 동시에 최근 들어 전례 없는 교육 이민과 투자 이민의 흐름이 발생하여 과학 기술 엘리트, 문화 엘리트, 금융 엘리트 등이 대량으로 유실되었고, 국내의 경력이 풍부한 인재를 제대로 활용하지 못한 채 낭비하고 있으며, 해외 인재를 흡수하는 것도 부족하여 경제 사회의 발전에 있어서 뒤를 이을 후계 역량이 결여되는 위험을 증가시키고 있다.

중국 교육부의 통계에 의하면 2017년 중국에서 출국한 유학생의 수가 처음으로 60만 명 선을 넘어 60만 8,400명이었고, 출국한 각종 유학생의 누계는 519만 4,900명이었다.[77] 비록 귀국하여 국내에서 일하는 것을 선택하는 유학생의 비율이 상승하고 있지만 대량의 우수한 인재들이 여전히 해외로 떠나고 있다.

또한 2014년의 통계에 따르면 매년 투자 이민을 통해 미국과 호주로 유입되는 자금은 각각 29억 위안과 32억 위안이며, 재산이 1억 위안 넘는 중국의 부자 중에서 미국, 캐나다, 싱가포르, 유럽으로 이민을 생각하고 있는 사람의 비율은 각각 40퍼센트, 37퍼센트, 14퍼센트, 11퍼센트였다. 2013년 해외에서 생활하고 있는 중국인은 850만 명이었고 중산 계층이 주종을 이룬 반면, 중국으로 이민을 오는 외국인은 84만 8,000명에 불과했다.[78]

그렇다면 진정한 문제는 무엇인가? 대규모 이민의 풍조 및 각종 인재의 대량 유실이 발생하는 근본적인 원인은 어디에 있을까? 왜 우수한 인재들이 중국으로 귀국하는 것을 원하지 않는가?

"칩은 투자에 달려 있는 것이 아니라 과학자에게 달려 있다." 즉 '기술은 돈으로 구입할 수 있는 것이 아니라 사람이 창조하는 것이다'라는 화웨이(Huawei) 창업자 런정페이(任正非)의 인재관은 연구하고 학습할 만한 가치가 있다. 화웨이는 현재 수학자 700여 명, 물리학자 800여 명, 화학자 120여 명을 보유하고 있는데 이것은 런정페이가 가장 자랑스럽게 생각하는 자본이다. 화웨이는 '전략 연구소'를 세운 뒤 전 세계 유명 대학의 저명한 교수를 높은 보수를 주고 초빙하여 기초 연구를 진행하고 있다. 런정페이는 이러한 인재 투자와 관련하여 "화웨이는 투자한 인적 자본에 대한 수익을 추구하지 않을 것이다"라고 말했다. 이것이야말로 높은 곳에서 멀리 내다볼 줄 아는 자세라고 할 수 있다.

즉, 과학 연구나 기술 개발에 있어서 사람에게 투자하는 것이 가장 첫 번째 임무이다. 인재를 아끼고 사람에게 투자하는 것은 그들의 노동에 대한 존중, 신임, 기대 그리고 격려다. 요컨대, 정확한 인재관을 수립해야만 비로소 인재에 대한 체제, 기제, 제도 및 정책과 관련된 혁신 문제를 해결할 수 있다.

그렇다면 '어떻게 해야 국내 과학자를 최대한 신속하게 배양하고 과학 기술 인재와 자금이 외부로 빠져나가는 것을 막을 수 있을까?' '어떻게 하면 100만 명 남짓의 해외로 출국하여 전문성을 축적한 학자를 귀국시켜 웅대한 혁신 대오에 끌어들일 수 있을까?' '어떻게 하면 더 많은 유학생이 귀국하여 창업하도록 유인할 수 있을까?' '어떻게 하면 세계에서 더 많은 인재들을 중국으로 유인할 수 있을까?'

인재를 육성하고 발견하며 흡수하고 정착시키기 위해서는 정확한 인재관을 수립하고 '사람'에 대한 투자를 과감히 하며, 행정 주도 및 부문 분할의 인재 관리 체제를 타파하고, 우수한 인재를 선발하고 발견 및 평가하는 메커니즘을 개혁하며, 각종 기금 제도를 개혁하고, 기초 과학 연구에 대한 지원을 강화해야 한다. 또한 성과를 과학적으로 평가하는 기제를 건립하고, 과학 연구와 관련된 조속한 입법을 통해 과학의 전당을 청결히 유지하는 등 건강한 과학 연구 문화를 수립하며, 전 세계로부터 인재를 유치하는 메커니즘(리콴유는 중국이 국내 인구 14억 명 중에서 인재를 선발한다면 미국은 전 세계 70억 명 중에서 인재를 선발한다고 말한 바 있다)[79]과 국제적으로 연계된 인재 정책을 수립하는 것 등이 필요하다.

이렇듯 환경이 갖추어져야만, 특히 소프트 환경이 개선되어야만 비로소 인재의 배출을 격려할 수 있고, 전 세계 차원에서 우수한 인재를 더욱 많이 모을 수 있다.

반가운 것은 최근 몇 년 동안 많은 중국인 유학생이 학업을 마친 뒤 중국으로 귀국하는 것을 선택하고 있다는 것인데 2017년에만 48만 900명의 중국인 유학생들이 귀국했다. 이러한 현상이 형성되는 주요 원인은 다음 두 가지다. 첫째, 해외 정책(타국의 인재 정책 등)이 점차 엄격해짐에 따라 중국 유학생들이 현지에서 취업하기 어려운 상황이 심화되고 있다. 둘째, 중국이 신속하게 발전하고 있고, 중국의 국가 정책이 해외 인재의 귀국을 크게 지원하고 있어 중국인 유학생들에 대한 흡인력이 늘어나고 있다.[80]

### 4) 기초 연구 이론을 뒷받침할 기제 탐색하기

일반적으로 발전 초기 단계에 있는 '신흥 경제체'로서 중국은 선행 국가의 지식과 기술 및 경험을 '학습하고 모방하고 협력하고 합자하고 응용하는 것'을 통해 공업화 과정을 추동하고, 과거에 한국과 일본 등이 그랬던 것처럼 후발주자의 장점을 충분히 발휘해야 한다. 하지만 여기서 더 나아가 추격과 모방의 혁신에서 돌파적인 혁신으로 뛰어넘기를 실현하고자 한다면 반드시 다양한 영역에서의 기초 연구를 제때 가동하고 강화해야 한다.

역사는 구미의 선진국이든 일본의 부상이든 그들이 모두 기초 연구를 중시한 것과 밀접한 관계가 있음을 증명하고 있다. 그런데 중국에서는 자연과학 영역이든 사회과학 영역이든, 더욱이 산업 영역은 거론할 것도 없이 기초 연구가 대단히 취약하며 이로 인해 현재 학문 발전을 추동할 중대한 과학적 발견이 여전히 결여되어 있다.

또한 산업의 변혁을 이끌 수 있는 원리 차원에서의 돌파, 즉 기초 이론의 돌파가 거의 존재하지 않고, 발전을 제약하고 있는 핵심적인 과학 문제를 풀어낼 수 있는 지식의 축적이 결여되어 있으며, 리더급 인재 역시 부족하다. 이것은 현재의 경제 규모와 대칭을 이루고 있지 못하다.

장기적인 기초과학 연구의 축적이 이루어지지 않고 기초 이론의 뒷받침이 부재한 상황에서 창의적인 기술과 혁신이 어찌 가능하겠는가? 기초 연구는 역대 산업혁명의 안내자로서 선진국에서는 종합 국력의 경쟁에 있어서 전략적 감제고지(瞰制高地, 적의 활동을 살피기에 적합하도록 주변이 두루 내려다보이는 고지)로 간주되어 투입되는 연구·개발의 전체 비용 중 15~20퍼센트 정도의 지원을 받고 있다. 그런데 중국의 기초 연구에 투입되는 비용은 연구·개발의 전체 비용 중 고작 5퍼센트를 차지하고 있을 뿐이다.[81]

2000년부터 2016년까지 일본의 과학자들은 매년 하나의 노벨상을 수상했는데(2017년, 2018년, 2019년에도 1명씩 수상함_옮긴이) 이것은 미국에 버금가는 것이며 일본 기업의 혁신 능력도 세계적으로 인정받아 상위권에 올랐다. 이와 같이 강력한 기초과학 연구의 수행 능력과 연구·개발 경비가 GDP에서 차지하는 비중이 세계 1위이라는 것과 기업이 주도하는 연구·개발 경비가 전체 연구·개발 규모 중 차지하는 비율이 세계 1위인 것은 상호 밀접한 관련이 있다.[82] 일본의 이러한 기초 연구 성과와 차세대 기술의 비축은 향후 국가의 경쟁에 있어서 힘을 발휘할 것이며 세계에서 앞서가는 지위를 차지하는 데 있어서도 유리한 조건을 창출할 것이다.

만약 우리가 제때 반성하지 않고 여전히 낮은 비용이 드는 추격·모방형 혁신을 추구한다면 혁신은 곧 원천 없는 물이 되고, 뿌리가 없는 나무가 되어 소규모 차원에 머물게 될 것이다. 이른바 '국가의 이기(利器)'라고 하는 것을 어찌 타인의 기초 위에 세울 수 있겠는가! 그 근원을 추적해보면 현재의 학술 성과에 대한 평가 메커니즘이 건전하지 못하고 학술 기풍이 들떠 있으며, 상업 환경이 눈앞의 이익을 추구하는 것에 급급하고, 사회 분위기가 금전을 최고로 여기고 있는 것 등에서 책임을 벗어나기 어렵다.

이에 따라 반드시 기초 연구를 뒷받침하는 메커니즘 문제를 우선적으로 해결하고, 중앙·지방·기업(기업이 주도하는 기초 연구를 격려하는 것)과 사회 전체가 기초 연구를 함께 지원하는 양호한 분위기와 투자 환경을 구축해야 한다.

### 5) 기업에 대해 정확하게 인식하기

혁신형 국가를 건설하는 과정에서 기업은 가장 핵심이 되는 혁신 주체이다. 실력을 보유한 혁신형 기업군은 국력의 상징이자 그것을 보증한다. 중국에 있어서 절대적인 부분의 혁신 투자와 정책 투입이 국가급 연구기관과 유명 대학교에 이루어지는 경향을 바꾸고 기업이 진정으로 혁신 활동의 주체가 되도록 제도적으로 보장해주는 것이 필요하다. 이와 관련된 구체적인 내용은 추후에 언급할 '혁신 딜레마 극복 방법(514쪽)' 부분을 참조하기 바란다.

월드비즈니스아카데미(World Business Academy)는 일찍이 그 설립 취지에서 "과거의 반세기 동안 기업은 이미 세계에서 가장 강력한 조직이 되었다. 그 어떤 사회에서도 사회를 주도하는 조직은 전체 사회에 대해 책임을 져야 한다. … 하지만 기업에는 이러한 전통이 결코 존재하지 않는다. 이것은 기업의 새로운 역할이지만 아직 충분히 이해되거나 받아들여지지 않고 있다"[83]고 밝힌 바 있다.

또한 특별히 관심을 가져야 하는 것은 현 시대 대기업이 지향하는 미래와 역할이다. 과학 기술의 신속한 발전에 따라 매우 많은 국가에서 정보기술 관련 대기업을 많이 육성하게 되었고 이러한 기업들이 매우 강대해짐에 따라 국가와 대기업 간의 관계에 변화가 발생하고 있는 중이다. 대기업이 장악하고 있는 것은 거액의 화폐 자금과 시장뿐만이 아니라 인터넷·사물인터넷 시대에 대단히 특수한 의미를 지닌 또 하나의 소프트 자본인 '공공 데이터'를 포함하는 본국 및 세계의 정보 자원도 장악하고 있다.

미국의 5대 과학 기술과 관련된 대기업의 총규모만 해도 3조 5,000억 달러에 달하는데 이는 이미 영국의 GDP(2017년 기준으로 2조 6,400만 달러)를 넘어섰고 이러한 대기업들이 '정부가 반드시 해야 할 일'[84]을 할 수 있게끔 능력을 갖추게 만들고 있다. 심지어 그 효율 또는 영향력이 국가 차원을 훨씬 능가하며, 더 나아가 글로벌 세력 균형에 영향을 미칠 수도 있다.

예를 들어, 이용자가 수억 명에 달하는 인터넷 대기업들이 세계의 사교 방식, 학습 방식, 소비 방식을 변화시키고 사람들의 생활에 편리함을 제공하는 한편, 동시에 전 세계를 조금씩 장악해나가는 중이다. 이러한 대기업들이 갖추고 있는 사교 플랫폼에 대한 장악·통제 능력은 그 어떤 정부보다도 더욱 '높은 효율'로 민의(民意)를 유도하고 심지어 국가 정권의 기반에 위기를 초래할 수 있으며, 정부 부문과 미디어가 거꾸로 자본에 의해 통제되는 정보 플랫폼에 의거하여 소리를 내도록 만든다.

2021년 1월 9일, 미국 대통령의 교체가 임박했을 때 미국의 SNS 대기업 트위터는 8,800만 명의 팔로워를 보유한 트럼프 전 대통령의 개인 계정에 대한 영구 사용 중지를 결정했다. 이어서 페이스북, 구글, 애플, 유튜브도 대규모 트럼프 지지자들의 인터넷 커뮤니티를 차단했다. 미국의 상업용 미디어 플랫폼이 자국 대통령에 대해 가한 '봉쇄'는 미국 정치의 범주를 크게 벗어난 것이다. 이것은 세계 정치와 경제 발전에 영향을 미치는 매우 심대한 의미를 갖는 중대한 사건으로 많은 사람들을 놀라게 했다.

더욱 우려스러운 것은 인터넷 과두(寡頭) 기업들의 힘이 너무 크다는 것인데 이것은 비단 미국에만 국한된 사항은 아니다. 중국을 포함한 일부 국가들은 자본의 통제를 받으며 움직이고 있는 인터넷 미디어 및 네트워크에 대한 감독·통제를 위해 관련 조치의 채택을 서두르며 인터넷에서의 과두 혼란에 대응하고 있다.

### 6) 교육 체제 정비와 교육 개혁의 방향 세우기

교육과 교육 개혁은 당대의 세계적 명제이다. 좋은 교육이란 무엇인가? 교육 개혁의 방향은 무엇인가? 중국에 있어서 이러한 문제는 더욱 두드러진다. 2010년 공표된 '국가 중장기 교육 개혁과 발전 규획 강요(2010-2020년)'에서는 '백년대계인 교육은 국가의 근본이며 강국이 되려면 반드시 먼저 강력한 교육이 이루어져야 한다'고 강조했다. 중국의 미래 발전, 중화민족의 위대한 부흥은 그 핵심에 있어서 인재에 의지해야 하며 기초는 바로 교육에 있다. 하지만 이러한 인식을 실천으로 옮기는 건 결코 쉬운 일이 아니다.

어떻게 하면 지덕체를 겸비하고 사회에 대해 책임감을 지닌 다음 세대들을 배양할 수 있을까? 어떻게 하면 기초 교육, 고등 교육, 전문 교육, 직업 교육 및 평생 교육이 서로 결합된 교육 시스템을 구축할 수 있을까? 어떻게 하면 미래의 과학자를 육성할 수 있을까? 어떻게 하면 초학제·초영역 교육을 진행하고 기술·기능(재능), 인도 정신, 예술 교육을 결합하여 혁신적 인재를 배양할 수 있을까? 어떻게 하면 과감하게 행동하는 비즈니스 정신을 갖추며 개척하는 것에 진취적이고 개척을 잘 해내는 혁신적 기업가를 배양할 수 있을까? 어떻게 하면 인류와 세계의 미래에 관심을 갖는 미래 학자를 배양할 수 있을까? 어떻게 하면 중국 자체의 사상가를 배양할 수 있을까? 이러한 것은 모두 혁신형 국가를 건설하는 데 있어서 교육과 관련된 과제들이다.

그런데 이와 같은 문제를 해결하는 것은 결코 교육 부문만의 문제가 아니라 전체 사회의 문제이기도 하다. 혁신형 인재를 배양하는 것을 예로 들어 설명하면, 이러한 인재의 최대 특징은 대단한 창조성을 지니고 있다는 점이다. 그런데 창조성은 어디에서 나오는가? 학교 교육을 통해 획득한 지식의 축적 및 개인의 새로운 사물에 대한 민감성, 호기심 등의 소질도 물론 중요하지만 창조적인 인재가 대량으로 출현하고 성장하는 것에 유리한 소프트 환경은 필수 불가결한 전제 조건이라고 할 수 있다. 그 이유는 다음과 같다.[85]

① 창조성은 사상 해방에 유리하며 무한한 상상력, 자유로운 의견 발표, 타인과의 상호 연동 및 토론을 격려하고 개인의 적극성과 창

의를 진작시키는 것에 유리한 소프트 환경에서 연원된다. 소프트 환경 중 체제, 기제 및 제도 환경 이외에 뒷부분에서 논하게 될 '혁신의 문화적 분위기'가 관건이다(사상 해방에 유리한 제도와 문화적 분위기).

② 창조성은 초학제적 연구, 초영역의 상호 연동 및 통합에서 연원된다(개방적인 혁신 환경).

③ 창조성은 문화를 초월한 교류와 학습에서 연원된다(대외적으로 개방되어 있고 국제 교류에 편리한 환경).

④ 창조성은 협력, 연합, 연대에서 연원된다(조직 차원에서 창조는 새로운 사유, 새로운 영감, 새로운 기술을 교류하고 통합할 수 있는 기회).

⑤ 창조성은 사유 모델을 바꾸는 것, 즉 창조적 사유를 격려하고 '이상천개(異想天開, 기상천외한 것)'를 고려하는 것에서 연원된다. 상당수의 발명은 역발상에서 나온다(비범한 사유 방식에 대한 격려).

⑥ 창조성은 미지의 세계를 탐색하고 문제 혹은 난제를 해결하려는 강렬한 소망과 도전하고자 하는 용기에서 연원된다(모험 정신을 격려하고 실패를 용인하는 환경).

"왜 우리의 학교는 걸출한 인재를 배출해내지 못하는가?"[86] 이것은 유명한 '첸쉐썬(錢學森)의 질문'으로 현재 중국 교육 사업에 관한 심오한 명제로 공인되고 있다. 그런데 단지 앞서 언급한 '창조성의 원천'에 대한 분석에 입각하여 설명하더라도 교육 개혁은 확실히 중요하지만 현재의 상황을 철저하게 바꾸려면 중국 사회의 각계가 힘을 합쳐 문제를 해결해야 한다. 즉 창조적 인재가 대량으로 배출되고 격려 속에 성장하는 유리한 소프트 환경을 조성해야 하는 것이다.

'첸쉐썬의 질문'에 관하여 교육가 첸잉이(錢穎一) 교수는 "교육이란 지식을 전수하는 것 외에도 학생의 개성이 발전할 수 있도록 보다 여유롭고 유리한 공간과 시간을 창출해야 하고, 학생의 호기심을 보호하는 것은 물론 그들의 상상력을 자극해야 하며, 학생이 가치 취향에 있어서 더 높은 추구를 하도록 이끌고, 단기적인 공리주의를 피하도록 해야 한다"고 답했다.[87] 심지어 그는 '학교가 걸출한 인재를 배출해내지 못하는 것이 문제가 아니라 잠재적인 걸출한 인재들을 짓누르고 있는 것이 문제'라고 날카롭게 지적했다.

### 7) 민간 기업의 진입 허가와 민영 자본 유치하기

세계가 급격히 변화하고 발전함에 따라 중국 사회도 갈수록 개성화되고 청년의 혁신 문화가 빠르게 글로벌화되고 있다. 또한 정보 비용이 급격히 저하되어 갈수록 많은 하이테크를 소집단이나 심지어 개인이 장악할 수 있게 되었고, 사영 부문의 혁신이 선진 기술 영역에서 나날이 중요한 위치를 차지하게 되었다.

중국의 견지에서 논하자면, 행정 권력의 민간의 경제나 기술 활동에 대한 압력과 간여를 조속히 배제하고 시장 경영에서 뿐만 아니라 국가 혁신 시스템에 있어서 민간 기업에 평등한 기회와 지위를 제공해야 한다. 또한 법에 의거하여 그들의 합법적 권익, 특히 재산을 보호하고 아울러 민간 자본이 자유롭게 이동하고 발전할 수 있도록 해야 한다. 이것은 장대한 민간 기업의 혁신 역량이며 전 국민의 혁신 활력을 진작시키는 효과적인 조치이다.

### 8) 창업 환경의 규제 완화와 영세 기업 및 중산 계층 배양하기

중국에서 혁신에 대해 논할 때는 연구·개발 투자, 하이테크 산업의 인큐베이터, 과학원 및 대학교 실험실이 소기업 및 영세 기업과 연계가 매우 미미하고, 더욱이 중산 계층의 문제는 재론할 필요도 없을 만큼 좋지 못하다는 것을 우선적으로 고려해야 한다.

현재 중국의 창업 환경은 열악한 편으로 대학교 졸업생의 창업 비율은 겨우 3~5퍼센트에 불과하고 소규모 소성진(일반적으로 인구 20만 명 이하의 소도시를 지칭함_옮긴이)의 거주민과 수억 명에 달하는 농민공의 창업 역시 쉽지 않다. 이에 따라 관념, 체제 및 정책 등 여러 방면에서 소기업 및 영세 기업의 생존과 발전을 격려해주는 것이 조속히 필요하다. 실제로 수많은 유니콘 기업(시가총액 10억 달러 이상의 창업 기업_옮긴이)은 과학기술 관련 중소기업에서 성장한 것이다. 수많은 사람이 창업을 실행하고, 발명과 창조 및 혁신을 숭상하여 자주적으로 창업하고 취업하며, 자발적으로 창조하고 재산을 축적하는 과정에서 수억 명이 중산 계층이 되는 국면을 실현해야만 혁신형 국가로 나아가는 정도(正道)를 실현할 수 있는 것이다.

중산 계층이 튼실해지면 사회의 안정이 촉진되고, 국내 소비가 활성화되며, 나아가 경제 성장을 적극적으로 견인하고, 민주화 과정에 이로운 것은 물론 정치 개혁에 있어서도 매우 중요하다.

좋은 소식은 중국이 이미 간정방권(簡政放權, 정부·기업의 기구를 간소화하고 권한을 하부 기관에 이양하는 것)에 이어 '감세'를 지향하고 '금리 인하'를 지향하는 등의 재세(재정·조세)·금융 조치를 시작하여[88] 서비스업, 삼농, 소기업 및 영세 기업, 민영 기업과 신흥 업태의 발전을 지원하고, 수많은 소기업 및 영세 기업(2017년 말까지 중국에서 소기업 및 영세 기업의 명부에 등록된 기업의 수는 이미 7,328만 1,000호에 달했다)에 실질적인 혜택을 주고 있다는 것이다.

소기업 및 영세 기업은 그 수가 많고 그중 절대 다수는 민영 기업으로 경제 발전을 추동하고, 시장의 번영을 촉진하며, 취업을 부단히 확대시키고, 빈곤을 줄이는 것에 있어서 중요한 역할을 하고 있다. 이와 관련하여 2014년 3월 발효된 새로운 규정[89]을 실시한 지 6개월이 채 되지 않아 176만 개의 기업이 등록 절차를 마쳤는데 이것은 전년 동기 대비 68퍼센트 증가한 것이다.

리커창 총리가 직접 중국 타오바오(Taobao)의 '인터넷 점포 제일촌'이라고 불리는 저장성(浙江省) 이우시(義烏市) 칭옌류촌(清岩劉村)을 시찰한 적이 있는데 해당 촌은 단지 700여 호, 촌민 1,486명으로 이루어져 있지만 1만 5,000여 명의 인터넷 판매 및 관련 산업에 종사하는 인원을 모았고 등록된 2,800여 개의 인터넷 점포에서 매일 세계 각지에 3,000여 개가 넘는 각종 상품을 팔고 있다. 이렇게 인터넷을 통해 성립된 교역 액수의 규모만 해도 2014년에 35억 위안에 달했다.[90]

2015년 9월 중국 국무원은 '대중 창업과 군중 혁신을 뒷받침하는 플랫폼을 신속하게 구축하는 것에 관한 지도 의견'[91]을 공표했다. 그 내용은 여유로운 발전 공간을 형성하고, 건강한 발전의 기초를 다지며, 자율적인 발전 메커니즘을 형성하고, 지속가능한 발전 환경을 구축하는 것 등 4가지 방면에서 17개 항목의 정책 조치를 제기했다.

### 9) 혁신의 문화적 분위기 조성하기

한 국가의 과학 기술 발전에 대해 말하자면 관념, 전략, 체제, 제도 방면의 조건과 조치를 제외하고 문화적 분위기는 가장 간과되기 쉬운 중요한 요소다. 혁신에 필요한 것은 다원화, 개방, 자유, 변혁에 대한 숭상, 포용, 협력, 일치되는 문화적 분위기로 이러한 환경은 반드시 노동과 과학을 존중하고, 지식과 인재를 존중하며, 발명과 창조를 숭상해야 한다.

현재 중국의 혁신 분위기 속에서도 '총으로 머리 내미는 새를 쏜다(모난 돌이 정 맞는다)' '나무가 크면 바람도 세다(명성이 높을수록 다른 사람의 시기와 공격을 많이 받는다)' '사람은 이름이 나는 것이 두렵고 돼지는 살찌는 것이 겁난다' '지족한 사람은 항상 즐겁다' '닭의 머리가 될지언정 봉황의 꼬리는 되지 않는다' 등과 같은 고질적인 구습의 영향이 여전히 존재한다. 이러한 보수적이고 이기적이며 근시안적이고 사회의 진보에 이롭지 못한 부정적인 문화는 국민이 독특성과 차별성을 추구하고, 탁월한 것과 협력·공향을 추진하며, 진취적으로 탐색과 모험에 나서고, 실패에 관용적인 것 등을 내용으로 하는 새로운 문화의 건립에 깊은 영향을 미치고 있다. 즉 중국의 선진 과학 기술 발전과 기업가 정신 육성을 심각하게 가로막고 있는 것이다.

중국 사회의 기풍에 있어서는 경제가 발전하고 물질 생활의 수준이 현저하게 향상된 반면 배금주의, 향락주의, 오락주의, 유리시도(唯利是圖, 오직 이익만 추구하는 것), 신뢰 상실, 정신적 공허, 서방에 대한 맹목적인 숭상 및 도덕적 타락 등의 현상이 초래됐다.

많은 사람들에게 있어서 금전과 권력은 인생의 가치를 평가하는 유일한 기준이 되었고, 수많은 엘리트들이 금융 분야에서 일하기를 갈망한다. 부자에 비해 지식인 계층은 존중받지 못하고, 국가에 대해 중대한 공헌을 하고 있는 과학자와 엔지니어도 그 소득이 연예계 스타보다 훨씬 낮다. 뿐만 아니라 '인민의 공복'이라는 것을 무엇보다 명심해야 할 정부의 관원들 사이에 부정부패 현상이 심각하게 나타나고, 심지어 상당수의 '나관(裸官, 아내와 자녀를 모두 외국으로 보내고 혼자 국내에 남아 직책을 맡고 있는 정부 관료를 지칭_옮긴이)'이 출현하고 있다.

성공한 수많은 인사와 스타들이 향락 즐기며 현란한 사치 생활을 하는 것을 영예로 생각하거나 가족을 해외로 이민 보내기 위해 바쁘게 움직이는 것 또한 큰 문제다. 초등학생 또는 중학생 및 그 부모들은 오로지 높은 성적을 올리고 좋은 학교에 가는 일로 분주하고, 청소년이 숭배하는 것은 영웅 또는 과학자가 아닌 연예계 스타가 되어버렸다. 일부 미디어 또한 이익 추구에 매몰되어 지켜야 할 선을 넘거나 연예계 스캔들 등을 이용하여 사회에 저속한 풍조를 조장하고 있다.

뿐만 아니라 가장 깨어 있어야 할 학계는 학풍이 경박해지고 논문을 표절하거나 논문의 수를 늘리는 일에 급급하며 눈앞의 이익에 사로잡혀 있는 경솔한 마음가짐이 빈번하게 출현하고 있다. 상업적 이익을 숭상하는 풍조가 학계를 침식하고 있는데, 수많은 학자가 성과를 조금이라도 내면 벼슬길에 올라 명리(명예·이익)를 추구하는 것에 집착하고 스타 학자가 되기 위해 서로 경쟁하며 오로지 출세와 인간관계만을 중시한다. 이러한 대단히 실무적이고 명리화된 학술 분위기는 과학 기술 영역의 혁신 동력과 혁신 능력에 큰 영향을 미치고 있다.

중국인들에게 '여분의 돈'이 있게 된 것은 불과 10여 년 전부터인데 이러한 사회 분위기가 조성됐으니 어떻게 혁신형 국가를 뒷받침할 수 있겠는가? 그나마 다행스러운 것은 일부 국민들이 이러한 흐름에 대해 경각심을 갖고 경고하며 호소하고 있다는 점이다.

따라서 중국인은 냉정하게 스스로를 되돌아보고 중국의 전통 문화 중에서 나쁜 폐단은 버리고 우수한 것은 더욱 장려하고 발전시켜 계승해나가야 한다. 또한 진취적인 자세로 긴장감과 책임감을 높이고, 독립적인 사고를 가진 지식인 계층이 전국(전체적인 국면)을 가슴에 품고 불굴의 정신을 갖도록 만들어야 한다. 아울러 청년들이 생기가 넘쳐흐르고 미래에 대한 이상과 자신감으로 충만할 수 있도록 노력하고, 사회 전체에 혁신을 숭상하고 탐구를 격려하는 분위기를 조성해야 한다. 모험에 진취적으로 나서고 성공을 추구하며, 실패에 대해 관용하는 혁신 문화를 적극적으로 드높이는 자세도 중요하다. 또한 미래와 관련된 교육, 혁신 교육을 대대적으로 제창하고, 자강불식(自强不息, 스스로 노력하며 게을리하지 않는 것)을 중국의 정신이 되도록 해야 한다.

앞서 언급한 소프트 환경을 둘러싼 9가지 커다란 도전은 다음과 같은 몇 가지 문제에 대해 간접적으로 회답하고 있다.

- 선진국의 연구·개발(R&D) 투입이 왜 혁신의 관건인가? 그들의 소프트 환경은 상대적으로 완벽하고 끊임없이 보완되고 있기 때문이다. 따라서 하나의 기술이 R&D에 의해 지원을 받게 되면 그 개발과 기술 이전의 속도는 곧 개도국의 그것을 초월하게 된다.[92]
- 두 명의 중국계 과학자가 해외에서 노벨상을 획득했지만(2015년까

지 중국계 인물 12명이 노벨상을 수상했다_옮긴이), 구미에서 유학한 수많은 정상급 학자들은 왜 중국으로 귀국하려 하지 않는가?

- 청소년들 사이에서 '과학자가 되고 싶다'는 꿈은 매력을 점점 상실하고 있다. 미래에 과학 기술과 관련된 업종에 종사하는 것을 희망하는 학생의 비율이 미국의 절반 수준(미국 38퍼센트, 중국 16.8퍼센트)은 물론 경제협력개발기구(OECD) 국가들의 평균 비율 24.5퍼센트에도 미치지 못한다.[93] 또한 유명 대학의 적지 않은 우등생들이 졸업한 이후에 돈을 많이 벌 수 있는 회사에 들어가는 것을 목표로 삼고 있다.
- 유가 전통의 영향을 매우 깊게 받았던 일본과 한국이 혁신형 국가를 건설하는 방면에서 현저한 성적을 거두었다. 1949년에서 2018년까지 일본은 모두 27명의 노벨상 수상자를 배출했고,[94] 21세기에 진입한 이래 매년 노벨상 수상자가 나오고 있다. 한국도 수년 전부터 몇몇의 기술 및 산업 영역에서 세계를 선도하는 흐름을 유지하고 있고 최근 들어 문화 산업은 세계를 풍미하고 있다.
- 2008년 미국 드림웍스 애니메이션의 〈쿵푸 팬더(KungFu Panda)〉가 중국에서 히트 친 것은 중국인들에게 깊은 반성을 하도록 만들었는데, 즉 미국의 영화 제작자가 어떻게 '중국에서 쿵푸를 배운 팬더로부터 희극성과 유머감각을 발견할 수 있었는가' 하는 것이다.
- 첸쉐썬의 질문과 그 답안은 교육에만 국한된 것이 아니라 오히려 창조와 혁신에 유리한 소프트 환경을 건설하는 방면에 더 큰 무게가 있다.
- 또한 이것은 '실리콘밸리 모델'이 세계의 기타 지역에서 복제되기

어렵다는 난제에 회답을 제공한다. 수십 년의 탐색을 거쳐 사람들은 결국 실리콘밸리의 성공 비결은 일종의 혁신 문화를 수립한 것에 있었다는 점을 인식하게 되었다. 그런데 이른바 혁신 문화의 내용은 이처럼 복잡하기에 다양한 문화 배경, 다양한 발전 단계에 처해 있는 사회의 관점에서 논하자면 필요로 하는 변화가 대단히 심각하여 단번에 성취할 수 없다.

이와 같은 소프트 환경을 둘러싼 9가지 커다란 도전은 실제 중국이 혁신 문화를 구축하는 데 있어서 승리해야 할 주요 전역이다. 물론 9가지 전역에서 승리를 거두기 위한 기본 전제는 지속적인 개혁개방이다. 오직 양호하고 여유로운 '발명, 창조, 혁신'의 소프트 환경 또는 토양이 있어야만 과학 기술 인재 또는 전 국민의 창조 및 혁신 열정을 분발시킬 수 있고 이를 통해 중국은 혁신이 구동하는 발전의 길로 나아갈 수 있게 된다.

## 혁신 딜레마 극복 방법

중국 기업이 혁신의 딜레마로부터 벗어나고자 한다면 다음과 같은 일련의 조치를 취해야 한다.

### 1) 독립된 시장의 주체로 거듭나기

이것은 정부가 주도하는 계획 경제에서 시장 경제로 나아가는 단계에서 중국 기업이 직면하고 있는 특수한 문제다. '미래 500대 기업(Future 500 China)'에 대해 3중 책임 평가[95]에서 우리는 수많은 중국 기업의 관리 체계가 현대 기업 제도와 서로 연계되어 있지 않다는 것을 발견했는데 하물며 독립적인 시장 주체가 되기 위해서는 가야 할 길이 멀다. 현재 이러한 구조는 기업이 단기적인 효율과 이익을 추구하고 장기적인 전략 관리를 결여하게 만드는 근원이자 기술 혁신을 방해하는 주요 장애물로 기초 연구에 대한 투자는 더욱이 기대하기 어렵다.[96]

### 2) 관념의 전환과 기업가 정신의 육성

혁신과 관련하여 가장 근본적인 것은 사상 해방을 통해 심층적으로 혁신 잠재력을 발굴하고 활력을 발산할 수 있도록 북돋는 것이다. 사상 해방과 관련해서는 다양한 차원과 영역에서 여러 가지 노력이 필요하다.

우선 정부 차원에서는 대부분의 혁신 투자(자금과 정책 투입)를 국가급 연구기관과 소수의 유명 대학교에 집중하고 있는 경향과 대기업만을 중시하고 중소기업과 사회 기업을 홀시하는 현재의 상황을 바꾸어야 한다. 또한 각급 지방 정부가 경제 이익을 지향하며 기업화되고 있는 행위 모델을 조속히 바꾸고 기업가 정신을 배양하는 것에 도움이 되는 소프트 환경(실패에 관용적인 제도 환경 포함)을 창조해야 한다.

무엇보다 기업가의 위치를 정확하게 이해하는 것이 필요하다. 중국의 기업가는 통상적 의미에서의 국가 경제 활동의 주체이자 혁신 주체일 뿐만 아니라 역사상 전례 없는 현재의 개혁개방 실천 과정 중 특히 경제체제의 개혁에 있어서 제일선에 서 있는 전사, 즉 혁신을 구동하는 일꾼이자 개척자이다. 따라서 반드시 그들의 모험 정신을 고취하고 지원해야 하며, 국가의 법률을 위배하거나 불법적인 이익을 얻고자 도모하지 않았다면 그들이 행여 실수를 범하거나 심지어 실패하는 것을 너그러이 이해해주고 걸맞은 대우를 해주어야 한다.

다음으로는 기업가들의 합법적 권익을 보호해야 한다. 2017년 12월 최고인민검찰원은 '직능 역할을 충분히 발휘하여 기업가의 합법적 권익을 보호하는 법치 환경을 조성하여 기업가의 혁신 및 창업을 지원하는 것에 관한 통지'를 통해 기업가의 건강한 성장과 사업의 발전을 위해 완화된 법치 환경을 조성하고, 인신과 재산의 안전을 보장하며, 창업 및 혁신에 대한 자신감을 높이는 것 등의 기초 조건을 마련했다. 이것은 기업이 독립적인 시장의 주체가 되기 위한 전제이며, 새롭게 시작되는 개혁의 중대한 조치에 해당한다.

해당 문건은 과거에 기업가를 대하는 자세에 심각한 문제가 있었다는 것을 말해준다. 2018년 12월, 중앙경제공작회의(중국공산당 중앙·국무원이 공동으로 주최하는 최고위급 경제회의_옮긴이)는 민영 기업의 발전을 지원하고 법치화된 제도 환경을 조성하며, 민영 기업가의 인신과 개인 재산의 안전을 보호해야 한다고 강조했다.

기업 차원에서 주의해야 할 것은 오로지 '높고, 크고, 강하게' 되고자 해서는 안 되고, 기업 자체의 '금강석 송곳(능력을 의미_옮긴이)' 즉 핵심 기술을 창조해야 하며 정부의 정책 취지 및 투입을 충분히 이용하는 것은 잘못된 것이 아니지만 가장 믿을 수 있는 것은 독특한 혁신 공간을 여는 것이라는 점을 절대로 잊어서는 안 된다. 또한 혁신에 방해가 되는 모든 경계를 타파하고 기업의 장기적 전략목표와 기초 연구를 강화하고 독창적인 혁신 능력을 끌어올리며, 눈앞의 성공과 이익에만 급급하여 빨리 수익을 올리고자 하는 함정에 빠지지 말고 실체경제의 발전을 촉진하기 위해 노력해야 한다. 그리고 물질 차원의 하이테크 또는 국외의 기술, 특허 구매에 시선을 집중시키는 것은 물론 비기술 영역의 혁신에도 관심을 기울이며, 대기업을 숭상하는 것에서 '좋은 기업'이 되고자 서로 노력하는 모습으로 바뀌어야 한다.

### 3) 미래 연구와 기초 연구 강화

중국의 여러 산업들은 핵심 기술이 부족하고 중요 기술과 핵심 부품에 있어서 여전히 외국 기업 또는 다국적 기업에 의존하고 있다. 이 문제를 근본적으로 해결하려면 반드시 기업이 주도하는 미래 연구와 기초 연구를 강화해야 하고, 해당 기업의 장기적인 발전을 위해 맞춤형 지식의 원천과 이론적 뒷받침을 제공해야만 혁신 능력을 지속적으로 향상시킬 수 있다.

요령을 피우고자 해서는 안 되고, 일부 기술은 돈을 주고도 구입할 수 없는 것이라는 인식을 가져야 한다. 세계의 선진 기술에 대해 무관심하고 투자를 하지 않는 기업에는 미래가 없다. 기초 연구는 기업이 핵심 기술을 획득하고 장기적인 경쟁 우위를 형성시키는 중요한 원천이지만 단기간 내에 기업에 직접적인 수익을 가져오기는 매우 어렵다. 중국의 수많은 우수한 기업은 이미 원시 자본의 축적 단계를 넘어섰는데, 기업의 장기적인 미래를 고려하는 전문적인 팀을 꾸려 기업의 리더가 높은 곳에서 멀리 내다볼 수 있도록 이끌고, 기업의 혁신을 위해 새로운 발상과 창의를 제공하며, 미래로 향하는 문을 열어주어야 '100년 기업'을 만들어낼 수 있는 희망이 생기는 것이다.

인텔이 승승장구하는 한 가지 중요한 원인은 시종일관 위기감을 유지하고, 기술 혁신을 진행하며, 생산품의 세계 일류 수준을 실현하는 것 외에도 미래 연구를 대단히 중시한다는 것에 있다. 인텔의 미래연구소는 미래 컴퓨터의 조작 가능성과 미래 비전에 대한 개발을 주도하고 있다. 화웨이는 미래를 연구하는 전문적인 기구를 자체적으로 보유한 중국에서 몇 안 되는 기업 중 하나이다. 〈포브스〉가 선정한 2018년 '세계 최고 브랜드 가치 100대 기업' 중 화웨이의 브랜드 가치가 2년 연속 순위권 안에 진입했는데 이것은 중국 브랜드로서는 유일한 것이었고, 특히 5G 기술에서 국제적으로 선도하는 성취를 이룬 것에는 그 배후에 화웨이가 미래 연구를 중시하고 기초 연구 및 개발을 위해 거액을 투입했기 때문이다. 또한 "영원한 것은 모두 미래를 준비하는 과정 중에 있다"는 화웨이의 전략이 만들어낸 성과였다.

#### 4) 국내 기술의 우선적 지원과 발전 독려

최근 들어 중국의 특허 수량, 특히 발명 특허의 신청 수량과 유효한 발명 특허의 보유량이 급속히 증가함으로써 중국 본토의 기술이 지닌 발전 잠재력을 부각시키고 있다. 중국국가지식재산권국(國家知識産權局)이 공표한 특허 관련 통계 자료에 의하면 중국의 발명, 특허 보유량은 꾸준히 증가하고 있는데 2017년에 138만 2,000건이 되어 전년 동기 대비 14.2퍼센트가 증가했고, 그중 1만 명당 발명 특허 보유량은 9.8건을 기록했다. 하지만 특허 기술의 평균적인 전환 비율은 겨우 21.7퍼센트에 불과하며 그중 기업과 대학교의 전환 비율은 각각 42퍼센트와 10퍼센트였다.[97]

발명과 창조를 강력하게 제창하고, 국내 과학자와 국내 기술을 발굴하고 투자하는 것을 격려하며, 국내 인재를 육성하고, 발명 특허에 초점을 맞춘 기술 이전의 효율성을 높이는 것은 독자적인 브랜드와 오리지널 핵심 기술, 국제 경쟁력이 결여되어 있는 중국 기업이 현재의 상황에서 벗어나기 위해 반드시 거쳐야 하는 길이라고 할 수 있다.

### 5) 사고의 전환으로 새로운 혁신 플랫폼 창조하기

수많은 '소기업 및 영세 기업'을 위해 서비스를 제공하는 창업 플랫폼으로 발전하고 있는 하이얼(Haier)은 인터넷 시대의 특징에 순응하며 완전히 새로운 비즈니스 모델을 창립해낸 기업으로 학습할 만한 가치가 있다. 현재에 이르러 내부의 창업 인원들이 200여 개의 소기업 및 영세 기업의 창업을 지원하고 있는데, 이렇듯 시장에 가장 접근해 있고 고객의 수요를 가장 잘 이해하고 있는 사람들이 '문제를 해결하는 것'을 통해 창업의 꿈을 실현하도록 하고 있다. 또한 하이얼은 2,000여 개의 창업한 소기업 및 영세 기업을 부화시키거나 육성하여 전체 사회를 위해 100만 개의 취업 기회를 제공하기도 했다.[98]

### 6) 기업의 '소프트 환경' 강화하기

기업 내부에서는 조금은 여유로운 듯 느슨한 환경을 조성하고, 혁신을 격려하며, 실패를 용인하고, 자유롭게 새로운 발상에 접근하고 이를 설계할 수 있는 분위기를 조성하며, 창업에 뜻을 둔 직원들을 내부 기업가 제도의 수립을 통해 격려해야 한다. 중국 기업이 인텔의 미래학자 브라이언 존슨(Brian Johnson)처럼 회사에 소속된 직원들이 각지에서 강연을 하고 SF소설 등을 집필하거나 SF영화감독이 되는 것을 허락할 것인지에 대해 한 번이라도 생각해본 적이 있는가? 실제로 그가 행하는 일은 '미래 주조'라고 일컬어지며 인종론, 기술 및 추세에 대한 데이터 등과 관련된 연구를 통해, 심지어는 과학적 차원의 환상을 통해 소비자와 컴퓨터 기술의 발전을 위해 실무적인 식견을 제공하는 것에 있다.

### 7) 기업의 조직 혁신

신속하게 변화하고 있는 시대에 적응하기 위한 기업의 '조직 혁신'은 성공을 위한 관건이다. 변혁에 부합되는 기업의 조직 혁신 추세에는 다음과 같은 것이 포함된다.

① 전통적인 금자탑 형태의 기업에서 벗어나 플랫폼화를 실현하려면 기업 조직이 전체적으로 통합되고, 플랫폼에 적응하며, 지능화 경영에 부합되어야 한다.

② 기업의 규모나 직원 수를 늘리는 것을 추구하는 것이 아니라 시장의 변화에 신속하게 적응하는 시스템, 즉 탄력성 있는 조직을 형성해야 한다.

③ 폐쇄적인 조직에서 경계선이 없는 조직, 개방적인 조직으로 바뀌어야 한다.

④ 시간과 공간의 축소 원칙을 견지해야 한다. 또한 협력, 연맹, 초국경, 초업종에 기반한 기업의 조직 혁신은 세계화 시대에 기업이 성공하기 위한 전제이며, 개방 혁신과 협력 혁신을 위한 핵심이라는 사실을 인지해야 한다.

⑤ '플랫폼+개인'의 개체 혁신 시대에 적응하고 능동적으로 도전해야 한다.

⑥ 핵심 능력을 장악하고 유지하며 외부 자원을 충분히 활용하되 가상기업, 가상연구소를 이용하는 것에는 주의해야 한다.

⑦ 포용하는 문화와 혁신적인 문화, 탄력적인 변혁을 지향하는 문화를 건설해야 한다.

### 8) 기술 제도의 혁신 함께 고려하기

기술 이전의 효율이 낮은 중국 기업의 원인 중 하나는 기술 제도의 혁신을 중시하지 않기 때문이다. 사회과학 계통과 자연과학 기술 계통 간의 초학제적 협력이 결여되어 있기 때문에 제도 연구의 전문가들이 기술 제도 영역에 비교적 적게 존재하고, 시스템적으로 연구를 진행하지 못하고 있다. 이에 따라 핵심 기술 영역의 법률, 제도, 표준, 정책이 서로 협력하고 보완되는 기술 제도 시스템을 형성하지 못해 광의의 기술 혁신을 촉진하지 못하고 있다.

일본은 세계의 '로봇 왕국'으로 불리는데 그 놀라운 발전과 보급은 로봇과 관련된 20여 개 항목의 제도, 법규 및 계획에 의해 뒷받침되고 있다.[99] 오리지널 기술의 혁신을 강조하고 있을 때 관련된 기술 제도의 혁신이 반드시 선행되거나 적어도 동시에 이루어져야만 우리가 주도할 수 있는 게임 규칙을 솔선하여 제정할 수 있는 것이다.

## 혁신형 국가의 건설과 미래 연구

한 국가의 입장에서 미래 연구는 더 높은 차원의 기초 연구, 즉 장기적인 시각에서 종합적인 국력을 강화하고 지속적인 번영과 발전을 유지하기 위해 거시적인 발전 전략을 책정하는 데 있어서 제공되는 연구 성과를 말하는데, 기초 연구의 방향성을 제시하는 것 또한 이에 포함된다.

독일의 철학자 헤겔은 "오로지 하늘에 대해 관심을 갖는 사람이 있다면 그 민족에게는 희망이 있다고 말할 수 있다. 하지만 사람들이 오로지 발밑의 일에만 관심이 있다면 그 민족에게는 미래가 없다"라고 말했다.[100] 중국이 부상하는 시대는 변혁의 시대이고, 신구 문명이 교체되는 시대다. 중국은 현재 모든 선진국이 걸은 적 없던 현대화의 길을 걷고 있고, 하나의 개도국으로서 공업 문명에서 지구 문명으로 전환하는 것을 탐구하고 적극적으로 실행하는 중이다.

이에 따라 한 무리의 지식인 계층이 더욱 필요하며, 과거 100여 년 동안 구국을 위해 헌신한 선조들처럼 신시대의 희생정신에 입각하여 자신을 초월하고 개인의 명리에 연연하지 않으며 국가와 민족의 장기적인 미래에 관심을 갖고 연구하는 것을 자신의 임무로 삼아야 한다. 또한 이들은 반드시 중국의 현실에 입각하여 지구의 변화, 인류의 미래, 세계의 미래에 관심을 가져야 하며 사회 전체, 특히 각급 정책결정자들에게 시대의 변화에 부합되는 깨어 있고 멀리 내다보는 '참고 정보'를 제공해야만 이 나라에 희망이 있다고 할 수 있다.

1990년대 이래, 미래 연구에 대한 열기가 세차게 불면서 세계 각국은 저마다 미래 연구를 강화했다. 그 특징을 살펴보면, 연구 영역이 과학 기술 영역에 국한되지 않고 경제, 사회, 환경, 자원 및 공공 영역은 물론 세계 질서, 글로벌 거버넌스, 인류의 미래 등 거시적 차원까지 확대되고 있다는 점이다. 또한 연구기관도 다양화되고 있고, 연구는 초학제적이며, 시스템적 사고와 국제성 및 복잡성 등의 특징을 보이고 있다. 미래 연구는 이미 초학제적, 초영역적, 초문화적인 글로벌 차원의 복잡계(Complex System, 완전한 질서 또는 완전한 무질서를 현시하지 않고 그 사이에 존재하는 계로서 수많은 요소들로 구성되며 그 요소들 사이의 비선형 상호 작용에 의해 집단 성질, 예를 들면 '창발' 현상 등이 떠오르는 다체문제가 존재함_옮긴이)에 대한 연구와 실천을 수행하는 것이 되고 있다.

### 1) 긴박한 국내외 정세에 주목하기

– 중국의 급부상은 전 세계의 주목을 받고 있고 각 단계의 개혁 조치 역시 전 세계로부터 폭넓은 관심을 받고 있다. 심지어 일부 기

관에서는 중국의 '미래 30년, 50년, 100년'을 연구하고 있다. 중국은 현재 평화적으로 부상하는 신형 대국으로서 전면적인 부흥을 실현하기 위한 길에 서 있으므로 조속히 '미래 50년, 100년' 및 그 로드맵을 심도 있게 연구하고, 시나리오 분석을 진지하게 수행하며 위험과 좌절, 실수의 반복을 어떻게 극복할 것인지 방법을 강구해야 한다.

- 중국은 국제 사회의 선진적 연구, 추세 및 관점을 바짝 따라가야 할 뿐만 아니라 그 가운데 각국의 미래학자와 엘리트들이 미래를 어떻게 전망하고 예측하고 있는지 이해해야 한다. 그들이 어떤 근거(이론)와 방법으로 각자의 최고정책결정자들에게 어떤 형태의 건의를 제공하여 미래의 국내외 변혁에 대응하고자 하는지를 살펴보아야 하는 것이다. 더욱 중요한 것은 중국의 강점, 심층적 차원의 도전, 리스크와 기회를 식별하여 중국의 부상을 위해 미래 연구의 성과를 지속적으로 제공하는 것이다.

### 2) 미래 연구의 낙후성에 대한 반성

- 40여 년 동안의 개혁개방 가운데 중국은 끊임없이 모색하고 시도하는 길을 걸어왔다. 이른바 '돌을 더듬어가며 강을 건너는 것'을 행해온 것이다. 중국의 지속가능한 발전을 위해서는 도전에 기초하여 반드시 더욱 합리적인 발전 단계를 향해 나아가야 한다. 이에 장기적인 목표와 발전 전략을 수립하고 상대적으로 성숙되고 비교적 완벽한 발전과 개혁에 유리한 이론 체계를 바탕으로 현명

하고 지혜로운 실천을 진행해야 한다.

– 중국은 오로지 기원전 시기에 미래 연구를 선도했을 뿐 근대 시기에는 뒤처졌고, 현대에 이르러서는 더욱 낙후하게 되었다. 중국에서는 수십 년 동안 과학적 정책결정이 강조되고 있지만 수많은 중대한 정책결정이 견실한 장기적인 미래 연구의 기초 위에 입각해 있지 못하고 이에 따라 중대한 오류가 빈번하게 발생하고 있는데 어떤 손실은 몇 대가 지나도 쉽게 메울 수 없는 것이기도 하다.

– 현재의 경향은 미래 연구 자체가 적고, 실패학(현대 경영학의 하부 학문 분야 중 하나_옮긴이)을 연구하지 않으며, 고대 시기나 국외 또는 미래학의 방법론(리스크가 없음)에 대한 연구에만 열중하고, 국제적으로 연계되어 있지 않거나 초부문적, 초학제적, 초영역적 미래 연구가 제대로 이루어지지 않고 있다.

– 전문적으로 미래 연구를 수행하는 기관이 부족하고, 미래 연구와 관련된 민간 연구기관은 더욱 부족하다. 대다수 정책결정자들이 중시하고 있는 것은 임기 이내의 일들이며 장기적인 미래 연구에 대해서는 관심이 별로 없기 때문에 미래 연구에 대한 투자 및 지원을 기대하기 어렵다.

– 중국의 싱크탱크는 3,000여 개가 있는 것으로 알려져 있지만 장기적이고 지속적이며 독립적이고 국제적으로 연계되어 미래 연구를 관련된 정책결정 기관에게 건의하거나 자문할 때 기초로 삼고 있는 싱크탱크의 수는 매우 적다.

– 세계에는 최고 수준의 미래 연구 기관이 100여 개 존재하는데 중국에는 새로운 사상과 추세에 대해 전문적으로 관심을 갖고 있는

부문이 하나도 없다. 또한 인간에 대해, 새로운 사유(특히 중국인으로부터 연원하는)에 대해 투자를 진행하는 분위기와 메커니즘이 없는데 이것은 '중국 사상'의 창조에 있어서 이롭지 못하다.

– 중국의 경제가 발전하여 각 방면에서 대량의 투자가 진행되고 있다. 하지만 보다 중요한 것은 국민의 미래 의식을 강화하고, 미래 사상가를 육성하며, 정책결정자에게 지혜를 제공하는 '미래 연구' 방면에 투자를 진행하는 것이다. 미래 연구에 대한 투자도 없이 글로벌 플랫폼에서의 인류의 미래, 미래 문명, 미래 세계의 거버넌스, 과학 기술의 발전 방향 등과 관련하여 어떻게 발언권을 획득하고 세계 강국의 대열에서 우뚝 설 수 있겠는가?

– 미래 연구를 중시하거나 이에 투자하는 중국 기업은 마치 봉모인각(鳳毛麟角, 봉황의 털과 기린의 뿔처럼 매우 드물고 진귀한 인재 또는 사물)과 같다. 화웨이는 미래 연구를 수행하는 전문가팀을 보유하고 있는 몇 안 되는 중국 기업 중 하나이다.

### 3) 전면 부흥을 위한 미래 연구 강화

우리가 인류의 미래와 비전에 대해 철학적으로 사고하고 미래 연구를 강화해야 한다고 제창하는 것은 한 국가 또는 인류의 장기적인 미래 문제일 뿐만 아니라 오늘날 우리 사회의 정치, 경제, 사회, 문화 및 과학 기술의 발전 방향을 모색하는 과정에 해당한다.

– 21세기 지속가능한 발전에 있어서 중국은 하나의 실험장이다. 중

국의 사회 제도, 인구, 친환경 발전, 조화로운 사회의 건설, 삼농 문제(14억 명의 인구를 먹여 살리는 문제 포함), 국민 전체의 건강 등의 방면에서 특수한 국정을 감안할 경우 전면적인 부흥을 그 취지로 하는 모든 발걸음은 다른 국가와 완전히 같을 수는 없다. 따라서 세계 및 본국의 역사를 연구하고, 부단히 변화하고 있는 세계와 그 미래에 대한 전망을 수행하는 것을 통해 장기적인 미래에 대한 독립적인 연구가 필요하다.

- 조속히 전 국민의 미래 의식을 고취시키고 각급 정책결정자들과 학술계, 산업계 그리고 청소년들로 하여금 중국의 미래, 세계의 미래 및 인류의 미래에 대해 관심을 갖도록 하여 미래 문명의 '중국 버전'을 함께 창조해내는 것이 필요하다.
- 정신적 가치와 윤리적 가치를 중시하는 동방 문명과 더불어 조화와 변증법적 사유를 숭상하며, 천인합일을 추구하는 것 등을 특징으로 하는 중국의 전통적 철학 관념이 활기를 되찾아야 한다. 또한 인류의 미래 문명에 있어서 사상의 기초를 재정립하고, 전 인류의 운명 공동체 건설에 참여하는 의식을 배양하며, 인류의 지속가능한 발전을 위한 새로운 문화를 창조하고 발전시킴으로써 인류의 진화와 문명 진보의 방향을 이끌어야 한다. 이를 위해 중국의 전면적인 부흥과 관련된 사업은 반드시 인류가 동방 문명과 서방 문명을 통합시킨 미래 문명, 즉 '지구 문명' 또는 '위대한 문명'을 맞이하는 웅대한 실천 속에 융합되어야 한다.

### 4) '실패는 성공의 어머니'라는 사실 인식하기

장기적인 발전 전략을 세우는 과정에서 얻게 되는 수많은 교훈은 진지하게 총결산할 만한 것들이다. 중국의 출산 정책인 '계획생육 정책'을 예로 들어 설명하면 다음과 같다.

자발적인 출산 통제 메커니즘을 구축하는 것으로 어떻게 지속가능한 발전을 위해 필요한 인구 수요를 만족시킬 수 있도록 할 것인가는 전 지구적인 차원에서 일대 도전이다. 중국은 1980년대 말에 '한 쌍의 부부가 한 명의 아이를 키우는' 출산 정책을 실시했다. 세계 1위의 인구 대국으로서 진행한 인구 통제에 대한 실험은 깊은 의미가 있다. 하지만 출생률에 대해 수십 년 동안 강제적으로 통제를 감행한 이후(30년 동안 최소 몇 억 명이 적게 출생함) 다음과 같은 폐단이 두드러지게 나타나고 있다. 중국의 출산율은 이미 1.5 이하로 내려갔고 이는 2.1의 대체 출산율보다도 훨씬 낮다.[101] 또한 출생 인구의 성비에 있어서 불균형 현상이 두드러지는데[102] 2014년 말까지 남녀 인구의 성비는 105.06:100이었지만 결혼 적령기에 있는 1970년대, 1980년대, 1990년대 출생자 중에서 비혼인 인구의 남녀 비율은 각각 206:100, 136:100, 110:100으로 나타났다.

믿을 수 있는 노동력의 공급원이 부족하다는 점도 문제가 되고 있다. 2010년 제6차 인구센서스의 자료에 따르면 0~14세 인구가 전체 인구에서 차지하는 비율이 16.60퍼센트였는데, 1982년 제3차 인구센서스에서는 33.6퍼센트였다. 30년이 채 되지 않은 기간 동안 절반 이상이 줄어든 것이다.

진정으로 부유해지기 전에 노령화 사회에 조기 진입하게 되었다는 점도 주목해야 한다. 2017년 말까지 중국의 60세 및 그 이상의 노인 인구는 이미 2억 4,100만 명에 이르렀고, 2050년을 전후하여 해당 수치는 4억 8,700만 명에 도달하여 전체 인구 중 34.9퍼센트를 차지할 것으로 예상된다.[103] 독거노인의 규모 역시 계속해서 상승하고 있고(2013년에 1억 명 돌파), 실독 가정(失獨家庭, 외아들 또는 외딸을 잃은 가정, 혹은 그로 인해 추후에 출산 계획이 없거나 출산 가능성이 없는 가정을 지칭함_옮긴이)[104]이 점차 증가하는 추세를 보이고 있다. 또한 1억 4,500만 명의 외아들 및 외딸의 독자양로(獨子養老, 외아들 또는 외딸이 노인 부모를 부양하는 것)와 관련하여 일련의 사회 문제가 야기되고 있다.

1990년대나 2000년대의 출생자가 노동할 수 있는 연령에 진입한 이후 그들 중 일부는 2명이서 2명의 아이와 4명의 노인을 부양해야 할지도 모른다. 인구의 감소는 노동력을 부족하게 만들 뿐만 아니라 소비시장 또한 대폭 위축시킬 것이다. 만약 합리적인 해결 방안을 마련하지 못할 경우 앞으로 20년 이후에 중국에는 더욱 심각한 인구 위기가 나타날 것으로 예상된다.

요컨대, 앞당겨 도래한 '노령화'와 '저출산' 현상은 경제 및 사회 영역에서 수많은 문제를 일으키고 심지어 국가 안전 문제에도 영향을 미치고 있다. 이를 위해 2013년 11월 중국공산당 18기 3중전회는 '배우자 중 한 명이 외아들 또는 외딸인 경우 그 부부는 2명의 아이를 출산할 수 있게 하는 '단독이태(單獨二胎)' 정책을 제기했다. 하지만 해당 정책의 조건에 부합되는 1,100여만 쌍의 부부 중 2015년 5월까지 단지 145만 쌍의 부부만이 '단독이태'를 위한 신청을 접수했을 뿐이었다.[105]

2015년 10월 중국공산당 18기 5중전회는 전면적으로 한 쌍의 부부가 2명의 아이를 출산할 수 있는 새로운 인구 정책을 내놓았다. 하지만 '전면이해(全面二孩)'라고 불리는 해당 정책이 실시된 지 2년째의 인구출생률은 거꾸로 하락했고, 2017년 인구출생률은 2016년에 비해 0.52퍼센트 하락하여 겨우 12.43퍼센트를 기록했다. 만약 이러한 추세가 계속될 경우 앞으로 10년 동안 매년 30만~80만 명이 감소되는 속도로 인구가 위축되고 출생 인구의 눈사태와 같은 붕괴는 우리가 예상했던 것보다 더 일찍 빠르게 도래할 수도 있다.

이것은 우리로 하여금 '출산에 대해 전면적으로 개방하고 심지어 격려하는' 정책을 제기하도록 만들 가능성이 있다. 하지만 현재 중국의 낮은 출산율이 단순히 출산 정책에서 비롯된 것은 아니라는 사실을 모두 잘 알고 있다. 구체적으로 살펴보면 사람들이 받고 있는 사회적 압력, 예를 들면 집세나 교육 및 의료 서비스 등의 비용이 끊임없이 상승함에 따라 '단독이태'를 할 수 있었던 부부들이 해당 권리를 포기하게 만들었다. 또한 현재 중국에서 사람들의 기본적인 생존 조건이 이미 폭넓게 보장받고 있기에 생활의 질에 대해 더욱 관심을 갖게 되었고 여기에 후대의 인구수를 전면적으로 고려하는 문제 등이 포함되었다는 점이다.

인구 자원은 한 국가의 장기적인 발전 전략 시스템을 구성하는 기본요소이며, 인구수와 질은 사회, 경제, 자원, 환경의 조화롭고 지속가능한 발전에 직접적인 영향을 미친다. 그런데 당시 중국의 정책결정자는 인구에 대한 장기적인 미래 연구를 국가의 중대한 정책결정을 할 때 기초로 삼아야 한다는 인식이 결여되어 있었다. 따라서 현재에 이르기까지 몇 년 사이에 세 차례나 인구 정책을 바꿀 수밖에 없었다.

이러한 역사의 교훈은 인구의 발전 등 국가의 장기적인 발전 문제와 관련하여 중대한 정책결정을 할 때 반드시 장기적인 미래 연구를 기초로 삼아야 한다는 것을 우리에게 일깨워준다. 실제로 출산의 자율은 미래의 '인류 문명'에 포함된 내용 중 하나이다. 지구의 차원에서 볼 때 출산 계획 또는 출산의 자율은 두 가지 극단을 피해야 하는데 먼저 지구에 인구가 과잉되는 것을 방지해야 하고, 다음으로는 물질 생활의 풍요, 교육 수준의 향상, 출산율의 지속적인 하락에 따라 최종적으로 인구가 너무 적어지거나 쇠퇴하지 않도록 주의를 기울여야 한다.

어떻게 출산 정책을 점진적으로 보완할 것인지 그리고 경제의 발전과 사회 복지의 개선, 의료 보건 시스템의 건전화, 교육 제도 개혁 등의 루트를 통해 출산에 대한 권리를 가정이 자주적으로 행사할 수 있도록 보장하는 기초 위에서 자발적으로 출산을 통제하고 세계 인구를 안정시킬 것인지의 문제는 매우 중요하다. 뿐만 아니라 그러한 목적을 실현하기 위해 출산과 지구의 자원이 견뎌낼 수 있는 능력을 '동태적 균형'에 도달하도록 만드는 것은 중국뿐만이 아니라 세계적으로도 매우 중요한 과제다.

요컨대, 과거 100여 년 동안 파란만장한 역사를 겪으며 깊이 잠들어 있던 문명 고국인 중국이 전면적으로 부흥하는 것은 위대하면서도 대단히 어려운 과업이다. 우리는 이를 위해 지구 문명 또는 위대한 문명의 시각에서 세계와 인류의 미래를 연구하고, 천년대계 또는 백년계획의 커다란 포부 아래 중국의 미래를 준비하고 장기적인 전략 방향을 확정하여 시대의 변화에 부합되는 미래 연구의 성과를 제공해야 할 것이다.

## 소결: 혁신형 국가를 건설하는 것은 임무가 막중하고 가야 할 길이 멀다

앞서 우리는 주로 과학 기술 영역에서의 혁신 문제에 초점을 맞추어 혁신형 국가를 건설하는 데 있어서 직면하고 있는 각종 도전, 예를 들면 사상 해방을 실현하고, 전략 혁신을 이루며, 소프트 환경을 조성하고, 기업으로 하여금 혁신 딜레마로부터 벗어나게 만들며, 미래 연구를 강화하는 것 등에 대해 논의했다.

실제로 진정한 혁신형 국가를 건설하고 과학 기술 영역에서 혁신을 실현하는 것은 대단히 중요하다. 하지만 문화·교육의 체제와 제도, 경제·사회 발전 모델 등에 이르는 다양한 영역에서 전방위적이고 심층적이며 체계적인 그리고 시대의 변화에 부합되는 개혁과 재건을 진행하는 것이 기본 전제라는 사실을 반드시 기억해야 한다.

4

# 반드시 시스템적인 해결 방안을 채택해야 한다

앞서 우리는 지속가능한 생존과 발전을 실현하는 것은 복잡한 인간 활동의 시스템 공정이며, 그것의 각 하부 시스템에서 인간의 활동패턴을 바꾸어 '문명의 전환'에 적응하도록 만드는 과정이라는 사실을 살펴보았다.

지금부터는 중국이 친환경 경제를 발전시키는 과정에서 얻은 성과와 직면한 도전 그리고 현재 실시하고 있는 각종 조치를 통해 지속가능한 발전을 실현하기 위해서는 시스템 차원에서의 해결 방안을 반드시 채택해야 하는 이유들에 대해 설명하겠다.

## 친환경 발전의 시스템 공정

개혁개방 이후 40여 년 동안의 고속 경제 발전을 거치며 중국의 경제 규모는 세계 2위에 도달했다. 하지만 우리가 앞서 분석한 바와 같이 중국은 각 방면에서 모두 지속가능한 발전을 위한 도전에 직면하고 있다. 따라서 근본적으로 발전 모델을 전환시키는 것이 가장 중요하며 절실하게 실행해야 할 일이다. 중국이 현재 일으키고 있는 '지속가능한' '친환경'을 주요 특징으로 하는 신기술혁명과 산업혁명은 새로운 혁신 공간을 열어줄 뿐만 아니라[106] 중국 경제에 새로운 성장 기회와 동력을 제공해주고, 경제 성장의 질을 향상시키는 데 있어서 효과적인 경로를 제공하고 있다.

유엔 환경계획(UNEP)의 정의에 의하면 '친환경 경제'란 인류의 복지와 사회적 공평성을 향상시키고 동시에 환경 리스크 및 생태계의 결핍을 현저하게 감소시키며 저탄소 배출, 높은 효율의 자원 이용, 사회적 포용성이 이루어지는 경제를 지칭한다.[107] 최근 들어 친환경 경제의 개념은 '녹색 성장' 또는 '친환경 발전'으로 더욱 진화되고 있다. 그것은 곧 환경적으로 지속가능한 경제의 진보와 성장을 통해 저탄소 배출을 촉진하고 사회적 포용성을 지닌 발전을 강조하는 것이다.

중국은 현재 친환경 발전을 위해 각종 조치를 취하고 있는데 여기에는 구조조정, 관련 제도의 개혁, 정치 시스템 보완, 친환경 기술의 R&D 투입 확대, 민생에 혜택을 가져다주는 각종 정책의 강화 등이 포함되며 이러한 조치들은 사람들을 주목하게 하는 진전을 이루어냈다. 중국 국가통계국이 공표한 데이터에 따르면 2018년 중국 서비스업이 GDP에서 차지하는 비중은 52.2퍼센트로 제조업이 GDP에서 차지하는 비중(40.7퍼센트)을 앞섰다. 또한 UNEP의 통계 표준에 의하면 일찍이 2010년에 중국의 친환경 산업 생산액이 GDP 총액에서 차지하는 비중은 약 10퍼센트였다.[108]

하지만 친환경 발전을 진정으로 실현하는 것은 말처럼 쉬운 일이 아니다. 환경오염 문제를 예로 들어 설명하면, 2015년 1월 1일부터 새롭게 실시된 환경보호법은 '역사상 가장 엄격한 환경보호법'으로 일컬어지지만 스모그 등의 문제를 진정으로 해결하려면 30~50년의 시간이 필요하다. 그 근원을 살펴보면 친환경 기술의 연구·개발(R&D)과 하드 인프라의 건설에 대량의 투자가 이루어지고 있는 것과 비교하여 친환경 발전에 필요한 소프트 기술과 소프트 환경은 두드러지게 취약하기 때문이다. 종합적인 전략이 부재하고 법률, 제도, 정치 시스템이 제대로 갖추어져 있지 않은 것, 장기적이며 효율적인 관리 메커니즘이 결여되어 있고 능력의 배양을 중시하지 않으며, 비정부 조직의 역량을 충분히 발휘하지 못하는 것 등이 이러한 예에 해당한다.

이에 따라 친환경 발전의 계획과 실시에서는 물론 친환경 발전의 전략 관리 방면에 있어서 모두 하드·소프트 간의 불균형 문제를 해결하는 것에 주의를 기울여야 하고, 친환경 발전을 지속가능한 발전의 전체 시스템 안에 융합시키며 각종 시스템을 총괄적으로 운용해야만 비로소 친환경 발전을 궁극적으로 보장할 수 있다.

중국의 과학자 첸쉐썬은 'CGS(Complex Giant System)'라는 개념을 제시한 바 있다.[109] 만약 지리와 환경 시스템, 사회 시스템, 생물체 시스템, 인체 시스템, 인간의 뇌 시스템 등이 전형적인 CGS라고 한다면 친환경 발전이 필요로 하는 운용은 자연 자원 시스템, 생명 시스템, 생태 시스템, 환경 시스템, 사회 시스템, 경제 시스템 등이 상호 의존하고 (각각의 제한적 요소로 인해) 상호 대체될 수 없는 몇 가지 커다란 시스템을 융합시키는 개방적인 CGS라고 할 수 있다.

예를 들면, 관념의 전환은 녹색 및 저탄소 배출의 생활 방식을 인도하고 친환경 소비 시스템을 구축하는 것과 관계되고, 청결한 생산 방식은 전통적 산업의 개조, 친환경 산업 시스템의 구축 및 산업 구조의 조정과 연계된다. 또한 총체적 계획의 실시는 거시적 관리에서 미시적 관리로의 전환, 친환경 기술의 개발과 응용, 친환경 투자 및 관련된 법률, 법규, 정책 등 일련의 하드·소프트 환경 보장 시스템과 연계된다.

그중 시스템 개방은 앞서 언급한 시스템 간의 개방 외에도 친환경 경제를 발전시키는 것은 한 국가가 단독으로 완성할 수 있는 것이 아니며 각국 및 각 지역 간의 광범위한 협력이 필요하다는 것을 의미한다. 따라서 친환경 발전을 실현하려면 전체 지역 또는 국가를 플랫폼으로 삼아 몇몇의 상호 교차되는 CGS를 설계하고 운용해야 한다.

예를 들면, 거시적 차원에서는 경제, 사회, 생태 환경, 자원 등 핵심 영역의 전략 통합 시스템이 필요하고 관리 차원에서는 국가의 거시 전략 관리에서 산업, 기업, 공민 행위의 관리 통합 시스템이 필요하다. 실시 차원에서는 전략 계획, 실시 도구, 실시 조건으로 구성되는 실시 통합 시스템과 이론에서 실천으로의 복합 시스템이 필요하다.

〈자료 7-5〉에서 볼 수 있듯이 친환경 발전을 실현하기 위해서는 두 가지 차원의 중요한 시스템 운용이 필요한데, 하부 차원은 친환경 발전의 이념과 커다란 배경으로 관념과 가치관(문화 차원), 발전 모델(전략 차원), 체제, 기제, 제도(제도 차원), 생활 방식, 소비 모델, 도시화 모델(사회 차원), 생산 방식(산업 차원), 비즈니스 모델(기업 차원) 등의 소프트 환경으로 구성되는 복합 시스템이다. 이것들은 서로 교차하며 친환경 발전을 뒷받침하거나 직접적인 영향을 미친다.

한편 상부 차원은 친환경 발전의 이념에서 실천까지의 조작 차원, 즉 친환경 발전의 전략 관리 시스템에 해당한다(자세한 내용은 '친환경 발전의 전략 관리 로드맵(550쪽)' 부분 참조). 이를 위해서는 전략 계획, 유형의 실시 도구, 무형의 실시 도구, 하드·소프트 환경의 지원 시스템, 실시간 모니터링, 감독·관리의 실시 등 5대 하부 시스템이 필요하다.

## 친환경 발전의 이념과 배경에 대한 이해

친환경 경제를 발전시키는 것은 새로운 경제혁명이자 인류의 경제 활동 모델이 지속가능한 발전 또는 지구 문명에 적응하는 데 있어서 중요한 발걸음이라고 할 수 있다. 친환경 발전을 실현하려면 인류는 가치관은 물론 발전 모델에서부터 생존 방식에 이르기까지 모두 철저하게 바꿔야 하며, 단지 녹색 프로젝트 또는 녹색 투자, 녹색 연구·개발(R&D) 및 녹색 발전에 유리한 제도와 우대 정책만으로는 충분하지 않다. 오직 친환경 발전의 커다란 배경을 전면적으로 이해해야만 녹색 발전의 이념이 지닌 실질과 의의를 깊게 인식할 수 있고 전략 목표, 실시 경로, 실시 도구 및 조건을 정확하게 선택할 수 있다.

### 1) 관념과 가치관의 전환

인류가 진정으로 '높은 에너지, 높은 물자 소모, 높은 배출'에서 '낮은 소모, 낮은 배출, 높은 효율과 지속가능성'을 특징으로 하는 발전 모델로 전환하려면 우선 수백 년 동안 지속되어온 경제 발전의 사유 모델(

자료 7-5 | **친환경 발전의 실천을 위한 복합 시스템**

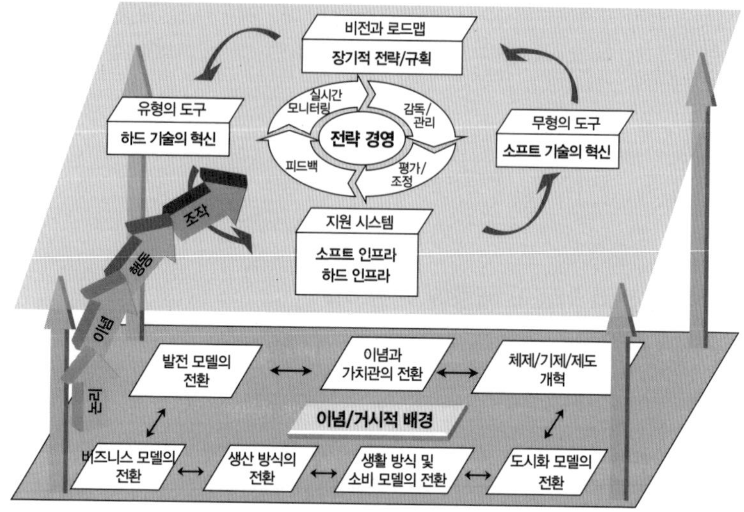


경제 이익을 제일로 간주하는 '수익 모델' 등)을 바꾸어야 한다.

이를 위해서는 주류 사회가 다음과 같은 기본 문제에 있어서 사회적 합의에 도달해야 한다. 그것은 자연 자원과 생태 환경은 인류 생명의 버팀목이며 경제 발전의 물질적 기초인데 그것이 버텨낼 수 있는 능력에는 한계가 있으므로 그것을 착취만하고 보호하지 않으면 안 되고 후손들을 고려해야 한다는 것이다. 뿐만 아니라 자연과 기타 생물의 권리를 존중하고, 인간과 자연의 조화 및 통일이 이루어지는 길을 걸어야 하며, 덮어놓고 '이인위본(以人爲本, 인간을 근본으로 삼는 것)'을 강조해서는 안 된다.

하지만 현재 다수의 개도국은 여전히 공업화의 초기 단계 또는 중기 단계에 머물러 있고, 경제 규모와 하드 인프라 및 금융 자본 등의 하드 파워는 여전히 국가 실력을 증강시키는 데 있어서 그들의 가장 중요한 임무가 되고 있으며, 이로 인해 GDP로 환산되는 경제 발전 수준과 실제 진보 간의 선택에 있어서 종종 전자를 우선시한다. 이러한 배경을 바탕으로 미래에 책임 있는 세계관과 지구 가치관을 정립하고자 한다면 우리는 반드시 장기간 어렵고 힘든 노력을 하기 위한 준비를 해야 할 것이다.

### 2) 발전 모델의 전환

현재 사회의 각종 위기는 결론적으로 인류가 물질 이익과 권리 및 권력을 무분별하게 추구함에 따라 초래된 것이다. 앞서 논한 바와 같이 인류는 반드시 경제 발전, 자연 자원의 이용, 사회 발전, 생태 환경, 정치 제도, 과학 기술의 발전 등 지속가능한 발전의 주요 경로에서 발전 모델의 전환을 실현해야 하며 그렇지 않을 경우 오직 멸망을 향해 나아가게 될 뿐이다. 그 가운데 친환경 경제 발전의 모델 전환과 직접적으로 관계되는 것은 다음과 같다.

**● 생산 방식의 전환**

생산 방식의 전환은 가장 중요한 발전 모델의 전환이며 친환경 경제를 발전시키기 위한 기초이다. 자연을 정복하고 자연 자원을 남용하며 급공근리(急功近利, 눈앞의 성공과 이익에만 급급한 것)를 추구하는 생산 방식에서 자연을 존중하고 자원을 순환 사용하며 자연과 조화를 이루는 생산 방식으로 전환해야 하는데 그러기 위해서는 다음과 같은 실천이 필요하다.

우선 각종 친환경 하드 기술을 대표로 하는 새로운 생산력을 대대적으로 발전시키고 생산 과정의 '녹화(오염 물질의 배출 감소, 환경 및 자연에 대한 파괴 감소, 자원 이용의 효율 제고 등)'를 도와야 하고 순환 경제를 대대적으로 발전시키며 산업 구조의 조정, 성장 방식과 소비 모델의 전환을 주요 내용으로 하는 생산 관계의 업그레이드 및 교체를 실현해야 한다.

또 한편으로는 사회 전체가 하드 기술을 숭상하던 것에서 건강한 소프트 기술을 의식적으로 발전시키고 소프트 산업을 대대적으로 발전시켜야 한다. 뿐만 아니라 가치 창조의 방향을 바꾸고 경제, 사회 및 환경 생태의 종합적 가치를 추구하여 궁극적으로 단순히 물질 소비를 통해 생산을 대동해왔던 경제 발전의 관념을 바꾸어야 한다.

**● 생활 방식과 소비 모델의 심도 있는 변혁**

수백 년 동안 기술의 진보와 수차례에 걸친 산업혁명의 성공에 따라 세계 대다수 사람들의 물질 생활이 풍요로워지고, 점차 높은 소비와 낭비의 풍조를 숭상하게 되었으며, 인류가 생존을 위해 의존하고 있는 환경이 파괴되고 각종 재해가 빈번히 발생하게 되었다.

사람들은 혼잡한 도시에 몸을 겨우 비집고 들어가고 콘크리트로 지어진 고층 빌딩에 거주하며 대자연으로부터 멀리 떨어져 생활하고 있다. 걷는 것 대신 자동차를 이용하여 과도한 비만이 초래되거나 새로운 질병 등이 유발되고, 부유해질수록 행복하지 않다고 느끼는 사람들이 많아지고 있으며 자살률 또한 높아지고 있다.[110]

이러한 폐단을 없애기 위해서는 생활 모델과 업무 방식(사회 시스템과 생태 시스템에 더 이상 파괴를 초래하지 않는 의미 있는 직업과 업무 방식), 소비 방식의 전환이 필요할 뿐만 아니라 현재의 도시화 모델을 전환시켜 도시와 농촌 사이의 균형을 맞추어야 한다. 이러한 이념은 반드시 행동으로 옮겨져야 하며 친환경 발전을 실시하는 각 차원과 부분에서 체현될 필요가 있다.

중국에서는 생활수준의 향상에 따라 일부 사람들이 물질 소비에 있어서 서로 경쟁적으로 비교하고 뽐내는 경향이 있다. 그들의 왜곡된 소비 심리는 과소비, 사치성 소비, 체면을 중시하는 소비 등 중국의 기본 국정에 부합되지 않는 과도한 소비 행위가 넘쳐나게 만들며, 자원 및 에너지가 대단히 낭비되는 상황을 초래하고 있다. 이러한 중국인들의 생활 방식과 소비를 되짚어보고 반성하는 자세가 반드시 필요하다.

친환경 소비는 적당하고 절제된 소비를 지칭하며 그 목적은 인류의 소비와 환경 공급 및 회복 능력 간의 조화를 유지하여 인간과 자원, 에너지 및 환경 간의 긴장 관계를 완화시키는 것에 있다. 그것은 소비자가 오염되지 않았거나 건강에 도움이 되는 친환경 제품을 선택하도록 할 뿐만 아니라 소비 과정 중 환경에 대한 파괴를 피하거나 감소시키고 폐기물에 대한 정확한 처리를 중시하도록 만든다. 아울러 그것은 시민들로 하여금 집 밖에서도 에너지 소모가 낮은 방식을 선택하도록 유도하고 낭비하는 행위를 문제시하거나 저지할 수 있도록 돕는다.

요컨대, 사람들이 의식주와 일용품, 건축 또는 교통과 공중 생활, 행위 모델 등의 방면에서 낡은 습관과 사치스러운 소비 습관을 버리도록 이끌기 위해서는 하루빨리 자연과 환경을 보호하고 절약을 숭상하는 일종의 '공중도덕'이 실천되는 사회 풍조와 문화적 분위기를 정착시켜야 한다.

● **친환경 비즈니스 모델**

친환경 발전에 적응하고자 한다면 기업은 더 이상 경제적 이윤의 최대화를 경영 목표로 삼아서는 안 되며 반드시 비즈니스 모델과 기업 행위를 바꾸어야 한다('발전 모델과 기업 행위의 전환(568쪽)' 부분 참조).

### 3) 체제, 기제, 제도의 개혁

거시적인 측면에서 보면 친환경 경제를 발전시키는 것은 대대로 이어지는 번영과 조화로운 사회를 실현하는 것을 목표로 하는 지속가능한 발전을 위한 노력 중 한 부분에 해당한다. 그러나 현재 한편으로 공업 문명의 가치관이 주도하는 현행 시장 경제 시스템이 환경 파괴와 생태계의 결핍을 초래하거나 악화시키고 있고, 빈부의 격차를 심화시키며 사회적 공평을 파괴하고 있다. 또 다른 한편으로는 전쟁, 폭력, 충돌, 사회 모순 등이 발생하고 있고 그 대가는 생명을 제멋대로 짓밟는 인간의 비극일 뿐만 아니라 지구 자원, 생태 환경 및 인류 문명의 귀중한 문화유산이 파괴되는 참혹한 결과를 낳고 있다.

이러한 것들은 결코 친환경 경제를 발전시키는 것으로 메울 수 있는 것이 아니다. 걸프전쟁, 9·11 테러 사건에서부터 최근의 이라크 전쟁, 리비아 전쟁, 시리아 전쟁에 이르기까지 모두 이와 같은 사실을 대변해주는 생생한 사례라고 할 수 있다.

따라서 각국은 우선 자국과 지역의 사회 제도와 체제 방면에서 시대의 변화에 부합되는 개혁을 부단히 진행해야 하는데 여기에는 취업의 확대, 공평한 수입 분배, 사회보장, 의료·보건, 부동산 시스템 등의 방면에 대한 제도 설계가 포함된다. 또한 국민의 행복 지수를 높이고 조화로운 사회를 건설해야 하며, 이와 동시에 각국이 자국의 문제(세계화가 초래한 부정적인 영향 포함)를 제대로 해결해야만 안팎의 반대 세력들로부터 동란과 전쟁을 유발할 수 있는 기회를 주지 않게 될 것이다. 이러한 의미에서 지속가능한 발전에 부합되는 체제, 기제, 제도의 개혁은 친환경 발전을 도모하기 위한 전제에 해당한다.

### 4) 소결

지금까지 친환경 발전과 관련된 이념 및 그 커다란 배경에 대해 간략하게 설명했다. 이것은 앞서 언급한 각 방면에서 모두 완벽한 수준에 도달해야만 친환경 발전을 실현할 수 있다는 의미는 결코 아니다. 이는 친환경 발전의 전략과 계획을 제정하는 것, 특히 관련된 제도와 정책 및 장기적이며 효율적인 관리 메커니즘을 제정할 때 앞서 언급한 이념과 커다란 배경의 중요한 역할을 충분히 고려해야 한다는 것을 의미한다. 이때 커다란 배경의 각 영역은 모두 세계적인 환경학자 도넬라 메도스(Donella Meadows)가 정의하고 있는 시스템적 특징과 원칙을 갖추고 있으며,[111] 친환경 발전을 지원하거나 제약하는 하나의 CGS를 구성하고 있다.

## 친환경 발전의 실시 시스템 구조

앞서 제기한 바와 같이 친환경 발전의 실시 시스템은 상호 교차하며 대체될 수 없는 5대 시스템으로 구성되어 있다. 여기서 강조할 것은 각각의 하부 시스템이 모두 하드·소프트 간의 균형을 필요로 한다는 점이다.

현재 중국이든 세계의 기타 지역이든 친환경 경제를 발전시키는 방면에서의 보편적인 경향은 전략 구조에 있어서 하드·소프트 간의 불균형 상태가 초래되고 대부분의 인력과 자금이 하드 기술 프로젝트와 하드 인프라에 투입되고 있다. 또한 전략 관리를 중시하지 않고, 소프트 산업의 혁신을 게을리하며, 능력의 배양을 소홀히 하고 있다는 것도 문제다. 특히 기업 행위, 정치적 업적의 심사 기준이 정부가 슬로건으로 내세우고 있는 친환경 경제의 건설과 서로 부합되지 않고, 기술 이전의 효율이 나쁘며, 소프트 환경이 혁신을 고무시키는 것에 적합하지 않고, 친환경 발전의 전략 목표에 도달하는 것에도 유리하지 못하다.

### 1) 전략과 계획

추후에 언급할 '친환경 발전의 전략 관리와 중국의 실천' 중에서 전략 목표와 전략 계획을 다루고 있는 부분을 참조하기 바란다.

### 2) 유형의 도구와 수단: 하드 기술 혁신

친환경 하드 기술과 친환경 소프트 기술은 친환경 발전의 효과적인 도구이자 경로이며 주로 자원, 에너지, 생태, 환경과 관련된 기술로서 일반적으로 자연 자원의 생산율을 향상시키는 기술, 저탄소 배출 기술, 재순환 기술, 생태 기술, 무해화 기술, 폐기물 배출을 감소시키고 처리하는 기술, 재생가능한 에너지 기술, 에너지 절약이 가능한 환경보호 건축 기술, 친환경 자동차 기술, 생태 농업 기술 등이 포함된다.

주의해야 할 것은 친환경 기술의 연구 및 개발을 대대적으로 추진하는 것과 동시에 반드시 지역의 특성에 근거하여 다양한 기술 시스템, 우선순위 및 보급·응용을 실시하는 기술 메뉴를 형성해야 한다는 점이다.

### 3) 무형의 도구와 수단: 소프트 기술 혁신

현재까지 그 어떤 하드 기술도 자연 자본이 제공하는 서비스를 대체하지 못하고 있고, 설령 있다고 해도 그것은 극소수에 불과하다.[112] 기술 숭배론자들은 과학 기술이 쉽고 빠르게 그 어떤 물질 또는 대상을 생산해낼 수 있다고 믿는다. 마치 3D 프린터와 영화 〈스타트렉(Star Trek)〉에 등장하는 가공의 기기인 복제기 등과 마찬가지로 말이다.

하지만 설계와 장비가 비교적 간단하다고 해도 물질을 교환하는 것에는 거대한 에너지가 필요하다. 더욱 중요한 것은 자연 자원, 자연 서비스, 유전자은행 등 인류가 생존하기 위해 의존하고 있는 기초는 그 어떤 하드 기술을 통해서라도 복제하거나 복원할 수 없다.

따라서 우리는 오직 관념을 바꾸고, 사람들의 생산 방식과 생활 방식을 바꾸는 것으로 자연 자원에 대한 응용 모델의 변화에 적응하고, 지구의 생태계 균형이 파괴되는 것을 방지하며 앞서 언급한 재생할 수 없는 자원과 서비스를 보호해야만 한다. 이 과정 중에서 소프트 기술의 사명은 곧 앞서 언급한 친환경 발전의 커다란 배경 가운데 각종 이념의 전환을 조작할 수 있는 실천 방안이 될 것이다.

소프트 기술이 문제를 해결하는 또 다른 수단으로서 친환경 발전에서 차지하는 역할은 전통적 공업 경제의 발전 과정에서 수행했던 역할에 비해 더욱 부각되고 있다. 만약 친환경 경제의 주요 내용을 친환경 산업의 발전(친환경 제품, 장비, 기술 및 서비스의 제공), 생산 과정의 청결화(생산 과정에서의 에너지 소모, 원료·자재 등 물질 소모 및 오염 물질 배출의 감소), 친환경 유통 및 친환경 소비로 구분할 수 있다면 산업의 친환경화를 제외하고 기타 부분은 모두 소프트 기술의 혁신이 중심적인 역할을 수행할 것이다.

친환경 경제의 발전에서 소프트 기술 도구가 갖는 의의는 다음과 같다.

- **기술 이전의 효율성 제고**: 현재 중국의 친환경 기술은 총체적으로 여전히 기술을 도입하고 혁신을 소화하며 흡수하고 있는 과도기를 거치고 있다. 이에 따라 기술 이전의 효율성이 대단히 중요하다. 설령 선진국이라 하더라도 기술의 연구·개발에서 산업화까지 보편적으로 기술 이전의 효율성 문제가 존재한다. 기술 이전의 과정 중 조직, 관리에서부터 혁신, 창업 및 이전 능력까지 모두 소프트

기술의 문제라고 할 수 있다.

- **소프트 산업을 위한 핵심 기술 제공**: 소프트 산업의 특징 중 하나는 자연 자원과 에너지 소모가 낮다는 것으로 이것은 친환경 발전의 방향에 부합되는 것이다. 지력 자원, 문화 자원, 사회 자원, 인체 자원 등을 주요 개발 대상으로 삼는 소프트 기술은 앞으로 소프트 산업의 혁신에 있어서 일종의 금광이 될 것이다.
- **실시 능력의 강화**: 최종적으로 전략 목표가 실현될 수 있도록 하는 능력을 지칭하며, 거시에서 미시까지의 전략 실행과 관리 능력으로 나타난다. 구체적으로 '지도력, 정책결정 능력, 시대의 변화에 부합되는 개혁 능력'과 '전방위적·다차원적 혁신 능력, 특별한 소프트 기술의 발명과 창조의 혁신 능력(비즈니스 모델의 혁신 능력, 시스템 설계 능력, 제도 설계 능력 및 홍보 능력 등)'으로 표현된다.
- **소프트 기술의 혁신**: 혁신에 '게임(소프트 기술)'의 내용을 제공하는 것이다. 소프트 기술의 혁신은 장차 무수한 혁신 도구와 내용을 제공하게 될 것이며, 그것으로 하여금 친환경 발전을 이끌고 대동하는 역할을 하도록 만들 것이다. 여기서 우리는 더 이상 자연 자본을 끝없이 취할 수 있고 대가를 치르지 않고 공급받을 수 있는 원천으로 간주해서는 안 되며 반드시 합리적으로 평가하고 여러 자본 중 하나로 계산하여 편입시켜야 한다.[113]
- **소프트 환경의 혁신 중 제도 혁신을 위한 새로운 내용과 수요의 제공**[114]: 친환경 발전을 실현하려면 인류의 각종 활동 방식이 모두 그것에 부합되어야 한다. 이를 위해 현행 게임을 보완하거나 새로운 정치, 경제, 환경, 사회 및 문화 방면의 게임을 설계하여 관련된 문

제를 해결해야 한다. 하지만 앞서 논한 바와 같이 게임이 항상 건전한 것은 아니며[115] 친환경 발전의 원칙에 따라 각종 '게임 규칙(제도 설계)'을 새롭게 설정하거나 수정함으로써 인류의 혁신 행위를 격려 또는 제약해야 한다.

### 4) 하드·소프트 환경 사이에 균형 있는 지원 시스템 구축

친환경 경제를 발전시키려면 더 많은 투자(자금, 인력 자원 및 정책 투자 포함)를 유치할 수 있고 자연 자본을 증가시키는 데 유리한 환경 및 조건을 창조해야 한다. 이러한 환경은 반드시 하드 환경과 소프트 환경이 상호 균형을 이루며 지탱하는 시스템이어야 한다.

친환경 발전에 있어서 소프트 환경의 혁신에는 다음과 같은 것들이 포함된다. 먼저 체제와 기제를 건립하여 경제 전환에 유리한 효율적인 제도를 창출해야 한다. 다음으로는 사회 경제 발전에 부합되는 일련의 생태 시스템 규율의 강제적 또는 비강제적 제도 안배를 실현하는 것으로 여기에는 경제, 환경, 자원 등 영역의 법률, 법규 및 공공, 사회 방면과 관련된 제도가 포함된다. 앞서 언급한 영역의 직접적인 정책 및 관련된 패키지 정책을 혁신하고 친환경 발전에 유리한 국제 환경을 조성하는 것도 매우 중요하다. 마지막으로 자원 절약, 환경보호, 친환경 소비를 숭상하는 사회 기풍을 형성해야 한다.

### 5) 친환경 발전의 전략 관리

친환경 발전의 성공을 위한 관건은 다음과 같다. 전략 목표를 확정하고 전략 계획을 진행하며 효과적으로 유형의 도구와 무형의 경로를 효과적으로 운용해야 한다. 또한 하드 인프라와 소프트 인프라를 부단히 개선하고 보완할 수 있어야 하는데, 즉 조건을 뒷받침하고 보장하는 등의 몇 가지 하부 시스템을 하나로 관통시켜 각 부분에 대해 실시간 모니터링, 감독·관리, 피드백, 평가, 조정 및 보완을 진행하여(〈자료 7-5〉의 윗부분 참조) 친환경 발전의 실시 시스템 전체에 선순환이 이루어지도록 해야 한다(구체적인 내용은 이후의 내용을 참조하기 바란다).

5

# 친환경 발전의 전략 관리 로드맵[116]

군사적 의미에서의 전략이 상대방과 싸워서 승리하기 위한 각종 배치, 즉 제승지도(制勝之道, 제압하여 승리를 거두기 위한 방도)라고 한다면 평화 시기의 전략은 경쟁 우위를 획득하기 위한 모략이라고 할 수 있다. 이때 전략 관리는 일련의 핵심적 전략 '요소'와 '부분'을 계획, 조직, 조정, 통제, 운용함으로써 경쟁 우위를 구축하고 유지하기 위한 행동을 지칭한다.

따라서 전략 관리를 떠나서는 전략을 논할 수 없고, 성공적인 전략 관리가 부재할 경우 전략 목표는 공허한 것이며, 전략 계획 또는 비전은 단지 담장 위에 걸려 있는 아름다운 청사진에 불과한 것이 되어버린다. 다시 말해, 전략 비전을 현실로 바꾸는 과정을 로드맵이라고 한다면 로드맵을 실시하거나 실천하는 과정이 바로 전략 관리가 되는 것이다.

우리가 과거에 얻었던 교훈은 '계획을 중시하고 관리를 경시하는 것'

이었고, 장기간 기업 차원의 전략 관리가 상대적으로 중시를 받아왔다. 하지만 국가, 지역, 업종 차원 또는 핵심 영역의 전략 관리에 대해서는 심도 있는 연구가 이루어지지 못했다. 미국 퍼듀 대학 크래너트 경영대학의 교수 단 셴델(Dan Schendel)은 "전략의 중요성은 이미 매우 긴 역사를 갖고 있지만 매우 놀라운 것은 오늘날 '전략'이라는 용어를 사용할 때마다 전략 관리를 제기하지 않는다는 점이다"라고 말했다.[117]

친환경 발전은 한 차례의 혁명이기에 반드시 그 행동의 담지체, 즉 정부와 산업계, 기업계 및 전체 사회에 있어서 관념에서 행위에 이르기까지 철저한 혁명을 일으키도록 요구한다. 이것은 아래에서 위로, 또 위에서 아래로의 공동 노력을 필요로 할 뿐만 아니라 거시, 중범위, 미시 차원에서 최종 전략 목표를 둘러싸고 전략 관리를 진행하는 것을 필요로 한다.

앞서 언급한 이념에 근거하여 수년 동안 나의 연구팀은 일부 지역 및 다양한 영역에서의 장기적 전략 계획을 지도하는 실천을 통해 '장기적 전략 관리 시스템 통합 모델(LSMSIM)'을 개발했다. 여기에는 '7가지 레벨(차원)에 한 개의 순환'이라고 일컬어지는 LSMSIM−1과 '3단계의 8가지 부분'으로 구성되는 LSMSIM−2이 포함되어 전략 관리를 전면적으로 이해하고 실시하는 데 기여하고 있다.

〈자료 7−6〉은 LSMSIM−1로 국가, 지역, 업계 차원의 친환경 발전을 사례로 한 장기적 전략 관리 시스템을 보여준다. 특징은 거시, 중범위, 미시 차원에 이르는 '7가지 레벨에 한 개의 순환'이 더해지는 형태로 구성되어 있고, 몇 가지 핵심 단계를 위해 지속가능한 발전 기준에 부합되는 계량화 도구를 제공하여 정기적으로 해당 차원의 관리 목표의 달성 정도를 검증하는 데 편의를 제공하고 있다는 점이다. 이른바 '7가지의 레벨'에는 다음과 같은 것들이 포함된다.

① 발전 목표 제정, 미래 비전 확정.

② 전략 계획: 핵심 기술, 프로젝트 및 전략 지원 시스템의 배치.

③ 계획의 실시와 관리: 핵심 기술과 프로젝트 관리, 실시 능력의 배양, 장기적·효율적 메커니즘의 실시.

④ 핵심 전략 분야의 종합 시스템 통합 관리와 미래 전망(조화로움의 정도에 대한 평가와 조기 경보).

⑤ GDP를 초월한 경제, 사회, 환경의 실제 진보를 촉진하고 전면적인 성과 관리 추진(GPI/GDP 비율을 통해 평가).

**자료 7-6 | 장기적 전략 관리 시스템 통합 모델(LSMSIM-1)**

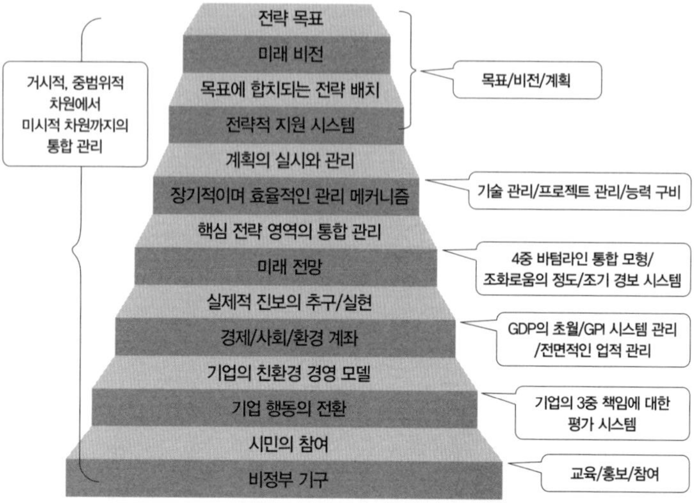

⑥ 친환경 생산 방식으로의 전환과 기업의 친환경 경영 모델 도입(글로벌 기업시민 360의 평가 시스템에 의한 등급 책정을 통해 평가).

⑦ 비정부 조직의 역할과 공민의 참여.

〈자료 7-7〉은 LSMSIM-2로 '3단계의 8가지 부분으로 구성되는 장기적 전략 관리 시스템 통합 모델'이다. 일반적으로 논하자면 전략 관리에는 전략 목표의 제정, 전략 계획, 전략의 실시 및 평가 등의 3가지 차원 또는 3가지 단계가 포함되는데 이것은 다시 8개의 핵심 요소(또는 핵심 부분)로 나누어질 수 있다. LSMSIM-2가 묘사하고 있는 것은 이러한 전략 관리 요소 간의 내재적 연계 및 전략 관리의 장기적·효율적 메커니즘을 구축하기 위한 내용이다.

**자료 7-7 | 장기적 전략 관리 시스템 통합 모델(LSMSIM-2)**

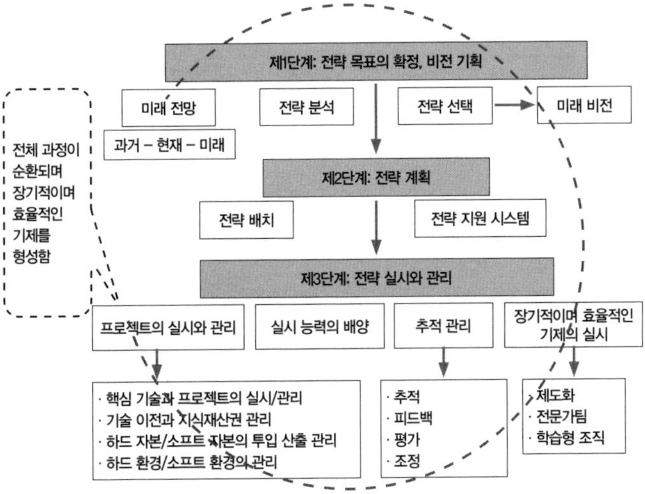

제1단계는 전략 목표를 확정하고 비전을 설계하는 것으로 전략 목표의 확정, 목표의 세분화 또는 사회 전체를 동원할 수 있는 비전의 설계 단계에 해당한다. 제2단계는 목표에 부합되는 전략 계획을 마련하는 것으로 핵심 기술, 핵심 프로젝트, 하드·소프트 산업의 배치와 전략 지원 시스템, 특히 관련 제도의 안배와 정책 배치가 이루어진다. 제3단계는 전략의 실시와 관리에 해당되는데 핵심 프로젝트 및 핵심 기술의 실시와 관리(기술 이전과 지식재산권의 관리, 하드·소프트 자본의 투입 및 산출 관리 등 포함), 실시 능력의 배양, 전체적인 전략 배치와 실시 과정에 대한 실시간 모니터링·평가·피드백·조정·업그레이드 전략의 수행, 마지막으로 장기적·효율적 메커니즘의 구축을 통해 전략 관리의 순환이 제도화되도록 하는 것이다.

이로부터 우리는 전략 관리가 끊어낼 수 없는 하나의 연결고리라는 것을 알 수 있다.

## 전략 목표와 미래 비전

전략 목표의 제정은 전략 주체와 관련되어 있는 역사, 현재 처해 있는 안팎의 환경, 자체 조건과 잠재력, 달성하고자 하는 미래의 목표를 연구하고 분석한 기초 위에 그것의 장기적인 미래 방향과 활동 범위, 도달할 수 있는 목표에 대해 선택을 진행하고 최종적으로 목표를 확정하는 과정이다. 이를 위해 전략 목표는 반드시 다음과 같은 측면을 지녀야 한다.

① 장기적이며 전망성이 있어야 한다. 친환경 발전을 실현하는 것은 공업 문명에서 생태 문명으로 전환하는 데 있어서 중요한 내용이다. 생태, 환경의 회복에는 매우 긴 시간이 필요하며 관념과 가치의 전환에는 더욱 긴 시간이 소요된다. 즉 단기간 안에 바뀔 수 있는 것이 아니다.

② 지속가능한 발전의 방향에 부합되어야 한다.

③ 실시할 수 있어야 한다(실사구시와 실행가능성).

④ 도전성을 지니고 있어야 한다. 즉 매력이 있어야 하고, 힘들고 고통스러운 노력을 거쳐야만 비로소 도달할 수 있다. 이로 인해 전략 목표의 확정에는 미래 연구(초기의 연구 기반), 전략 분석 및 전략 선택의 과정이 필요하다.

전략 목표를 확정한 이후에는 전략 목표에 대해 분석하고 해석하며 설계하여 미래 비전을 형성해야 한다. 미래 비전은 조직 구성원의 무한한 갈망, 열정 및 헌신을 진작시킬 수 있어야 할 뿐만 아니라 전략을 통해 이익을 얻게 될 대상을 일깨우고 흡수하며 동원할 수 있는 비전이어야 한다.

요컨대, 친환경 발전 전략은 반드시 미래 시각에 기초한 장기적 발전 전략이어야 하며, 이것은 중·단기 계획 중에 체현되어야 한다. 또한 전략 구조는 반드시 경제 성장, 사회 발전, 환경 건설 및 보호, 자원의 효율적 이용 등 조화로운 발전의 특징에 부합되어야 한다.

## 전략 계획:
## 목표에 부합되며 균형 있는 전략 배치

전략 계획은 전략 목표를 달성하기 위해 전략 주체가 보유한 잠재적 또는 얻을 수 있는 모든 자원을 가동하여 배치, 안배, 할당을 최적화하고 목적에 도달하기 위한 수단(실시 방법과 실시 능력, 즉 하드·소프트 기술 혁신)과 경로를 식별하고 확정하는 과정이다.

따라서 전략 계획에는 전략 배치와 전략 지원 시스템 설계라는 양대 부분이 포함되는데, 즉 핵심 기술과 핵심 프로젝트의 안배, 산업 배치가 내포되어 있을 뿐만 아니라 하드·소프트 자본의 투입·개발·응용, 하드·소프트 인프라의 배치 및 실시 능력의 배양에 대한 계획이 포함되어야 한다(〈자료 7-8〉 참조).

전략 계획의 원칙에는 다음과 같은 사항이 포함된다.

① 전략 배치를 할때는 단순히 경제 이익만을 추구해서는 안 되며 반드시 사회 진보, 생태 환경의 보호 및 건설, 자원의 효율적 이용과 보호를 함께 추구해야 한다.

② 여러 자본에 의한 뒷받침을 받아야 한다. 또한 하드·소프트 자본을 동시에 고려해야 한다.

③ 하드·소프트 환경 사이의 균형 잡힌 프로젝트 배치가 이루어져야 한다. 친환경 발전을 목표로 삼는 발전 전략 중 프로젝트 배치는 통상적으로 저탄소 배출 기술, 생태 기술, 재순환 기술, 재생가능한 에너지 등의 하드 기술 프로젝트와 관련된 공정에 편중된다. 하지만 동

시에 친환경 발전을 촉진하는 소프트 기술과 공정 프로젝트의 연구 및 그것들을 핵심 기술로 삼는 소프트 산업의 배치를 고려해야 한다. 예를 들면, 친환경 도시 계획에 있어서 필요한 소프트 기술에는 사회, 문화, 생태 등 다양한 시각에서 친환경 발전의 이념을 체현하는 교통 관리 시스템, 물 순환 시스템, 에너지 시스템, 생태 환경 보호 시스템, 의료 및 건강 시스템, 교육 시스템, 정보 관리 시스템, 쓰레기 처리 및 순화 시스템, 공공 관리 시스템(안전 및 응급 처리 등), 도시 경관의 설계, 도시와 농촌의 일체화 설계 및 관련 제도와 정책의 설계 등이 포함된다.

④ 전략 지원 시스템은 각종 자원을 효율적으로 활용하고 전략 계획

**자료 7-8 | 하드·소프트 환경 사이의 균형 잡힌 '전략 계획' 구조**

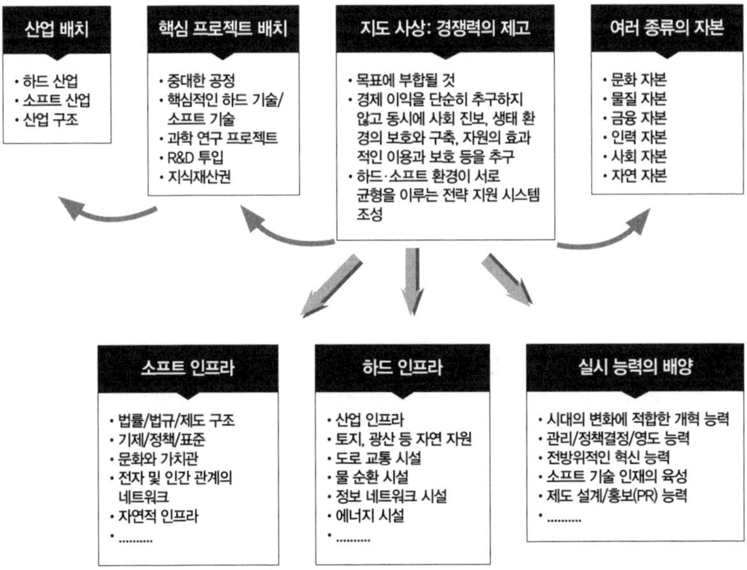

을 실시하는 데 있어서 필요한 하드·소프트 환경 및 조건을 지칭한다. 하드·소프트 기술 프로젝트를 실천하는 데 있어서 필요한 자금 지원과 하드 인프라의 건설 외에도 소프트 환경의 지원 시스템(법률, 법규, 제도, 기제, 정책 등)을 설계하고 안배하는 것을 통해 전략 목표가 비교적 정확하게 실시되도록 해야 하는데 이것이 바로 전략 관리의 핵심이라고 할 수 있다. 물론 실시 능력의 배양과 관련된 계획의 안배도 잊어서는 안 된다.

## 전략 계획의 실시와 관리

### 1) 프로젝트 관리와 기술 관리

거시 전략 관리에서 프로젝트란 전략 배치의 중요한 내용을 폭넓게 지칭하며, 전략 배치의 중요한 담지체라고 할 수 있다. 프로젝트 관리는 전략 배치에서 안배된 기술, 공정, 프로젝트에 대해 전체 과정에 있어서 관리를 진행하는 것으로 계획, 조직, 조정, 통제, 평가를 통해 비교적 적은 자원을 투입하여 프로젝트의 목표를 실현하고자 하는 것이다.

일반적으로 모든 프로젝트는 더 많은 자금, 자원, 인재, 인프라, 우대 정책과 특수 제도 등의 방면에서 지원을 얻고자 한다. 확실히 지원을 얻은 정도가 크면 클수록 해당 프로젝트가 전개할 수 있는 여지와 혁신의 공간도 더욱 커진다. 하지만 국가 또는 지역 차원의 전략에서는 통상적으로 여러 프로젝트와 수많은 중대한 프로젝트가 결부되는

데 한 국가 또는 지역이 가용할 수 있는 자원은 영원히 제한적이다. 이는 한편으로 무언가를 해야 하고 또 무언가를 하지 않아야 하는 것을 필요로 한다. 다른 한편으로는 단·중기적 수요와 중점을 고려해야 하는 것은 물론 백년대계를 고려해야 한다.

따라서 우선 인프라에 대한 지원과 경제, 사회, 환경, 자원의 조화로운 발전에 유리한 원칙을 지원한다는 것에 입각하여 다양한 단계에 따른 정책의 기울기와 자원의 투입 강도를 결정해야 한다. 프로젝트의 성공 여부를 판가름하는 것은 프로젝트 자체의 관리에만 국한되는 것이 아니라 관련 자원의 최적화 배치, 총괄적 관리, 하드·소프트 자본의 투입 및 산출 관리, 하드 인프라의 관리, 소프트 환경 중에서도 특히 관련 제도, 기제 및 정책의 혁신과 이러한 요소들 간의 상호 균형과 조화가 성공을 위한 필요조건이 된다. 앞서 언급한 요소는 모두 그 자체의 고유한 시스템을 갖고 있기 때문에 프로젝트 관리에 있어서 관련 요소에 대한 체계적·총괄적 관리를 필요로 한다.

### 2) 실시 능력의 배양

전략 관리는 전략 계획을 조직(전략을 실시하는 주체)의 행동으로 옮기는 것이며 전략 주체의 성과를 전이하고 체현하는, 즉 전략 목표를 실현하는 과정이다. 따라서 전략 배치 중에서 실시 능력 강화에 도움이 되는 프로젝트 또는 조치를 반드시 의식적으로 설계하고 안배해야 한다. 실시 능력의 배양에 있어서 핵심은 소프트 기술과 관련된 인재를 육성하는 것으로 이에 대해서는 앞서 언급한 내용들을 참조하기 바란다.

### 3) 실시간 모니터링

전략 관리의 각 단계와 각 부분은 모두 일련의 중대한 정책결정 및 행동과 결부되어 있다. 따라서 반드시 일종의 기제를 수립하고 전문가 팀을 조직하여 전체적인 전략 실시의 각 부분에 대해 실시간 모니터링, 감독 실시, 정기적 평가, 조기 경보, 피드백 및 조정(전략 배치 또는 목표)의 임무를 맡김으로써 전략적 사명의 실현을 뒷받침해야 한다.

몇 년 혹은 수십 년이 지난 후에 또는 문제가 출현한 후에 비로소 검토를 하고 경험과 교훈을 총괄해서는 결코 안 된다. 이는 곧 발전 전략이 투명해야 하며 전체 사회를 향해 공개되는 것을 요구한다. 이렇게 되면 지역 민중의 적극성을 진작시키고 사기를 북돋는 것에 유리할 뿐만 아니라 감독에 있어서도 도움이 된다. 정기적인 평가에는 사회 평가, 상급 평가, 전문가 평가 및 내부의 자체 평가 등이 포함되어야 한다. 이를 통해 출현할 가능성이 있는 편차에 대해 적시에 수정이 가능하고, 평가를 정확하게 유지하고 발휘할 수 있으며, 궁극적으로는 전략 목표를 실현하는 것에 기여할 수 있다.

중국에서는 여러 상황에 걸쳐 각급의 중대한 전략 문헌이 종종 '비밀문서'로서 영도 기구의 문서고 속에 밀폐되어 보관되는 등 투명성이 대단히 결핍되어 있는 탓에 전략의 실시간 모니터링 관리를 기대하기 어려웠다. 일반적으로 전략 문헌이 작성되고 나서 몇 년이 지난 이후에 '성과'로서 평가가 진행되거나 칭송하는 것이 하나의 관습처럼 되고 있으며, 문제에 대한 심각한 발굴과 검토가 이루어지는 경우는 극히 드물다.

#### 4) 전략 관리의 장기적·효율적 메커니즘

앞서 〈자료 7-7〉에서 보았듯이 전략 관리는 끊을 수 없는 연결고리와 같다. 성공적인 전략 관리는 반드시 하나의 메커니즘을 수립하여 '전략 목표의 확정, 목표에 부합되는 전략 계획 및 배치, 전략의 실시와 관리' 등의 3단계 및 8가지 부분으로 구성되는 전략 관리의 전체 과정이 정기적으로 순환되도록 해야 한다. 또한 제도화와 장효화(장기적으로 효율성을 유지하는 것)되도록 해야 하고, 장기적 전략이 부단히 조정되고 보완되어 최종적으로 전략적 사명을 완성할 수 있어야 한다. 앞서 언급한 논리와 노선은 국가, 지역 및 기업의 장기적 전략 관리에 적용될 뿐만 아니라 혁신형 국가의 전략 관리를 수립하는 데 있어서도 적용할 수 있다.

여기서 강조할 만한 것은 다음과 같다.

- **몇 가지 오류 피하기**: 전략 계획을 중시하고 계획의 실시에 대한 관리를 홀시하는 것, 프로젝트의 배치를 중시하고 전략 지원 시스템을 홀시하는 것, 자금 투입을 중시하고 제도 안배와 정책 투입을 홀시하는 것 등.
- **학습 과정**: 전략 관리의 장기적·효율적 메커니즘을 수립하고 운용하며 끊임없이 보완하여 영도 집단(리더 그룹)과 관리팀(경영진)이 학습형 조직이 되도록 하는 것.
- **전문가팀의 발족**: 실시간 모니터링, 평가, 피드백 및 건의(전략의 조정)의 임무를 맡아서 하며, 정기적으로 전략의 실시에 대한 상황

평가 보고(관련 제도 및 정책에 대한 평가 포함)를 진행하는 것.

## 전략 관리는 반드시 미래 전망과 결합되어야 한다

그 어떤 국가 또는 지역의 장기적 발전에 입각하여 논하자면 경제, 사회, 환경, 자원 등 핵심 영역의 통합적·협조적 발전은 지속가능한 발전을 위한 유리한 버팀목이 된다. 내가 이끄는 연구팀은 '4중 최저선 전략 통합 관리 모델'이라고 불리는 관리 모델을 설계했는데, 이것은 장기적 전략의 실시간 모니터링과 감독·관리의 핵심 영역에서의 조화로운 발전을 위한 도구가 될 수 있고, 미래 전망과 조기 경보에 있어서 분석 수단으로도 활용될 수 있으며, 정책결정자들에게 정책결정에 있어서 시각화된 도구를 제공한다.

이 모델의 특징은 다음과 같다.

① 4개의 사분면을 선정한 뒤 각각 경제, 사회, 생태 환경, 자연 자원의 4가지 핵심 전략 영역을 대표하게 한다. 각 하부 시스템의 최적 구조 및 기능을 식별해내는 기초 위에 대표적인 지표의 선택을 통합 요소로 삼고 각 요소에 대해 향후 10년마다 예측을 진행한다.

② 경계선, 비교선, 목표선 등 3가지 원을 레이더 차트 형태의 배경으로 하여 전략 주체의 행위 궤적을 보다 쉽게 관측할 수 있다.

③ '4중 최저선 관리 시스템'이란 소프트웨어를 운용하여 전략 주체의 행위 궤적이 변화하는 모습을 볼 수 있는데 이것을 '국가 또는 지

역 발전의 태세'라고 부른다(<자료 7-9> 참조).

④ '조화로움의 정도'라는 개념을 도입하여 핵심 전략시스템과 각 영역 내부의 하부 시스템 또는 요소 간의 지속가능한 발전 원칙 하에서의 조화로움 정도를 측정(계량화)한다.

⑤ 시나리오 분석을 통해 미래를 전망하고, 혁신 자원의 투입(자금과 제도, 정책 투입 등)을 조정하여 미래의 발전 태세를 바탕으로 지속가능한 발전 태세를 갖추도록 한다.

⑥ 조기 경보 시스템을 수립하여 실시간 모니터링과 조기 경보를 통

**자료 7-9 | 지역 발전의 태세**[118]

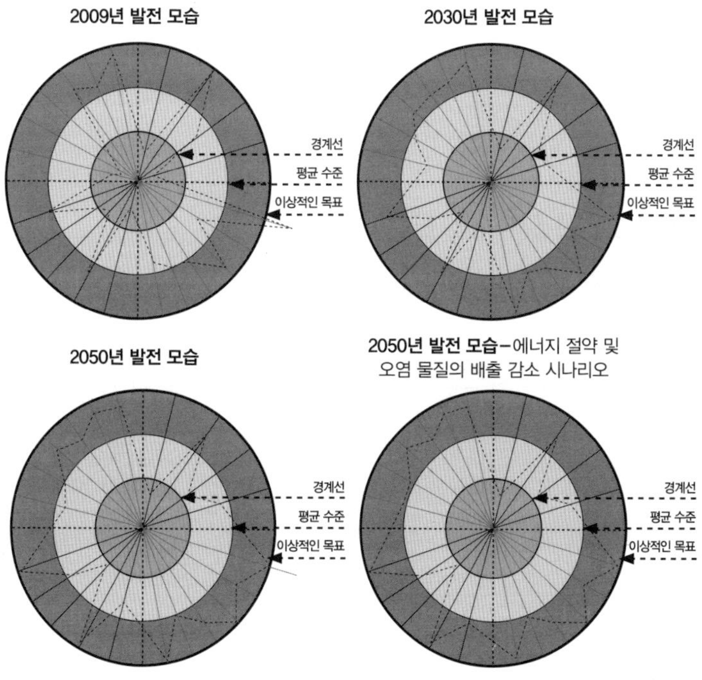

해 전략 배치를 조정함으로써 리스크 회피의 목적 달성을 도모한다.

연구팀은 이 모델을 이용하여 '중국 2050과 조기 경보 시스템(China 2050 and Early Waning System)'[119]에 대한 추적 연구를 수행했고 일부 지역의 20~50년 후의 미래 발전에 대한 자문과 건의 사항을 제공했다.[120] 정책결정자는 '장기적 전략의 시각화 지휘기'라고 일컬어지는 이 도구를 통해 한편으로는 전략을 시행하고, 또 다른 한편으로는 전략의 오류를 수정하고 조정하며 전략을 업그레이드시킴으로써 지도 능력을 끌어올리고, 지역의 지속가능한 조화로운 발전 능력을 강화하는 목적을 달성할 수 있다. 또한 이와 동시에 이 모델에 근거하여 중국의 '미래 발전 지수(State of the Future Index/SOFI)'[121]를 수립하고 국제 비교를 진행할 수 있다. 빅데이터 시대의 도래에 따라 이 모델의 신뢰성과 실용성은 더욱 높아질 것으로 전망된다.

## 친환경 발전은 실제적인 진보를 이끌어야 한다 (GDP를 넘어 GPI 시스템 수립하기)

다시 한 번 말하건대 현재의 국민 총생산(GDP)이 경제 성장을 측정하는 중요한 지표지만 그것은 경제 성장의 질과 국민의 행복 지수를 반영하지 못한다. 우리는 2007년부터 중국의 실제 진보 지수(GPI) 시스템을 도입[122]하고 수립하여 미국과 일본의 GPI와 비교 연구[123]를 수행했고 일부 도시에서는 시범 사업을 진행했다.

GPI는 사회, 경제, 환경이라는 3가지 항목으로 구성되어 있는데 우선 실제 진보에 기여한 요인을 고려한다. 여기에는 수입에 따른 분배를 조정한 이후의 개인 소비, 가사 및 육아의 가치, 자발적 업무의 가치, 내구 소비형 재산의 서비스 가치, 정부의 사회 자본 보유량의 서비스 가치, 순자본 투자의 가치와 순외채 등이 포함된다.

이러한 기초 위에 자원·환경에 대한 파괴적 영향, 예를 들면 수질 오염과 대기 오염의 비용, 습지 상실, 농경지 상실, 재생불가능한 자원의 고갈, 원생림 상실, 장기적 환경 파괴(주로 이산화탄소 배출) 등 자연 자본을 희생시키는 서비스 비용이 들지 않도록 해야 한다. 또 다른 차원에서는 범죄, 사고, 소송, 파괴 등이 초래하는 부정적인 요인에 의한 영향을 제거해야 하고, 수입 분배의 악화와 업무의 비용, 여가 시간의 상실(실업, 과중한 노동, 불완전한 취업) 등에 의한 영향 및 도시화 비용(통근 비용, 교통사고, 소음 공해), 범죄의 비용, 가정 파괴의 비용 등 사회 기능의 마비를 가져오는 비용이 들지 않도록 노력해야 한다.

우리가 수행한 연구는 GPI가 GDP의 환경 비용과 사회 비용을 분석하는 효과적인 수단이며, 한 국가 및 지역에서 경제 발전의 건전성 정도와 사회의 진보 상황을 충실하게 반영하고, 지역의 지속가능한 발전의 정도를 검증하는 도구이자 정부의 업적 평가 제도를 보완하는 데 사용할 수 있음을 보여준다.

〈자료 7-10〉은 중국 전역을 대상으로 하여 실시된 제3차 GPI의 계산 결과이다.[124] 1978년부터 2012년까지 35년간 중국의 GDP는 평균 9.83퍼센트, 1인당 평균 GDP는 8.73퍼센트의 성장률로 지속적인 발전을 해왔고 GDP와 1인당 평균 GDP는 각각 22.23배와 15.22배가 증가했다(1인당 평균 GDP는 1,356위안에서 2만 3,361위안으로 증가했다). 이 시기에

자료 7-10 | 중국의 GPI와 GDP 성장 추세의 비교[125]

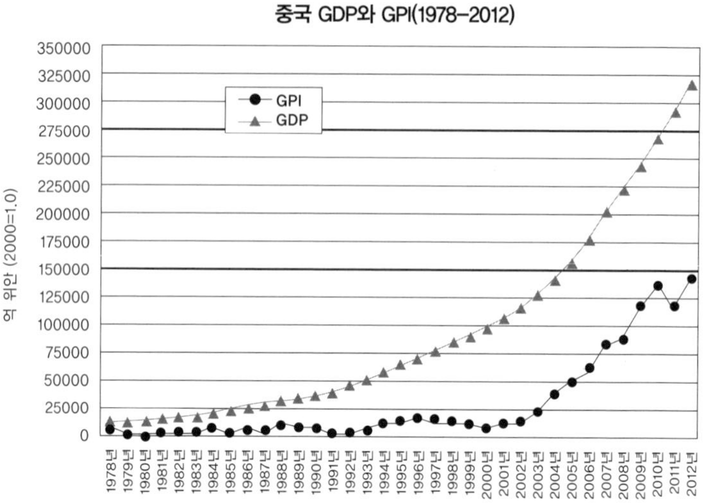


중국의 GPI와 1인당 평균 GPI도 각각 20.50배와 13배가 증가했는데 (1인당 평균 GDI는 662위안에서 1만 588위안으로 증가했다) 이것은 중국이 경제 기적을 만들어냄과 동시에 35년간의 개혁개방이 확실히 중국에 '실제' 진보를 가져왔음을 말해준다.

하지만 〈자료 7-10〉이 보여주는 바와 같이 GPI와 GDP의 발전 궤적은 서로 다르며 GDP와 GPI의 발전은 결코 연동되어 있지 않다. 1980년대와 1990년대를 전체적으로 살펴보면 GPI와 GDP의 격차는 줄곧 확대되어 왔고, 특히 1990년대 전체를 통틀어 GPI는 거의 늘어나지 않았다.

GPI와 GDP 비율이 반영하고 있는 것은 경제 성장에서 실제 진보의 비중이다. 이 비율은 1980년대에는 단지 평균 24.46퍼센트였고, 1990

년대에는 평균 18.65퍼센트로 하락했다가 2000년대에 이르러 28.2퍼센트로 상승했고, 2010년부터 2012년까지는 45.71퍼센트에 도달했다. 이것은 설령 2010년 이후라 하더라도 약 55퍼센트의 GDP가 실제로는 GPI의 계산 중에 정의하고 있는 환경 비용과 사회 비용이라는 것을 말해준다. 1978년부터 2012년까지 35년간 중국에서 GDP와 GPI의 격차는 주로 환경 비용과 사회 비용에서 비롯되었고, 이 30여 년 동안 환경 비용과 사회 비용은 각각 32배와 47배가 증가했다.

주의해야 할 것은 2000년대에 GPI의 성장 속도가 GDP의 성장 속도를 초월했다는 것인데 그 원인은 다음과 같다.

첫째, 10년 동안 고정자산에 대한 투자가 급격히 증가했고, 다른 한편으로는 산업 구조의 조정으로 인해 비정상적으로 퇴직하게 된 노동자가 늘고 일자리가 감소하여 노동에 대한 수요량이 줄어들었다. 노동력 투입의 연평균 성장률은 0.56퍼센트, 자본 비축량의 연평균 성장률은 15.29퍼센트가 되었고, 순자본 투자가 연평균 25.85퍼센트의 속도로 성장하도록 이끌었다.

둘째, 2002년 중국의 대외 부채보다 대외 자산이 증가하게 됨에 따라, 즉 순외채가 마이너스에서 플러스가 되고 특히 2003년부터 순자본 투자가 급격히 증가하여 2002년부터 2009년까지 8년간 순외채 평균 증가율이 64.29퍼센트가 되었다. 그런데 이 두 가지 항목의 급격한 상승은 개인 소비의 완만한 성장률을 덮어버렸는데, 특히 농민의 소비가 상대적으로 하락한 사실을 은폐했다. 하지만 2010년부터 시작하여 중국의 순자본 투자 및 외환 준비액의 증가 속도는 확실히 둔화되었다.

다음 단계로 우리는 중국의 GPI 시스템에 대해 심도 있게 연구하고 조정하며, 시범 사업의 시행 범위 확대를 준비하고 있다. 또한 각지에서 점진적으로 각자의 GPI 시스템을 수립하여 각지에 있는 관원들의 정치적 업적을 전면적으로 고찰할 때 활용하는 지표로 삼도록 건의하고 있다. 각지에서는 GPI의 20여 개 지표 및 분류 사항을 조합하여 각 직능 부문의 업적에 대한 조작 가능성을 고찰하는 지표로 삼고, GPI/GDP 비율을 보다 높이는 지표로 삼아 사회 비용과 환경 비용을 줄이며 지속가능한 발전의 수준을 향상시킬 수 있다.

## 발전 모델과 기업 행위의 전환

친환경 발전을 실현하고 관념과 정부의 기능을 전환시키는 것은 분명 매우 중요한 일이다. 하지만 궁극적으로는 반드시 기업 비즈니스 모델의 전환을 이루어내야 하는데, 즉 기업 행위의 전환은 국가가 발전 모델을 전환하는 데 있어서 중요한 기초가 된다.

현재 '경제 이윤의 최대화'를 목표로 하는 수많은 기업의 경영 모델과 단기적 행위가 다음과 같은 일련의 사회 문제를 초래하고 있다. 즉 끊임없이 폭로되고 있는 기업의 스캔들로 여기에는 식품 안전, 약품 안전, 유독 약품에 대한 자의적 방치, 직원과 고객의 생명 안전에 대한 무시, 환경에 대한 심각한 오염 등이 포함되며, 이러한 것은 사회 전체가 심각한 반성과 성찰을 하도록 만들고 있다. 이에 대해 중국의 '회사법'은 처음으로 기업에 대해 '정부와 사회 공중의 감독을 받고 사회적 책임을 이행할 것'을 명확하게 요구했고[126] 중국 국무원 국유자산관리감독위원회는 모든 중앙기업에 3년 내에 '기업의 사회적 책임(CSR)'과 관련된 보고서를 공개적으로 발표할 것을 요구했다.

따라서 2018년 중앙기업은 72개의 CSR 보고서를 발표했고, 38퍼센트의 중앙기업은 10년간 계속해서 CSR 보고서를 발표했다.[127] 정부, 자본 시장, 업계 협회 등 여러 방면에 걸쳐 있는 역량의 추동 하에 중국 기업의 CSR 보고서의 수는 계속해서 증가하고 있는데, CSR 보고서는 2017년에 1,913개에서 2018년에 2,097개가 되었고, 민영기업의 CSR 보고서의 수가 전체에서 차지하는 비중이 처음으로 50퍼센트를 넘어섰다.[128]

그럼에도 대외적으로 CSR 보고서를 발표하는 것만으로는 기업의 행위를 제약하기가 매우 어렵다. 지속가능한 발전을 위한 기업 문화와 가치관을 수립하고 친환경 비즈니스 모델을 추진하기 위해 내가 이끄는 연구팀은 2003년부터 '미래 500대 기업' 메커니즘을 도입하여 기업들이 21세기 '좋은 기업'의 모범이 될 수 있도록 다음과 같이 이끌었다. 우선 경제, 사회, 환경의 3중 책임을 이행하고 그것이 기업 문화가 되도록 하며 더 많은 기업이 영리 모델을 전환하여 '대기업'을 숭상하는 것에서 경쟁적으로 '좋은 기업'이 되도록 노력하게 하고, 〈포춘〉 500대 기업을 숭상하는 것에서 경쟁적으로 '미래 500대 기업'이 되도록 하는 것이다.

실제로 시장 경제의 조건 하에서 행정 명령의 역할, 심지어 정부의 지렛대 역할에도 한계가 있다. 따라서 반드시 공정하고 과학적인 기업 평가 시스템을 수립하고 '좋은 기업'의 표준과 모범을 재정립해야 한다. 즉, 원칙과 표준을 통해 기업의 행위를 제약하고 '글로벌 기업시민'으로서 기업이 해당 지역 및 지구를 위해 그리고 우리의 다음 세대

자료 7-11

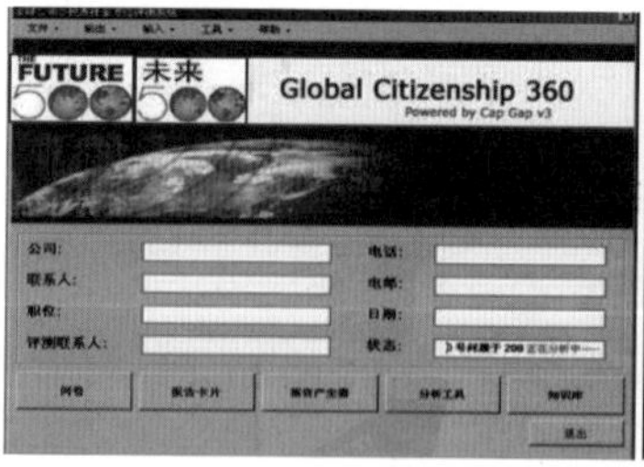


'글로벌 기업시민 360'의 책임 평가 시스템

자료 7-12

'미래 500대 기업(중국 지부)' 회원 기업

를 위해 지속가능한 발전의 책임을 이해하는 정도에 대해 측정하고 평가해야 한다.

〈자료 7-11〉은 '미래 500대 기업'[129]이 개발한 도구, 즉 '글로벌 기업시민 360'의 책임 평가 시스템이다. 국제적으로 공인된 24개의 표준 또는 규범을 통합하고 기업 거버넌스와 도덕 행위 준칙, 직원과 업무 환경, 관련 커뮤니티 및 사회 발전에 대한 책임, 환경과 생태에 대한 책임, 고객 또는 소비자에 대한 책임이라는 5가지 방면의 208개 문제에 대해 제3자와 기업 자체의 평가를 결합하는 방식을 통해 기업과 공급업자가 친환경 비즈니스 모델을 검증하고 실천하는 것을 돕고 있다.

중국은 이미 7개의 우수한 기업이 평가를 통해 '미래 500대 기업'의 회원이 되었고(〈자료 7-12〉 참조), 일부 기업은 '글로벌 기업시민 360' 도구를 활용하여 3중 책임 관련 이행 상황을 측정하고 검증하고 있다.

공중의 인식은 물론 민중과 사회 전체의 참여를 높이기 위해 우리는 각각 '왜 중국은 미래 500대 기업의 개념을 도입할 필요가 있는가' '과학적 발전관과 미래 기업' '3중 책임과 조화로운 사회의 건설' '지속가능한 발전과 비즈니스 모델' 등의 주제로 여러 차례의 국제 포럼을 성공적으로 개최한 바 있다.

## 사회 조직의 역할과 공민의 참여

개혁개방 이래 정치 생활 민주화의 진전은 NGO의 발전을 위해 갈수록 느슨한 분위기를 제공했다. 현재 중국의 NGO는 하나의 사회 주체로서 친환경 발전 영역에서 정부와 시장의 역량이 닿지 않는 공간에서 이를 보완하는 거대한 역할을 수행하고 있다. 하지만 중국에 있는 다수의 풀뿌리 NGO는 여전히 신분과 생존 방면에서 어려운 선택을 해야 하는 상황에 처해 있다.

현재 소셜 미디어는 국민이 참여할 수 있는 효과적인 플랫폼을 제공하고 있다. 특히 '인터넷+휴대폰'을 정보의 신속하고 간편한 교류의 담지체로 삼고, 그것이 형성하는 인터넷 여론이 사회에 미치는 영향은 갈수록 커지고 있다. 2018년 12월까지 중국의 네티즌 규모는 8억 2,900만 명이었고, 그중 휴대폰을 이용하는 네티즌 규모는 8억 1,700만 명으로 전체의 98.5퍼센트를 차지했다. 이것은 인터넷을 통한 교류가 중국 사회에서 정치 영역에 참여하고 논의하는 중요한 일환이 되도록 만들고 있으며, 이러한 혁신은 사회의 일대 진보를 대표하는 것이라고 할 수 있다.

이와 동시에 새로운 매체가 사회에 미치는 충격은 거대하며 그 파괴성에 대해서도 경계할 필요가 있다. 이러한 정부와 민의의 직통 채널을 충분히 활용하면서도 어떻게 책임 있게 응용하고, 정부가 새로운 매체 여론을 올바른 방향으로 이끄는 능력을 어떻게 향상시키며 새로운 매체 여론에 대한 규제 및 관리를 강화할 것인지는 일종의 기회이자 도전이라고 할 수 있다.

## 친환경 발전의 입체적 통합 시스템

만약 친환경 발전의 이념과 대환경이 뒷받침하는 전략 계획, 도구와 수단, 하드·소프트 환경의 지원, 실시간 모니터링, 감독·관리 실시 등으로 구성되는 전략 관리 시스템이 횡적 통합 시스템이라면 거시 및 중범위에서 미시까지의 '7가지 레벨에 한 개의 순환'으로 구성되는 전략 관리 시스템은 종적 통합 시스템에 속한다고 할 수 있다.

이러한 양자 간의 관계는 〈자료 7-13〉에서 살펴볼 수 있다. 이상적인 상태는 두 개의 시스템이 통합되고 서로 조화를 이루는 것이며, 이 다차원의 CGS에 대해 입체적인 통합 관리를 진행함으로써 점진적으

**자료 7-13 | 친환경 발전의 양대 시스템 관계**

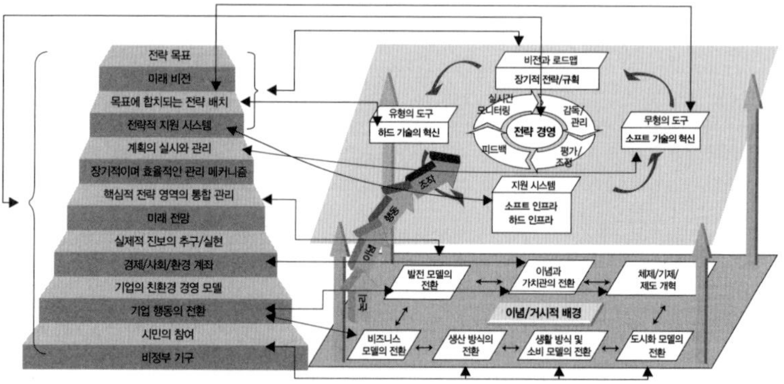

로 친환경 발전 목표에 접근하고 발전 모델의 친환경 전환을 촉진하는 것이다.

The Future of Humanity

제 8 장

# 더 나은 미래를 위해 분투해야 한다

## “인류는 더 나은 미래를 예측할 수는 없지만 창조할 수 있다.”

우리가 앞서 논의한 ‘인류의 더 나은 미래’는 자연적으로 도래할 가능성이 없다. 만약 현대 인류가 수백 년간 형성되어온 공업 문명에서 벗어나 새로운 문명으로의 전환을 의식적으로 촉진하지 않고 관련된 경제와 사회, 정치, 문화, 자원, 환경 및 과학 기술의 발전 방면에서의 행위 모델을 근본적으로 바꾸거나 수정하지 않을 경우 인류 스스로 파멸의 길로 나아가는 결말을 피할 수 없을 것이다.

따라서 우리는 현재 직면하고 있는 몇 가지 커다란 위기를 정면에서 주시하고 대응하며 악성 위기와 재난의 발생을 방지하기 위한 조치를 취해야 한다. 그리고 또 다른 한편으로 인류의 장기적인 미래를 위해, 우리의 후손들을 위해 더 나은 미래의 청사진을 설계하고 이 웅대한 목표를 실현하기 위해 분투해야 한다.

# 1

# 컨센서스 형성이 중요하다

역사가 증명하듯 영향력 있는 국가의 지도자 그룹, 정치가, 학자(미래학자 등), 다국적 대기업의 경영진을 포함하는 세계 엘리트들의 세계관, 인생관, 가치관, 생태관은 사회의 발전을 이끌고 중대한 사회 변혁을 가져오는 중요한 구동력 중 하나이다. 따라서 그들과 주류 사회가 인류 미래와 관련된 다음과 같은 거시적인 영역에서의 기본 문제에 있어서 컨센서스, 즉 공통된 합의와 공감대를 이루는 것은 대단히 중요하다.

- 우리에게는 어떤 형태의 미래가 필요한가?
- 인류는 어떤 형태의 미래를 창조해야 하는가?
- 공업 문명의 전환을 어떻게 촉진시켜야 하는가?
- 인류란 무엇인가? 생명이란 무엇인가?
- 인류는 어떻게 진화해야 하는가?
- 인류의 진화에는 한도 또는 한계가 있는가?

- 인류의 소멸을 어떻게 하면 피할 수 있는가?(지속가능한 생존과 발전에 대한 컨센서스)
- 기술이란 무엇인가? 기술의 기본 목적은 무엇인가?
- 과학 기술의 위기를 어떻게 극복할 수 있는가?(과학 기술 발전과 윤리에 대한 컨센서스)
- 세계의 조화와 평화적 발전을 어떻게 실현할 것인가?(인류 공동체 유지에 대한 컨센서스)

세계의 엘리트들과 주류 사회가 인류의 미래에 대한 비전과 목표에 있어서 컨센서스를 이루어야만 비로소 미래 문명에 적합한 일련의 중대한 과학적 발견, 하드·소프트 기술의 발명, 혁신 및  규칙 체계를 함께 추진할 수 있고 지속가능한 발전의 6대 경로가 실시되어 지구 문명 및 위대한 문명의 실현을 위한 기반을 마련할 수 있다.

현재 세계가 직면하고 있는 '민주 위기'를 예로 들어 설명하자면, 세계 정치의 엘리트들 사이에서 권력 분배의 방식 및 국가의 '발전 노선' 선택 등에 대한 합의가 반드시 이루어져야 하는데 만약 그렇지 않을 경우 민주는 곧 부정적인 방향으로 나아가게 될 것이다.[1]

2

# 사유 모델부터 바꾸어야 한다

사유 방식은 사람들이 세계를 관찰하고 복잡한 사물을 분석하는 과정에서 효과적이고 유익한 통찰력을 획득할 수 있는지의 여부를 결정하는 원천이다. 만약 다양한 문화와 종교, 신앙을 지닌 집단이 서로 수용하고 함께 생존하며 행복을 향유하는 세계를 만들고, 궁극적으로 공평하고 공정하며 조화로운 세계를 실현하고자 한다면 세계의 엘리트들과 각국의 지도자 그룹, 다국적기업의 경영진에서부터 광범위한 민중에 이르기까지 모두 점진적으로 공업 문명 논리의 사유 모델을 바꾸어나가야 한다.

중미 관계를 예로 들어 설명하자면, 중국의 부상은 이미 논쟁의 여지가 없는 사실이다. 머지않은 미래에 중국은 세계 제일의 경제 실체가 될 것인데 미국 역시 근본적으로 이와 관련하여 걱정할 필요가 없다. 세계 경제는 결코 제로섬 게임이 아니며 중국과 미국의 발전은 상호 보완적인 것이기 때문이다.

14억 명의 인구를 보유하고 있는 중국이 빠르게 발전하면 선진 기술을 지닌 혁신 대국, 즉 미국에는 더 많은 기회와 커다란 시장을 제공할 것이므로 미국을 포함한 세계의 번영에 도움이 된다. 물론 중국의 이익을 자국의 손실로 간주하고 중국의 강성을 자국에 대한 위협으로 간주한다면, 모든 힘과 방법을 동원하여 중국의 발전을 억제하고 중국의 영향력을 제한하고자 할 것이며 시종일관 미국식 가치관을 이용하여 세계의 사유 모델을 개조하려 할 것이다.

그러나 그 결과는 끝없는 모순과 충돌이 될 것이며 중국의 부흥을 동요시키는 데 있어서도 아무런 도움이 되지 못할 것이다. 앞서 제6장과 제7장에서 설명한 바와 같이 중국의 평화적 부상은 현재와 미래에 있어서 끊임없는 거대한 도전에 직면하겠지만 중국이 선택한 노선을 따라 노력한다면 부흥에 성공하는 것은 역사의 필연이기 때문이다.

중국과 미국은 다방면에 있어서 더 많은 기회를 확보하고 협력을 진행하는 것에 있어서 충분한 성의를 보여야 한다. 서로 포용하고 공존하며 공향하는 자세로 세계 대국으로서의 책임을 용감하게 짊어지고, 인류의 지속가능한 발전과 영구 평화를 위해 함께 공헌하며 세계가 더욱 아름답게 발전할 수 있도록 노력해야 한다.

요컨대 우리는 서로 다른 발전 모델, 다양한 가치관과 문화, 기타 인류 사회의 각종 모순을 포함하는 사물의 대립 및 그 관계와 마주할 때 '균형·평등·포용·조화'라는 현대 사회의 음양론과 연경론을 견지해야 하고,[2] 그것이 21세기 중대한 문제를 고려할 때 중요한 원칙이 되도록 해야 한다.

'조화·균형·공존'의 원칙[3]은 중국 고대의 음양 철학과 문화를 반영하고 있다. 예를 들어 《황제내경(黃帝內經)》의 소문(素問) 제5편 '음양응상대론(陰陽應象大論)'의 첫 문장에서 "음양이란 천지의 도이고, 만물의 강기이며, 변화의 부모이고, 생살의 본시이며, 신명의 부(府)이다"라고 했다.[4] '음양이란 자연계 사물 운동 변화의 기본 규율이자 보편 규칙이고, 만물을 인식하는 강령이며, 사물이 발생·발전·쇠퇴·소멸되는 근본이다. 그것은 생살의 본시[5], 즉 사물이 변화하는 근본 원인이며, 신명[6]의 부, 즉 자연계 만물 운동 변화의 내재적 동력이다'라는 의미이다.

음양론이 강조하는 것은 음양은 대립 중에 통일되어 있는 관계이며, 외견상으로는 서로 대립하는 것처럼 보이지만 일정한 조건 하에서는 상호 전환되고 상호 의존하며 상호 화생(化生)하고 상호 위용(爲用)하며 상호 흡인하는 하나의 통일체 속에서 공존한다는 것이다.

음양 철학과 연경론의 실질과 현실적 함의를 이해하는 것은 새로운 문화와 가치관, 세계관을 정립하는 데 도움이 되고 세계주의와 지구주의 및 포용의 문화를 배양하는 데 도움이 되며, 미래 문명이 필요로 하는 '조화·균형·공존·상생'의 문화를 창조한다. 또한 연경론의 원칙은 문화, 사회, 경제, 기술, 과학, 기업 활동 등 각 영역에 적용될 수 있다. 다시 말해, 음양론과 연경론에 대한 인식은 사유 방식에 있어서 일종의 진보이자 통찰력의 심화이며, 인식론의 진보라고 할 수 있다.

〈자료 8-1〉은 우리의 인류 활동 중에서 항상 나타나는 각종 관계와 관련된 연경설을 정리하여 열거한 것이다.

– **인간과 자연의 관계**: 자연을 통제와 정복의 대상이 아닌 조화를 추구해야 하는 공존의 대상으로 인식하고 천인합일의 원칙을 따르

는 것.

– **인간과 인간의 관계**: 경쟁의 관계에서 박애, 무쟁, 평등, 공평의 관계로 전환하는 것.

– **인간과 사회의 관계**: (복지, 공공서비스, 노동의 기회 등을) 착취하는 것에서 부쟁, 과욕, 조화 및 공헌으로 방향을 전환하는 것.

– **국가와 국가의 관계**: 경쟁의 관계에서 존중, 평등, 협력, 공존, 운명의 가치를 앞세워 공동체로 전환하는 것.

– **문화**: 서방과 동방 문화 및 기타 다양한 문화가 상호 존중되고 공존하며 조화를 이루는 것. 예를 들면, 서방 문화는 공업 문명을

**자료 8-1 | 21세기 조화·균형·공존의 원칙**

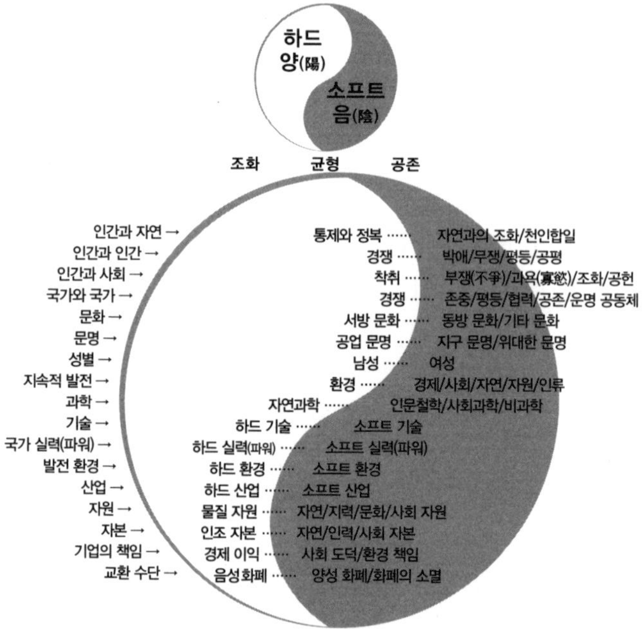

추동하고 부의 증가와 과학 기술의 발달을 촉진했고, 동방 문화는 천인합일을 중시하며 인간과 자연이 조화롭게 공존하는 것을 통해 미래 문명을 위한 철학적 기초를 제공했다. 이렇듯 서로 다른 문화를 존중하고 학습하며 때론 지양하는 임무를 잘 수행해야 한다.

- **문명**: 공업 문명에서 지구 문명 및 위대한 문명으로 옮겨가는 것.
- **성별 관계**: 남성과 여성이 상호 존중하고 평등한 권리를 향유하는 것.
- **지속가능한 발전**: 환경의 지속가능한 발전을 중시하는 것에서부터 자연 및 자연계의 기타 생물, 생태, 환경, 경제, 사회의 지속가능한 발전 그리고 인류의 지속가능한 생존과 발전을 중시하는 것으로 전환하는 것.
- **과학**: 자연과학과 사회과학 및 비전통적 과학의 균형을 맞추는 것(균형의 원칙).
- **기술**: 하드 기술에서 소프트 기술로, 더 나아가 융합 기술 등의 하드·소프트 통합 기술로 전환하는 것(균형의 원칙).
- **국가 실력**: 하드 실력(파워)과 소프트 실력(파워)을 갖추는 것.[7]
- **경제 발전 모델**: '갈색 경제'에서 신경제 및 '녹색 경제'로 전환하는 것(영리 모델의 전환).
- **산업 구조**: 하드 산업과 소프트 산업의 조화로움을 추구하는 것.
- **발전 환경**: 하드 환경과 소프트 환경의 균형을 맞추는 것(균형의 원칙).
- **자원**: 물질 자원에서 자연 자원, 지력 자원, 문화 자원, 사회 자원으로 전환하는 것(협조의 원칙).

- **자본**: 하드 자본과 소프트 자본(균형의 원칙) 또는 인조 자본에서 자연 자본, 인력 자본, 사회 자본으로 전환하는 것.
- **교환 수단**: 양성 화폐에서 음성 화폐, 전자 화폐, 디지털 화폐로 전환하는 것, 더 나아가 화폐의 소멸까지 포함.
- **기업의 정체성과 목표**: 경제 실체에서 지구 시민의 일원으로 전환하는 것. 경제 이익을 최우선시하는 것에서 경제적 책임, 사회적 책임, 환경에 대한 책임을 이행하는 방향으로 전환하는 것.

3

# 교육은 모든 것의 근본이다

미래는 우리와 후손들에 의해 결정된다. 우리의 다음 세대는 미래를 창출하는 책임을 지며 그들이 원하는 이상적인 미래를 직접 창조하게 될 것이다. 이를 위해 우리에게는 미래를 책임지고 미래에 대해 관심을 갖는 다음 세대를 배양할 책임이 있으며, 그들로 하여금 인류의 지속가능한 발전을 위해 그리고 더 나은 미래를 창조하기 위해 계속해서 노력하고 분투할 수 있도록 동기부여를 해주어야 한다. 다른 한편으로 민중을 교육하고 대중의 인식을 높이며 정책결정자를 설득하여 미래 문명과 관련된 정확하고 정의로운 목소리가 세대에 걸쳐 계속 전파되도록 해야 한다.

이는 곧 시대의 변화에 따라 그리고 전복적 기술의 끊임없는 출현에 따라 교육의 내용과 방향의 전환을 요구한다. 예를 들면, '지와 덕을 겸비한 다음 세대를 어떻게 배양할 것인가'와 관련하여 우리는 교육적으로 새로운 내용과 방향을 가지고 있어야 한다. '덕'의 함양 방면에서 기술이 고도로 발전하고 물질적으로 대단히 풍부한 환경 속에서 어려움을 극복하고 분투하는 정신을 어떻게 배양할 것인지, 또한 성실하고 자애심이 있으며 사회에 대한 책임감이 있는(자기중심이 아닌) 다음 세대를 어떻게 배양할 것인지는 매우 큰 도전이다.

'지'를 육성하는 방면에 있어서는 교사에 의한 암기 방식으로 지식을 습득하는 주입식 교육에서 어떻게 벗어날 것인지, 전통적인 비즈니스 가치관(복종, 시간 엄수, 경쟁 정신 등)의 전수 등을 중시하는 전통적 교육 방식에서 어떻게 벗어날 것인지 역시 대단히 큰 도전이라고 할 수 있다.

인류가 지속가능한 발전을 위한 미래 문명을 창건하고자 한다면 그 관건은 청년의 사상 경지와 사유 방식에 있다. 즉 청년들로 하여금 유년기 때부터 복잡한 문제를 회피하지 않는 자세를 학습시키고, 독립적 사고에 능하고 진리 추구를 위해 굽히지 않는 열정을 갖도록 이끌어야 한다. 또한 미지의 사물에 대해 용감하게 질문하고, 미지의 세계에 대해 탐색하고자 하는 열망으로 충만하며, 그 본질과 규율을 찾아내기 위해 부단히 노력하는 자세를 견지하도록 해야 한다(인류에게는 너무 많은 자연과학 및 사회과학 차원의 문제가 존재하기 때문이다).

아울러 사물을 인식하고 사실을 응용하여 문제를 해결하는 방법을 전승하여 청년들의 통찰력과 인내심을 배양해야 한다. 또한 현실 사회의 각종 충돌과 모순의 기원을 관찰하고 분석하는 것을 학습하여 주도적으로 인성이 바른 방향으로 승화되도록 노력해야 하고, 역사에 대한 학습을 통해 다양한 문화의 특징을 잘 식별하고 정수를 드높이며 결점을 제거함으로써 미래 문명에 적합하고 그것을 뒷받침하는 선진 문화를 창조하는 데 기여해야 한다.

이러한 자질들을 함양하는 교육은 지식을 전수하는 것보다 훨씬 더 어렵다. 그 난점은 다양한 차원, 다양한 단계의 대상에 초점을 맞추어 지구 문명 또는 위대한 문명의 건설에 도움이 되는 가치관과 특히 인류의 아름다운 미래를 만드는 일에 대한 책임감을 갖도록 인도하고 배양하는 것에 있다. 이러한 두뇌는 반드시 새로운 교육 모델을 만들어야만 형성될 수 있다. 따라서 앞서 언급한 교육 이념과 가치관을 초등학교에서부터 대학교까지의 커리큘럼에 반영해야 할 뿐만 아니라 정계, 학술계, 기업계, 문예계 및 광범위한 민중을 포함하는 사회 각계의 혁신을 위한 실천을 관철시키고 건강한 소프트 환경을 구축해야 한다.

# 4

# 더 나은 미래는 창조하는 것이다

미래의 인류에게 적합한 사회에 대해서는 실제로 정확한 예측을 하기가 매우 어렵다. 물론 인류의 미래를 흘러가는 대로 방치한다면 미래는 대단히 불확실한 것이 될 것이다. 하지만 다음과 같은 사실들은 분명히 말할 수 있다. 그것은 바로 과학 기술의 발전이 신속하게 이루어지고 있고 인류의 사상적 진보로 인해 앞으로 인류의 지혜와 능력이 지금과는 '비교할 수 없을 정도가 된다는 것' 그리고 사람들의 관념과 사유 방식, 생활과 노동 방식, 가정에 대한 관념, 심지어 경제 운영과 사회 거버넌스의 방식이 모두 현재와는 '완전히 다를 것'이라는 점이다. 아울러 세계화의 진전이 형성한 글로벌 차원의 새로운 문화, 인류의 의식 및 정체성도 중대한 전환이 이루어질 것으로 보인다.

하지만 이때 '어떤 점이 얼마나 다른가' 그리고 '어떤 다른 방향을 향해 변화하고 있는가'는 오로지 우리 자신에 의해 결정된다. 즉 어떤 형태의 미래든 인류가 창조하는 것이며, 또한 지금도 우리는 역사를 창조하고 미래를 형성하고 있는 중이기에 우리의 가치관이 인도하는 행위 모델은 장차 미래 문명의 전환 방향과 속도를 결정하게 될 것이다.

따라서 우리는 '미래를 어떻게 정확히 예측할 것인가'보다는 '어떤 형태의 청사진을 인류 미래의 이상적인 목표(예를 들어, 내가 건의하고 있는 '지구문명'의 전환과 더 나아가 '위대한 문명'을 실현하는 것)로 삼을 것인가' 그리고 그것을 실현하기 위해 '어떻게 함께 분투할 것인가'에 초점을 맞추어야 한다. 이것은 장기적인 '미래 연구'를 하는 이유이자 가치로서 미래의 비전을 통해 미래 인류 및 인류 사회의 발전 목표를 명확히 하고 그것을 위해 분투해야 한다.

다시 말해, 우리에게 필요한 것은 인류의 미래에 대한 또 다른 태도인데 즉, 미래는 우리의 발아래 놓여 있으며 우리가 창조하는 것이라는 점을 다시 한 번 상기할 필요가 있다. 우리의 사명은 미래를 정확히 예측하거나 낭만적인 상상을 가득 늘어놓는 것이 아니며, 미지의 나쁜 결과에 대해 우려하고 평가하고 평론하는 것에 머무는 것은 더더욱 아니다. 우리가 할 일은 바로 사람들이 정확하게 사유하도록 인도하고, 노력만 한다면 실현할 수 있는 미래를 향하여 목표를 확정하고 함께 설계하며, 인류의 지속가능한 발전을 위해 더 나은 미래를 기획하고 그것을 위해 분투하는 것이다.

비너스 프로젝트가 주장하는 바와 같이 "미래는 지금과 다른 것이 아니라 우리가 현재 가지고 있는 지식을 이용하여 지속가능한 새로운 세계 문명을 성취해낼 수 있다면 그것이 바로 미래가 되는 것이다. 그러기 위해서는 직접적인 문화 재건이 필요하다. 새로운 문화에서는 전쟁, 기아, 빈곤, 채무 및 인류의 고난 등 오랫동안 해결하지 못한 문제들을 피할 수 있게 될 뿐만 아니라 문제 자체가 완전히 차단될 수도 있다. 만약 이러한 문화를 실현하지 못한다면 오늘날의 사회 문제는 계속될 것이다."[8]

세계미래회의(WFS, 일명 세계미래학회_옮긴이)의 창시자 에드워드 코니쉬(Edward Cornish)는 지금으로부터 50년 전에 "우리는 과거를 바꿀 수는 없지만 미래를 만들 수 있는 거대한 능력을 갖고 있다. 일단 우리가 이와 같은 대단히 중요한 통찰력을 보유하게 된다면 우리는 곧 내일의 꿈을 구축해야 하는 책임과 능력이 우리 자신에게 있으며 다가올 악몽을 피할 수 있다는 사실을 인식하게 될 것이다"라고 말했다.[9]

물론 이것은 미래 예측의 역할을 결코 부정하는 것은 아니다. 미래 예측은 미래의 시나리오 분석을 통해 우리가 지향하며 설계한 미래의 목표와 차이를 찾아내고 이를 통해 조기 경보 및 방지 조치 등을 제공하는 면에 있어서 효과적이다. 특히 단기와 중기의 미래 추세에 대한 연구 또는 구체적인 업종, 영역에 대한 미래 예측은 기회를 찾아내고 리스크를 관리하거나 방지하는 데 많은 도움이 된다.

하지만 인류의 장기적인 미래에 대해 우리에게 필요한 것은 '장기적인 미래 연구'[10]에 대한 지속적인 노력을 통해 인류 미래의 행복과 더 나은 목표를 설계하고, 끊임없이 완벽을 기하며, 그 목표에 적합한 발전 모델(실천 노선)을 창조하기 위해 노력하는 것이다. 여기에는 문화, 제도, 개혁, 통치 방식, 실시 능력 등이 포함되며, 사람들이 대대손손 분투하여 인류 사회를 지구 문명 및 위대한 문명으로 전환되도록 추동하는 것을 격려한다. 이것은 수백 년 동안 위대한 사회혁명가들이 행해왔던 것과 크게 다르지 않다.

나는 이 책에서 단기와 중기의 미래뿐만 아니라 장기적인 미래에 대한 다양한 연구 발상을 제기했다. 단기와 중기 미래는 '20~50년 후'를 지칭하고, 장기적인 미래는 제5장의 〈자료 5-2〉에서 제시한 바와 같이 '다음 세기(22세기)' 및 '1,000년 후'에 이르는 것으로 데이비드 크리스천(David Christian)이 정의내리고 있는 중기 미래에 가깝다.

미래의 시간 척도와 관련하여 데이비드 크리스천은 《시간의 지도: 빅 히스토리 입문(Maps of Time: An Introduction to Big History)》[11]에서 우주의 척도로부터 미래를 근기 미래(100년 후), 중기 미래(다음 몇 세기 및 1,000년 후), 원기 미래(태양계, 은하계 및 우주의 미래)로 구분했다. 그가 정의 내린 수십 억 년의 척도에 기반한 원기 미래에 초점을 맞추면 미래 예측의 필요성은 오히려 더 높아진다. 예를 들면, 태양의 생명주기 가운데 지구와 생명이 소멸하는 위험 또는 재난을 피하기 위한 출구 전략 등을 고려하는 것이 포함된다.

5

# 포용하는 마음으로 높은 곳에서 멀리 내다보라

나는 인류가 언젠가는 '지구 문명'을 실현하고, 더 나아가 '위대한 문명'의 시대에 진입할 수 있을 것이라고 믿는다. 지구 문명을 실현하는 과정에서 아마도 각국의 제도는 동일하게 수렴될 것이다(그렇지만 문화의 동일화를 요구해서는 안 되며, 각 문명의 유일무이성을 인정하고, 그것의 '인류 문명' 진보에 대한 공헌을 존중하며, 각 문명의 건전한 가치관이 계속 이어지도록 해야 한다).

하지만 각국이 아름답고 더 나은 피안에 도달하는 여정은 역사적 배경과 문화적 차이, 경제적·사회적 발전 수준에 따라 서로 다를 수밖에 없다. 따라서 우리는 각국의 발전 노선에 대한 선택을 존중하고 그 나라와 지역에서 진행되고 있는 인류의 더 나은 미래를 건설하기 위한 시도와 실천, 실패까지도 중시하고 학습하며 포용해야 한다.

# 6

# 용감하게 책임 짊어지기

인류의 미래 문명에 대해, 그리고 '지구 문명'을 실현하고 더 나아가 '위대한 문명'을 실현하는 노선에 대해 미래 세대가 우리가 설계한 것보다 그 시대에 더욱 부합되는 해결 방안을 제시할 것으로 믿는다. 하지만 우리가 현재 이러한 문제를 고려하지 않고 미래의 방향과 목표를 명확하게 제시하는 것을 시작하지 않는다면 어느 누가 그것을 할 수 있겠는가?

만약 우리가 17세기를 공업 문명의 부화기로 간주한다면 현재의 시대, 즉 21세기는 바로 미래 문명의 부화기에 해당된다고 할 수 있다. 17세기에 사람들은 공업 시대가 더욱 인성화되도록 만드는 메커니즘을 고려하고 창조할 수 있는 능력이 없었다. 하지만 오늘날 우리는 지금의 시기가 하나의 위대한 전환 과정 중에 있다는 것을 알고 있고, 비록 이러한 변화가 표면적으로 미미하고 긴 시간이 걸린다 해도, 심지어 어떤 때는 반복된다고 해도 흔들림 없이 미래의 목표를 명확히 하고 문명의 전환을 의식적으로 추진해나가야 한다.

또한 나날이 강력해지는 현대의 하드·소프트 과학과 하드·소프트 기술이 인류 문명의 진보에 미치는 영향력을 장악하고 그 발전을 계속해서 추동해야 한다. 다시 말해, 위대한 문명으로 가기 위한 나침반을 확보하고 스스로 미래를 건설해야 하는 것이다.

인류의 발전사에 있어서 오늘날 우리 세대는 인류의 지속가능한 발전이 갖는 중요성을 처음으로 인식했고, 또한 처음으로 문명의 교체를 의식적으로 추동하고 있다. 따라서 우리에게는 인류 사회가 어디에서부터 시작되어 또 어디를 향해 갈 것인지, 어떻게 위대한 문명에 도달할 것인지 등의 중대한 문제에 대하여 적극적으로 답을 찾아야 할 책임이 있다.

# 7

# 위대한 문명은 다음 세대의 것이다

"미래는 청년들에게 희망을 걸고 있다"는 표현은 한 가정에서부터 한 국가에 이르기까지 적용될 수 있는 말이며, 더욱이 인류가 더 나은 미래를 창조하는 것에 있어서도 적용될 수 있다. 청년 세대는 창조성을 가장 풍부하게 지니고 있고, 열정과 활력으로 가득할 뿐만 아니라 미래를 긍정적으로 지향하며, 자신의 아름다운 청사진을 실현하기 위한 강력한 추진력을 갖고 있다.

또한 세계화 물결 속에 인터넷 시대를 살아가는 이들은 함께 사용하는 언어가 가장 많고, 문화적 격리와 민족적 편견을 상대적으로 덜 갖고 있으며, 가장 쉽게 소통할 수 있는 세대이다. 아울러 권력에 대한 욕망이 비교적 적고, 덜 보수적이며, 개혁과 혁신을 위해 용감하게 나아갈 수 있는 세대이기도 하다. 물론 이들 역시 쉽게 영향을 받고, 편협하거나 행동이 과격하기도 하며, 역사 지식과 경험이 상대적으로 결여되어 있다.

따라서 청년들이 스스로를 정확하게 인지할 수 있도록 이끌고, 독립적인 사고 능력과 시비를 판별할 수 있는 능력을 강화할 수 있도록 도우며, 미래와 관련된 교육과 연구에 더 많이 참여하고 책임을 지도록 이끄는 것은 그들의 사회에 대한, 인류에 대한, 미래에 대한 책임감을 높이는 것과 마찬가지로 중요하다. 마오쩌둥은 일찍이 청년들을 향해 "세계는 당신들의 것이자 우리의 것이기도 하지만 결국은 당신들의 것이다"라고 말했다.[12]

나는 인류가 장기간에 걸친 힘겨운 노력 끝에 결국은 '지구 문명'과 '위대한 문명'을 창조해내고, 모든 인류가 함께 누릴 수 있는 더 나은 미래를 맞이하게 될 것이라고 믿는다.

# 감사의 글

이 책이 출간되기까지 수년간 책의 구상 및 내용에 있어서 열정적인 격려와 지지, 논평과 검토 의견을 보내준 시어도어 고든, 케네스 헌터(Kenneth Hunter), 레인 제닝스, 헤이즐 핸더슨, 란디프 수단, 고든 맥코나치(Gordon McConnachie), 둥광비, 팡커리(方克立), 황핑(黄平), 리중(李忠), 진성(金盟), 쉬안전우(玄眞武), 바이잉(白英) 등에게 진심으로 깊은 감사를 드리며, 그들의 공헌과 탁월한 견해에 사의를 표합니다.

한국어판에서 번역을 맡아준 이용빈 연구원의 커다란 기여에 감사드립니다. 그의 넓은 시야, 예리한 통찰력 및 근면성실함은 나의 책이 한국의 독자들과 만날 수 있는 행운을 갖게 해주었습니다. 지면을 빌어 그에게 마음에서 우러나오는 사의를 표합니다.

**추천의 글 1**

# 시어도어 고든

**Theodore Gordon**

이 대작을 써내려가며 진저우잉 교수가 탐구한 것은 하나의 간단한 문제, 즉 '인류는 어떤 모습의 지구 문명을 추구해야 하는가?'라는 질문에 대한 답이었다. 수세기 동안 이 문제는 많은 학자와 철학자, 정치가들을 곤혹스럽게 만들었다. 표면적으로는 매우 간단한 문제처럼 보이지만 그 답안들은 절대로 간단한 것이 아니기 때문이다.

이 문제의 답을 소프트 기술 영역에서 찾을 가능성이 있는데, 이것은 진저우잉 교수가 솔선하여 개창한 하나의 영역이다. 소프트 기술은 인류가 스스로를 위해 분투하고 있는 물적 세계의 외부 영역에 속해 있다. 미래의 발전은 소프트 기술과 하드 기술, 이 두 가지 기술 덕분에 이루어지게 되지만 적어도 최근까지 우리가 줄곧 관심을 가져온 것은 하드 기술이었다. 하드 기술은 우리에게 대단히 큰 편리함과 사치스러움을 안겨주었지만 동시에 각 방면에서 불만과 불확정성 및 불안정성을 초래했다.

이 책이 다루고 있는 것은 단순히 국가 건설에 관한 것이 아니라 수세기를 초월하는 하나의 참신한 문명을 건립하는 것에 관한 것이며, 우리로 하여금 '인류의 행복에 있어서 결국 무엇이 중요한가?'에 대해 사고하도록 만든다. 뿐만 아니라 이 과정에서 더욱 광범한 과제를 다루고 있는데, 예를 들면 외계 생명체의 지능, 영생, 도덕 그리고 더욱 아름답고 좋은 세계를 창조하기 위해 중국이 발휘할 수 있는 역량 등이다.

하드 기술은 도구, 기기, 설비 등의 영역에 속하며 소프트 기술은 오로지 사상 및 비(전통)과학적 지식에 주목하는데 이는 일종의 동기, 가치관 및 행위와 관련된 영역이다. 대뇌와 관련된 지식은 하드 기술이며, 사유 혹은 사상과 관련된 지식은 소프트 기술이다. 테러주의자가 사용하는 무기는 하드 기술에 속하며, 그 무기들의 파괴적 사용을 감소시키는 테크닉은 소프트 기술에 속한다. 하드 기술과 소프트 기술은 오늘날 우리 사회의 발전에 공헌하고 있으며, 이 둘은 진저우잉 교수가 모색하고 추구하고 있는 이른바 '위대한 문명(Great Civilization)'에 있어서 모두 핵심적인 것이다.

문명은 계속 진화 중이고 과거를 통해 형성되며 평범하지만 불후의 수십 억 개의 결정들에 의해 창조된다. 또한 문명은 과학, 우연 및 예측하지 못한 사건, 인류와 그 조직들의 부단히 변화하는 포부와 지향, 신

• 저명한 미래학자이자 '밀레니엄 프로젝트(Millennium Project)'의 공동 설립자 및 수석 연구원이다. 1960년대에 퓨처스그룹(The Futures Group)을 창설하고 연구를 시작했으며, 미래연구소(Institute for the Future)의 창립자 중 한 명이다. 6권의 저서와 100여 편의 논문을 집필했는데 미래 연구, 공간 연구, 과학 기술 발전, 글로벌 의제 등을 다루고 있다. 일찍이 랜드연구소(RAND)의 고문이었고 델파이 기법을 초기에 적용한 기여자였으며, 미래 연구에 대한 몇 가지 기법을 창안한 발명가이기도 하다.

성하거나 세속적인 욕망에 의해 형성되며 일부는 불가지(不可知)의 미래로 우리를 이끈다. 이러한 길은 종종 탐욕, 권력 추구, 비합리적인 이데올로기에 의해 추동되기도 했다.

자연세계의 생물체들은 모두 적응을 통해 진화하고 생존한다. 따라서 각 문명의 정도에 따라 진화하는 우리의 운명에 단순히 적응하기만 해도 인류는 생존할 수 있겠지만 과연 이것만으로 충분하다고 할 수 있을까?

인류가 우리의 운명을 더 좋은 쪽으로 변화시키기 위해서는 미래 사회가 어떠한 모습으로 변화할 수 있는지 또는 어떠한 모습으로 변화해야 하는지에 대한 명확한 조감도가 필요하다. 또한 그러한 방향을 향해 나아가고자 분투하고 노력하겠다는 결심이 요구된다. 가령, 우리에게 하나의 조종 장치가 있다고 가정할 때 '무엇에 의거하여 항로 방향을 정해야 할까?' 바로 원대한 목표와 운용 메커니즘이 있어야만 비로소 목적지에 도달할 수 있다.

진저우잉 교수는 이러한 맥락에서 우리가 더욱 잘 해낼 수 있도록 방향을 제시하고자 도전하고 탐구하는 것이다. 다시 말해 이것은 우리의 운명을 그대로 받아들이는 것이 아니라 신중하게 선택한 목표와 정책을 통해 우리 스스로 미래를 형성해가는 것을 의미한다. 실제로 이것은 미래 연구에 있어 마땅히 준거로 삼아야 할 우리의 목표이자 약속이지만 오늘날 문명의 정도에서 이러한 시도를 용감하게 해낼 수 있는 사람은 소수에 불과한 것이 현실이다.

우리는 과연 위대한 문명의 속성에 동의할 수 있을까? 학자와 시인들은 일찍이 그것을 시도한 바 있다. 제임스 힐튼(James Hilton)은 그의 저서 《잃어버린 지평선(Lost Horizon)》에서 세상과 격리되어 있는 이상향에 해당하는 허구의 도시 샹그릴라(Shangri-La)에 인간을 구원해줄 지혜가 보존되어 있는 것으로 묘사했다. 또한 토머스 모어(Thomas More)의 《유토피아(Utopia)》에서 유토피아란 관용적이며 법을 준수하는 곳으로 이성이 지배적인 위치를 차지한다. 플라톤(Plato)의 《국가(The Republic)》(《정체(政體)》로 표기되기도 한다_옮긴이)는 엄격한 철학 교육을 받은 국왕에게 초점을 맞추면서 왕국을 다스릴 때의 정의와 절제를 제창했다. 그리고 프랜시스 베이컨(Francis Bacon)은 《새로운 아틀란티스(New Atlantis)》에서 지식, 존엄, 연구를 중시하는 유토피아를 묘사했다.

반면, 오늘날의 문헌들 중 비교적 흔히 볼 수 있는 것이 반(反)유토피아에 관한 작품인데 올더스 헉슬리(Aldous Huxley)의 《멋진 신세계(Brave New World)》와 조지 오웰(George Orwell)의 《1984(Nineteen Eighty-Four)》 등이 이에 해당한다. 이는 아마도 발명의 빠른 속도와 그것을 개발하고 응용하는 정책 사이의 격차 그리고 더욱 불확실한 우리의 시대상이 반영된 것으로 여겨진다.

1970년대 이후, 앨빈 토플러(Alvin Toffler)가 《미래 쇼크(Future Shock)》를 출간한 이후부터 우리는 한 가지 공통된 주제를 갖게 되었는데, 이는 곧 하드 기술이 이처럼 신속하게 발전하고 있음에도 사람들이 그것에 제대로 적응하지 못하고 있다는 것이었다. 하지만 오늘날 이러한 관점은 진부하고 뒤떨어진 것으로 여겨진다. 또 한 가지 더욱 불길한 소식은 핵 확산의 위협과 테러주의가 대규모 파괴를 불러올 수 있는 능력을 갖추었다는 현실이며, 이러한 위협을 경감시킬 수 있는 정치적 또는 도덕적 틀이나 개명적인 외교 정책과 이성적인 정책결정이 아직 존재하지 않는다는 것이다. 마치 우리는 권력, 탐욕, 향락주의 및 자기 보호에 대응하느라 피로감을 느끼고 있는 공업사회에 깊이 빠져 있는 것처럼 보인다.

그렇다면 '위대한 문명'은 어떻게 실현할 수 있을까? 진저우잉 교수는 소프트 기술을 변화의 엔진으로 간주하여 이에 중점을 두고 있다. 그의 탐구 과정을 살펴보면 마치 황금률처럼 매우 간단명료하면서도 과학의 미래처럼 복잡한 구상을 포함하고 있는데, 이것은 시간 척도 상으로는 내일부터 수세기 이후의 영역을 초월해 있다.

진저우잉 교수는 이 책을 통해 미래의 발전이 통제를 상실하고 정상적인 궤도에서 이탈할 경우 발생할 수 있는 위험들과 동방의 사상 및 전통이 미래 사회에서 수행하게 될 역할을 비롯하여 중국이라는 한 마리의 '깊이 잠들어 있던 사자'를 깨어나게 만든 것이 가져올 심층적인 결과들을 논구하고 있다.

이것은 탐색적인 연구 성과의 일종으로 설교적인 내용은 아니다. 다만 독자로 하여금 다음과 같은 문제들을 제기하고 있다.

"만약 당신이 하나의 이상적인 세계를 설계할 수 있다면 그것은 어떤 모습인가? 그것은 어떠한 가치관을 반영하고 있는가? 그러한 이상적인 세계에서 생활하고 있거나 또는 이상을 실현하기 위해 분투했던 사람들은 장차 어떤 역할을 수행하게 될 것인가?"

이 책은 정부 형태 및 종교에 대해서는 물론 문명을 규정하는 것을 돕는 기타 제도와 신념에 대해서도 문제를 제기하고 있다. 또한 도덕과 그것의 미래에 대한 책이기도 하며 사회 진화(social evolution)의 합리성과 자주성에 대한 한 차례의 변론이라고 할 수 있다.

이 책의 마지막 부분에서 진저우잉 교수는 '위대한 문명'을 동방과 서방의 사상 및 문화 간의 융합으로 간주한다. 그 가운데 동방은 정신적·도덕적 가치관을 재활성화시키는 것을 통해 공헌하고, 서방은 정치 그리고 과학 및 기술을 도덕적으로 재조정하는 것에 기여하게 될 것으로 보고 있다.

수십 년 전, 미래학자이자 정치철학자인 베르트랑 드 주브넬(Bertrand de Jouvenel)은 세계 정부에 대해 어떠한 견해를 가지고 있는지 질문을 받았다. 그는 자신의 관점에서 볼 때 세계 정부는 매우 나쁜 구상으로 여겨진다고 답했는데, 이유인즉슨 유일하게 존재하는 그러한 정부를 어떤 사람이 싫어한다고 해도 다른 선택을 할 수 있는 여지가 없기 때문이라고 말했다. 이것은 실로 딜레마다. 과연 '위대한 문명'의 시대에 진입하고 있는 인류가 훗날 충분히 현명해져서 이에 대한 해답을 찾아낼 수 있을까? 이 책은 이 문제에 대해서도 탐구하고 논의한다.

'위대한 문명'의 노선도를 제정하고 실현하려는 사회 개척자들은 일부 다른 문제에 직면해 있다. 그 노선도의 틀은 장차 사람들이 무엇을 '선'으로 여기고 무엇을 '진리'로 믿는가에 의해 결정될 것이다. 그런데 수많은 사람에게 있어서 '선'과 '진리'에 대한 인식은 우리의 부모가 신봉해온 것, 종교와 세속적인 교사들 및 동년배들이 우리에게 말해온 것에 기초해 있다. 이밖에도 한 시대에 '선'과 '진리'로 간주되어 온 것이 다른 시대에는 '때가 지난 완고한 것'을 의미하는 대명사로 여겨질 수도 있다.

만약 '자유'가 그러한 인류 문명의 일부분이라고 한다면 의견 분기에 있어서 이해의 여지를 남기고 다양성을 포용해야 하며, 부단히 변화하는 미래를 위해 일정한 정책결정 공간을 남겨둠으로써 우리가 영원히 볼 수 없는 수대에 걸친 후손들의 미래를 우리 스스로 제멋대로 지배하지 않도록 해야 한다. 우리는 후손들이 우리가 제공할 수 있는 가장 좋은 것을 기초 삼아 계속 발전할 수 있도록 해야 하지만 그들 또한 반드시 자신들의 미래를 스스로 만들어가야 할 것이다.

아울러 나는 '위대한 문명'으로 향하는 길을 밝게 비추고 있는 사회 개척자들이 향후 우리가 지닌 악한 속성들이 이미 우리의 DNA에 내포되어 있다는 것을 인식하게 될 것으로 생각한다. 그 DNA는 생존의 정글 속에서 여러 세기 동안 형성되어왔고 '진화의 압력'을 통해 형태를 갖추었다. 이런 측면에서 본다면 우리의 가장 큰 적은 바로 우리 자신이 아닐까?

사람들은 소프트 기술이 우리가 직면하고 있는 여러 문제들의 상당 부분을 해결해줄 것으로 믿고 있다. 예를 들면, 테러주의에 맞서는 조치는 막강한 파괴력을 지닌 무기(이것은 하드 기술과 관련됨)와 관련되어 있을 뿐만 아니라 테러주의를 초래하는 원인과 불공평성(이것은 소프트 기술과 관련됨), 그리고 악행을 자행하게 된 동기를 어떻게 제거할 것인지도 포함하고 있다.

소프트 기술을 통해 해결될 수 있을 것으로 기대되는 문제들로는 무능력하고 훈련을 받지 않은 정치인들의 선출, 한쪽이 다른 쪽보다 우월하다는 주장, 불가능한 것에 대한 맹목적인 믿음, 기회와 운명을 서로 혼동하는 것 등이 있다.

비록 수많은 도전에 직면해 있다 하더라도 우리는 '위대한 문명'이 실현될 수 있다는 희망을 갖는다. 그리고 단순히 그것의 특징에 대해 탐구하는 것만으로도 그것이 실현될 가능성은 더욱 높아질 것이다. 설령 '위대한 문명'의 완전한 성취가 지금으로부터 몇 세기 후에야 이루어진다고 해도 말이다.

# 둥광비

董光璧, 중국과학원 교수, 국제역학연합회 회장

자연과학 분야 출신의 미래학자인 진저우잉 교수는 그동안 중국과학원(CAS)과 중국사회과학원(CASS)의 일원으로서 크게 기여해왔다. 드높고 커다란 이상을 지닌 한 명의 과학자이기도 한 그는 새로운 사물에 대해 민감하고 탐구에 있어서 진취적이며, 굳건한 마음으로 학술 연구에 정진하며 매우 창조적이다. 그런 그가 일련의 미래 연구와 중국의 장기적인 발전을 위한 전략 관리의 실천을 상호 결합시키는 것에 주목하여 '중국 2050과 조기 경보 시스템(China 2050 and Early Warning System)' 모델을 개발했다.

아울러 그가 선구적으로 제시한 '소프트 기술'의 개념 및 체계적인 관련 연구 또한 이미 국제 학계로부터 광범위한 관심을 모으고 있다. 이 책의 초판인《인류는 어떤 형태의 미래를 필요로 하는가: 지구 문명과 중국의 전면 부흥》에서 그는 '지구 문명'과 '위대한 문명'이라는 개념을 제기한 바 있다. 그리고 새롭게 증보되어 출간된 본서에서 그는 국제 사회가 여전히 공업 시대의 규칙과 가치를 전반적으로 따르고 있다는 것과 이러한 분위기 속에서 경쟁하는 개별 국가들의 느슨한 연계로부터 더욱 인간적이고 지속가능한 탈공업화된 일명 '지구 문명'으로의 전환에서 비롯될 절박한 이슈에 초점을 맞추고 있다.

저자는 이러한 전환의 필요성과 가능성을 언급할 뿐만 아니라 그것을 실현하기 위한 6가지로 구성된 통합적 접근법의 로드맵을 제시하고 있다. 그가 제시한 '지구 문명'이란 모든 주권국가가 평화 공존, 공동 개발, 사회 정의, 생태 균형, 이념적 다원성을 유지하고 개인과 가족이 행복한 삶을 영위하며 다음 세대에서도 보장하는 세계를 말한다.

그는 공업 문명에서 지구 문명으로의 전환이 상대적으로 짧은 시간 내에 발생할 수 있다며 밝게 전망하고 있지만 한편으로 이것을 인간의 진화에 있어서 최종 단계로 간주하지는 않는다. 시간이 흐름에 따라 더욱 많은 변화들이 일어나게 되고, 그가 직접 제시하고 있는 '위대한 문명'을 궁극적으로 만들어내게 될 것으로 예견하고 있다. 이것은 지구의 모든 거주자, 외연이 확대된 인간 및 그 조직이 외계로 진입하는 상태를 의미하며 이를 통해 인류는 건강을 개선하고 수명을 연장시킬 수 있게 된다.

뿐만 아니라 우리는 높은 기준의 윤리와 더욱 협력적인 행태를 만끽하게 되는데 이것을 가능케 하는 것이 인류의 물리적 진화 및 사회적 진화라는 것이다. 다시 말해, 인류는 생존과 발전에 있어서 더 높은 차원의 경지, 즉 국가 소멸과 대동세계를 성취하는 '위대한 문명'의 시대를 반드시 추구해야 한다.

인간의 진화는 그 자체로 유동적인 상태에 있는데 과학·기술의 발전은 현재 개인의 삶 형태에서의 생물학적 진화에 영향을 미치고 있을 뿐만 아니라 전체적으로 모든 사회 및 문명에서 조직상의 진화를 유도하고 문화적 가치를 더욱 평가하고 있다. 과거에 문화적 진화가 문명을 개조하고 개선시키며 무지몽매하고 야만적인 상태에 있던 인간성을 크게 향상시켰던 것처럼 오늘날 여러 사회는 한때 갈라지고 심지어 적대적이었던 그룹들을 연계하고 연결하며, 발전시키고 확장하는 노력을 지속하고 있다.

사실상 '지구 문명'의 진화 과정 중 사회를 유지하는 데 있어서 오랫동안 의지해온 기본적인 역량(엄격한 도덕, 권력, 부, 지능, 감성)의 장기적·지배적 역할은 점차 다른 것으로 교체될 것이고, 문명의 구조적 요소(기술, 제도, 관념)가 지닌 주도적 역할은 실제로 개선되고 향상될 것이다.

요컨대, 현대 인류는 지능에 의해 지배되고 제도에 의해 주도되는 새로운 '지구 문명' 시대를 향해 나아가고 있으며, 그 이후에 진저우잉 교수가 일컫는 고차원의 세련된 지혜 및 감정에 의해 지배되고 관념에 의해 인도되는 '위대한 문명' 시대에 진입하게 될 것이다. 이것을 성취하기 위해 우리는 반드시 각종 환경 속에 존재하는 여러 도전에 대해 진취적으로 대응하고 성공적으로 해결해야 한다. 또한 여러 문화 사이에 뿌리 깊게 존재하고 있는 충돌을 해소시킴으로써 단순한 동화가 아닌 융합을 창출해내고 이를 통해 문명을 진화시켜야 한다.

이러한 과정에 있어서 근본적인 것이 미래 연구의 성장과 발전이라고 할 수 있는데, 오직 이러한 것들만이 예측하고 설계하며 시행착오를 거치고 창조하는 것을 통해 우리가 공정하고 바람직하며 지속가능한 미래를 향해 나아갈 수 있도록 해주기 때문이다.

# 헤이즐 헨더슨

**Hazel Henderson**

진저우잉 교수의 독창적인 견해가 돋보이는 이 책은 '인류세(Anthropocene, 인류로 인한 지구 온난화 및 생태계 침범을 특징으로 하는 현재의 지질학적 시기_옮긴이)'에 진입한 인류가 직면해 있는 중대한 선택의 갈림길에 대해 상세히 설명하며, 아울러 21세기 전반에 해당하는 '인류 의제'의 한 페이지를 우리 눈앞에 펼쳐 보이고 있다.

그는 자신의 과학에 대한 심오한 전문지식을 통해 우리가 회피할 수 없는 기술적 선택들을 열거하고 있는데, 이러한 사실은 그가 세계적으로 탁월한 미래학자이자 과학철학자라고 일컬어지기에 충분하다는 것을 말해준다.

이스라엘의 철학자 유발 하라리(Yuval Harari)가 《사피엔스(Sapiens: A Brief History of Humankind)(2014)》와 《호모 데우스(Homo Deus: A Brief History of Tomorrow)(2016)》에서 제시한 것과 비슷한 맥락에서 진저우잉 교수는 인류의 올바른 선택을 이끌기 위해 중국의 역사·문화에서 발원하는 관점을 함께 제시하고 있다.

뿐만 아니라 서양 문화의 물질주의와 개인주의에 대한 집착을 관찰해내는 것은 물론 노자의 '도(道)'에서 연원되는 지혜에 입각하여 러시아 출신의 사회학자 피티림 소로킨(Pitirim Sorokin)의 《사랑의 방법과 사랑의 힘(The Ways and Power of Love)(1954)》과 심리학자 스티븐 핑커(Steven Pinker)가 《우리 본성의 선한 천사(The Better Angels in Our Nature)(2011)》에서 제시하고 있는 '인간의 본성은 개선될 수 있다'는 관점을 명백하게 공유하고 있다.

또한 찰스 다윈(Charles Darwin)의 《인간의 유래(The Descent of Man)(1874)》에 의해 언급되고, 데이비드 로이(Daivd Loey)의 《다윈의 잃어버린 사랑 이론: 21세기를 위한 힐링 비전(Darwin's Lost Theory of Love: A Healing Vision for the 21st Century)(2000)》에 의해 재구성된 '이타주의를 향한 진화'에 대한 증거를 명확히 인식하고 있기도 하다.

그는 인류에게 있어서 공통되는 측면을 강조하며 인류가 자신들의 보금자리인 '지구'의 모든 대륙을 정복하고 식민했던 과거를 비롯하여 인류의 모든 역사를 되짚어가며 공동체의 협력을 확대시키기 위한 부단한 노력들을 소급함으로써 자신의 연구에 깊이를 더하고 있다.

지금까지 인류가 성취한 일부의 성공은 기타 생명형태와 생물량의 광합성 작용 40퍼센트 정도를 소모시키고 있고, 이로 인해 수많은 종

• 저명한 미래학자 및 경제학자, 과학정책 전문가이자 Ethical Markets Media의 CEO이다. 주요 저서로는 《Mapping the Global Transition to the Solar Age: From 'Economism' to Earth Systems Science(2014)》 등이 있다. 1974년부터 1980년까지 미국 기술평가원 고문으로 활동했고, 미국 국립과학재단(NSF)과 미국 공학학술원(NAE)에서 활약한 바 있으며 로마 클럽(Rome Club) 회원이기도 하다.

이 멸종되었다. 확실한 것은 지금 우리가 갈림길 위에 서 있으며 생존하고자 한다면 기존 방법과 행태를 반드시 바꾸어야 한다는 것이다. '지구'는 현실에 대한 인식을 제대로 하지 못하고 있는 인류에게 사막화, 홍수, 화재, 태풍, 쓰나미 등의 기후 파괴 현상을 통해 직접적인 가르침을 전해주고 있다.

이 책은 '기술의 역사'에 있어서 필수 불가결한 하나의 지침을 제공하는데 기술은 무수하고 상이한 문화 배경, 서로 다른 규범, 가치 및 목표에 기초하여 발전해왔다는 점이다. 진저우잉 교수는 시스템적으로 문제를 해결하는 접근법을 활용하여 우선적으로 기술 발전의 배후에 존재하는 목적과 윤리 규범 및 정치적·사회적 선택을 탐구하고 논의하는 것을 과학적 연구의 방향으로 삼아왔다. 이러한 방법론은 단기간 존속하게 될 운명에 있던 미국 정부 산하의 기술평가원(OTA)에 의해 제안된 바 있지만 1996년 당시 의회의 다수파였던 공화당 측에 의해 부결됐다. 그런데 오늘날 소셜미디어 관련 회사를 어떻게 관리할 것인지를 논의할 때 기술을 발전시키는 방면에서 기업의 이윤 창출 목표와 관련된 문제가 다시 테이블 위에 오르고 있다.

이러한 것들은 모두 우리 사회가 반드시 관심을 가져야 하는 핵심적인 문제다. 오늘날 유전공학과 유전자 편집기술(CRISPR) 등이 광범위하게 응용되고, 우리의 심리와 인지 능력에도 깊이 침투하고 있으며, 광고·마켓팅·빅데이터·알고리즘에 의한 조작, 그리고 오늘날 이윤 추구를 지향하는 디지털 경제와 거대 미디어의 출현은 앞서 언급한 문제들을 더욱 중요하게 부각시키고 있다. 이것은 조지 오웰이 1946년에 출간한 《1984》에서 이미 예견했던 것이기도 하다.

'인류세'를 살아가는 인류는 오늘날 어떻게 하면 열등한 본능과 렙틸리언 두뇌의 한계를 극복하고, 인류의 보금자리인 '지구'가 그 모성(mother star)인 태양과 실제로 어떠한 함수 관계에 있는지 고차원의 새로운 깨달음과 인식에 도달하기 위한 전례 없는 실험을 진행하고 있다. 성과를 얻기 위해서는 진부하며 여전히 환원주의적 사고에 빠져 있는 우리의 단절된 인식과 교육 및 제도를 초월해야 할 것이다.

진저우잉 교수는 인류의 초기 부락에서부터 정주형 농업 촌락, 마을, 도시, 민족국가 그리고 오늘날의 유엔(UN)과 선견지명이 있는 '지속가능한 발전 목표'에 이르기까지 우리의 경험과 이해, 협력을 넓히는 것을 통해 공동체를 확대시켜온 인류의 노력을 추적하고 있다.

만약 우리가 '인류세'에서 살아남고자 한다면 진저우잉 교수가 탐구한 '지구 문명'을 창조하고 궁극적으로 '위대한 문명'을 창출하기 위해 지혜와 문화에 대한 이해, 자기수양, 정신적 성장 등의 방면에서 '양자도약(Quantum Leap, 양자의 에너지가 불연속적으로 흡수 또는 방출되는 현상으로 여기서는 기존의 틀을 타파하는 창조적 혁신을 의미함_옮긴이)'을 달성하려는 노력이 필요하다.

# 란디프 수단

Randeep Sudan

깊은 깨달음을 주는 이 책은 우리의 '기술 발전' 궤적에 대한 장기적인 시각에 착안하여 그것이 가져올 중대한 위험과 윤리적 딜레마를 식별해내고, 하나의 핵심 문제에 회답하는 것을 시도하고 있다. 이는 곧 '인류로서 우리는 어떠한 형태의 미래를 추구해야 하는가'에 관한 것이다. 높은 학식과 넓은 식견을 갖춘 저자에 의해 탄생한 이 책은 매우 큰 의의를 담고 있으며 기술과 사회에 대한 깊은 이해를 반영하고 있고, 동방과 서방의 철학적인 전통을 통해 인류의 미래를 위해 사람들의 마음을 고무시키는 청사진을 제시하고 있다.

진저우잉 교수는 경험이 풍부한 미래학자로 장기간에 걸쳐 경험을 축적해온 걸출한 기술정책 전문가이다. 그는 '소프트 기술'과 '하드 기술'을 구분하고 있는데 예를 들면, 사회 규범 및 구조를 포함하는 소프트 기술에 비해 하드 기술은 과학의 물질적 해결 방안에 기초하고 있다. 반면 소프트 기술은 하드 기술의 사회에 대한 영향을 최종적으로 결정하며, 따라서 중시할 만한 가치가 있는 것으로 여긴다.

그는 현대 공업 문명을 계승하고 있는 우리 사회를 생동감 있게 묘사하며 그것을 '지구 문명'이라고 지칭했다. 또한 계속해서 더욱 진화된 문명 버전을 '위대한 문명'이라고 정의했다.

기술과 사회를 고려하고 아울러 미래를 고려할 때 우리는 항상 현재의 환경에 의해 제약을 받는다. 이로 인해 우리는 일반적으로 점진적 사유를 통해 마무리를 짓게 된다. 하지만 이 책은 우리로 하여금 더욱 큰 캔버스 위에서 광활하고 전면적인 사고를 하도록 이끈다. 만약 우리가 인류로서 소중하게 여기는 것이 미래의 생존과 번영이라고 한다면 이러한 종류의 사고방식과 연구는 우리가 집단적으로 설계해야 할 '사회 유형'을 구축하는 데 있어서 대단히 가치 있는 공헌이라고 할 수 있다.

• 싱가포르에 위치한 Multiverz의 설립자이자 Ecosystm의 고문이다. 세계은행의 Global Advisor on Digital Strategy 및 Practice Manager for Digital Development를 역임했다.

# 레인 제닝스

Lane Jennings

이 책은 중국이라는 한 국가의 사례에 초점을 맞추고 있지만 저자가 제공하는 식견과 통찰력은 많은 사람들을 이롭게 한다. 진저우잉 교수의 접근법은 동방과 서방 사이의 오래된 분단선 위에 절묘하게 가교를 구축하고 있고, 전 세계의 매우 사려 깊고 창조적인 사람들이 모두 함께 인류가 현재 직면하고 있는 도전에 대처하도록 호소하고 있다.

이러한 종류의 도전은 거대하고 그 목표 또한 대단히 높기에 그 어떤 국가도 단독으로 그것을 실현할 수 없다. 하지만 동시에 이러한 사업은 매우 가치 있는 것으로 모든 국가는 그것을 실현하기 위해 노력해야 하며, 그 안에서 함께 이익을 얻을 수 있다.

진저우잉 교수의 목표는 진정한 '지구 사회'를 실현하는 것이다. 그런데 이것은 결코 정복이나 동화를 통해서가 아니라 현존하는 각종 문화를 융합하고 인류의 영감을 촉발시키는 것으로써 가능하다. 새로운 가치를 부단히 창출하여 정확한 가치관을 통해 과학 기술의 발전을 인도하고, 장기적인 미래 연구를 확립·강화하며, 인류의 생존과 진보에 있어서 중요한 역할을 성취하는 것에 달려 있는 것이다.

진저우잉 교수는 중국의 탁월한 고대 사상에 내재되어 있는 정신적 지혜와 통찰력, 그리고 서방의 역사와 가치관에 기초한 과학자와 철학자의 자연과 인간 심성에 대한 연구 성과 및 영감을 상호 융합시키고, 이를 통해 오늘날 세계가 직면하고 있는 실제적인 세계 문제를 탐구하고 논하며 해석하고 있다. 그는 모든 지구 시민을 위해 하나의 새롭고 유망한 발전 경로를 제공함으로써 이상적이고 지속가능한 미래를 제시하고 그 뜻에 모두가 함께하기를 염원한다.

• 1976년부터 세계미래회의(WFS)의 편집자로서 그곳에서 발행되는 〈Word Future Review〉의 핵심 인력으로 최근까지 활동했다.

# 옮긴이 후기

AI(인공지능)는 이미 우리의 일반적인 예측을 뛰어 넘어 세계의 균형에 큰 영향을 미칠 만큼 빠르게 발전하고 있습니다.* 우리는 현재 그러한 시대에 살아가고 있음을 제대로 인식하고, AI 시대 이후의 인류의 미래를 지금부터라도 철저히 준비해나가야 합니다.

사람들이 AI를 선호하거나 선호하지 않는 것과는 상관없이 현재 AI 및 글로벌 네트워크는 빠르게 진화하여 비즈니스뿐만 아니라 우리가 살고 있는 사회 자체를 변화시키고 있습니다. AI는 분명 시장을 더욱 효율적으로 만들고 기후변화와 같이 대단히 복잡한 현상을 우리가 더욱 쉽게 이해할 수 있도록 도울 테지만 이런 '명확한 정책적 동기가 제공되지 않을 경우 AI 자체가 그와 같은 결과를 확실하게 보장하지는 않을 것'이라는 의견도 제기되고 있습니다.**

이 책의 저자이자 중국사회과학원 교수인 진저우잉은 '소프트 기술과 소프트 환경'의 중요성을 선도적으로 제창한 국제적인 학자로서***

1996년부터 2000년까지 중국국가과학기술위원회에서 '국가고기술연구발전계획(일명 S-863 계획)'의 발전 전략을 연구하는 전략전문가팀의 팀장으로 활약했습니다. 30여 권의 저서와 100편이 넘는 논문을 집필하며 '소프트 과학(Soft Science)'의 개념을 정립하고, 4차 산업혁명 및 AI 시대의 국제 담론을 동양과 서양을 넘나들며 주도적으로 형성했을 뿐만 아니라 미국, 프랑스, 일본 등 여러 국가의 대학과 연구 기관에서 학술 활동을 펼치기도 했습니다.

이러한 저자의 폭넓은 활동과 깊이 있는 연구를 바탕으로 완성된 이 책은 AI의 출현 이후에 인류가 추구해야 할 문명은 궁극적으로 어떠한 형태여야 하며, 이를 실현하기 위해 우리가 해야 할 일은 무엇인지에 대해 구체적인 대안을 제시하고 있습니다. 이것은 인류사(人類史)의 관점에서 매우 중요하며 의미 있는 작업임에 틀림없습니다.

이 책의 번역에 있어서는 무엇보다 표기의 정확성과 간결성을 중시했습니다. 또한 독자들이 쉽게 이해할 수 있도록 용어 선택에 가장 큰 노력을 기울였고, 부연 설명이 필요한 부분은 '옮긴이 주'를 추가하여 이해를 도왔습니다. 아울러 이 책의 표 및 자료에서 출처가 별도로 표기되지 않은 것은 거의 대부분 저자가 직접 작성한 것임을 밝힙니다.

코로나19 바이러스의 확산으로 전 세계가 혼란스러운 상황 속에서도 이 책이 세상에 나올 수 있도록 물심양면으로 지원해주신 시크릿하우스의 전준석 대표님, 그리고 출간을 위한 제반 작업에 힘써주신 모든 분께 진심으로 감사의 말씀을 전합니다.

마지막으로, 이 책의 번역과 출간 과정에 있어서 저자로서 다양한 도움과 협력을 아끼지 않은 진저우잉 교수님께도 진심으로 감사드립니다. 또한 장기적인 관점에서 이 책을 국내에 소개할 수 있도록 많은 격려를 보내준 양안사지(兩岸四地, 중국, 타이완, 마카오, 홍콩)의 모든 벗과 지인에게 고마움을 전합니다.

2021년 2월, 이용빈

• 松原仁, 『AIに心は宿るのか』(集英社, 2018), p.141.

•• Darrell M. West and John R. Allen, *Turning Point: Policymaking in the Era of Artificial Intelligence*(Brookings Institution Press, 2020), pp.10~11.

••• "金周英: 从软技术开发到人类未来的研究", 中国社会科学网(2020.3.20).

# 미주

## 서문


1. UNEP, *Towards a Green Economy*(2011).


## 제1장.


1. 埃德·里吉斯 著, 张明德·刘青青 译,《科学也疯狂》(中国对外翻译出版公司, 1994).
2. Kevin Kelly, *What Technology Wants*(Viking Press, 2010)의 중국어판 凯文·凯利 著, 熊祥 译,《科技想要什么?》(中信出版社, 2011).
3. Kevin Kelly, *Out of Control: The New Biology of Machines, Social Systems, and the Economic World*(Addison Wesley, 1994)의 중국어판 凯文·凯利 著, 陈新武 外 译,《失控》(新星出版社, 2014).
4. 凯文·凯利 著, 熊祥 译,《科技想要什么?》, p.357.
5. "奇点", 科普中国网(2019.10.20), https://baike.baidu.com/item/%E5%A5%87%E7%82%B9/9142765.
6. Pierre Teilhard de Chardin, *Le Phénomène Humain*(1955)의 중국어판 德日进 著, 李弘祺 译,《人的现象》(新星出版社, 2006).
7. Vernor Vinge, "The Coming Technological Singularity", *Whole Earth Review*(1993).
8. Ray Kurzweil, *The Singularity Is Near: When Humans Transcend Biology*(Viking, 2005)의 중국어판 雷·库兹韦尔 著, 李庆诚 外 译,《奇点临近》, (機械工业出版社, 2011), p.9, p.15.
9. "基因婴儿事未了! 谷歌发出驚天预言"(2018.11.30), http://www.sohu.com/a/278734475_305502
10. 雷·库兹韦尔 著, 李庆诚 外 译,《奇点临近》, p.226.
11. https://en.wikipedia.org/wiki/Humanity_Plus, https://humanityplus.org/
12. 대표적인 인물로는 버너 빈지, 레이 커즈와일, 어브레이 드 그레이(Aubrey de Grey), 그레고리 스톡(Gregory Stock), 앤더스 샌드버그(Anders Sandberg) 등이 있다.
13. "谁将灭绝人类?学者稱高科技是把'双刃剑'",《中国新闻网》(2013.4.25), http://www.chinanews.com/gj/2013/04-25/4762996.shtml
14. Bill Joy, "Why the Future Doesn't Need Us", *WIRED*(April 2000), https://www.wired.com/2000/04/joy-2/
15. Theodore Gordon, Yair Sharan, Elizabeth Florescu, *Lone Wolf Terrorism Prospects and*

*Potential Strategies to Address the Threat*(2015), ISBN: 978-0-692-45554-8[Self Publishing].

16. "霍金等签发公开信：警惕人工智能潜在风险",《新浪科技》(2015.1.14), http://tech.sina.com.cn/d/i/2015-01-14/doc-icesifvy3684641.shtml

17. Martin Rees, *Our Final Century*(Random House, 2003).

18. "担心技术进步有一天毁灭人类, 剑桥设人机对抗研究中心",《新华网》(2012.11.27), 转载自英国《星期日泰晤士报》网站2012年11月25日报道, http://news.xinhuanet.com/world/2012-11/27/c_124008628.htm

19. 陈莉, "基因技术的目标选择與社会伦理",《科技日报》(2014.9.28).

20. Jerome Glenn and Theodore Gordon, *2005 State of The Future*(The Millennium Project, CD), Chapter 3.

21. Zhouying JIN, *Global Technological Change: From Hard Technology to Soft Technology*, 1st Edition(Bristol, UK: Intellect, 2005); 2nd Edition(Bristol, UK/Chicago, USA, Intellect, 2011).

22. Peter Douglas Ward, *Future Evolution*(W.H. Freeman & Company, 2001).

23. "人类会怎样进化？《未来进化》描绘5种路径(组图)",《网易》(2005.8.26), http://news.163.com/05/0826/11/1S30TNGA0001121S.html

24. Linda Groff, "Views of the Possible Future Human", *World Future 2014 Conference*(Olando, July 22, 2014).

25. "人类进化的十大假想",《科学网》(2012.7.10), http://life.kexue.com/2012/0710/23278.html

26. 何传启,《第六次科技革命的战略機遇》(科学出版社, 2011).

27. "人造生命细胞诞生是福是祸",《新华网》(2010.5.24)[转载自美国《纽约时报》网站(2010.5.21)报道], http://news.xinhuanet.com/2010-05/24/c_12134565_2.htm

28. "科学家用干细胞培养出人工肾脏",《凤凰网》(2013.12.16), http://tech.ifeng.com/discovery/special/artificial-organs

29. "中国科学家培育出人造肝细胞",《生命时报》(2014.3.14).

30. 张强, "生物技术的负面影响",《国际技术经济研究》(2002年7月).

31. 유전자 조작이 이루어진 후, 인체 내부의 원래 정상적이던 기타 유전자가 매우 쉽게 파괴될 수 있고, 이로 인해 예측할 수 없는 전염병이 초래될 가능성이 있다. 또한 유전자 편집의 결과는 이 두 아이의 자손인 후대에까지 이어질 수 있으며 천천히 모든 인류에게 파급될 수 있다. "基因编辑技术是潘多拉的魔盒?"(2018.12.19) http://www.sohu.com/a/278076239_464099

32. "全球首个免疫艾滋病的转基因胎儿诞生 疫苗真的要out了吗？"(2018.11.27),

https://www.cn-health care.com/articlewm/20181127/content-1041311.html

33. 같은 글.

34. "20多国立法禁止基因编辑, 中国尚無专门立法规范"(2018.11.27), http://finance.sina.com.cn/chanjing/cyxw/2018-11-27/doc-ihmutuec4064755.shtml

35. "衛健委: 基因编辑技术等项目拟由国务院卫生主管部门审批", 2019年2月27日, https://baijiahao.baidu.com/s?id=1626596590833936664&wfr=spider&for=pc

36. "纳米技术改变世界的七种方式",《参考消息网》(2012.11.18)[转载自美国《大众科学》网站报道(201 2.11.14)], http://world.cankaoxiaoxi.com/2012/1118/121677.shtml

37. "谷歌发出惊天预言: 人类将在这一年开始实现永生"(2017.8.8), https://www.sohu.com/a/163304305_658423

38. "基因婴儿事未了! 谷歌发出惊天预言"(2018.11.30), http://www.sohu.com/a/278734475_305502

39. 费多益, "灰色忧伤: 纳米技术的社会风险",《哲学动态》, No.1(2004).

40. 孙超, "纳米技术带来的哲学思考",《安徽农业大学学报》, No.2(2002).

41. "威胁人类的20个天灾人祸",《北京青年报》(2000.11.30), http://www.people.com.cn/GB/channel2/570/20001130/332300.html

42. "美国国家纳米計劃(NNI)和美国科学院对NNI的十条建议",《中国科学院网》(2003.7.29), http://www.cas.cn/xw/kjsm/gjdt/200906/t20090608_623423.shtml

43. "可能改变未来生活的10件事",《新华网》(2011.8.29) [转载自阿根廷《民族报》8月21日文章], http://news.xinhuanet.com/world/2011-08/29/c_121924961.htm

44. 클라우드는 1,000개의 데이터 센터로 구성되어 있는 네트워크를 지칭한다.

45. "泰雷兹研究: 全球组织未能充分保护云中的敏感数据"(2019.10.14), https://blog.csdn.net/sinat_41698914/article/details/102553146

46. "未来计算機可模拟人类感官",《新华网》(2012.12.20) [转载自《法新社》华盛顿报道(2012.12.17)], http://news.xinhuanet.com/world/2012-12/20/c_124122874.htm

47. "可能改变未来生活的10件事",《新华网》(2011.8.29).

48. 같은 글.

49. 이 용어는 일반적으로 대용량 정보에 대한 분석을 묘사하며 이에 따른 규칙(패턴)의 발견, 가치 있는 견해의 수집 및 복잡한 문제의 솔루션(해결 방법)을 예측하는 기교와 과학을 지칭한다. 사람들은 이것을 이용하여 정보 폭발의 시대가 만들어낸 대용량 데이터를 묘사하며 그것과 관련된 기술 발전 및 혁신을 명명하고 있다.

50. Patrick Henry Winston, https://baike.baidu.com/item/%E4%BA%BA%E5%B7%A5%E6%99% BA%E8% 83%BD/9180?fr=aladdin

51. "伯克利教授Stuart Russell: 人工智能基礎概念與34个误区"(2016.11.21), http://www.sohu.com/a/119499799_465975

52. 中国电子技术标准化研究院, 《人工智能标准化白皮书(2018版)》(2018).

53. "科学家破解意识之谜: 人脑或在11个维度上运行", 《新浪科技》(2017.6.18), http://tech.sina.com.cn/d/i/2017-06-18/doc-ifyhfhrt4657081.shtml

54. https://www.sohu.com/a/281818358_114911

55. "智能機器人站上抗疫前线: AI技术助力 企业各展其能", http://news.anhuinews.com/system/2020/02/13/008341157.shtml

56. Thomas Frey, "162 Future Jobs: Preparing for Jobs that Don't Yet Exist"(June 5, 2012), https://futuristspeaker.com/category/business-trends/

57. "有人预测未来3-5年, 中国将有70퍼센트的职业会被人工智能所取代", 《人民网》(2017.7.8), http://bbs1.people.com.cn/post/2/1/2/163495998.html

58. "杀人機器人军备竞赛后果堪忧", 《参考消息》(2017.11.21).

59. "英媒: 俄打造'杀手機器人'部队", 《参考消息》(2019.3.24).

60. 白雲, "面对智能機器人的到来, 专家学者给的应对方法", 《智能产业网》(2019.10.9), http://www.chinareview.com.cn/html/muyingpindao/buruweiyang/20191009/46529.html

61. "日不落帝国下一个统领全球的领域：人工智能的伦理道德？(附报告)"(2018.4.17), https://blog.csdn.net/yH0VLDe8VG8ep9VGe/article/details/79983627

62. "未来基石: 人工智能的社会角色與伦理报告发布"(2018.7.9), http://news.sina.com.cn/o/2018-07-09/doc-ihezpzwu0952522.shtml

63. "谷歌宣布了他们使用人工智能的七项原则"(2018.11.10).
구체적으로 구글의 'AI 기술 7대 원칙'은 다음과 같다. ①사회적 유익성이 담보되어야 한다(Be socially beneficial) ②불공정한 편견을 만들거나 강화시켜서는 안 된다(Avoid creating or reinforcing unfair bias) ③안전을 우선시하여 제작되고 실험되어야 한다(Be built and tested for safety) ④인간의 지시와 통제를 따라야 한다(Be accountable to people) ⑤개인 정보 보호를 위한 원칙들이 구축되어야 한다(Incorporate privacy design principles) ⑥높은 수준의 과학적 우수성이 유지되어야 한다(Uphold high standards of scientific excellence) ⑦(AI 기술의 주요 목적, 특성과 활용성, 사용되는 규모 등의 3가지 요소를 감안하고 잠재적인 위험을 고려하며) 이러한 원칙들에 부합되는 용도로 사용되어야 한다(Be made available for uses that accord with these principles).

아울러 4가지 최저선은 ①상해를 야기하거나 초래할 수 있는 전체적인 기술에 대해 그 단점보다는 강점을 더욱 확보하고 안전성을 유지하기 위한 제한 사항을 설정한다 ②무기 및 기타 인류에게 상해를 초래할 수 있는 생산품을 제조하는 데 AI를 이용하지 않는다 ③이용자의 정보를 수집하거나 사용하여 국제 규범에 위반되는 감시를 하는 데 AI를 이용하지 않는다 ④국제법 및 인권을 위반하는 기술의 개발에 AI를 이용하지 않는다.

64. "日本'性愛機器人'上線1小時被搶空, AI時代人類可還有未來?"(2019.5.13), http://mp.ofweek.com/robot/a745683023006

65. "他, 就是全球首個AI機器人男友"(2018.4.8), https://baijiahao.baidu.com/s?id=1597180165495983170&wfr=spider&for=pc

66. "欧洲航天局'惊奇项目'将带领3D打印进入金属时代", 《中华网》(2013.10.16), http://tech.china.com/news/company/international/11066130/20131016/18092751.html

67. "人体器官'按需打印', 全球首台3D生物打印机出炉", 《科技日报》(2010.3.16).

68. "3D打印肝脏薄片助力器官移植", 《参考消息网》(2013.11.8)[转载自美国《趣味科学》网站报道(2013.11.6)], http://science.cankaoxiaoxi.com/2013/1108/298634.shtml

69. "3D打印出会呼吸的肺"(2019.5.4), http://news.szhk.com/2019/05/04/283029943930604.html

70. "3D打印将改变未来战争", 《参考消息网》(2015.1.7)[转载自《法新社》报道(2015.1.5)] http://www.cankaoxiaoxi.com/mil/20150107/620606.shtml

71. 같은 글.

72. 方勇, "2017年世界航天发展重要进展與趋势"(2018.3.2), http://www.taikongmedia.com/Item/Show.asp?m=1&d=25316

73. 纳伊夫 · 鲁赞, "准备迎接4D打印革命", 《参考消息网》(2014.10.12) [转载自美国《外交》双月刊网站10月8日文章], http://k.cankaoxiaoxi.com/weizhan/article/102683959/31142090205/236492?from=groupmessage&isappinstalled=0

74. 같은 글.

75. 雷·库兹韦尔 著, 李庆诚 外 译, 《奇点临近》(機械工业出版社, 2011).

76. "今年最值得关注的三项大脑技术"(2018.1.4), http://www.sohu.com/a/214581535_473283

77. "大脑影像技术的新突破", 《华文生技网》(2007.4.25), http://www.bioon.com/biology/bioenginering/291152.shtml

78. "'读心术'或梦想成真", 《参考消息网》(2013.10.17) [转载自美国《时代》周刊网站报道(2013.10.15)], http://science.cankaoxiaoxi.com/2013/1017/287535.shtml

79. "专家警告: 脑機接口技术将引发诸多问题 须谨慎对待"(2017.5.8), https://news.pconline.com.cn/919/9194064.html

80. "未来黑客可操控人脑记忆", 《参考消息》(2018.11.4), http://www.cankaoxiaoxi.com/science/20181104/2348342.shtml

81. "介绍脑机接口在应用系统实现取得的成果以及目前进展和未来发展趋势"(2018.2.8),

http://www.elecfans.com/d/632703.html

82. "美发明新技术, 身体动能变电能",《中国能源报》(2010.3.8).

83. "恭喜中国, 又一项重大的科技突破了"(2018.11.14), https://baijiahao.baidu.com/s?id=1617113342396561934&wfr=spider&for=pc

84. http://www.ethicalmarkets.com/

85. "IEA稱太阳能或将在2050年前成为电力主要来源",《環球网》(2014年9月30日) [转载自英国《路透社》报道(2014年9月29日)], http://finance.huanqiu.com/view/2014-09/5156457.html

86. "2016-2022年中国超材料市场现状分析研究报告", https://wenku.baidu.com/view/05f635090242a8956aece4c9.html

87. "韓國正研發 [讓士兵隱形] 人造皮膚",《参考消息》(2020.12.13.) https://m.gmw.cn/sogou/202012/15/34463599.html

88. "阿贝赛报: 太空探索'造就'3万种产品",《参考消息网》(2013.11.7)[转载自西班牙《阿贝赛报》报道( 2013.11.5)], http://science.cankaoxiaoxi.com/2013/1107/298004.shtml

89. 方勇, "2017年世界航天发展重要进展與趋势",《卫星应用》, No.2(2018).

90. 미국 국방부 산하 전략사령부의 추계에 따르면 지구 궤도 위에 1만 7,852개의 대형 인조 물체가 존재한다. 또한 관련 정보에 의하면 비교적 작은 물체(직경 약 0.4인치, 즉 1센티미터)의 수량이 놀랍게도 1억 7,000만 개나 된다. "英媒称太空垃圾危及宇宙探索: 或'击落'太空船",《参考消息网》(2018.9.4) [转载自英国《明星日报》网站报道(2018.9.2)], http://www.cankaoxiaoxi.com/science/20180904/2320621.shtml

91. Global Trends: Paradox of Progress(2017), https://www.dni.gov/index.php/global-trends-home

92. 丁长艳, "政党治理的现代化难题: 中国共产党软实力的转型分析",《理论学刊》, No.9(2014).

93. "万维网诞生30周年 它正变身'失控怪物'?",《腾讯科技》(2019.3.6), https://tech.qq.com/a/20190306/003943.htm

94. 金周英,《全球性技术转变: 从硬技术到软技术》(北京大学出版社, 2010).

95. 吕克·费希(Luc Ferry) 著, 周行 译,《超人类革命》(湖南科学技术出版社, 2017).

96. 凯文·凯利 著, 熊祥 译,《科技想要什么》(中信出版社, 2011), p.11.

97. 杰拉尔德·埃德尔曼(Geralsd Edelman), 朱利欧 · 托诺尼(Giulio Tononi) 著, 顾凡及 译,《意识的宇宙: 物质如何转变为精神》(上海科学技术出版社, 2004).

98. 王伟光, "信息化的世界和世界的信息化",《中国社会科学报》(2015年7月).

99. Zhouying JIN, *Global Technological Change: From Hard Technology to Soft Technology*, 1st Edition(Intellect, 2005); 2nd Edition(Intellect, 2011).

100. 金周英,《人類需要什么样的未来: 全球文明與中国的全面復興》(湖南科学技术出版社, 2016).

101. John Smart, "Leadership of Technological Change: Ten Areas of Strategic Disruption, Opportunity and Threat", *World Future 2013 Conference*(Chicago, Illinois, July 2013).

102. Richard Dobbs, James Manyika, and Jonathan Woetzel, "The Four Global Forces Breaking All the Trends"(April 2015), http://www.mckinsey.com/insights/strategy/the_four_global_forces_brea king_all_the_trends

103. 裴钢, "会聚技术, 中国的新机遇?",《电脑开发與应用》, No.1(2010).

104. Alfred Nordmann, "Converging Technologies: Shaping the Future of European Societies", *European Commission*(2004).

105. 裴钢, "会聚技术, 中国的新机遇?",《电脑开发與应用》, No.1(2010).

106. Mihail C. Roco and William Sims Bainbridge, eds., *Converging Technologies for Improving Human Performance*(Springer, 2003).

107. "新媒体艺术设计", http://baike.haosou.com/doc/2381157-2517710.html

108. "For twenty years, the people who move forward have been doing a Jules Verne", quoted in Jean-Michel Margot, Editorial, *Verniana* 4: v-viii(2012), retrieved on 2 March 2013, https://en.wikiquote.org/wiki/Jules_Verne#Quotes_about_Jules_Verne

109. "十个主意将改变世界",《新华网》(2011.9.5) [转载自英国《焦点》月刊2011年9月號], http://news.xinhuanet.com/world/2011-09/05/c_121968234.htm

110. "改变世界的10个想法",《新华网》(2011.11.25) [转载自美国《科学美国人》月刊12月號], http://jingji.cntv.cn/20111125/104921.shtml

111. Tom Lombardo, "Science Fiction: The Evolutionary Mythology of the Future", *World Future 2015 Conference*(July 2015); The Center for Future Consciousness, http://www.centerforfutureconsciousness.com

112. Tiina Kymäläinen, "Innovative Leap to Future Technology Experiences: Science Fiction Prototypes Advancing Emerging Technology Research and Foresight", *International Conference on Foresight*(Athens, Greece, June 22-25, 2015).

113. "生物黑客或改变生活",《参考消息网》(2015.8.11), http://www.cankaoxiaoxi.com/science/20150811/898900.shtml; "生物黑客技术: 让人类的身体拥有無限可能",《突袭新闻》(2015.5.6), http://news.tuxi.com.cn/news/43/430021.html

114. 江璇, "人类增强技术的发展與伦理挑战",《自然辩证法研究》(2014), No.5, pp.7~11.

115. 颜婕·庞显沦, "胚胎植入前遗传学诊断(PGD)的伦理思考",《医学與哲学》(2004), No.4, pp.19~20.

116. 王利明 主编,《人格权法新论》(吉林人民出版社, 1994).

117. 吴文新, “科学技术应该成为上帝吗”,《自然辩证法研究》(2000), No.11, p.10.

## 제2장.

1. 尤瓦尔·赫拉利, “在人类历史中叩问生命的意义”,《MOOC学院》(2014.9.28), http://mooc.guokr.com/post/610541/
2. 雷·库兹韦尔(Ray Kurzweil) 著,《奇点临近》, 李庆诚 外 译(機械业出版社, 2011), p.9, p.15.
3. “10 Incredible Ways Technology May Make Us Superhuman”(May 12, 2013), http://listverse.com/2013/05/12/10-incredible-ways-technology-may-make-us-superhuman/
4. 문자의 발명(수메르인의 설형문자)으로부터 계산할 경우 대략 5,000~6,000년이 된다.
5. 玛蒂娜·罗斯布拉特(Martine Rothblatt) 著, 郭雪 译,《虚拟人》(浙江人民出版社, 2016).
6. 尤瓦尔·赫拉利 著, 林俊宏 译,《从动物到神: 人类简史》(中信出版社, 2014), p.261, p.376.
7. “动物的大脑比人类更高级”,《参考消息网》(2013.12.17) [转载自英国《每日邮报》(2013.12.12)], http://science.cankaoxiaoxi.com/2013/1217/318519.shtml
8. 尤瓦尔·赫拉利 著, 林俊宏 译,《从动物到神: 人类简史》(中信出版社, 2014), p.95.
9. http://world.people.com.cn/n/2015/0828/c1002-27525774.html
10. “基因婴儿事未了! 谷歌发出惊天预言”,(2018.11.30), http://www.sohu.com/a/278734475_305502
11. 尼克·波斯特洛姆(Nick Bostrom) 著, 张体伟·张玉青 译,《超级智能》(中信出版社, 2015).
12. 杰瑞·卡普兰 著,《人工智能时代》(浙江人民出版社, 2016).
13. 马斯克的新公司: 制造‘半机械人’,(2017.6.1), http://www.sohu.com/a/145219035_505873
14. “那个造出火箭的男人, 这次想让我们的大脑與计算机相连!”,(2017.4.7), http://www.sohu.com/a/132625138_204826
15. http://www.docin.com/p-639669048.html
16. 《参考消息》(2017.12.25) [据西班牙《公众报》网站(2017.12.23)].
17. 约翰·基根(John Keegan) 著, 时殷弘 译,《战争史》(商务印书馆, 2010)
18. “感染5亿人的大流感, 教会了人类什么”, 网易新闻(2020.3.3), https://c.m.163.com/news/a/F6PSMS51000199ET.html
19. “俄罗斯被美国200个生化实验室包围”, 俄罗斯卫星通讯社(2020.1.15).

https://baijiahao.baidu.com/s?id=1622962335770072300&wfr=spider&for=pc

20. 吕克·费希(Luc Ferry) 著, 周行 译,《超人类革命》(湖南科学技术出版社, 2017).

21. 刘易斯·芒福德(Lewis Mumford) 著, 陈允明 外 译,《技术與文明》(中国建筑工业出版社, 2009).

22. 法兰西斯·福山, "人类第一次有机会改变人类的自然本性",《世界知识》, No.3(2001).

23. 陈恂清, "生命究竟是什么?",《科技日报》(1997.2.19).

24. 郭生白, "生命本能系统论",《百度文库》(2009.12.23), http://wenku.baidu.com/link?url=4OYU9Rh wagGBBmS2C18IPQK1NpMG2TnPtHTazIKgE0-bz9YwykfR1_SV3Ot_iwYfKe9PCrqtSJQS91G31NuKibELYgRxUhV5YaJ8m834BGW

25. "升降出入, 是氣运动的四种基本形式, 是人体生命活动的根本." 源自《素问·六微旨大论》, http://baike.sogou.com/v604513.htm

26. 궈성바이에 의하면 '생명 본능은 11개의 생명 본능 시스템에 의해 구성되는 거대한 시스템'이라고 한다. 郭生白, "生命本能系统论",《百度文库》(2009.12.23).

27. 凯文·凯利(Kevin Kelly) 著, 熊祥 译,《科技想要什么》(中信出版社, 2011), p.11.

28. 大卫·奥雷尔(David Orrell) 著, 黄杨勋 译,《我们能预测未来吗?》(海南出版社, 2010), p.263.

29. 严春友,《大自然的智慧》(中国社会科学出版社, 2015).

30. "Science releases 125 cutting-edge scientific questions in the world", http://www.qualityandcertification.com/2020/science-releases-125-cutting-edge-scientific-questions-in-the-world/

31. 老子,《道德经》(新世界出版社, 2011), 第42章.

32. 같은 책, 第25章.

## 제3장.

1. Zhouying JIN(金周英), *Global Technological Change: From Hard Technology to Soft Technology*, 1st Edition(Bristol, UK: Intellect, 2005); 2nd Edition(Bristol, UK/Chicago, USA: Intellect, 2011).

2. 金周英,《全球性技术转变: 从硬技术到软技术》(北京大学出版社, 2010).

3. 같은 책.

4. 戴維·蘭德斯 著, 門洪華 外 譯,《国富国穷》(新華出版社, 2001).

5. 金周英,《全球性技術轉變: 從硬技術到軟技術》(北京大學出版社, 2010), p.4.

6. 2001년 4월 17일 기준으로 그래함 미첼(Graham Mitchell)은 펜실베니아 대학 와튼스

쿨의 블래드스트롬 방문 교수(Bladstrom Visiting Professor)이자 '기술 혁신 와튼 프로그램(Wharton Program in Technological Innovation)'의 디렉터이다.

7. 约翰·奈斯比特, "我们将进入一个什么时代", 《睿思网》(2005.12.4), http://www.witsee.com/arcti cle/qyzl/41968.html.
8. "凯文·凯利在京介绍新经济12法则", 《新华网》(2014.6.15), http://news.xinhuanet.com/world/2014-06/15/c_1111150520.htm
9. 凯文·凯利 著, 熊祥 譯, 《科技想要什么》(中信出版社, 2011).
10. "唐老鸭80岁生日", 《观察者》(2014.6.10), http://m.guancha.cn/Celebrity/2014_06_10_236387
11. "品牌的力量, 一只米老鼠创造的神话", 《中国文化传媒网》(2013.7.10), http://www.ccdy.cn/zhuanti/2013zt/mbtuiguang/jiaodian/201307/t20130710_703320.htm
12. "'Star Wars: The Force Awakens' makes $1 billion in record time"(December 27, 2015), https://mashable.com/2015/12/27/star-wars-1-billion-record/
13. 金周英, 《軟技術》(新華出版社, 2002), p.214.
14. E-Square Inc., "Sustainable Agriculture Survey", (December 2007); 北京软技术研究院未来研究中心 译, 《本来农业的道路》(新华出版社, 2008), p.61.
15. 金周英, 《人类需要什么样的未来: 全球文明與中国的全面復興》(湖南科学技术出版社, 2016).
16. 约瑟夫·熊彼特 著, 何畏·易家详 译, 《经济发展理论》(商务印书馆, 1990).
17. 特雷弗·威廉斯 主编, 关锦镗·张承平 外 译, 《技术史》 第六卷(上)(中南工业大学出版社, 1989), p.37.
18. 같은 책, p.147.
19. 金周英, 《全球性技術轉變: 從硬技術到軟技術》(北京大學出版社, 2010).
20. Zhouying JIN(金周英), *Global Technological Change: From Hard Technology to Soft Technology*, 1st Edition(Bristol, UK: Intellect, 2005); 2nd Edition(Bristol, UK/Chicago, USA: Intellect, 2011).
21. 王晓真, "重视科学的本质: 探索新知", 《中国社会科学报》(2016年.5.6).
22. "科学家制成致命流感病毒引争议", 《新民网》(2014.6.13), http://tech.xinmin.cn/2014/06/13/24529806.html
23. "人类與互联网时代: '互联网时代'解说词"(2014.9.21), http://blog.sina.com.cn/s/blog_4dd66e9a0102v54t.html
24. "这位苏联军官默默去世 曾阻止美苏核战争爆发"(2017.9.21), https://military.china.com/history4/62/20170921/31495052.html
25. "核弹惊魂: 冷战时期鲜为人知的4次错误核警报", 《中华网》(2008.10.20),

http://military.china.com/zh_cn/history4/62/20081020/15144848.html

26. "自酿生化危機? 美军误将活炭疽菌送至九個州及驻韩美军基地", 《澎湃国际》(2015.5.28), http://www.thepaper.cn/newsDetail_forward_1336012

27. 인문사회과학은 인문과학과 사회과학의 총칭이다. 인문과학이 주로 인간의 관념, 정신, 정감 및 가치를 연구한다면, 사회과학은 인류 사회를 연구 대상으로 삼아 각종 사회 현상 및 그 발전 규율을 연구한다. 전자가 다루는 과학에는 문(文), 사(史), 철(哲) 및 거기에서 파생된 미학, 윤리학, 문화학, 예술학 등이 포함되며, 후자에 속하는 과학은 주로 경제학, 사회학, 정치학, 법학 등이 있다.

28. 三隅二不二, 《社会技术入门》(白亚书房, 1955).

29. Olaf Helmer, Bernice Brown & Theodore Gordon, *Social Technology*(Basic Books, 1966).

30. 钟哲, 加快构建中国特色哲学社会科学'三大体系', 《中国社会科学报》(2019.2.20).

31. 杨敏, "交叉融合符合社科学科发展趋势", 《中国社会科学报》(2014.10.15).

32. 金周英, 《全球性技术转变: 从硬技术到软技术》(北京大学出版社, 2010).

33. 같은 책, p.249.

34. "人类使用工具历史或提前80萬年", 《中国社会科学报》(2015.4.20).

35. 本多修郎, 《技术の人类学》(朝仓书店, 1975).

36. 栗原史郎, 《これからの技術哲学》(オーム社, 1987).

37. "会聚技术'近年来的进展和突破"(2005.10.11), http://www.sgst.cn/xwdt/shsd/200705/t20070518_105018.html

38. "NBIC会聚技术将实现21世纪科学技术新的复兴", 《科学人》(2004.3.30), http://www.sciencehuman.com/party/focus/focus2004/focus200403b.htm
"Laws of robotics", https://en.wikipedia.org/wiki/Laws_of_robotics(最初是1942年的三项法则, 到1985年修改为四项法则)

39. "Laws of robotics", https://en.wikipedia.org/wiki/Laws_of_robotics(1942년 처음 공개됐을 때는 '3대 법칙'이었으나 1985년에 '4대 법칙'으로 수정되었다.)

40. Stuart Russell, "23对问答让你深度了解人工智能"(2016.11.26), http://www.afzhan.com/news/detail/50681.html

41. IEEE, Advancing Technology for Humanity, "Ethically Aligned Design"(December 18, 2017).

42. "2017年全球人工智能政策十大热点"(2018.1.3), http://www.sohu.com/a/214438566_323203

43. 阿尔·戈尔 著, 冯洁音 外 译, 《未来: 改变全球的六大驱动力》(上海译文出版社, 2013), p.273.

44. "霍金超级人类预言: 法律能禁止人类编辑基因, 但人性无法抵抗诱惑"(2018.11.26), https://www.ithome.com/0/396/996.htm

## 제4장.

1. 欧阳语眉, "工业文明與生态文明协调共进"(2012.4.12), http://blog.sina.com.cn/s/blog_85ea4aba010 12v9f.html

2. "滇池治污之困: 治理20年投入逾600億难復往昔容颜", 《新民网》(2014.5.19), http://finance.ifeng.co m/a/20140519/12362482_0.shtml

3. "进步'对人类有益吗？", 《经济金融网》(2014.10.28), http://economics.cenet.org.cn/show-2038-64 766-1.html

4. "工业文明", https://baike.baidu.com/item/%E5%B7%A5%E4%B8%9A%E6%96%87%E6%98%8E

5. 曹东勃, "大量生产—大量消费: 现代经济增长癖的形成", 《2008年度上海市社會科學界第6屆學術年會文集(馬克思主義研究學科卷)》, https://max.book118.com/html/2015/1110/29037229.shtm

6. 张功耀, "人與自然的对立由来已久"(2011.11.22), http://www.doc88.com/p-8899227701086.html

7. "生物黑客技术: 让人类的身体拥有無限可能", 《突袭新闻》(2015.5.6), http://news.tuxi.com.cn/news/43/430021.html

8. "外媒: 红利下渗可阻止科技加剧不平等", 《参考消息网》(2015.9.14) [转载自英国《卫报》2015年9月4日报道], http://column.cankaoxiaoxi.com/bd/20150914/938464.shtml

9. "人的社会性", 《百度文库》(2007.4.23), http://wenku.baidu.com/view/812f988d680203d8ce2f24c9.html?from=search

10. "史蒂芬·平克: 想要和平, 先了解心理学", 《科学人》(2011.12.20) [转载自《纽约时报》2011年11月28日科学人物访谈 "Human Nature's Pathologist"], http://www.guokr.com/article/80943/

11. https://baijiahao.baidu.com/s?id=1651701139185554584&wfr=spider&for=pc

12. "未来文明什么样", 《参考消息》(2008.8.31) [转载自西班牙《趣味》月刊2008年8月号文章], https://en.wikipedia.org/wiki/Kardashev_scale

13. https://baike.baidu.com/item/%E6%96%87%E6%98%8E/392?fr=aladdin

14. 杨朝霞, "生态文明的环境权利时代", 《環境经济》, No.11(2011).

15. Zhouying JIN(金周英), "What Kind of Future Do We Need?: Reflections From China", *World Future 2013 Conference*(IL: Chicago, July 21, 2013).

16. 《역경》 분괘의 상사상에 따르면 "(굳센 것을 나누면 위로 올라와 부드러운 것을 꾸며 주기 때

문에 가는 바가 있으면 조금 이롭다) 굳센 것과 부드러운 것이 어우러지니 이것이 천문이다. 문명한 상태에서 그치니 이것은 인문이다. 천문을 바라보며 사시의 변화를 살피고, 인문을 관찰하며 천하를 교화시켜 이루어낸다"라고 되어 있다.

17. 方克立 · 林存光, "中华民族理性的文明发展观", 《中国社会科学报》(2012.2.15).

18. http://baike.baidu.com/link?url=dag42M-i7TvyNJEhSW0ZnjA4-g0P_EQUoTu_KulrYQ7DGfyd3BW Dd5GoxXPdsDwtALzXN8CN-aHc-6bSWPH8ufZrakM0WKr8Ji-WoNFdVla

19. 方克立, "天人合一'與中国古代的生态智慧", 《社会科学战线》, No.4(2003).

20. 《禮记 · 大学》.

21. 《道德经》, 第67章.

22. 같은 책, 第46章, 第51章.

23. 같은 책, 第13章.

24. 같은 책, 第8章.

25. 출처는 송나라 시기 범중엄(范仲淹)이 지은 《악양루기(岳阳楼记)》로 "원문은 먼저 천하를 걱정하고, 그 이후 천하의 즐거움을 즐기겠다(其必曰'先天下之忧而忧, 后天下之乐而乐)"이다. 즉 국가와 민족의 이익을 첫째로 삼고, 조국의 앞날과 운명에 대해 걱정하고 우려하며 하늘 아래 인민의 행복을 위해 힘쓴다는 것으로, 저자의 원대한 정치적 포부와 위대한 기백이 드러난다.

26. 명나라 말기 · 청나라 초기의 저명한 사상가 고염무(顾炎武)가 《일지록》 卷十三(正始)에서 제기한 것이다.

27. 서한의 예학자 대성의 《禮记 · 禮运》(中华书局, 2017)에 "대도(大道)의 행(行)이며, 천하위공(天下爲公)이다. …… 이를 일컬어 대동(大同)이라고 한다"라고 되어 있다.

28. 협의적으로 논리란 규율을 지칭하며 사유 규율을 연구하는 학문 분야를 가리킨다. 광의적으로 논리는 규율을 광범위하게 지칭하는데 여기에는 사유 규율과 객관 규율이 포함된다. http://baike.baidu.com/view/60010.htm

30. 弗朗西斯 · 福山, "民主主义仍是历史的终点", 《参考消息网》(2015.1.6) [转载自《日本经济新闻》 2015年1月4日报道],
http://column.cankaoxiaoxi.com/2015/0106/619750.shtml

31. 2012년 11월 8일, 전 국가주석 후진타오가 중국공산당 제18차 당대회에서 처음 정식으로 제기했다.

32. 方光华, "命运共同体'彰显中华文化精髓", 《中国社会科学报》(2015.11.19).

33. 董仲舒, 《春秋繁露 · 阴阳义》.

34. 서한의 예학자 대성이 집필한 《禮记 · 禮运》(中华书局, 2017)의 "大道之行也, 天下为公,……, 是谓大同"에서 인용함.

35. 《尚书 · 尧典》의 “克明俊德, 以亲九族.九族既睦, 平章百姓.百姓昭明, 协和万邦”에서 인용함.

36. 《论语 · 子路》의 ‘君子和而不同; 小人同而不和’에서 인용함.

37. ‘受益惟谦, 有容乃大’이라는 표현은 명나라 병부상서 · 태자태보 원가립(袁可立)이 하남(河南) 휴주(睢州)에 있는 자신의 ‘불과당’에서 지은《자면련(自勉联)》에서 가장 먼저 보인다.

38. 麦小舟,《再生的老子》(廣东高等教育出版社, 2012).

39. 陈引驰,《無为與逍遥: 庄子六章》(中华书局有限公司, 2016).

40. 《论语》에서 인용함.

41. 《孟子 · 尽心章句下》에서 인용함.

42. 《黄帝内经 · 素问》에서 인용함.

43. 金周英,《全球性技术转变: 从硬技术到软技术》(北京大学出版社, 2010).

44. 《道德经》, 第25章.

45. 董仲舒,《春秋繁露 · 阴阳义》의 ‘天亦有喜怒之气, 哀乐之心, 与人相副. 以类合一, 天人一也”, “天人之际, 合而为一’에서 인용함.

46. 方克立, “天人合一與中国古代的生态智慧”,《社会科学战线》, No.4(2003).

47. http://www.360doc.com/content/19/0721/18/290478_850175581.shtml

48. “瑞士银行瑞信发布了最新版《全球财富报告》: 全球一半财富归1%的人所有” (2018.10.4), https://www.sohu.com/a/257676346_100279069

49. 阿诺德 · 约瑟夫 · 汤因比 著, 郭小凌 外 译,《历史研究》(上海人民出版社, 2010) https://en.wikipedia.org/wiki/A_Study_of_History

50. 奥斯瓦尔德 · 斯宾格勒 著, 齐世荣 外 译,《西方的没落》(商务印书馆, 1963), p.125.

51. 니콜라이 다닐렙스키에 따르면 인류의 세계에는 10개의 역사 문화 유형, 즉 이집트(또는 햄족) 유형, 중국 유형, 고대 셈족(고대 서아시아의 아시리아, 페니키아, 바빌론 등 각 부족) 유형, 인도 유형, 페르시아(이란) 유형, 히브리(유태) 유형, 그리스 유형, 로마 유형, 게르만 유형, 페루 유형 등이 있다고 한다.
http://en.wikipedia.org/wiki/Nikolai_Danilevsky

52. 刘文荣,《人类文明遗产》(文汇出版社, 2005).

53. 国纪平, “为世界许诺一個更好的未来: 论迈向人类命运共同体”,《人民网》(2015.5.18), http://cpc.people.com.cn/pinglun/n/2015/0518/c78779-27016301.html

54. 王毅, “携手打造人类命运共同体”,《人民日报》(2016.5.31).

55. “中国首次明确提出全球治理理念”,《新华网》(2015.10.14), http://news.163.com/15/1014/17/B5TDS9E800014JB5.html

56. 王毅, "携手打造人类命运共同体", 《人民日报》(2016.5.31).

## 제5장.

1. 赫曼·康恩 外 著, 蔡伸章 译, 《未来的探测: 未来两百年世界的展望》(台北: 志文出版社, 1984); Herman Kahn, William Brown, and Leon Martel, *The Next Two Hundred Years*(William Morrow & Co, New York, 1976).

2. 奥诺雷·德·巴尔扎克 著, 傅雷 译, 《高老头》(人民文学出版社, 1989).

3. 村山节·浅井隆 著, 平文智·夏文达 译, 《东西方文明沉思錄》(中国国际廣播出版社, 2000).

4. "外媒聚焦一战百年 : 战争, 永无休止的战争", 《参考消息网》(2014.8.1), http://column.cankaoxiaoxi.com/2014/0801/445515.shtml

5. "伊战十年共造成4500名美军死亡, 重建之路依然漫长", 《中国新闻网》(2013.3.19), http://www.chinanews.com/mil/2013/03-19/4654468.shtml

6. "伊拉克战争5周年之伤亡数字统计", 《中国网》(2008.3.20), http://www.china.com.cn/international/txt/2008-03/20/content_13106729.htm

7. 尼古拉斯·斯宾塞, "人类有智慧阻止下一场战争", 《中国社会科学报》(2014.7.28).

8. "战争的好处': 战争致更和平的世界？", 《新华网》(2013.11.18), http://news.xinhuanet.com/cankao/2013-11/18/c_132897828.htm

9. 乔治·弗里德曼 著, 魏宗雷·杰宁娜 译, 《未来100年大预言》(海天出版社, 2009).

10. Ian Morris, War: *What is it good for?*(Farrar, Straus & Giroux, 2014).

11. "世界大战爆发不晚於2150年", 《参考消息》(2018.3.4).

12. Lawrence Freedman, *The Future of War: A History*(Penguin, 2018).

13. Michael Zgurovsky, "Sustainable Development Global Modeling: Quality of Life and Security of the World Population", 二十一世纪科技促进绿色经济和可持续发展国际学术论坛(北京: 2012.4.7).

14. 网上的小型调查 "世界和平真的可能么(321人参與)"(2013.8.25), http://zhidao.baidu.com/question/585473458.html

15. 伊曼努尔·康德 著, 何兆武 译, 《永久和平论》(上海人民出版社, 2005).

16. 국가와 국가 간의 평화에 관한 선결 조건으로서 칸트는 다음과 같은 6개의 원칙을 제기했다. ①장차 전쟁의 화근이 될 수 있는 내용을 암암리에 유보한 채로 맺은 어떠한 평화 조약도 결코 평화 조약으로 간주되어서는 안 된다 ②어떠한 독립 국가도(크고 작고에 관계없이) 상속, 교환, 매매 혹은 증여에 의해 다른 국가의 소유로 전락될 수 없다 ③상비군은 조만간 완전히 폐지되어야 한다 ④국가 간의 대외적 분쟁과 관련하여 어떠한 국채도 발행되어서는 안 된다 ⑤어떠한 국가도 다른 국가의 체제와 통치에 폭력으

로 간섭해서는 안 된다 ⑥어떠한 국가도 다른 나라와 전쟁 동안에 미래의 평화 시기에 상호 신뢰를 불가능하게 할 것임이 틀림없는 다음과 같은 적대 행위, 예컨대 암살자나 독살자의 사용, 항복 조약의 파기, 적국에서의 반역 선동 등을 해서는 안 된다.

17. 尤尔根·哈贝马斯 著, 曹卫东 译, 《包容他者》(上海人民出版社, 2002), p.209.

18. 约翰·罗尔斯 著, 张晓辉 外 译, 《萬民法》(吉林人民出版社, 2001).

19. "中国公布关於联合国改革问题的立场文件", 《新华网》(2005.6.7), http://news.xinhuanet.com/world/2005-06/07/content_3056686.htm

20. 郑若麟, "揭秘西方'战争欺骗宣传'五原则", 《新华网》(2013.10.14), http://news.xinhuanet.com/world/2013-10/14/c_125529923.htm.
해당 5원칙은 ①민중을 향해 역사와 지정학 전략의 진상을 숨기고 기만함으로써 민중으로 하여금 현재 발생하고 있는 일에 대해 진정으로 이해할 수 없도록 하는 것 ②전쟁의 진정한 전략적 의도를 은폐하고 숨기는 것 ③상대방을 악마화하는 것 ④영원히 '약자를 수호'하는 듯한 자세를 취하는 것 ⑤정보와 변론권을 독점하는 것이다.

21. 尼古拉斯·斯宾塞, "人类有智慧阻止下一场战争", 《中国社会科学报》(2014.7.28).

22. 王春燕, "一战和二战回顾: 中国是维护世界和平的坚定力量", 《中国社会科学报》(2014.7.28).

23. 俞新天, "战争与和平的新特点: 从未来战争大趋势看中国和平崛起对外战略", 《国际展望》, No.10(2004).

24. 같은 글.

25. "对话克劳斯·罗兰德: 发展是一项全方位系统工程", 《中国社会科学报》(2013.1.16).

26. 马克思, 恩格斯, 《马克思恩格斯全集》 第4卷(人民出版社, 1965), pp.357-374.

27. 张汝伦, "中国梦离不开哲学的指引", 《中国社会科学报》(2013.4.24).

28. "美国梦在今天真成了一个梦", 《参考消息网》(2015.8.25) [转载自美国《纽约时报》网站8月9日文章], http://column.cankaoxiaoxi.com/2015/0825/918112.shtml

29. "政体之殇: 两党对峙, 美国瘫痪", 《参考消息网》 [转载自德国 《法兰克福汇报》 网站2014年11月26日文章], http://www.cankaoxiaoxi.com/waimeishuo/fgssj/

30. "美国前总统卡特: 美国不再是民主国家", 《参考消息网》(2015.8.12) [转载自美国《赫芬顿邮报》网站8月3日文章], http://column.cankaoxiaoxi.com/2015/0812/901804.shtml

31. 马克·德·维利耶 著, 唐奇 译, 《人类的出路》(中国人民大学出版社, 2012).

32. http://baike.baidu.com/link?url=k4uK07VP5wGUUk7B8upZzeeDkJ71_N9pl3FXTWP1XFEuMVsa3BzdIEQX5VsP8CnIipbNscHPdGZ9vGLD_AWCNK; http://bbs.tianya.cn/post-666-430-1.shtml

33. 世界自然基金会, 《地球生命力报告2014》(2014).

34. 中央党校赴挪威.瑞典考察团, '北欧模式'的特点和启示,《科学社会主义》, No.6(2007).

35. Theodore Gordon, "Moral Business in the Future", *2005 The Future 500 China Forum* (Beijing: October 18–19, 2005).

36. Jerome Glenn, Theodore Gordon, *2005 State of The Future*(The Millennium Project), CD Chapter 3.

37. 赫曼·康恩 外 著, 蔡伸章 译,《未来的探测: 未来两百年世界的展望》(台湾志文出版社, 1984); Herman Kahn, William Brown, and Leon Martel, *The Next Two Hundred Years*(New York: William Morrow & Co, 1976).

38. 「예운」은《예기》중 한 편이다.

39. 戴聖,《禮记》「禮運」, "大道之行也, 天下为公. 选贤與能, 讲信修睦, 故人不独亲其亲, 不独子其子, 使老有所终, 壮有所用, 幼有所长, 矜寡孤独废疾者, 皆有所养. 男有分, 女有归. 货恶其弃於地也, 不必藏於己; 力恶其不出於身也, 不必为己. 是故谋闭而不兴, 盗窃乱贼而不作, 故外户而不闭, 是谓大同"에서 인용함.

40. 康有为,《大同书》(中华书局, 2012); 梁启超,《清代学术概论》(上海古籍出版社, 2011).

41. 柏拉图 著, 郭斌和·张竹明 译,《理想国(The Republic)》(商务印书馆, 1986).

42. 弗兰西斯·培根 著, 何新 译,《新大西岛(The New Atlantis)》(商务印书馆, 2012).

43. 姜正君, "希望还是神话: 马克思的国家消亡论阐释",《马克思主义研究》, No.11(2011);《马克思恩格斯全集》第3卷(人民出版社, 1960).

44. https://en.wikipedia.org/wiki/Lei_Feng

45. http://baike.baidu.com/link?url=eZJA7lD8MhpApfRNl8-hlziMeC9GoBNvr1Z3b8RFinMZp4Rnh6eU zN0dBPSCV0Fat3kyI6wsOvhZ6q97tCLGEq_LZ_A301pZ6sneHVRSjW

46. Theodore Gordon, *The Future*(New York: St. Martin's Press, 1965).

47. 但丁·阿利盖利 著, 朱虹 译,《论世界帝国》(商务印书馆, 1985).

48. 俞可平, "全球治理引论,《马克思主义與现实》(雙月刊), No.1(2002).

49. "中国的民族政策與民族共同繁荣发展",《新华网》(2009.9.27), http://news.china.com/zh_cn/domestic/945/20090927/15654318.html

50. 孙關宏 外,《政治学概论》(復旦大学出版社, 2008).

51. 戴维·蘭德斯 著, 門洪華 外 譯,《國富國窮》(新華出版社, 2001).

52. "处于'辉煌30年'途中的非洲",《参考消息》(2015.8.25) 转载自法国《世界报》网站 2015年8月6日文章.

## 제6장.

1. 阿尔 · 戈尔(Al Gore) 著, 冯潔音 外 译, 《未来: 改变全球的六大驱动力》(上海译文出版社, 2013), pp.406~408.
2. 2015년 11월 30일, 세계미래회의(WFS)에서 발간하는《세계미래평론(World Future Review)》의 전 편집장 레인 제닝스(Lane Jenning)와 이루어진 이메일을 통한 교신 내용에서 인용.
3. 李骥志 · 徐谦, "芬兰人循规守法渗透到血液里", 《参考消息网》(2014.11.3), http://world.cankaoxiaoxi.com/2014/1103/551751.shtml
4. Theodore Gordon, "Moral Business in the Future", *2005 The Future 500 China Forum* (Beijing: October 18–19, 2005).
5. http://news.gmw.cn/newspaper/2014-12/25/content_103182316.htm
6. "世界公民", http://baike.haosou.com/doc/6311772-6525362.html
7. "2013全球幸福指数报告", http://baike.baidu.com/link?url=LvsN33PqLBz44gm_I4qQt9dAyXN1jnhIsrxSx-2oSE_JWjuizPPfqRJTuMqW55WYgDqO9LWQvIbXHo65-KD0hK
8. '2019年全球幸福指数报告'发布! 中国排名第93名!'(2019.3.20), https://www.jianshu.com/p/e4af5307aff0
9. '世界名人如何评价'道德经', 《悠悠书吧》(2014.8.16), http://www.uus8.org/dushu/62936.html
10. 张金泰, 《益世的老子》(中国文联出版社, 2011).
11. 노자는 도(道)란 우주의 본체이며, 물질세계 및 우주 만물의 고유한 본원이자 시공을 초월하고 무한하게 영원히 존속되는 것이라고 했다. 또한 끊임없이 변화하며 우주를 생성하는 총체적 근원이고, 우주 만물을 주재하고 물질세계를 지배하는 운동과 변화의 보편적 규율이라고 보았다. 우주 만물은 모두 '도'에서 생성되며 '도'는 곧 시공을 초월하는 것이다. 이러한 견해는 중국 철학사에 있어서 우주의 근본적 문제에 대한 최초의 구체적 해석이었을 뿐만 아니라 현대 과학의 우주 기원에 대한 이론과도 대단히 잘 부합되는 것이다.
12. 张金泰, 《益世的老子》(中国文联出版社, 2011).
13. 노자는 평화주의자였고 전쟁을 반대했다. 그는 "도(道)로서 군주를 보좌하는 자는 무력으로 천하를 강압하지 않는다(以道佐人主者, 不以兵强于天下)" 또한 "병(무기)이란 상서롭지 못한 물건이기에 도를 추구하는 자는 이런 것에 집착하지 않는다(兵者, 不祥之器也, 故有道者不處)"라고 말했다. 하지만 그는 현실주의자이기도 했다. 인류가 '대동(大同)'의 도래 이전에 전쟁을 피할 수 없을 것으로 보았고 이에 따라 전쟁을 준비하고 전쟁에 대해 연구해야 한다고 여겼다.
14. 托马斯 · 莫尔 著, 戴馏龄 译, 《乌托邦》(商务印书馆, 1959).
15. 托马斯 · 康帕内拉 著, 陈大维 外 译, 《太阳城》(商务印书馆, 2010).

16. 伊曼努尔 · 康德 著, 何兆武 译, 《永久和平论》(上海人民出版社, 2005).

17. 주요 관점으로는 ①인성은 본래 선하고 이성을 갖추고 있으며 협력을 지향한다 ②도덕과 법리는 세계를 구제하는 관건이다 ③주권국가 간의 근본적 이익은 조화를 이루는 것이며 공동의 이익을 위해 일부 주권을 국제기구에 양도해야 한다 ④전쟁은 피할 수 있으며 전쟁의 출현은 인성과 무관하다 ⑤전쟁을 저지하는 방법은 민족자결을 실시하고 비밀 외교를 없애며 집단안보로 전통적 세력균형 시스템을 교체하고, 국제기구 · 국제조직 · 국제법을 건립함으로써 국제 여론에 호소하며 국내 정치 제도를 바꾸는 것 등이 있다.

18. http://baike.haosou.com/doc/5811-5954.html

19. 입법, 행정, 사법의 3가지 국가 권력을 각각 서로 다른 기관이 장악케 하고 각자 독립적으로 권한을 행사하며, 상호 견제하여 균형을 이루게 한다고 주장한다.

20. "克劳德 · 昂利 · 圣西门", http://baike.baidu.com/view/5799452.htm

21. 夏天, "聖西门、傅立葉、欧文社会主义思想之比较", 《中国市场》, No.48(2010).

22. 闫志民, "空想社会主义的产生和发展", 《科学社会主义》, No.5(2013).

23. 레닌이 마르크스주의의 이론적 연원과 내재적 구조에 대해 설명한 중요한 문장은 1913년에 집필되어 같은 해 3월, 볼셰비키의 사회·정치 및 문학 관련 잡지 《계몽》에 게재됐다. 해당 글의 중국어 번역문은 인민출판사가 1959년 출판한 《레닌 전집》(제19권)에 실렸다. 마르크스주의의 3가지 이론적 연원과 3가지 구성 부분이 있음을 처음으로 명확하게 설명했는데, 그에 의하면 마르크스주의는 19세기 인류가 창조한 우수한 성과를 비판적으로 계승하는 기초 위에서 형성되었다. 마르크스주의의 3가지 이론적 연원은 ①독일 고전 철학 ②영국 고전 정치경제학 ③프랑스 사회주의 학설이며, 마르크스주의의 3가지 구성 부분은 ①완비되어 있는 철학적 유물주의 ②잉여가치 학설을 기반으로 하는 경제 학설 ③과학적 사회주의이다.

24. "科幻小说之父儒勒 · 凡尔纳心中的中国", 《网易》(2010.4.6), http://news.163.com/10/0406/15/63JJ643F000146BD_2.html

25. 王巍, "人类解放和人的自由全面发展: 从'德意志意识形态'看马克思哲学的主體", 《中国黨政干部论坛 》, No.12(2012).

26. "'共产黨宣言'的历史價値與局限性"(2018.3.19), http://www.wyzxwk.com/Article/zatan/2018/03/387725.html

27. 劉衛衛, "全球非执政共产黨对社会主义运动的积極探索", 《中国社会科学报》(2015.3.25).

28. http://baike.baidu.com/view/21409.htm

29. 1789년 프랑스대혁명의 발발에서부터 1875년 헌법의 통과에 이르기까지를 지칭한다.

30. 1775년 독립전쟁, 1861년 남북전쟁의 발발에서부터 1877년 남부에서 재건이 진행되기까지를 지칭한다.

31. 吳恩遠, “列寧的思想导致了苏联解體?”, 《中国社会科学报》(2016.2.1).

32. 苏联科学院经济所 编, 《苏联社会主义经济史》 第三卷(三联书店, 1982); “前苏联社会主义初期的探索”, http://zhidao.baidu.com/link?url=XIQBtBEZDW4HRn4wiAeFLrjPjiB1u3OkjzRFf1uC6XNl1OXyy P8gmkI1VwKhPMnm6CWaFcfFKIMZHH5rVm697K

33. 20세기 초, 러시아의 10월 사회주의 혁명 이후 세계에 첫 번째 사회주의 국가가 건립됐다. 그 이후 사회주의 운동의 기세가 막강하여 저지할 수 없게 되었고, 1960년대에 이르러 16개 국가가 사회주의의 길을 걷게 되고, 100여 개의 정당이 사회주의 강령을 제기했으며, 40개 국가에서 집권당이 되었다. 사회주의는 20세기의 주요 선율이 되면서 마르크스주의자의 인류 해방에 있어서 위대한 실천이 이루어졌다.

34. “教育大国俄罗斯为什么会有数位诺贝尔奖获得者?”(2010.10.15), http://www.360doc.com/content/10/1015/09/813992_61118923.shtml

35. http://baike.baidu.com/link?url=meuHeH7nQC4LxVn-GUZHWOHFNsn5-4oHQiHNxzvXYsCCJxO mUfNeLdyGHWSsa6nDPfV8yst-2npg6sa7x8eeoq

36. 서기 원년 중국의 GDP는 세계 전체의 26.2퍼센트를 차지하며 인도 다음으로 세계 제2의 경제 실체였다. 1500년, 중국은 인도를 초월하여 세계 제1의 경제 실체가 되었다. 1700년 중국의 GDP는 세계 전체의 22.3퍼센트를 차지했고, 유럽은 24.9퍼센트를 점유하여 중국의 GDP는 대체적으로 유럽과 비슷했다. 1820년 중국의 GDP는 세계 전체의 32.9퍼센트를 차지하여 유럽, 미국, 일본의 총합보다 훨씬 컸다. 그런데 1870년 중국의 GDP는 세계 전체의 17.2퍼센트로 대폭 줄어들었다.
安格斯·麦迪森 著, 伍晓鹰 外 译, 《世界经济千年史》(北京大学出版社, 2004), p.259.

37. Zhouying JIN(金周英), “What Kind of Future Do We Need?: Reflections From China”, *World Future 2013 Conference*(Illinois: Chicago, July 21, 2013).

38. 그 내용은 “①탐관오리가 없고 ②토호(土豪)와 악질 지주가 없으며 ③도박이 없고 ④창기(娼妓)가 없으며 ⑤첩(妾)이 없고 ⑥거지가 없으며 ⑦무리를 모아 사사로운 이익을 도모하는 자가 없고 ⑧기운이 위축되어 있지 않으며 ⑨마찰을 일으켜 이익을 얻고자 하는 자가 없고(당시 국공내전이 벌어지지 않았음을 의미함_옮긴이) ⑩국난을 이용해 재산을 불리는 자가 없다”는 것이다.

39. 2018년 12월 18일, 개혁개방 40주년을 경축하는 시진핑 강화(习近平讲话).

40. “维纳斯計劃”, https://www.thevenusproject.com/en/

41. https://www.thevenusproject.com/the-venus-project/aims-and-proposals/

42. https://en.wikipedia.org/wiki/Arcosanti; http://baike.baidu.com/link?url=vBOpmI0ZkxXqU4B9Ivy f8si_ScqoQsBLQ5cpvnFH83pMJ5TIJY0PkbrigHZOLQgNvRzGMjSgt6hK_t5ztT8m5a

43. “生产性景观访谈”, 《土木工程网》(2010.7.2), http://www.civilcn.com/news/jzxw/1278036656122778.html

## 제7장.


1. "全球可持续发展面临五大挑战"(联合国兒童基金会的数据)(2012.7.24), https://bbs.pinggu.org/thread-1530500-1-1.html

2. UNEP, *Towards a Green Economy*(2011).

3. "全球可持续发展面临三大挑战", 《中国证券报》(2011.4.18).

4. 世界环境與发展委员会(World Commission on Environment and Development) 著, 王之佳 外 译, 《我们共同的未来(Our Common Future)》(吉林人民出版社, 1997).

5. '돌을 더듬어 가며 강을 건넌다(摸着石头过河)'는 중국공산당 제2세대 영도의 구성원인 천윈(陳雲)이 1950년 정무원 제27차 정무회의에서 처음으로 언급했다. 1980년 12월 16일 천윈은 중국공산당 중앙공작회의 개막식에서 "개혁은 반드시 일정한 이론 연구, 경제 통계 및 경제 예측에 의거해야 하며, 더욱 중요한 것은 시점(시행)에 착수하고 수시로 경험을 총결해야 한다는 것인데, 다시 말해 '돌을 더듬어 가며 강을 건너야 한다'는 것이다"라고 말했다. 이후 덩샤오핑은 폐회식에서 천윈의 의견에 완전히 동의한다는 뜻을 밝히며 천윈의 강화가 향후 우리의 장기적인 지도 방침이라고 간주했다.

6. "赫尔曼·戴利: 由生物物理学看经济, '不一定越大越好'", 《译言网》(2011.11.28), http://select.yeeyan.org/view/266570/235059/author; 赫尔曼 · 戴利 著, 诸大建 外 译, 《超越增长: 可持续发展的经济学》(上海译文出版社, 2001).

7. 约翰 · 穆勒 著, 金镝 外 译, 《政治经济学原理》(华夏出版社, 2013), p.701.

8. Zhouying JIN(金周英), *Global Technological Change: From Hard Technology to Soft Technology*, 1st Edition(Intellect Bristol, UK: Intellect, 2005); 2nd Edition(Bristol, UK/Chicago, USA: Intellect, 2011), Chapter 5.

9. 2013년 9월과 10월, 중국의 시진핑 국가주석은 중앙아시아와 동남아시아를 방문하는 기간 중에 '실크로드 경제권'과 '21세기 해상 실크로드', 약칭 '일대일로(一帶一路)' 구상을 제기했다. http://www.360doc.com/content/15/0329/16/1014528_4 59065706.shtml

10. Laurence Smith, *The World in 2050*(Dutton, 2010), p.13.

11. "联合国环境大会重点议题: 可持续发展目标", 《新华网》(2014.6.24), http://news.xinhuanet.com/energy/2014-06/24/c_126663969.htm

12. 王悠然, "构建'去增长'的稳态经济", 《中国社会科学报》(2014.10.11).

13. 梅青, "加快湿地保护脚步, 中国刻不容缓", 《中国绿色时报》(2012.12.13).

14. 같은 글.

15. "中国人均水资源量", http://baike.baidu.com/link?url=A4dC69PUNjtln6qS0oAox1uj764rgHGHiOmD 4D8PQHKooXxK2jIm_CXQM5_A4vm8cd1XEFCB3BhogHCbTFjTWq

16. "我国资源形势有多严峻?", 《深圳新闻网》(2007.4.23),

http://news.sznews.com/content/2007-04/23/content_1066073.htm

17. “中国清洁能源投资对美优势扩大”,《参考消息》(2015.1.11.) [转载自英国《金融时报》网站1月10日文章].

18. “美IEEFA: 中国是全球清洁能源投资的领导者”(2018.1.10), https://baijiahao.baidu.com/s?id=1589196074014402025&wfr=spider&for=pc

19. “中电联: 截止2017年, 我国风电装机容量共计16367万千瓦”,《國際能源网》(2018.2.9), http://www.in-en.com/art icle/html/energy-2265521.shtml

20. “光伏系统工程”,《北极星太阳能光伏网》(2018.1.30), http://guangfu.bjx.com.cn/news/20180130/877659.shtml

21. 吴琦, “我国节能环保产业的发展趋势”, (2017年3月), http://blog.sina.com.cn/s/blog_b38225db0102 wua6.html

22. “弃风限电'形势严峻, 风电企业不能承受之重”,《人民网》(2015.12.15), http://energy.people.com.cn/n1/2015/1215/c71661-27929744.html

23. “风电光电来之不易, 为何频遇弃风弃光?”,《新华网》(2016.3.29), http://news.xinhuanet.com/2016-03/23/c_1118420544.htm

24. “2016年中国风电开发主要数据汇总”(2017.6.29), http://www.360doc.com/content/17/0629/13/404618

25. “2018年中国光伏产业发展现状分析及未来发展前景预测”,《中國産業信息网》(2018.3.29), http://www.chyxx.com/industry/201803/624728.html

26. “中国弃风弃光有希望得到根本解决”,《中国经济时报》(2017.5.29).

27. 劉飛, “中国建筑能耗研究报告(2017年): 2015年我国建筑能耗占能源消费总量20%”,《央廣网》(2017.11.1), https://www.sohu.com/a/201658566_362042

28. ‘2017中国生态环境状况公报’ 5月31日重磅发布, 图解环境大数据,《北極星大氣网》(2018.6.1), http://huanbao.bjx.com.cn/news/20180601/902631.shtml

29. “全国土壤污染状况调查公报”,《中国水业网》(2014.4.18), http://www.water8848.com/news/201404/18/16655.html

30. 2014년 아시아·태평양경제협력체(APEC) 정상회의를 주최하기 위해 베이징시 및 구변의 5개 성이 취했던 일련의 조치가 조금씩 현저한 효과를 거두었다. 베이징시 환경보호관측센터의 관측 데이터는 11월 3일 오전 8시, 베이징시의 6개 구 PM2.5의 밀도가 37㎍/㎥으로 1급의 높은 수준에 접근했음을 나타냈다. 하늘도 점차 푸르게 변하였는데 베이징시 시민들에 의해 ‘APEC 푸른 하늘’이라고 불렀다.

31. 중국의 국가 ‘에너지 발전 전략 행동 계획(2014-2020년)’에 대해서는 다음을 참조하기 바란다. “到2020年煤炭占一次能源消费比重下降到62%以内”(2014.9.22), http://job.coal.com.cn/news/hangye/375929-news.html

32. “调整经济结构才能让‘APEC蓝’长驻”,《中国社会科学网》(2014.11.29),

http://www.cssn.cn/dybg/201411/t20141129_1421715.shtml

33. 保罗·克鲁格曼(Paul Krugman) 著, 陈宇峰 译, 《致命的谎言》(北京大学出版社, 2009).

34. "外卖平台日订单量2000万单 外卖垃圾咋处理?", 《新华网》(2017.8.28), http://www.xinhuanet.com/info/2017-08/28/c_136560769.htm

35. 2002년 중국 국가환보총국이 공포한 '지표수 환경 품질 표준(GB3838-2002)'에 의거함.

36. "中国环保投入占GDP比例节节攀升", 《人民日报(海外版)》(2001.12.3).

37. "2015年中国环保行业投资现状分析及優化对策建议", 《中国产业信息网》(2015.6.29), http://www.chyxx.com/industry/201506/325594.html

38. "环保部: 中国环保投入每年增长2000亿元", 《网易》(2014.3.8), http://money.163.com/14/0308/15/9MQUU2AO00254TI5.html

39. "'全国城市生态保护與建设规劃(2015-2020年)'解读", 《土流网》(2016.12.26), https://www.tuliu.com/read-48757.html

40. "社会主义和谐社会", http://baike.baidu.com/view/10891.htm?fromtitle=%E5%92%8C%E8%B0%90%E7%A4%BE%E4%BC%9A&fromid=279468&type=syn

41. 白英, 《中国真实进步指标研究报告》(2015).

42. 李培林, "转型背景下的社会体制变革", 《求是》, No.15(2013)

43. "李光耀留给世界的遗产: '亚洲资本主义'神话", 《参考消息网》(2015.4.1), http://column.cankaoxi aoxi.com/2015/0401/727388.shtml

44. Zhouying JIN(金周英), *Global Technological Change: From Hard Technology to Soft Technology*, 1st Edition(Bristol, UK: Intellect 2005); 2nd Edition(Bristol, UK/Chicago, USA: Intellect, 2011).

45. 같은 책.

46. Zhouying JIN(金周英), *Global Technological Change: From Hard Technology to Soft Technology*, p.171.

47. 郑永年, "期待十八大后社会改革加速", 《环球时报》(2012.1.11).

48. "德国议会通过2013年财政预算", 《新华网》(2012.11.24), http://news.xinhuanet.com/fortune/2012-11/24/c_113786258.htm

49. 金柏松, "'新资本论'與'新社会主义论'"(2014.6.23), http://www.ccb.com/Info/71896908?marker=3

50. 张顺洪, "怎样才能坚持社会主义道路? 十月革命90周年之际的思考"(2009.2.10), http://blog.sina.com.cn/s/blog_59d6bbd60100cb5n.html

51. "邓小平: 政治体制改革决定所有改革的成败"(2006.1.26), http://news.sina.com.cn/c/2006-01-26/08598973281.shtml

52. 문화의 시각에서 보든 역사의 시각에서 보든 현재 중국의 발전 단계에는 하나의 강대

한 중앙정부가 필요하다. 리콴유도 "중앙이 연약하다는 것은 곧 혼란과 불안정을 의미한다"고 말했다.

53. "十八届三中全会公报: 加快推进社会主义民主政治制度化、规范化、程序化", 《人民网》(2013.11.19), http://politics.people.com.cn/n/2013/1112/c1001-23519064.html

54. 韦森, 《大转型: 中国改革下一步》(中信出版社, 2012).

55. 邓纯东, "探索中国特色社会主义基本问题的坚实足迹", 《中国社会科学报》(2014.5.26). 마르크스와 엥겔스가 비록 자본주의의 충분한 발전이 사회주의 사회의 역사적 전제라고 지적했지만 그 이후 동방 국가 및 민족의 발전 노선에 대한 연구를 행한 이후 일정한 조건 하에서 경제 문화가 비교적 낙후한 국가가 자본주의의 충분한 발전 단계를 거치지 않고 자본주의 제도의 '카우디움 협곡(Caudine Forks)'을 초월할 수 있고, 나아가 사회주의 혁명을 진행하고 사회주의 노선을 걸으며 사회 형태의 도약식 발전을 실현할 수 있을 것이라고 보완했다.

56. 刘吉, "三种前景: 中国未来30年", 《绿葉》, No.6(2009).

57. 金盟, "人生美学简议"(第7稿)(2018.10.30).

58. 같은 글.

59. "姜辉: 中国特色社会主义开辟社会主义发展新境界", 《求是网》(2017.10.13), http://www.qstheory.cn/zdwz/2017-10/13/c_1121796417.htm

60. 丁长艳, "国家治理走向日常政治", 《中国社会科学报》(2015.11.25).

61. http://www.xinhuanet.com/legal/2016-10/20/c_1119758888.htm

62. "2018年全国纪检监察机关处分62.1万人 包括51名省部级及以上干部"(2019.1.9), https://baijiahao.baidu.com/s?id=1622165558081297409&wfr=spider&for=pc

63. 王岐山, "當前要以治标为主: 为治本赢得时间", 《央视网》(2013.1.25).

64. 田成有, "司法独立难在何处", 《财新网》(2014.10.28), http://opinion.caixin.com/2014-10-28/100743846.html

65. '네 개의 전면'이란 ①소강 사회의 전면적인 건설 ②개혁의 전면적인 심화 ③의법치국의 전면적인 추진 ④종엄치당의 전면적인 실시를 말한다. https://en.wikipedia.org/wiki/Four_Comprehensives

66. 乔根·兰德斯 著, 秦雪征 外 译, 《2052: 未来四十年的中国與世界(2052: A Global Forecast for the Next Forty Years)》(译林出版社, 2013).

67. 毛莉, "中国崛起可为世界作出更多贡献", 《中国社会科学报》(2015.4.17).

68. 4대 고대 문명 중 메소포타미아 문명(고대 바빌론 문명)은 중세기에 이슬람화되었고, 고대 이집트 문명은 3세기에 몰락하고 소실되었으며, 고대 인도 문명은 기원전 1750년에 외부 부족의 침입에 의해 멸망했다.

69. 习近平, "中国共产党第十九次全国代表大会报告"(2017.10.18).

70. 金麟洙 著, 刘小梅 外 译,《从模仿到创新: 韩国技术学习的动力》(新华出版社, 1998).

71. "中国特色社会主义理论与实践研究专题"(2015),
http://www.docin.com/p-1282050812.html?_t_t_t= 0.7314207321032882

72. 杨振宁, "'易经'对中华文化的影响",《财新网》(2016.5.11),
http://china.caixin.com/2016-05-11/100942176.html

73. 楚渔,《中国人的思维批判: 导致中国落后的根本原因是传统的思维模式》(人民出版社, 2010).

74. Zhouying JIN(金周英), Kenneth W. Hunter, "Systemic Solution to Achieving Green Economic Growth and Sustainable Development", *World Future Review*, Vol.5, No.2(Summer 2013).

75. 金周英, "转变发展模式与长远发展战略管理",《中国科学院院刊》(2011年5月).

76. "中国历年高校毕业人数(1949-2017)",
http://www.360doc.com/content/19/0124/13/5996_811001359.shtml

77. 猎聘发布'2018年海外留学生归国趋势报告'(2019.1.15),
http://edu.sina.com.cn/a/2019-01-

78. "中国人才问题太严重了"(2014.11.30),
http://www.doc88.com/p-9009316342559.html

79. "中国其实很缺人, 看完这两组对比数据你就懂了"(2015.8.28),
https://www.sohu.com/a/29709404 _114901

80. "猎聘发布'2018年海外留学生归国趋势报告'"(2019.1.15),
http://edu.sina.com.cn/a/2019-01-15/doc -ihqfskcn7232347.shtml.

81. 程津培, "建立稳定支持基础研究的新机制",《新华网》(2014.3.8),
http://news.xinhuanet.com/polit ics/2014-03/08/c_119668147.htm

82. "日本科技创新水平到底如何?"(2016.11.30),
http://www.360doc.com/content/16/1130/18/29904046_610812814.shtml

83. World Business Academy, https://www.worldbusiness.org

84. "美科技巨头堪比'公司国家' 如何应对数据垄断成华盛顿难题"(2019.1.29),
https://baijiahao.baidu.com/s?id=1623984575865046934&wfr=spider&for=pc

85. 金周英, "创造性的源泉", 世界第一届智囊会议(2005年3月).

86. 2005년 7월 29일, 원자바오(温家宝) 총리가 첸쉐썬을 만났을 때 첸쉐썬이 원자바오 총리를 향해 제기했던 질문이다.
"钱学森之问", https://baike.baidu.com/item/钱学森之问/3287915?fr=

87. 钱颖一, "为什么我们的学校总是培养不出杰出人才？"(2017.12.17),
http://www.sohu.com/a/211054328_682840

88. “暂免征收部分小微企业增值税和营业税”, 《中国新闻网》(2013.7.24), http://www.chinanews.com/cj/2013/07-24/5080886.shtml

89. “公司章程新版”(2014.3.3), http://www.docin.com/p-772478443.html

90. “中国第一淘寶村义乌青岩刘: 电商风情街迎购物狂欢”, 《中国新闻网》(2015.4.10), http://www.chinanews.com/df/2015/04-10/7199675.shtml

91. “国务院关於加快构建大众创业萬众创新支撑平台的指导意见”, 《中国政府网》(2015.9.26), http://www.gov.cn/zhengce/content/2015-09/26/content_10183.htm

92. Zhouying Jin(金周英), *Global Technological Change: From Hard Technology to Soft Technology* (Peking University Press, 2010).

93. ‘當科学家’失去吸引力 谁偷走了中国孩子的科学梦?, 《科技日报》(2017.1.13), http://news.cyol.com/content/2017-01/13/content_15280046.htm

94. http://japan.xinhuanet.com/2014-10/14/c_133714590.htm

95. “世界未来500强(中国)”, http://www.future500china.org

96. 金周英, “技术创新需要5種动力”, 《中国新闻周刊 · 国资观察》(2012年9月).

97. 郜志雄 · 张联珍 · 全继业, “中国专利技术转移: 状况.问题與对策”, 《科技與经济》, No.4(2014).

98. http://www.haier.net/cn/about_haier/one_person_alone(2016.4.18).

99. 金周英 · 白英, 《我国机器人发展的政策研究报告》(兵器工业出版社, 2009).

100. 고대 그리스 철학자 탈레스의 이야기와 2,000년 이후 헤겔의 해석을 다룬 것이다. “哲學史上第一人”(2014.2.24), http://www.360doc.com/content/14/0224/14/2198695_355282690.shtml

101. 李莉, “中国20年间年轻人口减少30%, 专家建议放开生育”, 《中国新闻网》(2012.4.25), http://www.chinanews.com/jk/2012/04-25/3845830.shtml

102. “国务院新闻办公室发布2014年国民经济运行情况”, 《新华网》(2015.1.20), http://www.xinhuanet.com/live/20150120z/index.htm; 国家人口计生委培训交流中心和世纪佳缘网站联合发布, “2012-2013中国男女婚恋观调查报告”, http://wenku.baidu.com/link?url=Ebgvwax83ME8DMiuco6M6TBS3-CLD7 Zd45c-0FDnNnW2a07MniJ-fqO2siU5Vk0u1uXGeuptNt8gsgU5LnbnwTGPyX-RkOXuGFLxiEpYN0G

103. “国家统计局数据显示, 2017年底, 我国60岁及以上老年人口2.41亿人”(2018.7.31), http://guba.eastmoney.com/news,600735,775750743.html

104. 2013년 인구학자는 중국의 실독 가정이 장차 1,000만 호에 달할 것으로 예측했다. 중국 위생부의 자료에 따르면 중국에서 매년 ‘실독 가정’이 7만 6,000호 가량 새롭게 증가하는 것으로 나타났다. http://news.ifeng.com/a/20151029/46045163_0.shtml

105. "截至今年5月中国145万对夫妇提出二胎申请",《中国网》(2015.7.10), http://news.china.com.cn/2015-07/10/content_36028510.htm

106. UNEP, *Green Jobs: Towards Decent Work in a Sustainable, Low-carbon World*(2008).

107. UNEP, *Towards a Green Economy*(2011).

108. 邢章萍 · 张健, "用激励政策促进绿色经济发展: 访国务院发展研究中心产业经济研究部部长冯飞",《经济杂志》(2011), pp.40~41.

109. 钱学森 · 于景元 · 戴汝为, "一個科学新领域: 开放的複雜巨系统及其方法论",《自然杂志》, No.1(1990), pp.3~10.

110. "韩国自杀率连续8年在经合组织(OECD)中排名首位, 日本列第三", http://bbs.tianya.cn/post-333-232296-1.shtml

111. Donella H. Meadows, Thinking in Systems(Chelsea Green Publishing House, 2008).

112. 保罗 · 霍根(Paul Hawken) 外 著, 王乃粒 外 译,《自然资本论(Natural Capitalism)》(上海科学普及出版社, 2002), pp.182~187.

113. 金周英 外, "多种资本及其在中国量化的尝试",《长远战略系统集成与可持续发展》(社会科学文献出版社, 2006).

114. 같은 책.

115. 金周英,《全球性技术转变: 从硬技术到软技术》(北京大学出版社, 2010), p.46.

116. Zhouying JIN(金周英), Ying BAI, "Sustainable Development and Long-term Strategic Management", *The World Future Review*, Vol.3, No.2(Summer 2011).

117. 洪兵, "東方戰略學: 中國戰略的基本範疇與體系框架", http://www.docin.com/p-478554144.html

118. 金周英, "转变发展模式與长远发展战略管理",《中国科学院院刊》(2011).

119. 金周英 外,《长远战略系统集成與可持续发展》(社会科学文献出版社, 2006).

120. 金周英 · 白英, "××市'十二五'规劃: 长远发展战略管理系统"研究报告(2011).

121. Zhouying JIN(金周英), "Beijing Node Report", *MP Project Planning Committee Meeting*(Washington, D.C.: July 23-26, 2008).

122. John Talberth, Clifford Cobb and Noah Slattery, "The Genuine Progress Indicator 2006", *Redefining Progress*(February 2007).

123. 金周英, "中国的真实进步指标(GPI)系统: 一種促进可持续发展的工具",《中国科学院院刊》, No.25(2010).

124. 金周英, "中国的真实进步指标(GPI)系统: 一种促进可持续发展的有效工具",《中国党政干部论坛》, No.6(2010); 金周英, "超越GDP, 追求中国真实进步的必然选择",《科技日报》(2012.12.30).

125. 白英, "中国真实进步指标研究报告"(2015).

126. 중화인민공화국 회사법은 1993년 12월 29일 제8기 전국인민대표대회(전국인대) 상무위원회 제5차 회의에서 통과됐고 1999년, 2004년, 2005년, 2013년에 여러 차례 수정됐으며, 현행 회사법은 2013년 12월 28일 전국인대 상무위원회에서 공포됐다. "中华人民共和国公司法", https://baike.baidu.com/item/中华人民共和国公司法

127. 中国社會科學院, 国务院国资委综合局联合课题组, 《中央企业社会责任蓝皮书》(2018).

128. "'中国企业社会责任报告研究2018'在京发布", 《经济参考网》(2018.12.28), http://www.jjckb.cn/2018-12/28/c_137704919.htm

129. 같은 글.

## 제8장.

1. 鄭永年, "民主的危机及其未来", 《参考消息》(2014.5.26).
2. 金周英, 《全球性技术转变: 从硬技术到软技术》(北京大学出版社, 2010).
3. 같은 책.
4. 程士德 · 王洪图 · 鲁兆麟, 《素问注释汇粹》上册(人民卫生出版社, 1982), p.68.
5. 王洪图 主编, 《内经讲义》(人民卫生出版社, 2002).
6. 신명이란 물질세계가 끊임없이 변화하는 것을 의미하며, 《내경강의(内經講義)》에서의 신명은 자연계 만물의 운동 · 변화의 내재적 동력을 지칭한다.
7. 金周英, 《全球性技术转变: 从硬技术到软技术》(北京大学出版社, 2010), pp.177~185.
8. http://www.thevenusproject.com
9. Timothy Mack, "20 Forecasts 2011–2025", *The Futurist*(January 2011).
10. Zhouying JIN(金周英), "Achieving a Sustainable Global Civilization: The Case for Enhancing Long-term Futures Study", *World Future Review*, Vol.6, No.4(2015).
11. 大卫 · 克里斯蒂安(David Christian) 著, 晏可佳 外 译, 《时间地图: 大历史导论(Maps of Time: An Introduction to Big History)》(上海社会科学院出版社, 2007).
12. 1957년 11월 17일, 마오쩌둥이 모스크바 대학에서 중국인 유학생을 대상으로 한 강화 내용이다.

옮긴이 **이용빈**

인도 국방연구원(IDSA) 객원연구원을 역임하였다. 이스라엘 크네세트(국회), 미국 국무부를 초청 방문하였고, 이스라엘 예루살렘 히브리대학, 러시아 모스크바 국립 국제관계대학을 학술 방문하였다. 현재 중국 '시진핑 모델' 전문가위원회 위원(2014.11~), 홍콩국제문제연구소 연구원으로 활동 중이다. 저서로는 《*East by Mid-East*》(공저) 외 다수가 있으며, 역서로는 《우주개발과 국제정치》, 《글로벌 기술 혁신》(공역), 《미국과 중국》(근간) 외 다수가 있다.

**지구 문명을 넘어 위대한 문명으로**

**AI 이후 인류의 미래**

초판 1쇄 인쇄 | 2021년 3월 10일
초판 1쇄 발행 | 2021년 3월 17일

지은이 | 진저우잉
옮긴이 | 이용빈
펴낸이 | 전준석
펴낸곳 | 시크릿하우스
주소 | 서울특별시 마포구 독막로3길 51, 402호
대표전화 | 02-6339-0117
팩스 | 02-304-9122
이메일 | secret@jstone.biz
블로그 | blog.naver.com/jstone2018
페이스북 | @secrethouse2018
인스타그램 | @secrethouse_book
출판등록 | 2018년 10월 1일 제2019-000001호

ISBN 979-11-90259-54-5 03320